R. Tavernier

Enseigner les sciences expérimentales

à l'école élémentaire

Physique et Technologie

Sous la direction de Marie-Anne Pierrard,
cet ouvrage a été rédigé par :

Bernard Calmettes
Jean-Loup Canal
Magali Margotin-Passat
Marie-Anne Pierrard
Raymond Tavernier

Bordas

Sommaire

I.S.B.N. : 2-04-731342-8

Correspondances entre les parties du livre et le programme

Parties du livre	Cycle des apprentissages fondamentaux	Cycle des approfondissements
1. La matière	Découvrir le monde de la matière et des objets	La matière
2. L'énergie		L'énergie
3. La lumière		Le ciel et la Terre
4. Le ciel et la Terre	Se repérer dans l'espace et dans le temps	Le ciel et la Terre
5. Mesurer, utiliser des instruments de mesure	Se repérer dans l'espace et dans le temps	Le ciel et la Terre Les objets techniques
6. L'électricité	Découvrir le monde des objets	Les objets techniques
7. Équilibre et mouvement	Découvrir le monde des objets	Les objets techniques
8. L'informatique à l'école	Découverte du monde (introduction) B2i	B2i

Préface

Conforme aux nouveaux textes en vigueur depuis la rentrée de septembre 2008 (*B.O.* hors série n° 3 du 19 juin 2008), ce livre est écrit à l'intention des professeurs et futurs professeurs des écoles et se rapporte à l'enseignement de la physique et de la technologie à l'école élémentaire. Sur tous les sujets figurant aux programmes de l'école élémentaire, il apporte une mise au point des connaissances et des exemples d'activités.

Il prend en compte le socle commun de compétences, dont le niveau d'acquisition est précisé dans les programmes. Il fournit également des informations et des exemples sur la contribution de l'enseignement de la physique et de la technologie à la maîtrise des TUIC (techniques usuelles de l'information et de la communication) et à l'acquisition de certaines compétences demandées par le B2i.

Pour tenir compte de la spécificité du professeur d'école, sa polyvalence, qui le conduit à enseigner tous les champs disciplinaires des programmes, cet ouvrage propose des liens entre des activités en physique et technologie et d'autres disciplines.

• Une mise au point des connaissances pour le professeur

Au début de chacun des chapitres, une mise au point des connaissances est proposée. L'approche de la physique et de la technologie y est à la fois qualitative et rigoureuse. Ces informations visent à répondre aux questions qu'un professeur des écoles peut se poser et à lui apporter les connaissances nécessaires pour ne pas être décontenancé par une question d'élève, et ainsi pouvoir choisir le niveau de réponse à donner.

• Des exemples d'activités

De nombreux exemples d'activités sont donnés, s'inscrivant dans le cadre d'une démarche d'investigation préconisée par les programmes. Ils proposent des mises en œuvre pratiques pour les classes, ainsi que des variantes, pour éclairer et faciliter les adaptations qu'un professeur doit toujours aménager pour la classe particulière dans laquelle il enseigne. Les niveaux de formulation des connaissances visées sont précisés. Des exemples de progressions et d'enchaînements d'activités sont également donnés.

L'enseignement de la physique et de la technologie ne peut se concevoir sans la manipulation et l'expérimentation. Aussi cet ouvrage apporte-t-il le maximum d'informations relativement au matériel, en veillant à ce qu'il soit aussi simple que possible. Ceci présente un double avantage : le professeur peut repérer rapidement le matériel nécessaire pour le rassembler, et les élèves réalisent leurs expériences avec des matériaux et des objets pris dans leur environnement, ce qui peut éviter certains obstacles pour l'acquisition des concepts étudiés.

• Des documents variés

Chaque chapitre comporte de nombreux documents. Certains sont réservés au professeur : ils précisent une connaissance ou sont des compléments pédagogiques. Les documents destinés aux élèves s'intègrent à des exemples d'activités. Les productions d'élèves, enfin, fournissent des informations sur un type de production possible, sur les niveaux d'exigence qu'un professeur peut avoir vis-à-vis de ses élèves.

La destination de chaque document est indiquée par un cartouche : « Document pour le professeur » (ou « Doc. prof. ») ; « Document pour l'élève » (ou « Doc. élève ») ; « Production d'élève ».

En conclusion, cet ouvrage est un outil de travail complet pour accompagner et conforter le travail mené par les professeurs d'école pour concevoir et metttre en place des activités en physique et technologie à l'école élémentaire.

M.-A. Pierrard

Les spécificités de la physique et de la technologie

Les programmes de 2008 définissent pour le cycle des apprentissages fondamentaux le domaine de la « découverte du monde » et, pour le cycle des approfondissements, parlent de « sciences et technologie ». Au collège, trois champs disciplinaires existent actuellement : la technologie, les sciences de la vie et de la terre et la physique-chimie. La différenciation et la définition de ces champs disciplinaires se font progressivement du CP au collège. Il faut donc nous interroger sur la spécificité des deux cycles de l'école élémentaire pour ce qui se rapporte aux sciences et à la technologie et, plus particulièrement dans cet ouvrage, à la physique et à la technologie.
Nous allons définir les deux champs de la physique et de la technologie hors l'école, repérer comment se construisent les savoirs en physique, comment définir les sciences et la technologie dans la société et examiner ensuite ce qui leur correspond à l'école élémentaire.

A - Comment définir la physique et la technologie ?

1 - Sciences, technologie et société

• Sciences et technologie sont liées

L'analyse des productions de textes, des objets et des concepts en sciences et en technologie montre que ces deux domaines sont très souvent liés. Parmi les points de vue couramment partagés sur ce sujet, citons par exemple :
– l'instrumentation et les mesurages en sciences se développent grâce à des objets et à des matériels techniques. Par exemple, les scientifiques traitent des données avec des ordinateurs ; les appareils utilisés dans la recherche médicale doivent beaucoup au développement de technologies ;
– les objets techniques et les machines sont des conséquences du développement des connaissances scientifiques. Par exemple, les « micropuces » des ordinateurs ont été développées à partir des travaux sur les semi-conducteurs ; les cristaux liquides ont été conçus à partir de recherches sur les changements d'état de certains matériaux ;
– c'est parfois en étudiant des objets techniques que des connaissances scientifiques sont élaborées. Par exemple, les machines thermiques ont devancé les théories en énergétique.

• Sciences et technologie se développent de façon indépendante

Les sciences et la technologie peuvent aussi suivre des développements indépendants, en relation avec d'autres systèmes de la société, le système économique ou le système politique par exemple. La technologie a ainsi développé des théories en relation avec ses spécificités : analyse de la conception et de la production d'objets, automatisation, maintenance, conduite de postes de travail, etc.
Les recherches en sciences ne conduisent pas systématiquement à des applications techniques ou industrielles « tout public ». La théorie de la relativité, l'étude de l'infiniment petit ou l'astronomie peuvent vivre simplement, au moins pour un temps, par et pour les concepts et autres connaissances qu'elles développent, même si elles utilisent et conduisent à la production d'objets techniques pour leurs propres usages : accélérateurs de particules, télescope spatial, etc.

• Des finalités et des modes d'évaluation différents

Un point de vue général axé sur les finalités et le mode d'évaluation de leurs productions permet de différencier les sciences et la technologie.
– **Pour les sciences**, l'objectif final est le concept ou la modélisation d'un phénomène, l'évolution ou la construction théorique. Les sciences produisent des interprétations, des théories, des modèles, des prévisions et des lois. Leur évaluation est surtout interne. C'est la communauté des scientifiques, par ses publications, ses confrontations et en référence à des savoirs précédemment constitués, qui valide des résultats.
– **Pour la technologie**, la finalité est l'objet, le besoin qu'on peut satisfaire ou créer, la fonction de l'objet, son utilisation et la modélisation des processus de sa fabrication, de sa mise en œuvre, de son usage, des

actions qu'il permet de produire. L'évaluation est essentiellement pragmatique, économique et sociale : « ça marche ! » pour les utilisateurs et « ça se vend » pour les producteurs, concepteurs, fabricants. Autrement dit, il y a réussite si des personnes ou des organismes achètent, utilisent les objets techniques et s'ils en obtiennent satisfaction. En technologie, les pratiques professionnelles (les métiers) sont importantes et extrêmement variées : concepteur, ingénieur de production, technicien de maintenance, technicien d'installation, ergonome, « designer », technicien et ingénieur commerciaux, etc. Ces différentes pratiques développent ou/et utilisent, avec des savoir-faire et des méthodologies d'approche variées, des outils singuliers demandant souvent une spécialisation : ordinateurs et logiciels dédiés, dispositifs de contrôle, outillage, graphiques, schémas, abaques, etc.

• Les liens avec la société

Les sciences et la technologie participent à la vie et à l'évolution des sociétés. Sciences et technologie peuvent toutes deux permettre de répondre à des demandes :
– politiques : maîtrise de l'indépendance énergétique, grands programmes de construction dans les secteurs de l'aérospatiale, des télécommunications, du nucléaire et du militaire ;
– économiques : innovations, création de produits, participation à la compétitivité des entreprises par emprise sur l'efficacité et le rendement des processus de production ;
– sociales : actions sur l'emploi, modifications dans l'organisation des entreprises ;
– culturelles : éducation, musée, exposition.

Leurs travaux sont financés ou co-financés par l'État (Universités, CNRS, INRA, INSERM, Institut Polytechnique, etc.), par des organismes internationaux (CERN : Centre d'étude et de recherche sur le nucléaire ; ESA : Agence européenne de l'espace), par les entreprises.

2 - Qu'en est-il à l'école élémentaire ?

Il est possible, à l'école, de montrer les relations entre les sciences et la technologie en jouant sur les points d'entrée dans les séances (l'objet ou le phénomène physique), sur les applications pratiques (relation entre l'objet et l'action) et en variant les parcours d'étude.

Par exemple, en électricité, la séquence peut débuter par des études de composants (lampe, pile), suivies de séances sur leurs associations (circuit électrique), puis se terminer par la fabrication d'un jeu.

Il est également possible de commencer par étudier un objet, par exemple la lampe de poche, et de découvrir ou de réinvestir à partir de cet objet des notions de physique : lampe, circuit, pile, isolant et conducteur... et de technologie : contraintes mécaniques sur le boîtier et sur le circuit, choix de matériaux, fonctions de composants annexes (crochet de suspension, cliquet de fermeture), ergonomie...

On peut aussi aborder ces questions par d'autres biais : approche historique (comment s'éclairait-on du temps de nos grands-parents), conception d'un projet (construire un jeu pour une kermesse).

Les programmes préconisent la mise en place de la démarche d'investigation, sur laquelle nous revenons un peu plus loin.

B - La construction des savoirs en physique

1 - Que fait un chercheur scientifique ?

La réflexion sur les démarches et les méthodes d'enseignement et d'apprentissage en sciences passe par une approche des démarches des scientifiques. Deux idées essentielles peuvent être dégagées, permettant de rationaliser les savoirs scientifiques.

• Les concepts scientifiques se construisent par interaction entre des connaissances théoriques (domaine de la pensée, de la théorie) et des connaissances acquises par l'observation et l'expérimentation ; grâce également à des concepts déjà existants. Un phénomène scientifique n'est pas isolé. Il est reproductible et il doit pouvoir être validé expérimentalement. Les conséquences d'une hypothèse théorique doivent pouvoir donner lieu à des vérifications et à des applications.

• Les connaissances scientifiques font l'objet de communications (articles, conférences), prenant en compte les aspects théoriques et opératoires (procédures, matériels utilisés), afin d'être expertisées notamment au regard d'un cadre théorique préexistant, critiquées, puis éventuellement objectivées (reconnues et partagées par une communauté de chercheurs). Les connaissances scientifiques sont construites socialement. Même si elles tendent à former un (ou des) ensemble(s) cohérent(s), elles peuvent présenter, dans les phases de construction, différentes options (hypothèses). Elles ont, à un moment ou à un autre de leur développement, recours à des procédures expérimentales.

L'analyse des savoirs scientifiques met en évidence une forte interdépendance des éléments empiriques et des savoirs théoriques, notamment au cours des processus de modélisation, mais il est important de différencier l'exposition d'une connaissance et son élaboration.

L'exposition d'une connaissance suit un chemin linéaire qui part souvent, du moins dans les revues de vulgarisation, d'une question, d'un phénomène observable, d'une expérience pour aller vers l'expli-

cation théorique (exposition inductive), sa validation et ses applications (déduction).
La démarche du scientifique est beaucoup plus complexe et présente de multiples allers-retours entre les savoirs considérés comme acquis, l'observable, l'expérimental et le théorique. Son analyse montre des impasses, des erreurs, des allers-retours, des abandons, l'importance des investigations bibliographiques, les apports de domaines différents… Entre faits ou phénomènes et théories, il est bien souvent impossible de préciser où se situent véritablement cause et effet de développement. En ce sens, l'inductivisme naïf (tout part de l'observation) ne correspond guère aux pratiques de recherche et aux manières d'aborder les problèmes scientifiques. Les problèmes conduisent à des questions et à la construction d'hypothèses, amenant analyses documentaires et expérimentations. Les hypothèses sont issues de réflexions à partir de connaissances antérieures et déterminent en partie les réponses pouvant être apportées. Les éclairs de génie, les nouvelles élaborations conceptuelles ne sont les faits que de personnes curieuses de comprendre, réfléchies, obstinées et possédant déjà de solides connaissances. Bien des gens ont dû prendre un bain avec différents objets, recevoir une pomme sur la tête ou se frotter les mains pour avoir l'impression de se réchauffer sans énoncer de principes ou de lois sur l'hydrostatique (Archimède), sur la gravitation universelle (Newton) ou sur l'équivalence entre le travail et la chaleur (premier principe de la thermodynamique ; Carnot, Thomson, Clausius).

2 - Qu'est-ce qu'un concept ?

a) Définition

Le concept, qu'il soit scientifique, technologique ou dans d'autres domaines est le résultat d'un mouvement de pensée visant à généraliser et à abstraire, par des procédures et pour des objectifs spécifiques à chaque discipline, une idée à partir de traits perçus comme étant communs à un ensemble de faits ou de phénomènes.
Le concept permet d'organiser les discours, la compréhension, l'action. Il se construit peu à peu. Il est généralement associé :
– à un mot qui le désigne ;
– à une définition qualitative ou/et quantitative qui fait souvent référence à d'autres notions ou d'autres concepts ;
– à des exemples permettant de concrétiser l'idée, de faire des expériences ou des mesures, d'observer des faits, des phénomènes ;
– à d'autres concepts, d'où l'idée de « trame » ou d'« aura » conceptuelle ;
– éventuellement à des contre-exemples mettant en évidence ses limites : un concept est « vrai » dans un cadre théorique, sous certaines limites. Il n'est pas « faux » dans un autre cadre théorique. Il est tout simplement inopérant. On peut construire de manière « vraie » des images optiques en utilisant le tracé de « rayons lumineux » (concept) mais ces rayons lumineux sont tout à fait inopérants dans le cadre de l'étude – pourtant toujours en optique – de figures d'interférences ou de diffractions. Il faudra un autre concept, les « ondes » pour étudier ces figures. Il y a autant de différences – et parfois même plus – entre deux référents théoriques (ici les « rayons » et les « ondes », qui « fonctionnent » dans leur cadre de jeu) qu'entre deux sports de ballon, par exemple, le football et le rugby.
Voici deux exemples, pris dans le programme du cycle des approfondissements.
• Le 24 août 2006, l'UAI (Union astronomique internationale) a statué sur la définition d'une planète (**concept de « planète »** ; voir chapitre 12). C'est un corps céleste qui :
– est en orbite autour du Soleil ;
– a une masse suffisante pour avoir une forme sphérique ;
– a éliminé tout corps susceptible de se déplacer sur une orbite proche.
C'est à partir de cette définition que l'on peut dire que le système solaire possède huit planètes… et que Pluton n'est plus une planète. Autre contre-exemple : La Lune, car elle tourne aussi autour de la Terre.
• Une « **source d'énergie renouvelable** » est une source d'énergie se renouvelant à l'échelle de la vie humaine. Exemples : le Soleil, le vent. Contre-exemples : le pétrole, le gaz naturel.
La conceptualisation est un processus d'abord naturel lié à la conscientisation du monde et au langage. Elle débute dès le plus jeune âge. Si un concept est présent dans la pensée d'un élève, on peut veiller à valider son identification en le lui faisant décrire par ses attributs ou/et par des exemples (et des contre-exemples).
Dans le cadre des sciences, le concept participe à l'élaboration de modèles et de théories. On lui associe ou/et on le lie à d'autres concepts, des lois, des schémas explicatifs, des procédés de mesurage, des objets, des faits, des phénomènes.
Par exemple, la théorie électrique est construite autour des concepts de tension, de courant, d'intensité, de puissance, de résistance électrique, etc. Il existe entre ces grandeurs des relations mathématiques (des lois) qui permettent de les déduire l'une de l'autre, de les mesurer, de les contrôler.

b) Comment se construisent les concepts à l'école ?

Spontanément, de façon parfois inconsciente, dans la vie courante, par le langage, par l'interaction avec les autres, par les événements auxquels nous nous

trouvons confrontés, nous pouvons être conduits à construire et à partager des concepts. Dans le cadre scolaire, le concept, même s'il paraît être du domaine du savoir implicite commun de la classe, doit faire l'objet d'une évaluation, d'une méthodologie d'acquisition.
À l'école, trois possibilités pour la conceptualisation sont généralement invoquées.

• Par déduction

On suppose le concept connu, on le définit, on l'analyse par des exemples, on l'utilise, dans certains cas on relève ses limites. Exemple : les concepts d'objet et de substance sont connus des élèves du cycle des approfondissements. Lors d'un travail sur les conducteurs et isolants électriques, les élèves confondent souvent les deux quand ils annoncent les résultats de leurs tests expérimentaux : la lampe s'allume avec le fer, le bracelet et pas avec le verre, la feuille de papier... Un simple rappel des deux concepts, au moyen des mots qui les désignent, suffit pour que les élèves les distinguent et homogénéisent la présentation de leurs résultats et puissent alors conclure en les mettant en relation avec la substance plutôt qu'avec l'objet.

• Par comparaison, par induction puis déduction

On compare des situations pour donner une première définition du concept, on l'analyse en complétant par des exemples, on l'utilise, on relève ses limites.
Exemple : « soluble », « insoluble », « dissoudre » et « dissolution » (cycle des approfondissements). Les élèves essaient de mélanger différentes substances solides à l'eau, ce qui les amène à les classer selon qu'on obtient un mélange homogène ou non. On a dans le premier cas une solution, des substances solubles dans l'eau et dans le second des substances insolubles dans l'eau. On utilise ensuite un raisonnement par déduction pour compléter les exemples testés (sel, sucre, sable, farine...). Les expériences menées montrent des limites à la dissolution. Il y a des substances qui peuvent être solubles, d'autres non. Et les substances qui peuvent être dissoutes ne le sont pas de manière infinie. Il y a une limite (en volume ou en masse) à la dissolution du sel.
Autre exemple : le concept « source d'énergie » (cycle des approfondissements). Par induction, à partir de questions (Comment se chauffe-t-on ? Comment s'éclaire-t-on ? Comment se déplace-t-on ?) et en associant des processus d'hypothèses et de validations successives, à partir d'un, puis de plusieurs exemples, le concept de « source d'énergie » est construit.

• Par la modélisation

Les raisonnements, les argumentations ne portent pas sur l'objet d'étude (par exemple un phénomène mis en évidence) lui-même, mais sur une représentation de cet objet d'étude, appelé modèle. Celui-ci peut prendre, à l'école, la forme d'une maquette mais aussi d'une analogie. Il peut utiliser un ou des schémas, des relations mathématiques... Il est construit par référence au « réel », au système qu'on souhaite modéliser.
Exemple : le « système Terre-Soleil » et l'« alternance jour-nuit ». Si on veut expliquer l'alternance du jour et de la nuit, on construit un modèle dans lequel on isole la Terre et le Soleil, on ne retient de la Terre que sa forme et du Soleil que le fait qu'il soit une source de lumière primaire et on peut alors remplacer les astres réels par une maquette ne reprenant que ces deux caractéristiques (une boule et une lampe). On va pouvoir expérimenter sur cette maquette, conclure à partir des résultats des différents tests expérimentaux. Le modèle permettant de comprendre l'alternance jour-nuit est ainsi progressivement construit : il ne se réduit pas à la maquette, mais il comprend les éléments de la maquette et les règles qui lui sont associées (les mouvements de la boule et de la lampe ici correspondant aux mouvements de la Terre et du Soleil). On opère ensuite un retour vers le système Terre-Soleil.
À noter que les modèles, qui doivent avoir une cohérence interne, sont construits en fonction des problèmes que l'on cherche à résoudre. Il faut parfois les compléter, les modifier, voire les abandonner quand on cherche à expliquer d'autres phénomènes. Par exemple, le modèle Terre-Soleil précédent doit être complété (en prenant en compte d'autres caractéristiques des mouvements : inclinaison de l'axe de rotation de la Terre par rapport à l'écliptique) pour expliquer les variations de la durée de la nuit sur l'année.
L'histoire de la physique offre de nombreux exemples de modèles qui se sont révélés pertinents à une époque, pour expliquer certains phénomènes et résoudre certains problèmes, et rejetés plus tard, car ne pouvant pas expliquer d'autres phénomènes ou résoudre d'autres problèmes : modèles atomiques, modèles de la lumière, modèles géocentrique et héliocentrique en astronomie...

c) Niveaux de formulation d'un concept

Dans l'enseignement, il existe **des** niveaux de formulation des concepts, de la même manière qu'il existe **des** niveaux de formulation de modèles. C'est ainsi qu'une première définition d'un concept peut être révisée et donner lieu à une reformulation lors de la rencontre de nouveaux problèmes dans lesquels il est impliqué.
L'évolution des connaissances acquises par les élèves en sciences nécessite donc des restructurations, car bien souvent les modèles ou les concepts qu'on leur propose à un moment, bien que suffisamment explicatifs pour une classe de phénomènes ou pour des

observations précédemment faites, peuvent être trop réducteurs pour de nouveaux faits mis en évidence. Les savoirs (modèles, concepts, théories) sont ainsi construits à l'école de façon spiralaire : on revient à différents niveaux de la scolarité sur des faits identiques et on les aborde de différentes façons. Mais l'élève, ayant acquis d'autres connaissances, étant apte à réaliser d'autres opérations mentales peut accéder à des niveaux de formulation conceptuels plus complexes.

L'existence de ces différents niveaux de formulation peut cependant rendre difficile, avec certains élèves, la compréhension de la cohérence des savoirs scientifiques. Il convient alors, avant de reconstruire un concept préalablement construit, de déconstruire ces anciennes connaissances incomplètes ou insatisfaisantes, de revenir sur leurs limites, de montrer ce qu'apporte en avantages la nouvelle formulation du concept dans la résolution de problèmes.

Les savoirs sont ainsi proposés à l'école avec différentes formulations prenant en compte les acquis antérieurs, des applications, des expériences et des exemples particuliers, l'évolution psychologique de l'enfant.

• Premier exemple : les états de l'eau

1 - L'eau peut se présenter à l'état liquide (eau du robinet), à l'état solide (glace) (école maternelle et cycle des apprentissages fondamentaux).

2 - L'eau est solide à une température inférieure à 0 °C et liquide si la température est supérieure à 0 °C (cycle des apprentissages fondamentaux).

3 - L'eau existe aussi sous forme de vapeur d'eau invisible (cycle des approfondissements).

4 - Pour l'eau, la solidification et la fusion se passent à 0 °C ; l'ébullition à 100 °C (cycle des approfondissements).

• Deuxième exemple : le circuit électrique

1 - La lampe s'allume si le circuit électrique est fermé (cycle des apprentissages fondamentaux).

2 - Pour avoir un circuit électrique fermé, il faut relier une borne de la pile à une borne de la lampe directement ou par un fil électrique et l'autre borne de la pile à l'autre borne de la lampe directement ou par un fil électrique (cycle des apprentissages fondamentaux).

3 - Pour avoir un circuit électrique fermé, il faut relier une borne de la pile à une borne de la lampe directement ou par une chaîne de conducteurs et l'autre borne de la pile à l'autre borne de la lampe directement ou par une chaîne de conducteurs (cycle des approfondissements).

4 - Un circuit électrique pile-lampe à incandescence est fermé si les deux bornes de la pile sont reliées par une chaîne continue de conducteurs dont certaines parties de la lampe constituent des éléments (cycle des approfondissements).

Il est important de noter que la différence entre le concret et l'abstrait relève, en un instant, de l'évolution cognitive des enfants et du niveau de formulation du concept. Ainsi, une définition d'un concept peut relever de l'abstraction (être abstrait) pour un enfant très jeune et du domaine du concret quelques années plus tard. Par exemple, le mot « rouge » pour un jeune enfant de maternelle peut qualifier autre chose que la couleur, par exemple un camion de pompiers ou une cerise…

3 - Mesurer, mathématiser

Les activités scientifiques et techniques peuvent aboutir non seulement à des observations et à des modélisations qualitatives, mais aussi à des aspects plus quantitatifs, surtout au cycle des approfondissements : relevés de mesures, constructions de tableaux et de graphiques, recherche de relations mathématiques (proportionnalité) entre les données. Le passage à ces méthodes quantitatives utilisées par ailleurs en mathématiques peut nécessiter des séquences décrochées destinées à traiter leurs spécificités.

Exemple : pour étudier le fonctionnement d'une essoreuse à salade, les élèves ont proposé de faire des mesures comparatives des nombres relatifs de tours. Pour des nombres de tours de manivelle égaux à 1 ; 2 ; 3, les nombres de tours de panier sont de 7 ; 14 ; 21 respectivement. On peut alors déterminer une loi de proportionnalité entre les nombres de tours de chaque partie (voir chapitre 17). Notons que ce résultat peut amener les élèves à s'interroger sur la cause mécanique de cette proportionnalité.

L'activité de mesurage correspond à une mise en œuvre de la réflexion, car on ne mesure pas sans avoir une idée, sans avoir fait une hypothèse sur la grandeur que l'on mesure… C'est, par exemple, l'observation des parties (manivelle et panier) de l'essoreuse en fonctionnement qui aura mis en évidence une différence de leurs vitesses. Les mesures peuvent ensuite, à leur tour, permettre d'élaborer ou de préciser un modèle ou un concept.

Les aspects liés à la construction de grandeurs sont plus particulièrement développés et illustrés dans la partie « Mesure » (chapitres 13 et 14).

4 - Les conceptions premières ou représentations initiales

Face à la culture scientifique et technologique et, de façon plus simple, face à tous les phénomènes scientifiques et techniques de la vie de tous les jours, les enfants (et même les adultes) n'arrivent jamais sans préjugés. Ils ont des perceptions des choses correspondant à un sens dit « commun ». Les points de vue relatifs sur le monde que constituent ce sens commun et la connaissance scientifique sont très souvent forts différents. Les connaissances scientifiques ne pourront se constituer que **contre** cette connaissance commune. L'une n'est pas la continuité de l'autre ; lorsque l'on passe de l'une à l'autre, il y a des ruptures. Ces connaissances de sens commun sont aussi appelées « conceptions » ou « représentations initiales ». Passer du sens commun à une attitude scientifique nécessite donc une véritable transformation du mode de pensée et un des obstacles majeurs prend consistance dans une représentation erronée des activités et des savoirs scientifiques et de leur mode de validation. Il s'agit de prendre conscience que ce qui peut être connu et conçu à partir du monde ne relève pas seulement d'une simple interaction de chacun avec ce monde mais aussi de ce qu'en construisent les autres et de ce qui a pu être structuré dans le temps par les scientifiques. La connaissance scientifique est socialement et historiquement marquée.

Les conceptions (connaissances de sens commun) peuvent être mises en évidence, à l'école, par des écrits, textes ou/et dessins. L'oral, s'il est plus rapide, ne permet pas d'atteindre la totalité des conceptions existantes dans la classe ; des interactions sociales peuvent bloquer leurs expressions complètes (phénomènes de groupes ou de leaders).

Les recherches sur les conceptions dans les domaines scientifiques sont nombreuses (voir par exemple le chapitre 15). Il a été ainsi montré que :

– les conceptions relèvent d'une construction à la fois individuelle et sociale, y compris scolaire ;

– il peut exister, relativement à un même concept, même pour un individu, plusieurs représentations mentales, en des moments différents ou selon le type et le contexte de la situation invoquée ;

– des situations « originales », « surprenantes » provoquent très souvent le retour aux conceptions les plus primaires, même chez ceux qui a priori possèdent des connaissances scientifiques ;

– les conceptions se réfèrent parfois à des analogies abusives entre des connaissances relevant de domaines différents ;

– des conceptions erronées peuvent posséder une certaine logique et semblent permettre de répondre correctement à une série de problèmes.

L'ensemble de ces propriétés rend compte du caractère particulièrement résistant des conceptions. La connaissance a priori des conceptions des élèves peut aider l'enseignant à prévoir des situations permettant de les dépasser plus sûrement. L'erreur ou la difficulté liée à des conceptions erronées servent alors de base de travail pour construire les séances et l'argumentation.

Différentes méthodes pédagogiques peuvent être adoptées, par exemple : réfuter en prouvant l'erreur, formuler de nouvelles consignes pour changer de point de vue, montrer des limites à une connaissance et en proposer une autre plus adaptée et plus performante, expliquer des termes a priori difficiles, recourir à une aide (document, dictionnaire), varier les approches (dessin, texte, oral, expérience, lecture).

C - Comparer élève et chercheur

Si l'on peut s'inspirer des démarches des scientifiques pour créer des activités en classe, il faut être conscient que « scientifique » et « apprenant » se trouvent placés dans des champs de contraintes différents et donc qu'entre activité de recherche scientifique et activité d'apprentissage, il ne pourra y avoir, au mieux, qu'une relation de similitude sur certains aspects. Le scientifique essaiera d'être un inventeur, l'élève apprendra des connaissances que les programmes et les autres documents institutionnels auront définies, l'enseignant se plaçant dans un rôle de médiateur entre ces connaissances et les élèves.

Le chercheur en sciences pose et essaie de répondre à des questions pour lesquelles il n'est pas du tout certain qu'il va pouvoir trouver des réponses. Il participe, dans et avec d'autres groupes de chercheurs, à la construction d'une science « en train de se faire », qui doit prendre son temps, sans généralisation hâtive, selon des procédures de vérification établies. Le chercheur sait qu'il doit passer de longues heures à compulser des milliers de pages déjà écrites sur son sujet d'étude, que sa démarche va être hachée avec de nombreux allers-retours, des fausses pistes, que les propositions de réponse doivent être validées par d'autres équipes. Il traite souvent un nombre important de données et de variables, entouré et aidé par des outils techniques qu'il doit maîtriser (logiciels, mathématiques, matériel expérimental). La conception d'un nouveau savoir est finalement assez rare et extrêmement coûteuse en investissement, en moyens, en énergie, en temps…

Dans les activités d'apprentissage en sciences, l'élève sait que les problèmes et les questions qui lui sont posés de manière plus ou moins directe par l'enseignant ont des réponses. L'élève sait que, lui ou ses camarades de la classe, vont finalement « trouver ». Il n'est pas question pour eux de tout redécouvrir, de tout reconstruire ; les objets de connaissance sont des objets préconstruits, transposés et scientifiquement stabilisés. Les matériels sont relativement simples, parfois à construire, mais souvent disponibles ; ils connaissent les méthodes à utiliser, ou l'enseignant va les aider à y accéder, va les mettre à leur portée. Ils savent aussi que le temps est compté et que l'on ne va pas arrêter la séquence sans avoir obtenu les « bons » résultats.

Pour l'enseignant, ce sont les contraintes spécifiques d'enseignement, notamment programmatiques, matérielles, temporelles et celles liées au niveau de la classe, à l'âge et au niveau scientifique initial des élèves, qui conduisent à structurer les activités de classe, orientant ou limitant par les questions posées, le nombre et les contenus des hypothèses à vérifier, les expériences à réaliser, la formulation des modèles visés. L'activité met nécessairement en présence à un moment de son déroulement le système de contraintes, un problème traduit en question (l'obstacle) et le système de ressources (permettant de surmonter l'obstacle). Dans le cadre de la démarche d'investigation (voir chapitre suivant), les enseignants construisent des situations de classe, qui, tout en tenant compte des contraintes, assurent cependant une référence à une démarche scientifique. La question initiale proposée doit si possible conduire à plusieurs hypothèses explicatives contradictoires. Certaines de ces hypothèses peuvent être éliminées par le débat entre pairs, par des arguments logiques, par des apports documentaires. Pour trancher entre celles qui subsistent, le recours à des connaissances nouvelles, produites par exemple par de nouvelles expériences, est nécessaire.

La mise en place d'une telle activité nécessite un retrait du rôle classique de l'enseignant en tant qu'émetteur d'un savoir. Le savoir est sous-jacent pour le professeur, et ce sont les élèves qui doivent le mettre à jour. L'enseignant facilite l'accès à certaines données en cas de blocage, permet une participation active des élèves, les sollicite, les conseille, analyse leurs progressions et oriente si nécessaire les activités dans le sens de la démarche souhaitée.

Un apport extérieur s'avère quelquefois nécessaire. Il s'agit alors de faire passer sous la gestion des élèves des germes de connaissance ou de modélisation proposés directement par le professeur ou par l'intermédiaire d'un document. Comme cette intervention répond, dans cette phase, à un questionnement des élèves engagés dans l'exploration, on peut espérer ancrer plus aisément ces nouveaux modèles dans un espace de sens. La phase finale (institutionnalisation), dans laquelle le savoir est effectivement mis en forme et mis en perspective avec des savoirs scientifiques reconnus, demande la participation active de l'enseignant.

Comment enseigner la physique et la technologie à l'école ?

Les activités scientifiques et technologiques réalisées à l'école primaire (école maternelle et élémentaire) ne visent pas seulement l'acquisition d'un premier capital de connaissances, mais cherchent également à développer chez les enfants des capacités et des attitudes (aptitude à raisonner, développement de l'esprit critique, éveil de la curiosité, envie de comprendre…). Ces qualités ne peuvent s'acquérir qu'à la condition de mettre les élèves en situation de recherche, individuelle ou en groupe. La « démarche d'investigation », présentée ici et proposée dans le reste de l'ouvrage, est demandée par le programme. Elle permet aux élèves de participer à la construction de leur propre savoir et de développer des qualités intellectuelles importantes. Sa mise en œuvre se poursuit au collège. Dans cette démarche, le rôle de l'enseignant est primordial et ses interventions indispensables pour diriger les élèves vers les objectifs visés.

A - Présentation de la démarche

1 - Caractéristiques essentielles

La démarche d'investigation est, dans ses grandes lignes, la même pour l'ensemble de l'école primaire (maternelle et élémentaire). Mais il est évident que les sujets d'étude, et surtout la manière de formuler le questionnement et le niveau d'élaboration des réponses différeront en fonction des connaissances déjà acquises et du niveau de conceptualisation atteint. Nous l'envisageons ici pour l'école élémentaire.
Les lignes qui suivent sont largement inspirées de documents officiels présentant cette démarche.

a) Du questionnement à la connaissance

Au début de l'activité, l'enseignant sélectionne ou met en place une situation de départ qui suscite la curiosité des élèves et déclenche leurs remarques et questions. Il prend en compte leurs idées préalables.
L'exploitation du questionnement nécessite un travail de reformulation, tant du point de vue de l'expression française que de celui du contenu précis de la question. L'enseignant joue à ce niveau un rôle de filtre : il guide la classe vers l'exploitation des questions qu'on peut qualifier de « productives », qui satisfont à deux critères :
– elles débouchent sur des expériences, des réalisations ou des observations réalisables avec les moyens locaux et complétées, le cas échéant, par une recherche documentaire pour laquelle la classe dispose des ressources accessibles au niveau des élèves ;
– elles conduisent, à la suite de l'étude précédente, à une connaissance nouvelle, comprise dans les objectifs du programme, assimilable par les élèves, dont l'accord avec le savoir constitué est assuré.
Les questions spontanées des élèves ne peuvent pas être le seul point de départ possible pour une activité. D'une part, les élèves ne vont pas imaginer tous les problèmes prévus par les instructions officielles. D'autre part, les programmations de l'enseignant ne peuvent pas être en permanence bouleversées par tel problème évoqué par tel élève. En revanche, il est important d'être attentif aux deux aspects suivants :
– une question étant retenue, qu'elle vienne d'un élève ou de l'enseignant, le maître doit mettre en œuvre la stratégie et le matériel nécessaires pour que toute la classe se l'approprie. Poser un problème, donner aux élèves le temps d'y réfléchir, individuellement puis par petits groupes, confronter les hypothèses, mettre en relief les désaccords, crée une dynamique de classe. Le problème devient celui des élèves. Les désaccords sont source de motivation ;
– une fois la classe engagée dans une problématique, toutes les questions qui surgissent, en lien avec le sujet, sont importantes à relever et méritent d'être traitées, dans la mesure où il s'agit de questions « productives » comme vu plus haut.

b) L'activité d'investigation

Chaque fois que c'est possible, il faut privilégier les démarches qui fondent les acquis sur **une phase d'investigation réalisée par les élèves**, avec l'aide de l'enseignant, à partir de leurs interrogations et représentations préalables.
La séquence didactique comporte le plus souvent des **observations** (si possible « armées », c'est-à-dire reposant sur des connaissances préalablement

construites), des **expériences** (dans le cadre d'un processus expérimental – pour chercher, pour prouver, pour vérifier), des **réalisations matérielles** menées par les élèves eux-mêmes. Des moments de synthèse opérés par l'enseignant n'en sont pas moins indispensables pour donner tout leur sens aux pratiques expérimentales et en dégager les enseignements.
Certaines parties du programme ne se prêtant pas aisément à des activités expérimentales, l'observation et la recherche documentaire ont leur place dans une démarche d'investigation.
L'aller et retour constant entre bilan de connaissances, description et analyse physique de la réalité et réflexion intellectuelle – ce qui est le propre de toute recherche – entraîne l'élève à établir des liens entre son expérience, ses connaissances personnelles et les connaissances scolaires. Par la remise en cause des certitudes acquises ou des préjugés au contact de l'évidence expérimentale, il illustre l'efficacité d'une approche raisonnée des faits. Par les relations qu'il établit, les propriétés ou les lois qu'il révèle, il donne aux élèves les repères pour aborder dans leur spécificité chacune des grandes disciplines scientifiques.

c) Les réponses aux questions

Issue du questionnement et de son analyse, l'activité d'investigation et de réalisation doit conduire à une nouvelle connaissance sans laquelle il ne saurait y avoir de démarche réussie. L'enseignement des sciences et de la technologie à l'école doit, en effet, permettre aux élèves de construire leur propre savoir. Pour autant, l'enseignant ne peut pas répondre à toutes les questions des élèves. La réponse à certaines questions pourrait être trouvée dans des documents, mais cela ne signifie pas nécessairement qu'elle doive être donnée aux élèves.
Le plus souvent, la connaissance ne s'établit pas immédiatement et définitivement à l'issue de l'activité de recherche. Des activités complémentaires sont en général souhaitables pour permettre à l'élève de percevoir la pertinence et l'étendue de ce qu'il vient d'apprendre. Une connaissance nouvellement acquise sera plus solide si elle est mise en relation avec une autre, de façon à faire percevoir une cohérence qui n'apparaît pas spontanément. Cet aspect fait partie intégrante de la démarche. Le savoir n'a pas vocation à encombrer la mémoire, mais à constituer une économie de pensée.
La confrontation à des ouvrages de référence ou des documents visuels peut compléter l'apport de ces activités. Elle consolide les connaissances acquises et contribue à l'apprentissage de stratégies de lecture adaptées à la spécificité de ces documents. Mais elle ne remplacera jamais l'expérience directe, sensorielle, qui seule permet un ancrage solide et durable des connaissances acquises.

De même, un commentaire ou une explication du maître est parfois nécessaire, mais il ne doit toutefois jamais constituer l'essentiel d'une séance dans le cadre d'une démarche qui privilégie la construction du savoir par l'élève.

2 - Les étapes de la démarche d'investigation

La démarche d'enseignement des sciences et de la technologie est globalement la même à tous les niveaux de l'école primaire (école maternelle puis élémentaire), mais aussi au collège. Par commodité, elle peut être présentée de façon schématique en sept moments essentiels (***Fig. 1***). L'ordre dans lequel ils se succèdent ne constitue pas une trame à adopter de manière linéaire. En fonction des sujets, des allers et retours entre différents moments sont souhaitables et le temps consacré à chacun doit être adapté au projet pédagogique de l'enseignant.

a) Le choix par le professeur de la situation de départ

L'enseignant présente une situation de départ qui suscite la curiosité des élèves et déclenche leurs questions. Cette présentation a beaucoup d'importance pour créer l'intérêt des élèves et doit être préparée avec soin.

b) La formulation du problème

Un des moyens consiste à faire exprimer leurs représentations mentales aux élèves (leurs conceptions premières), leurs idées à propos de la situation proposée. Pour cela, l'enseignant utilise le ou les moyens les mieux adaptés :
– réaliser un dessin ou un schéma ;
– mettre les élèves en situation de confronter oralement leur conception avec celle des autres ;
– partir d'un schéma ou d'une photographie et demander aux élèves d'en faire un commentaire...
Trois objectifs sont poursuivis au cours de cette mise en commun des conceptions premières :
– l'enseignant dispose d'informations sur l'état des connaissances de ses élèves, sur les obstacles à l'apprentissage, sur les difficultés à surmonter ;
– les élèves (ou tout au moins une partie d'entre eux) commencent à réorganiser leurs connaissances ; la confrontation peut en effet provoquer une déstabilisation propice à une remise en cause ;
– les élèves entrent dans un sujet de préoccupation qui, au départ, n'est pas le leur. Il y a appropriation du problème par les élèves.
Cette étape, qui comprend toujours un débat organisé par l'enseignant, permet de sélectionner un problème scientifique, dont la résolution constitue pour les élèves l'enjeu de l'activité. Le questionnement, guidé par l'enseignant, conduit ainsi à des investigations menées par les élèves.

Cette étape de « problématisation » est importante ; elle doit éviter le recours à une observation qui ne serait pas armée.

c) La formulation d'hypothèses et la conception de l'investigation

À propos du sujet, la classe formule une ou plusieurs questions **productives**, qui deviennent le support du travail qui suit. Les élèves proposent ensuite une ou plusieurs hypothèses, c'est-à-dire des réponses possibles à ces questions. Ils choisissent les outils et les méthodes pour les tester, les vérifier ou les invalider.

d) L'investigation conduite par les élèves

L'investigation peut recourir à diverses formes de travail, y compris au cours d'une même séance :
– expérimentation directe, à privilégier chaque fois qu'elle est possible ;
– réalisation matérielle (recherche d'une solution technique) ;
– observation, directe ou assistée par un instrument, avec ou sans mesure ;
– recherche sur documents ;
– enquête et visite.
La complémentarité entre ces méthodes d'accès à la connaissance est à équilibrer en fonction de l'objet d'étude et de l'âge des élèves.

e) La confrontation des résultats

La confrontation des résultats est un moment capital de la démarche. En effet, les élèves avaient un problème à résoudre et ont (généralement par groupes) cherché la solution à ce problème. Ils présentent ensuite leur solution à l'ensemble de la classe : schémas, dessins, textes ou exposé oral. Les élèves disposent alors de l'ensemble des solutions proposées : chacun va pouvoir s'enrichir de la réflexion des autres. Cette confrontation des propositions et des arguments est essentielle pour élaborer la réponse de la classe et pour la construction des connaissances par chaque élève.

f) La structuration des connaissances

Chaque activité d'investigation doit amener les élèves à s'approprier des connaissances nouvelles. Elle débouche généralement sur des productions destinées à la communication des réponses aux questions initiales (textes, schémas, maquettes...). Ces traces constituent une mémoire du travail collectif. Elles peuvent être constituées de productions individuelles, de photos, d'une phrase de synthèse élaborée avec les enfants... Elles sont affichées ou réunies dans un album qui, placé dans le coin bibliothèque de la classe, peut être feuilleté librement ou servir d'appui à un nouveau travail collectif. Elles figurent également dans le cahier personnel de l'élève.

L'enseignant doit aussi proposer aux élèves de confronter le résultat de leur synthèse au « savoir établi » (ou « savoir savant » traduit à un niveau acceptable pour les élèves) dans la perspective de la confirmation et de la généralisation d'une connaissance ou d'un savoir-faire, de la mise en relation de cette connaissance avec des connaissances antérieures. Dans tous les cas, les élèves, avec l'aide de l'enseignant, mettent alors en forme une trace écrite des nouvelles connaissances acquises.
Il est rare que la résolution d'une question ne fasse pas naître de nouvelles questions. Une véritable activité scientifique naît d'une question et devrait se terminer sur de nouvelles interrogations, qui sont la marque du véritable esprit scientifique : *« faire naître des nouvelles interrogations engendre plus de progrès en science que l'habileté expérimentale »* (Einstein). Aussi, paraît-il logique que ce questionnement apparaisse à la fin de la trace écrite même s'il ne trouvait pas de réponses immédiates.

g) L'évaluation

• Les fonctions et les temps de l'évaluation

L'évaluation répond à plusieurs objectifs. Elle est d'abord utile à l'enseignant. Elle lui permet :
– de faire le point avec les élèves à propos d'un thème, afin de connaître leurs acquis puis leurs conceptions et de construire des objectifs pour une séquence (évaluation « diagnostique ») ;
– de connaître à un moment de la séquence les éventuelles difficultés des enfants et l'état de construction des savoirs en jeu afin de procéder à des régulations sur les activités et sur la progression initialement prévue ou/et de différencier l'aide aux élèves (évaluation « formative »). L'erreur est permise et toute conception doit pouvoir être exprimée ;
– d'examiner, en fonction des objectifs fixés initialement et éventuellement réaménagés, les savoirs effectifs des élèves en fin de séquence (évaluation « normative »). La forme de la « notation » dépend du cycle dans lequel se trouvent les élèves (appréciation, notation par niveau général, notation chiffrée).
Dans une pédagogie active, les évaluations diagnostique et formative sont particulièrement utilisées puisqu'elles permettent les émissions d'hypothèses, les confrontations, les argumentations, les constructions expérimentales et qu'elles conduisent ainsi aux savoirs en construction.
L'évaluation permet à l'élève de construire ses connaissances, de se situer par rapport aux exigences de l'enseignant, par rapport aux savoirs en jeu et éventuellement par rapport à ses pairs. L'évaluation a aussi une fonction institutionnelle, car elle permet de justifier d'éventuels avis d'orientation, de suivi spécifique, etc. Elle participe à la communication avec les parents.

La démarche d'investigation en Sciences expérimentales et Technologie

1 Situation de départ

Le choix de cette situation est la responsabilité de l'enseignant. Par sa proposition, il suscite la curiosité des élèves.

Pour illustrer ces propos théoriques et mieux les comprendre, voir les exemples concrets, p. 18 à 22.

2 Recueil des conceptions premières et formulation du problème

- Les élèves expriment par écrit et/ou oralement leurs représentations à ce stade de l'étude.
- La mise en commun des représentations fait apparaître des divergences. Ce débat, organisé par l'enseignant, permet de sélectionner un problème scientifique.

3 Formulation d'hypothèses et conception de l'investigation

- La classe formalise une ou deux questions, qui vont être le support du travail exploratoire.
- Les élèves définissent les pistes d'exploration, choisissent les outils et les méthodes.

4 L'investigation conduite par les élèves

Selon les sujets, l'investigation recourt à l'une ou à l'autre des formes de travail.

- Expérimentation directe conçue et réalisée par les élèves.
- Réalisation matérielle (recherche d'une solution technique).
- Observation directe.
- Recherche sur documents.
- Enquêtes et visites.

5 Confrontation des résultats des différents groupes

L'enseignant organise la confrontation des résultats, qui débouche sur la formulation d'une connaissance provisoire propre à la classe.

6 Structuration des connaissances et confrontation des résultats au « savoir savant »

- Les élèves, avec l'aide de l'enseignant, mettent en forme la trace écrite.
- L'enseignant propose aux élèves de confronter leurs résultats au savoir établi (manuel, par exemple).

7 Évaluation

Une étape importante qui peut prendre différentes formes.

Fig. 1. Les nouveaux programmes (2008) ne se limitent pas à publier une liste de sujets, mais proposent une démarche appelée démarche d'investigation. Cette démarche est globalement la même à tous les niveaux de l'école.

• Oral ? Écrit ?

L'évaluation peut être réalisée par écrit ou oralement suivant les objectifs qu'on lui prête.
L'évaluation des conceptions doit le plus possible être individualisée. Pour les exprimer au mieux, les élèves ne doivent pas être perturbés par les remarques de leurs camarades. L'écrit semble dès lors préférable. L'évaluation formative se prête beaucoup mieux aux échanges oraux et l'évaluation finale est généralement réalisée par écrit.

• Les limites de l'évaluation

Les sciences et la technologie sont des disciplines expérimentales et ne développent donc pas que des savoirs factuels ou conceptuels pour lesquels les élèves font preuve de mémoire, de compréhension, de capacité d'analyse ou d'application. Des savoir-faire pratiques et des savoir-être sont également en jeu, contribuant à la richesse des activités proposées dans la classe et des compétences que l'on peut leur associer. Il est souvent très difficile d'évaluer ces compétences individuellement, surtout si les effectifs sont importants. L'enseignant, à l'école primaire, se basera alors sur d'autres critères (curiosité, investissement, réflexion, émission d'idées, mise en œuvre d'éléments de démarches) pour évaluer ces compétences et l'intérêt général des activités chez les élèves. Il n'est bien sûr pas question, sous le prétexte fallacieux que les activités liées à la démarche expérimentale sont difficilement évaluables, de les supprimer. Outre leur intérêt d'un point de vue épistémologique, une influence bénéfique des démarches ouvertes et actives sur les processus d'apprentissage, de motivation, de mémorisation, de citoyenneté est avérée. Enfin, on ne peut réduire de façon caricaturale l'enseignement à son évaluation.

• Quelques exemples de formes d'évaluation

Pour évaluer les élèves, on pourra mettre en place :
– des exercices permettant d'automatiser certaines procédures, de maîtriser des formes d'expression liées aux connaissances travaillées (formes langagières ou symboliques, dessins et schémas, représentations graphiques…) ;
– de nouveaux problèmes permettant la mise en œuvre des connaissances acquises dans de nouveaux contextes (réinvestissement) ;
– des contrôles des connaissances et de compétences méthodologiques.

B - Quelques exemples pour être concret

Les exemples qui suivent sont présentés de manière très schématique afin de ne pas figer le déroulement de la séquence. Nous en proposons plusieurs pour montrer que, quel que soit le sujet, on retrouve le même canevas général pour la démarche, avec les adaptations nécessaires à chaque situation particulière.

1 - Quelques exemples au cycle des apprentissages fondamentaux

a) Comment obtenir de la glace ?

(Voir chapitre 1)

• **Situation de départ.** Il a gelé et les élèves constatent la présence de plaques de glace dans la cour.

• **Formulation du problème.** Le professeur demande aux élèves d'où vient cette glace dans la cour.

• **Formulation d'hypothèses.** Les élèves disent qu'il y avait sans doute de l'eau liquide, qui a gelé parce qu'il fait froid. Pour obtenir de la glace, il faut placer de l'eau liquide à un endroit où il fait froid.

• **Investigation.** Les élèves placent des récipients d'eau liquide à différents endroits : dehors, dans le couloir (là où il y a un courant d'air), dans le réfrigérateur de la cantine…

• **Confrontation des résultats.** L'eau liquide a gelé dehors, mais pas dans les autres endroits. Les élèves sont surpris que l'eau soit restée liquide dans le réfrigérateur. Certains précisent qu'il faut la mettre au congélateur ou dans le bac à glaçon d'un réfrigérateur.

• **Nouveau problème.** La question se précise alors : à quelle température faut-il placer l'eau liquide pour qu'elle gèle ?

• **Investigation.** Les élèves proposent de relever la température aux endroits où l'eau liquide a gelé. Le professeur propose un autre dispositif (mélange réfrigérant glace-sel) pour obtenir de la glace dans la classe. Les élèves relèvent la température dans le mélange glace-sel.

• **Confrontation des résultats et structuration des connaissances.** La température dehors est en dessous de 0 °C et dans le mélange glace-sel voisine de 14 °C au-dessous de zéro (sa valeur dépend des proportions dans le mélange) ; dans les endroits où l'eau est restée liquide, la température est supérieure à 0 °C. Le professeur peut proposer un document indiquant des températures auxquelles on peut avoir de l'eau liquide ou de la glace. Les élèves peuvent alors formuler la conclusion : pour obtenir de la glace, il faut placer de l'eau liquide à une température inférieure à 0 °C.

• **De nouvelles questions sont formulées**, qui pourront donner lieu ou non à de nouvelles recherches, mais qui seront relevées :
– Est-ce que la glace, c'est encore de l'eau ?
– Est-ce que la glace peut redevenir liquide ?
– Pourquoi n'est-elle pas toujours transparente ?
– etc.

b) Comment fonctionne un thermomètre à liquide ?

(Voir chapitre 3)

• **Situation de départ.** Les élèves ont travaillé sur la comparaison de différents thermomètres et le professeur leur demande de s'intéresser particulièrement aux thermomètres qui ressemblent à celui qui est accroché dans la classe. Il s'agit d'un exemple d'appareil de mesure.

• **Investigation et formulation du problème.** Les élèves manipulent des thermomètres à liquide mis à leur disposition et font certaines observations. Ils constatent que le niveau dans le thermomètre monte ou descend. D'où la formulation de la question : comment faire changer le niveau dans le thermomètre ?

• **Formulation des hypothèses.** Elles s'appuient sur les essais et observations précédents : chauffer en tenant à la main, souffler dessus, mettre le thermomètre sur un radiateur (chaud) ou le placer dans la glace…

• **Investigation par expérience.** Les élèves expérimentent. Le professeur a mis quelques glaçons à leur disposition. Ils font des essais tâtonnants en modifiant l'endroit où on chauffe ou refroidit le thermomètre.

• **Confrontation des résultats et structuration des connaissances.** À partir de leurs différents essais, les élèves peuvent conclure que le réservoir est la partie sensible du thermomètre. Si on le chauffe, le niveau monte et si on le refroidit, il descend.

• **De nouvelles questions** sont formulées, qui pourront donner lieu ou non à de nouvelles recherches :
– Quel est le liquide qui est à l'intérieur ?
– Est-ce que du liquide se « fabrique » quand on le chauffe ?
– Comment gradue-t-on un thermomètre ?

c) Comment allumer une lampe avec une pile ?

(Voir chapitre 7)

• **Situation de départ.** Le professeur choisit de mettre du matériel à disposition des élèves : une pile plate et une lampe.

• **Investigation par expérimentation tâtonnante.** Les élèves font des essais et cherchent à allumer la lampe. Quand ils y parviennent, le professeur leur demande de schématiser ce qu'ils ont fait pour y parvenir.

• **Confrontation des schémas et formulation du problème.** Des schémas sont affichés pour pouvoir être comparés. Des remarques sont faites sur leur lisibilité, sur la nécessité ou non de faire apparaître certains détails (marque de la pile par exemple). Des différences sont relevées entre les dessins, à propos des endroits où pile et lampe sont en contact. D'où la formulation du problème : à quel endroit faut-il établir les contacts pour allumer la lampe avec une pile ?

• **Investigation par expérience.** Les élèves essaient de reproduire avec leur pile et leur lampe les contacts figurant sur les dessins affichés et leur propre dessin et constatent si la lampe s'allume ou non.

• **Formulation des résultats et structuration des connaissances.** Après leurs essais et lors d'une mise en commun, les élèves peuvent donner les endroits où les contacts doivent être établis. Un dessin correct est fait et le lexique (plot et culot de la lampe, lames de la pile) est fourni par le professeur.

d) Comment fabriquer une toupie ?

• **Situation de départ.** Motivée par un projet de classe autour des jeux anciens, la situation de départ est initiée par le professeur qui demande aux élèves ce qu'ils savent des toupies, d'en représenter une par un dessin sur leur cahier. Il apporte une collection de toupies, qui va donner lieu à des activités de manipulation, d'observation, de classement, notamment par mode de propulsion.

• **Formulation du problème.** Le professeur demande aux élèves : Comment pourrait-on fabriquer une toupie ?

• **Formulation d'hypothèses : proposition de solutions techniques.** Les élèves font des suggestions quant au matériel qu'ils pourraient employer. Le maître peut aussi proposer des ressources matérielles diversifiées pour susciter la créativité (carton, bouchon, roues en bois, pièces de jeux de construction, cure-dent, piques à brochette…), ainsi que des petits outils pour découper, etc.

• **Investigation : recherche de solutions techniques.** Les élèves s'engagent dans des fabrications, font des premiers essais.

• **Confrontation des résultats.** Certaines toupies tournent, d'autres pas, certaines toupies tournent sur elles-mêmes plus longtemps que d'autres…. Les élèves tentent des explications pour justifier les réussites et les échecs.

• **Nouveau problème.** Qu'est-ce qui peut modifier le comportement de la toupie ? Les élèves formulent des hypothèses.

• **Nouvelle investigation : des expériences.** Afin de tester les paramètres susceptibles de modifier la rotation de la toupie, des groupes de recherche s'organisent pour tester l'influence du rôle de la taille du corps, de la position du corps sur l'axe, de la forme de la pointe… Des comptes-rendus d'expériences sont rédigés sur le cahier.

• **Confrontation des résultats.** Les conclusions débouchent sur le fait que plusieurs facteurs agissent sur la stabilité et la durée de rotation de la toupie.

• **Nouveau problème pour conduire un projet de fabrication.** Comment fabriquer une toupie très performante, solide et propulsée par un lanceur à ficelle ?

• **Investigation par lecture d'une fiche technique puis fabrication de l'objet** (***Fig. 2***). Celle-ci propose une conception de toupie photographiée et la liste du matériel nécessaire, mais ne suggère pas les étapes de la fabrication. La question posée est : Quelles sont les étapes de la fabrication ? Les élèves recherchent, confrontent oralement leurs propositions. Les étapes sont notées à l'écrit, puis respectées pour construire l'objet. La toupie fabriquée est évaluée au cours de son utilisation.

2 - Quelques exemples au cycle des approfondissements

a) La bouteille d'eau a éclaté

(Voir chapitre 1)

• **Situation de départ.** Le professeur a placé une bouteille en verre remplie d'eau liquide au congélateur ou à l'extérieur par temps de gel. Le lendemain matin, la bouteille est remplie de glace et cassée. Il la présente aux élèves.

• **Formulation du problème.** Les élèves, surpris, proposent des explications en accord avec leur conception du phénomène. Certains disent : « Il y a plus de glace que d'eau (liquide). » D'autres rétorquent : « Mais on n'a pas rajouté d'eau. » Le problème se pose car les élèves cherchent à savoir quelle est l'explication correcte : « Pourquoi la bouteille a-t-elle éclaté quand l'eau liquide a gelé ? »

• **Formulation d'hypothèses.** Les élèves constatent l'augmentation du volume et veulent alors vérifier si la masse de glace est plus grande que celle de l'eau.

• **Investigation.** L'investigation est conduite expérimentalement au moyen d'une pesée.

• **Confrontation des résultats et structuration des connaissances.** Les expériences de pesée permettent de constater que la masse de glace et d'eau liquide sont égales. Des conclusions peuvent alors être formulées : lors de la solidification ou de la fusion de l'eau, le volume de glace est plus grand que le volume d'eau liquide ; la masse de glace est égale à celle de l'eau liquide.

b) Fabriquer un sablier qui dure une minute

• **Situation de départ.** L'enseignant présente un sablier à la classe (dont la durée d'écoulement est d'une minute) et propose aux élèves de fabriquer un sablier dont la durée d'écoulement est identique. Il s'agit pour les élèves d'appréhender de manière concrète cette unité de durée.

• **Formulation du problème.** Les élèves s'interrogent : que faut-il pour fabriquer un sablier ? Comment comparer les durées de plusieurs sabliers ? Que peut-on modifier sur un sablier pour changer sa durée ?

• **Formulation d'hypothèses.** Après observation et analyse du sablier présenté, les élèves font des propositions de matériel pour fabriquer un sablier et répondre à leur première question.

• **Investigation.** Elle consiste à réaliser matériellement le sablier, à résoudre les problèmes techniques qui peuvent alors se poser par rapport au choix des contenants, des techniques d'assemblage, de la réalisation du conduit (par perçage, choix d'une rondelle…). Puis, après les premiers essais de fonctionnement, de nouveaux problèmes techniques relatifs à l'étanchéité, au degré d'humidité des bouteilles utilisées, à l'adaptation du trou du conduit par rapport à la taille des grains du solide, à la durée d'écoulement, à la stabilité et la maniabilité de l'objet… peuvent apparaître.

• **Confrontation des résultats et nouveau problème.** La confrontation permet de résoudre les problèmes techniques que tous n'auraient pas résolus et de s'intéresser à la deuxième question : comment comparer les durées des sabliers ?

• **Nouvelle investigation.** Les élèves proposent des procédures : fonctionnement simultané des sabliers ou utilisation de chronomètres.

• **Confrontation des résultats et nouveau problème.** La confrontation des résultats permet de ranger les sabliers, y compris celui apporté par l'enseignant, en fonction de leur durée d'écoulement : de la plus courte à la plus longue. La dernière question se pose alors : comment les modifier pour qu'ils aient tous la durée du sablier de référence ?

• **Formulation d'hypothèses et nouvelle investigation.** Les élèves formulent des hypothèses a priori ou font des essais tâtonnants de façon à approcher au mieux la durée du sablier de référence.

• **Confrontation des résultats et structuration des connaissances.** De l'ensemble de l'activité, les élèves pourront retenir :

– la structure d'un sablier (deux récipient reliés par un conduit, par lequel peut s'écouler un solide en grains) ;

– que l'écoulement continu d'un solide en grains permet de mesurer une durée ;

– que la durée totale d'écoulement d'un sablier augmente quand la quantité de solide en grains augmente et quand le diamètre du trou diminue ;

– que la durée dépend de la forme des récipients.

Lors du déroulement de l'activité, les résultats et les conclusions ont débouché sur de nouvelles questions à résoudre pour répondre au problème initial. La démarche d'investigation était présente à chaque fois.

c) Ton ombre au soleil

(Voir chapitre 7)

• **Situation de départ.** L'enseignant demande aux élèves de faire un dessin de mémoire, en donnant par exemple la consigne : « Dessine-toi au soleil avec ton ombre ».

• **Formulation du problème et des hypothèses.** Les dessins produits par les élèves témoignent de leurs

Une fiche de fabrication

Magali a fabriqué une toupie.

Pour la construire, choisis ton matériel.

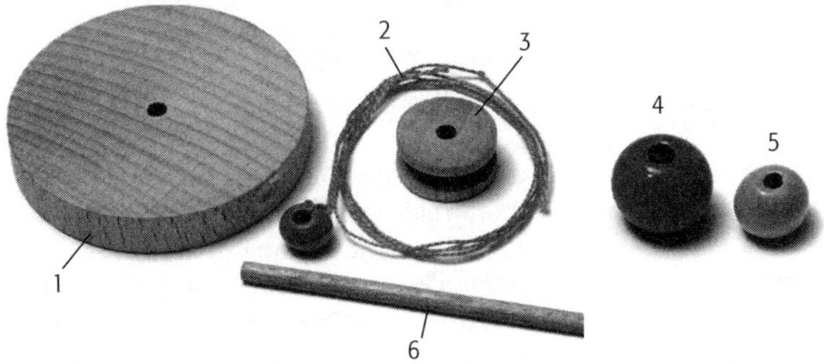

Seule la poignée n'est pas collée à l'axe.

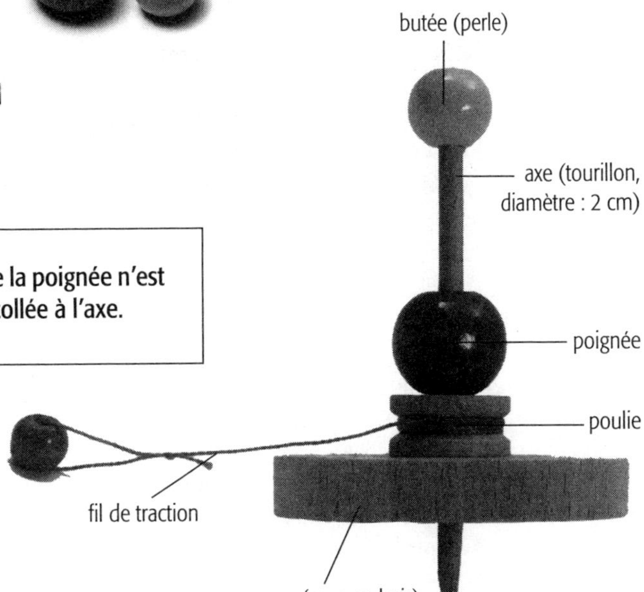

Fig. 2. Cette fiche de fabrication est incomplète : les élèves doivent mettre en relation les numéros et les noms des différentes pièces de la toupie. Ils doivent aussi trouver les étapes de la fabrication.

conceptions sur le phénomène. Leur affichage fait apparaître des différences, ce qui les surprend. Ils peuvent alors commencer à se remettre en question et cherchent à savoir « qui a raison » : comment est l'ombre au soleil ? Leurs productions prennent de fait le statut d'hypothèses.

• **Investigation.** Les élèves proposent d'observer leur ombre au soleil. Ils peuvent alors : observer leur ombre, dessiner l'ombre d'un camarade, la photographier.

• **Confrontation des résultats.** La confrontation des résultats permet de rectifier les erreurs présentes dans les premiers dessins.

• **Structuration des connaissances.** Elle peut prendre la forme d'un dessin, accompagné d'un texte de synthèse.

d) Pourquoi le sel ne se dissout plus dans l'eau ?

(Voir chapitre 4)

• **Situation de départ et formulation du problème.** Elles viennent après un travail sur les mélanges de solides avec l'eau, au cours duquel les élèves ont classé les substances solides testées selon qu'elles sont solubles ou non solubles dans l'eau. Certains élèves sont perplexes car ils remarquent dans leur récipient la présence de sel non dissous

• **Formulation d'hypothèses et nouvelle formulation du problème.** Les élèves font part de leurs idées : celui-ci n'a pas assez agité ; peut-être celui-là a-t-il mis trop de sel... Ils décident de chercher si on peut dissoudre autant de sel qu'on veut dans une quantité d'eau donnée.

• **Investigation.** Les élèves expérimentent en ajoutant progressivement du sel dans un verre d'eau et en constatant si, après agitation, on observe ou non un résidu de solide.

• **Confrontation des résultats.** Les élèves constatent qu'au début, le sel se dissout et qu'à partir d'une certaine quantité, la dissolution ne se fait plus.

• **Structuration des connaissances.** Le professeur fournit un document qui confirme l'existence d'une limite à la quantité de sel qu'on peut dissoudre dans un volume d'eau donné et introduit le terme de saturation.

e) Pourquoi y a-t-il une nuit polaire ?

(Voir chapitre 10)

• **Situation de départ et formulation du problème.** La situation de départ vient de la remarque d'un élève sur l'existence d'une nuit très longue aux pôles, appelée « nuit polaire » et après un travail sur les jours et les nuits et leur interprétation par le mouvement de rotation de la Terre sur elle-même.

• **Investigation.** Les élèves proposent d'utiliser une maquette analogue à celle d'une activité précédente et font des essais pour trouver des explications possibles. Il s'agit d'une démarche tâtonnante, orientée par les conceptions qu'ils ont du phénomène, mais sans qu'il y ait formalisation de ces conceptions avant manipulation.

• **Confrontation des résultats et nouveau problème.** Différentes propositions sortent et sont validées par ces essais tâtonnants :
– faire osciller l'axe de la Terre sur une année en gardant la Terre fixe par rapport au Soleil ;
– faire monter et descendre la Terre suivant son axe sur une année en gardant la direction de l'axe fixe par rapport au Soleil ;
– la faire tourner autour du Soleil en inclinant son axe par rapport à son orbite ;
– etc.
Un nouveau problème se pose alors : Qui a raison ? En effet, ces propositions contradictoires prennent de fait le statut d'hypothèses.

• **Nouvelle investigation.** Elle prend la forme d'un travail sur document et d'une manipulation sur maquette.

• **Structuration des connaissances.** Des conclusions sont alors formulées, correspondant à la connaissance suivante : la nuit (et le jour) polaire s'explique par la révolution de la Terre autour du Soleil : l'axe des pôles de la Terre n'est pas perpendiculaire au plan de son orbite autour du Soleil et garde toujours la même direction.

Les sciences et les compétences du socle commun

Pratiquer la physique et la technologie permet à l'élève de développer les compétences du socle commun. Bien évidemment, la compétence 3 du socle (« les principaux éléments de mathématiques et la culture scientifique et technologique ») est travaillée au cours des activités dans ce domaine disciplinaire. Nous ne la développerons que peu ici, car elle est reprise au début de chacun des chapitres de cet ouvrage.
D'autres compétences du socle sont travaillées au cours de ces activités. C'est le cas notamment des compétences de maîtrise de la langue française et de respect de règles de communication, qui sont pour nous l'occasion d'une réflexion sur les écrits et sur le cahier d'expériences recommandé par les programmes, ainsi que sur les modes de représentation utilisés en sciences et technologie.

A - Les compétences du socle commun

1 - Développer sa pensée

La pensée préopératoire, celle des jeunes élèves, constitue un obstacle à la pensée scientifique. Les enfants peuvent être **égocentriques**, c'est-à-dire qu'ils ont des difficultés à se décentrer et à comprendre le point de vue des autres ; ils transforment la « réalité » selon leurs propres désirs.
La pensée préopératoire *syncrétique* est marquée par **l'animisme**, **l'artificialisme**, le **finalisme**. Pour l'animiste, les choses sont vivantes et douées d'intentions (les nuages savent qu'ils apportent la pluie). Par l'artificialisme, l'enfant pense que tout a été fabriqué par l'Homme (les montagnes sont des cailloux plantés et qui ont poussé). Dans le finalisme, tout ce qui existe a été conçu pour les Hommes.
Faire pratiquer les sciences et la technologie aux élèves les confrontera à ces difficultés et leur donnera la possibilité de les dépasser et ainsi de développer des compétences scientifiques pour partager leurs connaissances, mieux comprendre le monde et être en mesure d'agir en tant que citoyens (*compétence 6*).

2 - Apprendre à observer

Apprendre à observer est une des composantes de la *compétence 3*, sur laquelle nous choisissons d'insister, de façon à mettre en évidence que **savoir observer est le résultat d'un apprentissage**.
L'analyse de productions d'enfants en relation avec des objets, des phénomènes, des hypothèses ou des actions (protocole expérimental, mode d'utilisation ou de fabrication), en sciences et en technologie, met en évidence les origines de leurs difficultés.

- La complication de l'objet à dessiner peut aboutir à une observation de certaines parties de l'objet, sans arriver à une vision globale de cet objet qui les mettrait en relation, et conduit alors à un repérage dans l'espace déficient, local, partiel, non globalisant (*par exemple la bicyclette ;* ***Fig. 1a****)*, à l'absence d'un intérêt à porter sur des éléments pertinents pour les sciences ou la technologie (*absence de l'axe d'un dénoyauteur ;* ***Fig. 1a***), à un découpage chronologique (*description d'une expérience)* non pertinent.
- Des aspects liés à la psychologie enfantine, au monde psychique des fantasmes, des rêves et des désirs imprègnent la vision du monde extérieur (*présence de vagues sur l'eau dans un récipient ;* ***Fig. 1a****)*.
- L'injection implicite dans la production d'éléments de conceptualisation ou de conceptions non scientifiques et personnelles, l'utilisation d'un mode d'interprétation personnel (chaîne sur la roue avant sur un dessin de bicyclette (***Fig. 1a***), sinon « comment avancerait-elle ? » – propos d'un élève de CM2), un retour à des formes connues dans des situations inhabituelles (*surface penchée des liquides ;* ***Fig 1a*** ; on a l'habitude d'avoir une surface perpendiculaire aux bords des récipients) conduisent à des productions éloignées des objets d'observation.

Par ailleurs, on note souvent une confusion entre dessin et schéma ou du moins une absence de caractérisation, en actes, de ce qu'est un schéma (quand on schématise un récipient, il s'agit généralement d'un schéma « en coupe », dans lequel l'épaisseur n'est pas représentée) ; des connaissances imparfaites des techniques de représentation (dessins de face et de côté), des règles et des symboles utilisés dans ce type de représentation, sur lesquels nous revenons au § D.

Des élèves (et des adultes) peuvent donc « regarder » un même objet et le représenter de manière différente, non pas seulement parce que leurs compétences techniques vis-à-vis du dessin sont variées, mais parce que les informations prises et traitées à partir de l'objet (ou du phénomène) sont disparates. Ce que voit un observateur dépend de l'objet, bien sûr, mais aussi de ses expériences, de ses connaissances antérieures ou spontanément mises en œuvre et de ses propres capacités physiologiques. L'observation n'est pas directement objective ; elle n'est pas non plus spontanément objectivée dans le sens de la connaissance scientifique, connaissance scientifique qui ne peut d'ailleurs traiter à elle seule toutes les questions du Monde. L'observation ne conduit donc pas à créer en soi l'image mentale de LA réalité.

Observer en sciences et en technologie, c'est en fait non seulement « regarder » ou « voir », mais c'est déjà essayer de comprendre les phénomènes perçus. **L'observation** n'est pas une activité neutre ni une fin en soi. C'est **une phase intellectuelle active.** À l'observation correspond une organisation réalisée au moyen d'un cadre conceptuel et technique déjà là, fournissant des indices et des critères, en vue d'une exploitation. Observer, c'est prendre conscience que la vision en général et la perception scientifique en particulier correspondent à des prélèvements, sur la situation en jeu, de propriétés, de relations, de faits et donc à des réductions, à des interprétations et même, parfois, à des débuts de modélisation.

L'observation scientifique ne correspond pas à un sixième sens, c'est le résultat de l'implication de la réflexion dans un questionnement à propos d'éléments du référent empirique (les objets, les faits et les phénomènes physiques), pour un objectif (démontrer, convaincre) et un public (ses pairs, un enseignant) déterminés ; c'est une compétence qui se construit tout au long de la vie.

Les attentes contextuelles de production doivent également être prises en compte : le dessin ou le schéma en technologie n'ont pas les mêmes objectifs que le dessin ou le schéma en géographie ou dans les disciplines artistiques. L'enseignant doit particulièrement porter son attention sur la caractérisation des « regards » en sciences et en technologie (leurs finalités, leurs techniques) et des rapports au savoir et aux objets que ces deux disciplines construisent.

Pour maintenir en état de veille scientifique l'observation, il convient de maîtriser au mieux le processus qui lui est lié (résister à l'imaginaire), de contrôler sa pratique et les résultats (validation « interne » – pour soi, logique), de comparer ses observations avec les observations et les (re)connaissances des autres (validation externe). L'observation ne peut constituer une fin en soi. Cette activité scientifique s'intègre dans un processus, afin de découvrir, de préciser un objet ou un phénomène naturel en amont et d'approfondir, d'analyser, de comprendre et de formuler un savoir en aval.

3 - Apprendre à communiquer

• Argumenter au cours de débats oraux

Des débats ont lieu soit au cours de moments de recherche, soit dans des moments de synthèse, où des résultats sont analysés et des conclusions formulées. Ils seront l'occasion pour les élèves d'apprendre à argumenter oralement *(compétences 1 et 6).*

• Représenter des phénomènes et des objets de différentes manières

L'enfant, dès son plus jeune âge, est immergé dans un bain d'images, de dessins, de pictogrammes, de codes, de symboles, de schémas, de modes de représentations variés qui traitent, représentent, montrent, expliquent... des phénomènes physiques et des objets techniques qui l'entourent. En classe, le professeur a recours à différents modes de communication pour faire découvrir, construire et apprendre des concepts scientifiques aux élèves.

Au même titre que l'élève apprend à lire et à écrire des textes, il doit être confronté à la lecture et à l'écriture de dessins, schémas, croquis, points de vue, courbes.... Celles-ci donnent lieu à des apprentissages qui doivent laisser la place à la spontanéité et à la créativité, tout en permettant d'accéder peu à peu aux langages des codes, des normes... Il s'agit bien, dans des situations fonctionnelles de communication, d'ouvrir l'élève aux langages techniques pour le faire accéder au monde scientifique et technologique et de lui faire approcher cette pluralité de modes de représentation des objets et systèmes techniques (*compétences 3 et 7*) sans apprendre le dessin technique normalisé, qui se fera au cours de la scolarité ultérieure de l'élève. Nous revenons sur ce point dans la partie D de ce chapitre.

• Écrire tout au long de l'activité

Les écrits des élèves peuvent prendre différentes formes et ont leur place dans les différents moments de l'activité (*compétences 1, 3 et 7*). Nous développons ce point plus loin (partie B.2).

4 - Devenir citoyen

L'éducation du citoyen passe par une mise en questions des conceptions de la société, des règles de vie et des valeurs qui les fondent. Afin de fonctionner et de se développer dans les meilleures conditions, un pays a besoin de citoyens éclairés par la raison et par les connaissances (*compétences 6 et 7*) ; c'est un des rôles qu'assument l'éducation et l'enseignement.

Du dessin au schéma

a. Premiers dessins d'observation

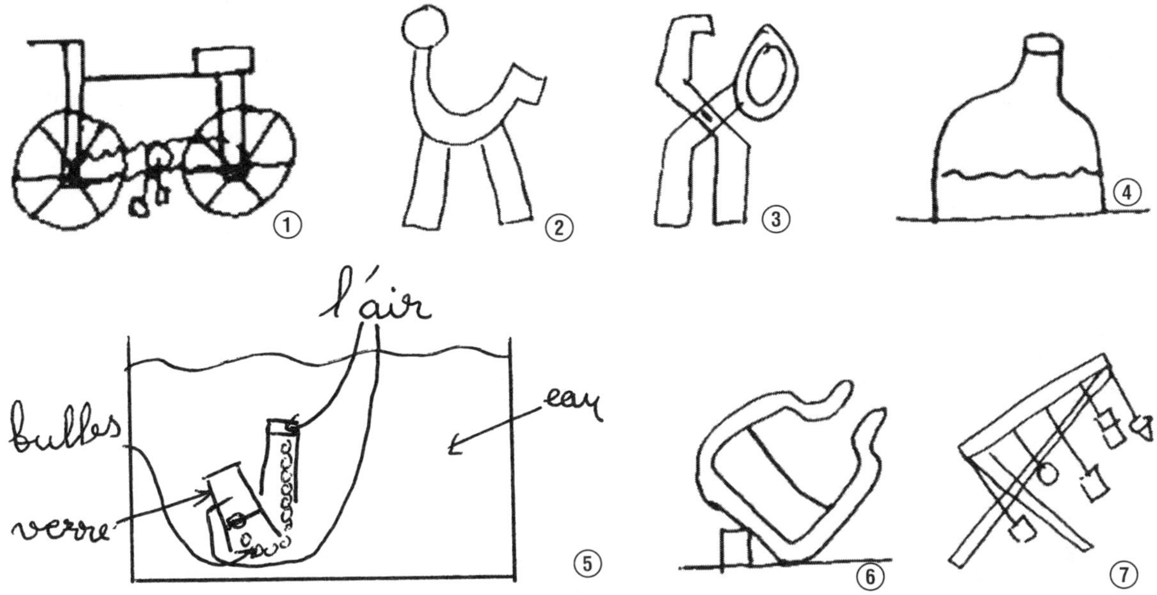

b. Schématisation d'une pile

Dessin d'élève

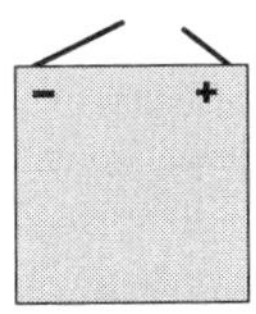

Premier schéma : pile

Schéma normalisé : générateur de tension continue

Fig. 1 ***a.*** Ces dessins ont été produits par des élèves de l'école primaire : une bicyclette ① ; un dénoyauteur à olives sans axe ② puis avec axe après travail en classe ③ ; un niveau d'eau « à vagues » (④ et ⑤) ; des niveaux d'eau perpendiculaires aux parois du récipient et non horizontaux (⑤ et ⑥) ; des fils non verticaux, mais perpendiculaires à la barre où ils sont fixés ⑦. ***b. c.*** Le passage du dessin au schéma nécessite la sélection de critères pertinents.

c. Schématisation d'un moulin

Dessin d'élève

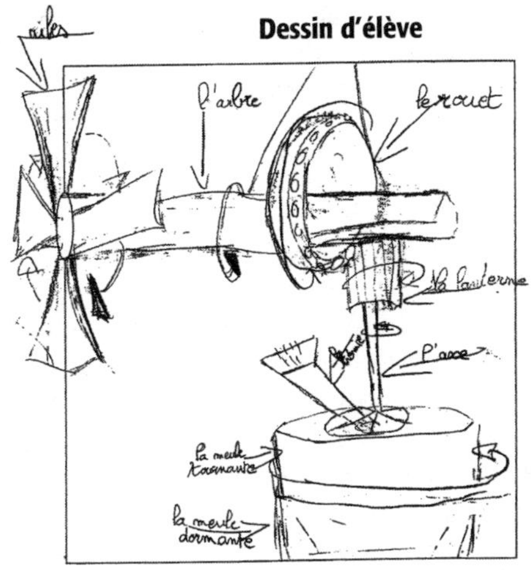

Dessin mis en forme à l'aide du professeur dans le cadre d'un atelier informatique

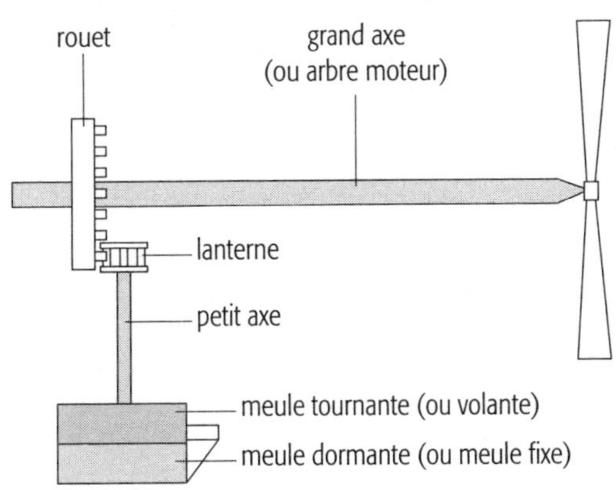

• Enseignement et citoyenneté

La question de la citoyenneté relève de toutes les disciplines scolaires. Le monde et la société futurs seront de plus en plus investis par les sciences et les techniques. Il convient donc de faire en sorte que le plus grand nombre des enfants soit informé, comprenne le sens des mutations importantes en jeu et agisse en connaissance de cause. Le risque est grand de voir le pouvoir détenu par quelques-uns et des citoyens aliénés.

• Contenus scientifiques et citoyenneté

L'enseignant réfléchit sur la manière dont ses pratiques pédagogiques véhiculent des représentations particulières. Attention par exemple à une certaine idéologie du « progrès », qui suppose qu'il est possible, entre deux situations historiquement ou géographiquement séparées, de dire laquelle est la meilleure, qui voile les critères utilisés pour juger ce en quoi on estime une situation meilleure, qui réduit souvent la notion de progrès à une seule dimension, indûment privilégiée, la croissance économique ou les bénéfices matériels (de certains) par exemple.
La notion de progrès peut être abordée en relation avec des critères scientifiques. Par exemple, le système de Copernic a été un progrès par rapport à celui de Ptolémée, pour la prévision rapide des mouvements des planètes. C'est dans ce sens-là que doit être développé l'esprit critique. En effet, celui-ci ne consiste pas à « tout discuter de façon relative voire négative », mais à s'interroger sur les critères utilisés pour affirmer ou valider un fait, un modèle, une théorie.

• Pratiques pédagogiques et citoyenneté

Dans une société démocratique, l'éducation à la citoyenneté s'accompagne d'une ouverture aux débats, à l'écoute et à la discussion, d'une répartition des rôles et des tâches.
Des pratiques pédagogiques mises en place par les enseignants peuvent aider à construire une manière d'être citoyen. Il ne s'agit pas d'apprendre aux élèves à « faire ce qu'on leur dit de faire » sans leur donner les moyens de comprendre le pourquoi et le comment de ce qu'ils font. L'école du citoyen est une école de la communication et de la construction active et commune des connaissances.

5 - Développer la maîtrise des TUIC

De nombreuses activités participent à la construction de la maîtrise des TUIC (techniques usuelles de l'information et de la communication ; *compétence 4 du socle commun*). Des exemples sont développés au fil des pages et plus spécifiquement dans la partie 8 de cet ouvrage.

6 - La culture humaniste

De façon incidente et dans certaines situations, l'élève peut être amené à travailler sur le présent et le passé, au travers de l'étude de l'évolution d'objets (balance, bicyclette par exemple), à utiliser un globe ou une carte (en astronomie par exemple), à être confronté à une œuvre d'art (mobile de Calder, tableaux représentant des jeux d'ombres et de lumière...). Des liens s'établissent ainsi entre les cultures scientifique et humaniste (*compétence 5*). L'élève apprend dans le même temps à repérer les différences entre les approches scientifique et humaniste d'un même objet.
Nous avons aussi montré dans ce chapitre comment la culture scientifique participe à la formation du jugement, enrichit la perception du réel, invite à la réflexion sur ses propres opinions et contribue à la connaissance des idées et à la découverte de soi.

B - Sciences et technologie et maîtrise de la langue

1 - L'oral

Il est évident que les activités en sciences, en particulier dans les moments de débats internes aux groupes ou menés dans la classe entière, sont des occasions pour les élèves de s'exprimer, de dire et de s'exercer à la pratique de la langue orale.
Ils sont ainsi amenés à formuler une idée, décrire un objet, un dispositif ou un phénomène, argumenter en prenant en compte les arguments des autres... Autant d'occasions de manier la langue orale, au cours desquelles les élèves vont prendre conscience de la nécessité de se faire entendre et comprendre et, pour l'enseignant, de repérer d'éventuelles difficultés à retravailler lors de séances de français.

2 - Écrire en sciences et technologie

Les programmes accordent une place importante à l'écriture en sciences et technologie, dont on trouve la trace dans le cahier d'expériences, auquel nous consacrons une partie plus loin dans ce chapitre (§ C).

a) Forme des écrits

Les écrits prennent **différentes formes**, selon le problème travaillé. Il peut s'agir de dessins, de schémas, de tableaux, de graphiques, de listes, de textes. Les élèves apprendront à élaborer ces différentes formes d'écrits et à choisir celle qui correspond le mieux à leur fonction.
Écrire un **texte descriptif** en sciences et technologie doit engager l'élève à dégager l'essentiel du superflu, en décomposant un ensemble en unités structurelles. Par exemple, pour un objet, seront hiérarchisés

Types d'écrits d'élèves

a. Écrits intermédiaires

Fonctions de l'écrit	Phases de l'activité	Exemples d'écrits
– Définir et observer la situation matérielle sur laquelle on travaille (phénomène, objet, expérience). – Prévoir et organiser l'investigation.	– Observation. – Construction de questions ou d'hypothèses, de critères pour l'observation et pour l'expérimentation. – Définition de la problématique. – Préparation d'une expérimentation ou d'essais sur un objet technique. – Construction d'un objet.	– Phrases déclaratives. – Texte descriptif. – Dessin, schéma. – Protocole expérimental. – Texte injonctif. – Fiche d'essais. – Cahier des charges.
– Mettre en relation les observations avec des conceptions ou des savoirs précédemment acquis.	– Formulations d'idées, de questions ou d'hypothèses. – Exposition des résultats. – Compte rendu de lectures.	– Texte, dessin, schéma. – Relevé de mesures sous forme de liste, de tableau ou de graphique. – Résultats d'expériences ou d'essais.
– Aider à argumenter et à confronter. – Aider à communiquer ses résultats et ses propositions. – Préparer la construction de la nouvelle connaissance.	– Confrontation de résultats. – Retour sur les hypothèses.	– Synthèse partielle sous forme de texte descriptif, explicatif, argumentatif, de dessin, de schéma et de graphique, d'organigramme.

b. Écrits finaux

Fonctions de l'écrit	Phases de l'activité	Exemples d'écrits
– Interpréter, comprendre, expliquer. – Structurer les connaissances. – Aider à mémoriser. – Communiquer aux autres ce que l'on sait, ce que l'on a appris.	– Modélisation. – Conclusion. – Synthèse.	– Compte rendu final pouvant comprendre du texte (descriptif, explicatif, injonctif, chronique ou informatif), des schémas, des graphiques…

c. Écrits d'évaluation

Fonctions de l'écrit	Phases de l'activité	Exemples d'écrits
– Montrer ce que l'on sait. – Montrer que l'on est capable de réinvestir ce que l'on a appris sur une situation nouvelle.	Évaluation à l'issue de l'activité.	Réponses à des questions pouvant comprendre du texte (descriptif, explicatif, argumentatif), des schémas, des graphiques.
– Repérer ce que l'on sait et ce que l'on a appris.	Auto-évaluation après l'activité.	– Appréciations codées par les élèves des écrits d'évaluation finale précédents. – Écrits pour montrer les écarts entre « ce que je pensais » avant l'activité et « ce que je sais » à l'issue de l'activité.

Fig. 2. Formes et fonctions des écrits produits par les élèves.

les systèmes et sous-systèmes constitutifs en tenant compte de leurs fonctions (globales, secondaires, techniques...). Seront ensuite considérées les caractéristiques physiques, l'organisation topologique des pièces. Ces écrits doivent s'appuyer et être organisés sur un vocabulaire spécifique, une nomenclature référencée, un dessin représentatif de l'objet.

• Pour **expliquer le fonctionnement** d'un objet, par exemple son mécanisme, on procède en partant des causes, de l'entrée du système, pour aller progressivement jusqu'à la sortie du système, l'effet produit. Tout au long de l'explication, il s'agit de respecter l'ordre chronologique des mouvements, le rôle des pièces mécaniques mises en jeu, leur mouvement et leur liaison en tenant compte des actions simultanées, des effets obtenus, des conditions de fonctionnement. C'est l'exactitude des informations et du vocabulaire employé qui sera ici au cœur de l'apprentissage technologique. Expliquer un phénomène physique consiste à repérer les facteurs importants et à traduire la façon dont ils sont mis en relation. Le choix des connecteurs logiques, la concordance des temps, les normes qui régissent les règles d'écriture de ce type de texte sont mises au service de l'explication scientifique ou technique. Un organigramme de fonctionnement peut compléter cette étude.

• Dans le cas du **texte injonctif**, l'élève doit être capable de donner au futur lecteur les prescriptions, les instructions nécessaires et suffisantes pour fabriquer, construire, monter un objet, réaliser un protocole expérimental. L'élève doit être capable, par exemple pour un processus d'actions donné, de repérer, de sélectionner les opérations élémentaires en jeu et de les organiser chronologiquement. Le choix du lexique approprié porte principalement sur les verbes d'action, les noms des pièces et des matériaux, l'organisation spatiale et temporelle de la fabrication.

Une fiche de fabrication présente une partie « étapes » constituée d'un texte injonctif, mais elle possède d'autres caractéristiques. Elle présente les éléments nécessaires à la construction d'un objet. Elle est constituée (par exemple fig. 13 du chapitre 17) :
– d'un ou de plusieurs dessins (schémas) présentant l'objet dans son ensemble et éventuellement par parties, associé(s) à une légende ;
– d'une liste de matériel (ou ingrédients) ;
– d'une liste des outils nécessaires ;
– de la chronologie des étapes de la fabrication.

Les fiches techniques utilisées ou construites en classe sont adaptées et peuvent prendre, par rapport à cette structure, certaines libertés en fonction de l'objet, de l'âge des élèves auxquels elles sont destinées et des objectifs fixés par l'enseignant. On pourra par exemple ne trouver seulement que certains des éléments de cette structure, les parties textuelles pourront être supprimées (jeunes enfants), les dessins pourront être remplacés par des collages d'objets. Une des parties constitutives de la fiche peut faire l'objet d'un travail d'analyse et de découverte par les élèves.

• Le **texte chronique**, informatif, trouve surtout sa place en sciences et technologie pour conserver en mémoire une succession d'événements, d'observations. Ce sera le cas, par exemple, pour présenter l'évolution, l'histoire d'un objet, d'une famille d'objets (respect de la temporalité). On peut faire apparaître des repères tels que des dates essentielles, les noms des objets apparus, assortis des phénomènes physiques et principes techniques qui ont marqué leur évolution et ainsi fait apparaître des lignées d'objets. À cette occasion, il est possible de citer les noms de grands inventeurs.

b) Fonctions des écrits

Les écrits ont des **fonctions différentes** selon le **moment** où ils sont produits dans l'activité. Selon ces moments, leur **destinataire** ne sera pas le même. Ces destinataires peuvent être d'autres élèves (de la classe ou d'une autre classe dans le cas d'une correspondance scolaire), un public plus large (exposition, journal électronique de l'école par exemple) : ce sont alors des **écrits de communication**. Les destinataires peuvent aussi être les élèves eux-mêmes, qui ont besoin d'écrire pour garder en mémoire une observation ou un résultat intermédiaire, pour réfléchir, préciser leur pensée. La forme est alors moins finie, puisque seul l'auteur doit pouvoir le relire. Ce sont des **écrits pour garder en mémoire, pour organiser des résultats, pour aider à penser**. Si on classe ces écrits par rapport au **moment où ils sont produits**, on peut repérer trois types d'écrits (***Fig. 2***).

• Les écrits intermédiaires

Les écrits intermédiaires sont produits par les élèves individuellement ou par petits groupes en fonction des activités d'exploration menées. Ce sont essentiellement des outils « pour soi ». **L'écrit initial** implique une prise de distance par rapport à une action immédiate et une anticipation relative aux connaissances et aux actions : émergence des conceptions, préparation d'une expérimentation. **Les écrits d'investigation** sont élaborés dans le temps où le savoir se construit : données « brutes » ou traitées, notes d'observation, mesures, listes, tableaux, questions, schémas, brouillons de textes. La question de la validation, du « vrai » et du « faux » est provisoirement suspendue. On est dans l'ordre du possible, on cherche à définir et à argumenter. Il y a mobilisation de la pensée des élèves afin de faciliter le débat. Il convient, dans cette phase de production, d'éviter de mettre les élèves dans une position d'échec en leur expliquant ce que le travail représente : les écrits intermédiaires ont la possibilité d'être retravaillés. Ils évoluent grâce à la confrontation, l'analyse, le débat, la transformation, de nouvelles données, des documents, l'utilisation de normes d'écriture (schémas, graphiques, légendes), la formalisation. Cette évolution peut être personnelle ou résulter d'une confrontation avec les autres.

• Les écrits finaux

Les écrits finaux sont à mettre en relation avec les phases d'institutionnalisation, de structuration ou d'évaluation. Ils sont produits lors d'une synthèse collective, après confrontation, échanges, argumentation et choix parmi les productions précédemment élaborées. Les savoirs sont validés par l'enseignant et en fonction de normes culturellement validées.

• Les écrits d'évaluation

Les écrits d'**évaluation et d'auto-évaluation** correspondent à l'utilisation des connaissances dans un nouveau contexte proche, à la reformulation de l'énoncé collectif, au retour sur ses premières productions (Qu'est-ce que j'ai appris ? Qu'est-ce qui faisait difficulté ? Qu'est-ce que je ne savais pas avant ? Comment ai-je progressé ? Qu'est-ce qui m'a fait changer d'idée, de production, de savoir ? Quelle méthode ai-je utilisée ?) et finalement : Comment en sciences ou en technologie construit-on le savoir ? Le cahier d'expériences, qui peut suivre l'élève dans son parcours à l'école élémentaire, est un bon support pour l'auto-évaluation à plus long terme : les élèves peuvent eux-mêmes repérer des évolutions dans les schématisations, les comptes rendus..., revenir sur certaines connaissances pour en remarquer des évolutions...

3 - Lire en sciences et technologie

Tout travail sur document nécessite une lecture active, au cours de laquelle les élèves doivent trouver et prélever les informations en relation avec le problème à résoudre. En sciences et technologie, les écrits peuvent être des textes, mais ils sont le plus souvent accompagnés de photographies, de dessins et de schémas légendés, de tableaux... donc d'une variété d'écrits avec laquelle il faut familiariser les élèves et leur donner des outils de lecture. Savoir lire « en même temps » une photographie, un schéma et un texte est le résultat d'un véritable apprentissage.

À l'heure actuelle, il est possible d'offrir aux élèves une grande multiplicité de supports d'écrits qui offrent tous ces types d'expression tels que : documentaires scientifiques et techniques riches en illustrations, manuels scolaires, mais également des dépliants de fabricants, des emballages, des fiches de montage de jeux et jouets, ainsi que des modes d'emploi d'objets techniques... L'essentiel est de sélectionner les documents, en termes de qualité et de quantité, en fonction du niveau des élèves.

C - Le cahier d'expériences

Tous les écrits ont leur place dans le cahier d'expériences, bien que leurs statuts scientifiques ne soient pas les mêmes. Les premiers écrits, personnels ou produits par petits groupes, comportent le plus souvent des erreurs scientifiques. Les écrits finaux présentent un savoir institutionnalisé et ne comportent pas d'erreur. Les mettre tous dans le cahier d'expériences fait prendre conscience à l'élève qu'il a appris, que l'erreur faite lui a permis d'apprendre. Il prend conscience que le savoir scientifique résulte d'une construction intellectuelle et n'est pas donné a priori (***Fig. 3 à 5***).

1 - Repérer les différents statuts des écrits des élèves

N'ayant pas le même statut, les différentes productions écrites repérées plus haut (écrits intermédiaires, écrits finaux) doivent être physiquement séparées pour être reconnues. Les élèves doivent le savoir, leurs parents aussi. Il faut admettre l'existence d'erreurs scientifiques, syntaxiques et orthographiques dans les écrits personnels ou produits par groupe. Ce n'est pas le cas dans les écrits institutionnalisés, qui se trouvent dans les pages collectives, que le professeur doit relire et corriger.

Plusieurs possibilités pratiques sont envisageables pour les cahiers des élèves : feuilles de couleurs différentes, pages de droite et pages de gauche, marquage de pages avec des gommettes, un trait de surligneur, utilisation d'encres de couleurs différentes...

Peuvent être aussi ajoutés, de manière nettement visible et structurée, des titres comme : « Mes hypothèses », « Mes premières observations », « Mes expériences » dans le cas des premières productions ; « Ce que nous avons conclu », « Ce qu'il faut savoir », « Comment nous avons montré que... » pour les écrits finaux.

Le compte rendu final est rédigé dans un langage clair, précis, associé à des schémas. Il peut prendre en compte les différentes étapes de la démarche produite de manière synthétique et être structuré suivant le cadre habituel des exposés scientifiques : question, observations et hypothèses, expérimentation ou/et analyse de données (recherche bibliographique), résultats et conclusions. Il faut enfin mettre en relation les savoirs avec des connaissances précédemment acquises et préciser les limites du travail accompli, des modèles créés. Ces écrits pourront eux-mêmes servir par la suite comme points de départ ou comme explications à de nouvelles séquences.

Les écrits finaux peuvent aussi utilement servir de base pour des activités décrochées d'analyses lexicale et grammaticale et conduire à des reformulations, à des explications mieux structurées.

Extraits d'un cahier d'élève autour de l'activité : comment obtenir de la glace ?

a. Un extrait de la partie personnelle

ma proposition : un ver d'eau au frigo

mon dessin de l'expérience

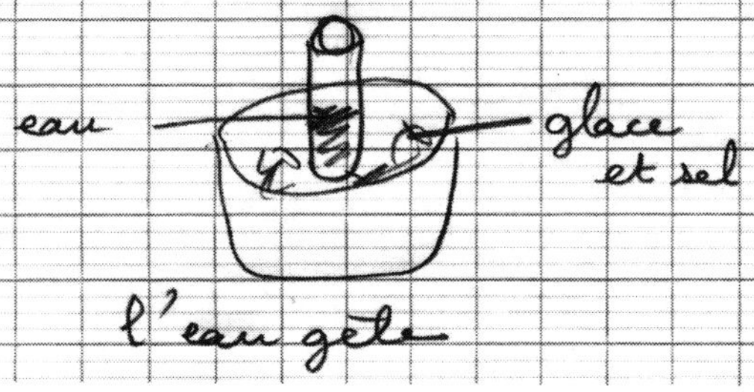

b. La page collective

Où l'eau liquide gèle-t-elle ?

Nos résultats :
- l'eau liquide a gelé dehors
- l'eau est resté liquide dans le couloir et dans le réfrigérateur.

À quelle température peut-on avoir de la glace ?

- Une expérience pour fabriquer de la glace

au début

L'eau liquide gèle.
La température est 14°C en dessous de 0.

- Nos résultats

endroit	dehors	couloir	réfrigérateur	glace et sel
température en °C	4 sous 0	16	6	14 sous 0
l'eau liquide gèle	oui	non	non	oui

- Conclusion
À partir de nos résultats et d'un document, nous pouvons dire que l'eau liquide gèle à une température en dessous de 0°C.

Fig. 3. Un cahier d'expériences au cycle des apprentissages fondamentaux. Les pages personnelles et la page collective peuvent être complétées en regard l'une de l'autre. L'élève doit bien différencier le statut de ces deux pages. L'utilisation de feuilles de couleurs différentes peut y aider.

Extraits de cahiers d'élèves autour de l'activité : comment allumer une lampe avec une pile ?

a. Deux extraits de pages personnelles (deux cahiers différents)

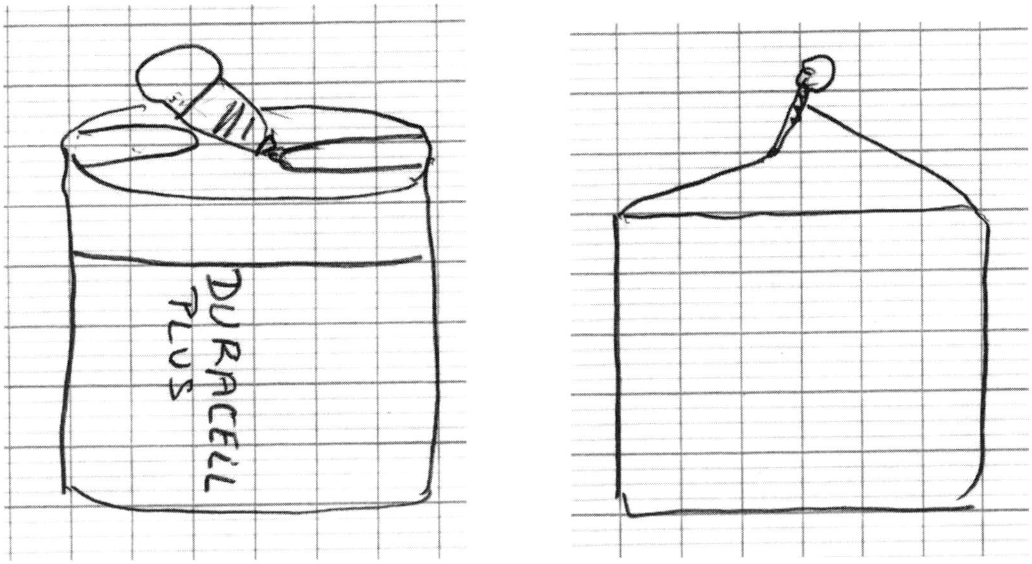

b. Un extrait de la page collective

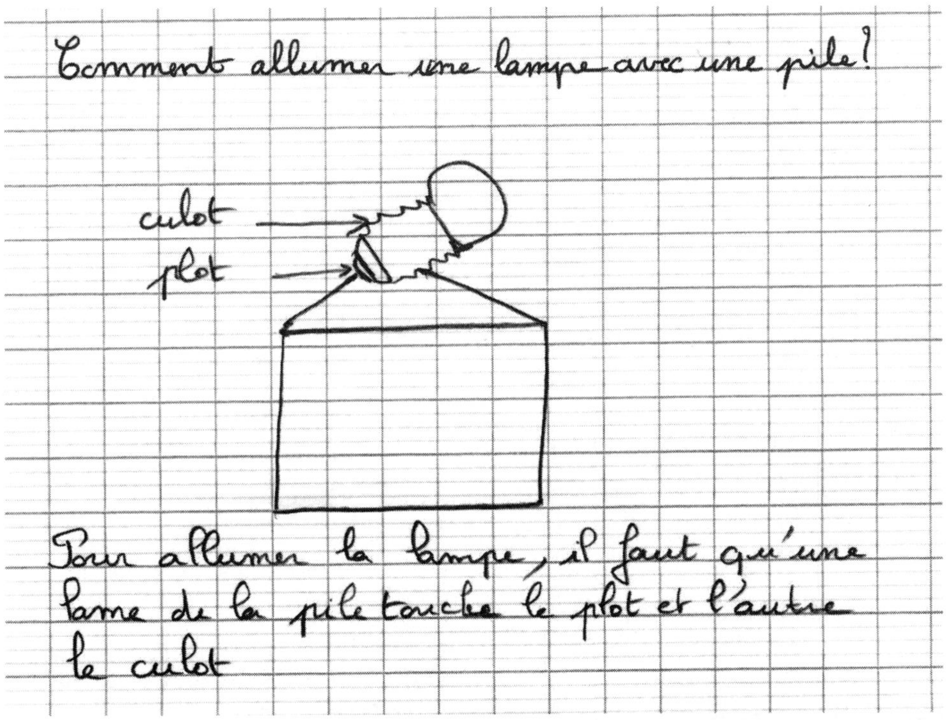

Fig. 4. Un cahier d'expériences au cycle des apprentissages fondamentaux. Des erreurs scientifiques se trouvent dans la partie personnelle, mais pas dans la partie collective. Un travail sur la schématisation a été mené pour passer des modes de représentation des élèves au schéma de la classe.

Extraits d'un cahier d'élève autour de l'activité : la bouteille d'eau a éclaté

a. Extrait d'une page personnelle

mes hypothèses
le volume de glace est plus grand
il y a plus de glace

ma proposition d'expérience sur la masse
on pèse de la glace
on la fait fondre
on pèse à nouveau

résultat de l'expérience : ça pèse pareil.

Fig. 5. Un cahier d'expériences au cycle des approfondissements. Les élèves présentent à leur façon leurs hypothèses et leurs propositions d'expérience sur la partie personnelle.
Un travail de reformulation est mené en classe pour élaborer la partie collective.

b. La partie collective

Constat : l'eau liquide a gelé et la bouteille a éclaté

Question : Pourquoi la bouteille a-t-elle éclaté ?

Les hypothèses de la classe :
- le volume de la glace est plus grand que le volume de l'eau liquide
- la masse de la glace est plus grande que la masse de l'eau liquide

L'expérience faite en classe pour tester l'hypothèse sur la masse

- au début

- à la fin

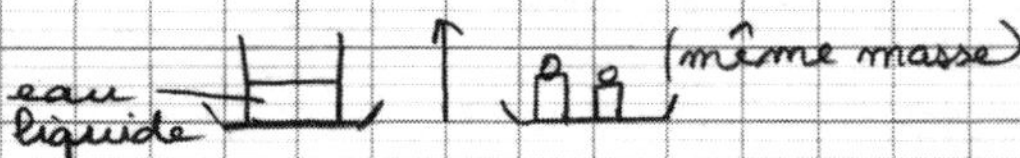

remarque : on a bien essuyé le récipient et le plateau

Conclusion : la glace et l'eau liquide obtenue après la fusion ont la même masse.

Réponse à la question : la bouteille a éclaté parce que le volume de glace est plus grand que le volume de l'eau liquide au départ, mais la masse ne change pas.

2 - Les limites de l'écrit

Les écrits, surtout s'ils sont soignés, demandent du temps et ont un coût cognitif important. Dans les classes du cycle des apprentissages fondamentaux, on favorisera les dessins et les schémas par rapport au texte, surtout dans les premières étapes de la démarche. Les dessins font partie des productions les plus spontanées des enfants. Ils ont le mérite de pouvoir être individualisés, ce qui est le meilleur moyen de faire émerger les représentations initiales. Cependant, les contextes de production de dessins dans les disciplines scientifiques et technologiques sont différents de ceux dans lesquels les élèves sont placés par ailleurs (arts visuels notamment), des obstacles devront être levés et le passage au dessin scientifique ou technique sera explicité : rigueur, tri de données dans les observations, simplifications, symbolismes, présence de légende, utilisations d'instruments pour les tracés.

Le fait de conserver dans le cahier d'expériences les « brouillons » et les traces de mauvaises conceptions peut, si l'on n'y prête pas attention, décourager certains élèves ou/et donner à voir des éléments de la sphère privée des enfants. Une réflexion sur l'évaluation et son aspect formatif, sur le statut de l'erreur, sur les conceptions elles-mêmes et sur les tâtonnements en sciences peut être utilement envisagée avec les élèves (et même les parents) en cas de problèmes.

Afin d'intégrer au mieux l'écrit, on peut le motiver en l'articulant aux autres supports de la communication interpersonnelle (orale, gestuelle) et aux différentes formes de la connaissance scientifique (expérience, modèle, cohérence conceptuelle). L'écrit est donc proposé dans le cadre d'une pédagogie active et participative, constructive par et pour les élèves.

La construction par les élèves de fiches de synthèse de connaissances ou de comptes rendus d'expériences ou d'essais présente des difficultés qu'il convient de connaître afin de les prévenir et de proposer, au moins dans un premier temps, un guidage et une différenciation pédagogique destinés à aider certains élèves. L'enfant n'est pas capable seul de s'acquitter de ce travail difficile. La synthèse dans laquelle l'objet, le phénomène ou l'action apparaissent tour à tour matériellement, puis comme image mentale, enfin comme référence conceptuelle scientifiquement élaborée demande mémoire, réflexion, planification :

– une projection dans le temps et dans la chronologie des événements : Qu'avons-nous fait ? À quel moment avons-nous observé que… ? Dans quel ordre avons-nous procédé ? Que s'est-il passé quand… ?

– une re-mémorisation des espaces physiques : Comment le matériel était-il disposé ? Qu'avons-nous déplacé ? Où le phénomène est-il apparu ?

– une construction des espaces conceptuels : Qu'avions-nous proposé ? Que savions-nous déjà sur le sujet ? Connaissions-nous quelque chose qui ressemble à… ? Que peut-on conclure ? Pourquoi… ?

– une construction linguistique : Pour qui écrire ? Quels mots utiliser ?

C'est une évidence que l'écrit a un caractère définitif que ne possède pas l'oral. Les compétences en jeu ne sont pas les mêmes et les interactions dans la communication orale peuvent conduire par des jeux de questions/réponses, de gestuelle, à des régulations en temps réel et à des explicitations éventuellement plus guidées.

D - Les différents modes de représentation

La ***figure 6*** rappelle quelques définitions de mots, émanant de dictionnaires, employés fréquemment à propos des différents modes de représentation.

On prend conscience ici qu'il est parfois difficile de cerner la limite entre certaines définitions comme croquis et esquisse, par exemple.

Les outils employés pour dessiner font de plus en plus appel à l'outil informatique, qui propose au collège, au lycée, dans les bureaux d'études, des logiciels de dessin, de conception assistée par ordinateur (CAO)…

À l'école, on privilégie des outils traçants aussi simples que le crayon, le stylo… mais, dans certains cas, on aura recours à du matériel tel que l'appareil photo, le caméscope… pour aider à la représentation en deux dimensions de certains dispositifs.

Néanmoins, une représentation en volume dans l'espace à trois dimensions pour modéliser un phénomène, maquetter une partie ou totalité d'un objet est envisageable : cela exige alors la mise en œuvre de matériaux appropriés. La maquette, qui peut être à une échelle différente de l'objet réel, est un objet concret qui peut être plus compréhensible pour l'élève.

Il ne s'agit pas, dans cette partie, de décrire l'évolution du graphisme et du dessin d'enfant à travers les âges, mais de répertorier et caractériser les modes de représentations « techniques » nécessaires à l'expression de la pensée scientifique et technique pour l'élève et d'en percevoir quelques difficultés.

1 - Les représentations à caractère personnel

Lorsque la représentation est du domaine de la conception, de la recherche de dispositifs expérimentaux, de solutions techniques pour mettre au point un projet, elle n'obéit à aucune règle précise. En conséquence, une seule contrainte est nécessaire : être rendue compréhensible par son auteur pour communiquer. Ce dessin peut être riche de détails, mais aussi, dans d'autres cas, ne décrire que l'essentiel de la pensée de l'auteur, en omettant volontairement tous les détails jugés secondaires et tous les éléments

dont la présence est implicite pour lui. Il s'agit alors des esquisses, des croquis, des schémas, des codages personnels... ne respectant aucune norme.
Il est important qu'un élève légende et écrive un texte complémentaire pour expliquer son dessin : cela permet de connaître son vocabulaire, mieux comprendre sa pensée, percevoir ainsi ses représentations et révéler d'éventuelles contradictions entre le dessin et le texte.
Ces dessins ont leur place dans la partie personnelle du cahier d'expériences de l'élève ; ils ne seront pas corrigés par l'enseignant dans un souci d'authenticité.
L'élève emploie très volontiers divers modes de représentations simultanément sur la même production, dans le souci d'être le plus explicite possible.

2 - Les représentations codifiées

Pour qu'un dessin à main levée soit facilement compréhensible par une autre personne que son auteur, il faut qu'il possède des caractéristiques telles que : rigueur, clarté et langage connu du récepteur.
Dans les livres de cuisine, de construction d'objets, des modes d'emploi..., on peut lire des codes définis par les auteurs des textes afin d'alléger les explications, simplifier la lecture de schémas. Pour permettre la communication de la pensée technique entre les personnes, de façon universelle, il était nécessaire de définir un code de représentation technique commun à une communauté, à tous les peuples.
Il existe des codes nationaux, européens, internationaux, qui émanent de groupes de recherche et font l'objet d'harmonisation et d'actualisation permanentes. L'utilisateur doit évidemment en maîtriser les données pour le décoder et le manipuler. Par exemple : le code de la route, le code d'entretien des textiles sur les étiquettes de vêtements (***Fig. 6***), les codes liés à l'environnement que l'on trouve sur les emballages, le code-barres. Pour ce dernier, la SARL Gencod a mis au point un code valable pour tous les pays européens intéressés. C'est un standard international de codification des biens de consommation courante.
À l'école, les élèves, au-delà des codes établis au sein de leur classe, de leur école vont découvrir l'existence de codes universels. Ces derniers font appel à des couleurs, des formes, des pictogrammes... dont l'élève apprendra les règles de lecture.
Par exemple, très tôt, dès l'école maternelle, un élève va apprendre à lire et utiliser les codes présents sur les touches d'un magnétophone, d'une télécommande de télévision....

3 - Vers la représentation schématique normalisée

a) Le schéma

La schématisation est une des méthodes de représentation utilisées en sciences et en technologie. Il lui correspond un langage, avec ses codes et ses règles. Entre l'objet de la schématisation et sa traduction écrite, il y a des étapes présentant, à des degrés divers, abstraction, simplification, codification, sélection et focalisation sur des éléments pertinents par rapport à un questionnement scientifique. Il lui correspond un travail qui ne relève pas seulement de la graphie et de la connaissance de symboles à utiliser, mais aussi du concept en jeu.
Le passage du dessin au schéma nécessite :
– la reconnaissance d'une ou de plusieurs fonctions (de l'objet de schématisation) car le schéma n'est pertinent que par rapport aux fonctions qu'il privilégie et représente (justification interne dans un référent empirique) ;
– la reconnaissance d'une forme généralisante, ce qui concède aux précédentes fonctions des qualités de reproductibilité valables dans d'autres référents empiriques (justification externe, généralisation).
Par exemple, le passage du « dessin » de la pile à un premier schéma (***Fig. 1b***) nécessite la reconnaissance dans différentes piles « réelles » de la fonction « produire de l'énergie électrique » (« produire de l'électricité » pour les élèves plus jeunes) et des aspects matériels et conceptuels qui y sont associés. Sont représentées à ce niveau les deux lames de longueurs différentes et leur marquage différenciateur par les signes + et – (justification interne ; il sera possible plus tard de parler du sens du courant électrique).
Dans une deuxième étape, il s'agit par exemple de comprendre que la forme (cylindrique ou parallélépipédique) ou la taille (plus ou moins volumineuse) de la pile n'ont pas de sens pour la notion de circuit électrique, mais sont plutôt à mettre en relation avec la forme du boîtier (adaptation de la géométrie de la pile et de celle du boîtier qui la contient) dans lequel elles sont placées et avec leur capacité électrique. La taille de la pile correspond à sa capacité à produire de l'énergie électrique. Plus le volume est important, plus elle produira « longtemps » de l'énergie. Dans l'optique d'une analyse de circuit électrique, formes et tailles peuvent être uniformisées (le schéma nie donc certaines différences) et, finalement, n'importe quelle pile peut être représentée par le même schéma que celui qui avait été élaboré pour la pile plate : un carré avec deux traits pour les bornes, les signes « + » et « – » (justification externe). L'abstraction à visée scientifique sélectionne et limite les objets de représentation.
Le schéma pensé ainsi est porteur d'une symbolisation, à un certain degré de modélisation, et peut être utilisé dans de nouvelles situations pratiques, mais aussi théoriques, ce qui en fait un de ses grands intérêts. Le schéma favorise la création de liens entre les référents empiriques (ce sur quoi on travaille, objet ou phénomène) et les différents niveaux conceptuels.

Quelques définitions et exemples à propos des modes de représentation

Code - Système de signes ou symboles permettant de représenter une information.

Exemples. Le code-barres sur les produits, les codes employés pour représenter des outils sur une fiche de fabrication ou des actions :

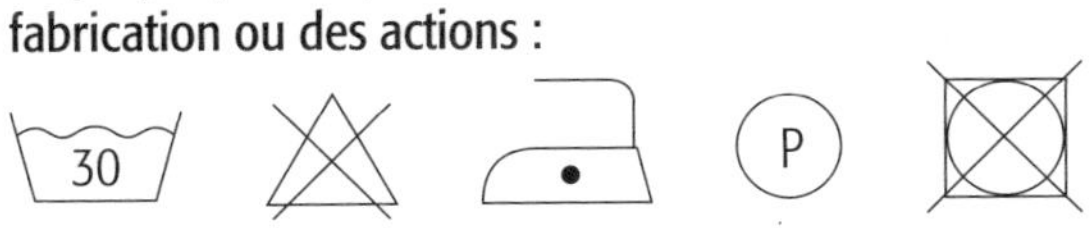

Coupe - Représentation graphique en projection ou en perspective d'une pièce selon un plan de coupe (***Fig. 7d***).

Croquis - Dessin rapide à main levée (familièrement, un crobard), sans instrument de mesure, sans recherche de détails et en principe d'après nature, qui ne fait qu'esquisser l'image d'un être ou d'une chose. Un croquis peut être un dessin préalable à un travail plus important et plus détaillé, mais dans ce cas on parlera plutôt d'esquisse.

Le croquis est un outil graphique de communication, il traduit une perception subjective instantanée de l'auteur. C'est un outil indispensable pour la recherche, la conception, la prise de notes sur le vif d'informations. Il permet d'aller rapidement à l'essentiel.

Esquisse - Dessin tracé rapidement, soit comme ébauche, soit pour prendre des notes dans des conditions qui ne permettent pas de créer un dessin aussi complet que désiré.

Gabarit - Pièce (ou objet ou document préformaté...) pouvant être reproduit un grand nombre de fois par contournement de sa forme, pour reproduire la structure de manière répétitive, ou permettant un contrôle d'une fabrication.

Logotype - Signe émis par une entreprise, une association ou autre pour se faire connaître ou reconnaître. C'est une image très simplifiée censée tout résumer, tout dire dans un souci de communication, pour signaler l'entreprise sur le marché.

Patron – 1. En géométrie, un patron (ou développement) d'un polyèdre est une figure géométrique plane obtenue en « dépliant » un polyèdre. 2. Modèle à partir duquel sont exécutés différents travaux (exemple : en couture, patron des différentes pièces du vêtement à coudre).

Plan - Représentation graphique, en projection horizontale ou en suivant une section horizontale, des différentes parties d'une ville, d'un édifice, d'une machine...

Perspective - La perspective est le phénomène de perception visuelle par lequel l'œil perçoit en deux dimensions un monde en trois dimensions. C'est la façon de représenter les objets en trois dimensions sur une surface plane, en tenant compte des effets de l'éloignement et de leur position dans l'espace par rapport à l'observateur (***Fig. 7c***).

Pictogramme - Représentation graphique schématique, dessin figuratif stylisé fonctionnant comme un signe d'une langue écrite et qui ne transcrit pas la langue orale.

Exemple : 

Schéma - Dessin ne comportant que les traits essentiels de la figure représentée, afin d'indiquer non sa forme, mais ses relations et son fonctionnement.

Exemple. Un schéma de montage en électricité :

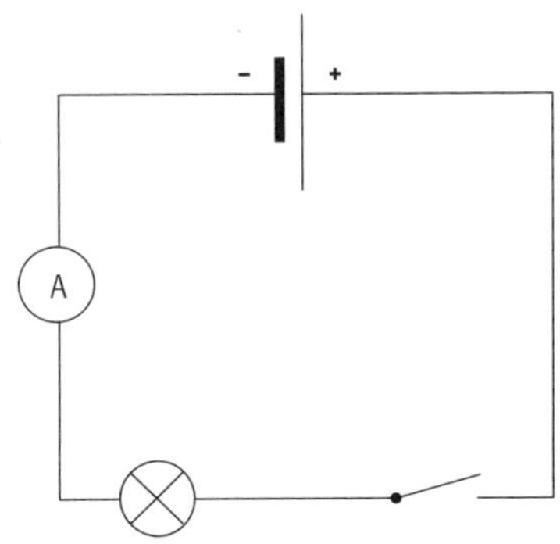

Section - Dessin des parties contenues dans un plan sécant, à l'exclusion des ouvrages situés en arrière de ce plan (***Fig. 7d***).

Fig. 6. De nombreux modes de représentation existent, dont les finalités et les traductions graphiques sont très différentes.

Par exemple, la schématisation d'une pile permet de concentrer la réflexion sur le circuit électrique lui-même, objet de conceptualisation (fonctionnement, conditions d'éclairages d'une lampe).
Le schéma normalisé de la pile prend le statut de symbole car, d'une part, il s'éloigne d'une représentation visuelle de l'objet qu'il représente et, d'autre part, il y a un processus de normalisation au niveau de la codification des bornes.
Les processus de schématisation/symbolisation se poursuivent pour la pile au niveau du Collège, du Lycée et de l'Enseignement supérieur, au fur et à mesure que l'on essaie de les intégrer à de nouvelles connaissances en électricité.
Les dessins, comme les schémas, peuvent être légendés, ce qui permet de préciser le lexique scientifique ou technique à utiliser.
Un autre exemple (***Fig. 1c***), relatif à l'étude du mécanisme d'un moulin destiné à moudre du blé, met en évidence le fait que l'élève, pour passer de son premier dessin à un schéma fonctionnel ultime de synthèse, a acquis simultanément des connaissances relatives au fonctionnement du moulin et des compétences pour schématiser. On remarquera que le niveau de schématisation n'est pas celui qui prend en compte les normes du schéma technique en mécanique comme au lycée.

b) Le dessin technique normalisé

Le dessin technique, appelé aussi dessin industriel, fait appel à des règles de dessin normalisées s'inscrivant dans des normes internationales.
L'objet technique est représenté par un dessin d'ensemble et par des dessins de détail. Pour définir toutes les formes d'un objet technique, on a recours aux six points de vue d'un objet qui sont en réalité les six projections des six faces de l'objet, sur les six faces d'un cube imaginaire qui se trouverait autour de l'objet. Ce cube de projection étant mis à plat, on lit, sur un plan, les six points de vue de l'objet observé (***Fig. 7a***).
On ne vise en aucun cas l'apprentissage du dessin technique à l'école, mais il est important d'amener l'élève à regarder, voir, observer un objet selon différents points de vue que sont : les vues de face, de dos, de droite, de gauche, de dessus, de dessous. Selon l'angle de perception, l'observateur ne voit pas les mêmes aspects de l'objet. Des boîtes de construction proposent des réalisations de maquettes à partir de leurs représentations sous différents points de vue (voir chapitre 8).

c) Les perspectives

Une autre manière de représenter par le dessin, sur un plan, les objets tels qu'ils apparaissent vus à une certaine distance et dans une position donnée, est la représentation en perspective. Selon le point de vue, la distance observateur-objet, la hauteur de l'observateur par rapport à l'objet, la représentation de cet objet varie et donne lieu à différents types de perspective destinés à restituer une dimension spatiale à l'objet. Les perspectives tentent de le décrire tel que l'œil pourrait le voir.

- La perspective conique (ou centrale) est la plus proche de la réalité, de la photographie. Elle est utilisée en dessin d'art et en architecture (***Fig. 7c***). Elle est relativement conforme à notre vision des objets, pourvu que nous n'observions pas l'image d'un point trop éloigné du centre de perspective, auquel cas l'image ne correspond plus au point de vue : c'est bien pour cela que l'on se place en face d'un tableau pour le regarder. La règle de dessin de cette perspective est difficile à mettre en œuvre : elle prend en compte une ligne d'horizon et un ou plusieurs points de fuite.
- Les perspectives parallèles sont utilisées en dessin industriel (***Fig. 7c***) :

– la perspective axonométrique est une projection orthogonale de l'objet sur un plan de projection, les faces de l'objet étant obliques. Elle est très employée en architecture, en technologie, dans les fiches de montage et de construction d'objets (exemples : fiches techniques LEGO®, Meccano®...) ;
– la perspective cavalière est une projection oblique d'une pièce sur un plan. La face parallèle au plan de projection n'est pas déformée. La représentation en perspective cavalière n'est pas conforme à notre vision naturelle des objets. Elle est assez simple à réaliser pour les solides usuels délimités par des faces planes. C'est celle que l'élève emploie pour apprendre à dessiner un cube en suivant le quadrillage de son cahier ! On peut mesurer et calculer simplement des dimensions réelles à partir d'un dessin car, selon une direction donnée, les rapports de longueur sont conservés.
Très jeunes, les élèves apprennent à lire des représentations en perspective, car beaucoup de jouets et de jeux de construction proposent des fiches de montage avec de nombreux dessins en perspective et ce dès l'école maternelle. En revanche, l'écriture de dessins en perspective dépasse très souvent les capacités de représentation des élèves du cycle des approfondissements.

d) La vue éclatée

L'éclaté représente dans l'espace, de façon détachée, toutes les pièces constituant l'objet en respectant leur organisation spatiale, dans l'ordre de montage ou de démontage (***Fig. 7b***).

e) Les coupes et les sections

Certains détails ne peuvent être visibles sur aucune des vues normales (parce que situés à l'intérieur ou

Des représentations normalisées

a. Dessin technique

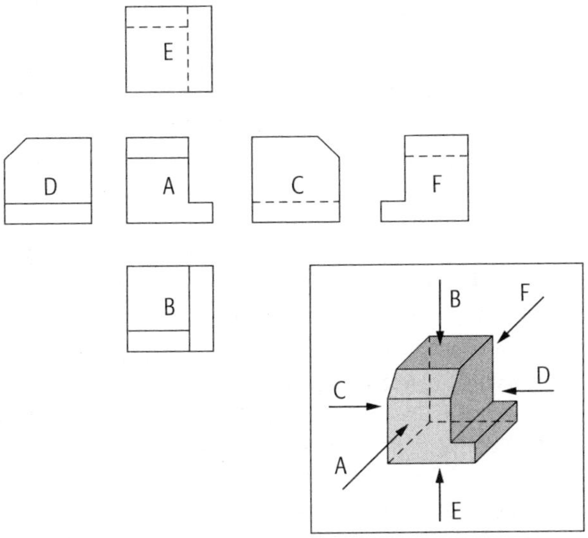

b. Éclaté

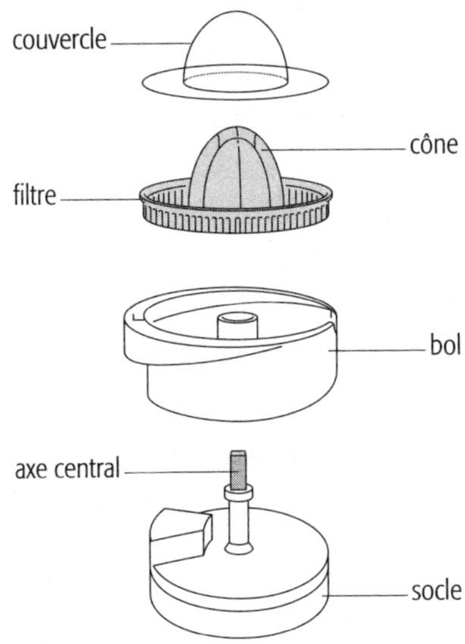

c. Dessins en perspective

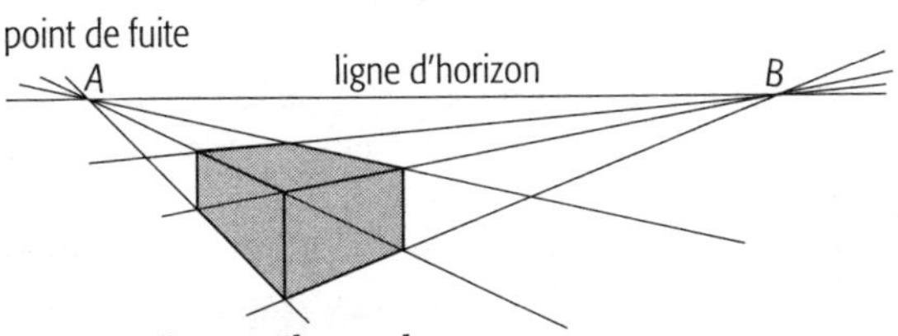

Perspective conique

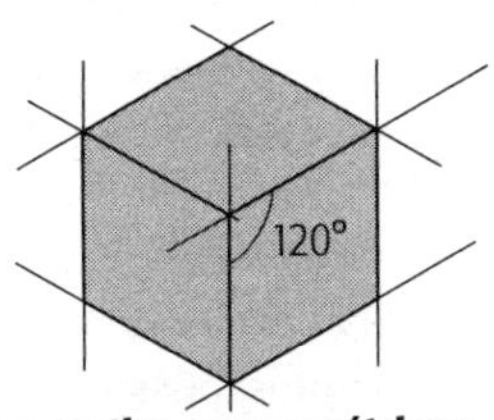

Perspective axonométrique

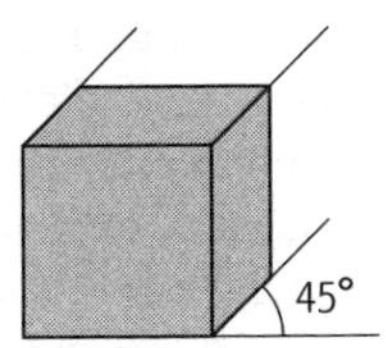

Perspective cavalière

d. Coupes et sections

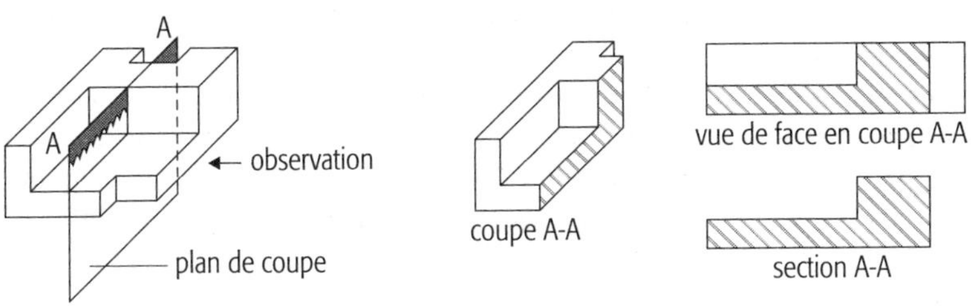

e. Dessin coté

Pièce d'assemblage
Vue de face
Unité : le mm
Échelle (1 : 2)

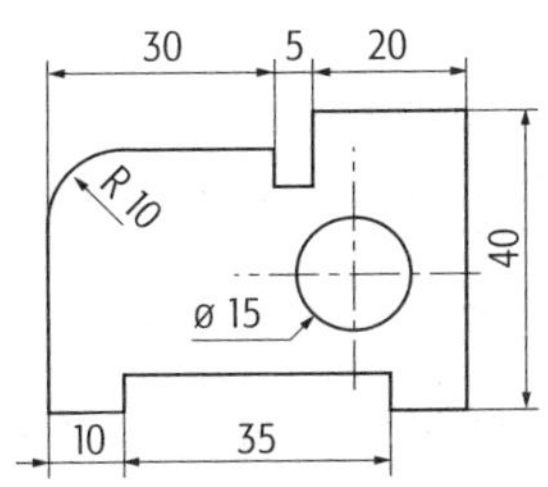

Fig. 7. Différentes représentations normalisées d'objets existent, qui apportent des renseignements différents sur les objets. Les lois qui régissent l'obtention des perspectives axonométrique et cavalière (**c**) permettent de déduire les dimensions relatives des parties de l'objet (à partir des indications des valeurs des angles et des rapports de réduction).

cachés par une partie de l'objet). Il est alors intéressant que l'observateur imagine un plan de coupe parallèle au plan de projection et traversant l'objet au niveau des détails importants à faire apparaître (***Fig. 7d***). Il représente alors toute la partie de l'objet située au-delà du plan de coupe.
La section part d'un plan de coupe mais la partie de l'objet située au-delà de ce plan de coupe n'est pas représentée. Elle permet d'alléger la lecture de documents et de se focaliser sur certains détails de structures internes.

f) Le dessin coté

On a souvent besoin de lire le dessin coté d'un objet au cours d'une fabrication ou d'en produire un pour informer sur les cotes (les dimensions d'un objet). Sans respecter les normes strictes non imposées à l'école, on veillera simplement à tenir compte de trois éléments dans un souci de clarté et de lisibilité (***Fig. 7e***).
Pour indiquer une cote, il faut :
– les lignes d'attache, « bornes » délimitant la distance cotée ;
– la ligne de cote, flèche bidirectionnelle entre les lignes d'attache ;
– la cote, toujours placée au-dessus et au milieu de la ligne de cote. Il ne faut pas multiplier les orientations pour les indications des cotes : toutes les cotes écrites horizontalement le seront de gauche à droite ; celles écrites verticalement le seront toutes dans le même sens ; et celles écrites en suivant des obliques le seront de façon à s'approcher le plus possible de l'écriture horizontale, de gauche à droite.
On évitera, autant que possible, des informations redondantes et organisées dans toutes les directions, des cotes à l'intérieur du dessin et des flèches qui se croisent.
Un dessin technique doit toujours comporter autant que faire se peut : le nom de l'objet, de la partie ou de la pièce représentée ; le type de dessin (vue de face, section...) ; l'échelle ; l'unité de mesure.

g) Les représentations analytiques

Les représentations analytiques font appel à un niveau d'abstraction plus élevé.
On retiendra, parmi d'autres :
– le tableau. Il contient une ou plusieurs listes d'informations, de caractéristiques concernant l'objet étudié. Il peut être à simple ou à double entrée ;
– le diagramme. C'est la représentation visuelle montrant la distribution de données entre diverses catégories afin d'en comparer les valeurs. Il peut prendre la forme d'une courbe, d'un camembert, d'un histogramme...
– le graphe, l'organigramme, l'arborescence. C'est la représentation schématique de la structure d'une organisation ou le déroulement d'un programme d'action.

E - Liens avec d'autres champs disciplinaires

Le professeur d'école est polyvalent et les programmes lui demandent autant que possible d'établir des liens entre disciplines. Outre la maîtrise de la langue, les activités en sciences et technologie permettent d'établir des liens de façon privilégiée avec les mathématiques et l'éducation civique.

1 - Science et technologie et mathématiques

Les liens entre la physique et la technologie et les mathématiques, tels ceux avec la maîtrise de la langue, peuvent fonctionner dans les deux sens. On va pouvoir s'appuyer sur un travail mené en sciences et l'utiliser ensuite pour introduire une nouvelle connaissance mathématique. Ou bien on va donner l'occasion aux élèves d'exercer des compétences mathématiques lors d'une activité en sciences et technologie.
Bien évidemment, tous les supports d'activités ne permettent pas d'établir ces liens. Parmi les supports possibles, citons :
– ceux qui mettent en œuvre la découverte des grandeurs et de leurs mesures (masse, contenance, longueur, durée...) ;
– les situations dans lesquelles les élèves mettent en relation des grandeurs mesurées et qui sont des situations d'additivité (exemple : masses de sel et d'eau d'une eau salée), de proportionnalité (par exemple : durée et nombre des oscillations d'un pendule) ou au contraire des contre-exemples de situations de proportionnalité (par exemple : espace entre les traits de la graduation d'une clepsydre et durée).
Les résultats de mesure peuvent aussi permettre l'introduction ou l'utilisation de la construction de graphiques. Les chapitres 13 et 14 proposent des activités explicitement liées aux mesures ; elles interviennent de façon incidente dans d'autres chapitres de cet ouvrage.

2 - Sciences et technologie et instruction civique et morale

Expérimenter en groupe suppose le respect de l'autre et du matériel. Échanger des idées, des arguments exige écoute et respect des autres. C'est donc en action, au cours des activités que les liens avec l'éducation civique apparaissent.
De façon plus ponctuelle, l'amorce d'une réflexion sur des gestes citoyens peut être menée (par exemple dans le domaine de l'énergie et du développement durable).

Partie

1

La matière

L'étude de la matière figure aux programmes des deux cycles de l'école élémentaire.

Au cycle des apprentissages fondamentaux, l'accent est mis sur la distinction entre les solides et les liquides et sur une première approche des changements d'état de l'eau. Au cycle des approfondissements, l'étude de l'air permet aux élèves d'appréhender un nouvel état de la matière, l'état gazeux, qu'ils retrouveront dans des activités faisant intervenir la vapeur d'eau. D'autres propriétés de la matière, comme celles se rapportant aux mélanges, sont abordées par les programmes. S'y ajoutent, en liaison avec l'EDD (éducation au développement durable), des points relatifs au traitement des eaux, aux pollutions de l'air, ainsi qu'une réflexion sur les déchets.

Pour pouvoir travailler sur les changements d'état dans le cadre d'une démarche d'investigation, il est nécessaire pour les élèves de connaître et de savoir utiliser un thermomètre. En liaison avec la compétence 3 du 2e palier du socle commun (partie A, Utiliser des instruments de mesure), nous consacrons un chapitre à cet instrument, que les élèves utilisent par ailleurs lors des travaux sur l'énergie (partie 2).

Chapitre 1

Trois états différents pour une même substance : l'eau

Pour transformer de l'eau liquide en glace, il faut la mettre dans un bac et la placer dans un congélateur. Si on laisse des glaçons à température ambiante, ils se transforment en eau liquide. ***Glace et eau liquide sont deux états de la même matière*** *: l'eau.*

Par ailleurs, un chiffon mouillé sèche : l'eau liquide s'évapore en se transformant en vapeur d'eau invisible, qui se mélange à l'air. Inversement, de la vapeur d'eau contenue dans l'air peut se transformer en eau liquide : c'est la rosée ou la buée qui se forme sur les parois d'un récipient froid placé dans une pièce... ***Eau liquide, glace*** *et* ***vapeur d'eau*** *sont trois états différents de la même substance : l'eau.*

Nous nous attacherons à ces différents états de la matière, pour l'eau et pour d'autres substances, et nous verrons comment les interpréter en faisant appel à leur structure microscopique. Cela permettra de réfléchir à la distinction entre solide et liquide, qui doit être travaillée au cycle des apprentissages fondamentaux. L'état gazeux, quant à lui, est présent dans le programme au cycle des approfondissements.

Le programme *(BO hors série n° 3 du 19 juin 2008)*	
CP et CE1	CE2, CM1 et CM2
DÉCOUVERTE DU MONDE **Découvrir le monde du vivant, de la matière et des objets** Les élèves distinguent les solides et les liquides et perçoivent les changements d'état de la matière. **PREMIER PALIER POUR LA MAÎTRISE DU SOCLE COMMUN** **Compétence 3. Les principaux éléments de mathématiques et la culture scientifique et technologique** L'élève est capable d' : – observer et décrire pour mener des investigations ; – appliquer des règles élémentaires de sécurité pour prévenir les risques d'accidents domestiques.	**SCIENCES EXPÉRIMENTALES ET TECHNOLOGIE** **La matière** L'eau : une ressource – états et changements d'état ; – le trajet de l'eau dans la nature. **DEUXIÈME PALIER POUR LA MAITRÎSE DU SOCLE COMMUN** **Compétence 3B) La culture scientifique et technologique** L'élève est capable de : – pratiquer une démarche d'investigation ; savoir observer, questionner ; – manipuler et expérimenter, formuler une hypothèse et la tester, argumenter ; – mettre à l'essai plusieurs pistes de solutions ; – exprimer et exploiter les résultats d'une recherche en utilisant un vocabulaire scientifique à l'écrit et à l'oral ; – maîtriser des connaissances dans divers domaines scientifiques ; – mobiliser ses connaissances dans des contextes scientifiques différents et dans des activités de la vie courante ; – exercer des habiletés manuelles, réaliser certains gestes techniques.

Informations pour l'enseignant

Deux points de vue peuvent être adoptés pour **décrire** un échantillon de matière :
– un point de vue **macroscopique**, qui traite de ce qui est visible à l'œil nu ;
– un point de vue **microscopique**, qui fait le plus souvent appel à un modèle particulaire (dans ce modèle, la matière est composé de particules).

À l'école élémentaire, seul le point de vue macroscopique est évoqué par les programmes. Nous présenterons cependant le point de vue microscopique pour aller plus loin dans la compréhension.

A Les états de la matière

À l'école élémentaire, on distingue trois états : l'**état solide**, l'**état liquide** et l'**état gazeux**. **D'autres états** existent. Nous en citerons trois, sur lesquels nous donnerons seulement quelques informations : les cristaux liquides, les plasmas et les états superfluides.

1 L'état solide

a. Point de vue macroscopique

D'un point de vue macroscopique, on distingue deux types de solides : les solides compacts et les solides en grains.

• Un objet ***solide compact*** peut être pris dans la main. Il a une **masse** et un **volume** constants (sauf si des paramètres de l'environnement, comme la température, changent).

La plupart des solides compacts sont indéformables. On peut toutefois les briser en exerçant sur eux une action mécanique. Par exemple, on peut piler un morceau de glace, briser du verre, râper du gruyère… Ces transformations sont, dans la plupart des cas, irréversibles : par exemple, on ne peut pas reconstituer le morceau de gruyère initial une fois qu'il a été râpé.

Soumis à une action mécanique adaptée, **certains solides** se déforment de façon réversible, c'est-à-dire qu'ils reprennent leur forme initiale quand l'action mécanique cesse. Ils sont **élastiques** : par exemple, les objets en caoutchouc, une lame de scie en acier.

D'autres peuvent se déformer en gardant la forme obtenue après que l'action mécanique a cessé : ce sont des **solides plastiques**. La pâte à modeler, l'argile, la pâte à tarte… mais aussi le métal martelé, plié, sont des exemples de solides pouvant se déformer de façon plastique.

• Un ***solide en grains*** (par exemple le sucre en poudre, le sable, la semoule) possède certaines propriétés d'un liquide : il coule quand on le verse. On peut pourtant l'en différencier car, quand on le verse dans un récipient, le niveau n'est pas instantanément horizontal (il l'est après une agitation du récipient, qui permet aux grains de glisser les uns sur les autres) ; si on le verse sur une table, sur le sol, on obtient un tas, alors qu'on aura toujours une flaque avec un liquide. De plus, on peut séparer les grains et tenir un grain entre les doigts, ce qui n'est pas possible avec un liquide. Chaque grain peut être considéré comme un solide compact de petit volume.

La masse d'un échantillon de solide en grains est constante. Son volume peut varier selon la pression : en tassant le solide en grains, on réduit les interstices remplis d'air entre les grains. Ce volume varie bien sûr en fonction de la température, comme pour les solides compacts.

b. Point de vue microscopique

Du point de vue microscopique, il n'y a pas de différence entre un solide compact et un solide en grains. Dans le cadre d'un **modèle particulaire**, le solide est constitué de particules caractéristiques de la substance. Selon les solides, ces particules sont des **atomes** (cas du diamant constitué d'atomes de carbone), des **molécules** (cas de la glace formée de molécules contenant deux atomes d'hydrogène et un atome d'oxygène, H_2O), ou des ions (cas du chlorure de sodium constitué des ions Na^+ et Cl^-).

Dans un solide, ces **particules** sont **régulièrement disposées**, « empilées » les unes par rapport aux autres, et **bougent très peu** : chaque particule vibre de part et d'autre d'une position moyenne. L'ensemble constitue ce qu'on appelle un **cristal**. Les structures cristallines peuvent varier d'un solide à l'autre. Un grain d'un solide en grains, même petit, est un cristal, ou un ensemble de cristaux constitués de très nombreuses particules.

Remarque : dans certains solides (comme les verres par exemple), les particules bougent très peu, mais ne sont pas organisées dans une structure cristalline : elles ne sont pas disposées de façon régulière.

2 L'état liquide

a. Point de vue macroscopique

D'un point de vue macroscopique, on reconnaît un liquide parce qu'il coule, forme une flaque en s'étalant sur le sol ou sur une table et prend la forme du récipient dans lequel on le verse. La **surface libre** d'un liquide dans un récipient prend une **direction horizontale** de façon **spontanée**.

La **masse** d'un échantillon de liquide est constante.

Un liquide est incompressible : son **volume** ne varie pas (ou très peu) avec la pression. Il varie avec la température.

b. Point de vue microscopique

D'un point de vue microscopique, un liquide est constitué de **particules non jointives** pouvant **se déplacer** les unes par rapport aux autres **de façon désordonnée**. C'est ce déplacement aisé des particules qui peut expliquer leur étalement et l'obtention spontanée de la surface libre horizontale quand on verse le liquide, a contrario de ce qui se produit avec le solide en grains. Ces particules peuvent être des atomes (cas du fer liquide par exemple), des molécules (par exemple l'éthanol : l'alcool qu'on trouve en pharmacie), ou des molécules et des ions (c'est le cas de l'eau liquide, où on trouve majoritairement des molécules H_2O, mais aussi des ions H_3O^+ et des ions OH^-).

3 L'état gazeux

a. Point de vue macroscopique

D'un point de vue macroscopique, on reconnaît un gaz le plus souvent par opposition aux solides et aux liquides car, si parfois on peut le sentir, il est presque toujours invisible. Un gaz est **compressible** et **expansible** (il occupe tout le volume du récipient qui le contient, ce récipient pouvant être une pièce). On peut le vérifier, dans le cas de l'air (mélange de gaz), en manipulant une pompe à bicyclette dont on ferme l'extrémité, et dont on actionne la poignée.

Un échantillon de gaz a une **masse** constante, mais son **volume** varie beaucoup en fonction de la température. Par ailleurs, pression et volume sont liés : on peut mettre une masse donnée de gaz dans un volume plus petit si on augmente sa pression.

Un gaz, expansible, est aussi **dispersible**. Par exemple, des vapeurs de parfum émises dans l'angle d'une pièce sont décelées à l'autre extrémité, car ces vapeurs se dispersent et se mélangent à l'air de toute la pièce.

b. Point de vue microscopique

D'un point de vue microscopique, un gaz est constitué de **particules non jointives**, séparées par des **distances grandes** par rapport aux dimensions des particules et pouvant **se déplacer à grande vitesse** les unes par rapport aux autres, **de façon désordonnée**. Ces particules sont, selon les gaz, des atomes (cas du néon) ou des molécules (cas du dioxygène).

La structure microscopique d'un gaz se rapproche de celle d'un liquide, aux ordres de grandeurs près : liquide et gaz sont des **fluides**.

c. Vocabulaire

Une substance est dite à l'état gazeux quand un échantillon de cette substance est un gaz. Dans le langage courant, on dit que l'air, le dioxyde de carbone (ou gaz carbonique), le dioxygène, le diazote... sont des **gaz**, tandis qu'on parle plus volontiers de **vapeurs** d'essence, d'alcool, d'eau... Il s'agit ici d'une habitude : on réserve le terme « gaz » aux substances qui sont à l'état gazeux dans les conditions habituelles et celui de « vapeur » à celles qu'on observe couramment à l'état liquide : il y a alors coexistence de l'état gazeux et de l'état liquide de la substance.

4 Autres états

a. Les cristaux liquides

Certaines substances présentent un état intermédiaire entre l'état solide et l'état liquide, appelé état de cristal liquide. Nous avons caractérisé un solide par une organisation ordonnée des particules : elles bougent très peu, autour d'une position stable, et gardent toujours la même orientation les unes par rapport aux autres. Dans un liquide, elles peuvent bouger et prendre des orientations différentes. Dans un cristal liquide, les particules peuvent bouger comme dans un liquide, mais leurs orientations sont conservées comme dans l'état solide.

Les cristaux liquides ont des propriétés, en particulier optiques, qui conduisent à de multiples applications. On en trouve dans des écrans d'affichage (calculatrice...), des écrans plats de téléviseurs ; certains sont utilisés dans des thermomètres.

b. Les plasmas

Si les plasmas n'existent pas à l'état naturel sur la Terre, ils constituent 99 % de l'état de la matière dans l'Univers. Ces plasmas n'ont rien à voir avec le plasma sanguin. Ce sont des gaz ionisés, constitués de particules neutres électriquement, d'ions positifs (atomes ayant perdu des électrons) et d'électrons pouvant se déplacer les uns par rapport aux autres.

Pour comprendre leur formation, partons d'un gaz, dans lequel les molécules ou les atomes sont libres de se déplacer les uns par rapport aux autres. Si on augmente la température suffisamment, on peut fournir assez d'énergie pour casser les molécules en atomes, puis casser les atomes de façon à libérer les électrons les plus faciles à arracher, ou pour arracher des électrons aux molécules en obtenant directement des ions. On a alors un mélange d'atomes, d'ions positifs et d'électrons. L'ensemble constitue un plasma.

Les énergies en cause sont très importantes, c'est pourquoi les plasmas se forment en général à haute température. Dans les tubes à décharge des salles de bains (les tubes fluorescents), dans les écrans plats de certains téléviseurs, se trouve un plasma à basse température, dans lequel une faible partie du gaz est ionisée ; l'énergie a été fournie sous forme électrique. À une autre échelle énergétique, on notera que les étoiles sont constituées de plasma.

c. Les superfluides

La superfluidité est un état de la matière qui se traduit par des modifications importantes de propriétés macroscopiques : viscosité presque nulle, conductivité thermique presque infinie et, dans certains cas, supraconductivité (conductivité électrique quasi infinie). Cet état est obtenu pour certaines substances, à très basse température, et s'interprète dans le cadre des théories thermodynamiques statistiques quantiques de la matière, qui dépassent notre propos.

B *Les changements d'état*

1 Inventaire des différents changements d'état

Les changements d'état sont présentés sur la ***figure 1a***. Nous apportons ici quelques précisions.

Le passage de l'état liquide à l'état de gaz, la **vaporisation**, peut se faire sous deux formes différentes : l'**ébullition** et l'**évaporation**.

• L'**évaporation** est un **phénomène de surface**, elle se produit à la surface du liquide en contact avec l'air, et à **toutes les températures**. La **vitesse d'évaporation** dépend de plusieurs facteurs : la température, la surface en contact avec l'air, les conditions d'aération et la nature du liquide.

• Au cours de l'**ébullition**, la transformation liquide-gaz se produit au **sein du liquide**. Le gaz est visible sous forme de bulles. L'ébullition est un phénomène tumultueux, qui se produit quand le liquide a atteint une température bien précise, la **température d'ébullition**.

La **sublimation** et la **condensation solide** ne sont pas étudiées à l'école élémentaire. Des exemples de sublimation peuvent être observés tous les jours : les blocs solides déodorants d'atmosphère se transforment directement en gaz, sans passer par l'intermédiaire du liquide. Dans certaines conditions atmosphériques, la vapeur d'eau contenue dans l'air se transforme directement en glace, sous forme de givre : il y a alors condensation solide de la vapeur d'eau.

Tous les changements d'état sont des transformations **réversibles** : elles sont possibles dans les deux sens.

2 Caractéristiques d'un changement d'état d'un corps pur

Un corps pur est constitué d'une seule substance : l'eau (pure) est un **corps pur**, le dioxygène, le sel (chlorure de sodium), le plomb... sont des corps purs. L'air, l'eau salée, le chocolat... sont des mélanges : ce ne sont pas des corps purs.

En toute rigueur, les **changements d'état**, et leurs caractéristiques, concernent les seuls corps purs. Dans le langage courant, on dit que l'on fait fondre du beurre ou du chocolat. Il ne s'agit pas ici véritablement d'un changement d'état, car beurre ou chocolat sont des mélanges et non des corps purs.

a. Lois de conservation au cours des changements d'état

Pour tous les changements d'état, il y a :
– **conservation de la substance** : la glace est toujours de l'eau, la vapeur d'eau est toujours de l'eau ;
– **conservation de la masse** : la masse d'eau de fusion est égale à la masse initiale de glace ;
– **non-conservation du volume**, qui varie au cours de la transformation.

Pour toutes les substances, le volume varie lors des changements d'état. L'eau est un cas particulier. Pour une masse d'eau donnée, le volume de glace est plus grand que celui de l'eau liquide. C'est ce qui explique que des canalisations non vidangées peuvent éclater en cas de gel.

C'est l'inverse pour presque toutes les autres substances : le volume est plus petit après solidification. Cela permet de comprendre la présence d'un creux après solidification de la cire de bougie liquide par exemple. Ce creux est dû à la diminution du volume quand la cire passe de l'état liquide à l'état solide.

D'un point de vue microscopique, pour la plupart des substances, les particules organisées à l'état solide sont plus resserrées qu'à l'état liquide. Dans le cas de l'eau solide, les particules (molécules d'eau) forment un réseau dont le motif de base est un hexagone : il y a beaucoup d'espace vide entre les particules, qui sont moins rapprochées qu'à l'état liquide. C'est pourquoi, à volume égal, la glace est plus légère que l'eau liquide et flotte donc sur l'eau liquide.

Lors de la fusion, les hexagones se cassent et les particules se tassent, sans que leur nombre change : le volume diminue, la masse reste la même.

b. Interprétation microscopique des changements d'état

• On peut interpréter les changements d'état dans le cadre du modèle déjà utilisé. Quand on fournit de l'énergie par chaleur à un solide, les particules qui le constituent bougent de plus en plus autour de leur position dans le cristal. À partir d'une certaine température (qui dépend de la substance), la cohésion du cristal est détruite, et les particules se déplacent librement les unes par rapport aux autres : le solide s'est transformé en liquide.

• **Un raisonnement analogue** peut être tenu pour interpréter la vaporisation d'un liquide. À l'ébullition, à une température caractéristique de la substance, la vitesse de déplacement des particules devient telle que leurs distances relatives augmentent, le liquide s'est transformé en gaz. L'évaporation a lieu à n'importe quelle température : des particules de la surface du liquide, dans leurs mouvements désordonnés, peuvent quitter le liquide et se mélanger à l'air, sous forme de gaz.

c. Transformation physique, chimique ou nucléaire ?

• **Les changements d'état sont des transformations physiques** : la substance n'est pas modifiée, contrairement à ce qui se passe au cours des réactions chimiques et nucléaires. Une transformation physique ne modifie pas les atomes et les molécules.

• **Lors d'une transformation chimique**, la répartition des électrons est modifiée, ce qui conduit à des liaisons différentes entre les atomes, donc à la modification des molécules de départ, donc de la substance de départ. Par exemple, en brûlant du charbon dans l'air, les électrons du carbone et du dioxygène se répartissent différemment, ce qui conduit à la formation d'une nouvelle molécule de dioxyde de carbone. Les chimistes traduisent cette transformation par une équation : $C + O_2 \rightarrow CO_2$ dans notre exemple.

• **Une transformation nucléaire** modifie les noyaux des atomes, d'où son nom de nucléaire. Dans le Soleil par exemple, des noyaux d'atomes d'hydrogène subissent une fusion nucléaire, qui produit des noyaux d'hélium.

Les quantités d'énergie mises en jeu sont beaucoup plus importantes dans les réactions nucléaires que lors des réactions chimiques ou des transformations physiques.

d. Échanges d'énergie lors des changements d'état

Quand on fournit de l'énergie par chaleur à un objet, le plus souvent, sa température augmente. À l'inverse, quand cet objet fournit de l'énergie par chaleur, sa température diminue.

Ceci est vrai tant qu'il n'y a pas changement d'état. Lors d'un changement d'état, il y a échange d'éner-

Les changements d'état

a. Doc. prof. Les changements d'état de la matière

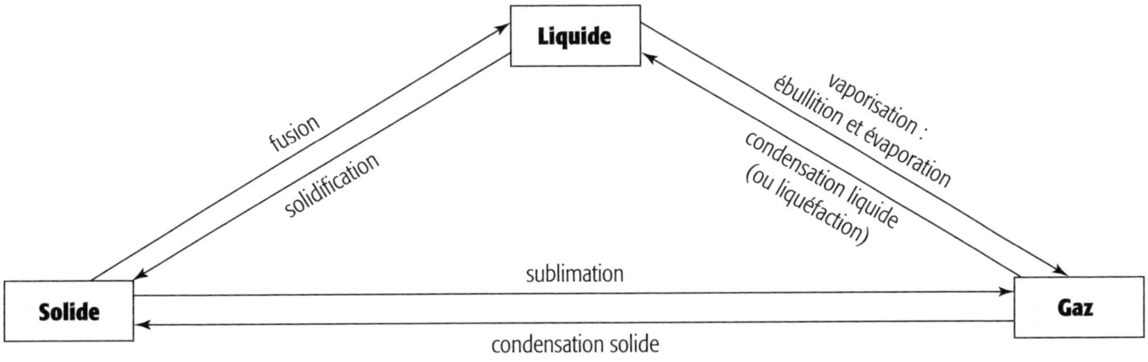

b. Doc. prof. La température d'ébullition de l'eau varie avec la pression

Pression (en atm : 1 atm = 1 013 hPa)	0,025	1	2	15
Température d'ébullition de l'eau pure (en °C)	21	100	121	200

c. Doc. prof. Le cas de l'eau salée

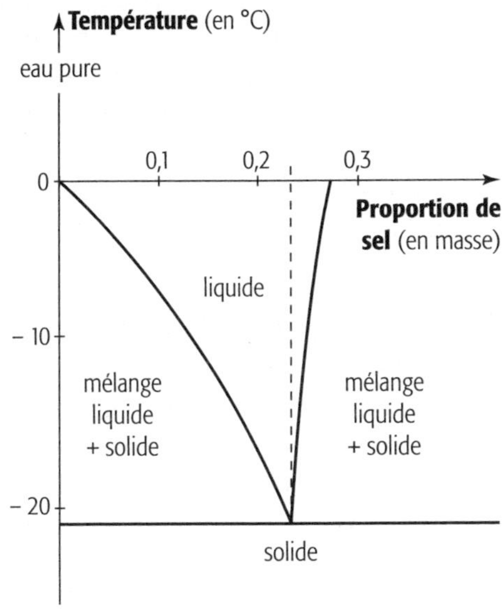

d. Doc. élève Une expérience

Manon a mis dans un congélateur une bouteille pleine d'eau et une bouteille vide. Qu'a-t-elle constaté ? D'après toi, pourquoi a-t-elle mis deux bouteilles et pas seulement la bouteille pleine d'eau ?

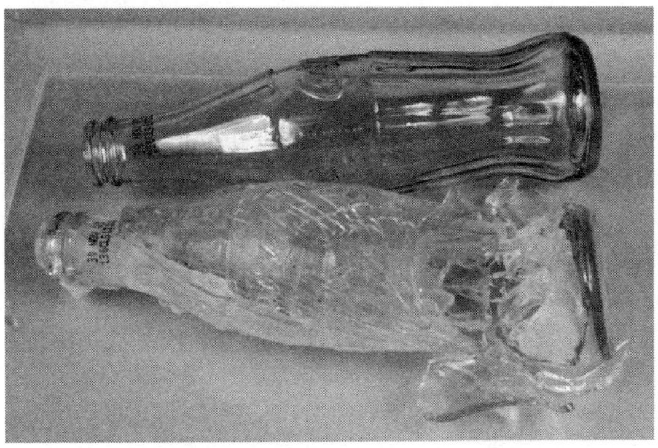

Fig. 1 a. Des changements d'état font passer la matière d'un état à une autre.
b. La température d'ébullition de l'eau pure augmente quand la pression atmosphérique augmente.
c. Ce diagramme indique l'état d'un mélange eau-sel en fonction de la proportion de sel et de la température.
d. Ce document peut être utilisé pour initier une activité visant à travailler la conservation de la masse au cours de la solidification de l'eau liquide. La bouteille vide permet de vérifier que le « froid » n'est pas responsable du bris du verre.

gie, sans que la température soit modifiée. L'**énergie** est utilisée **uniquement** pour obtenir le **changement d'état**. Par exemple, il faut fournir de l'énergie à de la glace pour qu'elle fonde. Cette énergie est fournie par l'air ambiant, par l'eau liquide dans laquelle se trouve le glaçon... Inversement, l'eau fournit de l'énergie quand elle gèle.

Quand on fait bouillir de l'eau, il faut continuer à chauffer l'eau si on veut que l'ébullition se poursuive : l'énergie fournie ne sert plus à modifier la température, mais à permettre le passage de l'eau liquide à l'état de vapeur. Un autre exemple : quand vous sortez de la piscine ou de votre douche, vous avez froid si vous ne vous séchez pas. Pour s'évaporer, l'eau prend de l'énergie à votre corps, ce qui crée cette sensation de fraîcheur, agréable ou non selon les conditions de température extérieures.

3 Température d'un changement d'état

À **pression constante**, la **température du changement d'état** d'un corps pur est **constante**, caractéristique de la substance. Par exemple, pour l'eau, elle est de 0 °C pour la fusion et la solidification, de 100 °C pour l'ébullition et la liquéfaction, sous pression atmosphérique normale (1 013 hectopascals, notés hPa).

L'influence de la pression sur la **température d'ébullition** est importante. À titre d'exemple, la ***figure 1b*** donne des valeurs de la température d'ébullition en fonction de la pression dans le cas de l'eau.

En altitude, la pression est plus faible qu'au niveau de la mer. La température d'ébullition de l'eau y est inférieure à 100 °C et... comme cette température est plus faible, il faut faire cuire les œufs plus longtemps si on les veut durs ! On comprend aussi pourquoi la cuisson est plus rapide dans les autocuiseurs sous pression. La pression étant plus forte qu'à l'extérieur, la température d'ébullition de l'eau est supérieure à 100 °C, et à ces températures, la cuisson est plus rapide.

Cette température varie beaucoup aussi en fonction des conditions météorologiques, selon qu'on se trouve dans une situation de dépression (pression plus faible que la normale), ou en situation anticyclonique (pression supérieure à la normale).

Un autre exemple : le butane est un gaz dans les conditions normales de température et de pression. Dans les « bouteilles de gaz », dans les briquets, il est liquide car la pression y est plus forte.

4 Du sel et de la glace

On peut fabriquer de la glace en utilisant un mélange réfrigérant formé de glace pilée, d'eau liquide et de sel, dont la température est nettement inférieure à 0 °C. Par ailleurs, on sait que mettre du sel sur les routes soit évite la formation de verglas soit le fait fondre. Comment expliquer cette contradiction apparente ?

On ne peut pas parler de changement d'état pour un mélange. Pourtant, de l'eau salée peut geler. La température quand l'eau salée devient solide, ou à l'inverse liquide, n'est pas constante au cours du temps. De plus, elle dépend des proportions de sel par rapport à l'eau (***Fig. 1c***).

Si on a un liquide composé d'eau et de sel dans des proportions inférieures à environ 0,23, le mélange reste liquide à une température inférieure à 0 °C. Si, dans ce mélange, on a à la fois du solide et du liquide, alors on est sûr que la température y est inférieure à 0 °C. C'est pourquoi on peut l'utiliser comme « mélange réfrigérant ».

Sur les routes, la température est imposée par « le temps qu'il fait ». Imaginons que la température extérieure soit de – 8 °C. De l'eau pure sera à l'état solide, tandis qu'un mélange eau-sel de composition astucieusement choisie se trouvera à – 8 °C dans une zone du graphique où il est liquide : la glace fond. La température la plus basse à laquelle de l'eau salée peut être entièrement liquide est – 21 °C. Ce n'est possible que pour une proportion bien définie de sel et d'eau.

Que se passe-t-il lors de l'ébullition de l'eau salée ? Il n'y a pas vaporisation de l'eau salée : l'eau se transforme en vapeur d'eau, le sel se dépose sous forme de solide après vaporisation complète de l'eau. La température ne reste pas constante : elle dépend de la proportion de sel dans l'eau, qui augmente au fur et à mesure de la vaporisation de l'eau.

5 Toutes les substances solides fondent-elles ?

Beaucoup de substances solides **fondent** quand on les chauffe. Certaines **se décomposent** avant de fondre : il s'agit alors d'une réaction chimique qui détruit le composé initial et non d'un changement d'état de ce composé. Remarquons le cas du sucre dont la température de fusion (186 °C) est très proche de la température de caramélisation. La fusion du sucre est réversible. Le sucre fondu puis refroidi redevient du sucre solide. En revanche, la caramélisation est une réaction chimique irréversible. On ne peut reformer du sucre solide en refroidissant du caramel.

Notons que toutes les réactions chimiques ne sont pas irréversibles.

De la même façon, on peut porter à ébullition beaucoup de liquides, dans les conditions de pression normale. Mais certains liquides se décomposent avant l'ébullition. Citons par exemple l'acide citrique, la caféine, le glucose.

C Quelques phénomènes météorologiques

De nombreux termes utilisés en météorologie renvoient à de l'eau sous forme solide ou liquide.

• La **rosée** est constituée de gouttelettes d'eau liquide qui se forment par condensation de la vapeur d'eau contenue dans l'air, au niveau du sol, sur des surfaces refroidies par le rayonnement nocturne (végétaux, voiture...).

• Le **givre** est de l'eau à l'état solide obtenu par condensation solide de la vapeur d'eau contenue dans l'air, sur des surfaces refroidies par rayonnement nocturne.

• Le **brouillard** ou la **brume** sont un ensemble de gouttelettes d'eau liquide en suspension dans l'air. On parlera de brouillard lorsque la distance de visibilité est inférieure à 1 kilomètre, et de brume quand elle est limitée à 2 kilomètres.

• Un **nuage** est un ensemble de minuscules particules d'eau liquide ou de glace qui tombent dans l'air. Plus elles sont petites, plus la vitesse de chute est faible du fait des forces de frottements. Le moindre courant d'air les maintient à la même altitude. Mais des particules qui se rencontrent grossissent et leur vitesse de chute augmentant, il y a précipitation.

• Les **précipitations** peuvent se présenter sous différents aspects. Il existe des averses de pluie, de neige, de grésil ou de grêle, et des averses mêlant ces composants.

• La **pluie** est formée de gouttes d'eau liquide dont le diamètre est compris entre 0,5 et 3 mm. Dans la **bruine**, ces gouttes ont un diamètre inférieur à 0,5 mm. Dans les averses, ces gouttes peuvent atteindre un diamètre de 6 mm.

• La **neige** est de l'eau à l'état solide. Pourquoi est-elle si légère ? Elle est en fait formée de **glace** et d'**air**. La glace s'y trouve sous forme de cristaux de formes variées, dont la croissance a généralement lieu selon les lignes directrices d'une étoile à six branches. Ces cristaux sont agglomérés en flocons. Les formes des cristaux dépendent des conditions dans lesquelles la neige est tombée. Elle est poudreuse si elle est tombée au voisinage de – 2 °C, elle est lourde et collante si la température était proche de 0 °C.

Un bloc de glace est transparent, incolore et brillant. En revanche, la neige est blanche, les branches des cristaux et les cristaux diffusant la lumière dans toutes les directions. Pour des raisons analogues, de la glace pilée est blanche et opaque, alors que le bloc initial était transparent et incolore.

Signalons que la neige, en raison de l'air qu'elle renferme, est un bon isolant thermique (voir chapitre 6) et joue un rôle protecteur qui permet des cultures en altitude.

• La **grêle** est formée de blocs de glace de 5 à 50 mm de diamètre. Le **grésil** est fait de grains de neige entourée d'une fine pellicule de glace. Le diamètre des grains varie de 2 à 5 mm.

• Le **verglas** est dû à la solidification très rapide sur une surface (sol, mur, branche...) d'eau liquide en *surfusion*. Pour se solidifier, l'eau liquide doit être à une température inférieure à 0 °C, mais il faut également un « noyau de congélation » (des poussières, des inégalités de surface...) pour que la solidification puisse se faire. On peut ainsi avoir de l'eau liquide à des températures négatives pouvant aller jusqu'à – 40 °C : l'eau est dite en surfusion. Une poussière, un choc sur une paroi entraîne une solidification immédiate de cette eau en **surfusion**. Les pluies verglaçantes contiennent de l'eau en surfusion ; la température extérieure est inférieure à 0 °C. D'une façon analogue, les **brouillards givrants** se forment à des températures inférieures à 0 °C, et contiennent des gouttes d'eau liquide en surfusion, qui gèle instantanément en cas de choc, sur le pare-brise d'une voiture par exemple.

Activités possibles en classe

■ À l'école maternelle

Les élèves ont « rapproché l'eau du robinet, la pluie, la neige, la glace » pour comprendre que « ces diverses réalités renvoient à une même substance : l'eau ».

■ Au cycle des apprentissages fondamentaux

Les élèves vont observer et comparer des solides et des liquides. Ils travaillent sur l'eau liquide et la glace, pour construire la conservation de la substance lors des changements d'état qui permettent le passage de l'une à l'autre, et repérer des conditions pour que ces transformations aient lieu.

Connaissances et capacités travaillées au cycle des apprentissages fondamentaux

- Savoir distinguer solides et liquides.
- Reconnaître l'eau liquide et la glace dans l'environnement immédiat.
- Connaître deux états physiques de l'eau (solide et liquide) et savoir comment on passe de l'un à l'autre.
- Savoir relever la température d'un milieu.
- Savoir que l'eau gèle (ou reste solide) lorsqu'elle est portée à une température inférieure à 0 °C et, réciproquement, que la glace fond (ou que l'eau reste liquide) lorsqu'elle est portée à une température supérieure à 0 °C.

❶ Comparer des solides et des liquides

Vous mettrez à disposition des élèves des objets, des échantillons divers de différentes matières, par exemple : un caillou, une feuille de papier, un crayon, une brindille, une écharpe, un morceau de pâte à modeler, des verres contenant de l'eau liquide, du détergent à vaisselle liquide, du sirop, du vinaigre… Vous préciserez qu'on ne s'intéresse pas au verre, mais à son contenu ; vous pouvez d'ailleurs, pour éviter toute ambiguïté, placer des échantillons de solide dans un verre. Évitez dans un premier temps de mettre des solides en grains ou en poudre. Vous ferez nommer par les élèves les différents échantillons ou objets, qu'ils doivent reconnaître facilement. Profitez-en pour rappeler des règles de sécurité : on ne goûte pas un liquide inconnu pour l'identifier, sauf autorisation du professeur.

Si vous demandez aux élèves de faire des regroupements, sans plus de précision, ils pourront retenir différents critères : le lieu où on utilise les objets et les matériaux, s'il s'agit de produits alimentaires ou non, la couleur (le sirop rouge avec l'écharpe rouge et le crayon rouge, et les autres)… Les élèves devront justifier leurs propositions.

Certains peuvent avoir réalisé un classement en deux catégories : les liquides et les autres. Vous pourrez alors exploiter cette proposition pour introduire les deux états solide et liquide. Si ce n'est pas le cas, vous pouvez les aider en initiant un classement et en demandant aux élèves de le compléter. Vous pouvez annoncer qu'on met ensemble le crayon et le caillou d'une part, et l'eau et le vinaigre d'autre part.

Le classement étant réalisé, vous introduirez le lexique : le crayon, le caillou… sont des solides ; l'eau, le vinaigre… sont des liquides. Attention le mot « solide » est plus souvent employé par les élèves comme adjectif, dans le sens de résistant, dur, ou rigide. Attirez leur attention sur l'écharpe, la boule de pâte à modeler. Ce sont aussi des solides, bien qu'ils soient mous, déformables. Un tableau à deux colonnes avec le dessin et les noms des différents objets pourra constituer une trace du résultat du classement.

Vous chercherez à faire exprimer aux élèves des propriétés des solides et des liquides, qui permettent de les distinguer. On peut attendre : un liquide coule quand on le verse, il faut un récipient pour le transporter ; on peut tenir, saisir un solide à la main, on peut le transporter sans récipient. Quelques phrases dictées à l'adulte et copiées par les élèves peuvent alors figurer sous chacune des deux colonnes.

❷ Le sel de cuisine est-il solide ou liquide ?

La distinction entre solide compact et liquide étant connue des élèves, vous pouvez introduire des solides en grains (sel, sable, farine…), et demander aux élèves de les intégrer au classement précédent. Des discussions ne manqueront pas de se produire : on peut saisir un grain à la main, mais le sel fin coule comme les liquides. Vous indiquerez alors que le sel fin est bien un solide, mais qu'il possède quelques propriétés communes avec les liquides : il coule quand on le verse, on a besoin d'un récipient pour le transporter, mais on peut en faire un tas, séparer ou tenir les grains à la main. Le document de la

Comment reconnaître un solide et un liquide ?

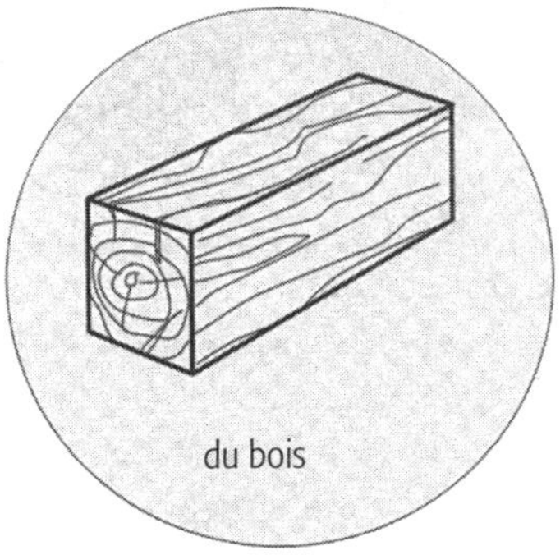

je peux le tenir à la main

je peux le casser
ou le couper
en petits morceaux

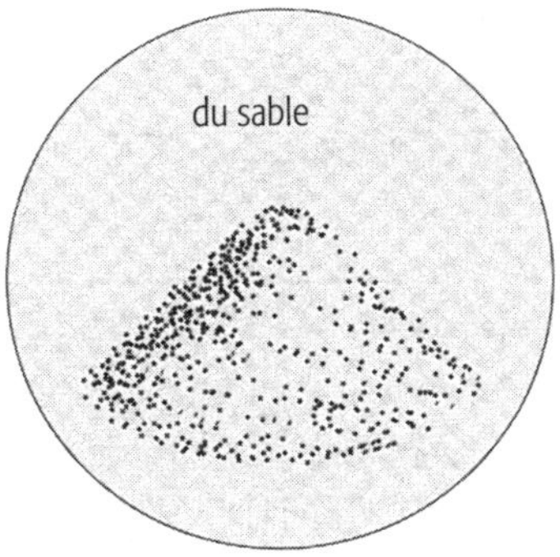

je peux le faire couler

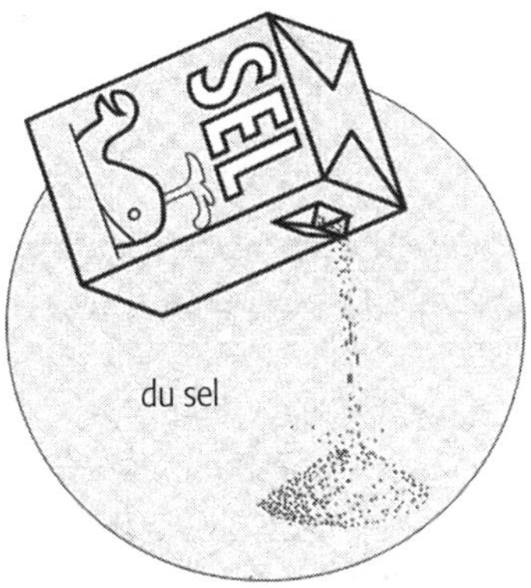

je peux le séparer
en petits grains
et compter les grains

- Fais une croix près de chaque matériau :
  - bleue si c'est un liquide,
  - verte si c'est un solide compact,
  - rouge si c'est un solide en grains.
- Relie à chacun des matériaux les actions que tu peux faire.

Fig. 2. Ce document permet de faire le point sur les critères qui permettent de différencier solide compact, solide en grains et liquide.

figure 2 peut être utilisé pour faire le point sur ces propriétés.

Pour évaluer les acquis des élèves, vous pouvez introduire de nouveaux échantillons à joindre au classement, ou organiser un jeu du portrait : les élèves doivent retrouver la catégorie à laquelle appartient l'échantillon choisi par le meneur de jeu parmi un lot, en posant des questions dont les réponses sont oui ou non.

❸ Un glaçon fond : l'eau solide se transforme en eau liquide

On peut initier l'activité en apportant des glaçons dans la classe. Les élèves auront sans doute déjà observé un glaçon en train de fondre à l'école maternelle. Faites-leur **prévoir le devenir du glaçon** et traduire cette prévision par des **dessins** sur leur cahier.

L'observation des glaçons viendra confirmer, rectifier, préciser leurs prévisions. Vous insisterez sur la nécessité d'une **mise en ordre chronologique des dessins** et sur leur **légende** (glace, eau liquide).

❹ Comment faire fondre un glaçon le plus vite possible ?

Lors de la vérification précédente, certains des élèves auront sans doute cherché à accélérer le processus de fusion en tenant le glaçon à la main, en soufflant dessus… Profitez de cet intérêt pour engager vos élèves dans une activité visant à trouver des conditions d'une fusion rapide d'un glaçon et à **mettre au point une procédure expérimentale permettant la comparaison**. Ils indiqueront qu'il faut utiliser des glaçons identiques, et démarrer les expériences de façon simultanée. Il est judicieux de laisser fondre un glaçon sans intervention autre que naturelle, posé dans une soucoupe sur une table.

Les moyens mis en œuvre peuvent être les suivants : tenir le glaçon à la main, souffler dessus, le poser sur un radiateur, le mettre au soleil (ce n'est généralement pas très rapide), l'enfermer dans un bonnet de laine (le glaçon fond beaucoup plus lentement si le bonnet est à la température de la pièce).

❺ Comment fabriquer de la glace ?

Après avoir observé la fusion et après les activités menées à l'école maternelle, les élèves construisent la **permanence de la substance** lors de la fusion. Cette connaissance sera confortée par un travail inverse, la solidification de l'eau liquide, qui confirmera que la glace est bien de l'eau à l'état solide.

En s'appuyant sur leurs expériences domestiques, les élèves proposeront de partir d'eau liquide pour obtenir de la glace. Ils demanderont à la mettre dans un congélateur, dans un réfrigérateur (armoire ou compartiment à glace), dans une glacière, dehors si on est en hiver. Ces essais peuvent être réalisés à l'école ou à la maison (pour le congélateur). Incitez les élèves à **préciser les conditions** dans lesquelles l'eau liquide est placée, en faisant des **relevés de température** : il est nécessaire d'utiliser un thermomètre.

Le lendemain, ou plus tard dans la journée, ils constateront que de la glace s'est formée dans le congélateur, le compartiment à glace du réfrigérateur, où la température est inférieure à 0 °C. L'eau est restée liquide dans la glacière, l'armoire du réfrigérateur, où la température est au-dessus de 0 °C. Dehors, elle est restée liquide ou a gelé selon que la température était au-dessus ou en dessous de 0 °C.

Les élèves formuleront la **conclusion**. Un **travail sur document** (***Fig. 3b***) complètera leurs relevés et validera leur conclusion.

Remarque : au CP ou au CE1, on ne relève pas la température dans l'eau liquide ou la glace, mais seulement celle du milieu où on place l'eau liquide.

❻ Observer la glace qui se forme

On n'observe pas souvent la glace en train de se former. Un mélange réfrigérant glace pilée-sel (environ 4 volumes de glace pour un volume de sel) permet cette **observation**, puisque la fabrication de la glace peut se faire sur une table, en classe. La solidification de l'eau liquide d'un tube rempli en dessous du niveau du mélange réfrigérant s'effectue en une dizaine de minutes. Vos élèves pourront mettre en place le dispositif en analysant un document que vous leur fournirez, comme celui de la ***figure 3a***.

Il est intéressant de plonger un thermomètre dans le mélange réfrigérant : la température est nettement inférieure à 0 °C.

Il est possible de créer des liens avec la lecture. Par exemple, on peut inviter les élèves à simuler la situation du loup Ysengrin (le *Roman de Renart*) faisant tremper sa queue pour pêcher dans un trou creusé dans un lac gelé. On fera découper une silhouette de loup aux élèves, à laquelle ils pourront agrafer une queue en ficelle ou en laine, et faire tremper cette queue dans le tube d'eau liquide placé dans le mélange glace pilée-sel. Pauvre Ysengrin, dont la queue devient prisonnière de la glace formée dans le tube !

❼ Quand il neige…

Par temps de neige, ne manquez pas de faire expérimenter vos élèves. Ils rapporteront en classe de

Document pour l'élève

De l'eau liquide à la glace

a. Fabrique de la glace

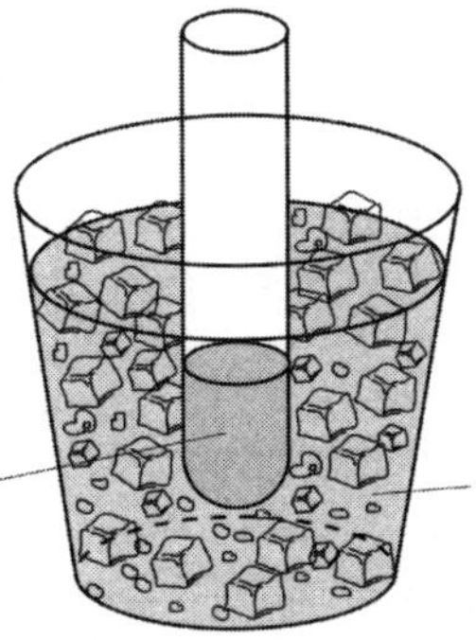

b. Des essais pour faire geler l'eau

Lieu	Température	Observation
classe	20 °C	eau liquide
dehors	4 °C en dessous de 0	glace
sous le préau	1 °C	eau liquide
dans le congélateur	18 °C en dessous de 0	glace
dans le réfrigérateur	4 °C	eau liquide

Pour préparer le mélange de glace pilée et de gros sel :

- mets dans le verre une couche de glace (glaçons broyés) ;
- saupoudre de gros sel ;
- mets une nouvelle couche de glace, puis du gros sel et recommence.

Fig. 3 a. Un mélange réfrigérant pour solidifier l'eau liquide. Un thermomètre placé dans ce mélange affiche une température très inférieure à 0 °C.
b. À quelle température l'eau liquide peut-elle geler ?

Production d'élève

Des extraits de comptes rendus d'expérience avec de la neige

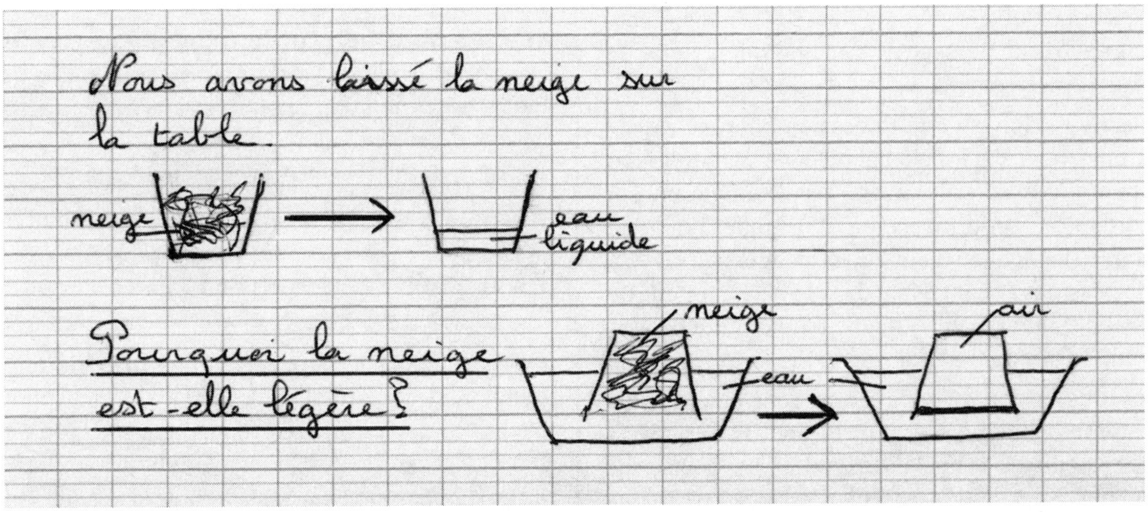

Fig. 4. Deux conclusions peuvent être tirées de ces expériences : 1. la neige est de l'eau solide ; 2. la neige contient beaucoup d'air.

la neige non tassée recueillie dans des récipients divers. Au bout de quelque temps, la neige a fondu et on observe un peu d'eau liquide au fond des récipients : la neige est donc de l'eau solide (***Fig. 4***).

En jouant, en manipulant, les élèves auront remarqué que la neige est très légère, qu'elle peut se tasser. Ils feront des **hypothèses** pour expliquer cette légèreté. Certains diront peut-être qu'elle est pleine d'air. Comment le vérifier ? S'ils ont déjà pratiqué des activités sur l'air à l'école maternelle, vous pouvez leur demander de rappeler comment on peut faire pour récupérer l'air qui sort d'un verre, d'un ballon... ou vous leur proposerez d'utiliser un dispositif comme celui de la figure 4.

8 Préparer des sucettes glacées

La fusion et la solidification peuvent être utilisées pour la fabrication de sucettes glacées par exemple. Vous pouvez demander à vos élèves comment fabriquer une glace à sucer à partir de sirop. Lesquels vous proposeront de placer ce sirop au congélateur ?

Il faut **mettre au point une recette** et **résoudre des problèmes pratiques** : à quel moment mettre le bâton ? Comment le faire tenir ? Vos élèves pourront faire des suggestions : par exemple maintenir le bâton à l'aide d'une feuille d'aluminium percée et couvrant les pots contenant le sirop.

■ Au cycle des approfondissements

Les activités sur la fusion et la solidification de l'eau se poursuivent. S'y ajoutent des changements d'état relatifs au passage de l'eau liquide à l'état de vapeur et inversement.

Ces activit s doivent être l'occasion pour les élèves de s'interroger sur les changements d'état de l'eau. On peut partir de faits divers (par exemple un gel important un jour d'hiver), ou d'exemples de la vie courante (le séchage du linge, les nuages) ou encore de discussions faisant débat dans la classe autour de la fusion d'un glaçon (À quelle température cela se produit-il ? Comment l'accélérer ?...).

Dans tous les cas, les élèves doivent émettre des hypothèses, imaginer et réaliser une ou des expériences pour les tester, ou exploiter un document donnant des indications sur un procédé expérimental, recueillir et exploiter des résultats pour formuler des conclusions, mises en rapport avec les hypothèses et le problème que l'on cherche à résoudre, utiliser un document pour valider une conclusion, élargir son champ de validité...

À différents moments de l'activité, les élèves sont amenés à échanger des arguments entre eux, à présenter oralement leur travail, mais aussi à écrire et schématiser (formulation d'hypothèses, de conclusion, description et schémas de dispositifs expérimentaux, d'expériences...). Le cahier de sciences, avec sa partie personnelle et la partie commune à la classe est le support privilégié de ces écrits.

Connaissances et capacités travaillées au cycle des approfondissements

– Connaître les trois états physiques de l'eau et les différents changements d'état.
– Savoir que la vapeur d'eau présente dans l'air ambiant, état gazeux de l'eau, est imperceptible à nos sens.

Fusion, solidification
– Être capable de mettre en évidence que le mélange intime de glace et d'eau liquide est à 0 °C.
– Être capable de montrer expérimentalement que la masse se conserve au cours de cette transformation.

Ébullition
– Être capable de mettre en évidence qu'à l'air libre et dans les conditions usuelles, l'eau bout à une température fixe, voisine de 100 °C, et que cette valeur n'est affectée ni par la durée du chauffage, ni par la puissance de la source.

Évaporation, condensation
– Être capable de mettre en évidence qu'au cours de l'évaporation (ou de la condensation) l'eau ne disparaît pas (ou n'apparaît pas) mais qu'elle est en permanence présente dans l'air.

Facteurs agissant sur la vitesse d'évaporation
– Être capable de faire subir expérimentalement une succession de transformations à une quantité d'eau donnée.
– Être capable de déterminer expérimentalement les facteurs qui agissent sur la vitesse d'évaporation.

1 À quelle température la glace se forme-t-elle ?

On peut demander aux élèves une **prévision** sur la température de formation de la glace. Ayant appris au cycle des apprentissages fondamentaux qu'on peut faire geler de l'eau si la température est en dessous de 0 °C, mais que l'eau reste liquide si la température est supérieure à 0 °C, ils indiqueront, **en argumentant**, que cette température est peut-être 0 °C.

Le **relevé de la température** de solidification peut être fait en classe, en plongeant le réservoir d'un thermomètre à liquide dans l'eau d'un tube placé

Quand l'eau liquide gèle, quand la glace fond

a. Comment relever la température de l'eau liquide en train de geler ?

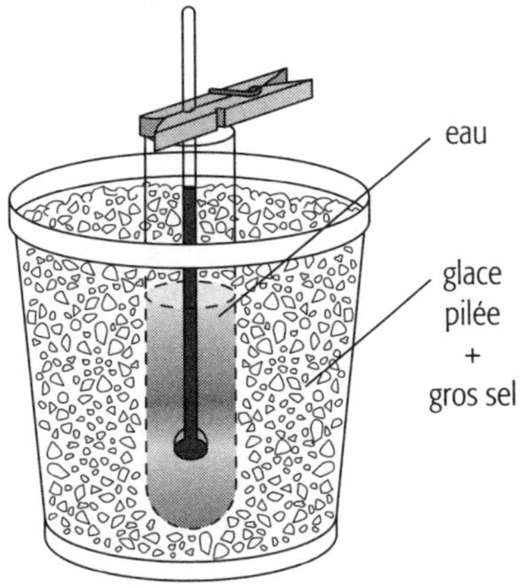

b. Comment évolue la température quand on fait fondre de la glace ?

Temps (en minutes)	0	5	10	15	20	25	30	35	40	45	50	55
Température (en °C)	– 4	– 1	0	0	0	0	0	5	10	15	20	20
Contenu du tube	glace		eau liquide + glace					eau liquide				

c. Pourquoi la bouteille d'eau gelée a-t-elle éclaté ?

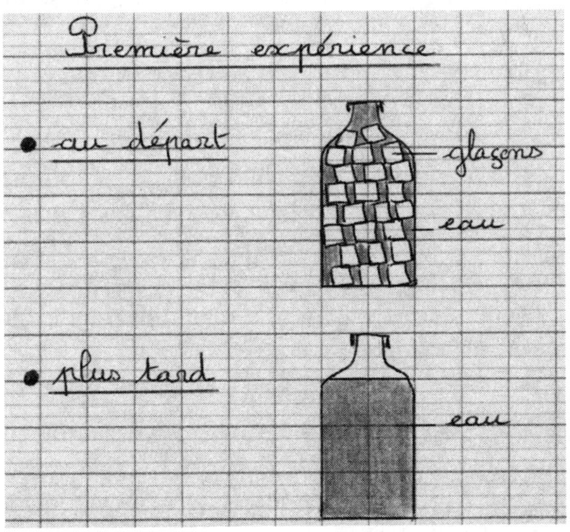

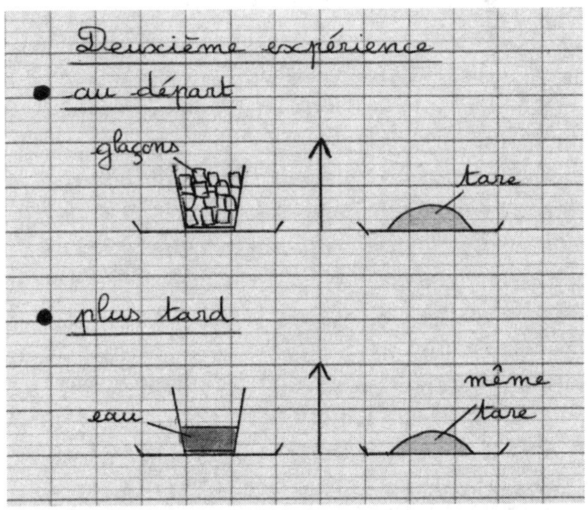

Fig. 5. On peut utiliser ces documents avec des élèves :
- pour aider à la mise en place d'une procédure expérimentale (***a*** et ***c***) ;
- pour confronter une procédure de la classe à celle du document (***c***) ;
- pour comparer des résultats obtenus en classe à ceux donnés par un document (***b*** et ***c***).

dans un mélange réfrigérant (***Fig. 5a***). Attention, il faut veiller à ce que le réservoir ne touche pas le fond du tube. La pince à linge du dispositif permet de l'éviter.

L'expérience étant assez rapide (10 à 15 minutes), vous pouvez dans un premier temps laisser vos élèves expérimenter comme ils le souhaitent. Ils ne penseront probablement pas à faire des relevés de température régulièrement dans le temps. Certains n'auront alors pas remarqué que la température reste constante pendant la solidification. Beaucoup arrêtent les relevés dès que la glace est formée : pensent-ils que la glace est « froide », possède une température intrinsèque qui ne peut plus changer ?

Lors de la **confrontation des observations et des résultats**, on demandera aux élèves de construire une **procédure expérimentale rigoureuse**, qui facilitera l'observation et la comparaisons des résultats d'un groupe à l'autre. Il faut relever la température régulièrement (toutes les 30 secondes par exemple) et noter à chaque fois l'état de l'eau ; vous pouvez donner les tops si vos élèves ne savent pas encore utiliser le chronomètre. Tous auront observé un **palier de température**, au cours duquel de la glace et de l'eau liquide sont simultanément présentes dans le tube, au voisinage du réservoir du thermomètre. Avant ce palier, le réservoir est plongé dans l'eau liquide ; il est pris dans la glace après. La température continue alors à baisser, jusqu'à atteindre celle du mélange réfrigérant, ce que les élèves peuvent vérifier en y plaçant un thermomètre.

La température du palier peut varier d'un groupe à l'autre de 1 à 2 °C au-dessus ou en dessous de 0 °C. Cela est dû à la qualité des thermomètres : placés les uns à côté des autres, ils affichent souvent des valeurs un peu différentes. De plus, ce sont souvent des thermomètres à immersion totale, qui donnent une valeur correcte de température à condition que l'ensemble du thermomètre soit plongé dans le milieu dont on veut connaître la température (voir le chapitre 3).

Une confrontation avec un document permet de valider les résultats et de confirmer la **température de solidification de l'eau : 0 °C**.

2 À quelle température la glace fond-elle ?

S'il est évident pour nous que la température de fusion de la glace est la même que celle de la solidification de l'eau liquide, ce ne l'est pas pour tous les élèves. C'est donc une véritable question pour eux, à laquelle ils peuvent **proposer des réponses argumentées**, qui demandent à être vérifiées.

Si les thermomètres sont encore pris dans la glace à la suite de l'étude précédente, rien de plus simple que de placer les tubes à température ambiante, et de relever régulièrement la température, en notant si l'eau dans le tube est sous forme de glace ou d'eau liquide. Toutefois, cette expérience est très longue. Elle nécessite donc une organisation de classe pour laquelle il faut prévoir d'autres activités, tout en n'oubliant pas de faire faire le **relevé de température** et l'**observation** du contenu du tube. Un **palier de température** est nettement repérable, autour de 0 °C.

On peut préférer, après avoir fait réfléchir les élèves à la procédure expérimentale et après qu'ils ont constaté que la fusion était lente, mener avec eux un **travail sur document** (par exemple ***figure 5b***). La température de fusion correspond au moment du palier de température, quand glace et eau liquide sont présentes simultanément dans le tube.

Le document peut aussi être utilisé pour **valider les résultats** obtenus expérimentalement par les élèves.

À ce moment de l'activité, on ne manquera pas de faire constater aux élèves l'égalité des températures de fusion et de solidification de l'eau : 0 °C.

3 Pourquoi la bouteille a-t-elle éclaté ?

On peut partir d'un fait divers lié au gel (canalisations éclatées) ou apporter en classe une bouteille remplie d'eau liquide, qui a été placée au congélateur (***Fig. 1d***) : elle est cassée ou seulement déformée selon qu'elle est en verre (attention aux éclats) ou en matière plastique.

La question se pose alors de savoir pourquoi elle a éclaté. Bien sûr, c'est parce que l'eau a gelé. Y a-t-il alors plus d'eau ? Il s'agit de faire préciser aux élèves ce « plus ». S'agit-il d'un plus en **volume** ou en **masse** ? Ils pourront mettre au point des **procédures expérimentales** (analogues à celles de la ***figure 5c***) pour constater que le volume de glace est supérieur au volume d'eau liquide, tandis que la masse ne change pas.

4 Où va l'eau du linge qui sèche ?

Différentes questions relatives à l'évaporation se posent à l'école, qu'il convient de bien différencier, pour pouvoir faire travailler efficacement les élèves, et leur faire construire des connaissances. Une première question porte sur le **devenir de l'eau** (elle a d'ailleurs son équivalent quand on étudie la condensation) ; une seconde porte sur les **conditions qui accélèrent ou non l'évaporation**. Nous les envisageons successivement.

Des expériences sur l'évaporation de l'eau liquide

a. Un compte rendu élaboré dans une classe

Nos résultats :

1ère expérience : l'eau s'évapore plus vite sur le radiateur que sur le bureau.

2e expérience : l'eau s'évapore plus vite sur le bureau que sur le radiateur.

Où est l'erreur ?

1ère expérience	récipient 1	récipient 2
	un verre de l'eau sur le radiateur	le même verre la même quantité d'eau sur le bureau
complètement évaporée en	4 jours	7 jours

2e expérience	récipient 1	récipient 2
	une assiette de l'eau sur le bureau	un verre la même quantité d'eau sur le radiateur
complètement évaporée en	3 jours	5 jours

b. L'expérience d'Émilie

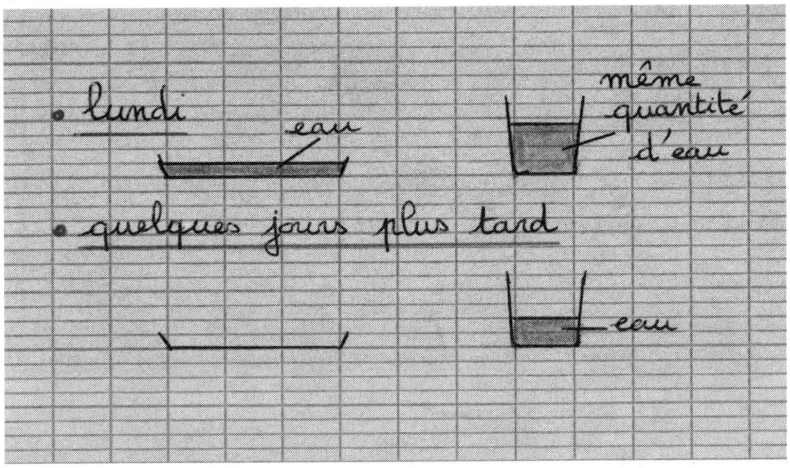

Fig. 6 a. Les résultats sont contradictoires : des erreurs ont été faites. Une analyse des conditions des expériences permet de lever les contradictions et de repérer ces erreurs.
b. Les élèves peuvent formuler une conclusion à partir des résultats de l'expérience d'Émilie, qui a veillé à mettre la même quantité d'eau liquide dans chacun des récipients, placés au même endroit : plus la surface en contact avec l'air est grande, plus l'eau s'évapore vite.

Tous les élèves ont déjà constaté que du linge mouillé sèche, que le tableau lavé sèche, que l'eau d'une flaque (même sur un sol imperméable) n'est plus visible au bout d'un moment. Où est passée l'eau ? A-t-elle disparu ?

À cet âge, les élèves pressentent que l'eau ne disparaît pas, qu'il y a **conservation de la matière** : c'est d'ailleurs la raison pour laquelle ils la cherchent. De très jeunes enfants ne se posent pas la question : pour eux, l'eau qu'on ne voit plus n'existe plus. Au cycle des approfondissements, les élèves font des **hypothèses** : l'eau du linge mouillé est « tombée par terre », « entrée dans le linge », elle est « partie dans l'air »... Il s'agit de mettre ces propositions à l'**épreuve de l'expérience**. Si on déchire et observe un chiffon qui a séché, on n'y observe pas d'eau liquide, même à la loupe. Si le chiffon a été bien essoré, il n'y a pas d'eau qui tombe par terre. La seule hypothèse qui reste, et qu'on ne peut pas tester directement, est que **l'eau est partie dans l'air**, même si on ne la voit plus. On dit qu'elle s'est **évaporée**. Certains élèves peuvent avoir quelques doutes sur son existence dans l'air. Certains vont dire : « Je le croirai quand je pourrai la faire revenir visible. » De toute façon, vous en restez là dans un premier temps, et vous proposez quelques jours plus tard une situation de condensation à vos élèves (voir paragraphe suivant).

Remarque : certains élèves utilisent l'expression « l'eau a séché ». Vous la ferez rectifier. Un objet mouillé sèche, mais l'eau liquide s'évapore.

5 D'où vient la buée ?

Profitez d'un jour où de la buée est présente sur les vitres de la salle de classe ou sortez d'une glacière une bouteille d'eau, qui se couvre alors de buée. **D'où viennent les gouttes d'eau liquide ?** Si votre bouteille contient de l'eau, quelques élèves suggèreront peut-être que l'eau a traversé la bouteille. Cependant, les gouttes d'eau sont partout à l'extérieur de la bouteille, même au-dessus du niveau d'eau à l'intérieur. Si vous sortez une bouteille froide mais vide de la glacière, elle se couvre aussi de buée. L'eau ne peut venir de l'intérieur de la bouteille. Certains élèves invoqueront la présence d'eau invisible dans l'air de la pièce, qui se dépose sur la bouteille ou les vitres froides. S'ils ne le font pas spontanément, **rapprochez cette situation d'une situation d'évaporation**, pour laquelle on se demandait où était partie l'eau liquide. La construction de la permanence de la substance est une construction intellectuelle, que vos élèves peuvent arriver à faire grâce à ce rapprochement et cette confrontation des deux situations d'évaporation et de condensation. En s'évaporant, l'eau liquide se transforme en **vapeur d'eau invisible**, qui se mélange à l'air. Cette vapeur d'eau invisible peut se condenser en gouttes d'eau liquide sur un objet froid. Il y a toujours de la vapeur d'eau mélangée à l'air.

Vous pouvez bien évidemment commencer par mettre vos élèves devant une situation de condensation, puis ensuite d'évaporation.

6 Comment faire sécher le plus vite possible ?

Cette question relève de la vie courante, et les élèves connaissent déjà des réponses. Les faire réfléchir sur la façon d'arriver à un résultat efficace les conduit à **repérer** et pouvoir énumérer **des facteurs** accélérant l'évaporation. Ils citeront sans doute : le fait d'étaler le linge, de le mettre au vent (dehors ou dans un sèche-linge), de le mettre au soleil pour le chauffer ou dans une pièce chauffée ou dans le courant d'air chaud du sèche-linge. Ils repèrent ainsi des facteurs : température, surface, conditions d'aération, pouvant avoir une influence sur la vitesse d'évaporation de l'eau.

Dans un souci d'efficacité technique, il est judicieux de combiner ces facteurs. En revanche, si on veut savoir s'ils ont effectivement une influence sur la vitesse d'évaporation ou comment les combiner, il faut les tester dans une procédure expérimentale (voir paragraphe suivant).

7 De quoi dépend la vitesse d'évaporation de l'eau ?

S'ils ont fait des essais en modifiant certains des facteurs précédents, les élèves ne pourront pas dire lesquels auront eu une influence sur la vitesse d'évaporation de l'eau. Ils peuvent aussi arriver à des résultats contradictoires (***Fig. 6***). C'est très intéressant pour passer d'un problème d'efficacité technique à un **problème scientifique**, qui nécessite ici une **séparation des variables**.

Pour tester l'influence de la variable température, il faut **garder fixes les autres facteurs** : prendre des récipients identiques pour avoir la même surface de contact avec l'air, remplis avec la même quantité d'eau, mis dans les mêmes conditions d'aération ; seules la température de l'eau ou les conditions de température doivent changer entre les deux récipients.

Il en est de même pour les autres facteurs à tester : surface de contact avec l'air, conditions d'aération.

Des expériences pour tester des hypothèses

• Pourquoi Benoît a-t-il fait ces expériences ?

Expérience 1

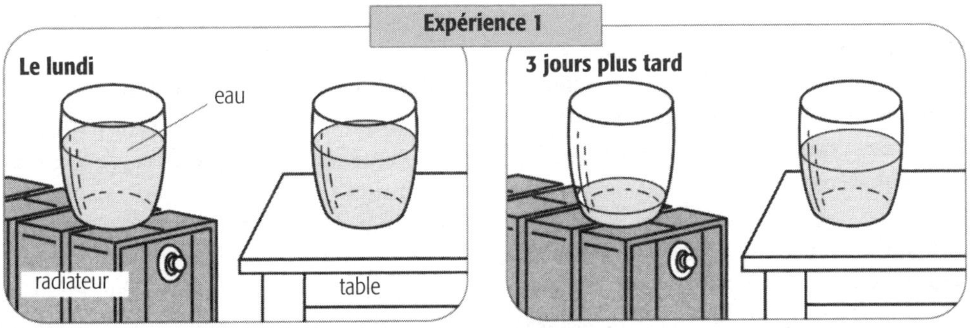

Expérience 2

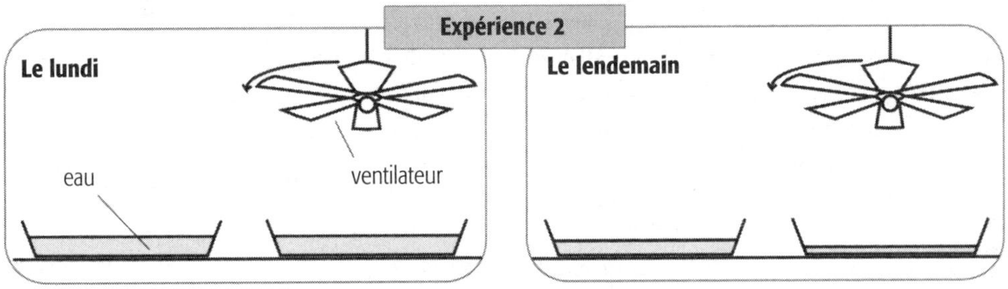

Expérience 3

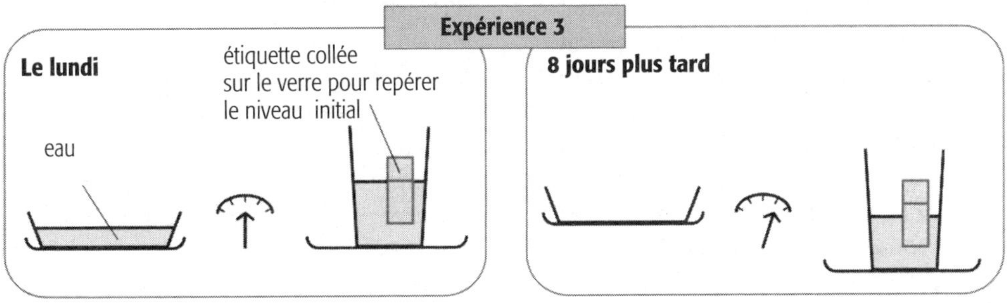

• Réalise les expériences de Benoît et compare tes résultats à ceux qu'il a obtenus.

• Avec deux bouteilles en plastique identiques, réalise l'expérience ci-dessous, puis complète le dessin en indiquant les niveaux d'eau.

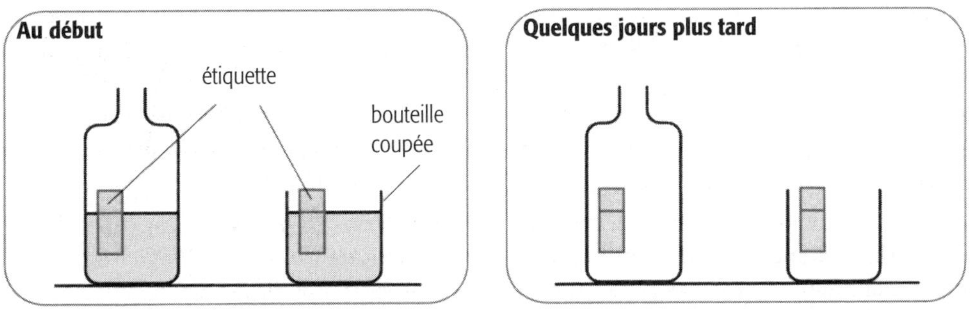

Fig. 7. Ces documents peuvent être utilisés avec les élèves :
- pour valider les résultats de leurs propres expériences ;
- pour les aider à réfléchir sur la méthodologie, en comparant leurs procédures et celles du document, où seul un facteur varie à chaque fois.

L'élaboration de ces expériences est un bon support pour une **évaluation** formative de la méthode de séparation des variables, voire une évaluation sommative (***Fig. 7***) si les élèves ont rencontré cette séparation des variables dans d'autres situations (dissolution, mesure du temps...).

Les **conclusions** seront formulées par les élèves : la vitesse d'évaporation de l'eau augmente quand la température augmente, quand la surface de contact avec l'air augmente et quand l'air est renouvelé au-dessus de l'eau liquide.

8 Jusqu'à quelle température peut-on faire chauffer de l'eau ?

Une idée courante chez les élèves est que la température de l'eau augmente « indéfiniment » si on la chauffe. Une **expérience** permettra de **valider ou non** cette **proposition**. Pour des raisons de **sécurité**, l'expérience sera faite uniquement par l'enseignant. Si c'est possible, vous suspendrez un thermomètre plongeant dans l'eau. Sinon, les relevés de température seront faits en plongeant le thermomètre au moment de la lecture, en prenant la précaution d'attendre l'équilibre thermique entre l'eau et le thermomètre. Si vous avez deux plaques chauffantes, les élèves proposeront de les régler sur des valeurs de chauffage différentes (suffisantes toutefois pour pouvoir arriver à ébullition). La température augmente dans les deux cas, plus vite pour la plaque qui chauffe davantage. Dans les deux cas, pourtant, la **température stagne** à la même valeur, voisine de 100 °C. Comme pour la solidification (voir § 1), les températures indiquées par les deux thermomètres peuvent être légèrement différentes. Par ailleurs, cette température est rarement de 100 °C : elle dépend de la pression atmosphérique, donc du temps qu'il fait, de l'altitude, mais surtout, les thermomètres utilisés à l'école sont à immersion totale (voir chapitre 3) et sous-estiment cette température.

La **conclusion** à laquelle arriveront les élèves est que la température n'augmente pas indéfiniment et ne dépend pas de la puissance de chauffe.

Au cours de cette expérience, les élèves feront des **observations** sur le contenu de la casserole d'eau. Au début du chauffage apparaissent des petites bulles, puis de grosses bulles au moment où la température n'augmente plus. C'est alors l'**ébullition**. Les grosses bulles sont des bulles de vapeur d'eau, qui montent et viennent éclater à la surface ; la vapeur d'eau se mélange à l'air. Les bulles au début du chauffage ne sont pas des bulles de vapeur d'eau. Si vos élèves ne le savent pas (voir chapitre 4), vous leur indiquerez qu'il s'agit de bulles d'air dissous dans l'eau.

Un **travail sur document** (un tableau de relevés de températures par exemple) permet de **valider les résultats** obtenus par les élèves ou peut servir de support pour une **évaluation**.

Remarque : vos élèves auront peut-être observé un « nuage » au-dessus de la casserole d'eau qui bout. Attention, il ne s'agit pas de vapeur d'eau, qui est invisible, mais de **brouillard**, c'est-à-dire de gouttes d'eau liquide en suspension dans l'air, obtenues à partir de la vapeur d'eau sortant de la casserole, qui se refroidit en donnant donc par condensation les gouttelettes de brouillard. Ces gouttelettes s'évaporent à leur tour et se transforment en vapeur d'eau invisible.

9 D'où viennent les nuages ?

Un travail sur les nuages et sur le **cycle de l'eau dans la nature** est l'occasion de faire une **synthèse des connaissances** construites par les élèves autour des changements d'état de l'eau.

Vous pouvez préférer commencer par un questionnement autour des nuages, pour connaître les représentations initiales des élèves à leur sujet. Certains parleront peut-être de coton, de fumée, d'autres d'eau. Le fait que les précipitations soient formées d'eau (solide ou liquide) plaide en faveur de la présence d'eau dans les nuages. Pour comprendre leur formation, il est nécessaire de faire un détour en travaillant sur l'évaporation et la condensation de l'eau.

Des **documents** confirmeront que les nuages sont formés d'eau, liquide ou solide selon l'altitude (et donc la température) du nuage. Les élèves peuvent alors imaginer le cycle de l'eau dans la nature. Un travail sur document viendra valider leurs propositions. Il peut être utilisé pour une **évaluation** d'une partie de leurs connaissances sur les changements d'état de l'eau (***Fig. 8***).

Vous pouvez **proposer un dispositif** pour simuler le cycle de l'eau dans la nature (***Fig. 9***). Les élèves devront y repérer les états et les changements d'état de l'eau, ainsi que les **écarts** par rapport à la situation rencontrée dans la nature. Par exemple, on ne trouve pas de glaçons posés sur un « couvercle atmosphérique », les nuages peuvent être présents sous le Soleil, etc.

Le cycle de l'eau dans la nature

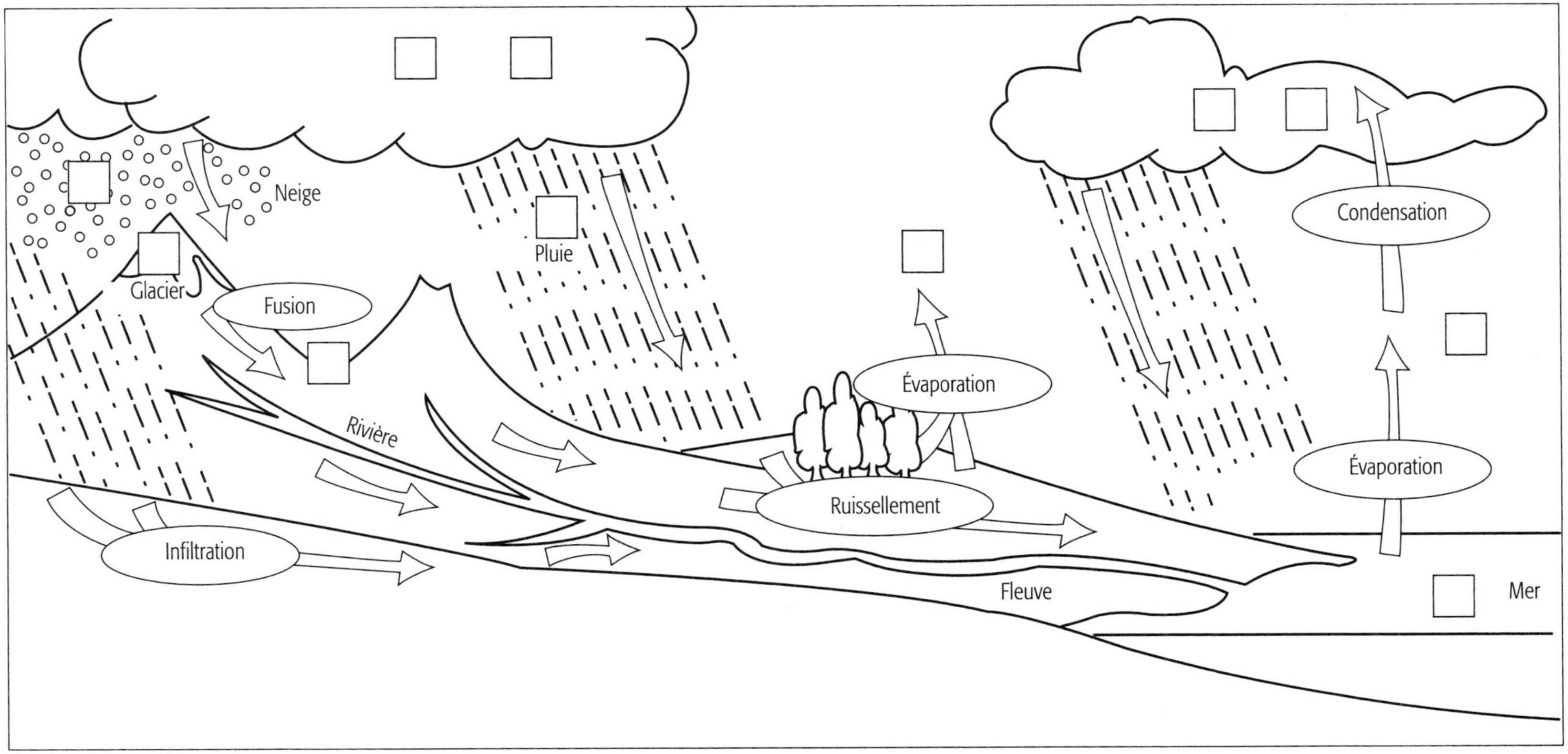

- Place dans les cases :
- la lettre S si l'eau est solide,
- la lettre L si l'eau est liquide,
- la lettre V si l'eau est sous forme de vapeur d'eau.

- Colorie, en rouge, les flèches qui montrent le chemin suivi par l'eau dans la nature.
- Colorie, en vert, les bulles qui correspondent à un changement d'état de l'eau.

Fig. 8. Ce document permet de relever les idées des élèves sur la présence d'eau dans la nature. Il permet aussi de faire une synthèse, de réutiliser les connaissances acquises sur les états et changements d'état de l'eau dans la nature.

Pour simuler le cycle de l'eau dans la nature

a. L'eau liquide est chauffée sur une plaque électrique

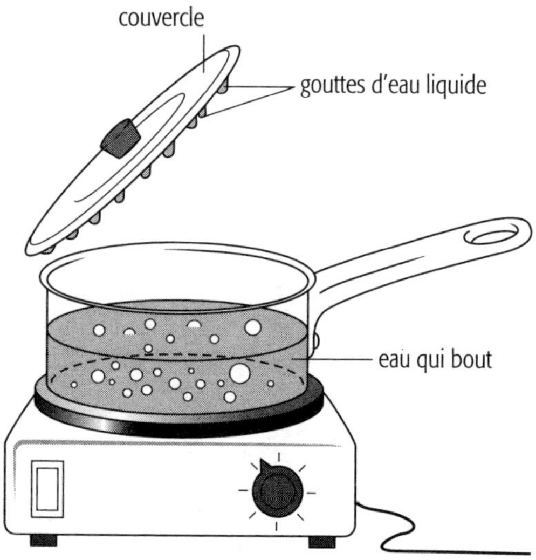

b. L'eau liquide est chauffée par le Soleil

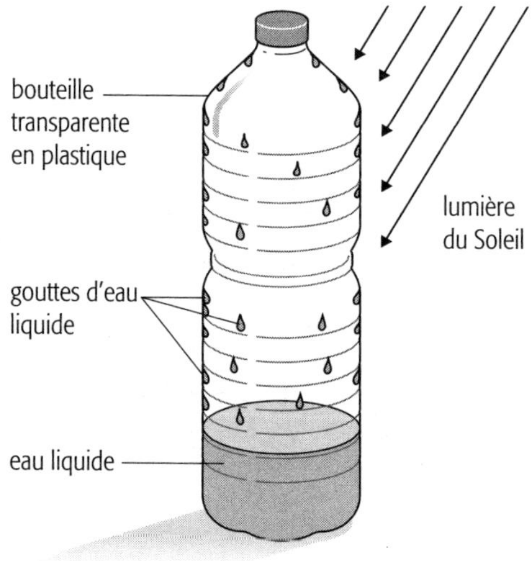

c. L'eau liquide est chauffée par une lampe

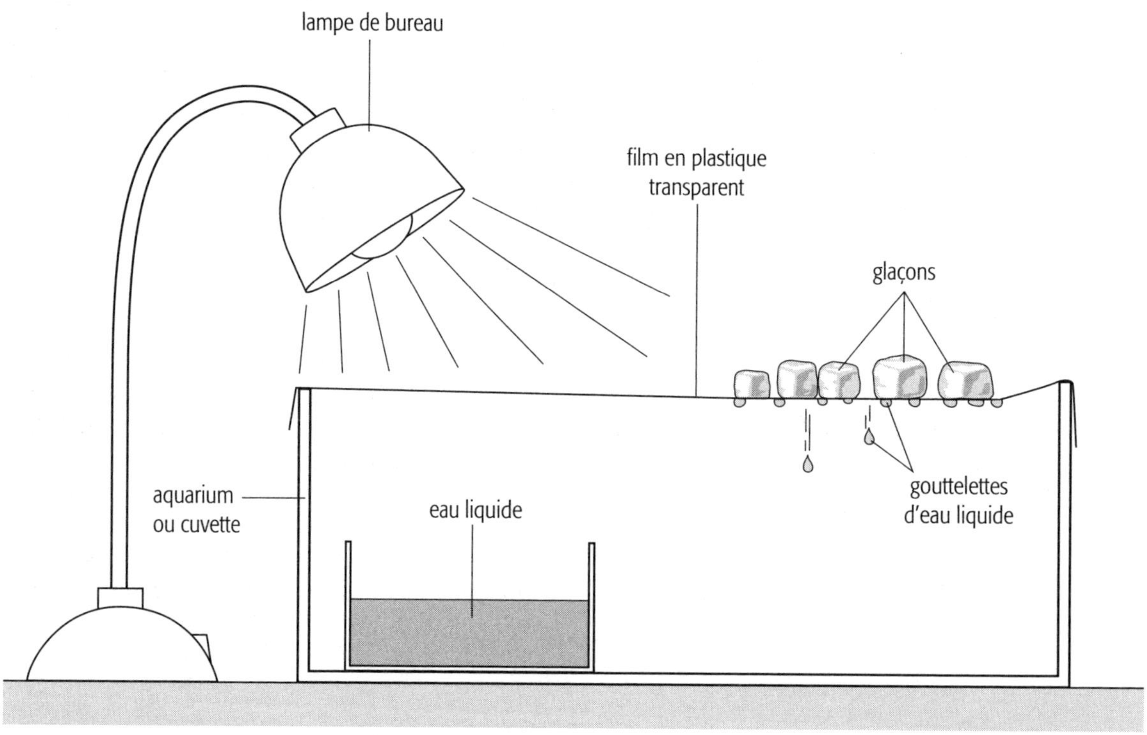

Fig. 9. Ces dispositifs peuvent être comparés, entre eux et avec le cycle de l'eau dans la nature.

Chapitre 2

L'air qui nous entoure

L'air, mélange de gaz, occupe une place privilégiée dans la famille des gaz car il est omniprésent autour de nous. Les élèves, à l'école élémentaire, travaillent sur l'air et la vapeur d'eau.

L'air est abordé à différents niveaux de la scolarité à l'école primaire. Dès l'école maternelle, les élèves doivent être sensibilisés à son existence et confrontés à des situations où l'air et son mouvement, le vent, interviennent. Ce travail se poursuit au cycle des approfondissements, à l'issue duquel les élèves doivent savoir que la plupart des récipients, des espaces couramment qualifiés de « vides », sont remplis d'air. L'air est pesant ; cela confirme qu'il est une substance, une matière, et qu'il possède donc une masse.

La construction de l'existence de l'air est difficile car certaines de ses propriétés le rendent souvent difficile à percevoir : il est invisible et inodore. De plus, des expressions courantes comme « ouvrir la fenêtre pour faire entrer l'air » laissent à penser que l'air n'est pas présent dans une pièce, mais seulement à l'extérieur. Il est donc très important de proposer des activités pour que les élèves reconnaissent la matérialité de l'air. Nous aborderons également les pollutions de l'air qui nous entoure, en lien avec l'EDD.

Au cycle des apprentissages fondamentaux, l'étude du fonctionnement de certains appareils faisant intervenir l'air permettra aux élèves de conforter leurs acquis de l'école maternelle relatifs au vent.

Le programme (*BO hors série n° 3 du 19 juin 2008*)	
CP et CE1	CE2, CM1 et CM2
DÉCOUVERTE DU MONDE **Découvrir le monde du vivant, de la matière et des objets** Les élèves réalisent des maquettes élémentaires pour comprendre le fonctionnement d'un appareil. **PREMIER PALIER POUR LA MAÎTRISE DU SOCLE COMMUN** **Compétence 3. Les principaux éléments de mathématiques et la culture scientifique et technologique** L'élève est capable d' : – utiliser les unités usuelles de mesure ; estimer une mesure ; – être précis et soigneux dans les tracés, les mesures et les calculs ; – observer et décrire pour mener des investigations ; – appliquer des règles élémentaires de sécurité pour prévenir les risques d'accidents domestiques.	**SCIENCES EXPÉRIMENTALES ET TECHNOLOGIE** **La matière** L'air et les pollutions de l'air. **DEUXIÈME PALIER POUR LA MAITRÎSE DU SOCLE COMMUN** **Compétence 3A) Les principaux éléments de mathématiques** L'élève est capable d' : – utiliser la règle, l'équerre ou le compas pour vérifier la nature de figures planes usuelles et les construire avec soin et précision ; – utiliser les unités de mesure usuelles ; utiliser des instruments de mesure. **Compétence 3B) La culture scientifique et technique** L'élève est capable de : – pratiquer une démarche d'investigation ; savoir observer, questionner ; – manipuler et expérimenter, formuler une hypothèse et la tester, argumenter ; – mettre à l'essai plusieurs pistes de solutions ; – exprimer et exploiter les résultats d'une recherche en utilisant un vocabulaire scientifique à l'écrit et à l'oral ; – maîtriser des connaissances dans divers domaines scientifiques ; – mobiliser ses connaissances dans des contextes scientifiques différents et dans des activités de la vie courante ; – exercer des habiletés manuelles, réaliser certains gestes techniques.

Informations pour l'enseignant

L'état gazeux se définit par comparaison avec l'état solide et l'état liquide : nous l'avons fait dans le chapitre 1 sur les états de la matière, auquel vous devez vous reporter pour trouver une description macroscopique, puis microscopique des gaz, ainsi que des précisions concernant certaines de leurs propriétés : compressibilité et expansibilité par exemple.

Nous donnons ici des informations concernant la pression et l'air.

A Qu'est-ce que la pression d'un gaz ?

1 Quand la pression varie

Dans une enceinte fermée dont le volume varie, remplie d'un gaz, par exemple de l'air, comme une seringue, la pression augmente quand on pousse le piston ; elle diminue quand on le tire.

D'un point de vue **microscopique**, ces modifications s'interprètent par un rapprochement des particules de l'air quand la pression augmente, et par un espacement plus grand entre ces particules quand elle diminue.

2 Définition de la pression dans un gaz

Un gaz contenu dans une bouteille fermée peut être modélisé par des particules s'agitant de façon désordonnée et rapide. Les particules viennent frapper les parois de la bouteille et du bouchon. Ces **chocs** sont un moyen de se faire une image de ce que peut être la pression du gaz dans la bouteille. Les parois n'explosent pas :
– d'abord, parce que les particules de l'air à l'extérieur de la bouteille viennent de la même façon les frapper : les chocs s'équilibrent de part et d'autre si la pression dans la bouteille est égale à la pression atmosphérique, c'est-à-dire la pression de l'air à l'extérieur de la bouteille ;
– ensuite parce que la bouteille est fabriquée dans un matériau suffisamment résistant pour supporter sans se déformer une éventuelle différence de pression entre l'intérieur et l'extérieur.

Ces chocs sur une paroi solide existent potentiellement sur toute surface placée dans le gaz, et existent au sein du gaz, entre les particules. Ils modélisent ce qu'on appelle la **pression d'un gaz** contenu dans une enceinte. Cette pression s'exerce, et est **la même, dans toutes les directions**.

Ces chocs sur les parois conduisent donc, d'un point de vue physique, à une force agissant sur une surface. Par définition, la pression est égale au rapport de la valeur de la force agissant sur une surface par la valeur de cette surface. L'unité de pression est le pascal (Pa).

B Un gaz très courant : l'air

1 Quelques propriétés

L'air est considéré comme un gaz car il possède les propriétés des gaz.

- L'air est **compressible et expansible**. Cette propriété peut être mise en évidence à l'aide d'une seringue dont le piston est à mi-course. Elle contient de l'air. Si on ferme d'un doigt l'extrémité de la seringue, on peut pousser sur le piston : on comprime alors l'air, dont le volume diminue. On peut aussi tirer sur le piston : le volume de l'air augmente, l'air est expansible.
- L'air est **élastique**. Si vous réalisez les manipulations précédentes, vous constaterez qu'en relâchant le piston (préalablement tiré ou poussé), ce dernier reprend sa position initiale, donc l'air reprend son volume initial : il est élastique.
- L'air est **pesant**, comme tous les gaz. Dans les conditions normales de température et de pression, 1 litre d'air a une masse de 1,2 gramme. Pour mettre en évidence ce caractère pesant de l'air, on peut utiliser un ballon et une balance de Roberval disponible dans les écoles, sensible au décigramme. Attention toutefois, vous ne devez pas réaliser cette pesée avec un ballon de baudruche déformable. En effet, l'équilibre de la balance n'est pas (ou très peu) modifié selon que la pesée est réalisée avec un ballon vide ou gonflé. Sur le ballon vide, dégonflé, s'exercent les poids de l'enveloppe et du lien de fermeture. Sur le ballon gonflé s'exercent toujours les poids de l'enveloppe et du lien de fermeture, le poids de l'air enfermé dans le ballon, mais aussi une force dirigée du bas vers le haut, la poussée d'Archimède exercée par l'air extérieur (c'est celle qui permet le maintien des montgolfières dans l'atmosphère). Cette poussée a une intensité égale au poids du volume d'air déplacé par le ballon, donc presque (en raison d'une légère surpression à l'intérieur du ballon) égale au poids du volume d'air enfermé dans le ballon. Elle compense donc le poids de l'air, qu'on ne peut pas détecter en procédant de cette façon. Il faut donc utiliser un objet indéformable, par exemple un ballon (foot, volley...) dégonflé tout en conservant sa forme, puis bien gonflé. Le déséquilibre de la balance est alors très net.

2 L'air est un mélange

L'air est un **mélange de plusieurs gaz**, majoritairement du diazote (appelé couramment « azote », environ 4/5) et du dioxygène (appelé couramment « oxygène », environ 1/5). Il contient aussi du dioxyde de carbone (gaz carbonique), de la vapeur d'eau et d'autres gaz à l'état de traces (néon, krypton, xénon...).

En toute rigueur, il faut ajouter que l'atmosphère est susceptible de contenir des gaz polluants (voir paragraphe C) et des particules solides, d'origine naturelle ou provenant des activités humaines.

À l'école élémentaire, on ne travaille pas sur l'air en tant que mélange. On le considère alors de fait comme une substance à part entière. Une exception toutefois peut être notée pour certains phénomènes physiologiques, où il est question de dioxygène pris dans l'air, de dioxyde de carbone rejeté. Il s'agit alors de fournir aux élèves une information ou de s'appuyer sur des connaissances sur l'air véhiculées par la culture sociale.

3 Quelle relation entre la pression atmosphérique et le poids de l'air ?

La **pression atmosphérique** mesurée avec un **baromètre** est plus faible au sommet des montagnes qu'au niveau de la mer. Pascal, philosophe et physicien du XVIIe siècle, est l'initiateur d'une expérience célèbre, qui consistait à mesurer la variation de la pression atmosphérique entre le pied et le sommet du Puy de Dôme. Au moyen de cette mesure, il cherchait à tester la validité de la théorie selon laquelle « la nature a horreur du vide ». La variation de la pression est proportionnelle à la variation d'altitude, le coefficient de proportionnalité étant négatif. Le résultat a été ultérieurement traduit par la relation suivante, qui donne la variation de pression entre deux niveaux d'altitude h et h_0, soit $P_{h_0} - P_h = \rho_{air}\, g\, (h - h_0)$, ρ_{air} étant la masse volumique de l'air (considérée en première approximation comme constante) et g l'intensité de la pesanteur.

Torricelli, dans son baromètre à mercure, équilibrait la pression atmosphérique par le poids d'une colonne de mercure (76 cm pour la pression atmosphérique normale de 1 013 hPa). Il y a donc une relation entre le poids de l'air situé au-dessus de nos épaules et la pression atmosphérique. Attention, contrairement à une idée répandue, ce n'est pas cet air qui nous « maintient » au sol, mais l'attraction gravitationnelle terrestre. Un montage pouvant convaincre du contraire serait une enceinte à vide : un objet à l'intérieur, une plume ou un trombone, ne flotte pas ! Vous pouvez aussi penser aux cosmonautes sur la Lune, qui restent bien à la surface du sol lunaire malgré l'absence d'atmosphère.

4 La pression atmosphérique s'exerce dans toutes les directions

Repérer une relation entre le poids de l'air situé au-dessus du point où on se trouve et la pression incite à donner une direction verticale et un sens vers le bas à cette pression. Ce n'est pas le cas : vous n'ouvrez pas plus facilement un pot de confiture fermé sous vide en tenant le pot à l'envers, couvercle vers le bas, en pensant supprimer l'effet de la pression atmosphérique. Celle-ci, comme permet de le comprendre le modèle particulaire, s'exerce de **façon équivalente dans toutes les directions**.

Comment faire le lien entre une pression atmosphérique qui s'exerce de façon équivalente dans toutes les directions et le fait qu'elle dépend de l'altitude, donc du poids de l'air qui se trouve au-dessus du lieu où on détermine cette pression ? En fait, le nombre de particules par unité de volume diminue avec l'altitude, de même que la température (ce qui conduit à une diminution des vitesses de déplacement des particules, donc de l'efficacité de leurs chocs) : le nombre et l'efficacité des chocs diminuant quand l'altitude augmente, la pression diminue.

5 Qu'est-ce que le vent ?

Le vent est de **l'air en mouvement**. Ce mouvement est provoqué à l'échelle de la planète, des continents ou de reliefs locaux (brise de mer ou de montagne par exemple), par des différences de températures d'un lieu à un autre. Ces différences de températures entraînent des variations de pression dues à des dilatations différentes des gaz et ces variations de pression provoquent des déplacements d'air, d'où le vent.

6 Des instruments utilisés en météorologie pour connaître le vent

En météorologie, les caractéristiques du vent utiles à connaître sont sa vitesse et sa direction. Des instruments sont utilisés pour des relevés au sol ou en mer : l'**anémomètre** pour mesurer la **vitesse** du vent, et la **girouette** pour connaître la **direction** d'où il vient. On repère alors la position de la flèche de la girouette par rapport à une rose des vents portant les points cardinaux. Des ballons sondes sont lancés pour connaître ces caractéristiques en altitude.

Un autre instrument est utilisé pour donner simultanément ces informations de façon au moins qualitative aux usagers de la route ou de petits aérodromes : la **manche à air**.

La vitesse du vent est exprimée en km/h ou en m/s, mais les météorologues ont l'habitude de parler de la **force du vent** repérée sur une échelle, **l'échelle Beaufort**, familière aux plaisanciers.

C Les pollutions de l'air

Les pollutions de l'air ont différentes origines et natures, et différentes conséquences. En France, 11 millions de tonnes de polluants atmosphériques sont émis chaque année (source ADEME).

1 Polluants et sources de pollution de l'air

Les polluants dans l'air sont des gaz, pour une large part, mais aussi des particules solides ou liquides en suspension dans l'air.

Parmi les principaux polluants, on peut relever :
– le dioxyde de soufre, dont les responsables sont les chaufferies urbaines, les véhicules à moteur diesel, les incinérateurs… En réagissant avec l'eau, il produit des acides sulfureux et sulfurique et contribue aux pluies acides ;
– le monoxyde de carbone, qui provient d'une combustion incomplète (combustibles, carburants). Il se combine avec l'hémoglobine du sang et gêne ou empêche l'oxygénation de l'organisme ;
– des oxydes d'azote, provenant essentiellement des véhicules utilisant du carburant, des installations de chauffage, des installations industrielles où il y a combustion, mais aussi de l'agriculture (utilisation d'engrais azotés et déjections animales). Ils favorisent la formation d'ozone dans l'atmosphère, sont irritants pour les voies respiratoires, néfastes pour les cultures agricoles et contribuent à l'effet de serre ;
– le dioxyde de carbone, provenant de la combustion des combustibles fossiles (chauffage, véhicule utilisant des carburants…), n'est pas toxique pour l'organisme, mais contribue à l'augmentation de l'effet de serre ;
– des COVs (composés organiques volatils), d'origine naturelle ou liée aux activités humaines. Ils regroupent de nombreuses substances telles que : butane, propane, solvants dans les peintures, encres… Ils peuvent se propager plus ou moins loin de leur lieu d'émission ;

Des données quotidiennes sur la qualité de l'air

Lig'Air Membre agréé du réseau Atmo

ASSOCIATION POLLUTION CHIFFRES CARTOGRAPHIE ALERTES ACTUALITES DOCUMENTATION SENSIBILISATION

CONTACTS STATUTS MEMBRES LE CA AUTRES ASSOCIATIONS ET AUTRES LIENS RESEAU

VOUS ETES PAGE > ACCUEIL > CHIFFRES > RECHERCHE GÉOGRAPHIQUE

CHIFFRES DES STATIONS LIG'AIR EN RÉGION CENTRE

CHOIX GÉOGRAPHIQUE PAR STATION

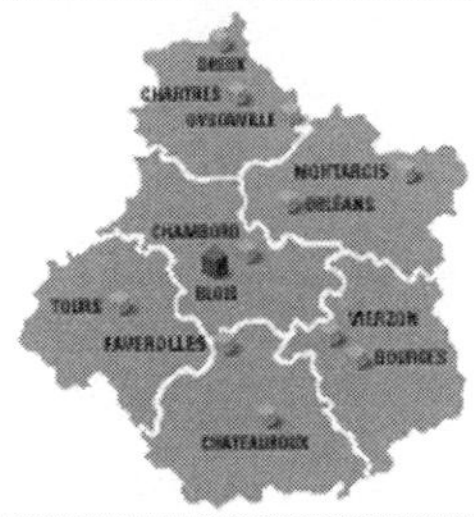

Blois Nord

Blois Centre

Blois mercredi 27 août 2008

cette ville possède 2 stations **En voici les moyennes journalières**

1	2	3	4	5	6	7	8	9	10	Visualiser les indices ATMO
			▲							Aide sur l'indice ATMO

Qualité de l'air : **4**

Le polluant en cause est : **ozone**

Prévision pour demain : **Stabilité**

Polluant	Sous-indices	Max. Horaire	Moyenne Jour.	Commentaires
Ozone (O_3)	4	85	-	Cette valeur ne correspond à aucun dépassement de seuil et est conforme à la normale.
Dioxyde d'azote (NO_2)	1	24,5	-	Cette valeur ne correspond à aucun dépassement de seuil et est conforme à la normale.
Dioxyde de soufre (SO_2)	0	0	-	Cette valeur ne correspond à aucun dépassement de seuil et est conforme à la normale.
Particules en suspension (PM_{10})	3	-	21,3	Cette valeur ne correspond à aucun dépassement de seuil et est conforme à la normale.

Les données sont exprimées en µg/m^3.

Les stations de mesures	Les polluants qui y sont traités
Blois Nord	Ozone(O3), Monoxyde d'azote(NO), Dioxyde d'azote(NO2), Particules 10µm(PM10).
Blois Centre	Ozone(O3), Monoxyde d'azote(NO), Dioxyde d'azote(NO2), Particules 10µm(PM10).

Source : www.ligair.fr

Fig. 1. Des stations mesurent les quantités de polluants présents dans l'air. Les résultats sont traduits par l'indice ATMO (indice atmosphérique), qui donne une information sur la qualité de l'air.

– des POPs (polluants organiques persistants), qui ont des effets nocifs sur la santé humaine et la faune et offrent une grande résistance aux dégradations biologiques naturelles. Les molécules concernées subissent une dégradation de 50 % sur une durée de 7 à 8 ans. Les POPs proviennent de combustions incomplètes (industrie, incendies de forêt, feux de jardin, chauffage…). Les dioxines, les furannes en font partie ;
– des composés halogénés (CFC maintenant bannis, mais aussi HFC utilisés dans les systèmes de réfrigération…), très stables, qui contribuent à l'effet de serre et surtout (pour les CFC en particulier) à la destruction de la couche d'ozone à très haute altitude (stratosphère), qui nous protège des rayons ultra-violets de la lumière du Soleil, ce qui permet la vie sur Terre ;
– les particules en suspension, d'origine naturelle pour plus de la moitié d'entre elles (éruptions volcaniques, incendies de forêt, poussière venant des déserts, pollens), proviennent aussi des combustions (industrie, chauffage domestique, véhicules). Elles peuvent être de tailles différentes et ont des incidences sur la santé (yeux, voies respiratoires). On les classe en deux catégories : $PM_{2,5}$ (diamètre inférieur à 2,5 μm) et PM_{10} (diamètre inférieur à 10 μm).

Les conditions climatiques ont une influence directe sur la qualité de l'air. Le vent favorise la dispersion des polluants, mais peut aussi en apporter d'autres. Des précipitations entraînent les polluants vers le sol. Des phénomènes d'inversion de température (sol refroidi la nuit par exemple) peuvent augmenter les concentrations en polluants, qui ne peuvent plus se disperser en prenant de l'altitude, entraînés par un mouvement ascendant de l'air chaud qui ne se produit plus.

2 Réglementation et mesure de la pollution de l'air

a. Réglementation et attitude citoyenne

En France, la première Loi sur l'air et l'utilisation rationnelle de l'énergie (LAURE) a été votée le 30 décembre 1996. Elle a institué le droit de respirer un air non nuisible pour la santé et un droit à être informé sur la qualité de l'air. Elle a été complétée par divers décrets et arrêtés, et relayée par des directives au niveau européen et des engagements internationaux (le protocole de Kyoto signé le 10 décembre 1997 fixe des objectifs quantitatifs de réduction des émissions de gaz à effet de serre pour 2012).

Les industriels ont cherché à améliorer les impacts environnementaux des installations ; les constructeurs automobiles ont diminué le taux d'émission des particules pour les voitures à moteur diesel au moyen de filtres à particules, ont fait diminuer le taux de dioxyde de carbone émis par les voitures. Par exemple, en 2007, la moitié des voitures neuves vendues en France avait un taux d'émission de dioxyde de carbone inférieur à 140 mg/km.

Chaque citoyen a un rôle à jouer dans la préservation de la qualité de l'air, en limitant par exemple les températures dans les habitations en hiver (gain en énergie et en polluants), en limitant ses déplacements en voiture individuelle… En effet, un automobiliste émet, en un an, en moyenne 2,5 fois la masse de sa voiture en dioxyde de carbone et environ la moitié de sa propre masse en autres polluants !

Notons, enfin, que la qualité de l'air dans les habitations nécessite son renouvellement. Les raisons de la dégradation de l'air sont multiples :
– la respiration des occupants ;
– les combustions dans les appareils de chauffage ;
– les émanations provenant des matériaux naturels (radioactivité due au radon provenant des pierres de granit ou volcaniques constituant les murs) ou des matériaux fabriqués (peinture, panneaux agglomérés, plastique, etc.).

Il faut donc veiller à ne pas obturer les diverses ouvertures d'aération et à aérer correctement les pièces chaque jour.

b. Mesure de la qualité de l'air

De nombreuses mesures permettent de connaître les quantités de polluants présents dans l'air.

De nombreuses associations régionales, dont on trouve les références sur le site de l'ADEME, publient quotidiennement l'indice de qualité de l'air sur leur site.

Un indice de qualité de l'air atmosphérique a été défini, l'indice ATMO, sur une échelle de 1 (très bonne) à 10 (très mauvaise, seuil d'alerte déclenché) (***Fig. 1***). Il prend en compte quatre polluants essentiels : dioxyde d'azote, particules de type PM_{10}, ozone, dioxyde de soufre, et est calculé chaque jour.

3 Conséquences des pollutions de l'air

Les pollutions de l'air agissent sur l'état de santé. Elles peuvent avoir aussi des conséquences sur l'environnement et sur l'évolution du climat.

a. Effets sur la santé

Les effets sur la santé peuvent être immédiats, ou à moyen voire long terme. L'action des polluants peut s'exercer sur la peau, les muqueuses, les alvéoles pulmonaires ou certains organes. Par exemple, le dioxyde de soufre, les oxydes d'azote, provoquent des inflammations des bronches, les COV peuvent entraîner des irritations des yeux, des muqueuses. Certains, comme le benzène, sont cancérigènes.

Les particules solides peuvent, en jouant le rôle de catalyseur, modifier la composition de l'atmosphère en favorisant la transformation du dioxyde d'azote en nitrate et en acide nitreux, irritants. Elles peuvent aussi agir directement (allergies, irritation des muqueuses, des bronches, effets cancérigènes selon la nature des substances).

b. Effets sur les matériaux et l'environnement

Certains polluants interviennent dans le phénomène des pluies acides. Ils contribuent à la dégradation des édifices, des façades d'immeubles. De lourds travaux de restauration sont parfois nécessaires.
Les mêmes phénomènes de pluies acides ont des répercussions sur la végétation et sur les eaux douces. Les excès d'oxydes d'azote perturbent l'équilibre biologique des eaux et des sols.

c. Effets sur le climat

Beaucoup de polluants ont des incidences sur l'effet de serre. Ils arrêtent le rayonnement infrarouge émis par le sol et l'atmosphère terrestres, et les températures augmentent, contribuant au réchauffement climatique.

Les particules solides peuvent également influer sur les conditions climatiques. Par exemple, les sables en provenance des déserts réfléchissent la lumière solaire et empêchent la formation des nuages.

Dans la vie de la Terre, des évolutions climatiques majeures ont été déclenchées par des modifications des concentrations de poussières dans l'atmosphère, poussières dégagées notamment par les éruptions volcaniques.

Activités possibles en classe

■ Au cycle des apprentissages fondamentaux

Des activités autour d'objets, d'appareils, d'instruments liés au vent, peuvent mettre en jeu des observations, ainsi que des fabrications de maquettes.

Connaissances et capacités travaillées au cycle des apprentissages fondamentaux

- Savoir mettre en relation les caractéristiques d'un appareil (manche à air, anémomètre…) et le vent.
- Savoir fabriquer un objet ou une maquette d'objet fonctionnant au vent.
- Savoir décrire le déplacement d'un objet (ou d'une partie d'objet) par rapport à un autre.
- Savoir expliquer le fonctionnement d'un appareil qui produit du vent (un courant d'air).

❶ Fabriquer des maquettes d'appareils qui fonctionnent au vent

Lors d'une discussion un jour de grand vent, au cours de laquelle les élèves citeront des indices qui montrent la présence de vent (feuilles qui volent, nuages qui se déplacent rapidement, cheveux dans le visage…), ils peuvent citer des instruments rencontrés couramment : girouette, manche à air et plus rarement anémomètre. Ce sera l'occasion de rebondir pour leur proposer de réfléchir au fonctionnement de certains de ces instruments.

Si ce n'est pas le cas, on peut introduire ces instruments au moyen d'une observation directe ou par l'intermédiaire d'un document. L'activité des élèves consistera alors à faire des hypothèses sur l'information relative au vent qu'ils donnent et sur les caractéristiques (dont le repérage des mouvements des pièces entre elles) que doit posséder l'instrument pour fonctionner. Pour **tester ces hypothèses**, ils en fabriqueront des **maquettes** qu'ils utiliseront.

Les élèves fabriquent le plus souvent des maquettes et non de véritables instruments météorologiques, car elles ne résistent pas bien aux intempéries, ne sont pas graduées quand c'est nécessaire et ne sont pas toujours installées selon les normes en vigueur en météorologie. Il est possible et souhaitable de les faire réfléchir sur cette **différence entre objet et maquette**.

Trois instruments pour repérer des caractéristiques du vent

a. Une manche à air

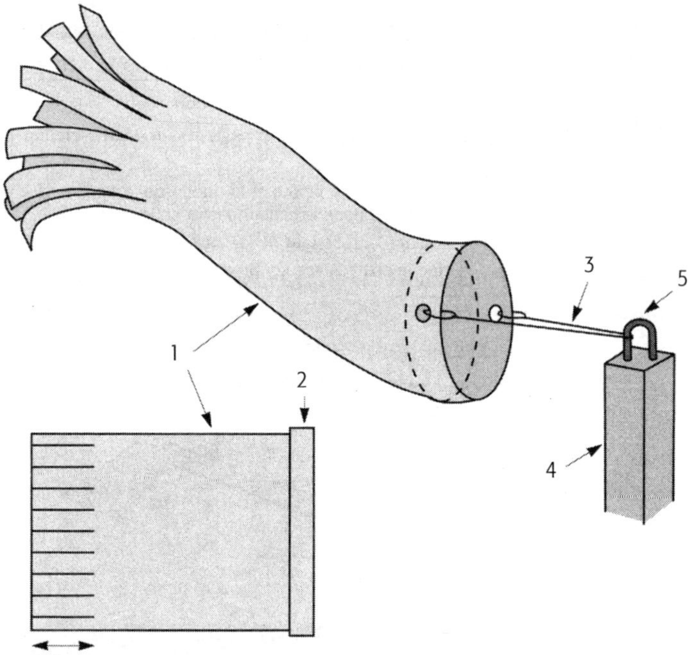

Matériel

1 • Un rectangle de papier serpente d'environ 50 × 100 cm
2 • Une bande de cartoline d'environ 50 × 3 cm
3 • De la ficelle (de cuisine)
4 • Un tasseau en bois
5 • Un clou cavalier

b. Un anémomètre

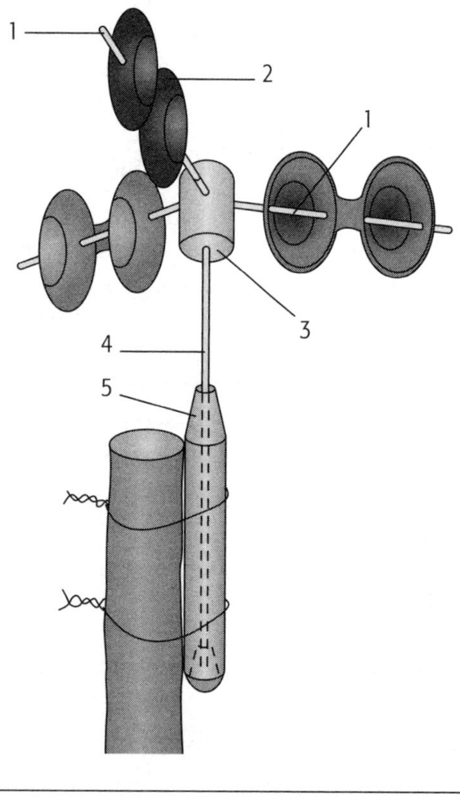

Matériel

1 et **4** • Piques à brochettes
2 • Emballage de fromage
3 • Bouchon de liège
5 • Corps de stylo à bille

Fig. 2. La manche à air permet de connaître la force et la direction du vent, l'anémomètre la vitesse du vent ; la girouette indique la direction d'où vient le vent.
La pointe de la girouette (**c**) doit avoir plusieurs épaisseurs pour assurer son équilibre et un fonctionnement correct.

C. Une girouette

Matériel

1 • Une paille à boire
2 • De la cartoline
3 • Une épingle à tête
4 • Une perle
5 • Le disque ci-dessous
6 • Un tasseau en bois

Indications pour la construction

- Colle les pièces ci-dessous sur de la cartoline et découpe-les.
- Pour fixer la pointe (B et D) et la queue (C) de la flèche, fais une fente dans la paille et colle.
- Repère la position de l'épingle en posant la flèche en équilibre sur un doigt.

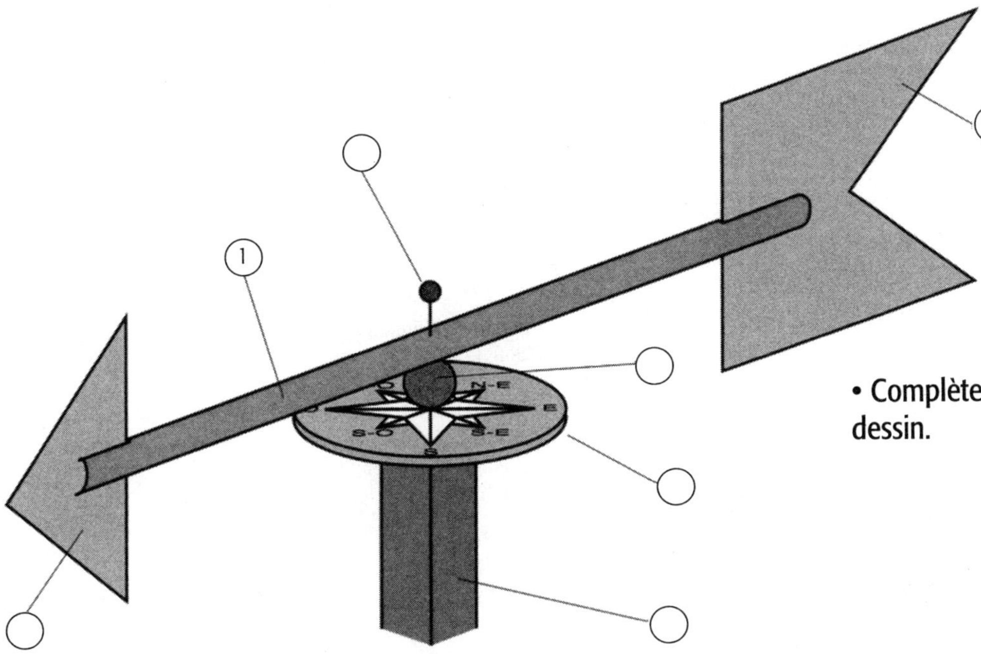

• Complète la légende du dessin.

Pièces à coller :

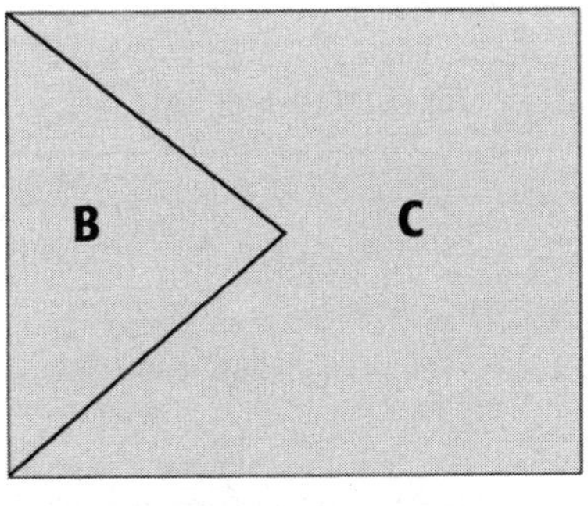

Pour obtenir la pointe de la flèche en triple épaisseur, plier la pièce D en deux et coller à l'intérieur la pièce B.

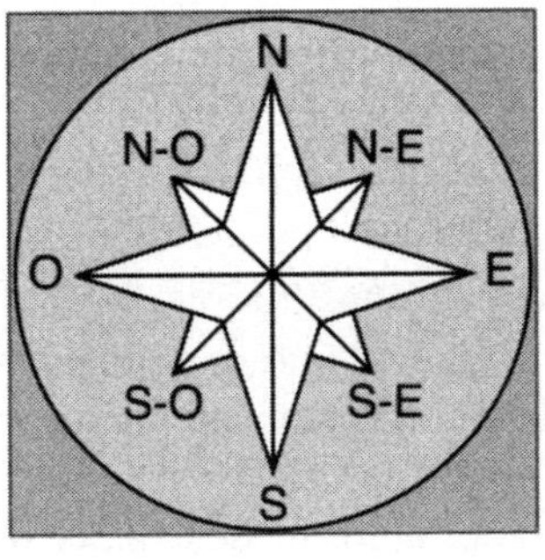

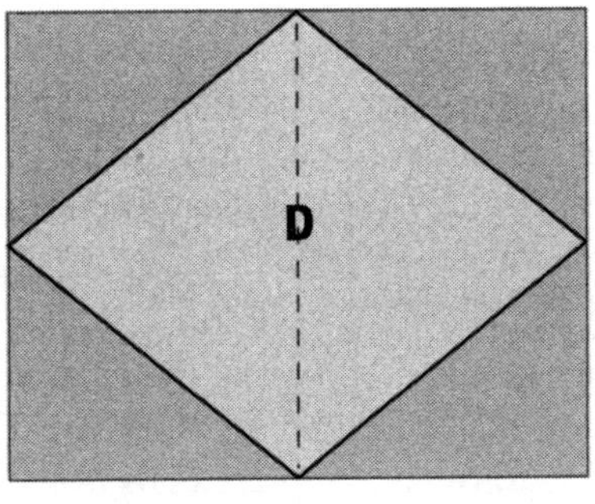

a. Fabriquer une maquette de manche à air

Des manches à air sont installées au bord des autoroutes et de certains ponts. Elles donnent une information à la fois sur la **force** et la **direction du vent**. Pour cela, elles doivent posséder certaines **caractéristiques** : avoir une partie dans un matériau résistant aux intempéries, assez léger pour se soulever quand il y a du vent ; cette partie doit pouvoir s'orienter selon la direction du vent, donc tourner autour d'un axe de rotation vertical. Des liens sont à faire à cette occasion avec le travail sur les mouvements (chapitre 17).

En **fabriquant** et en **testant une maquette** de manche à air, les élèves devront repérer ces caractéristiques de l'objet, qui lui permettent d'**assurer sa fonction**.

Le document de la ***figure 2a*** propose un exemple de maquette.

b. Fabriquer une maquette d'anémomètre

Les élèves ont pu voir des anémomètres sur des mâts de bateau, dans des stations météorologiques automatiques… On peut leur proposer une photographie d'anémomètre pour s'assurer que tous s'accordent sur l'objet évoqué. L'analyse de la photographie permet de repérer des éléments visibles de l'anémomètre : des coupelles, un mât vertical. Elle permettra de **faire des hypothèses** sur le fonctionnement de l'instrument s'ils n'ont pas pu l'observer : quand le vent souffle, les coupelles tournent. Elles doivent donc être fixées sur une pièce pouvant tourner autour d'un axe vertical.

On peut alors engager les élèves dans la **fabrication d'une maquette**, de façon à ce qu'ils **vérifient leurs hypothèses**, en mettant du matériel à leur disposition. La ***figure 2b*** présente une solution technique possible.

On peut aussi leur fournir des indications sur la fabrication d'une maquette, dont ils découvriront le fonctionnement après l'avoir réalisée.

c. Fabriquer une maquette de girouette

Il n'est pas possible au cycle des apprentissages fondamentaux de faire découvrir toutes les caractéristiques d'une girouette et d'en faire élaborer complètement une maquette. Ce le sera au cycle des approfondissements.

Il est en revanche possible de proposer des indications pour en fabriquer une maquette (***Fig. 2c***), de façon à ce que les élèves trouvent quelle indication elle donne. Attention, la pointe de la flèche doit avoir plusieurs épaisseurs de carton pour que la girouette soit équilibrée.

Contrairement à l'expression courante « tourner comme une girouette », une girouette ne tourne pas sans arrêt : en vent stable, elle indique toujours la même **direction**, celle **d'où vient le vent**.

2 Un aspirateur, qui crée un déplacement d'air

Une activité autour de l'aspirateur se trouve dans le chapitre 15.

■ Au cycle des approfondissements

L'étude de l'air au cycle des approfondissements vise à lui conférer le statut de matière, notamment en lui affectant une masse, ce qui contribue à conforter son existence.

Rappelons que la pression n'est pas au programme de l'école primaire.

Connaissances et capacités travaillées au cycle des approfondissements

– Savoir que la plupart des espaces couramment qualifiés de « vides » sont, en fait, remplis d'air et être capable de le mettre en évidence.
– Savoir que l'air est un frein à la chute des objets ou à leur déplacement.
– Savoir que le vent est de l'air en mouvement.
– Savoir que l'air est pesant et être capable de le mettre en évidence expérimentalement.
– Être capable d'utiliser les points cardinaux pour repérer la direction de la flèche d'une girouette.
– Être capable d'interpréter qualitativement une situation d'équilibre.
– Apprendre à se comporter efficacement devant un problème d'ordre technique.
– Connaître quelques sources de pollution de l'air.
– Repérer quelques gestes citoyens pour limiter les pollutions de l'air.
– Savoir mener des recherches sur la Toile.

1 Fabriquer et utiliser un moulinet

On peut présenter un jouet qui fonctionne au vent, comme un moulinet, et engager les élèves dans sa fabrication, pour que chacun ait son jouet. Plusieurs **démarches de fabrication** sont possibles.

• Les élèves **analysent** la constitution du modèle présenté (il faut alors en avoir un exemplaire par groupe). Ils repèrent le nombre de pièces, leurs positions relatives. On laissera les élèves préparer les pièces : ils doivent repérer la forme de la pièce dans laquelle sont formées les ailes (un carré), prendre

Un moulinet à fabriquer et utiliser

a. Les étapes de fabrication

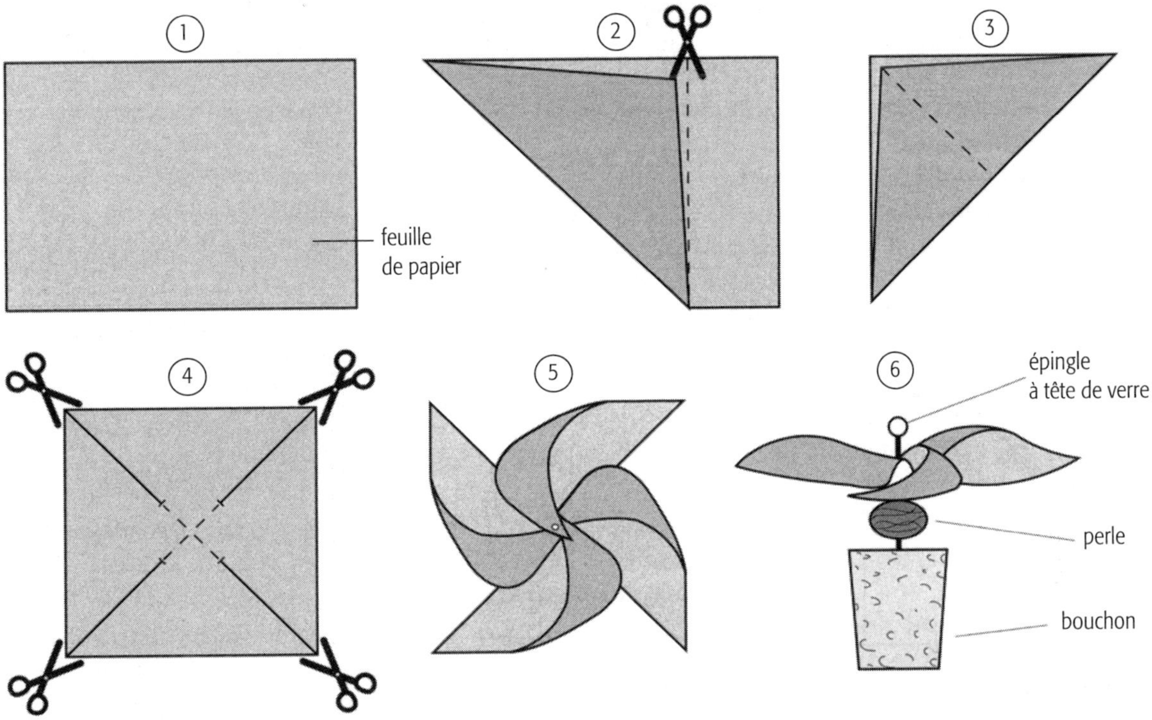

b. Comment tester le moulinet ?

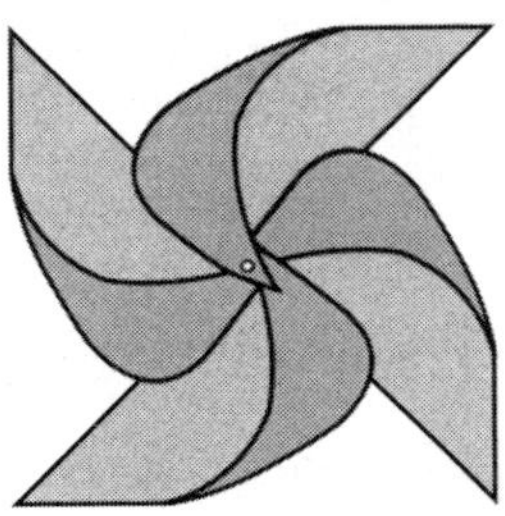

face au vent

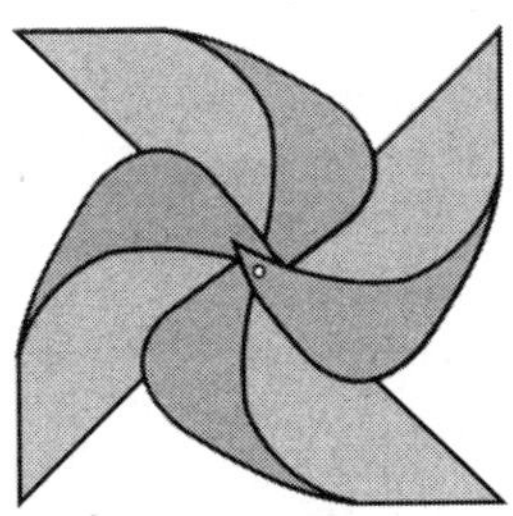

face au vent

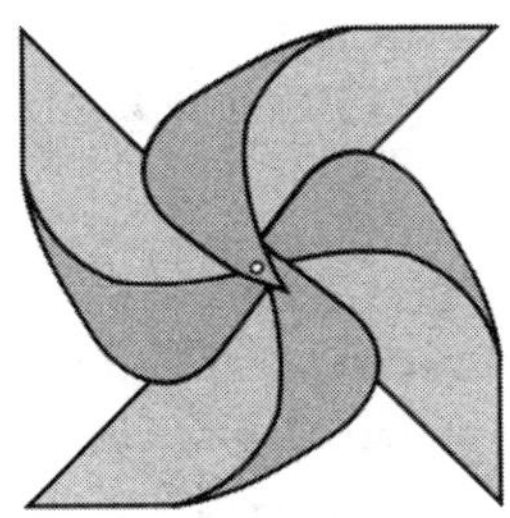

dos au vent

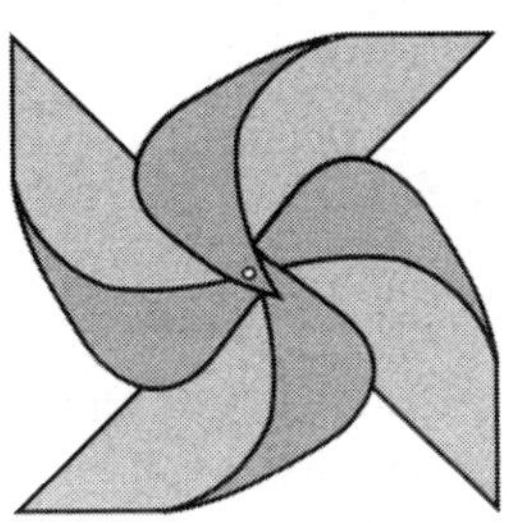

j'avance dans la classe

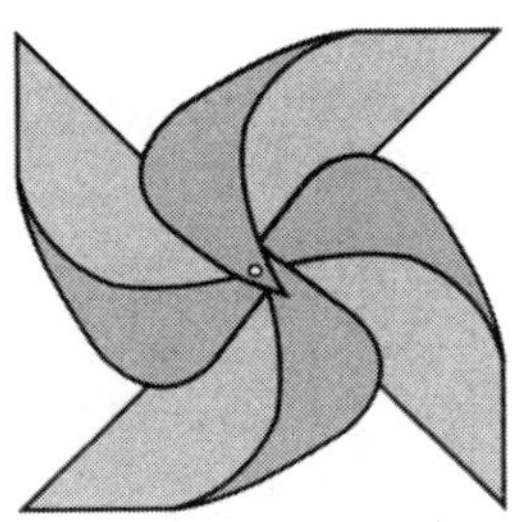

je recule dans la classe

• Indique à l'aide d'une flèche dans quel sens tourne chaque moulinet.

Fig. 3 a. Les élèves peuvent analyser l'objet ou utiliser cette fiche de fabrication pour construire leur moulinet.
b. Ce document permet de faire le point sur les différentes façons de le faire tourner sans y toucher.

des mesures, avant de découper. Il est intéressant de proposer aux élèves une feuille rectangulaire, dans laquelle ils doivent découper un carré. Comment procéder ? Ils peuvent mesurer, ou, plus astucieusement, procéder par pliage selon la diagonale du carré à obtenir. À l'issue de la réalisation de l'objet, on pourra leur demander de produire une fiche de fabrication, qui sera destinée à une autre classe.

- On peut fournir une **fiche de fabrication** (***Fig. 3a***) que les élèves liront avec l'aide du professeur. Ils fabriqueront leur moulinet en respectant l'ordre des étapes indiquées par la fiche. Là aussi, vous pouvez choisir de fournir une feuille rectangulaire ou carrée, selon le niveau de difficulté auquel vous voulez confronter les élèves et selon leurs acquis en géométrie.

Les erreurs de fabrication les plus fréquentes portent sur l'orientation des ailes du moulinet, qui doivent toujours être dans le même sens les unes par rapport aux autres.

Après la fabrication, les élèves doivent **utiliser** leur moulinet. C'est au moment de cette utilisation qu'ils travaillent sur le vent et sur l'air, en **faisant des essais** et **formulant des constats**. Aidez-les en leur fournissant des **consignes d'action** si c'est nécessaire : trouver tous les moyens pour faire tourner le moulinet sans le tourner à la main ; comment le faire tourner plus ou moins vite ; peut-on le faire tourner dans un autre sens ? Ils découvriront alors qu'on peut faire tourner le moulinet en soufflant dessus (quelle est la meilleure position pour souffler, de côté ou de face ?), en le mettant au vent, ou en le déplaçant dans l'air de la classe, en le disposant face à un ventilateur, qu'il tourne plus ou moins vite selon qu'on souffle plus ou moins fort, qu'on le déplace plus ou moins vite…

Les **conclusions** formulées par les élèves et validées par le professeur doivent figurer dans la partie collective de leur cahier (***Fig. 3b***).

Pour **prolonger l'activité**, on peut proposer aux élèves une visite de moulin à vent, ou d'installation d'éoliennes. Comment les ailes sont-elles orientées par rapport au vent ? Ils tireront de leurs observations qu'elles sont toujours face au vent. Des photographies, des images peuvent trouver place dans le cahier ou sur un panneau collectif affiché dans la classe.

2 Comment « voir » de l'air ?

De multiples situations permettent de rendre visible ou sensible la présence d'air. Une seule ne suffit pas pour que les élèves prennent conscience de la matérialité de l'air. Il faut les multiplier, puis les confronter pour que cette construction soit effective. Au cycle des approfondissements, les élèves savent qu'on peut faire des bulles de savon en soufflant, faire des bulles dans l'eau en soufflant dans une paille… Il est donc inutile de construire des activités autour de ces situations, mais il peut être utile de les garder en mémoire et d'y faire référence pour aider les élèves à interpréter tel ou tel phénomène ou à trouver des solutions pour résoudre un problème.

a. Ce verre est-il « vide » ?

Vous pouvez présenter aux élèves une série de verres transparents dans lesquels se trouveront différents objets : des billes, du sable, de l'eau et « rien ». Les élèves identifieront facilement le contenu des premiers verres et une discussion intéressante peut se produire autour du dernier. En effet, certains élèves indiqueront qu'il contient de l'air ou vous émettrez un doute sur le fait qu'il ne contienne rien.

Les élèves doivent alors trouver des **moyens expérimentaux** pour tester leurs **hypothèses** : le verre contient-il « quelque chose » (de l'air) ou rien ?

Ils font des propositions variées : essayer de voir « si on sent du vent » près de l'ouverture (ce n'est pas concluant) ou essayer d'enfoncer quelque chose (un bouchon de papier par exemple dans le verre).

Pour les aider, vous pourrez leur proposer un autre matériel : une bassine d'eau, de la pomme de terre pour y découper un disque à enfoncer dans le verre (cylindrique) ou un tube à essai.

Lors de leurs **expériences**, ils constateront qu'on ne peut enfoncer le cylindre de pomme de terre de dimension adaptée à l'ouverture qu'en inclinant le verre sous l'eau, on observe des bulles et le verre se remplit d'eau. Ils **schématiseront** ces expériences.

Ils pourront alors **conclure** que le verre « vide » contient en fait de l'air qui empêche le bouchon de s'enfoncer ou qu'on voit sortir sous forme de bulles dans l'eau. Cet air est présent dans le verre, comme tout autour de nous

Pour **évaluer** leurs acquis, vous pouvez par exemple leur demander d'apporter de l'air dans un sac en plastique sans souffler dedans et montrer qu'il contient de l'air.

b. Utilisation de dispositifs

On peut aussi utiliser des dispositifs ad hoc, que les élèves ne peuvent inventer complètement, mais à la découverte et l'aménagement desquels il faut leur faire prendre part. Pour cela, on peut procéder de différentes façons :

– leur fournir un **document** présentant le dispositif (***Fig. 4***). Ils doivent analyser le document pour reproduire le dispositif et le tester. Demandez-leur de faire une **prévision** sur ce qu'on peut observer ;

– leur proposer le **matériel** assorti d'une **consigne d'action**. Par exemple : avec ce matériel, faire descendre le bonhomme au fond du récipient sans qu'il se mouille, en flottant toujours sur l'eau. Les élèves font des essais tâtonnants, puis décrivent oralement, schématisent leurs actions, en repérant la présence de l'air. Il faut enfoncer dans l'eau la bouteille sans fond : l'air contenu dans la bouteille empêche l'eau d'y entrer ;

– leur faire une **démonstration** du dispositif (par exemple avec le sous-marin de la ***figure 5a***), sans en montrer tous les détails. Les élèves doivent **analyser** le dispositif pour le reproduire, et essayer. Lesquels parmi vos élèves choisiront en toute connaissance de cause une bouteille percée dans le lot de bouteilles percées et non percées que vous aurez mises à leur disposition ? La confrontation des résultats obtenus et des dispositifs mettra en évidence la nécessité d'avoir une bouteille percée, et permettra une **interprétation** en faisant intervenir l'air qui peut rentrer ou sortir de la bouteille.

Ces dispositifs peuvent être le support d'une recherche, puis d'une évaluation sur schémas, ensuite en situation, des acquis des élèves.

Le dispositif de la ***figure 5b*** peut être utilisé comme nouvelle situation de recherche, ou comme support pour une évaluation

❸ Transvaser de l'air

a. Gonfler des objets

Toutes les situations de gonflage d'un objet sont de fait des situations de transvasement d'air. Quand on gonfle un ballon, une bouée, un matelas pneumatique… on fait passer de l'air de l'endroit où on se trouve à l'intérieur de la bouée ou du ballon. On peut demander aux élèves de lister des situations de gonflage et de les expliciter en termes de déplacement d'air. Nous allons nous attarder un peu plus sur des situations de transvasement sous l'eau, qui correspondent à un savoir-faire technique couramment utilisé en physique, et qui sont une nouvelle occasion de revenir sur la matérialité de l'air, qui existe, puisqu'on peut le faire passer d'un endroit à un autre.

b. Comment faire passer l'air d'un verre dans un autre ?

Présentez aux élèves deux verres et une bassine d'eau, et demandez-leur de remplir d'eau un verre, puis de faire passer, sous l'eau, l'air d'un verre à l'autre. Il s'agit d'un défi pratique, et ils procéderont par tâtonnement expérimental pour trouver la solution.

Laissez-leur le temps de la manipulation, laissez-les affiner leur geste de façon à ce qu'ils puissent faire ce transvasement lentement avant de passer à une phase de schématisation. Plusieurs allers et retours seront sans doute nécessaires pour parvenir à une **suite de schémas** corrects (***Fig. 5c***).

❹ Des objets qui fonctionnent avec l'air ou le vent

a. Un cerf-volant, parce qu'il y a du vent

Le cerf-volant est un jouet qui fonctionne seulement par temps de vent. Fournissez des indications à vos élèves pour en **fabriquer** un. En l'**utilisant**, ils trouveront qu'il faut le placer face au vent pour l'envol ou, ce qui est équivalent, que le pilote doit être dos au vent. Faites-leur réaliser ou compléter des **dessins** pour montrer le sens du vent lors du vol d'un cerf-volant.

Attention, une importante consigne de sécurité est à respecter : utiliser un cerf-volant loin des lignes électriques (voir le chapitre 15).

b. Dans l'air immobile

Certains objets utilisent la résistance de l'air quand ils fonctionnent. C'est le cas par exemple du parachute. On peut proposer aux élèves de fabriquer un parachute pouvant freiner la chute d'un petit bonhomme.

On peut adopter une démarche de fabrication sur **cahier des charges**, par exemple : à partir de cette feuille de papier ou de ces bandes de papier, fabriquer un parachute qui freine la chute de ce petit bonhomme ; les suspentes sont en ficelle.

On peut aussi fournir des indications pour la fabrication (***Fig. 6a***). Les élèves la réaliseront et la testeront. Ils pourront ensuite chercher à l'améliorer en modifiant certaines caractéristiques. Que se passe-t-il si on met plus de bandes, si on prend des bandes plus longues, plus larges… ? C'est un **repérage** et un **test** de différentes **variables** qu'ils opèrent ainsi.

On peut, d'une façon analogue, les faire travailler sur un « hélicoptère » qui rappelle la graine d'érable (***Fig. 6b***).

c. Un planeur se déplace dans l'air

Les planeurs, comme les avions, n'ont pas besoin de vent pour voler. Mais ils doivent se déplacer dans l'air. C'est de fait un vent relatif qui est créé.

Le sous-marin d'Aventurix

- Réalise le dispositif.
- Complète la légende du dessin ci-contre.

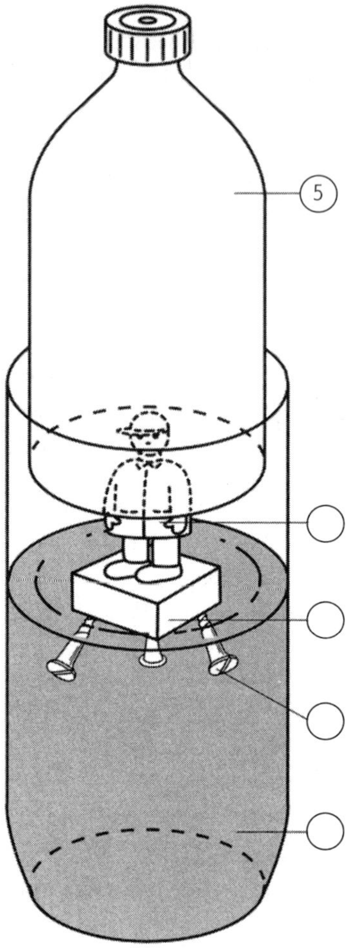

Matériel

1 • Une cuve transparente avec de l'eau
2 • Une plaque de polystyrène
3 • Un bonhomme
4 • Des vis
5 • Une bouteille en plastique sans fond avec son bouchon

- Fais des essais.
- Dessine en B et C le bonhomme sur sa plaque-forme et les niveaux d'eau. Colorie l'eau.
- Explique ce qui se passe quand on dévisse doucement le bouchon de la bouteille dans la position B.

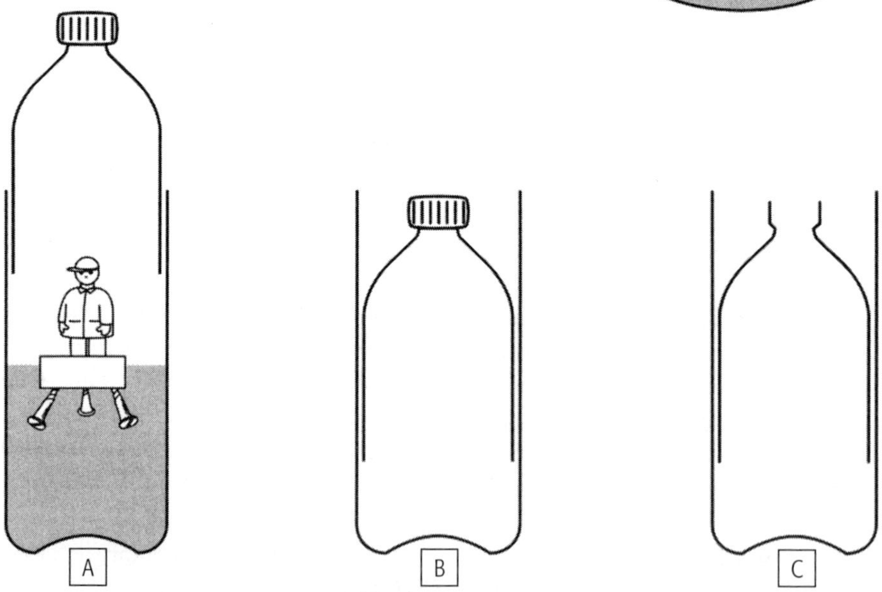

Fig. 4. Le document peut être utilisé après l'activité, ou au contraire pour l'initier. La matérialité de l'air permet d'interpréter le phénomène.

D'autres dispositifs pour montrer que l'air existe

a. Un sous-marin à billes

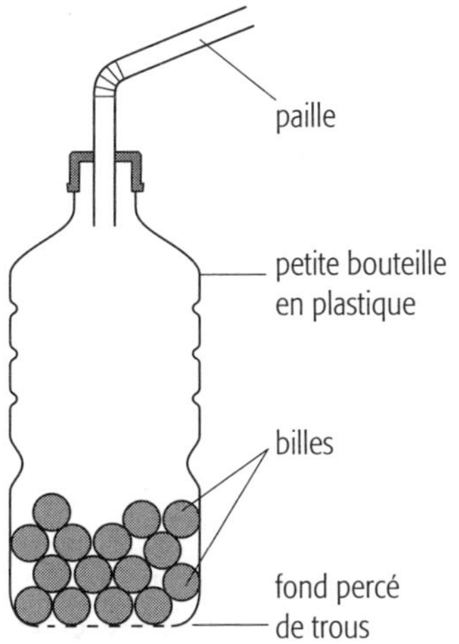

• Placé dans l'eau, le sous-marin descend. Comment le faire remonter ? En soufflant ou en aspirant par la paille ?

b. Le mouchoir en papier est-il mouillé ?

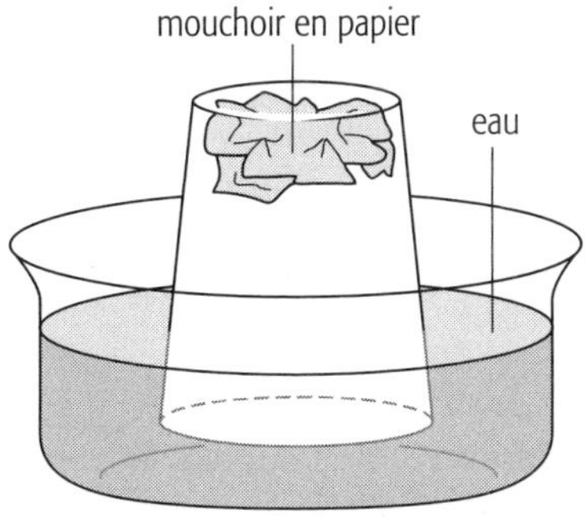

• Qu'y a-t-il dans le verre ?

Fig. 5 a. Le sous-marin remonte quand on souffle dans la paille : l'air fait sortir l'eau de la bouteille.
b. Le mouchoir n'est pas mouillé car le verre est rempli d'air.
c. Trois dessins rendent compte du passage de l'air d'un verre dans un autre. L'élève a fait trois erreurs : l'orientation de la surface de l'eau dans le verre de gauche, la position de cette surface de séparation, qui doit être au ras de l'ouverture du verre, et le trajet des bulles d'air, qui montent toujours verticalement dans l'eau.

c. Faire passer de l'air d'un verre dans un autre

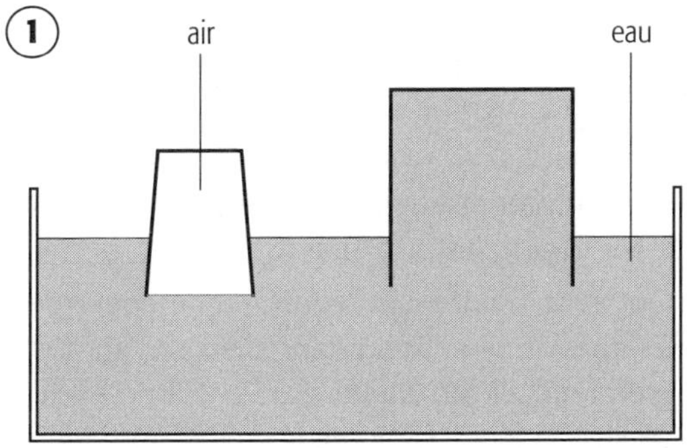

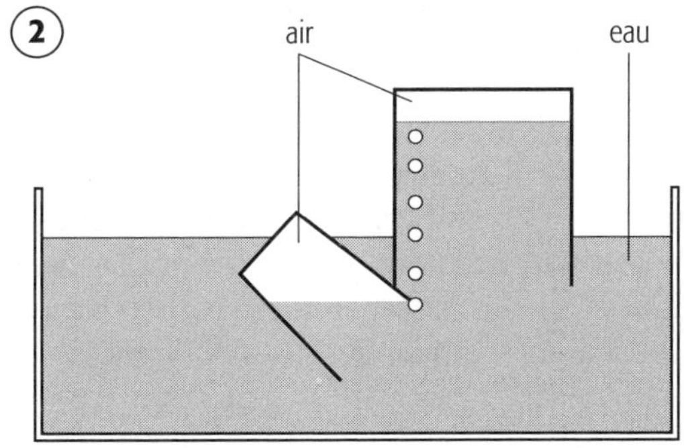

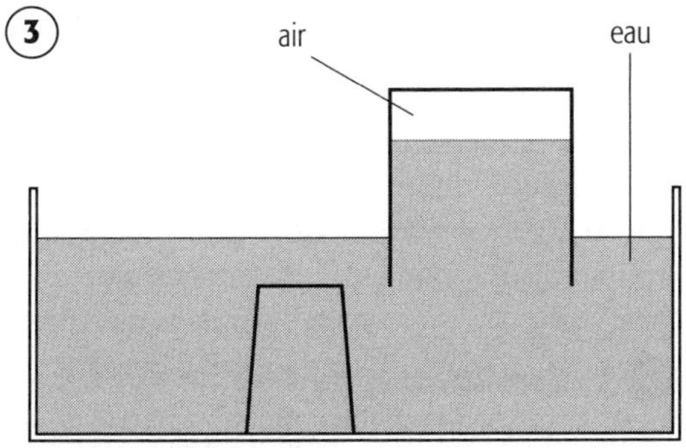

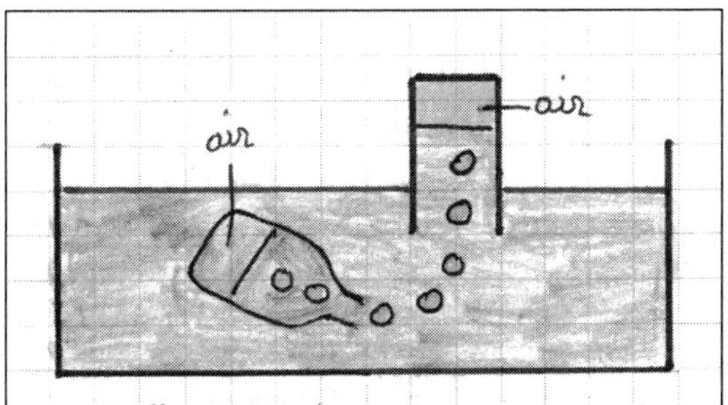

• Quelles erreurs repérez-vous sur ce dessin d'élève ?

On peut proposer un **plan de fabrication** de planeur en papier ou laisser les élèves proposer leur propre modèle. Ils détermineront ensuite les meilleures conditions de lancer. Comment juger de la qualité du vol : maintien de la trajectoire ? durée ? distance parcourue ? Ils pourront **repérer des caractéristiques** du planeur pouvant avoir une **influence sur** le comportement du planeur en vol : alourdissement du nez, orientation des bords d'ailes…

5 Une girouette donne la direction du vent

La girouette est au carrefour de différents domaines : la matière (air et vent), l'équilibre et les points cardinaux, repérés sur une rose des vents, qu'il faut orienter correctement.

On peut initier l'activité à partir de l'**observation** de girouettes dans l'environnement proche ou de photographies. Les **questions** qui peuvent faire l'objet de propositions individuelles des élèves, notées sur leur cahier, et d'une discussion en classe sont généralement les suivantes : À quoi sert une girouette ? Quelle information donne-t-elle ? Comment fonctionne-t-elle ?

Les élèves feront des **propositions de réponses**. Ils peuvent ne pas être d'accord et la **fabrication** de maquettes de girouettes, puis de girouettes, **validera ou non leurs propositions**.

Les élèves savent généralement qu'une girouette présente une partie mobile autour d'un axe vertical. En revanche, ils n'ont le plus souvent pas conscience des contraintes liées aux surfaces et à l'équilibre de la girouette. Une recherche sur des maquettes en carton (***Fig. 7a***) leur permettra de repérer les caractéristiques que doit posséder la girouette pour assurer sa fonction : indiquer le sens d'où vient le vent.

Les surfaces de part et d'autre de l'axe doivent être différentes : la plus grande est du côté où va le vent. Par ailleurs, la pièce mobile doit être équilibrée, donc les masses également réparties de part et d'autre de l'axe. La prise en compte de ces deux contraintes exclut l'utilisation d'un matériau homogène d'épaisseur constante pour cette pièce.

La maquette se différencie de l'objet en raison du choix du matériau et de sa qualité d'exécution, mais aussi parce qu'il manque un repérage de la direction du vent par rapport aux points cardinaux. Vous pouvez à ce niveau de la scolarité engager vos élèves dans la fabrication **d'un véritable instrument** qui permet, s'il est installé dans un endroit dégagé, de repérer la direction du vent au fil des jours, de la mettre en relation avec le temps qu'il fait : pluie, temps sec, froid ou plutôt chaud, et de l'intégrer dans un bulletin météorologique réalisé en classe.

La ***figure 7b*** propose des solutions techniques possibles.

6 L'air est-il pesant ?

Il convient de trouver des moyens de poser le problème de la pesée de l'air. Ce peut être à l'occasion d'un travail sur les montgolfières, dans lequel la question se pose de savoir pourquoi une montgolfière monte. L'air chaud est-il plus léger que l'air froid ? Et l'air froid, pèse-t-il quelque chose ? La question n'est pas innocente, certains élèves pouvant penser que l'air n'a pas de masse, voire qu'un récipient plein d'air est plus léger que ce même récipient vide (d'air et de toute autre matière) : ne dit-on pas que l'air est léger, qu'on est léger comme l'air !

Une autre entrée consiste à introduire « brutalement » une **situation expérimentale** de pesée de l'air (***Fig. 8a***), en demandant aux élèves de **faire une prévision**. Des désaccords apparaîtront, que la réalisation de l'expérience permettra de lever. La recherche d'un dispositif expérimental ne doit pas être demandée aux élèves, En effet, ceux-ci proposent souvent d'utiliser un ballon de baudruche déformable ou une bouteille en plastique en état, puis aplatie. Ils ne peuvent pas comprendre la nécessité d'utiliser un objet indéformable. C'est pourquoi, très exceptionnellement, il est préférable de proposer le dispositif avec le ballon (qui garde sa forme) en demandant d'anticiper une réponse sur ce qui va se passer.

On peut aussi s'interroger : pourquoi les bulles d'air montent-elles dans l'eau ? L'air est léger : a-t-il cependant une masse ?

On peut également vouloir chercher à expliquer le mouvement ascendant de l'air au-dessus d'un radiateur : l'air chaud monte. Les élèves émettent généralement l'hypothèse que « l'air chaud est plus léger que l'air froid ». Le dispositif de la ***figure 8b***, que les élèves imagineront ou que vous leur soumettrez, permet de tester et valider cette hypothèse : un même volume d'air (le volume de la casserole) n'a pas la même masse selon qu'il est chaud ou à température ambiante. Notons que cela suppose qu'on attribue une masse à l'air, quelle que soit sa température, donc que l'air est pesant.

7 Les pollutions de l'air

Nous avons besoin de 15 000 litres d'air par jour pour respirer. L'air qui nous entoure a une importance vitale et les pollutions qui font plus ou moins l'actualité dans les médias sont là pour nous le rappeler.

Des objets qui se déplacent dans l'air

a. Un parachute en papier

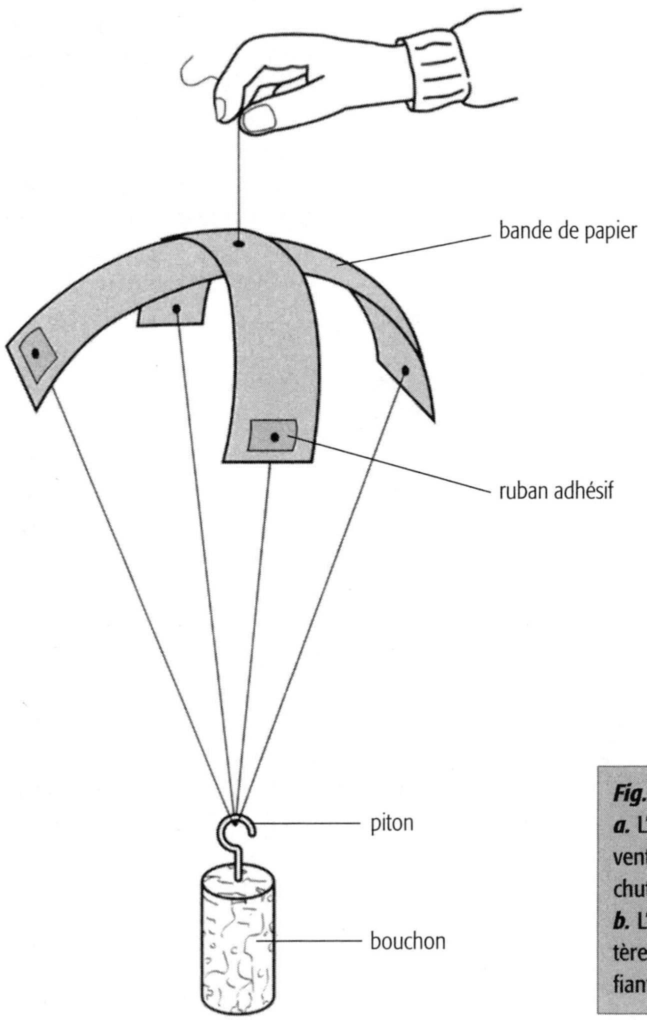

Fig. 6. L'air peut freiner la chute des objets.
a. L'air ralentit la descente du parachute. Les élèves peuvent comparer la chute du bouchon avec et sans parachute.
b. L'air appuie sur la partie repliée des ailes de l'hélicoptère. Les élèves peuvent faire différents essais en modifiant les ailes, en lestant plus ou moins l'hélicoptère.

b. Un « hélicoptère »

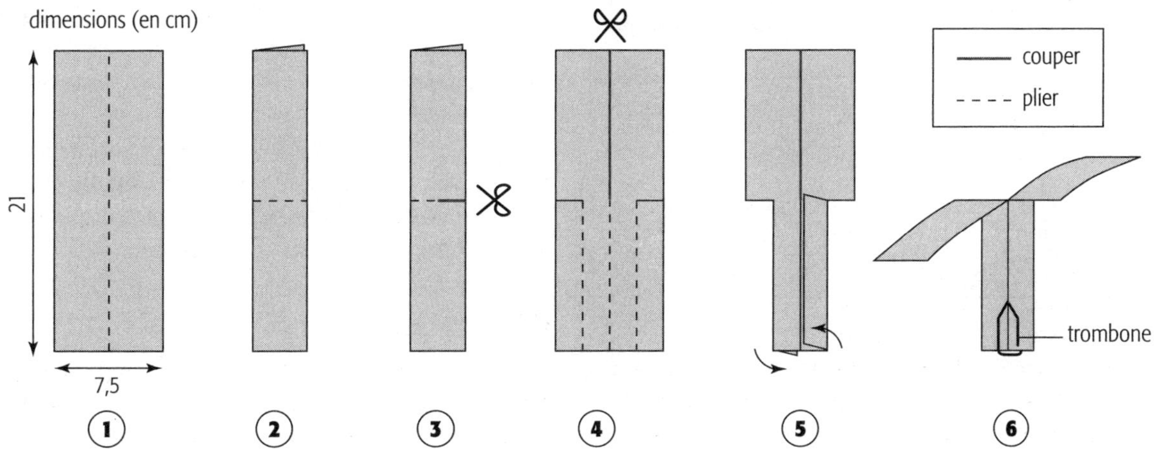

Comment fonctionne une girouette ?

a. Une maquette pour repérer les caractéristiques d'une girouette

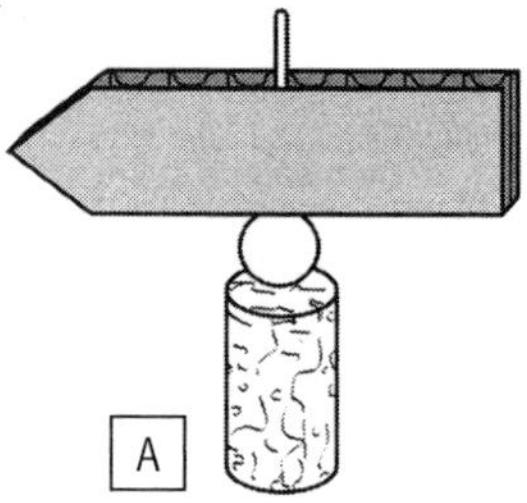
A

Pour fabriquer ces girouettes, il faut :
- du carton ondulé ;
- un bouchon de liège ;
- une perle ronde ;
- du fil de fer ;
- des trombones.

Fig. 7 a. Les essais permettent de vérifier qu'une girouette doit être simultanément équilibrée et avoir des surfaces différentes de part et d'autre de l'axe de rotation.
b. Des solutions techniques sont proposées pour assurer une bonne rotation de la girouette.

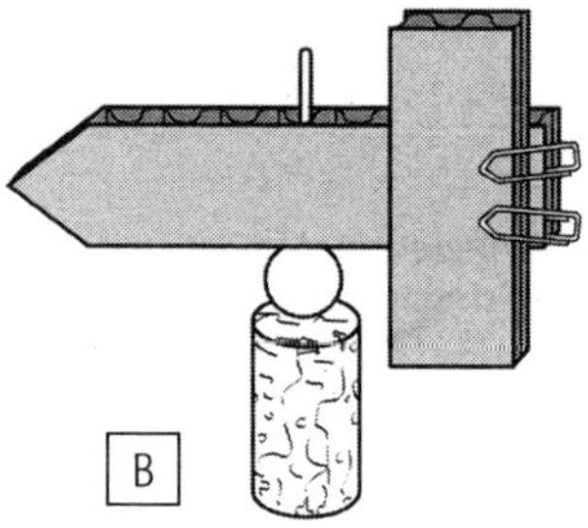
B

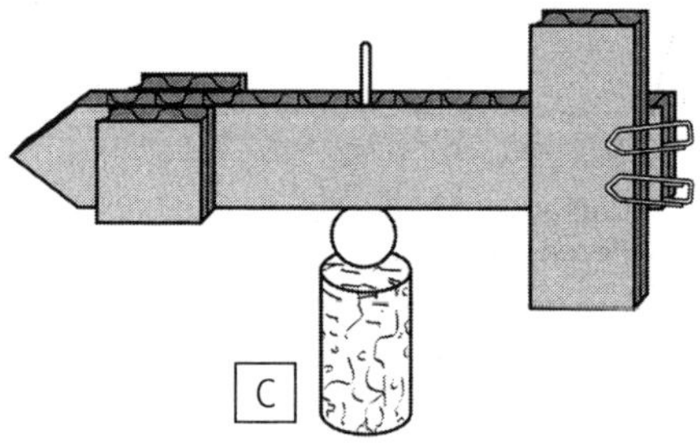
C

- Fabrique ces trois girouettes.
- Essaie-les.

Laquelle fonctionne le mieux ?
Peux-tu expliquer pourquoi ?

Une girouette doit être équilibrée : elle ne doit pas tourner quand elle est tenue horizontalement.

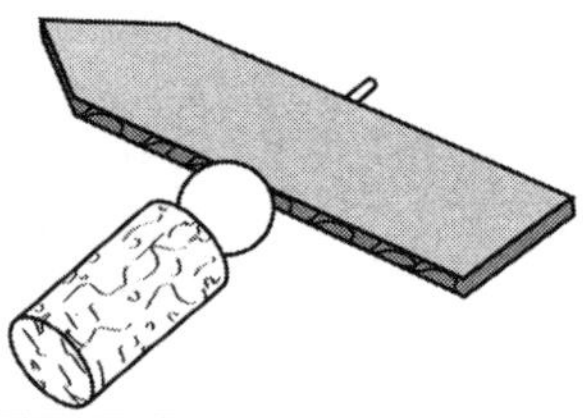

b. Deux girouettes qui résistent à la pluie

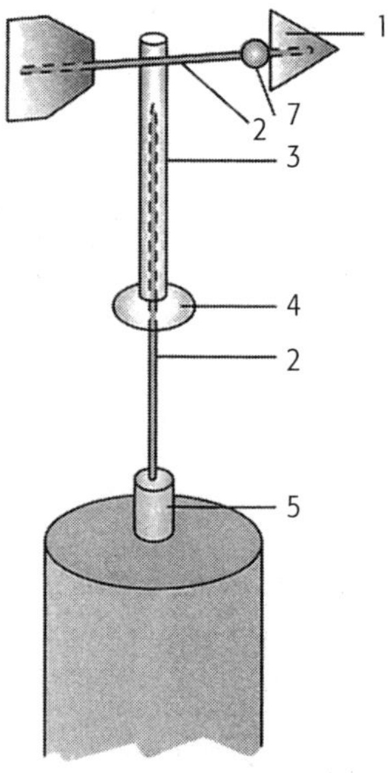

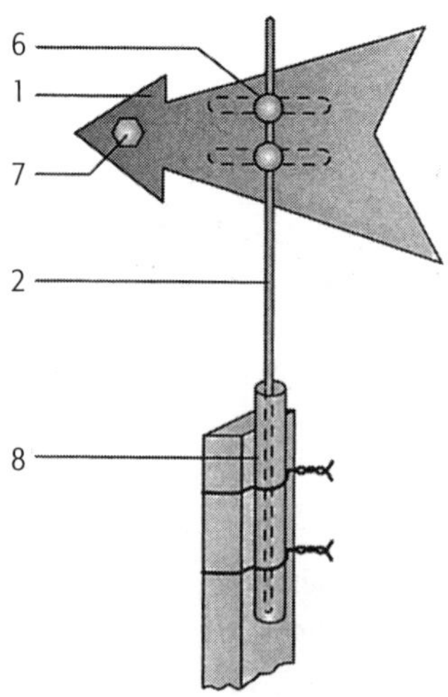

Matériel

1 • Feuille de plastique
2 • Pique brochette
3 • Paille (en plastique)
4 • Perle
5 • Bouchon de liège
6 • Attache parisienne
7 • Lest (perle, écrou…)
8 • Corps de stylo-bille

Peser de l'air ?

a. Un ballon gonflé est-il plus ou moins lourd qu'un ballon peu gonflé ?

• Fais l'expérience et complète le deuxième dessin.

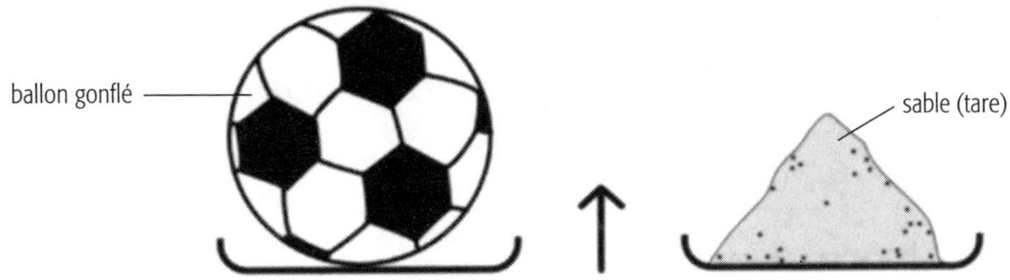

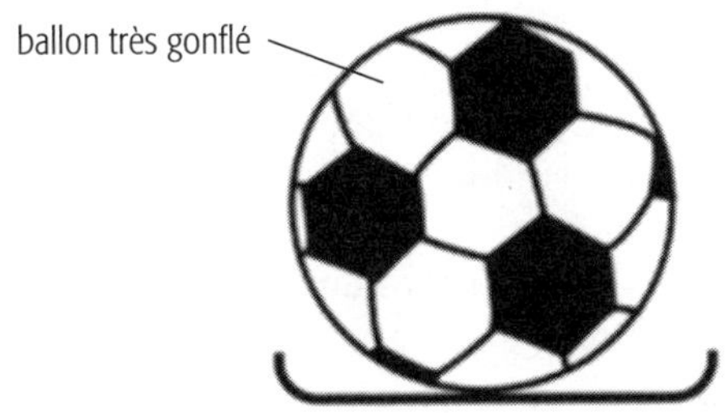

b. L'air chaud est-il plus léger que l'air froid ?

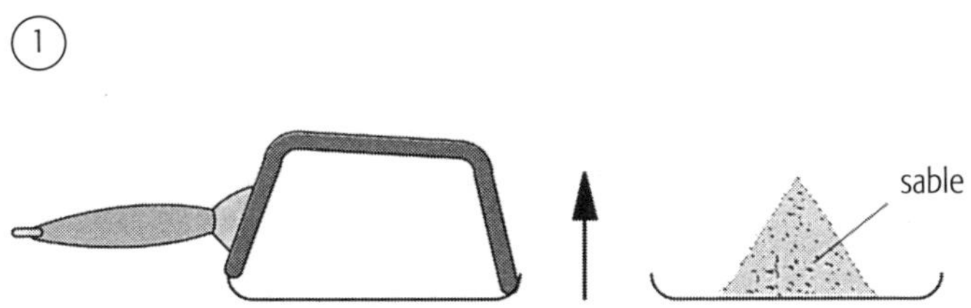

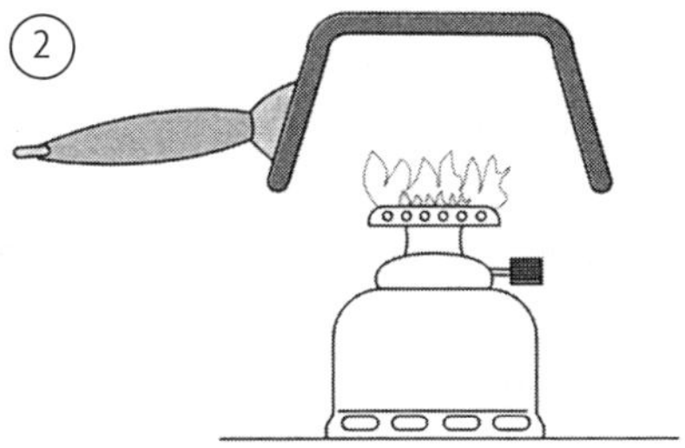

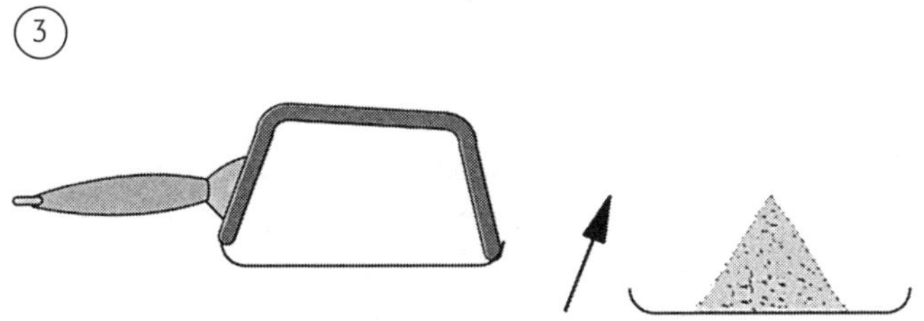

Fig. 8 a. Il faut prendre un ballon indéformable pour réaliser la pesée de l'air. L'air est pesant, donc le ballon bien gonflé est plus lourd, et l'aiguille de la balance du second dessin penche vers le ballon.
b. Les deux casseroles pesées contiennent le même volume d'air. Elles n'ont pas la même masse car, à volume égal, l'air chaud est plus léger que l'air froid.

a. Comment sait-on que l'air est pollué ?

À l'occasion d'une alerte à la pollution de l'air, vous pourrez poser la question aux élèves de savoir comment on sait que l'air est pollué. Il pourront évoquer des difficultés respiratoires. Vous pouvez aussi partir de remarques d'élèves sur leurs difficultés, parfois, à respirer, et lancer un débat dans la classe sur les raisons de ces difficultés respiratoires. Les essoufflements à la suite d'un effort physique étant éliminés, les élèves invoqueront probablement la pollution et vous aboutirez à la même **question** : comment savoir que l'air est pollué ?

Les élèves pourront émettre des **hypothèses** : on fait des mesures, on analyse ce qu'il y a dans l'air... Pour pouvoir tester ces hypothèses, et trouver des éléments de réponses à la question, vous les engagerez dans une **investigation sur document**. Ce peut être un document papier tel des plaquettes éditées par l'ADEME ou des associations en lien avec l'ADEME, un relevé, que vous aurez imprimé, de mesure d'indice atmosphérique (indice ATMO ; ***Fig. 1***), ou bien directement une recherche sur la Toile.

À partir de l'analyse de la plaquette, les élèves pourront **définir** ce qu'est l'indice ATMO, repérer le **seuil d'alerte**, ainsi que les principaux polluants mesurés. De l'analyse du relevé, ils pourront repérer les **principaux éléments polluants** et le seuil d'alerte ; ils devront poursuivre leur recherche, sur la Toile, pour pouvoir définir l'ATMO. Dans le dernier cas, tous ces éléments sont tirés de leur recherche sur la Toile : choisissez de les orienter vers le site des associations responsables des relevés pour la qualité de l'air dans votre région.

L'investigation aboutira à d'autres questions : D'où viennent les polluants ? Quelles sont les conséquences ? Comment les limiter ? Pourquoi l'indice varie-t-il d'un jour à l'autre ?

b. D'où viennent les polluants présents dans l'air ?

Une recherche documentaire (sur document papier ou sur la Toile) permettra d'apporter des éléments de réponses, analogues à ceux que vous trouvez sur la ***figure 9***, qui prend en compte l'ensemble des polluants et pas seulement ceux impliqués dans l'indice ATMO, ou sur la ***figure 1***.

c. Quelles sont les conséquences des pollutions de l'air ?

Une **recherche documentaire** permettra là encore aux élèves de trouver des éléments de réponse. Ils **concluront** que ces conséquences, selon les polluants, concernent la santé, l'équilibre des milieux, les matériaux et leur altération, ainsi que le climat.

d. Comment peut-on réduire les pollutions de l'air ?

Laissez les élèves débattre à ce propos. Ils devraient envisager des actions à mener par les industriels ou les agriculteurs, mais aussi des actions individuelles, telles la réduction du chauffage et de l'utilisation des moyens de transports individuels à moteur utilisant des combustibles fossiles. Ces questions sont importantes à traiter dans le cadre de l'EDD et de l'éducation à la citoyenneté.

e. Pourquoi l'indice ATMO varie-t-il ?

La consultation des indices ATMO peut être menée pour plusieurs dates et les élèves ne manquent pas de relever des différences. On peut exploiter des **représentations graphiques** (en lien avec les mathématiques) pour rendre plus visible ces variations. Attention, les mesures sont ponctuelles (généralement une par jour) et ne reflète donc pas l'évolution en continu des phénomènes. Comme pour les courbes de température de patients malades, les segments tracés entre deux points aident au confort visuel, à la lisibilité du graphique, mais ne traduisent pas l'évolution en continu du phénomène : on peut avoir un pic ou au contraire une chute ponctuelle de température.

Les élèves peuvent faire des **hypothèses** sur des raisons possibles : rejet massif par une installation d'un polluant ou conditions météorologiques (température, précipitations, vent). Ils devront alors **rechercher** ces conditions météorologiques pour quelques dates à indices ATMO très différents, de façon à opérer des **mises en relation**. Ils pourront **conclure** que le vent est un facteur prépondérant sur la présence de pics de pollutions, qui ont lieu par temps calme.

f. L'air de nos maisons est-il pollué ?

Il est utile de faire comprendre aux élèves que la pollution ne concerne pas uniquement l'air à l'extérieur, mais aussi celui qui se trouve à l'intérieur des bâtiments.

Vous pouvez demander aux élèves ce qu'ils en pensent. Ils feront des **propositions** : les rejets dus à la respiration, s'ils ont déjà travaillé sur ce sujet. En effet, nous avons besoin de dioxygène pour vivre et l'air que nous expirons contient davantage de dioxyde de carbone (mais il contient aussi du diazote et encore du dioxygène) que celui que nous inspirons. Cela **explique** des gestes pour assurer une bonne hygiène de vie, comme l'aération, la ventilation des pièces pour éliminer le surplus de dioxyde de carbone. Le seul cas où elle est à éviter est celui des alertes à la pollution extérieure.

Par ailleurs, certains citeront peut-être **d'autres sources possibles**, selon l'actualité du moment : l'amiante, des peintures ou vernis utilisés dans les travaux… Une **recherche documentaire** sur la Toile permettra de **recenser** quelques éléments présents dans les habitations, qui sont sources de pollution : certains produits ménagers, cigarettes, panneaux de contreplaqué, panneaux collés, vernis, PVC… mais aussi les moisissures…

Les **effets** sur la santé peuvent être des irritations, des nausées, des troubles de la concentration, des risques de cancer…

Document pour le professeur

Les principaux polluants atmosphériques

Polluants	Origines	Effets
dioxyde de soufre	chauffages à combustible, véhicules, industrie	inflammation des bronches, pluies acides ayant des conséquences néfastes sur la végétation et les eaux
oxydes d'azote	véhicules (60 %) et combustions	irritation des bronches, diminue l'oxygénation de l'organisme par action sur le sang
ozone	polluant secondaire obtenu par action de la lumière sur les oxydes d'azote et le monoxyde de carbone	irritation des yeux, gorge, bronches
particules en suspension	origine naturelle (éruption volcanique, incendies, poussières désertiques) pour moitié, et combustion, véhicules pour l'autre moitié	altération de la fonction respiratoire pour les plus petites ; peuvent contenir des composés toxiques
monoxyde de carbone	combustion incomplète	se fixe de façon irréversible sur l'hémoglobine du sang et empêche l'oxygénation de l'organisme
dioxyde de carbone	combustion	effet de serre
COV	naturelle (par exemple le méthane) ou humaine (par exemple les solvants)	irritation des muqueuses, certains sont cancérigènes
POP	industries, pesticides	dégradation du système immunitaire, effet sur la reproduction et le développement, effet cancérigène

Fig. 9. Les origines des polluants sont naturelles ou résultent majoritairement de l'activité humaine. Les effets concernent la santé, les milieux naturels et l'évolution du climat.

Chapitre 3

Comment connaître une température ?

On trouve des thermomètres dans toutes les maisons : thermomètre d'ambiance, mais aussi de congélateur et bien sûr médical. Les relevés de température font ainsi partie de la vie courante et les programmes de l'école demandent aux élèves d'en réaliser lorsqu'ils travaillent sur les changements d'état, dans le domaine de l'énergie, sur le temps qu'il fait (météorologie)... Il est donc important qu'ils apprennent à l'utiliser.

L'instrument de mesure qui permet de connaître la valeur d'une température, le thermomètre, est le plus souvent un thermomètre à liquide. Cela justifie d'aborder de façon plus précise ce type de thermomètre et de définir ses conditions d'utilisation.

Il est possible de réaliser une maquette élémentaire de thermomètre à liquide et les élèves pourront alors comprendre certains aspects du fonctionnement de cet appareil.

Le programme *(BO hors série n° 3 du 19 juin 2008)*	
CP et CE1	
DÉCOUVERTE DU MONDE **Découvrir le monde du vivant, de la matière et des objets** Les élèves réalisent des maquettes élémentaires pour comprendre le fonctionnement d'un appareil.	**PREMIER PALIER POUR LA MAÎTRISE DU SOCLE COMMUN** **Compétence 3. Les principaux éléments de mathématiques et la culture scientifique et technologique** L'élève est capable d'observer et décrire pour mener des investigations.

Informations pour l'enseignant

A Comment définir la température ?

1 Passage du subjectif à l'objectif : utilisation d'un thermomètre

Nos sens nous donnent une information sur la température des objets que nous touchons, mais, bien souvent, cette perception nous conduit à des **interprétations erronées**. Par exemple, une eau tiède nous paraîtra froide si nous y plongeons la main après l'avoir plongée dans l'eau chaude ; la même eau nous paraîtra chaude si nous le faisons après avoir plongé la main dans l'eau froide. Et pourtant, elle est à la même température. **Des objets placés dans une pièce** depuis longtemps sont à la **température de la pièce**. Pourtant, nous avons l'impression, en les touchant, que le pichet métallique est plus froid que le meuble en bois. En fait, cette sensation n'est pas liée à la température des objets mais aux transferts d'énergie de notre corps vers ces objets (voir chapitre 6). Ainsi, un objet paraît « froid » si sa conductivité thermique est élevée. Il « nous » prend de l'énergie et le résultat est la sensation de « froid ». Comme dans de nombreux cas, notre corps n'est donc pas un bon « instrument » de mesure car sa réponse est donnée en fonction de ressentis physiologiques, traités de plus mentalement. Il est donc nécessaire de fabriquer des **instruments** dont le principe repose sur un phénomène physique : les thermomètres.

Il existe **différents types de thermomètres**, s'appuyant sur des principes de fonctionnement différents. Tous mettent en relation la température de l'endroit où ils sont placés avec une grandeur ou un phénomène physiques : dilatation d'un liquide ou d'un solide, caractéristique électrique d'un composant, changement d'état cristallin d'un cristal liquide…

2 Échelles de température

Les thermomètres courants sont gradués en **degrés Celsius** (°C). Cette graduation permet un **repérage de la température**.

a. Comment est définie l'échelle Celsius ?

L'échelle Celsius est définie à partir de deux valeurs de température, qui ont été reconnues comme constantes et qu'on appelle « **points fixes de température** ». Ce sont, d'une part, la température de la glace en train de fondre, à laquelle on fait correspondre la valeur **0 °C** et, d'autre part, celle de l'eau à ébullition, sous pression atmosphérique normale, à laquelle on fait correspondre la valeur **100 °C**. On établit alors une relation affine entre une grandeur caractéristique du phénomène utilisé dans le thermomètre et la température. Cela revient, pour un thermomètre à liquide, à diviser la variation de volume du liquide entre les températures 0 et 100 en 100 parties égales.

De nombreux appareils ne portent pas les indications 0 °C et 100 °C, utilisées pour définir l'échelle Celsius et graduer les thermomètres. Ils ont été **gradués par comparaison** avec un instrument déjà étalonné. C'est le cas des thermomètres d'ambiance qu'on trouve dans les habitations.

b. Repérage ou mesure de la température ?

Une échelle de température comme l'échelle Celsius permet de faire un **repérage** et non une mesure de la température. En effet, une température de 50 °C n'est pas le double de la température 25 °C, car **le 0 °C n'est pas un zéro absolu**, mais une valeur arbitraire attribuée à la température de la glace qui fond. C'est très différent de la mesure des longueurs par exemple, où la valeur 0 correspond effectivement à une longueur nulle de façon absolue et où une longueur de 50 cm correspond au double d'une longueur de 25 cm (***Fig. 1***).

Quelle différence y a-t-il entre mesurer et repérer ?

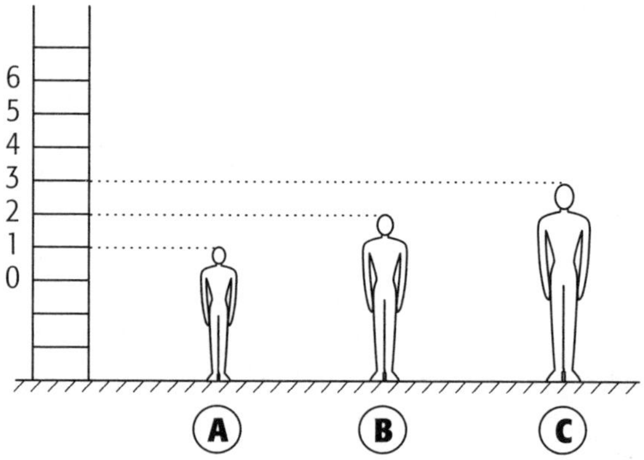

Le barreau de l'échelle arrivant au niveau de la tête du bonhomme **A** porte le repère **1**.

	A	B	C
Hauteur des bonshommes (en cm)	120	150	180
Repérage sur l'échelle de la hauteur des bonshommes	1	2	3

Fig. 1. Le bonhomme B est repéré par une valeur double de celle de A, et pourtant, il n'est pas deux fois plus grand que A.

En revanche, une variation de température de 20 °C est le double d'une variation de température de 10 °C.

3 Température absolue

Au XIXe siècle, les physiciens ont défini une **grandeur température mesurable** et plus seulement repérable. Deux voies ont été utilisées, macroscopique (étude à l'échelle humaine) et microscopique.

a. Point de vue macroscopique

D'un point de vue macroscopique, en étudiant les gaz, des lois reliant différentes grandeurs ont été établies, dont la loi reliant pression et volume. À température (repérée) constante, pour les gaz (en toute rigueur, pour les gaz dits parfaits, dans lesquels les seules interactions entre atomes ou molécules sont dues aux chocs), le produit PV de la pression par le volume est constant. Ce produit varie avec la température et une grandeur « température absolue » T a pu être définie par la relation : $PV = kT$, où k est un coefficient de proportionnalité.

L'**unité** de température est le **kelvin**, noté K.

Pourquoi la **température absolue** est-elle **mesurable** et plus seulement repérable ? La pression et le volume étant tous deux des grandeurs mesurables, la température définie à partir de ces deux grandeurs l'est aussi. Un **zéro absolu** est ainsi défini, mais il apparaît comme une **limite** ; on peut diminuer le volume d'un gaz, mais pas le rendre nul et il en est de même pour la pression. Le rapport de deux températures peut être fait : une température de 50 K est le double d'une température de 25 K.

En revanche, les propriétés d'additivité qui valent pour les longueurs, les masses, qui sont des grandeurs extensives, ne s'appliquent pas à la température, qui est une **grandeur intensive**. Si on met bout à bout deux bâtons de 30 cm et 20 cm de longueur, on obtient une longueur totale de 50 cm. Si on ajoute 50 g de farine à 100 g de farine, on en obtient 150 g. Mais si on met ensemble deux objets à la température de 200 K, la température finale reste de 200 K. Si on mélange de l'eau à 300 K et de l'eau à 350 K, on n'obtient pas de l'eau à 650 K, mais à une température comprise entre 300 et 350 K (325 K si les masses d'eau sont égales).

b. Point de vue microscopique

D'un point de vue microscopique, la température a été définie dans le cadre de théories thermodynamiques statistiques des gaz (théories de Bernouilli, Fermi, Bose-Einstein). Dans le cadre d'un modèle particulaire de la matière (voir chapitre 1), cela revient à mettre en relation la température et l'agitation (la vitesse, l'énergie) des particules. Plus la température est élevée, plus cette vitesse est grande (la température est proportionnelle au carré de la vitesse).

c. Température absolue et température sur l'échelle Celsius

La relation entre la température absolue (T en kelvins) et la température repérée t sur une échelle Celsius est : $t\,(°C) = T\,(K) + 273,16$.

B Le thermomètre à liquide

Les thermomètres à liquide sont des thermomètres très courants utilisés dans les appartements, les réfrigérateurs ou congélateurs, pour vérifier la température du bain des enfants... Ils fonctionnent tous sur le même principe, la dilatation d'un liquide.

1 Qu'est-ce que la dilatation ?

• **D'un point de vue macroscopique**, la dilatation d'un liquide est la variation de son volume avec la température. Pour la plupart des liquides, le volume augmente quand la température augmente.

• **D'un point de vue microscopique**, nous pouvons utiliser le modèle particulaire auquel nous avons déjà fait référence (chapitre 1). Un liquide est formé de particules se déplaçant les unes par rapport aux autres. Une augmentation de la vitesse des particules correspond à une augmentation de la température. Quelle en est la conséquence pour le volume ? Imaginez des élèves rassemblés et marchant doucement dans toutes les directions, en changeant de direction à chaque fois qu'ils se rencontrent, puis les mêmes élèves faisant ces mêmes mouvements, mais en courant. Ils vont occuper une surface au sol beaucoup plus grande dans ce dernier cas. Il en est de même pour le liquide : si la vitesse des particules augmente, elles vont occuper plus de place et le volume du liquide va augmenter.

Notons que la dilatation ne se rapporte pas seulement aux liquides. Les **solides** et les **gaz** se dilatent : leur volume change avec la température. La dilatation est un phénomène réversible.

2 Pourquoi y a-t-il un réservoir et pas un simple tube ?

Si on prend un volume V_0 de liquide à la température t_0 et qu'on augmente la température jusqu'à la valeur t, le volume prend la valeur $V > V_0$. La relation entre les valeurs de ces grandeurs s'écrit : $V - V_0 = \alpha V_0 (t - t_0)$, α étant le coefficient (constant) de dilatation du liquide, caractéristique de ce liquide.

On constate que la **variation de volume** $V - V_0$ (donc la variation du niveau du liquide dans le tube du thermomètre) est **proportionnelle au volume V_0** du liquide. Plus ce volume V_0 est grand, plus la variation du niveau du liquide dans le tube sera grande, pour une même variation de température : le thermomètre sera plus **sensible**.

Par conséquent, plus le **réservoir** sera **gros** et plus le **tube** dans lequel on repère le niveau du liquide sera **fin**, plus le thermomètre sera sensible, plus l'espace entre deux traits de graduation correspondant à un degré sera grand. Dans la pratique, on utilise un tube le plus fin possible, dit capillaire (fin comme un cheveu) : vous pouvez l'observer à la loupe si par mégarde vous avez cassé un thermomètre !

Un compromis doit être trouvé quant à la taille du réservoir : lié à l'encombrement du thermomètre, lié surtout à ce qu'on attend de son **temps de réponse**. Plus le réservoir est gros, plus le thermomètre est long à atteindre l'équilibre thermique du milieu dans lequel on le place, donc à donner effectivement la température de ce milieu.

3 Comment choisir les matériaux ?

Dans un thermomètre à liquide, liquide et enveloppe solide se dilatent. Il faut choisir un liquide qui se dilate beaucoup plus que l'enveloppe. Le tableau de la ***figure 2a*** donne quelques valeurs de coefficients de dilatation.

Les liquides thermométriques couramment utilisés sont l'alcool et le pentane (dérivé du pétrole), colorés en rouge pour être visibles. Le mercure est désormais interdit. L'enveloppe est en verre ou en pyrex.

La dilatation repérée par la graduation du thermomètre est la **dilatation apparente du liquide**, qui prend en compte la dilatation du liquide et celle de l'enveloppe solide ; elle est plus faible que la dilatation du seul liquide.

4 Le réservoir est la partie sensible du thermomètre

Les thermomètres bon marché que l'on trouve chez les particuliers et dans les écoles sont dits « à immersion totale ». Ils indiquent une température fiable seulement si l'ensemble du thermomètre est plongé dans le milieu dont on veut connaître la température et ce, même si leur réservoir est la partie sensible du thermomètre : le niveau du liquide change si on chauffe ou refroidit le réservoir, mais pas si on chauffe ou refroidit le tube.

C D'autres modèles de thermomètres

1 Thermomètre à aiguille

Les thermomètres à aiguille sont caractérisés par leur **mode d'affichage** : le repérage de la position d'une aiguille devant un cadran gradué.

À l'intérieur, on trouve une spirale dont une extrémité est fixée au boîtier et dont l'autre porte une aiguille (***Fig. 2b***). Quand la température varie, la spirale se déroule ou s'enroule, entraînant le déplacement de l'aiguille.

Cette spirale est un **bilame**, constitué de deux métaux différents, qui ont donc des coefficients de dilatation différents. Si le métal de la face interne de la spirale a un coefficient de dilatation supérieur à celui du métal de la face externe de la spirale, celle-ci s'ouvre quand la température augmente, se referme quand la température diminue. Si la spirale était faite dans un seul métal, celui-ci se dilaterait, sa longueur augmenterait quand la température augmente, mais cela ne provoquerait pas l'ouverture ou la fermeture de la spirale.

❷ Thermomètre à maximum et minimum

Un thermomètre à maximum et minimum est un **thermomètre à liquide**, conçu pour garder en mémoire les températures maximale et minimale affichées depuis le dernier effacement de la mémoire. Ces températures sont repérées par l'intermédiaire d'un onglet en acier émaillé, qui reste dans sa position extrême tant qu'on ne l'a pas déplacé, au moyen d'un aimant, manipulé à la main ou commandé par un bouton.

Le liquide thermométrique est en général de l'alcool. La colonne d'alcool est scindée en deux parties séparées par du mercure (***Fig. 2c***).

Les thermomètres médicaux, qui maintenant ne sont plus à liquide (tests de fièvre à cristaux liquides, thermomètres électronique, à infrarouge) sont aussi des thermomètres à mémoire, qui gardent l'affichage de la température maximale relevée.

❸ Thermomètre « de Galilée »

Le thermomètre dit « de Galilée », qui est devenu de nos jours un objet de décoration, est constitué d'un récipient cylindrique rempli de liquide et de sphères de verre généralement colorées qui flottent, coulent ou restent en équilibre à l'intérieur du liquide.

Les boules sont ajustées de façon à avoir un rapport précis entre masse et volume. À une température donnée, leur masse volumique sera ainsi égale, supérieure ou inférieure à celle du liquide. Si la masse volumique de la boule est égale à celle du liquide, elle est en équilibre au sein de ce liquide. Si la masse volumique de la boule est plus grande que celle du liquide, elle coule, tandis qu'elle flotte dans le cas inverse. Le réglage est fait pour que la température soit donnée par la boule en équilibre au sein du liquide.

Quand la température varie, la masse volumique du liquide varie (celle des boules aussi, mais beaucoup moins) : la densité diminue quand la température augmente. Les boules vont donc flotter ou couler en fonction de la température. Par exemple, à 20 °C, la boule étiquetée 20 sera en équilibre au sein du liquide. Si la température augmente, cette boule coule ; si la température diminue, elle remonte pour flotter à la surface.

❹ Thermomètre électronique

Les thermomètres électroniques sont des thermomètres qui utilisent un composant dont les caractéristiques électriques changent avec la température. La grandeur électrique est traitée par un circuit électronique qui assure aussi l'affichage.

Activités possibles en classe

Nous avons situé les activités au cycle des apprentissages fondamentaux. En effet, les élèves peuvent être amenés à utiliser un thermomètre pour définir les conditions dans lesquelles on peut obtenir de l'eau liquide ou de la glace.

Les élèves seront confrontés à différents types de ces instruments. Un travail plus approfondi sera mené sur les thermomètres à liquide.

Connaissances et capacités travaillées au cycle des apprentissages fondamentaux

– Savoir que la température est indiquée par un thermomètre.
– Être capable de lire des températures supérieures à 0 °C sur un thermomètre gradué.
– Savoir qu'il existe des températures, dites négatives, au-dessous de zéro.

Différents thermomètres

a. Que faut-il choisir pour un thermomètre à liquide ?

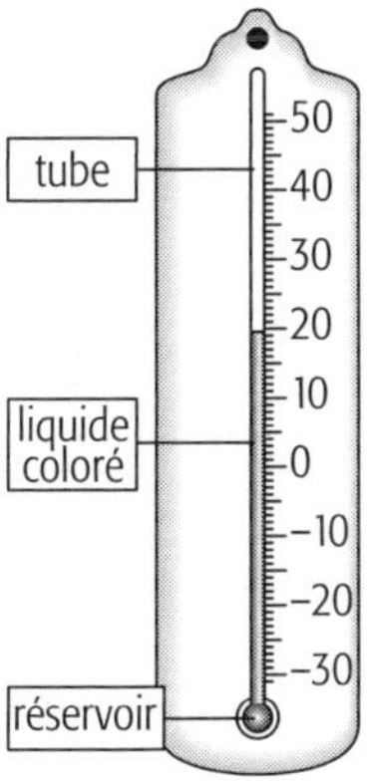

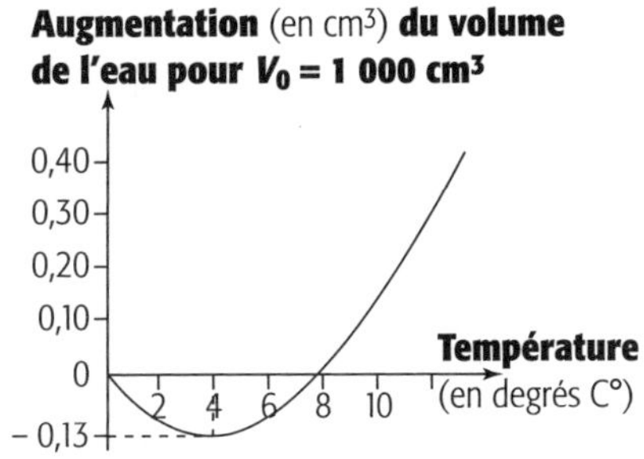

Substance	Coefficient de dilatation
alcool	environ 1 200 × 10^{-6}
pentane	environ 1 600 × 10^{-6}
mercure	180 × 10^{-6}
verre ordinaire	24 à 27 × 10^{-6}
verre d'Iéna (utilisé pour les thermomètres)	24,3 × 10^{-6}
pyrex	10 × 10^{-6}
matière plastique (chlorure de polyvinyle)	210 × 10^{-6}
gaz sous pression constante	3 660 × 10^{-6}

b. Un thermomètre à aiguille

Vue de dessus

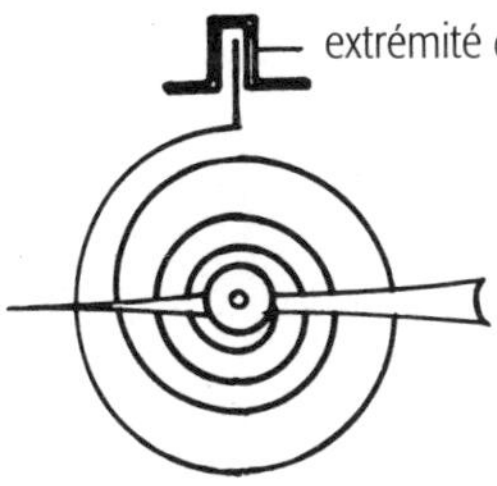

Détail du montage

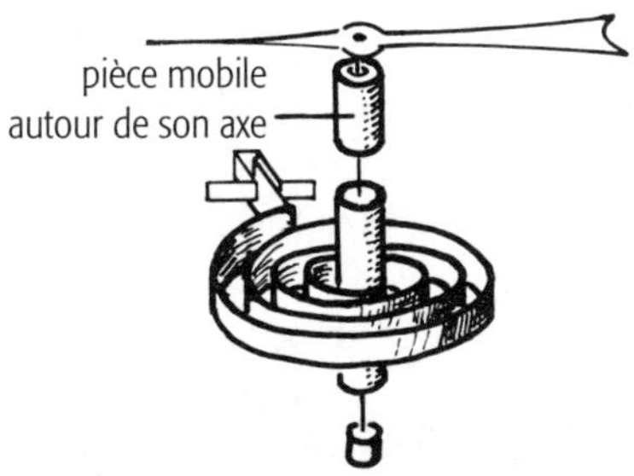

c. Un thermomètre à maximum et minimum

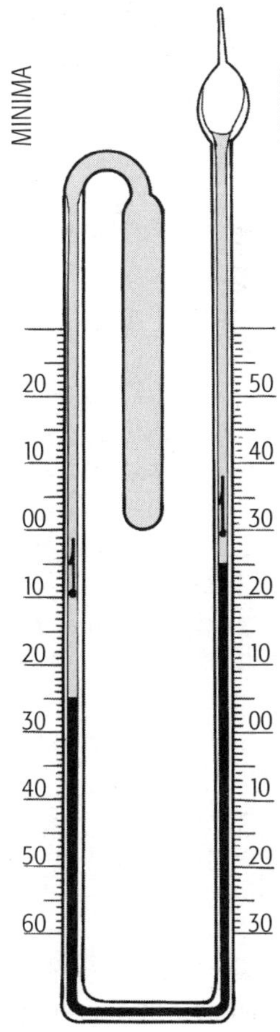

Fig. 2 a. La dilatation de l'eau n'est pas proportionnelle à la température : on ne choisit pas ce liquide pour un thermomètre. On choisit pour le réservoir et le tube un solide qui se dilate beaucoup moins que le liquide thermométrique.
b. La partie sensible d'un thermomètre à aiguille est la spirale formée de deux métaux différents (bilame).
c. Ce thermomètre indique une température de 25 °C. Les températures maximale et minimale gardées en mémoire sont ici : 29 °C et 10 °C. Le liquide thermométrique se trouve dans le réservoir (au milieu de la plaquette) et jusqu'au mercure (en noir sur le dessin).

– Savoir relever la température dans un milieu.
– Savoir que la température relevée ne dépend pas du thermomètre, mais de l'endroit où il se trouve.

Ceci suppose pour les élèves de :
– repérer les différentes parties d'un thermomètre à liquide ;
– savoir que le réservoir est la partie sensible d'un thermomètre à liquide ;
– en déduire et connaître des règles d'utilisation correcte d'un thermomètre à liquide.

1 Comparer des thermomètres

Les thermomètres sont des instruments de mesure que côtoient les élèves. Il est intéressant de commencer l'activité en rassemblant une collection de thermomètres, pour les **comparer** et **s'interroger** à leur sujet. Qu'ont en commun tous ces objets d'aspects si différents et qu'on nomme thermomètres ?

Les élèves proposeront des **classements** ; vous leur demanderez d'en préciser les **critères**. Ils peuvent être : la taille, la forme, le mode d'affichage, l'usage, l'étendue de la graduation (à mettre en relation avec l'usage).

Vous pouvez photocopier la collection de thermomètres et les élèves découperont et colleront les images dans leur cahier, selon le classement qu'ils auront choisi. Une liste des critères possibles peut être établie collectivement et notée dans le cahier.

2 Des températures lues différentes

Les élèves auront probablement lu les thermomètres mis à leur disposition et s'étonneront de ne pas trouver la même température. Cet étonnement est un point positif. En effet, certains enfants attribuent la valeur de la température au thermomètre et non au milieu dans lequel il se trouve ; ils admettent alors que chaque thermomètre indique sa propre température. D'autres pensent que le thermomètre est cassé. Si la température ambiante se trouve dans l'étendue de graduation du thermomètre, les variations d'un instrument à l'autre peuvent être dues soit à une mauvaise lecture de la graduation, soit au fait que les thermomètres ont été manipulés, chauffés par les mains des élèves juste avant le relevé des températures. Les élèves peuvent faire ces deux **propositions**, qu'il faudra envisager successivement dans la suite de l'activité.

3 Apprendre à lire la graduation

Nous nous limiterons ici au cas du thermomètre à liquide.

Il est plus facile d'apprendre à lire sur des graduations reproduites sur un **document** (***Fig. 3a***), qui permet d'avoir une référence commune à tous les élèves de la classe, en s'affranchissant des problèmes liés à la manipulation et au chauffage des thermomètres et liés aux différences qui existent toujours d'un thermomètre à l'autre. Les thermomètres d'ambiance, les thermomètres disponibles dans les écoles ne sont généralement pas des instruments de précision et peuvent, même utilisés correctement, afficher des températures variant d'un à deux degrés Celsius.

Vous utiliserez l'expression « en dessous de 0 » en cas de températures négatives. Attention, une **erreur fréquemment commise** consiste à annoncer 22 °C (par exemple) au lieu de 18 °C, les élèves repérant la graduation 20, comptant deux graduations qu'ils ajoutent au lieu de les retirer à 20.

Cet apprentissage pourra être **évalué** par de nouvelles lectures sur document, mais aussi par des lectures sur l'instrument lui-même, dans des relevés systématiques de températures « comme en météorologie » ou dans d'autres situations expérimentales (voir chapitre 1).

4 Quelle est la partie sensible d'un thermomètre à liquide ?

Utiliser correctement un thermomètre à liquide exige qu'on place le réservoir dans le milieu dont on veut connaître la température et qu'on ne le chauffe ni ne le refroidisse de façon intempestive.

Vous pouvez engager vos élèves dans une recherche active de différents moyens pour faire monter ou descendre le niveau du liquide dans le tube. Ils feront des **essais tâtonnants**, en s'aidant du matériel qu'ils demanderont ou que vous mettrez à leur disposition : retourner le thermomètre, le secouer, le tenir à la main côté réservoir, côté tube, poser un glaçon sur le tube, sur le réservoir... Après **manipulation** et **confrontation des résultats**, ils **concluront** que le réservoir est la partie sensible du thermomètre : si on le chauffe, le niveau monte ; il baisse si on le refroidit.

Un document (***Fig. 3b***) permet de compléter les essais faits par les élèves, de **faire le point** et d'en **garder trace** ou peut servir de support pour **l'évaluation des acquis**.

De ce constat devront être tirées **deux règles de bonne utilisation** d'un thermomètre à liquide : ne pas le tenir à la main par le réservoir et placer le réservoir dans le milieu dont on veut connaître la température. Au cycle des apprentissages fondamentaux, on n'insistera pas sur les erreurs de

Avec un thermomètre à liquide

a. Pour apprendre à lire la graduation

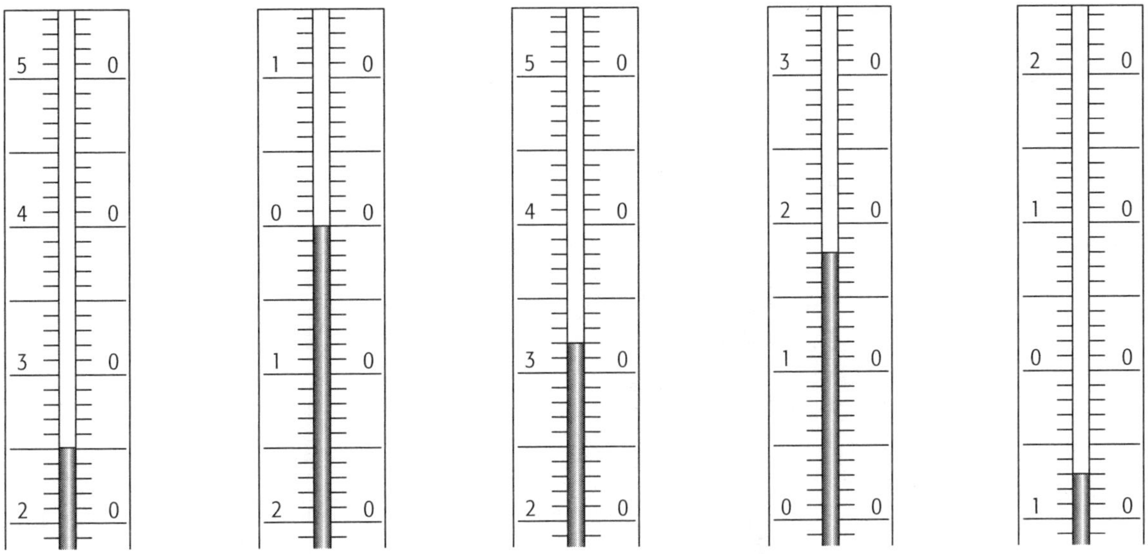

b. Comment faire monter ou descendre le niveau dans le thermomètre ?

• Relie le thermomètre à l'étiquette qui convient.

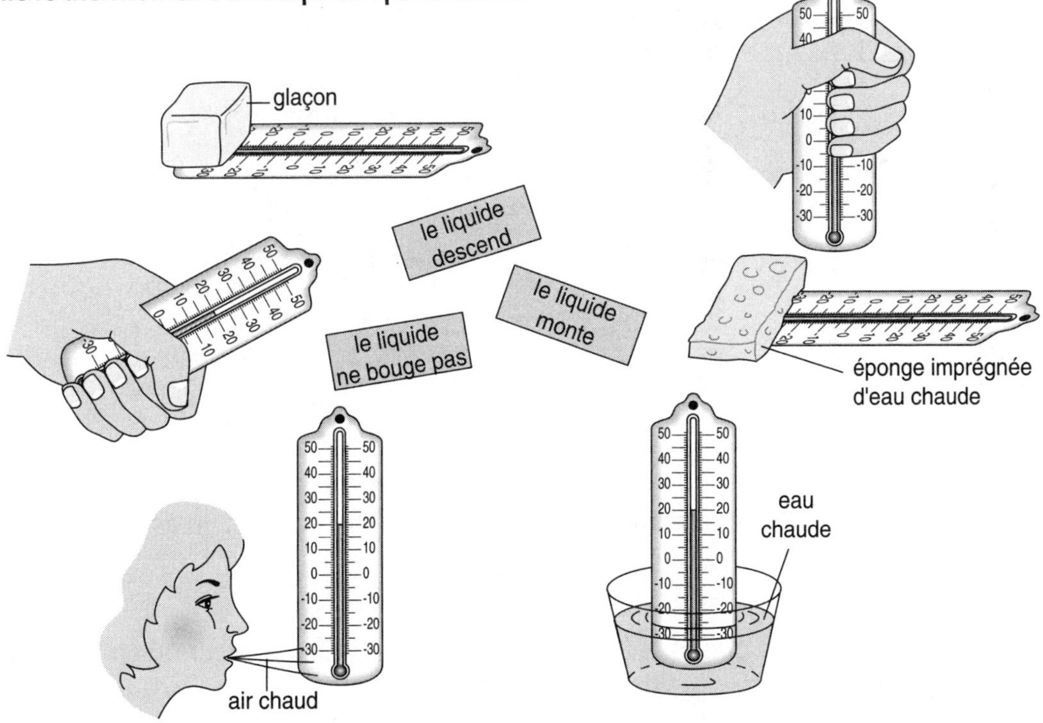

Fig. 3. Ces deux documents peuvent être utilisés avec les élèves :
a. lors de l'apprentissage ou du contrôle de la lecture d'une graduation ;
b. lors de la confrontation de leurs idées permettant de repérer la partie sensible d'un thermomètre.

Une maquette de thermomètre à liquide

• Pour comprendre comment fonctionne un thermomètre à liquide, tu vas pouvoir en fabriquer une maquette.

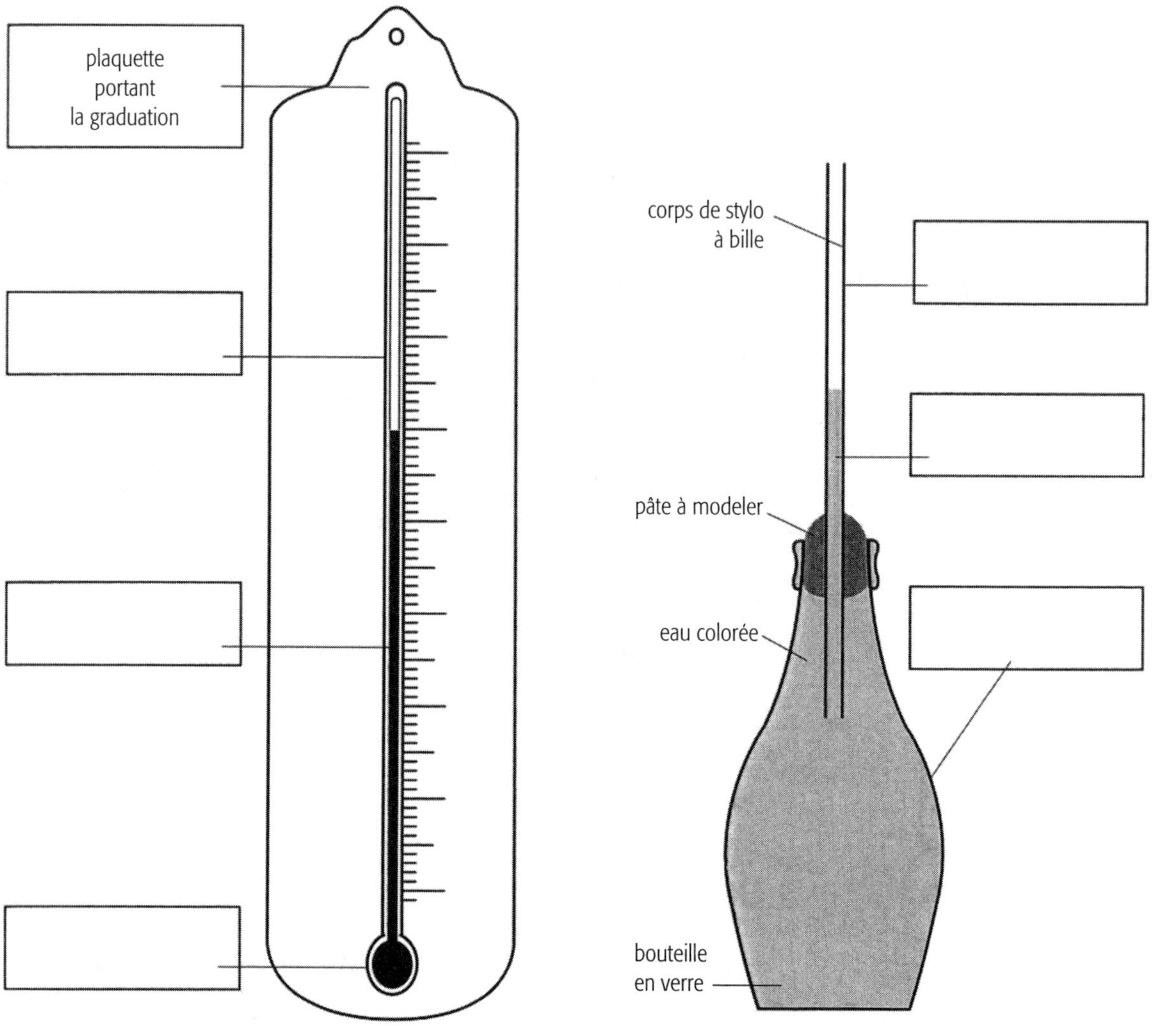

• Complète les légendes du thermomètre et de sa maquette avec les mots : tube, liquide, réservoir.

• Fabrique la maquette.

• Chauffe le « thermomètre » que tu as fabriqué en le posant sur le radiateur ou en le plongeant dans de l'eau chaude.

Que constates-tu ?

Fig. 4. Ce document peut être utilisé en classe, avant ou après la fabrication d'une maquette de thermomètre à liquide, pour aider à la fabrication ou pour faire le point et comparer maquette et thermomètre.

parallaxe : il faut placer les yeux bien en face du niveau du liquide dans le tube.

5 Fabriquer une maquette de thermomètre à liquide

Pour prolonger l'activité et mieux asseoir la connaissance des différentes parties du thermomètre par vos élèves, proposez-leur de fabriquer une maquette de thermomètre à liquide, à partir d'un lot de matériel mis à leur disposition ou du schéma de la maquette (***Fig. 4***).

Ils mettront en correspondance la petite bouteille en verre et le réservoir, les deux tubes, et l'eau avec le liquide thermométrique. La graduation et son support ne figurent pas sur la maquette.

En posant la maquette sur un radiateur chaud ou en le plongeant dans de l'eau chaude, ils constateront que le niveau de l'eau dans le tube monte. Celui-ci peut monter beaucoup plus sur certaines maquettes que sur d'autres. C'est en général parce que les élèves n'ont pas rempli complètement le réservoir d'eau, comme pour un thermomètre à liquide, et ont alors un thermomètre avec de l'air emprisonné, qui se dilate beaucoup !

Remarque : le réservoir ne doit pas être en plastique, qui se dilate plus que l'eau.

Chapitre 4

Tous les mélanges avec l'eau ne se ressemblent pas

Préparer une vinaigrette en mélangeant de l'huile et du vinaigre, un sirop à partir de sirop concentré et d'eau, ajouter du sel dans de l'eau... Voici quelques exemples de mélanges réalisés quotidiennement, auxquels nous allons nous intéresser dans ce chapitre, en dégageant les caractéristiques et propriétés des différents types de mélanges. Les mélanges les plus courants sont ceux qui font intervenir un liquide d'une part, et d'autre part un solide ou un liquide. Mais nous nous interrogerons aussi sur la présence d'air dans l'eau des rivières ou du robinet, la présence de bulles dans les boissons gazeuses : où étaient-elles avant l'ouverture de la bouteille ? Des liens pourront alors être établis par les élèves avec la respiration des poissons.

La qualité de l'eau (eau des rivières, des nappes phréatiques, eau que nous buvons, ...) est de plus en plus présente dans les préoccupations de la société actuelle. Les programmes mentionnent explicitement cette qualité de l'eau. En ayant travaillé sur les mélanges, les élèves pourront s'interroger sur la qualité de l'eau et, en liaison avec l'EDD, travailler sur le maintien de cette qualité.

Le programme *(BO hors série n° 3 du 19 juin 2008)*	
CE2, CM1 et CM2	
SCIENCES EXPÉRIMENTALES ET TECHNOLOGIE **La matière** L'eau : une ressource – états et changements d'état ; – le maintien de sa qualité pour ses utilisations. Mélanges et solutions. **DEUXIÈME PALIER POUR LA MAÎTRISE DU SOCLE COMMUN** **Compétence 3A) Les principaux éléments de mathématiques** L'élève est capable d'utiliser les unités de mesure usuelles ; utiliser des instruments de mesure.	**Compétence 3B) La culture scientifique et technologique** L'élève est capable de : – pratiquer une démarche d'investigation ; savoir observer, questionner ; – manipuler et expérimenter, formuler une hypothèse et la tester, argumenter ; – mettre à l'essai plusieurs pistes de solutions ; – exprimer et exploiter les résultats d'une recherche en utilisant un vocabulaire scientifique à l'écrit et à l'oral ; – maîtriser des connaissances dans divers domaines scientifiques ; – mobiliser ses connaissances dans des contextes scientifiques différents et dans des activités de la vie courante ; – exercer des habiletés manuelles, réaliser certains gestes techniques.

Informations pour l'enseignant

Nous nous limiterons aux mélanges avec un liquide, le plus souvent l'eau, bien qu'il existe des mélanges homogènes de gaz (air, vapeur d'eau + air…) et de solides (alliages métalliques…). Nous exclurons le cas des mélanges conduisant à des réactions chimiques (par exemple entre le vinaigre et le calcaire), où des substances nouvelles apparaissent.

A Mélanges solide-liquide

1 Les différents types de mélanges

a. Point de vue macroscopique

Quand on met un solide dans un liquide, deux cas peuvent se présenter selon que le solide est soluble ou non dans ce liquide.

• Si le mélange obtenu est **homogène et limpide**, le solide est soluble dans ce liquide, on obtient alors une **solution**. C'est le cas du sel ou du sucre dans l'eau, de la paraffine dans un solvant tel qu'un détachant pour vêtement.

• Si le mélange obtenu n'est **pas homogène**, est **trouble**, le solide n'est pas soluble (ou pas totalement soluble) dans ce liquide. On a obtenu une **suspension** de ce solide dans le liquide. C'est le cas du sable, du talc dans l'eau.

Remarque : le résultat est observé après agitation ; on utilise de faibles quantités de solide par rapport au liquide, de façon à ne pas arriver à **saturation** si on a un solide soluble dans un liquide (voir plus loin).

Les procédés pour récupérer le solide sont la décantation (on laisse reposer et le solide se dépose au fond du récipient) et la **filtration** dans le cas d'une **suspension** ; la **vaporisation** du liquide dans le cas d'une solution.

Dans une solution d'un solide dans un liquide, il y a conservation des substances, de la masse totale (***Fig. 1a***), mais pas du volume, les particules de solide pouvant se glisser dans les interstices interparticulaires du liquide.

b. Point de vue microscopique

On peut se représenter la dissolution dans le cadre du modèle particulaire déjà utilisé dans le chapitre 1. Les cristaux solides sont cassés (rupture des liaisons entre les particules) et les particules libérées et dispersées au sein du liquide. Elles sont tellement petites qu'elles sont invisibles à l'œil nu, à la loupe et passent à travers les pores des filtres (***Fig. 1a***).

Si on veut comprendre pourquoi certaines substances sont solubles ou non, il faut faire intervenir les structures moléculaires ou ioniques des solides : les particules constituant le solide sont soit des molécules (assemblages électriquement neutres d'atomes) soit des ions (atomes ou assemblages d'atomes chargés électriquement). Disons seulement que les solides à structure cristalline ionique (sel, sulfates, nitrates...) sont généralement solubles dans l'eau. Les ions sont dispersés dans l'eau. Les solides non ioniques ne sont généralement pas solubles dans l'eau, sauf si les molécules qui les constituent présentent une dissymétrie électrique, comme c'est le cas du sucre.

2 De quoi dépend la vitesse de dissolution d'un solide dans un liquide ?

Pour étudier la vitesse de dissolution d'un solide dans un liquide, il faut, dans un premier temps, repérer les facteurs dont peut dépendre cette vitesse. On se place bien sûr dans le cas d'un solide soluble dans le liquide. Ces facteurs sont : la nature du couple solide-liquide, la proportion de solide par rapport au liquide, la température, l'agitation lors de la dissolution, l'état de division du solide.

Pour tester expérimentalement l'influence de ces facteurs, il faut mettre en place des expériences dans lesquelles on ne fait varier que le facteur testé, les autres restant inchangés (***Fig. 1b***).

3 Qu'est-ce que la saturation ?

On ne peut pas dissoudre autant de solide que l'on veut dans une quantité de liquide donnée. Par exemple, si on ajoute du sel dans un verre d'eau, celui-ci se dissout, puis, si on continue à en ajouter, il arrive un moment où le sel ne se dissout plus : la solution est **saturée**.

Nous avons classé les substances solides selon qu'elles sont solubles ou non dans un liquide donné. C'est un premier niveau de définition de la solubilité d'un solide dans un liquide, celui auquel on arrive à l'école élémentaire. En fait, toute substance solide est soluble, parfois en infime quantité, dans un liquide. Les scientifiques définissent, pour un couple liquide-substance solide, une **limite de solubilité**. Le tableau ci-dessous donne quelques exemples de valeurs quand le liquide est l'eau. Au-delà de ces quantités, la solution devient **saturée** et le solide se dépose au fond du récipient ou reste en suspension dans le liquide. La saturation est plus facile à obtenir avec le sel qu'avec le sucre.

Substance solide	Masse maximale en g soluble dans 100 g d'eau	
	à 10 °C	à 100 °C
sel	35,7	39,6
sucre	190	247
chaux	0,14	0,075

B Mélanges liquide-liquide

1 Les différents types de mélanges

a. Point de vue macroscopique

On peut, comme pour les mélanges solide-liquide, repérer deux cas selon que, après agitation, le mélange obtenu est homogène ou non. Si le mélange obtenu est homogène, **limpide**, les deux liquides sont **miscibles**. Si le mélange obtenu est **hétérogène**, les deux liquides sont **non miscibles**. On peut observer un trouble qui correspond à une **émulsion** ou, après **décantation**, deux couches bien séparées.

Quand on ajoute une troisième substance (bien choisie) à une émulsion, il est possible de la stabiliser, c'est-à-dire d'empêcher la séparation des deux liquides non miscibles par décantation. C'est ce qui se passe par exemple quand on ajoute de la moutarde à un mélange d'huile et de vinaigre. Dans le cas du lait, l'homogénéisation est obtenue par un procédé mécanique, qui casse les globules de graisse en agrégats beaucoup plus petits ; ils sont alors plus sensibles aux chocs reçus des autres particules présentes dans le liquide et ne remontent plus à la surface. Une émulsion stabilisée n'est pas limpide : il ne s'agit pas d'un mélange de liquides miscibles.

Les procédés de séparation des liquides sont la **décantation** dans le cas de liquides **non miscibles** et la **distillation fractionnée**, qui n'est pas au programme de l'école élémentaire, dans le cas des liquides miscibles. Cette dernière est utilisable quand les températures d'ébullition des deux liquides sont différentes. On chauffe le mélange dans un récipient surmonté d'une colonne suivie d'un réfrigérant et on relève la température. Celle-ci se stabilise pendant un premier temps à la température de la substance ayant la plus basse température d'ébullition : ce sont alors les vapeurs de cette substance qui passent et on la recueille sous forme liquide à la sortie du réfrigérant. Dès que la température augmente à nouveau, on retire le récipient en sortie du réfrigérant, car c'est la seconde substance du mélange initial qui va passer à la nouvelle stabilisation de la température. La distillation fractionnée est une opération essentielle dans l'industrie du pétrole pour séparer les différents constituants du pétrole brut.

On repère facilement des liquides qui sont miscibles à l'eau (sirop, vinaigre, alcool...) et des liquides miscibles à l'huile (pétrole, certains détachants liquides...). Toutefois, la relation de miscibilité n'est pas transitive. Par exemple, l'alcool est miscible à l'eau et le benzène (interdit d'utilisation dans

Mélanges et solutions

a. Doc. élève Le sel est-il toujours présent dans l'eau salée ?

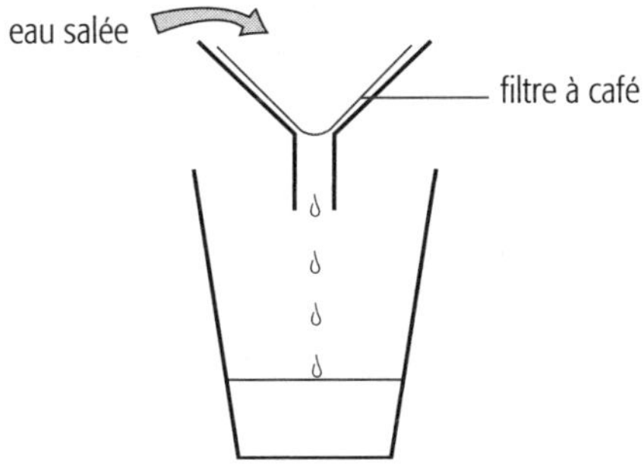

Il n'y a rien sur le papier filtre.

Conclusion : on ne sait pas si le sel est toujours dans l'eau du verre.

Une expérience de Flavie

1er équilibre	sel	masse de sel : 10 g
2e équilibre	eau	masse du verre et de l'eau : 100 g
3e équilibre	eau, sel	masse du verre, de l'eau et du sel : 110 g
4e équilibre	eau salée	masse du verre et de l'eau salée : 110 g

- Que veut montrer Flavie ?
- Réalise l'expérience et compare tes résultats à ceux de Flavie.

b. Production d'élève Un extrait de cahier d'élève

De quoi dépend la vitesse de dissolution du sel dans l'eau ?

– de la température ?

un verre de l'eau froide	un verre pareil la même quantité d'eau chaude
1 dose de sel	1 dose de sel
on agite	on agite à peu près pareil
dissous le dernier	le premier dissous

Conclusion : plus l'eau est chaude, plus la dissolution est rapide.

Fig. 1 a. Seule la deuxième expérience permet de conclure sur la présence du sel dans l'eau salée et sur la conservation de la masse.
b. Le compte rendu d'expérience apporte une information méthodologique importante : on ne doit faire varier que le facteur testé, ici la température.

l'enseignement) est miscible à l'huile. Pourtant, alcool et benzène sont miscibles. L'éther (interdit lui aussi) est miscible à la fois à l'alcool et à l'huile.

Un phénomène de **miscibilité partielle** existe, analogue à la limite de saturation pour les mélanges solide-liquide : c'est le cas de l'eau et de l'éther.

b. Point de vue microscopique

Il faut faire intervenir les structures moléculaires ou ioniques des liquides pour expliquer leur miscibilité ou non, par des interactions électrostatiques possibles ou non entre les molécules ou ions de chacun des liquides.

2 Dans quel ordre se superposent les liquides ?

Les liquides **se superposent toujours dans le même ordre**. Qu'ils soient miscibles ou non, deux liquides peuvent toujours être superposés, si on empêche l'agitation permettant le mélange : en versant du sirop après l'eau et si on n'agite pas, les deux liquides pourtant miscibles se superposent.

L'ordre de superposition de liquides est, de bas en haut, l'ordre des masses volumiques décroissantes. La **masse volumique** est la **masse d'une unité de volume**. Par exemple, un litre d'eau (1 dm^3) pèse un kilogramme ; la masse volumique de l'eau est 1 kg/dm^3 (ou 1 g/cm^3).

La ***figure 4d*** donne quelques valeurs de la masse volumique de substances communes. L'huile d'olive a une masse volumique de 0,92 g/cm^3, la glycérine une masse volumique de 1,26 g/cm^3 et l'eau une masse volumique de 1 g/cm^3. De l'huile d'olive se place donc au-dessus de l'eau ; de la glycérine se place sous l'eau. Au cycle des approfondissements, on dira que si un liquide est sous un autre, c'est parce que, quand on compare des volumes égaux de ces liquides, le liquide qui se trouve en bas est plus lourd.

Quelle différence y a-t-il entre masse volumique et densité ? La **densité** est un nombre **sans dimension** (donc sans unité), qui caractérise une substance par **comparaison** avec une autre. La substance référence commune choisie pour les solides et les liquides est l'eau pure. On obtient le nombre caractérisant cette comparaison en faisant le rapport entre les masses de volumes égaux de substance et d'eau ou le rapport des masses volumiques de la substance et de l'eau. Ainsi, par définition, la densité de l'eau est 1. Un litre d'huile d'olive pesant 0,92 kg et un litre d'eau 1 kg, la densité de l'huile d'olive est : 0,92.

Remarque : le volume variant avec la température (dilatation, voir le chapitre 2), la masse volumique, la densité varient aussi avec la température.

3 Une information complémentaire : qu'est-ce que le titrage en alcool ?

On trouve sur les étiquettes des bouteilles de vin ou d'alcool un titrage en degrés (12°, 18°...). Il ne s'agit pas de degrés de température (d'ailleurs, il n'est pas indiqué le C de Celsius), mais d'une information sur la proportion d'alcool dans la solution.

La concentration en alcool des solutions aqueuses est exprimée en **degré alcoolométrique de Gay-Lussac**. Une solution est dite à n °GL si elle renferme n cm^3 d'alcool pour 100 cm^3 de mélange à 15 °C. Notons que de nombreux vins ne sont pas limpides : ce ne sont pas des solutions, ils renferment des substances solides en suspension dans la phase liquide.

C Mélanges gaz-liquide

1 Point de vue macroscopique

On reconnaît qu'un gaz est en solution dans un liquide quand le mélange obtenu est homogène. C'est le cas de l'air dissous dans l'eau ou du dioxyde de carbone dans les boissons dites gazeuses (eau pétillante, cidre, champagne...). Le gaz est en **solution** quand il n'est pas visible sous forme de bulles.

La quantité maximale de gaz que l'on peut dissoudre dans un liquide diminue quand la **température augmente** et quand la **pression diminue**. On peut ainsi faire sortir, et éventuellement recueillir, du gaz dissous dans un liquide en le chauffant. Prenons le cas de l'eau du robinet : les premières bulles qui apparaissent quand on chauffe l'eau, bien avant l'ébullition, sont des bulles d'air qui était dissous dans l'eau.

Si on remplit partiellement une seringue d'eau dite gazeuse ou d'eau du robinet et que l'on tire sur le piston, de grosses bulles (de dioxyde de carbone ou d'air selon le cas) apparaissent ; si on pousse sur le piston, le gaz se dissout à nouveau et on ne voit plus de bulles. L'influence d'une diminution de la pression est également observable lors de l'ouverture des bouteilles de boissons dites gazeuses : avant ouverture, aucune bulle n'est visible, le gaz est en solution, tandis qu'à l'ouverture, la pression diminue et une partie du gaz dissous sort de la solution et devient visible sous forme de bulles qui montent et viennent éclater à la surface du liquide.

Un moyen d'accélérer la sortie du gaz de la solution est d'introduire des objets : les bulles se forment majoritairement sur les parois du récipient ou sur une cuillère plongée dans la solution. Le phénomène est encore accéléré si vous versez de nombreux petits objets solides dans la solution : petites pointes, petites perles, sel…

❷ Point de vue microscopique

Les scientifiques interprètent la dissolution des gaz dans l'eau par une réaction chimique réversible entre les molécules du gaz soluble et les molécules d'eau.

Activités possibles en classe

À l'école maternelle, les élèves ont pu réaliser des mélanges et les comparer (sirops, peinture…). Aucune activité autour des mélanges n'est envisagée dans les programmes du cycle des apprentissages fondamentaux.

■ Au cycle des approfondissements

Au cycle des approfondissements, un travail sur les mélanges mettant en œuvre une démarche d'investigation va permettre aux élèves de différencier solutions et mélanges hétérogènes, de construire des propriétés appartenant aux couples substance-liquide et de développer des compétences méthodologiques liées à l'observation et à l'expérimentation.

Connaissances et capacités travaillées au cycle des approfondissements

Nous supposons connus des élèves les concepts de solides, liquides et gaz. L'eau sera le liquide privilégié pour les mélanges à l'école élémentaire et même le seul pour les mélanges avec des solides ou des gaz.
En opérant des activités de classement, les élèves construiront des propriétés liées au couple substance-liquide. Des observations qu'ils feront naîtront des questions, des problèmes dont la résolution leur permettra d'exercer, de développer des compétences comme celles liées à la conception et la réalisation d'expériences où il faut séparer les variables.
– Certains gaz, certains liquides, certains solides peuvent se dissoudre dans l'eau (dissolution en quantité appréciable mais pas illimitée). Lors d'un mélange ou d'une dissolution, la matière et la masse se conservent.
– Dans le cas d'un mélange homogène d'un solide dans un liquide, on ne voit plus de particules solides. Le seul moyen de récupérer la substance introduite dans le liquide est alors la vaporisation.
– Dans le cas d'un mélange hétérogène, on voit des substances solides en suspension ou en dépôt au fond du liquide. On peut récupérer le solide par filtration ou décantation (dans le cas d'un dépôt) ou encore par évaporation.
– Savoir qu'une eau limpide n'est pas nécessairement pure, mais qu'elle peut contenir des substances dissoutes.
– Être capable de montrer expérimentalement la conservation de la masse au cours d'un mélange et en particulier d'une dissolution.
– Être capable de mettre en évidence expérimentalement que la solubilité a des limites (saturation).

❶ Mélanges de solides avec l'eau

Plusieurs questions peuvent se poser à propos des mélanges de solides avec l'eau. La définition de ce qu'est une solution est indispensable. D'autres questions ont avant tout un intérêt méthodologique.

Parmi les questions qui peuvent faire l'objet d'un travail en classe, citons quelques exemples.

a. Des solides dans l'eau : solubles ou non solubles ?

On peut démarrer l'activité en faisant évoquer aux élèves des mélanges qu'ils réalisent à la maison entre solides et liquides : la préparation du chocolat du petit déjeuner, l'ajout de sucre dans le lait ou dans le café, l'ajout de sel dans l'eau lors de la cuisson des aliments. Ils indiqueront que les observations ne sont pas toujours les mêmes : on ne voit pas le sel dans l'eau, tandis qu'on voit des particules de poudre de chocolat (abusivement dit soluble !) dans le lait. On leur propose alors de faire des essais avec de l'eau et des échantillons de substances solides.

On peut aussi commencer l'activité en apportant deux flacons d'eau salée (ou sucrée) et d'eau mélangée à du sable. Les différences seront repérées et listées par les élèves, qui seront invités à faire d'autres essais, avec d'autres solides.

Parmi les **solides utilisables facilement en classe**, citons : le sel (gros et fin), le sucre, le poivre, la farine, le talc, le sable… mais aussi des bonbons acidulés (qui sont constitués de sucre avec un peu de colorant et d'arôme). Il faut penser à mettre des cuillères à la disposition des élèves pour qu'ils puissent agiter les mélanges.

On leur demandera de **schématiser** ce qu'ils observent, d'**organiser leurs constats**. Après une mise en commun, on arrivera à un classement en deux catégories : les substances qu'on ne voit plus et celles qu'on voit encore. Les premières sont solubles dans l'eau ; le résultat obtenu est une solution, qu'on reconnaît par sa **limpidité**. Les autres ne sont pas solubles dans l'eau, on observe un dépôt au fond des récipients ou un trouble, des particules de solides en **suspension** dans l'eau.

Des contradictions peuvent apparaître dans les résultats annoncés par les élèves qui seront à l'origine de nouvelles questions :
– certains peuvent annoncer que le sel est soluble dans l'eau ou au contraire qu'on le voit toujours. Une analyse des conditions expérimentales mettra en évidence que les élèves ont utilisé dans le premier cas de petites quantités de sel, mais pas dans le second (ils ont alors atteint la saturation, voir § d). En travaillant sur de petites quantités, tout le monde fait les mêmes constats ;
– certains annoncent que tel solide (sucre ou sel) n'est pas soluble dans l'eau. C'est, en général, parce qu'ils n'ont pas remué ou pas suffisamment. La vitesse de dissolution dépend de l'agitation. Si on remue, tout le monde fait les mêmes constats ;
– le bonbon de sucre peut lui aussi poser problème, car sa dissolution est très lente et ne peut être obtenue en quelques minutes. Vous suggérerez de laisser le pot en l'état et d'observer quelques jours plus tard. Le bonbon sera alors entièrement dissous dans l'eau et ce constat sera interprété après le travail sur la vitesse de dissolution.

b. Le sel est-il toujours là ?

Le sel (le sucre) est soluble dans l'eau. Comment savoir s'il est toujours présent ? Comme dans le cas de l'évaporation (voir chapitre 1), les élèves de cycle des approfondissements cherchent à le retrouver car ils ont l'intuition de la conservation de la matière.

Plusieurs propositions sont généralement faites :
– **goûter** (c'est possible parce qu'on sait ce qu'il y a dans le récipient, mais attention, il ne faut pas goûter un liquide inconnu !) ;
– **filtrer** (***Fig. 1a***) : les élèves pensent alors récupérer les grains de sel, qu'ils ne voient plus à l'œil nu ni avec une loupe. Ce procédé ne convient pas, mais il faut laisser les élèves le tester ;
– **peser** (***Fig. 1a***) : il s'agit alors de vérifier que la masse de la solution est égale à la somme de la masse de sel et d'eau. Laissez vos élèves élaborer, expérimenter puis schématiser les conditions de la pesée ;
– **récupérer le solide** dissous par vaporisation de l'eau (évaporation ou ébullition). On observe un dépôt au fond du récipient. Si l'évaporation est très lente (dans un réfrigérateur par exemple), vous pouvez obtenir de très gros cristaux de sel par évaporation de l'eau d'une eau salée.

Remarque : si vous procédez par ébullition, choisissez une eau salée plutôt que sucrée. On obtient un sirop très épais de sucre, qui peut caraméliser si on chauffe trop fortement quand le sucre est presque pur.

c. Qu'y a-t-il dans cette bouteille ?

Après les activités précédentes, on peut présenter aux élèves une bouteille contenant une solution d'eau salée (sans le leur dire), mélangée avec du sable, des cailloux… Le problème à résoudre sera de savoir ce que peut contenir cette bouteille. Ils chercheront à en séparer les constituants et cela sera une bonne occasion de **revoir** et d'**évaluer** les connaissances acquises antérieurement. Il n'est pas possible de goûter pour des raisons d'hygiène.

En laissant décanter et/ou en filtrant le contenu de la bouteille, on sépare le solide en suspension et la solution.

En vaporisant l'eau (par évaporation ou ébullition), les élèves constateront la présence d'un dépôt, dont ils ne peuvent déterminer la nature. Ce dépôt correspond à une substance qui était en solution dans l'eau.

d. Peut-on dissoudre autant de sel que l'on veut ?

S'ils ont été confrontés à la situation, rappelez-leur et demandez-leur comment on peut vérifier qu'il y a une limite à la quantité de sel que l'on peut dissoudre dans l'eau. Sinon, vous pouvez leur poser directement la question.

Préférez le sel au sucre pour réaliser l'expérience : la **saturation** est assez facilement obtenue avec le sel, beaucoup plus difficilement avec le sucre.

Là encore, demandez-leur de **schématiser** leur expérience et de **formuler une conclusion**.

e. De quoi dépend la vitesse de dissolution du sel dans l'eau ?

Les élèves auront constaté que la dissolution est plus rapide quand on agite avec une cuillère. Ce peut être l'occasion de s'intéresser à cette vitesse de dissolution et aux facteurs dont elle dépend. Si les élèves ont déjà travaillé sur des situations de repérage et de séparation de variables (évaporation, mesure du temps…), on peut les orienter directement vers le problème scientifique qui consiste à chercher de quoi peut dépendre la vitesse de dissolution. Sinon, on peut leur poser dans un premier temps un **problème** d'ordre pratique, **d'efficacité technique**, en cherchant à dissoudre du sel le plus vite possible. Cela peut faciliter, pour certains, le **repérage de facteurs** potentiels. La comparaison des résultats obtenus ne permettra pas de savoir si les facteurs modifiés sont à l'origine des variations de vitesse ; des contradictions apparentes entre les résultats peuvent aussi s'expliquer par la variation simultanée de plusieurs facteurs. Il faut alors passer à un **problème scientifique** et à des expériences dans lesquelles on ne **fait varier qu'un facteur à la fois** pour pouvoir conclure.

Les facteurs ayant une influence sur la vitesse de dissolution d'un solide dans l'eau sont : la température, l'agitation, l'état de division du solide, la quantité de solide déjà dissous dans l'eau. La ***figure 1b*** présente des résultats obtenus dans une classe.

f. Comment obtenir de l'eau douce à partir de l'eau de mer ?

Lors d'activités précédentes, les élèves ont fait vaporiser l'eau pour récupérer le sel d'une eau salée. Peut-on récupérer l'eau et comment ? Ce travail n'est possible que s'ils ont déjà travaillé sur l'évaporation et la condensation. Ils peuvent alors **proposer** eux-mêmes **un dispositif déjà rencontré** ou bien **en élaborer un** (***Fig. 2***) à partir de matériel que vous mettrez à leur disposition. L'eau s'évapore, puis se condense et ruisselle. Le sel reste au fond du récipient initialement rempli d'eau salée. Une **comparaison** à l'aide de **documents** présentant des **installations industrielles ou artisanales** de dessalement de l'eau de mer est intéressante : les élèves mettront en correspondance terme à terme les éléments de l'installation et de leur dispositif.

g. Comment récolte-t-on le sel dans les salines ?

La récolte du sel dans les marais salants (ou salines) se fait par évaporation de l'eau de mer. La **visite** de marais salants ou **l'analyse de documents** (***Fig. 3***) permet de poser quelques **questions**, auxquelles les élèves apporteront des éléments de réponses :

– Pourquoi y a-t-il une succession de bassins ? La concentration en sel est de plus en plus grande dans les bassins ; dans les derniers, on arrive à la saturation et le sel se dépose. Le paludier peut alors le récolter.

– Pourquoi les bassins sont-ils peu profonds ? Une faible profondeur conduit, pour un même volume d'eau, à avoir une surface de contact avec l'air plus importante et cela accélère l'évaporation de l'eau.

– Comment l'eau de mer arrive-t-elle dans les bassins et comment fait-on passer l'eau d'un bassin (étier) à un autre ? Les élèves, sur place, auront pu observer la présence de vannes, qui permettent de fermer ou d'ouvrir l'accès de l'eau aux différents bassins. L'eau peut s'écouler car une pente, une différence de niveau existe entre les bassins.

2 Mélanges de liquides

Définir la miscibilité de liquides entre eux et s'interroger sur leur ordre de superposition sont les deux grandes questions auxquelles sont confrontés les élèves au cours d'activités de mélanges de liquides.

a. Faire des essais et comparer

Il est possible de **commencer l'activité** en faisant évoquer par les élèves des mélanges de liquides faits à la maison : vinaigrette, sirop... On peut aussi apporter du matériel, qui ne manquera pas de susciter leur intérêt.

Quelques **précautions** sont à prendre :

– demander aux élèves de limiter leurs essais à des mélanges de liquides deux par deux. Sinon, ils mettent tout ensemble et ne peuvent plus organiser leurs observations ;

– les inviter à utiliser de petites quantités ; l'utilisation de tubes à essais le facilite, mais on peut aussi utiliser des pots en verre ou plastique transparents ;

– le terme « mélanger » est polysémique et signifie mettre ensemble, agiter et aussi avoir deux liquides miscibles. Veiller à préciser toujours le sens de ce mot quand il est employé, peut-être en évitant justement de l'utiliser !

Les **liquides facilement utilisables en classe** sont : l'eau, le vinaigre, l'huile, le sirop, la glycérine, le pétrole. Ce dernier, utilisé dans les lampes à pétrole et comme allume-feu, est peu inflammable et a une odeur suffisamment désagréable pour qu'on n'ait pas envie d'y goûter. En revanche, récupérez-le pour ne pas le jeter à l'évier. Hors les mélanges huile-pétrole, vous pouvez le séparer par décantation et l'utiliser à nouveau.

Les élèves **schématiseront les résultats** de leurs essais. Deux cas sont possibles, après agitation : les deux liquides mis ensemble ne forment qu'**une couche, limpide**, on ne peut plus les séparer, ils sont **miscibles entre eux** (eau-vinaigre, eau-sirop...) ; les deux liquides mis ensemble se séparent après repos (**décantation**) et se superposent en **deux couches**, ils ne sont **pas miscibles entre eux** (huile-vinaigre, eau-pétrole...). Juste après l'agitation de deux liquides non miscibles, on observe un liquide trouble dans le tube, une **émulsion** : ce sont des gouttes (et pas des bulles car le mot « bulle » est réservé aux gaz) d'un liquide dans l'autre.

Les élèves peuvent dresser les résultats et vérifier qu'ils n'ont pas oublié de cas possibles à l'aide d'un tableau à double entrée (***Fig. 4a***).

b. Comment savoir quel liquide est au-dessus ?

Si l'un des liquides est coloré, il est facile de savoir quel est le liquide du dessus ou du bas. S'ils sont incolores (eau, glycérine), cela est beaucoup plus difficile.

Pour les identifier, les élèves peuvent proposer **différentes solutions** :
– colorer l'un des liquides (encre, peinture, colorant alimentaire) ;
– mettre beaucoup de l'un et peu de l'autre ;
– faire tomber une goutte de l'un dans l'autre et observer si elle tombe au fond ou si elle remonte.

Il n'y a alors plus d'ambiguïté sur l'identification.

c. Pourquoi les liquides se placent-ils dans cet ordre ?

Les élèves auront constaté que les liquides semblent se superposer toujours dans le même ordre pour un couple donné. Ils proposent **différentes hypothèses** :
– l'ordre dans lequel on les a versés : il est facile de vérifier expérimentalement que cet ordre n'a pas d'influence sur l'ordre de superposition des deux liquides ;
– les quantités relatives de l'un par rapport à l'autre : peut-être que si on met beaucoup d'huile et très peu d'eau, on arrivera à avoir l'eau au-dessus de l'huile ? L'expérience montre qu'il n'en est rien ;
– un des liquides doit être plus lourd que l'autre. C'est souvent en commençant l'expérience de la pesée que les élèves vont être conduits à préciser les **conditions expérimentales de leur pesée** (***Fig. 4b***). Il s'agit de comparer les masses de volumes égaux de liquides. Vous pourrez leur proposer un document pour les aider dans la définition des conditions de la pesée, si c'est nécessaire, ou pour évaluer leur compréhension et leurs connaissances de ces conditions. Ils pourront également comparer les volumes à masses égales des deux liquides.

Ce travail sur la superposition se fait à partir de liquides non miscibles. Les élèves peuvent en conclure que les liquides sont miscibles quand ils ont la même masse à volume égal. Il est donc important de leur faire constater que **des liquides miscibles peuvent se superposer**, si on veille à ne pas agiter quand on les met ensemble. Par exemple, si on verse du sirop après l'eau, celui-ci tombe au fond du verre. Il se mélange à l'eau si on met d'abord le sirop car l'eau en tombant provoque une agitation. Mais si on verse très doucement l'eau en la faisant couler le long de la paroi du verre, il y a superposition.

3 Mélanges de gaz avec l'eau

Travailler sur les boissons gazeuses est une occasion de renforcer la connaissance de la notion de gaz par les élèves et de revenir sur ce qu'est une substance (ici un gaz) dissoute.

a. Qu'est-ce qu'une boisson gazeuse ?

Avant ouverture d'une bouteille d'eau gazeuse, on ne voit pas de bulles. Elles sont nombreuses après l'ouverture. Pourquoi ?

Les élèves proposeront des **explications** : le gaz était mélangé à l'eau, dissous dans l'eau ; il sort de l'eau quand on ouvre la bouteille, on entend un bruit, qui montre que du gaz s'échappe, qui devait se trouver sous le bouchon.

Après ouverture, il y a simultanément des bulles et un liquide dans la bouteille. Demandez aux élèves si, à leur avis, le liquide est de l'eau, ou s'il s'agit encore d'une solution de gaz dans l'eau. Certains diront sans doute qu'il s'agit d'eau, d'autres se souviendront peut-être que les solutions sont toujours limpides et qu'alors ne pas voir le gaz ne signifie pas qu'il n'y en a plus. Cela conduira à l'activité suivante.

b. Comment faire sortir le gaz dissous dans l'eau ?

Les élèves peuvent **faire des propositions** : chauffer, agiter. Ils les **testeront expérimentalement** et vous pourrez les compléter. En chauffant, en agitant, en introduisant de petits objets dans l'eau gazeuse, en diminuant la pression au-dessus de l'eau (en tirant par exemple sur le piston d'une seringue contenant de l'eau gazeuse), on peut faire sortir du gaz dissous dans cette eau. Quand le gaz est visible sous forme de bulles, il n'est plus dissous dans l'eau. On peut constater que le gaz est à nouveau dissous si on augmente la pression en enfonçant le piston de la seringue.

Les élèves peuvent chercher à récupérer (dans un ballon, sous une cuve à eau) une partie du gaz dissous dans l'eau. C'est l'occasion, pour eux, **d'utiliser des procédés rencontrés** lors de manipulations sur l'air.

c. Y a-t-il de l'air dissous dans l'eau du robinet ou des rivières ?

La question peut se poser à propos de la respiration des poissons. S'ils ont travaillé sur le chauffage et l'ébullition de l'eau, les élèves auront observé les premières bulles qui apparaissent lors du chauffage. Comme dans le cas de la boisson gazeuse, le gaz dissous dans l'eau sort de la solution quand la température augmente. On peut aussi leur proposer de procéder comme avec l'eau gazeuse en utilisant une seringue pour faire varier la pression.

Comment obtenir de l'eau douce à partir de l'eau de mer ?

a. Une installation industrielle

L'installation industrielle la plus ancienne et la plus simple pour dessaler l'eau de mer.

La production d'eau douce ne dépasse pas 4 à 5 litres par jour pour un bassin carré de 1 mètre de côté.

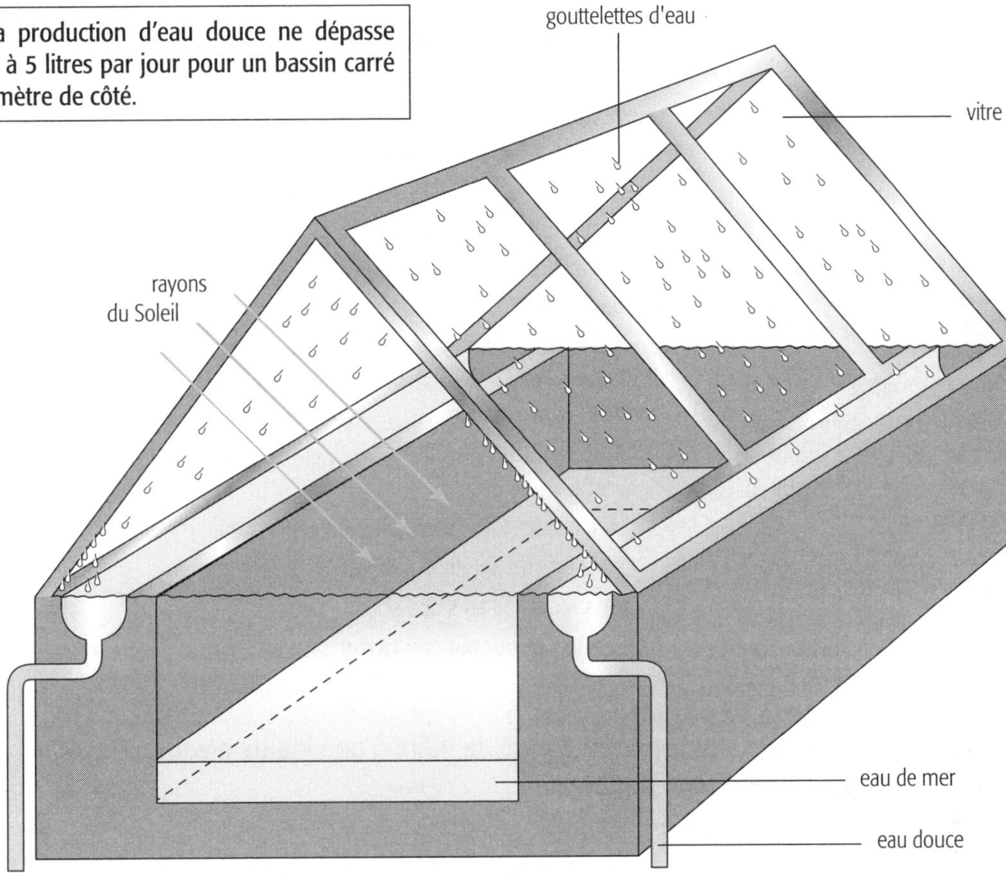

b. Une expérience pour comprendre

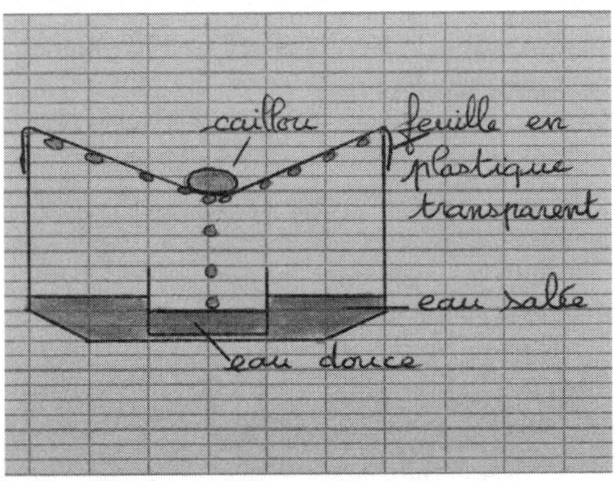

Fig. 2. Placés au soleil, ces dispositifs industriels ou expérimentaux permettent d'obtenir de l'eau douce à partir d'eau salée.

La récolte du sel

a. Quelques informations

Concentration en sel d'un litre d'eau

35 g dans la mer
35 g en ③ et ④
90 g en ⑤
180 g en ⑥
280 g en ⑦

Les bassins ⑧ sont des rectangles de 8 m sur 10 m. Chacun d'eux fournit au maximum 50 kg de sel par jour entre juin et septembre, avec une production annuelle de 1 300 à 1 500 kg.

La concentration en sel augmente peu à peu

① L'océan.
② Canal de jonction entre l'océan et la saline.
③ Vasière : réserve d'eau pour 15 jours.
Profondeur : 1 m.
Dans la vasière, les impuretés de l'eau se déposent sous forme de vase.
④ Bassin servant de deuxième réserve d'eau.
Profondeur : 30 à 50 cm.
⑤ Bassins de 10 à 15 cm de profondeur.
⑥ Bassins de 6 à 10 cm de profondeur dans lesquels l'eau se réchauffe.
⑦ Réservoir d'alimentation en eau des œillets.
Réserve pour une journée.
Profondeur : 4 à 8 cm.
⑧ Bassins de récolte du sel (appelés œillets) dans lesquels se forment les cristaux de sel.
Ⓡ Lieu de stockage provisoire du sel récolté.
Ⓢ Stockage du sel de la saline.
Ⓟ Passage de l'eau salée sous le talus.
⊥ Fermeture possible du circuit.

- Indique par des flèches, sur le plan ci-contre, le trajet d'une goutte d'eau salée, allant de l'océan dans l'un des bassins de récolte du sel.
- On dit parfois que « le sel est l'enfant du soleil et du vent ».
Quelle est l'importance des facteurs climatiques dans la récolte du sel ?
- Où se trouve l'eau la plus salée : dans les bassins ①, ⑥ ou ⑧ ?
- Pourquoi le sel se dépose-t-il dans les bassins ⑧ ?
- Les bassins de récolte représentent environ le dixième de la surface d'une saline. À quoi servent les autres bassins ?

Fig. 3. On peut utiliser ce document :
- pour préparer ou faire le bilan d'une visite de marais salants ;
- pour valider des propositions d'élèves relatives à la récolte du sel ;
- pour démarrer une activité et susciter des questionnements, des formulations d'hypothèses par les élèves.

Le plan d'une saline

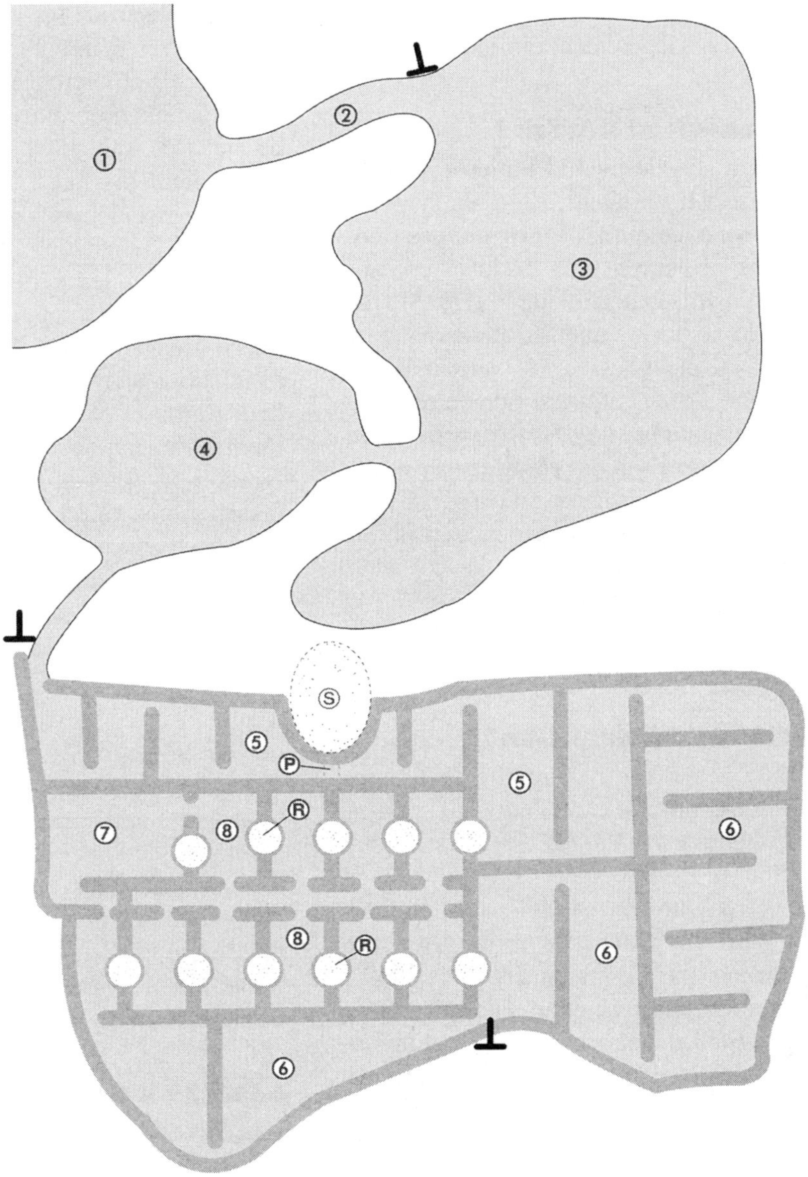

L'eau salée s'écoule très lentement de la vasière ③ aux bassins de récolte ⑧.

b. Les niveaux dans les bassins successifs d'une saline

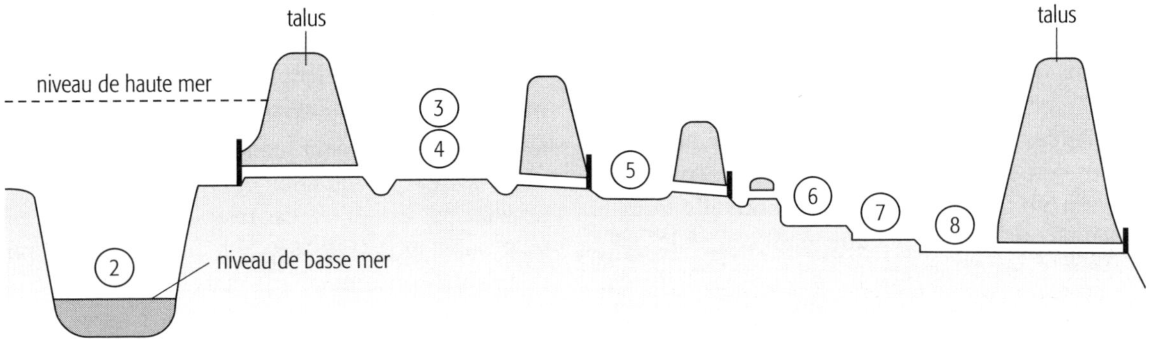

Il y a donc un **gaz dissous dans l'eau du robinet** : il faudra indiquer aux élèves qu'il s'agit d'air (même si sa composition est légèrement différente de l'air atmosphérique).

d. Le gaz des boissons est-il de l'air ?

Rien ne permet à vos élèves d'identifier le gaz des boissons gazeuses. Il ne s'agit pas d'air, mais de dioxyde de carbone, ce qu'ils ne peuvent pas trouver. En revanche, ils peuvent, non pas inventer, mais **utiliser des dispositifs expérimentaux** (***Fig. 5***) : par exemple, placer une bougie allumée au-dessus d'un verre d'eau gazeuse et au-dessus d'un verre d'eau du robinet. La bougie s'éteint au-dessus du verre d'eau gazeuse, mais reste allumée au-dessus du verre d'eau du robinet : la **comparaison des résultats** permet de **conclure** que le gaz de l'eau gazeuse n'est pas de l'air. Il est possible aussi, une fois les expériences réalisées et à titre de vérification et de précision, de consulter des documentations sur ce type de boissons.

4 La qualité de l'eau

a. Comment obtenir de l'eau potable ?

L'eau qui coule du robinet n'est pas de l'eau pure. Elle doit être consommable et répondre aux normes de potabilité définies par la loi (***Fig. 6a***). Il est important de sensibiliser les élèves à ces questions, pour des raisons de sécurité (on ne boit pas n'importe quelle eau), mais aussi pour les sensibiliser aux problèmes générés par des pratiques polluantes : emplois de pesticides et d'engrais en agriculture, pratiques industrielles non conformes, pollutions accidentelles, nécessité de rejeter de l'eau « propre » dans la nature.

Vous pouvez faire avec les élèves un inventaire des questions qui se posent à propos de l'eau du robinet. Des activités d'investigation permettront d'apporter des éléments de réponse.

b. D'où vient l'eau du robinet ?

Selon l'endroit où se situe votre école, l'eau est prélevée dans une nappe phréatique ou puisée dans une rivière ou encore elle provient des deux origines. Une **enquête** auprès du service de distribution locale des eaux ou une **recherche sur la Toile** permettra de connaître la provenance de cette eau. Elle pourra aussi déboucher sur une **nouvelle question**, car les ressources documentaires signaleront la présence d'une usine de traitement de l'eau ou au minimum des analyses de sa qualité : comment est traitée l'eau pour être potable ?

Là encore, des **ressources documentaires** sur des sites, une **enquête** ou une **visite** des installations locales apporteront des éléments de réponses. Les élèves **utiliseront les connaissances** acquises sur les mélanges pour comprendre certains de ces traitements. Ils repéreront les pompes et les dispositifs de traitement proprement dits. Ils pourront localiser les lieux de traitement sur le plan de l'installation. Ces traitements sont : un dégrillage pour éliminer les plus gros éléments présents en suspension dans l'eau, une décantation, des filtrations sur du sable, pour éliminer les particules solides plus fines en suspension dans l'eau, une ozonation pour tuer des micro-organismes présents dans l'eau, un passage sur charbon actif pour éliminer des pesticides et des hydrocarbures et enfin une chloration ou un traitement à l'ozone pour désinfecter et éviter la prolifération de virus et de bactéries dans le circuit de distribution d'eau. L'eau qui sort de l'installation et qui arrive aux robinets doit être potable. À l'issue de son traitement, elle est stockée dans des réservoirs enterrés ou des châteaux d'eau pour permettre une distribution correcte aux usagers.

Notons que dans certains cas, des alertes sont données suite à des accidents industriels, des décharges non contrôlées ou des pollutions d'origine agricole. Selon les cas, l'eau est déclarée momentanément impropre à la consommation pour tous ou seulement pour certaines catégories de personnes (nourrissons, personnes malades, personnes âgées). Si malheureusement un tel cas était signalé dans la presse, étudiez-le avec vos élèves pour compléter le travail précédent et les sensibiliser aux problèmes des rejets dans la nature.

c. Qu'y a-t-il dans l'eau du robinet ?

Les élèves pensent souvent que l'eau qui sort du robinet, limpide, est pure et ne contient que de l'eau.

Le travail précédent sur l'origine de l'eau du robinet aura déjà apporté des éléments de réponse, qu'ils pourront compléter en poursuivant des **recherches documentaires**. La ***figure 6a*** propose un exemple de document exploitable avec des élèves. Ils feront la relation avec les **acquis précédents** : les substances citées sont en solution dans l'eau ; c'est pourquoi elles sont invisibles.

Remarque : on peut comparer l'eau du robinet avec des eaux minérales et conclure que certaines ne sont pas potables, car trop chargées en telle ou telle substance (***Fig. 6b***). En fait, ces eaux minérales sont consommables, mais ont des visées thérapeutiques : elles sont étiquetées « minérales » et non « eau de source ». En revanche, une eau qui coule dans la nature peut être non potable parce qu'inconsommable.

Mélanges de liquides

a. Doc. prof. Un tableau pour organiser les résultats observés

	eau	huile	vinaigre	glycérine	sirop
eau	X	NM	M	NM	M
huile		X	NM	M	NM
vinaigre			X	NM	M
glycérine				X	NM
sirop					X

M : miscibles
NM : non miscibles

b. Doc. élève L'expérience d'Émeline

Pour expliquer pourquoi l'huile reste au-dessus de l'eau, Émeline verse 5 mesures d'eau dans un verre, 5 mesures d'huile dans un verre identique et les met sur les plateaux d'une balance.

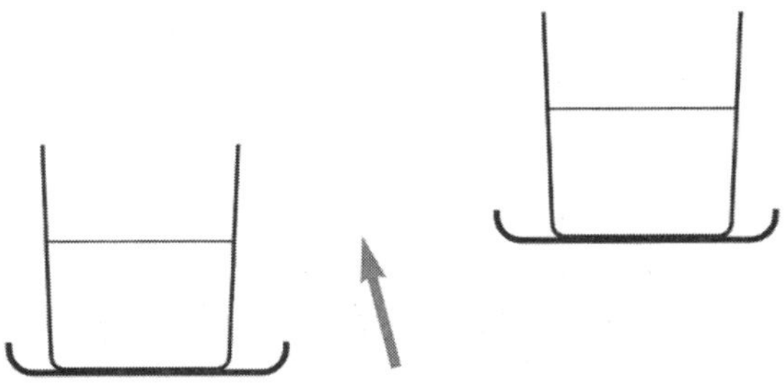

- Quelle est son hypothèse ?
- Essaie et colorie en jaune le verre d'huile.

c. Doc. prof. Quelques masses volumiques

Substance	Masse volumique à 20 °C (en g/cm^3)
eau	1
aluminium	2,69
cuivre	8,94
plomb	11,34
chlorure de sodium (sel de cuisine)	2,17
verre de vitre	2,53
saccharose (sucre)	1,59
alcool	0,79
glycérine	1,26
huile de colza	0,91
huile d'olive	0,92

d. Doc. élève L'eau va-t-elle rester au fond du verre ?

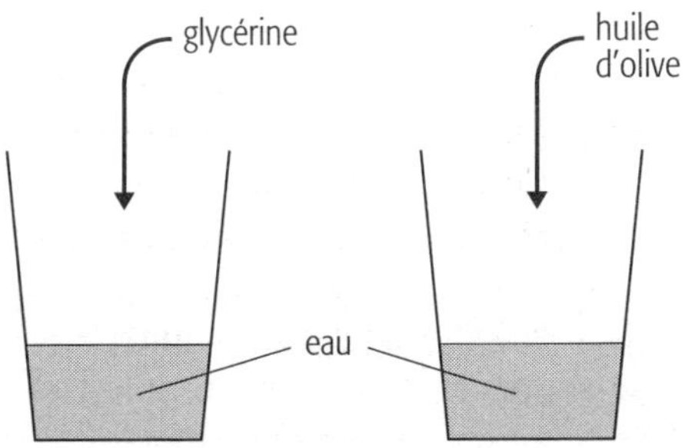

Fig. 4 a. Le tableau à double entrée permet de recenser tous les cas de mélanges de liquides deux à deux.
b. Émeline vérifie que l'huile reste au-dessus de l'eau parce qu'à volume égal, elle est plus légère que l'eau.
c. Le professeur peut utiliser les données du tableau pour savoir dans quel ordre deux liquides vont se superposer.
d. Pour prévoir où va se placer le liquide ajouté à l'eau, les élèves peuvent faire une pesée comme en ***b***.

Le gaz de l'eau gazeuse est-il de l'air ?

a. Une expérience rapide avec une bougie allumée

Le gaz dissous dans l'eau du robinet est de l'air, tandis que celui dissous dans les boissons gazeuses est du gaz carbonique. Comment savoir qu'il ne s'agit pas du même gaz ?

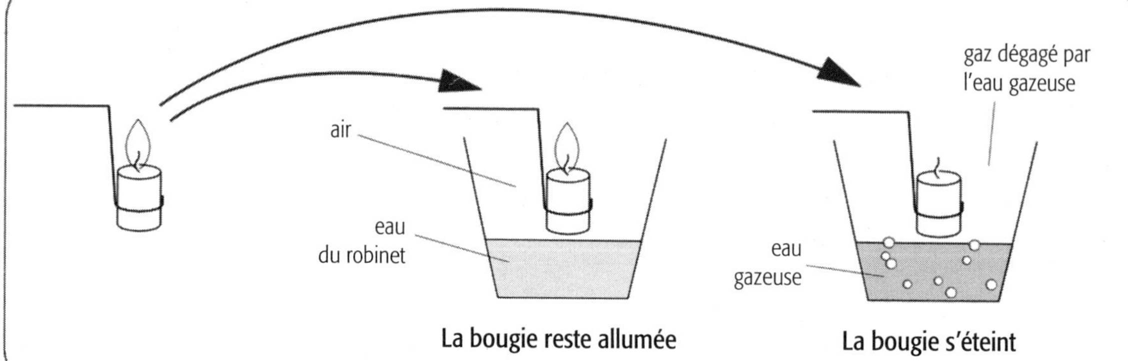

b. Un autre dispositif expérimental

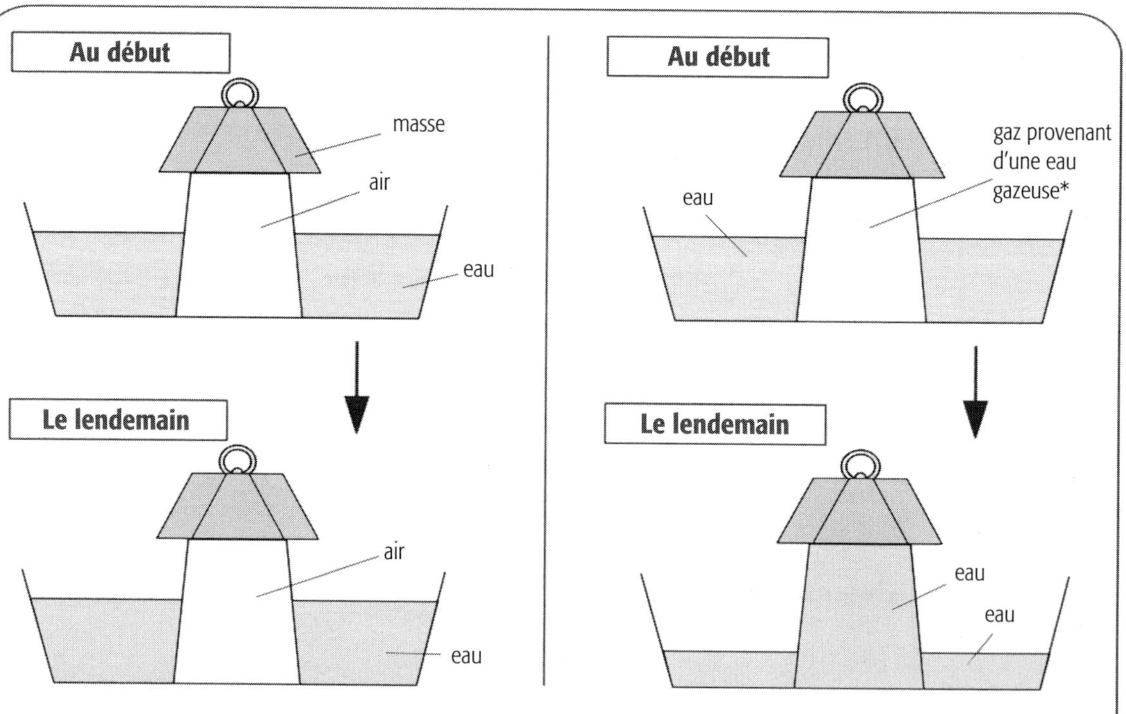

* Pour remplir le verre avec du gaz, recueille ce gaz dans un ballon de baudruche, puis transvase-le, sous l'eau, dans le verre que tu auras préalablement rempli d'eau.

Fig. 5. Les élèves peuvent analyser le document pour mettre en place les dispositifs expérimentaux, comparer leurs résultats à ceux du document, puis formuler la conclusion : le gaz de l'eau gazeuse n'est pas de l'air.

Que trouve-t-on dans l'eau ?

a. Limites de qualité des eaux destinées à la consommation humaine

Ion	sulfate	sodium	nitrate	fluorure
Teneur maximale (mg/L)	250	200	50	1,5

(arrêté du 11 janvier 2007.)

b. Des extraits d'étiquettes d'eau minérale

Eau de Vittel

Minéralisation caractéristique / Karakteristieke mineralisatie (mg/l) :

Calcium : 203,8	Magnésium : 43,1	Sodium : 5
Sulfate : 328,9	Nitrate : 4,3	Hydrogénocarbonate : 399

Résidu sec à 180°C : 844 mg/l • Convient pour un régime pauvre en sodium
Droogrest op 180°C : 844 mg/l • Geschikt voor een zoutarm dieet

Eau de Contrex

Minéralisation caractéristique en mg/l / *Karakteristieke mineralisatie in mg/l*

CALCIUM : 468	MAGNESIUM : 74,5	Sodium/Na^+ : 9,4
Sulfate/SO_4^{2-} : 1121	Hydrogénocarbonate HCO_3^- : 372	Nitrate/NO_3^- : 2,9

Source Contrex. Résidu sec à 180 °C : 2078 mg/l. Eau minérale naturelle. A consommer de préférence avant fin : voir sur la bouteille 1,5l et dans les 48 heures après ouverture. Convient pour un régime pauvre en sodium. *Droogrest op 180 °C : 2078 mg/l. Natuurlijk mineraalwater. Tenminste houdbaar tot einde : zie op 1,5l fles. Verbruiken binnen de 48 uren na opening. Geschikt voor een zoutarm dieet.*

Eau d'Évian

Minéralisation caractéristique (mg/l) :

Calcium (Ca^{++})	80	Sulphates (SO_4^{-})	12,6
Magnesium (Mg^{++})	26	Chlorides (Cl^-)	6,8
Sodium (Na^+)	6,5	Nitrates (NO_3^-)	3,7
Potassium (K^+)	1	Silica (SiO_2^-)	15
Bicarbonates (HCO_3^-)	360		

Résidu sec à 180°C : 309mg/l - pH = 7,2

Mention « résidu sec à 180 °C » : donne le taux d'éléments minéraux recueillis après vaporisation de 1 L d'eau soumis à une température de 180 °C.

Fig. 6. On trouve des substances dissoutes dans l'eau, en proportions variables. Certaines eaux minérales sont consommables, bien que n'entrant pas dans la catégorie des eaux potables.

d. Comment l'eau potable est-elle distribuée ?

Une investigation sur document, une recherche sur la Toile, apportent des éléments de réponse. La présence d'un château d'eau sur la commune peut susciter des questions. Une activité autour du château d'eau est proposée dans le chapitre 8.

❺ Comment traiter les eaux usées ?

Les eaux usées sont déversées dans la nature. Il est important que les élèves comprennent que des traitements sont nécessaires de façon à ne pas rejeter d'eau « trop sale ». En effet, ces eaux parviennent dans les rivières, les nappes phréatiques dans lesquelles nous puisons ensuite ! Et l'eau des rivières doit permettre la vie des plantes et des animaux (et parfois les baignades !).

L'investigation se fera au moyen d'une **recherche documentaire**, possible aussi sur la **Toile**.

Deux cas se présentent, selon que les traitements sont assurés individuellement au niveau de chaque habitation ou que la collecte des eaux usées se fait par un « tout-à-l'égout » et le traitement dans une installation communale ou inter-communale. La **visite** d'une telle installation peut venir compléter l'étude documentaire.

Les traitements dans les usines de traitement des eaux usées (***Fig. 7***) sont à la fois physiques et biochimiques. On y trouve d'abord des dégrillages et filtrages des objets et particules en suspension dans l'eau. Là encore, les élèves devront **utiliser leurs connaissances** pour comprendre certains de ces traitements. Puis l'eau est traitée par des procédés biologiques dans des bassins où des bactéries éliminent nombre de substances d'origine organique. Des traitements physico-chimiques (oxydation par exemple) traitent des substances non organiques présentes dans les eaux usées. Les boues issues de ces traitements sont ensuite le plus souvent répandues sur des terrains agricoles : elles contiennent en effet des produits azotés qu'on trouve dans des engrais. Des contrôles sur les eaux et produits rejetés dans le milieu naturel sont menés régulièrement.

Dans le cas de traitements individuels, on trouve des fosses septiques qui assurent un traitement par bactéries des rejets, pour éliminer des micro-organismes pouvant provoquer des maladies, accompagnées de couches filtrantes dans lesquelles passe l'eau avant rejet dans la nature. Des dispositifs de lagunage naturel existent : l'eau passe dans des bassins successifs de faible épaisseur, où des algues prolifèrent et apportent (par photosynthèse) aux bactéries le dioxygène nécessaire à l'épuration bactérienne de l'eau.

L'eau est parfois dénommée l'« or bleu », simplement pour signifier que c'est un bien précieux qui ne doit pas être gaspillé. Les soins qu'elle exige pour la prélever, la rendre consommable et la distribuer en témoignent. Elle fait souvent l'objet de restrictions en période estivale. Certains pays sont amenés à l'importer à grands frais par bateaux ou par des canaux. D'autres dessalent, au prix d'une grande consommation d'énergie, l'eau de mer. Il faut donc veiller à la préserver et à limiter sa consommation.

Comment fonctionne une station d'épuration ?

Une station d'épuration permet de débarrasser les eaux d'égouts de la plus grande partie de leurs déchets avant leur rejet dans une rivière, un lac ou la mer.

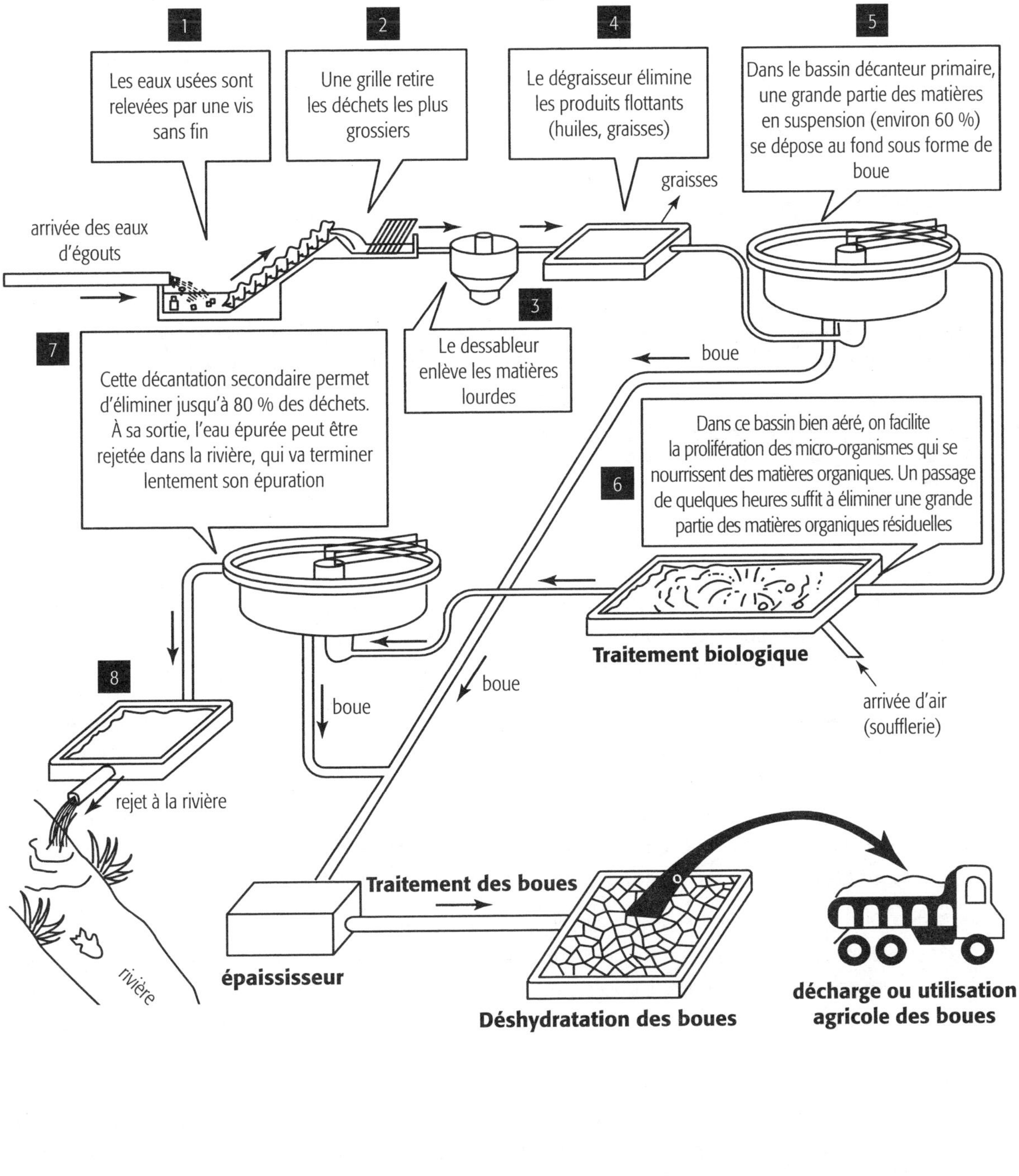

Fig. 7. Dans les procédures de traitement des eaux usées dans une station d'épuration, les élèves vont retrouver des procédés déjà rencontrés lors d'activités sur les mélanges de solides et de liquides avec l'eau : décantation, filtration. Ces procédés permettent d'éliminer environ 60 % des déchets. S'y ajoutent l'action de décomposeurs de matière organique, surtout des bactéries aérobies. Celles-ci agissent dans des bassins bien aérés et dégradent les substances organiques.

Chapitre 5

Le problème des déchets est l'affaire de tous

Dans nos sociétés, les déchets sont devenus une source de préoccupation, d'une part parce que leurs volumes sont importants, et, d'autre part, parce que certains génèrent des pollutions, des dégradations de l'environnement.

Par ailleurs, ces déchets peuvent être considérés comme des ressources naturelles et de l'énergie. Il est donc primordial de les valoriser. Quant à ceux dont on devra finalement se débarrasser, il faut savoir que leurs modes de traitement, quels qu'ils soient, sont très onéreux et sources de pollution. Seule une prise de conscience générale de la nécessité de protéger notre environnement et des limites des ressources naturelles pourra nous conduire à une modification effective de nos comportements.

*Dans ce chapitre ne seront abordés que les déchets sur lesquels chaque citoyen peut agir directement : les déchets ménagers. Afin de mieux les trier et les limiter, un effort important est à entreprendre auprès de tous et particulièrement auprès des élèves. Ils doivent connaître le problème et devenir auprès de leurs familles de véritables « **ambassadeurs du tri** ». Il faut savoir que les Français recyclent 18 % de leurs déchets, la moyenne des pays européens étant de 30 %. Le travail qui sera fait avec eux s'intègre d'une manière générale dans le chapitre de l'éducation sur le développement durable (EDD). La classe qui oriente sa réflexion vers l'EDD devrait en fait, à terme, réduire ses déchets, sa consommation d'énergie, d'eau et de papier. Dans le cadre d'une instruction citoyenne, la classe pourra également lire la Charte de l'environnement et faire sienne en particulier l'article 2 : « **Toute personne a le devoir de prendre part à la préservation et à l'amélioration de l'environnement.** »*

Instructions officielles

Le programme au CE2, CM1 et CM2 (*BO hors série n° 3 du 19 juin 2008*)

SCIENCES EXPÉRIMENTALES ET TECHNOLOGIE

La matière

Les déchets : réduire, réutiliser, recycler.

DEUXIÈME PALIER POUR LA MAÎTRISE DU SOCLE COMMUN

Compétence 3B) La culture scientifique et technique

L'élève est capable de :

– pratiquer une démarche d'investigation ; savoir observer, questionner ;

– manipuler et expérimenter, formuler une hypothèse et la tester, argumenter ;

– mettre à l'essai plusieurs pistes de solutions ;

– exprimer et exploiter les résultats d'une recherche en utilisant un vocabulaire scientifique à l'écrit et à l'oral ;

– maîtriser des connaissances dans divers domaines scientifiques ;

– mobiliser ses connaissances dans des contextes scientifiques différents et dans des activités de la vie courante ;

– exercer des habiletés manuelles, réaliser certains gestes techniques.

Extraits de circulaires relatives à l'EDD (éducation au développement durable)

Extraits de la circulaire n° 2004-110 du 8 juillet 2004

L'éducation à l'environnement pour un développement durable doit être une composante importante de la formation initiale des élèves, dès leur plus jeune âge et tout au long de leur scolarité, pour leur permettre d'acquérir des connaissances et des méthodes nécessaires pour se situer dans leur environnement et y agir de manière responsable. La prise de conscience des questions environnementales, économiques, socioculturelles doit, sans catastrophisme mais avec lucidité, les aider à mieux percevoir l'interdépendance des sociétés humaines avec l'ensemble du système planétaire et la nécessité pour tous d'adopter des comportements propices à la gestion durable de celui-ci ainsi qu'au développement d'une solidarité mondiale.

L'éducation à l'environnement pour un développement durable ne constitue pas une nouvelle discipline. Elle se construit de façon cohérente et progressive tant à l'intérieur de chaque discipline ou champ disciplinaire (entre les différents niveaux d'enseignement) qu'entre les différentes disciplines (à chaque niveau).

À l'école primaire, l'éducation au développement durable est fondée sur l'acquisition de connaissances et de comportements ancrés dans une démarche d'investigation des problématiques liées à l'environnement.

Compte tenu de sa spécificité, l'éducation pour un développement durable doit reposer sur des démarches pédagogiques diversifiées privilégiant des situations concrètes qui développeront chez les élèves la sensibilité, l'initiative, la créativité, le sens des responsabilités et de l'action.

Extraits de la circulaire n° 2007-077 du 29 mars 2007

– Inscrire plus largement l'éducation au développement durable dans les programmes d'enseignement.

– Multiplier les démarches globales d'éducation au développement durable dans les établissements et les écoles.

La mise en œuvre de l'EDD doit d'abord reposer sur les enseignements obligatoires. Grâce au **socle commun** de connaissances et de compétences, le développement durable est désormais solidement ancré dans la base des savoirs fondamentaux. Ainsi le socle inclut la connaissance de « l'impact sur l'environnement » de nos activités techniques, il fait référence à une attitude de « responsabilité face à l'environnement, au monde vivant, à la santé », il mentionne le développement durable comme un moyen de « comprendre l'unité et la complexité du monde ».

L'EDD doit former à une démarche scientifique et prospective, permettant à chaque citoyen d'opérer ses choix et ses engagements en les appuyant sur une réflexion lucide et éclairée. Elle doit également conduire à une réflexion sur les valeurs, à la prise de conscience des responsabilités individuelles et collectives et à la nécessaire solidarité entre les territoires, intra et intergénérationnelle.

De nombreux établissements sont déjà des lieux d'actions concrètes entreprises dans un esprit de développement durable. Les établissements éco-responsables s'engagent à réduire leurs déchets, leur consommation d'énergie, d'eau, de papier. Ils ont une action volontariste en matière d'alimentation, de santé, de risques, de transport et d'accès à l'établissement… L'encouragement aux bonnes pratiques s'accompagne d'une réflexion sur le bâti et les normes environnementales.

Ces démarches nécessitent aussi que soient établis et développés des partenariats étroits avec les collectivités territoriales qui ont souvent dans ce domaine un important rôle d'impulsion, avec les services déconcentrés de l'État relevant d'autres ministères, comme les directions régionales de l'environnement, des structures comme l'Agence de l'environnement et de la maîtrise de l'énergie et tout acteur civil (entreprise, association, fondation…) dont l'expertise en la matière peut permettre de mener au mieux le projet de l'établissement.

Informations pour l'enseignant

❶ La situation des déchets en France

Même si le mot « déchet » est un mot couramment employé, il est bon d'en rappeler sa définition. Un **déchet** (détritus, résidu…) est un objet en fin de vie ou une substance issue d'un processus, jugée devenue inutile, dangereuse ou encombrante et dont on veut se défaire.

L'ensemble des déchets produits se répartit ainsi :
– 8 % de déchets municipaux, parmi lesquels les déchets ménagers correspondent à 5 %. Les 3 % restants sont constitués par les déchets d'assainissement collectif et de nettoiement (les marchés, les boues des eaux usées, les coupes d'arbres, les tontes des pelouses…) ;
– 56 % de déchets agricoles (les bâches, les lisiers, etc.) ;
– 36 % de déchets industriels (déchets produits par l'industrie, les commerces, l'artisanat et les transports). Certains sont dangereux et devront faire l'objet de traitements particuliers ou de stockages très spécifiques. Les déchets de l'industrie nucléaire sont particulièrement dangereux et leur stockage en surface ou en couche géologique profonde posent des problèmes de sûreté, de sécurité et de responsabilité vis-à-vis des générations futures.

En France, chaque habitant produit par an 360 kg de déchets ménagers soit, en moyenne, 1 kg par habitant et par jour. Ce tonnage est variable en fonction des pays (actuellement, c'est le double aux États-Unis). Cela représente, en France, 20 millions de tonnes par an de déchets ménagers à traiter.

Quelques exemples de déchets produits en France :
– 14 milliards de sacs en matière plastique par an se retrouvent dans les décharges (un sac met deux siècles pour se décomposer) ;
– 250000 tonnes d'huile de vidange sont répandues, par an, dans la nature.

❷ Les consignes de tri

Autrefois, on se contentait de ramasser et de mettre en décharge les déchets. Aujourd'hui, on demande à chacun de trier les siens. En effet, si toutes les communes sont tenues d'organiser un ramassage des ordures ménagères, des obligations de récupération des déchets d'emballages ménagers et des mesures incitatives les conduisent petit à petit à mettre en place un tri sélectif. Les déchets sont répartis dans différents contenants (sacs ou bacs) ou bien déposés dans divers bacs en déchetterie. En effet, certains produits sont nocifs et demandent un traitement spécifique, les piles par exemple. D'autres peuvent être recyclés. D'autres enfin ne seront pas valorisés.
Comment trier ? Les consignes de tri ne sont pas encore uniformisées. Aussi faut-il respecter celles fournies par sa collectivité. Généralement, elles se résument comme suit :
– mettre dans un contenant spécifique (sacs ou caisses de couleurs) les journaux, certains plastiques (bouteilles, flacons), les briques alimentaires, les métaux ;
– déposer le verre dans un bac spécifique ou dans les « points verre » des communes ;
– déposer les produits toxiques et dangereux en déchetterie ou, pour certains d'entre eux, dans les magasins de vente correspondants (piles, peintures, produits pharmaceutiques périmés ou inemployés, seringues usagées, produits d'entretien, produits de jardinage inemployés, huiles de vidanges, lunettes de vue obsolètes…) ;
– porter également en déchetterie les lampes néon ou de basse consommation, les lampes à DEL, et en magasin ou déchetterie les appareils électroménagers ou électroniques ;
– composter les déchets verts ou les porter en déchetterie ;
– récupérer ce qui peut l'être ou le donner à des organismes qui redistribuent (exemples : vêtements, lunettes de vue, bouchons de liège, bouchons de bouteilles en matière plastique, etc.) ;
– mettre dans le contenant « tout-venant » tous les déchets qui ne font l'objet ni d'un tri ni d'un dépôt en lieux spécifiques.

❸ Que deviennent les déchets triés ?

L'objectif du tri consiste à faire du déchet une ressource de matériaux qui serviront de matière première à la production de produits nouveaux. Cela exige un tri effectué soit à partir des bacs de déchetterie soit dans les centres de tri des sacs ou bacs réceptionnant carton, métal, bouteilles et flacons de matière plastique. Dans ce dernier cas, une suite d'opérations, techniques (par exemple, les matériaux ferreux sont attirés par un électroaimant) ou manuelles catégorise le contenu des sacs. Par respect des employés chargés du tri manuel, on doit veiller au remplissage de ce contenant : ces employés se trouvent parfois confrontés à des contenus dangereux (éclats de verre, seringues, etc.).

• **Le plastique.** Le plastique est produit à partir du pétrole. Le recycler permet déjà d'économiser une matière première dont les réserves s'amenuisent. Une tonne de plastique recyclé économise environ 0,6 tonne de pétrole. Deux types de plastiques sont distingués et triés. L'un, coloré provenant d'emballages opaques de type bouteilles de lait, flacons de lessive, etc., permet de produire des tubes et des mandrins, des poubelles, des sièges auto pour enfants, des bacs à fleurs… Avec 1 tonne de ce plastique, on peut fabriquer 7,5 km de tuyau. L'autre, transparent, utilisé dans le conditionnement d'eau et des boissons, sert de matière première pour la production de fibres textiles, appelées fibre polaire ou laine polaire, constituées de polyester et destinées à fabriquer des vêtements, couettes, tissus. Une tonne de ce plastique récupéré permet de fabriquer 1 813 pulls polaires.

• **Le verre.** Chaque Français utilise 54 kg par an de verre. Après traitement, il produit le calcin (verre nettoyé, broyé, prêt à être recyclé dans un four). Tous les verres (exemples : « pyrex », verre de lunettes, cristal…) ne sont pas acceptés. Une tonne de calcin permet de fabriquer 2 138 bouteilles de 75 cL.

• **Les métaux** (essentiellement fer et aluminium). Chaque métal récupéré peut être recyclé à l'infini. Cette récupération génère des économies importantes de l'énergie et de l'eau nécessaires pour obtenir le métal à partir de son minerai. Une tonne d'acier triée permet de fabriquer 1 229 boules de pétanques et une tonne d'aluminium permet de fabriquer 265 vélos.

• **Les papiers et cartons.** Ils produiront de nouveaux emballages industriels et ménagers, des cartons, des papiers essuie-tout, des papiers cadeaux, etc. Une tonne de papier recyclé permet de produire 4 125 boîtes à chaussures.

• **Les déchets verts.** Ils se transforment en compost grâce à une transformation aérobie (en présence d'air).

4 Que devient le contenu de la poubelle « tout-venant » ?

Trois destinations sont possibles pour le contenu de la poubelle tout-venant.

• **L'enfouissement.** Il faut confiner les déchets ultimes dans des sites dont le fond est rendu imperméable par des barrières argileuses, les compacter, les recouvrir de terre. Des jus lixiviats sont produits par la dissolution, dans les eaux de pluie, de produits se trouvant dans les déchets. Ils ne doivent pas rejoindre cours d'eau ou nappes phréatiques avant de recevoir un traitement spécifique. Le biogaz produit par fermentation (voir plus loin la méthanisation) doit être évacué pour éviter une surpression, et il est généralement brûlé en torchère sauf sur certains sites importants où il est exploité.

• **L'incinération.** Les usines d'incinération réduisent le volume et la masse des déchets par combustion. Elles doivent respecter des normes sanitaires et de sécurité draconiennes, notamment au niveau des fumées contenant des produits toxiques comme des dioxines (composés chlorés) et des cendres contenant des métaux lourds également toxiques (mercure, plomb, chrome, issus en particulier des piles et des batteries, d'où l'intérêt d'un meilleur tri en amont). Les cendres devront être stockées ou valorisées en remblai ou en sous-couche routière. La chaleur dégagée est exploitée pour le chauffage ou pour produire de l'électricité (valorisation énergétique). Ce procédé reste encore controversé en raison des risques sur la santé et l'environnement liés à ses rejets, malgré l'application de nouvelles techniques pour les réduire.

• **La méthanisation.** Elle consiste à produire industriellement du biogaz (essentiellement du méthane) à partir de la dégradation lente anaérobie (en absence d'oxygène) des biodéchets (la matière organique) grâce à une flore microbiologique. Cette opération se produit dans une cuve hermétique. Favorisée par un brassage des matières, un apport d'eau et un chauffage, elle est lente et dure une quinzaine de jours. Elle réduit le volume des déchets au tiers à l'état de terreau de bonne qualité. Le gaz produit, récupéré, est valorisé énergétiquement en produisant de la chaleur ou de l'électricité. Ce procédé exige un tri plus poussé en amont, car seuls les produits biodégradables sont susceptibles d'être méthanisés. Le reste entre dans la catégorie des produits ultimes, qui devront être stockés ou brûlés.

Toutes ces techniques de traitement des ordures résiduelles sont onéreuses et présentent des inconvénients majeurs. Elles sont, quels que soient les précautions et les traitements, sources de coûts élevés et de pollution, consommatrices d'énergie même si deux d'entre elles en restituent. Il est donc indispensable de réduire de façon significative les déchets à la source.

5 Comment limiter les déchets ?

La limitation des déchets exige une volonté et une implication active de tous. Par exemple :

– refuser les sacs inutiles et les emballages (en masse, 20 % des déchets sont des emballages soit

72 kg par an et par personne, en volume : 51 %), prévoir des paniers pour les achats ;
– refuser les prospectus (chaque Français en reçoit 17 kg par an) ;
– surveiller ses achats (8 % des déchets sont des produits alimentaires non consommés et jetés !) ;
– réparer les équipements défectueux au lieu de les jeter ;
– donner les objets et les vêtements inutilisés à des associations ;
– limiter les achats de produits toxiques et privilégier les produits moins nocifs pour l'environnement ;
– préférer les emballages plus faciles à recycler, tel le verre, plutôt que le plastique pour les jus de fruits ;
– composter toutes les matières végétales quand on dispose de place : on fait l'économie du ramassage et on produit un terreau de très bonne qualité ;
– boire l'eau du robinet : elle est très contrôlée et en la mettant en carafe une heure avant de la boire, on évitera le goût qu'elle a parfois d'eau javellisée.

Ainsi, on fait une économie d'argent, une économie de matière plastique, une économie d'énergie pour le transport des bouteilles d'eau et une réduction importante du volume des déchets ménagers !

6 Conclusion

Notre responsabilité de citoyen nous oblige à prendre en compte les problèmes liés aux déchets. Quelques gestes simples sont à la portée de chacun :
– limiter notre production d'ordures ménagères ;
– respecter scrupuleusement les consignes de tri pour valoriser les matières premières et réduire les déchets ultimes ;
– ne rien jeter en dehors des poubelles. En effet, certains emballages et déchets jetés dans la nature polluent sérieusement le milieu. C'est le cas des huiles de voiture ou des piles. La plupart se décomposent avec des durées qui peuvent être très longues (2 à 4 semaines pour les cartons ; 2 à 5 ans pour un mégot de cigarette ; 5 ans pour un chewing-gum ; 100 à 1 000 ans pour une boîte de conserve ; 400 ans pour une poche de plastique ; 4 000 ans pour le verre).

Ensemble, nous pouvons faire évoluer les comportements afin de préserver l'environnement pour les générations futures. Par ailleurs, nos ressources naturelles ne sont pas inépuisables et nous nous acheminons vers une pénurie des matières premières, d'où l'importance, sur un autre plan, du recyclage et donc du tri effectué par chaque citoyen.

Activités possibles en classe

Quelle que soit la séance envisagée, le professeur relèvera les conceptions des élèves relatives à la notion de déchet, de devenir des déchets, de recyclage. À partir de cet état de connaissances, il pourra utiliser une ou plusieurs photographies du dossier distribué dans chaque école pour construire une séquence d'apprentissage (dossier « Le développement durable, pourquoi ? » consultable également sur la Toile : www.ledeveloppementdurable.fr).

Il pourra également exploiter un ou plusieurs articles de la charte de l'environnement qui figure dans ce dossier. Les différentes propositions qui suivent sont peu développées : elles sont, en général, simples à mettre en œuvre et suffisamment explicites. Quels que soient les exercices réalisés, les élèves devront comprendre l'enjeu poursuivi : une modification durable des habitudes et des comportements afin d'économiser les matières premières et protéger l'environnement.

Connaissances et capacités travaillées au cycle des approfondissements

– Distinguer les matières, connaître leurs origines, comprendre que les matériaux proviennent de ressources naturelles.
– Savoir trier des déchets.
– Découvrir les réutilisations possibles des déchets triés.
– Connaître les nuisances apportées par les traitements des déchets ultimes.
– Comprendre l'importance de limiter les déchets.

1 Rechercher la nature des différents matériaux constituant les déchets

Les élèves vont apprendre à distinguer les biodéchets des autres. Parmi ces autres déchets, on mettra l'accent particulièrement sur les plastiques, qui résultent de l'industrie du pétrole, et les métaux (essentiellement le fer et l'aluminium), qui sont obtenus à partir des minerais correspondants extraits du sol et soumis à des traitements coûteux en énergie et en eau. Une recherche documentaire confirmera cette information ou vous la donnerez. Il faut savoir distinguer fer et aluminium : le premier se couvre de rouille au fil du temps (oxydation) et il est attiré par un aimant ; le deuxième a un éclat particulier et une densité faible : il est très léger. Le cuivre peut se rencontrer, il est simple à identifier grâce à sa couleur et au vert-de-gris qui traduit son oxydation à l'air.

2 Que deviennent les matériaux que l'on enfouit ?

Les élèves savent qu'on enterre parfois des ordures. La **question** se pose alors de savoir ce que deviennent ces matériaux. Pour répondre, ils peuvent **expérimenter** en enfouissant une série de matériaux (fer, aluminium, plastique, verre, papier, végétaux) et en observant (tous les trois mois par exemple) leur état. Ils **constateront** que la biodégradabilité est liée à l'origine organique du déchet. Sur un intervalle d'un an, mis à part le fer qui commence à rouiller, les autres matériaux ne sont guère altérés. Le professeur peut donner des durées de décomposition de différents matériaux : 2 à 4 semaines pour les cartons, 5 ans pour un chewing-gum, 2 à 5 ans pour un mégot de cigarette, 100 à 1 000 ans pour une boîte de conserve, 100 à 500 ans pour 1 canette en aluminium, 400 ans minimum pour 1 poche en plastique, 4 000 ans pour le verre. Les élèves pourront aussi trouver ces informations lors d'une **recherche documentaire** ou sur la Toile. L'or n'est pas altéré au cours du temps, quelles que soient les conditions d'enfouissement. C'est pourquoi on retrouve des objets en or de civilisations anciennes dans un état parfait. Cette non-altération fait toute la valeur de ce métal.

3 Ramasser les déchets jetés hors des poubelles

À partir des déchets « récoltés » (bien sûr avec des gants) dans l'enceinte de l'école, les élèves peuvent réfléchir aux conséquences possibles et faire des propositions : propreté, pollution de l'air ou de l'eau, risques de blessures, maladie, etc. À propos de la propreté, ils pourront se reporter aux durées de décomposition données au paragraphe précédent.

4 Réaliser un compostage de déchets végétaux

Les élèves ont constaté la dégradation des végétaux lors d'une précédente activité. Ils peuvent aussi savoir qu'on peut en faire du compost : certaines personnes possédant un jardin procèdent de cette façon. Il peut alors être intéressant, si l'école dispose d'un endroit adapté, de leur proposer de préparer leur compost. Un emplacement, en contact direct avec la terre, limité par 4 palettes dans un coin de la cour, est suffisant. Le compostage des biodéchets est relativement lent, plusieurs mois. Les élèves ne manqueront pas de constater la production de terreau occupé par un grand nombre de vers rouge. Ils pourront exploiter ce terreau en tant qu'amendement organique pour des plantations dans l'enceinte de l'école.

5 Analyser les déchets des poubelles

L'activité consiste à analyser les déchets d'une semaine récupérés chez une famille.

Plusieurs actions sont à envisager :
– **mesurer la masse** de déchets. C'est le moment de faire des multiplications pour estimer grossièrement ce que cela représente dans la commune, en France, sur une semaine, sur une année…
– **faire le tri** (utiliser des gants de caoutchouc) en réalisant des catégories relatives à la nature des matériaux ; rechercher l'origine de ces matériaux. Quels actes auraient pu éviter qu'ils deviennent des déchets ? Quels sont ceux qui peuvent être récupérés ? Comment ?

6 Réaliser une déchetterie

La réalisation d'une déchetterie dans le cadre de l'école permettra de constater quelle quantité de papier est gaspillée par semaine et par an au sein de l'école. Sachant que fabriquer 1 kg de papier exige 2,6 kg de bois brut et 16,9 L d'eau, on pourra calculer les économies qui pourraient se faire (on se contentera de suggérer les économies d'énergie réalisées conjointement).

7 Récupérer des objets

Les élèves peuvent participer, au sein de l'école, à la récupération d'objets en plastique, de cartouches d'imprimantes, d'emballages de lait. Ces objets sont transmis à un organisme, qui les vend pour ou après transformation. Le produit de cette vente peut être destiné à une réalisation concrète dans un pays du Tiers Monde (*cf.* par exemple l'opération Brikkado, conduite par l'UNICEF, qui propose le recyclage des briques alimentaires, pour les transformer en papier cadeau qui, vendu par cette organisation, lui donne des moyens pour intervenir sur ses opérations).

❽ Découvrir le devenir des déchets

Pour faire découvrir aux élèves le devenir des matériaux triés ou non triés, le maître pourra fournir directement une information (*cf.* les informations au début de ce chapitre), faire étudier une **documentation** appropriée à l'âge des élèves, ou organiser un **entretien** préparé avec l'« ambassadeur de tri » de l'agglomération ou un responsable de la mairie. Conjointement, la **visite** d'une déchetterie ou d'un centre de tri permettra de concrétiser ce travail.

❾ Fabriquer du papier recyclé

Le but de cette activité est que les élèves découvrent une technique de recyclage d'un produit, sa faisabilité en classe et son intérêt. La technique mise en œuvre ici est celle d'une **fabrication domestique** de papier recyclé, qui mérite d'être comparée à des procédés artisanaux ou industriels grâce à un travail sur documents (écrits, vidéos, sur la Toile) ou des visites de ressources locales. Cette comparaison permettra de comprendre que le procédé de fabrication est le même quel que soit le type de fabrication mais que les processus (ensemble des opérations d'élaboration du produit) employés mettent en jeu des moyens différents : machines, matières premières, produits obtenus, quantités produites, moyens humains…

La fabrication de papier recyclé permettra également de **retrouver des notions** déjà abordées telles que : suspension, filtration et évaporation.

Pour cette production de feuilles de papier recyclé, les élèves suivront une recette illustrée d'étapes photographiées (***Fig. 1***) pour comprendre les gestes techniques à respecter, afin de garantir la réussite du travail.

• *Matériaux et matériel nécessaires :* 3 grandes feuilles de papier journal, 4 litres d'eau, 1 mixer électrique, 1 tamis (grillage métallique monté sur un cadre ou du plastique ajouré type brise-vent vendu dans les jardineries), du tissu absorbant, un rouleau à pâtisserie, un étendoir et des pinces à linge.

• *Étapes de la fabrication :* déchiqueter le journal en petits morceaux, laisser tremper plusieurs heures les morceaux de papier dans un bac contenant l'eau, mixer pour obtenir une pâte à papier pulpeuse, poser le tamis dans un bac et verser dessus de la pâte à papier avec une louche, soulever le tamis pour égoutter la pâte à papier, presser la feuille obtenue entre 2 tissus absorbants avec un rouleau à pâtisserie. Sécher la feuille de papier recyclé obtenu en la suspendant à un fil à l'aide de pinces à linge.

Au cours de cette fabrication les élèves repéreront les moments où ils préparent la suspension du papier dans l'eau, où ils procèdent à une filtration avec le tamis et où s'opère l'évaporation de l'eau au cours du séchage.

Des variantes, des améliorations peuvent être envisagées : partir de papier blanc ou coloré (mais non glacé) pour obtenir des feuilles blanches, bleues… ou de boîtes à œufs, etc., ajouter de la colle pour donner plus de résistance à la feuille, introduire des colorants, des éléments décoratifs (fleurs séchées…), utiliser des matériaux absorbants de textures différentes au cours du pressage.

La feuille de papier obtenue, au contour souvent informe, est assez épaisse, fragile, de texture rustique. Sa comparaison, avec le papier du commerce recyclé ou non, montre sa différence d'épaisseur, de souplesse, de résistance, de texture, de forme, format…

Les élèves prennent conscience que fabriquer du papier recyclé se fait à partir de papiers existants ou bien de vieux chiffons de coton (comportant de la cellulose) et évite la fabrication de papier à partir de bois, c'est-à-dire d'arbres qu'il faut faire pousser pour les abattre. Recycler du papier limite la quantité de déchets à éliminer et permet d'utiliser moins d'arbres, qui mettent plusieurs années à pousser. Néanmoins, les usines de recyclage de papier sont très polluantes. Des efforts et des recherches sont faits pour réduire cette pollution.

Le papier est le seul matériau recyclable en classe. Les recyclages de matériaux tels que le verre ou l'acier peuvent être abordés en classe à partir de visites d'entreprises ou de lectures documentaires.

❿ Découvrir les œuvres du Pop Art

Le courant artistique « Les nouveaux réalistes » ou Pop Art suit une démarche d'appropriation des objets et déchets de la société de consommation (Tony Cragg, Arman, Daniel Spoerri, François Dufresne, Yves Klein, Jean Tinguely, César, etc.). Dans le cadre des activités d'arts visuels, en référence aux œuvres des artistes précités, les élèves pourront réaliser une « œuvre », sculpture ou bas-relief, à partir de matériaux pris dans les déchets ménagers.

Les étapes de la fabrication du papier recyclé

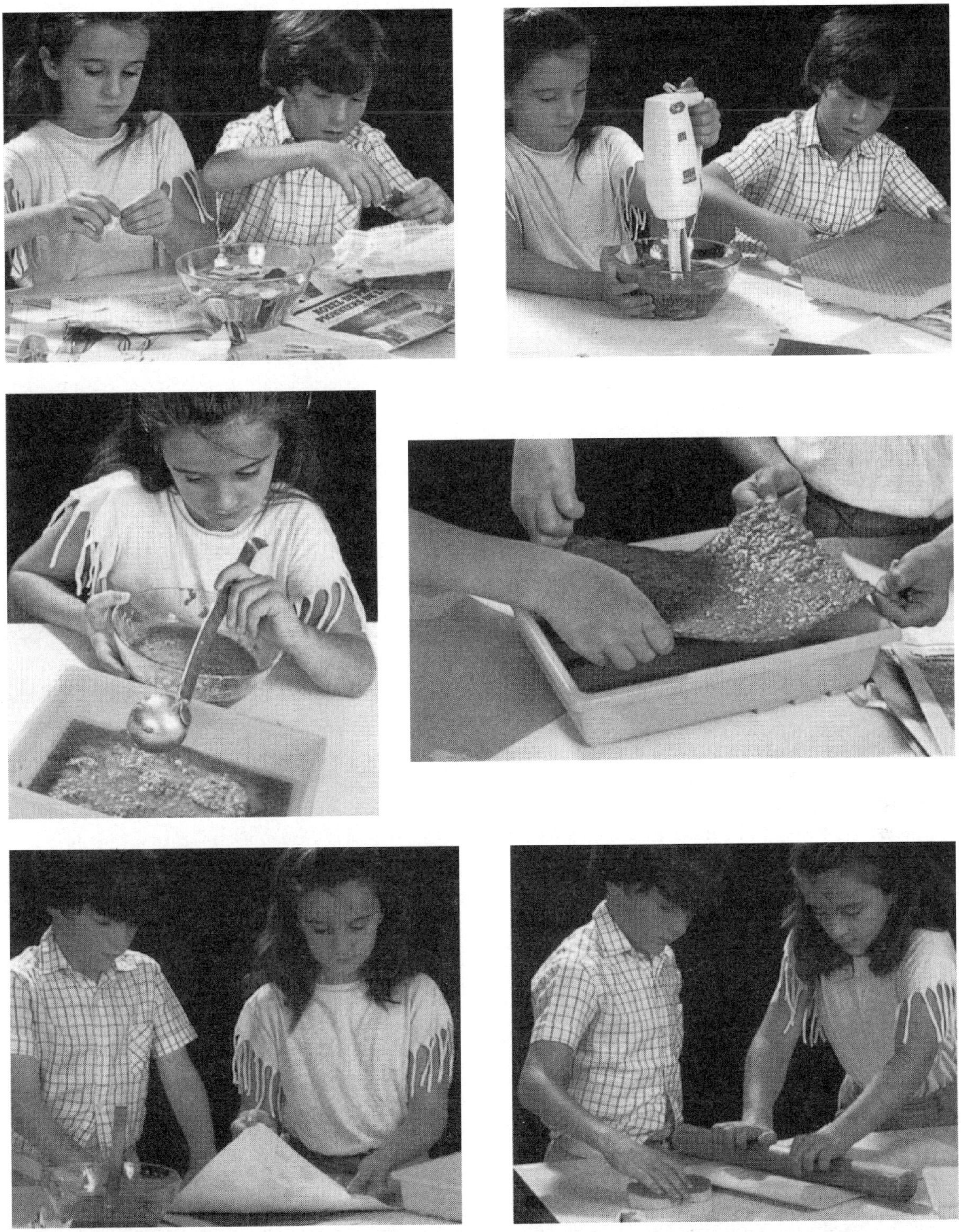

Fig. 1. Avec 3 grandes feuilles de papier journal pour environ 4 litres d'eau, on peut fabriquer du papier recyclé. Les élèves utiliseront leurs connaissances pour décrire les étapes de la fabrication : suspension dans l'eau, filtration sur le tamis, puis évaporation de l'eau lors du séchage de la feuille.

Partie

2

L'énergie

Le mot « **énergie** » fait partie du langage courant et les idées auxquelles il renvoie sont l'objet de documentations, d'émissions de radio ou de télévision, surtout à notre époque où l'on parle beaucoup de **crise énergétique** et d'**économie d'énergie**. L'énergie et les **sources d'énergie** sont en effet des enjeux fondamentaux à l'échelle planétaire : transports, limites des ressources naturelles…

Le concept d'« énergie » est un des plus importants de la physique, car il apparaît dans les différents domaines de cette science, par exemple en mécanique, en électricité, en thermodynamique… Mais ce concept est aussi un des plus difficiles à appréhender et **les obstacles à l'apprentissage** sont nombreux :
– l'énergie n'est pas matérialisable et elle ne peut pas toujours être associée à des analogies pertinentes (mais les raisonnements en termes d'énergie peuvent être aidés par des modélisations, des schémas) ;
– le concept est solidaire d'autres concepts tels que la force, la vitesse, le mouvement, la chaleur et il se construit avec eux – on parle de **réseau conceptuel** ;
– le **sens commun** (et les dictionnaires) définissent l'énergie par des mots renvoyant à des concepts ou des idées (force, température par exemple) auxquels on ne peut pas l'assimiler. L'énergie n'est ni une force, ni une vitesse, ni une température, ni une matière… L'eau du barrage ne se transforme pas en énergie ; la source d'énergie n'est pas l'énergie.

À ces obstacles, s'ajoutent des **confusions possibles** :
– l'énergie peut être **non humaine**, même si dans le langage courant c'est souvent la seule relation à l'Homme qui est employée : « Tu manques d'énergie » ou « Tu as trop d'énergie », « l'énergie du désespoir » ;
– l'idée de « **conservation de l'énergie** » est fondamentale, alors que tous les jours on entend parler de la **consommation** – en termes de destruction.

L'enjeu est aussi **citoyen**, car l'étude de l'énergie est à mettre en relation avec les questions relatives à **l'environnement**, au **développement durable**.

Chapitre 6

Des sources d'énergie pour nos besoins en énergie

La consommation, les économies, la diversification des sources d'énergie sont d'actualité. Les élèves du cycle des approfondissements peuvent commencer à appréhender la notion de source d'énergie et à prendre conscience des enjeux liés à l'énergie.

Ce chapitre présente la **conservation de l'énergie**, mais aussi ce qu'est un rendement et la **dégradation** de l'énergie, dont la compréhension est essentielle pour comprendre les défis posés par les consommations d'énergie par les hommes et les enjeux quant au devenir de la planète. En effet, pourquoi y aurait-il des difficultés, alors que l'énergie se conserve ?

Une difficulté est souvent rencontrée quand il est question d'énergie dans l'enseignement. **Différents points de vue** peuvent être adoptés à propos de l'énergie : point de vue de la physique, mais aussi points de vue économique et utilitaire. Les élèves passent trop facilement, si l'on n'y prend garde, d'un point de vue à un autre. Nous les envisagerons tous les deux pour bien les différencier.

Le programme *(BO hors série n° 3 du 19 juin 2008)*	
CE2, CM1 et CM2	
SCIENCES EXPÉRIMENTALES ET TECHNOLOGIE **L'énergie** Exemples simples de sources d'énergie (fossiles ou renouvelables). Besoins en énergie, consommation et économie d'énergie. **DEUXIÈME PALIER POUR LA MAÎTRISE DU SOCLE COMMUN** **Compétence 3 A) Les principaux éléments de mathématiques** L'élève est capable de : – utiliser les unités de mesure usuelles ; utiliser des instruments de mesure ; – savoir organiser des informations numériques ou géométriques, justifier et apprécier la vraisemblance d'un résultat ;	– lire, interpréter et construire quelques représentations simples : tableaux, graphiques. **Compétence 3 B) La culture scientifique et technologique** L'élève est capable de : – pratiquer une démarche d'investigation ; savoir observer, questionner ; – manipuler et expérimenter, formuler une hypothèse et la tester, argumenter ; – mettre à l'essai plusieurs pistes de solutions ; – exprimer et exploiter les résultats d'une recherche en utilisant un vocabulaire scientifique à l'écrit et à l'oral ; – maîtriser des connaissances dans divers domaines scientifiques ; – exercer des habiletés manuelles, réaliser certains gestes techniques.

Informations pour l'enseignant

L'énergie est une **grandeur physique**, qui peut être mise en évidence lorsque l'état, l'apparence de la nature ou d'un objet technique ou la description que l'on peut faire de la nature ou d'un objet technique changent, soit spontanément, soit de façon provoquée, par exemple par :
– la **transformation** du mouvement d'un objet ;
– le **changement** de l'état physique d'un composé (solide, liquide, gazeux) ou de la forme d'un objet ;
– une **réaction** chimique ;
– la **modification** de la température d'un objet, d'une matière.

Tout système physique ou technique possède de l'énergie et ses caractéristiques énergétiques sont susceptibles d'être modifiées dans certaines conditions, sous diverses contraintes.

Remarque : un système est un ensemble d'objets délimité arbitrairement par rapport au problème que l'on se pose. Un système est en relation avec son environnement.

A Formes d'énergie

Plusieurs points de vue sur l'énergie peuvent être adoptés et conduisent à des approches différentes. Ce sont **les points de vue de la physique, les points de vue utilitaire et économique**.

1 Le point de vue de la physique

Les physiciens définissent des formes d'énergie, par exemple :
– l'énergie **cinétique** pour un objet physique en mouvement : véhicule, particule, photon ou grain de lumière – on parle pour ce dernier d'énergie de **rayonnement** ;
– l'énergie **potentielle** si c'est l'état ou la position d'un système en un instant donné qui sont susceptibles de provoquer des transformations physiques ou chimiques :

- énergie de **gravitation** liée à la hauteur à laquelle se trouve un objet par rapport au niveau du sol, le plus généralement pris pour référence : par exemple l'eau en altitude dont la chute fait tourner les pales d'une turbine ;
- énergie **élastique** pour un élastique ou un ressort étiré ou comprimé ;
- énergie **chimique** en relation avec la composition chimique d'un ou de plusieurs composés : par exemple, le mélange d'air et d'essence dans un moteur ;
- énergie **nucléaire** en liaison avec la composition du noyau des atomes du corps : par exemple, les réactions à l'origine du fonctionnement des réacteurs des centrales nucléaires sont dues à des modifications de l'énergie nucléaire des matières du réacteur.

L'énergie **thermique**, associée à l'état d'agitation des particules qui composent un objet, peut être assimilée à la fois à de l'énergie cinétique, car il y a des micro-déplacements des particules à l'intérieur de l'objet et à de l'énergie potentielle, car, globalement, elle est liée à l'état physique d'un corps (état solide, liquide ou gazeux, lié à la température et à la pression).

De même, l'énergie **électrique** peut être tantôt assimilée à une énergie potentielle, par exemple lorsque l'on parle de l'énergie dont dispose une pile électrique en dehors d'un circuit, et tantôt à une énergie cinétique si c'est le déplacement des électrons ou « grains d'électricité », lorsque le courant circule, qui est pris en compte.

Les formes d'énergie sont **quantifiables** et certaines sont facilement **mesurables**. Les physiciens associent pour chacune d'elles des relations mathématiques permettant de les calculer. C'est ainsi, par exemple, que :

– l'énergie cinétique d'un objet de masse m se déplaçant à une vitesse v est égale à : $E_c = \frac{1}{2} m \cdot v^2$;

– l'énergie potentielle d'un objet de masse m se trouvant à une hauteur h par rapport au sol pris comme référence des hauteurs et des énergies potentielles de gravitation est égale à : $E_p = m \cdot g \cdot h$ où g est la constante de gravitation au lieu considéré.

2 Le point de vue utilitaire

On ne parle généralement d'énergie qu'en référence aux *transformations utilitaires* qui sont ou qui peuvent être réalisées par un système. Parler, par exemple, de l'énergie nucléaire du crayon posé sur la table ne présente aucun intérêt… mais on pourra discuter :

– de l'énergie nucléaire des noyaux d'uranium, parce qu'elle est utilisée dans un type de centrales de production d'électricité ;

– de l'énergie potentielle de gravitation d'une masse d'eau tombant sur les pales d'une turbine, provoquant et maintenant sa rotation et aboutissant ensuite, par l'intermédiaire d'une génératrice, à la production d'électricité ;

– de l'énergie chimique du mélange d'air et d'essence parce qu'il permet à la voiture de rouler ;

– de l'énergie électrique nécessaire pour faire éclairer une lampe…

3 Le point de vue économique

Le *point de vue économique* met plutôt l'accent sur les **coûts** de l'énergie, les **consommations énergétiques** des appareils et sur les **économies d'énergie** qu'il est possible de faire.

B Sources d'énergie

Pour définir une source d'énergie, là encore, deux points de vue peuvent être adoptés.

1 Le point de vue de la physique

Du point de vue du physicien, une source d'énergie est définie en repérant la modification de son état (son énergie interne) après qu'elle a fourni de l'énergie à un système. Par exemple, une pile électrique « s'use » : son état après utilisation est différent de celui dans lequel elle était avant. De même, il est nécessaire de faire régulièrement le plein de carburant pour faire fonctionner une voiture : le mélange air-carburant est modifié après combustion explosive et ne peut plus fournir d'énergie pour faire fonctionner le moteur.

Ainsi, une *source d'énergie* est un objet ou un système qui fournit de l'énergie à un autre système et dont l'état se trouve alors modifié : une source d'énergie « s'use » (***Fig. 1a***).

2 La localisation de la source d'énergie

Les énergies peuvent aussi être référencées par leur *origine matérielle, leur moyen ou leur lieu de stockage* : la « **source d'énergie** ».

On parlera ainsi, par exemple, des énergies :

– **solaire**, énergie due aux réactions nucléaires de fusion dans le Soleil. On appelle énergie solaire sur Terre la partie de l'énergie du Soleil transmise sous forme de rayonnement ;

– **éolienne**, énergie cinétique des particules d'air se déplaçant dans le vent. Cette énergie a pour origine les différences de températures et de pressions de l'air atmosphérique sous l'influence du rayonnement solaire ;

– « **verte** », énergie solaire transformée en énergie chimique et stockée par les matières vivantes, animales ou végétales constituant ce qu'on appelle la **biomasse**. On peut, à partir de celle-ci, obtenir des combustibles : méthane, alcool de betterave ou de maïs ;

– **fossile**, énergie potentielle chimique contenue naturellement dans certaines roches : charbon, pétrole et ses dérivés (essence, kérosène) et gaz de combustion (méthane, propane, butane). Ces sources fossiles proviennent des décompositions dans le temps (très long) des végétaux et des espèces animales. C'est en fait une sorte d'énergie « verte » qui a été stockée dans le sol. Cette énergie fossile est donc, elle aussi, dérivée indirectement de l'énergie solaire ;

– **hydraulique**, énergie potentielle de gravitation que possède une quantité d'eau liquide à une certaine altitude. L'eau liquide est amenée en altitude

Les sources d'énergie

a. Quelle est la source d'énergie ?

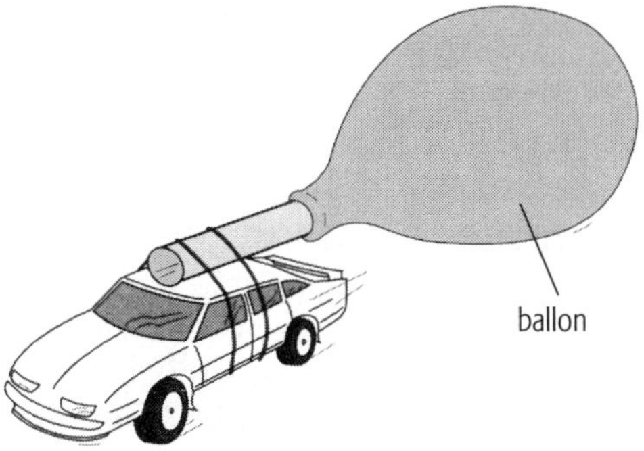

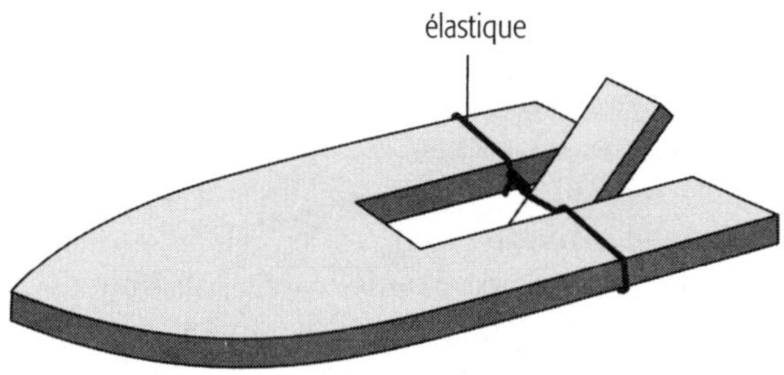

b. Des exemples de conversion de l'énergie solaire

Énergie solaire : formes	Phénomènes ou objets utilisant l'énergie solaire sur la Terre	Forme de l'énergie finale ou du transfert d'énergie
Énergie nucléaire transférée par rayonnement	Photosynthèse	Énergie chimique Énergie « verte »
	Cellules photovoltaïques	Énergie électrique (transfert par électricité)
	Four solaire	Énergie thermique
	Évaporation (changement d'état), formation de nuages	Énergie thermique Énergie potentielle (retenues d'eau en altitude)
Énergie de gravitation	Marées (influence aussi de la Lune – *cf.* chap. 11)	Énergie potentielle (marémotrice)
	Mouvement de la Terre (interaction gravitationnelle)	Énergie mécanique

c. Énergies renouvelables et non renouvelables

Énergies non renouvelables

- Pétrole : 50 ans
- Gaz : 50 ans
- Charbon : 200 ans
- Uranium 235 (fission nucléaire) : 80 ans
- Uranium 238 (fission nucléaire) : réserves importantes, mais technologie non maîtrisée
- Fusion thermonucléaire : non maîtrisée

Énergies renouvelables

(Réserves de l'ordre de milliards d'années)

- Soleil :
  – utilisé directement, au moyen de dispositifs tels que cellules photovoltaïques, panneaux solaires, four solaire ;
  – utilisé indirectement, par l'intermédiaire du vent (éolienne), de l'eau (barrage d'altitude)…
- Géothermie
- Biomasse (bois, …)

Fig. 1 a. Les sources d'énergie sont le ballon gonflé et l'élastique tordu. Après usage, le ballon est dégonflé et l'élastique détendu.
b. L'énergie du Soleil permet l'existence de nombreux phénomènes physiques ou chimiques. Elle se transforme et l'aboutissement de ces conversions est à l'origine de nouvelles formes d'énergie (nouvelles sources d'énergie).
c. Ordres de grandeur des réserves des sources d'énergie.

grâce au cycle de l'eau dans la nature. L'eau liquide à la surface de la Terre (mers et océans, rivières, végétation…) s'évapore grâce à l'énergie solaire, puis se condense et retombe sur la Terre. On la retrouve dans les rivières, les fleuves, les torrents ;
– **géothermique**, énergie thermique que possèdent certaines réserves d'eau chaude dans la Terre. Cette énergie provient de l'énergie interne de la planète. On pense généralement que cette dernière est due aux réactions thermonucléaires existant dans le noyau terrestre (les composés radioactifs étant des « déchets » d'une explosion stellaire) et au refroidissement du manteau ;
– **musculaire**, énergie potentielle du corps humain, due à des réactions et des phénomènes biochimiques ;
– **marémotrice**, énergie des masses d'eau des mers et des océans liée au phénomène des marées. Ce phénomène fait en fait intervenir à la fois l'énergie potentielle de gravitation des interactions Terre-Lune et Terre-Soleil et l'énergie cinétique en relation avec le mouvement de rotation de la Terre ;
– **électrique**, énergie extrêmement pratique car très disponible dans le monde moderne, aussi bien dans les domaines domestiques que dans l'industrie, et qui est fournie par les centrales électriques, les piles…

L'eau, le Soleil, le vent, le charbon, le pétrole, le gaz, les matières végétales, l'uranium, le corps humain… sont des **sources d'énergie**. On a vu que certaines de ces sources étaient issues d'autres sources d'énergie. Le Soleil (ou les étoiles) est souvent la **source d'énergie primitive** des autres. L'énergie électrique est une source d'énergie secondaire. On la trouve certes dans des phénomènes naturels (la foudre) mais son utilisation pratique nécessite le plus souvent la transformation d'une autre forme d'énergie. **Les transformations de l'énergie du Soleil** sont à la base de nombreux phénomènes et de nombreuses sources d'énergie secondaires, indispensables à la vie sur Terre (***Fig. 1b***).

3 Énergies renouvelables et non renouvelables

Les sources d'énergie **renouvelables** sont celles qui sont reconstituées rapidement, de l'immédiateté à quelques années, par transformation de l'énergie solaire. C'est le cas pour le vent, la biomasse, les mouvements naturels de l'eau : énergies produites directement par la chute d'eau dans les centrales hydrauliques, énergie produite à partir des mouvements dans la mer (les centrales marémotrices, les centrales récupérant l'énergie des vagues ou de la houle). Leur stock reste globalement constant.

On peut également considérer que **l'énergie géothermique** est une énergie renouvelable, son potentiel, au regard de son utilisation, étant extrêmement important.

De même, le Soleil est une source d'énergie considérée comme renouvelable. Le rayonnement solaire est le résultat de réactions nucléaires et la réserve de matière disponible est importante : la durée de vie du Soleil est estimée à encore 4 milliards d'années.

Les sources d'énergie **non renouvelables** résultent de transformations matérielles opérant pendant des millions d'années : le pétrole, le charbon, le gaz naturel, les éléments radioactifs utilisés dans les centrales sont des sources d'énergie non renouvelables. Leur utilisation implique **la diminution et la destruction irréversibles**, à l'échelle de l'humanité, des quantités naturellement stockées. Par exemple, certains experts estiment qu'au rythme actuel de consommation, les réserves actuellement connues de charbon ne dureraient pas plus de 200 ans et celles de pétrole plus de 50 ans (***Fig. 1c***).

C Les transformations et les transferts d'énergie

1 Transformation d'énergie à l'intérieur d'un système

Lorsqu'une **transformation** des caractéristiques (taille, forme, masse, altitude, température, état physique, position) d'un système physique est en cours, les **formes et les quantités d'énergie** que possède ce système sont **modifiées**, sont **redistribuées**. La description du système, d'un point de vue énergétique, dépend donc de l'évolution dans le temps de son état. Il y a des **transformations** (changements de formes) **énergétiques** à l'intérieur du système. Deux cas sont à considérer selon que le système est isolé du point de vue énergétique, c'est-à-dire qu'il ne peut ni recevoir ni transférer de l'énergie, ou non.

• Citons quelques exemples correspondant au premier **cas d'un système isolé**.

Un objet qui tombe perd de l'énergie potentielle de gravitation puisque sa hauteur h par rapport au sol diminue dans la chute : h diminue et l'énergie potentielle $E_p = m \cdot g \cdot h$ diminue. Cependant, quand il tombe, sa vitesse v augmente (à cause de l'accélération de la pesanteur) et son énergie cinétique $E_c = \frac{1}{2} m \cdot v^2$ aussi. Il y a donc diminution de l'énergie potentielle et augmentation de l'énergie cinétique. En l'absence de frottements, les calculs montrent que la somme des énergies que possède ce corps qui chute est constante. On dit qu'il y a conservation de la quantité totale de l'énergie qu'il possède. Mathématiquement, ce fait s'exprime par la relation : $E_p + E_c$ = constante.

Dans l'exemple d'un ressort oscillant sans frottements, l'énergie potentielle d'élasticité est transformée en énergie cinétique et inversement.

• Dans le second cas, le système a des **échanges énergétiques** avec d'autres systèmes. Nous nous trouvons dans une situation où le système fournit de l'énergie (c'est une source d'énergie). Son énergie interne diminue alors (cas par exemple d'une pile électrique). S'il reçoit de l'énergie, son énergie interne augmente (cas d'un élastique que l'on tend, d'un accumulateur électrique que l'on charge).

2 Transferts d'énergie entre deux systèmes

En présence de deux systèmes, nous sommes amenés à considérer les variations de l'énergie de chacun des systèmes, mais aussi les transferts d'énergie entre systèmes.

a. Les différentes formes de transfert d'énergie

Des **transferts d'énergie** d'un système à un autre d'un système peuvent avoir lieu et s'effectuent :
– par **mouvement**, par exemple dans le cas de la chute d'un objet ;
– par **électricité**, par exemple dans un circuit électrique, de la pile à la lampe ;
– par **chaleur,** par exemple lorsque l'on chauffe un liquide contenu dans un récipient sur une gazinière ;
– par **rayonnement** : cas du transfert d'énergie du Soleil vers la Terre, du transfert de l'énergie vers un aliment dans un four à micro-ondes ;
– ou par combinaison de ces types de transferts : un radiateur électrique ou le feu d'une cheminée transfèrent l'énergie thermique (radiateur) ou l'énergie chimique (bois et air) qu'ils possèdent au milieu extérieur par chaleur et par rayonnement.

Le transfert d'énergie n'implique pas nécessairement un contact entre les deux objets ou les deux systèmes en interaction. C'est le cas par exemple de l'énergie solaire dont la plus grande partie est transférée sur Terre par rayonnement.

b. Variation de l'énergie de chacun des deux systèmes

On peut représenter les transferts d'énergie entre des systèmes par une chaîne énergétique (***Fig. 2***).

Deux cas sont à considérer, selon que l'un des deux systèmes peut ou non stocker de l'énergie.

• Dans le cas où **un système peut stocker de l'énergie**, il peut être celui qui fournit l'énergie transférée ou celui qui la reçoit. Dans le premier cas, c'est une source d'énergie, dont l'énergie interne diminue (la source d'énergie « s'use »). On peut citer comme exemple une pile, mais aussi le carburant (et l'air) dans une voiture ou dans une chaudière... Dans le second cas, c'est un « récepteur d'énergie », dont certaines caractéristiques changent. Citons par exemple : l'eau solide qui reçoit de l'énergie par chaleur et qui passe de l'état solide à l'état liquide ; un accumulateur électrique qui reçoit de l'énergie par électricité et dont l'énergie chimique augmente ; le volant d'inertie d'une voiture jouet qui reçoit de l'énergie par mouvement et dont l'énergie cinétique augmente ; un objet qu'on monte, donc qui reçoit de l'énergie par mouvement et dont l'énergie potentielle de gravitation augmente. Ces systèmes peuvent se trouver à l'extrémité d'une chaîne énergétique.

• Dans le cas où **le système ne peut pas stocker de l'énergie**, il ne se trouve jamais en bout de chaîne énergétique et a souvent une fonction de « transformateur d'énergie ». Citons quelques exemples : un moteur électrique qui reçoit de l'énergie par électricité et la transfère par mouvement, une photopile qui reçoit de l'énergie par rayonnement et la transfère par électricité... Notons qu'il n'y a pas toujours transformation lors du transfert d'énergie : une suite de roues dentées reçoit de l'énergie par mouvement et la transfère aussi par mouvement.

La ***figure 2*** présente quelques exemples correspondant à ces cas, qui complètent les exemples qui suivent.

• Dans un *radiateur électrique*, au moment de l'allumage, l'énergie reçue par électricité est transformée en énergie thermique : la température du radiateur augmente. Quand le radiateur est en fonctionnement à température constante, son énergie thermique ne varie plus et toute l'énergie reçue sous forme électrique est transférée par chaleur et par rayonnement à l'air de la pièce. Cette dernière a son énergie thermique qui augmente, ce qui se traduit par une élévation de la température dans la pièce ou par un maintien à température constante, l'énergie étant alors transférée par chaleur à l'air extérieur à la pièce (l'isolation thermique n'est jamais parfaite).

• Dans une *chaudière à gaz*, l'énergie chimique (du mélange gaz-air) diminue, car de l'énergie est transférée par chaleur à l'eau du circuit de chauffage, dont l'énergie thermique augmente dans un premier temps lors de sa mise en fonctionnement (sa température augmente) et qui transfère ensuite de l'énergie par chaleur à l'air des pièces dans lesquelles se trouvent des radiateurs.

• Dans une *éolienne*, l'énergie éolienne (énergie cinétique du vent) est transférée par mouvement aux pales, dont l'énergie cinétique augmente lors de la mise en route. Lors du fonctionnement à vitesse constante des pales, l'énergie transférée par mouvement aux pales est transférée par mouvement à un alternateur qui la transfère à son tour sous forme d'électricité (par exemple à une batterie dont l'énergie chimique augmente). Dans ce dernier cas, on ne repère pas la diminution de l'énergie interne de la source d'énergie, car le vent est sans cesse renouvelé au voisinage des pales.

• Dans le cas d'une *voiture à essence*, l'énergie chimique du mélange air-essence diminue car de l'énergie est transférée par mouvement aux roues motrices, puis à l'ensemble du véhicule, dont l'énergie cinétique augmente lors de la mise en route. À vitesse constante de la voiture, l'énergie cinétique ne varie plus mais l'énergie chimique continue à diminuer car de l'énergie est nécessaire pour compenser les transferts d'énergie par travail (frottements dans le mécanisme, entre les roues non motrices et le sol, entre la voiture et l'air).

• Dans le cas d'un *barrage associé à une usine de production électrique*, l'eau possède en amont une certaine **énergie cinétique** et une certaine **énergie potentielle**. En aval, elle conserve son énergie cinétique – le débit de l'eau est le même qu'en amont – mais une partie de son énergie potentielle – celle correspondant à la différence d'altitude entre amont et aval – est transférée à la **turbine**. Celle-ci, en tournant, entraîne à son tour l'alternateur ou générateur de tension électrique alternative et lui transmet donc de l'énergie. Il y a alors transformation d'énergie puisqu'on passe de l'énergie cinétique de rotation de la turbine à l'énergie électrique fournie par la génératrice. C'est une suite de **transformations** d'énergie qui finalement, à partir de la chute d'eau naturelle, conduit à la mise en ligne d'énergie électrique.

D Conservation et dégradation de l'énergie

1 Pertes d'énergie et rendement

Dans les systèmes physiques et techniques, les **transformations d'énergie** s'accompagnent en fait de pertes par rapport aux effets utilement souhaités. C'est ainsi, par exemple, que toute l'énergie potentielle possible de l'eau du barrage ne se transforme pas en énergie électrique. Il y a des frottements dans les ensembles mécaniques, des échauffements dans les circuits électriques et dans les circuits magnétiques des machines, autant de phénomènes qui utilisent une partie de l'énergie initiale. Ces frottements, ces échauffements produisent de l'énergie sous forme thermique ; cette énergie thermique est dissipée dans l'air et ne présente pas un intérêt, une utilisation pratique.

Il ne s'agit pas d'une **perte énergétique** *du point de vue du physicien* (mais plutôt de dégradation comme on le verra plus tard). De la même façon qu'il n'y a pas d'apparition spontanée d'énergie, il n'y a pas non plus de disparition d'énergie. Mais d'un *point de vue utilitaire*, on parle de pertes d'énergie.

Une conséquence de cette idée de dissipation est que le « mouvement perpétuel » ne peut pas exister. Tout mouvement nécessite de l'énergie, il consomme de l'énergie et il y a toujours des pertes.

On définit le **rendement** d'un système comme le rapport de la quantité d'énergie réellement utilisable, c'est-à-dire l'énergie fonctionnelle en sortie du système, sur la quantité d'énergie initiale utilisée ou énergie en entrée du système. Toute transformation et tout transfert d'énergie dans un objet technique s'accompagnant de pertes par rapport à sa fonction, la quantité d'énergie en sortie est inférieure à la quantité d'énergie en entrée ; le rendement est donc inférieur à 1.

2 Principe général de conservation de l'énergie

Dans la mesure où l'énergie se transforme d'un objet à un autre, on est amené à conclure que **la quantité globale de l'énergie** dans un système compris comme ensemble d'objets considérés dans un espace commun, à condition de le prendre assez grand, l'Univers éventuellement, reste **constante**. Ce principe, dit de « **conservation de l'énergie** », est fondamental en physique. Il établit l'équivalence en termes mathématiques des différentes formes d'énergie et l'invariance de leur somme.

Dans l'exemple précédent de la chute d'eau utilisée dans les centrales hydrauliques de production électrique, on peut considérer que la somme des énergies finales (électrique et thermique) est égale à l'énergie potentielle (relative à la différence d'altitude entre l'amont et l'aval) que possédait l'eau avant de chuter.

Écriture de quelques chaînes énergétiques

a. Cas des systèmes pouvant stocker l'énergie

Circuit pile-lampe en fonctionnement

Chauffage de l'eau liquide

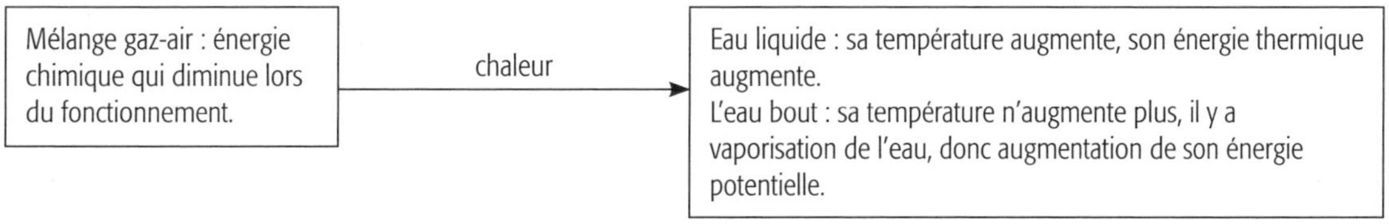

Mise en marche d'une voiture électrique

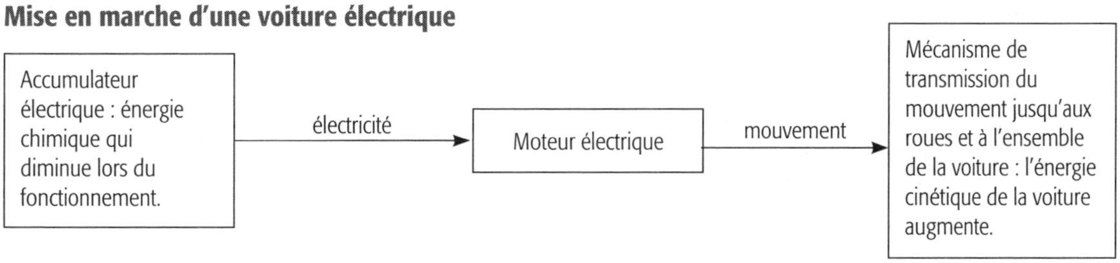

b. Cas des systèmes ne pouvant pas stocker de l'énergie

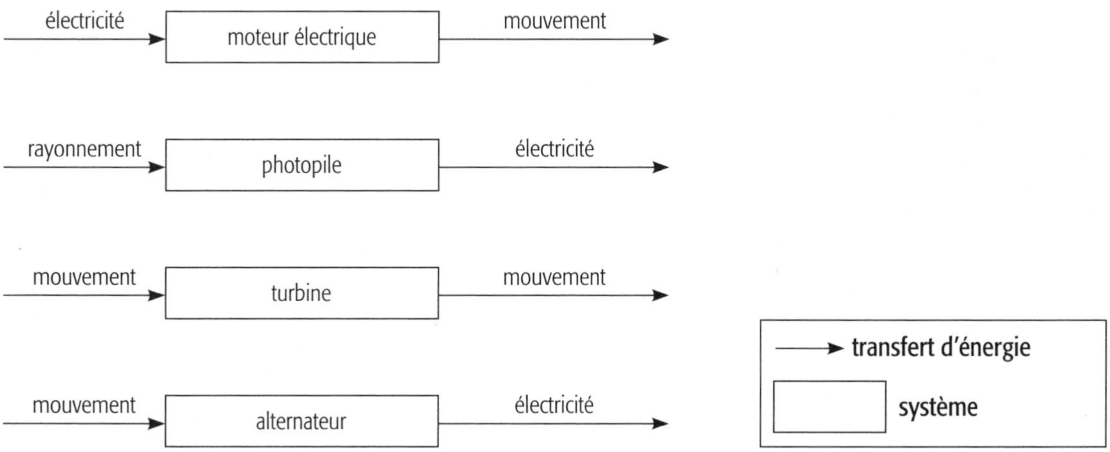

Fig. 2 a. Les systèmes en bout de chaîne voient leur énergie interne diminuer (cas des sources d'énergie) ou augmenter.
b. Les systèmes sont ici des « transformateurs » d'énergie. Leur énergie interne ne varie pas. Ils reçoivent de l'énergie sous une forme et la transfèrent sous une autre.

❸ Consommation et dégradation de l'énergie

Globalement, l'énergie de l'Univers reste constante ; l'**Univers** ne perd pas d'énergie pendant qu'il se modifie mais cette énergie change de forme et de qualité. Toutes les énergies *d'un point de vue utilitaire* ne se valent pas ; certaines présentent plus d'intérêt pratique que d'autres. L'énergie ne peut être réduite à son seul **aspect quantitatif**, l'énergie possède aussi un **aspect qualitatif**…

La conservation de l'énergie correspond à un principe d'ordre mathématique. Du point de vue de la qualité des formes énergétiques, il n'en est pas de même. Le terme « conserver » ne correspond pas à un maintien en « bon état » ou non altéré de l'énergie. Ce terme n'a pas la même signification que dans la vie courante. Les transformations d'énergie correspondent en fait à la fois à une **conservation** du point de vue mathématique (de leur quantité globale) et à une **dégradation** (une **dissipation**) du point de vue physique et du point de vue utilitaire.

La dégradation de l'énergie constitue **le deuxième principe physique relatif à l'énergie**. Les physiciens disent que tout changement dans un système est tel que son entropie augmente ; **l'entropie** désignant cette **dégradation énergétique inévitable** et cette destruction des sources d'énergie. L'augmentation de l'entropie est associée, en physique, à la direction du déroulement des événements, à la progression des processus, à la « **flèche du temps** » : la lumière d'une lampe ne revient pas à sa source, l'eau ne remonte pas les cascades, les cendres ne se reconstituent pas en bois… La réversibilité des phénomènes n'a, ici, pas de sens.

L'énergie électrique offre beaucoup d'utilisations : les radiateurs maintiennent la température d'une pièce, les lampes éclairent, les appareils électroménagers fonctionnent. Mais une fois que la lampe a éclairé, que les radiateurs ont chauffé et que les appareils électroménagers ont fonctionné, que reste-t-il de l'énergie électrique initiale ? Dans tous les cas, même si une valeur a été ajoutée à l'environnement dans lequel ces objets ont travaillé pendant une certaine durée – maintien en température, éclairage, mixage en cuisine ou aspiration de poussières – en termes d'énergie, il y a eu dégradation. Une fois que l'objet technique a fonctionné, qu'est devenue l'énergie ?

Une partie parfois importante de cette énergie a été transmise et transformée en énergie thermique, parfois de manière inutile. L'air ambiant augmente sa valeur énergétique, mais celle-ci ne peut plus être utilisée pour une autre transformation utile et finalement elle se retrouve dissipée dans l'atmosphère. Elle n'a plus de capacité à produire des transformations utiles. On dit que l'objet technique a **consommé** de l'énergie. Cette consommation correspond en partie et momentanément à une **utilisation pour sa fonction**.

La consommation d'énergie pour un ménage, dans une maison, peut être comparée avec la consommation de l'eau domestique. Toutes deux sont d'ailleurs comptabilisées et facturées. L'eau consommée pour nettoyer, pour se laver, pour boire, pour arroser n'est pas détruite. Elle est matériellement conservée mais elle est dégradée dans le sens où il n'est plus possible, hors traitements, de l'avoir disponible avec la même qualité une fois qu'elle a été utilisée. On parle d'ailleurs « d'eau usée » pour désigner l'eau dégradée. **L'analogie se limite à cet aspect.** L'eau usée peut être recyclée si elle est récupérée et traitée ; **l'énergie thermique dissipée dans l'atmosphère n'est pas récupérable**.

La consommation et la dégradation d'énergie par un système physique ou technique s'accompagnent d'une modification globale matérielle des sources d'énergie qui diminuent en quantité et en qualité. Le pétrole brûlé produit du dioxyde de carbone, de la vapeur d'eau ; les composants d'une pile électrique sont détériorés ; l'eau arrivée en bas d'une chute après avoir fait tourner une turbine ne peut pas remonter toute seule ; le sportif est épuisé après un marathon…

Notons que même les évolutions « naturelles », sans l'homme, de l'Univers conduisent à une dégradation de l'énergie. Le Soleil possède de l'énergie d'origine nucléaire. Une partie de cette énergie est transmise sous forme de **rayonnements** et de flux de particules à travers l'espace. Une infime partie de cette énergie est utilisée sur Terre pour produire ou pour participer à des phénomènes naturels : évaporation, photosynthèse, maintien en température de l'atmosphère, des mers et des terres… La permanence de ces phénomènes est à mettre en relation avec la permanence du fonctionnement du Soleil. Mais au terme des transformations énergétiques possibles de l'Univers, on trouve toujours de l'énergie thermique, de plus en plus dispersée.

Le principe de conservation de l'énergie signifie certes que « rien ne se perd » en énergie d'un point de vue mathématique mais **le principe de dégradation de l'énergie** montre que ce n'est plus le cas du point de vue de la qualité et de l'intérêt pratique possible pour cette énergie !

4 Analyse de la production d'électricité dans une centrale nucléaire

L'objectif d'une **centrale thermique** est de produire de l'électricité. Elle peut utiliser une source d'énergie chimique (gaz, pétrole, charbon) ou nucléaire (à base d'uranium). Dans les différentes étapes de transformation et de transfert réalisés par différents objets techniques, il y a des pertes énergétiques par rapport à cet objectif (la centrale elle-même est le système physique considéré).

Le **rendement** correspond au rapport entre l'énergie électrique produite en sortie de la centrale et l'énergie potentielle initiale de la source. Il vaut environ 30 à 35 % pour une centrale nucléaire ; ce qui signifie que seulement 1/3 du capital (du potentiel) énergétique de la source est utilisé pour produire de l'énergie électrique ; 2/3 de cette énergie initiale sont perdus pour la production d'électricité. C'est généralement de **l'énergie thermique irrécupérable** qui réchauffe l'atmosphère et l'eau de la rivière.

Ces pertes énergétiques et les résidus matériels de combustion ou de réaction nucléaire constituent les « rejets » de la centrale. Les rejets matériels font l'objet de contrôle et de stockage (pour les déchets radioactifs) car ils sont susceptibles de créer des nuisances ou des pollutions : influence locale sur les climats, sur les équilibres écologiques (faune et flore, température des rivières, etc.), radiations. Leur gestion constitue un des problèmes majeurs posés aux sociétés actuelles.

Sur le schéma de la ***figure 3***, montrant les transformations et les transferts d'énergie dans la production d'électricité par une centrale thermique, ont été notés les différents types de pertes à chaque étape, pour chaque objet intervenant dans la chaîne technique.

Dans cette chaîne d'objets techniques, certains ont des rendements faibles et rendent compte du faible rendement global. C'est le cas notamment de la turbine à vapeur dont le rendement est d'environ 70 %. En revanche, d'autres machines ont des rendements importants. C'est le cas notamment de l'alternateur et du transformateur, dont les rendements sont de l'ordre de 98 %.

Le schéma proposé constitue une approche de la production d'énergie électrique. Au niveau de la distribution de cette énergie, il existe également des pertes, dites « en ligne », dues au passage du courant dans les câbles électriques. Même en minimisant ces pertes, notamment en élevant la tension électrique des réseaux, elles représentent entre la centrale de production et la distribution aux particuliers et aux entreprises 2,5 à 5 % de la quantité d'énergie électrique initiale issue de la centrale.

En prenant en compte les dispositifs de production et de distribution de l'énergie électrique, c'est donc environ un quart seulement de l'énergie initiale consommée dans les centrales thermiques qui est utilisée par les consommateurs... et les pertes continuent au niveau des fonctionnements des appareils électriques domestiques.

E Quelques chiffres

1 Unités

- L'unité légale de puissance est le watt (W). La puissance est l'énergie transférée en 1 seconde.
- L'unité légale d'énergie est le joule (J). On utilise également le kilowattheure (kWh), qui correspond à la consommation énergétique d'un appareil de 1 kW de puissance soit 1 000 W (un radiateur électrique moyen) pendant 1 heure (3 600 s).
- L'énergie correspond à la puissance consommée multipliée par le temps de consommation.
- 1 kWh = 1 000 W × 3 600 s = 3 600 000 J
  = 3,6 MJ (mégajoule).
- 1 MWh (mégawattheure) = 1 000 000 Wh.

2 Exemples de puissances et de quantités d'énergie

- Puissance maximale d'un sportif bien entraîné : 450 W.
- Lampe à incandescence : 100 W, soit une consommation de 0,1 kWh dans une heure.
- Four électrique : 2,5 kW soit une consommation de 2,5 kWh pour une heure de fonctionnement.
- Énergie libérée dans l'Univers par le Soleil en une seconde : $3,6 \cdot 10^{26}$ J soit 100 milliards de milliards de kWh.
- Puissance du rayonnement solaire sur Terre : 1 kW par m^2 environ.
- Moteur de machine électrique ménagère (aspirateur, machine à laver) : de 1,5 kW à 3 kW, consommation de 1,5 kWh à 3 kWh par heure de fonctionnement.
- 1 g d'uranium (énergie potentielle nucléaire) et 2 t de pétrole (énergie potentielle chimique) possèdent la même quantité d'énergie interne : environ 20 MWh.
- Puissance d'un module de production dans une centrale EDF : de 100 MW à 900 MW.

3 Quelques exemples de rendement

• Rendement d'une chaudière à gaz : 90 à 95 %.

• Four domestique à gaz : 75 %.

• Perceuse électrique : environ 50 %.

• Moteur thermique à quatre temps (moteur de voiture) : 20 à 30 %. Ramené à un raisonnement sur la matière source d'énergie et en ne tenant compte que du moteur, sans tenir compte en particulier des frottements dans l'air et de la chaîne mécanique qui suit le moteur, cela revient à dire que sur dix litres d'essence consommés, trois seulement servent à faire rouler la voiture.

• Panneau solaire photovoltaïque ou cellule photovoltaïque : environ 15 %. Ces cellules transforment l'énergie solaire en énergie électrique.

• Haut-parleur, rapport de l'énergie mécanique, au niveau de la vibration sonore, sur l'énergie électrique reçue : environ 10 %.

• Lampe à incandescence, rapport de l'énergie lumineuse sur l'énergie électrique utilisée : environ 5 %. La plus grande partie de l'énergie d'entrée est dégradée en énergie thermique. Une lampe à incandescence fait donc également office de radiateur !

• Centrale électrique thermique : 30 à 35 %. Par exemple, sur 3 kg d'uranium utilisés dans le réacteur nucléaire, 1 kg conduit à la production d'électricité.

Les **rendements** parfois très faibles cités ci-dessus doivent faire prendre conscience de certains choix à faire en matière de gestion d'énergie, aussi bien au niveau du citoyen « moyen » qu'au niveau des décideurs des politiques mondiales. Au-delà des lobbies économiques des pétroliers, des transporteurs, des fabricants de certains produits électroménagers, c'est aussi l'avenir de la planète à très court terme qui est en jeu. On peut associer à ces réflexions celles relatives aux problèmes liés aux dégagements en dioxyde de carbone de certaines des sources d'énergie fossiles, à mettre en relation avec **l'effet de serre** à l'origine de l'augmentation moyenne de la température de l'atmosphère et à la multiplication des accidents climatiques majeurs.

L'énergie est un bien indispensable à la vie mais il est onéreux et de plus en plus rare car la plupart des sources utilisées actuellement dans nos sociétés ne sont pas renouvelables : charbon, pétrole, gaz, uranium. On est donc amené à **l'économiser**, c'est-à-dire à en consommer moins et mieux, à la conserver le plus possible et à rechercher des dispositifs de transformations performants, c'est-à-dire avec un rendement élevé, et autonomes, utilisant des énergies renouvelables.

F Conduction et isolation thermique

Des **transferts d'énergie par chaleur**, entre deux systèmes de températures différentes, se font spontanément du système ayant la température la plus haute à celui ayant la température la plus basse. Dans de nombreuses situations de la vie courante, on cherche soit à limiter ces transferts (isolation des maisons, bouteilles thermos...) soit au contraire à les favoriser (radiateurs...).

• *Du point de vue du physicien*, deux modes de transfert d'énergie par chaleur existent :
– **le transfert par conduction :** l'énergie est transférée de proche en proche dans le matériau constituant un objet. Par exemple, l'extrémité d'une cuillère plongée dans de l'eau chaude reçoit de l'énergie par chaleur, ce qui a pour effet d'augmenter sa température et elle va à son tour transférer de l'énergie par chaleur à la partie de la cuillère située « à côté » et ainsi de proche en proche jusqu'à l'autre extrémité. Si la cuillère est métallique, cette propagation se fait rapidement : les **métaux** sont de **bons conducteurs thermiques**. Si, en revanche, elle est en bois, cette propagation est très lente : le **bois** est un **mauvais conducteur thermique**. On peut ainsi **classer les substances** selon qu'elles sont bonnes ou mauvaises conductrices de la chaleur ;
– **le transfert par convection :** il s'agit alors d'un **déplacement de matière** et il existe seulement dans les **fluides** (liquide ou gaz). Un exemple courant est celui de l'eau chauffée dans une casserole placée sur une plaque chauffante. De l'énergie est transférée par chaleur à l'eau qui se trouve vers le fond de la casserole, dont la température augmente. Ce faisant, sa densité diminue et elle monte dans la casserole, en étant remplacée par de l'eau plus froide, qui va être chauffée à son tour et ainsi de suite. On a donc un mouvement de l'eau dans la casserole, appelé mouvement de convection, qui existe tant que la température de l'eau n'est pas partout la même dans la casserole. On a le même phénomène dans le chauffage d'une pièce par un radiateur : l'air situé près du radiateur est chauffé, sa température augmente et il monte dans la pièce, étant alors remplacé par de l'air plus frais qui descend. La circulation de l'air dans la pièce assure son chauffage.

• *D'un point de vue utilitaire ou économique*, on cherche soit à favoriser, soit à limiter des transferts d'énergie par chaleur, en utilisant des dispositifs qui peuvent ou non combiner les différents modes de transfert.

Production d'électricité dans une centrale thermique nucléaire

a. Le schéma d'une centrale thermique nucléaire

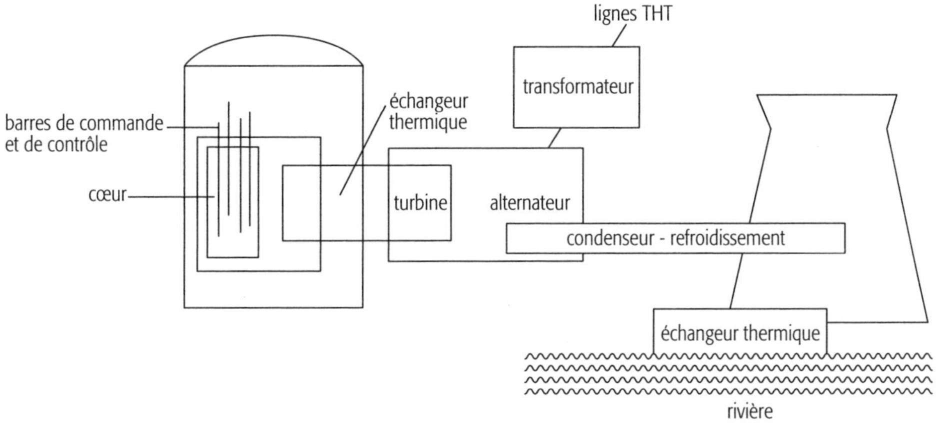

b. Les rendements de l'entrée à la sortie de la centrale

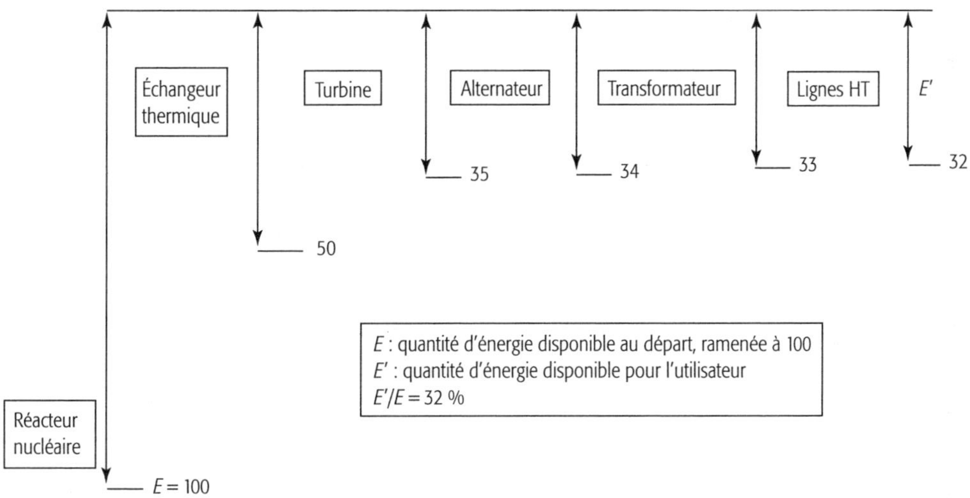

c. L'alternateur de la centrale est analogue à celui d'une bicyclette

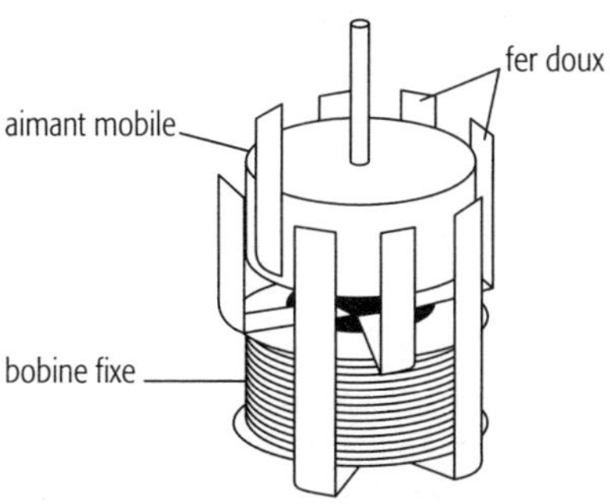

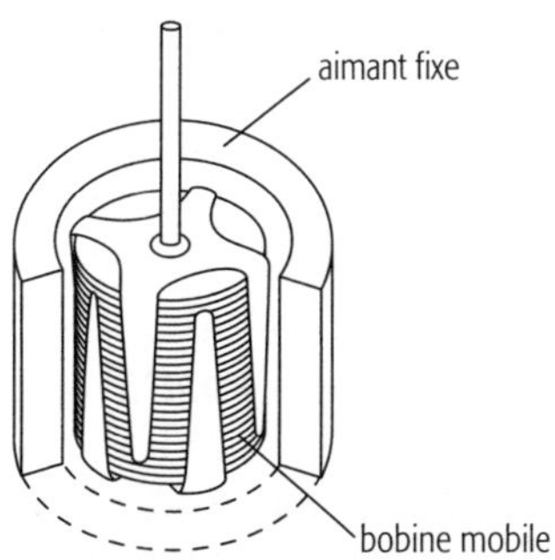

Deux modèles d'alternateur de bicyclette.

Fig. 3. Dans une centrale thermique nucléaire, la source d'énergie est l'uranium. L'énergie est transférée par chaleur à l'eau, qui se vaporise et fait tourner la turbine à grande vitesse. L'alternateur transforme le mouvement en électricité. Le rendement de la centrale dépend de ceux de chacun des organes qui la composent.

Par exemple, les convecteurs électriques, les radiateurs de chauffage central ou de véhicule à moteur à explosion possèdent des ailettes ou des tubes métalliques : le métal, bon conducteur thermique, favorise les transferts par chaleur avec l'air et la forme en ailettes ou en tubes augmente les surfaces en contact avec l'air, donc les possibilités de transfert d'énergie.

Dans un cas inverse, où on cherche à limiter les transferts par chaleur, on aura différentes possibilités :
– on choisira un mauvais conducteur thermique (le bois pour une cuillère en cuisine) ;
– on limitera les transferts par convection (par déplacement de matière) en mettant des joints isolants aux fenêtres ou aux portes ;
– ou encore on combinera mauvais conducteur thermique et limitation de la convection dans **des dispositifs dits isolants**, dans lesquels on a de l'air (mauvais conducteur thermique) dont on limite et fractionne les déplacements (pour limiter les transferts par convection). La laine de verre, la laine, le béton cellulaire, les briques creuses compartimentées, les doubles vitrages… sont de tels dispositifs, dans lesquels se trouve de l'air emprisonné.

Le transfert d'énergie par rayonnement intervient parfois dans certains dispositifs isolants : thermos, serre de jardinier, couverture de survie… Dans ce cas interviennent d'une part le fait que tout objet émet un rayonnement lumineux (qui dépend de sa température et peut être visible, mais est le plus souvent invisible : infrarouge par exemple) et d'autre part le fait que tout objet qui reçoit de l'énergie par rayonnement a son énergie thermique qui augmente.

Dans une serre de jardinier, la lumière du Soleil traverse la vitre et l'énergie reçue par le sol et les plantes augmente leur énergie thermique, ce qui se traduit par une augmentation de leur température. Ceux-ci émettent alors un rayonnement infrarouge, qui est absorbé par le verre. Celui-ci émet alors un nouveau rayonnement à la fois vers l'extérieur et vers le sol et les plantes, dont l'énergie thermique augmente à nouveau et ainsi de suite. Une limite existe, due le plus souvent à la circulation de l'air entre l'intérieur et l'extérieur de la serre, aux qualités de conduction et d'isolation thermiques des matériaux de construction utilisés.

Activités possibles en classe

L'étude de l'énergie relève du cycle des approfondissements et plutôt du niveau CM2. À condition de varier les exemples et les approches (études documentaires, analyses d'objets, fabrications, enquêtes, visites), de cibler les objectifs, de nombreux obstacles pourront être dépassés et la prise de conscience des problèmes citoyens liés à la gestion de l'énergie pourra se faire.

Il n'est pas question de parler d'énergie cinétique ni d'énergie potentielle. Il faut trouver des **niveaux de formulation** adaptés à l'école. En ce qui concerne les **formes d'énergie**, on pourra parler d'énergies nucléaire, électrique, solaire, lumineuse, sonore, de l'énergie des objets en mouvement…

L'identification des **sources d'énergie** se fait par deux moyens différents, qui correspondent à des points de vue différents :
– en repérant une **modification** de son état : c'est plutôt évident dans le cas de carburants (on n'insistera pas sur la nécessité de la présence d'air pour la combustion), d'une pile électrique, d'un élastique tordu ou d'une source d'énergie musculaire (on se fatigue !). Cela l'est moins dans le cas du Soleil ou du vent ;
– en repérant la **localisation** « géographique » de la source d'énergie. C'est commode dans le cas du Soleil et du vent, mais c'est aussi opératoire pour les sources d'énergie fossiles, les retenues d'eau, les piles électriques.

Dans le premier cas, on peut sensibiliser les élèves à l'idée de conservation et de dégradation de l'énergie, moins dans le second cas. Il faut donc toujours savoir de quel point de vue l'analyse de la situation présentée est réalisée : physique ou utilitaire.

N'oublions pas que les élèves sont au tout début de la construction du concept d'énergie, qu'ils la poursuivront au collège et que si tout ne peut être explicité à l'école primaire, il convient toutefois de ne pas installer d'idées erronées.

On se doit de dégager quelques idées essentielles des points de vue physique et technologique, qu'il convient d'aborder tous les deux.
– « **On n'a rien sans rien** » : pour « faire », il faut de l'énergie, il faut une source énergétique. L'énergie, c'est ce qui permet le mouvement et la vie ;
– « **Le monde n'est plus ce qu'il était** » ou « **Ce qui est pris n'est plus à prendre** » : toute utilisation d'énergie entraîne une modification de l'ordre

initial avec une perte de sa qualité, une dégradation, une dissipation, des pollutions. Le monde change (« Quelque chose se perd dans l'Univers »), les sources d'énergie s'épuisent *(point de vue qualitatif)* ;
– « **La meilleure énergie est celle que l'on n'a pas encore utilisée** » : il convient de limiter au minimum possible la consommation énergétique et donc d'économiser l'énergie. On peut aussi privilégier les énergies renouvelables.

De ces idées se dégage la **problématique citoyenne et mondiale de l'énergie**, à laquelle il est nécessaire de commencer à initier les jeunes élèves. L'énergie est soumise à trois contraintes : le développement des sociétés et leurs coûts énergétiques, le respect de l'environnement et de la sécurité, la gestion des ressources.

Connaissances et capacités travaillées au cycle des approfondissements

– Connaître différentes sources d'énergie utilisables et leur nécessité pour le chauffage, l'éclairage et la mise en mouvement.
– Savoir que certaines sources d'énergie sont épuisables et qu'il convient donc de les économiser et de recourir à des formes d'énergie renouvelables.
– Mettre en évidence expérimentalement le rôle de l'isolation dans les économies d'énergie. Montrer expérimentalement que les propriétés isolantes valent autant pour les objets chauds que pour les objets froids.
– Savoir qu'on peut se chauffer grâce au Soleil et mettre en évidence expérimentalement l'influence de quelques paramètres : couleur de l'objet à chauffer, isolation, orientation…

De nombreuses activités se rapportant à l'énergie peuvent être mises en place, le plus souvent indépendamment les unes des autres. C'est le cas des exemples qui sont proposés. Il est important, dans le cadre d'une programmation de ces activités, d'en choisir qui font appel à des modalités d'investigation différentes : observation, expérience, analyse de documents, fabrication de maquette. De plus, le professeur doit, après plusieurs activités, faire opérer des rapprochements de manière à aider les élèves dans la construction des connaissances liées aux sources d'énergie.

Conformément au programme, nous proposons des activités qui permettent de repérer des sources d'énergie (partie A) et d'aborder des aspects liés aux économies d'énergie (partie B).

A Formes et sources d'énergie

1 De l'énergie, pour quoi faire ?

Un **inventaire de situations** où on utilise de l'énergie peut être dressé avec les élèves. Il s'agit alors de les amener à un **classement** soit selon l'**usage** qui est fait avec l'énergie (chauffer, éclairer…) soit selon la **source d'énergie**, repérée par sa **localisation**.

Sur la ***figure 4***, on peut repérer des sources d'énergie. Par exemple :
– mélange carburant-air (on se limitera au carburant avec les élèves), source d'énergie utilisées dans l'automobile, le tracteur, la péniche, l'avion, le feu ;
– les muscles sont les sources d'énergie utilisées par le cycliste, le kayakiste et les pêcheurs au lancer ;
– le vent est la source d'énergie permettant au véliplanchiste d'avancer sur l'eau.

Rien ne se fait sans **apport** et **consommation d'énergie** : chauffer, éclairer, mettre en mouvement, communiquer. La vie elle-même est conditionnée par l'absorption et la consommation de denrées qui communiquent de l'énergie (par exemple, les aliments dans le corps donnent lieu à des réactions chimiques qui dégagent de l'énergie). « Sans énergie, point de salut ! »

2 Sources d'énergies renouvelables et non renouvelables

Les élèves ont déjà entendu certaines expressions relatives à l'énergie et aux sources d'énergie. Ils peuvent donner leur propre définition. Il convient alors de discuter, d'échanger, d'argumenter, de critiquer et de préciser. **L'analyse d'un tableau** (analogue à celui de la ***figure 1c***) viendra confirmer ou non les définitions. Elle débouchera sur des conclusions quant aux énergies à utiliser et développer pour le futur.

Les sources d'énergie dites « renouvelables » sont celles qui, effectivement, à l'échelle du temps d'une vie humaine, se reconstituent : énergie éolienne (vent), énergie solaire, énergie verte, géothermie (sources naturelles d'eau chaude). Ce seraient celles qu'il faudrait utiliser en premier.

Les autres ne sont pas renouvelables. Elles utilisent un stock qui diminue au fur et à mesure que l'on prélève de cette source et ont mis des milliers et même des millions d'années pour se constituer (ressources fossiles). Ces stocks sont épuisables (charbon, pétrole, gaz et uranium) et ils doivent être gérés au mieux si l'on veut préserver le monde technique actuel, d'autant plus que de nombreux matériaux utilisés sont des matières plastiques, issus de certaines de ces ressources matérielles.

Une ouverture sur **l'évolution des techniques et des modes de vie** peut être faite. En effet, les sources d'énergie utilisées ont évolué dans le temps, dans le monde occidental. Le bois, le vent, l'eau, l'énergie des animaux et des hommes ont longtemps été les sources privilégiées avant l'avènement de l'électricité à la fin du XIXe siècle. Cette différenciation entre les sources utilisées dans le temps s'accompagne évidemment de modes de vie différents : éclairage à la bougie et lampe électrique, chauffage au bois et chauffage électrique, déplacement en calèche tractée par des chevaux et véhicule automobile à essence, utilisation des bœufs dans les champs et tracteurs, utilisation des inventions modernes – télévision, téléphone, ordinateur… Des liens peuvent être établis avec des éléments du programme d'histoire (par exemple la Révolution industrielle). La répartition des sources d'énergie utilisées et les quantités d'énergie consommées dépendent aussi des pays, de leurs ressources propres et de leurs choix politiques.

3 L'énergie électrique, une énergie bien pratique

L'énergie électrique est très utilisée. Elle est à l'origine du fonctionnement de nombreux appareils dans lesquels elle est transformée afin de produire des sons, des images, de la lumière, etc. Une même forme d'énergie peut être utilisée pour obtenir des **effets différents**. Dans le dessin de la ***figure 5***, on peut repérer quelques-uns des objets dans lesquels il y a des transformations :

– dans le téléviseur, transformation en énergie lumineuse et énergie sonore. L'électricité est utilisée pour transporter l'énergie et l'information ;

– de même pour l'ordinateur, la chaîne hi-fi, le magnétophone et le téléphone ;

– dans les jouets électriques, transformation en énergie de mouvement par des moteurs ;

– dans le sèche-cheveux, transformation en énergie de mouvement par un ensemble moteur-turbine à air et en énergie thermique grâce à une résistance électrique ;

– dans la lampe de bureau, transformation en énergie thermique puis en énergie de rayonnement (lumière).

L'électricité est une forme pratique d'énergie ; elle est la plus répandue d'un point de vue utilitaire dans le monde moderne occidental. Le réseau électrique permet son utilisation pratiquement partout pour le fonctionnement de très nombreux objets et de machines, aussi bien à la maison que dans les commerces, les entreprises, le monde des transports et celui des communications.

4 Comment produire de l'électricité ?

L'électricité est produite de différentes façons et des activités pédagogiques peuvent être menées autour de ces différents procédés.

a. Recenser et classer les sources d'énergie électriques

Les élèves peuvent citer plusieurs sources d'énergie électrique, qui pourront être complétées par l'introduction de documents (par exemple, photographies de centrales électriques). Ils pourront ensuite les classer, les mettre en relation avec leur mode d'utilisation, en réseau ou de façon isolée. On pourra arriver à la conclusion qu'il existe **différents moyens** de produire de l'électricité :

– dans des centrales électriques ;

– dans des piles et accumulateurs ;

– avec des cellules photoélectriques.

Les **sources d'énergie** sont **différentes**. Le mode d'utilisation n'est pas le même selon qu'il y a nécessité d'un réseau de distribution ou non.

b. Comment fonctionne une centrale électrique ?

• Un travail sur document

Le travail des élèves consiste d'abord à **prélever des informations sur des documents** (***Fig. 6 et 7***), de façon à :

– repérer l'élément commun à toutes les centrales électriques : un alternateur entraîné par une turbine ;

– expliquer comment la turbine est mise en mouvement.

Les élèves pourront **rechercher et proposer des explications** par groupe, qui seront reprises collectivement.

Par exemple, les élèves pourront expliquer que dans une **centrale hydroélectrique**, on crée un réservoir d'eau à partir d'un barrage placé sur un cours d'eau (ruisseau, rivière, fleuve). Une conduite « forcée » (un gros tuyau dans lequel on fait passer l'eau) amène l'eau en contrebas dans la centrale où elle fait tourner une turbine. La turbine entraîne en rotation une machine (l'alternateur), qui produit alors de l'électricité. L'eau est ensuite rejetée dans le cours d'eau. Le mouvement naturel de l'eau de la rivière maintient sensiblement constant le niveau

À quoi sert l'énergie ?

Fig. 4. On peut repérer des effets obtenus en utilisant de l'énergie : se déplacer, se chauffer. On peut aussi lister les sources d'énergie : le vent, le bois, le pétrole, le gaz, les muscles.

L'électricité a de multiples usages

Fig. 5. De nombreux appareils utilisent une même source d'énergie, l'électricité, fournie par le secteur. Les effets obtenus sont très variés : lumière, son, mouvement, chaleur, traitement de l'information.

Deux modèles de centrales thermiques

a. Centrale thermique classique

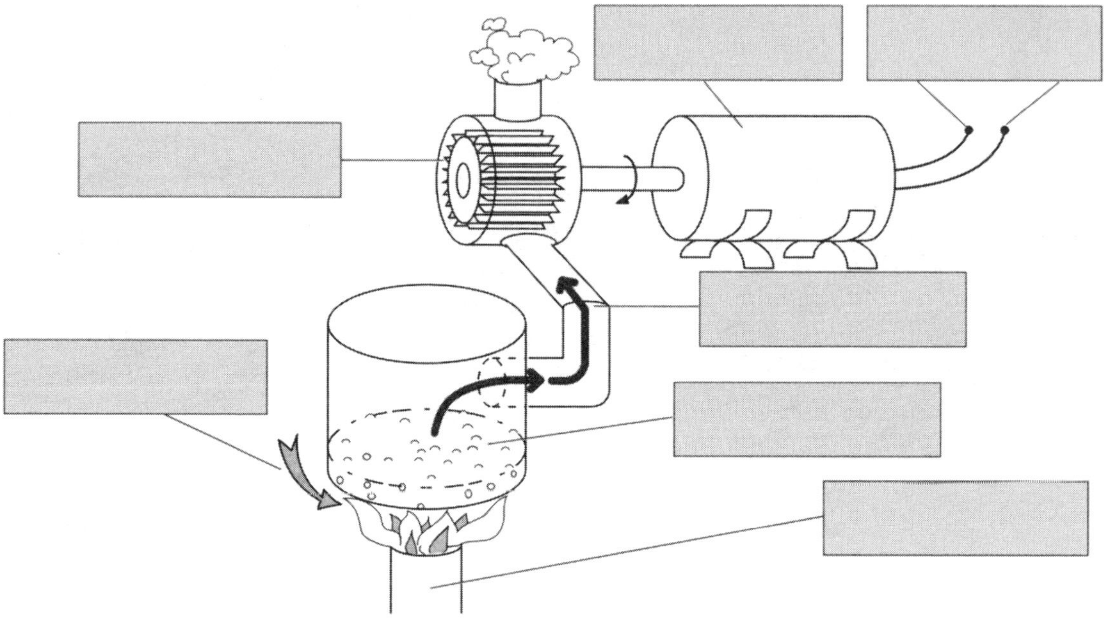

b. Centrale thermique nucléaire

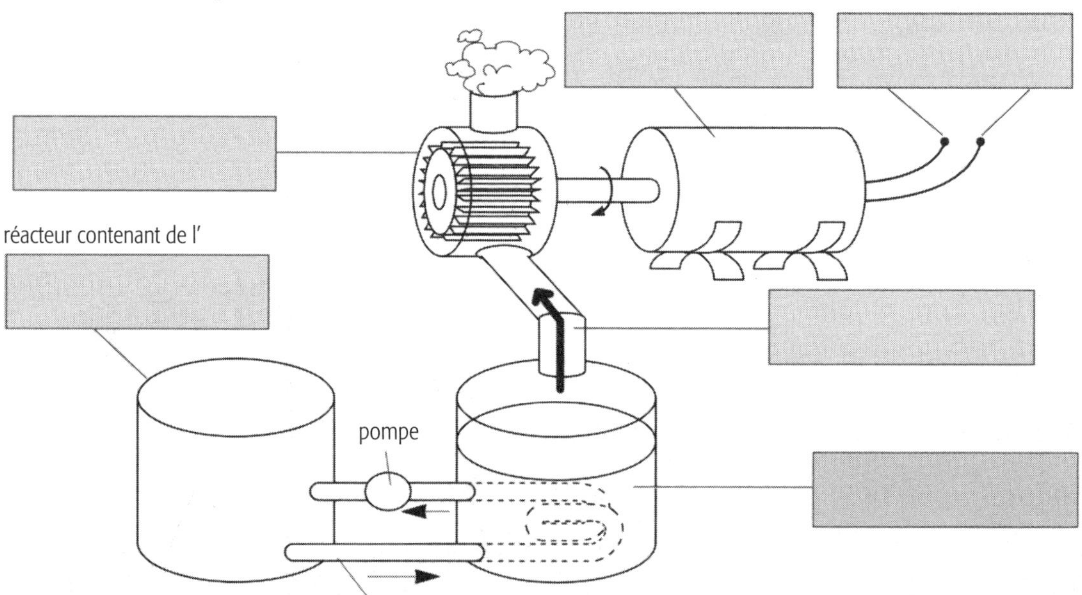

• Annote les dessins en complétant les étiquettes avec les mots de la liste : électricité, alternateur, turbine, vapeur d'eau, eau liquide, air, uranium, combustible (fioul, gaz, charbon).

Fig. 6. Dans les centrales thermiques, on fait chauffer de l'eau pour la vaporiser. La vapeur d'eau sous pression est ensuite envoyée sur une turbine, laquelle entraîne l'alternateur.
L'énergie nécessaire pour chauffer l'eau est produite de différentes façons : soit par une combustion dans les centrales thermiques classiques, soit par une réaction nucléaire (la fission de l'uranium) dans les centrales thermiques nucléaires.

Une maquette de centrale hydraulique

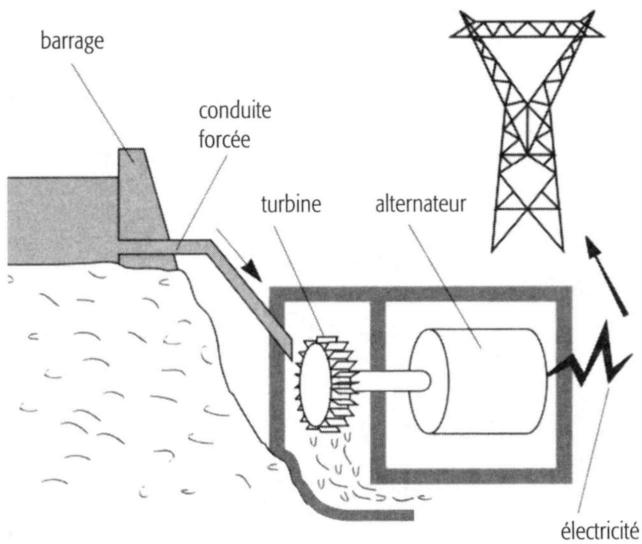

Dans toutes les centrales, on trouve un alternateur entraîné par une turbine.

Matériel

1 • Turbine découpée dans une tôle de boîte à gâteaux et vissée dans le bouchon
2 • Bouchon de liège
3 • Morceau de tuyau
4 • Alternateur de bicyclette
5 • Lampe sur douille

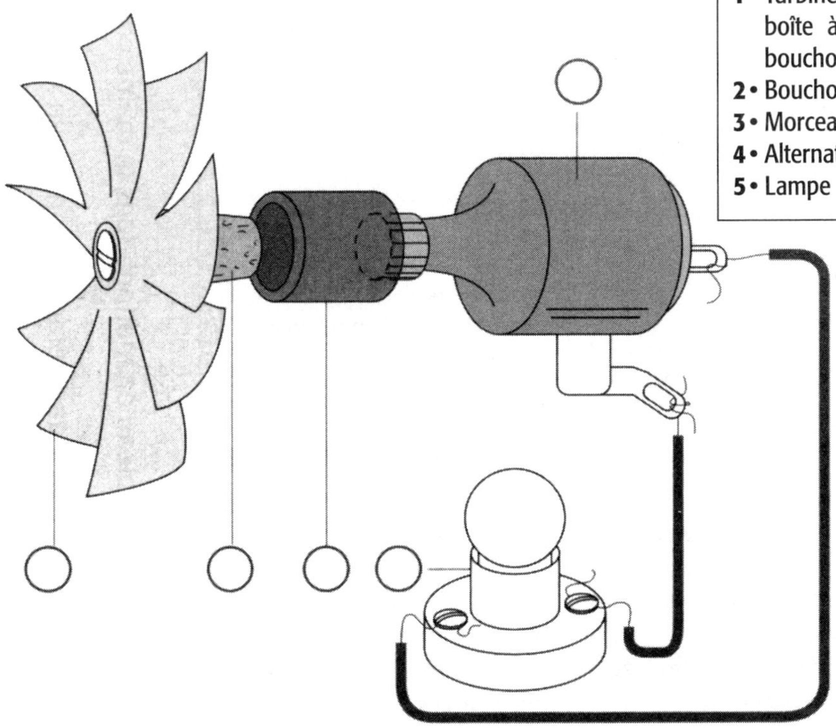

• Complète la légende en écrivant les numéros.
• Construis ta mini-centrale et fais-la fonctionner sous un robinet d'eau.

Fig. 7. On retrouve sur la maquette les mêmes éléments que dans la centrale : la turbine, l'alternateur et la distribution électrique. Dans les deux cas, l'eau arrive à grande vitesse sur la turbine et la fait tourner. L'alternateur transforme le mouvement en électricité.

d'eau de la retenue – en effet, la pluie, la neige ou la fonte des glaciers renouvellent l'eau du barrage de montagne.
D'une recherche documentaire (qui peut être menée sur la Toile) sur les lieux d'implantation des grandes centrales hydroélectriques, les élèves pourront relever qu'elles sont placées de telle sorte qu'elles bénéficient :
– soit d'un fort débit associé à une faible hauteur de chute (sur de grands fleuves). On en trouve sur le Rhône ;
– soit d'un grand dénivelé associé en général à un débit plus faible. On en trouve sur les cours d'eau dans les Alpes, les Pyrénées et le Massif central.
Dans **une centrale thermique**, c'est de l'eau à l'état de vapeur et sous pression qui fait tourner la turbine. Pour obtenir cette vapeur, on fait brûler un combustible « classique » (pétrole, gaz, charbon) dans les centrales « classiques » et on utilise une réaction nucléaire à partir de l'uranium dans les centrales « nucléaires ». L'eau est refroidie lors de son passage dans la **turbine**, mais elle est encore sous forme de vapeur à la sortie.
La centrale thermique a un rendement d'autant meilleur qu'il existe une grande différence de température entre la chaudière (source chaude) et une source froide. C'est ce qui justifie l'existence du condenseur (immenses tours) qui refroidit, grâce à de l'eau empruntée à une rivière, la vapeur d'eau à la sortie de la turbine. La vapeur d'eau est ainsi condensée en eau liquide avant d'être renvoyée dans la chaudière. Le nuage blanc qui coiffe les tours est formé de gouttelettes d'eau liquide (eau qui ne provient pas du circuit de la centrale mais du circuit de refroidissement). La vapeur d'eau est en effet invisible.

• Un travail expérimental

L'alternateur ayant été repéré comme présent dans toutes les centrales, vos élèves pourront s'interroger sur son mode d'utilisation. Vous pouvez alors leur proposer un alternateur de bicyclette pour allumer une lampe. Ils chercheront comment **brancher** la lampe (il s'agit de repérer les deux bornes de l'alternateur ; voir schéma de la ***figure 7***) et découvriront qu'il faut **faire tourner le galet** pour que la lampe brille.

Si vous disposez d'un vieil alternateur ou d'une lampe à alternateur avec un boîtier transparent, vos élèves pourront satisfaire leur curiosité en découvrant l'intérieur (***Fig. 3c***) : le déplacement relatif d'un aimant par rapport à une bobine est à l'origine de la production d'électricité.

• Des maquettes

– Vous pouvez engager vos élèves dans la **fabrication d'une maquette** de mini-centrale hydroélectrique (***Fig. 7***). Ils feront alors l'analogie entre les éléments de cette maquette et ceux de la centrale : l'eau qui coule du robinet et la chute d'eau ; les deux turbines, l'alternateur ; la lampe et le réseau de distribution électrique. Il vous faut utiliser une lampe de faible puissance (3,5 V et 0,2 A), dont le filament rougira, et pincer le tuyau d'écoulement pour augmenter la vitesse de l'eau.

– Un **moulinet** (en cartoline rigide, voir chapitre 2) fixé sur un bouchon relié au galet de l'alternateur permet de faire briller une DEL quand on le met au vent. Une recherche sur la Toile pourra confirmer qu'on trouve bien dans les éoliennes un alternateur pour transformer le mouvement des pales en électricité.

c. Comment utiliser une photopile ?

Une **photopile** a deux bornes. Pour fonctionner, elle doit être éclairée par le Soleil ou une lampe. Plus la surface éclairée est grande et plus elle est orientée perpendiculairement aux rayons du Soleil, plus l'éclairement est fort, plus la photopile peut fournir d'électricité. La photopile n'est pas une source d'énergie.

Cette activité vise à faire **manipuler** et **utiliser** une photopile par les élèves de manière à leur faire :
– **repérer** les deux bornes de la photopile ;
– **mettre en relation** les conditions d'éclairage (surface plus ou moins grande, qualité de l'orientation, lampe plus ou moins proche) et l'éclat d'une ampoule ou la vitesse d'un moteur reliés à la photopile.

Les élèves noteront les résultats obtenus sous forme de schémas accompagnés de textes.

d. Pourquoi une pile s'use-t-elle ?

Une pile est une source d'énergie, qui s'use quand elle fournit de l'électricité. Les réactifs chimiques présents au début de la vie de la pile sont modifiés au cours de son fonctionnement, mais la masse totale ne change pas.

Vous pouvez demander à vos élèves **de donner leurs idées** sur le phénomène d'usure de la pile. Certains envisagent la pile comme un réservoir d'énergie électrique dont le stock diminue à mesure qu'on l'utilise. Demandez-leur alors de proposer un moyen pour vérifier cette hypothèse.

Deux **propositions** possibles parmi celles qui pourront être faites :
– **peser** une pile neuve et la même pile usagée. La masse ne change pas, il n'y a donc pas disparition de matière au cours du fonctionnement de la pile ;

– proposer l'**observation** d'une pile neuve et d'une pile usagée. Attention, n'ouvrez que des piles salines, les piles alcalines contenant de la potasse dangereuse pour la peau et les yeux. Les élèves constateront le changement important d'aspect de la cuve en zinc, qui est brillante dans une pile neuve et piquetée de points blancs et parfois percée dans une pile usagée. Il y a donc modification (chimique) des matériaux initiaux et quand ils sont transformés, ils ne possèdent plus suffisamment d'énergie pour produire de l'électricité.

Les conclusions formulées par les élèves seront notées dans le cahier de sciences.

5 Mettre des objets en mouvement

Différentes machines peuvent être construites mettant en œuvre des compétences techniques et autorisant des analyses en termes énergétiques, en relation avec :
– la lecture du schéma ou du dessin de l'objet ;
– sa fabrication.

Dans une deuxième étape, après avoir fabriqué plusieurs machines, il est possible d'aborder la **problématique énergétique**, soit pour introduire des notions, soit pour les réinvestir :
– la découverte du fonctionnement en termes d'énergie : repérage des formes et des sources d'énergie en jeu, en entrée et en sortie ;
– la compréhension des éléments et des liaisons entre les composants de la machine.

a. Le bateau à élastique

Un bateau à élastique (***Fig. 1a***) peut être construit en bois (un morceau de contreplaqué de 5, 8 ou 10 mm d'épaisseur dans lequel sera découpée la partie fixe du bateau et la « roue à aubes », ici une simple palette) ou à partir d'une barquette alimentaire en polystyrène. Un élastique est passé autour du bateau.

Pour l'utiliser, on tourne l'élastique avec la roue à aube et on pose le bateau sur l'eau tout en maintenant la roue bloquée, puis on lâche la roue.

Cette utilisation suscite un **questionnement**, suivi d'**expériences** pour prouver ou valider :

• Que se passe-t-il si on enroule l'élastique dans un sens puis dans l'autre ?
Le mouvement de rotation de l'hélice s'inverse avec le sens d'enroulement de l'élastique. Le mouvement du bateau se fait soit en avant, soit en arrière.

• Et si on tord plus ou moins l'élastique ?
Selon que les élèves auront déjà travaillé sur l'énergie ou non, l'interprétation du résultat de l'expérience ne sera pas la même. On pourra avoir :
– la quantité d'énergie stockée initialement par l'élastique dépend de sa torsion. Plus celle-ci est importante, plus l'énergie accumulée est grande et plus le bateau ira vite et loin…
– ou bien, sans faire intervenir l'énergie : plus on tord l'élastique, plus le bateau va loin.

• Que se passe-t-il si on change la « qualité » des élastiques ?
La matière de l'élastique influe sur la possibilité de torsion. Le déplacement du bateau est donc influencé par le type d'élastique utilisé.

• Que se passe-t-il si on modifie la taille des aubes ?
Des problèmes annexes d'écoulement du fluide autour de l'aube peuvent avoir une influence sur le déplacement du bateau. Et pourtant, l'énergie transmise au bateau ne change pas.

• Quel peut être l'intérêt d'une roue à quatre aubes ?
Pour construire une roue à quatre aubes, on croise deux morceaux de polystyrène en les entaillant à moitié de leur largeur d'une fente égale à environ leur épaisseur. Passer de deux à quatre aubes ne modifierait pas le déplacement le bateau si, comme dans le cas précédent, n'entrait pas en jeu des problèmes d'écoulement des fluides. Avec quatre aubes, les perturbations des fluides sont moins importantes, la vitesse du bateau est plus régulière et donc, en général, le bateau va plus loin.

• Comment améliorer le guidage du bateau ?
On améliore le guidage du bateau en ajoutant une dérive. On peut tester différents emplacements (notamment en fonction de la position relative à la roue à aubes) et différentes formes de dérive.

b. Le bateau à air

Pour fabriquer un bateau à air, on remplace la voiture de la ***figure 1a*** par une planchette de bois ou de polystyrène. Sur un morceau de tube, récupération de plomberie ou de tube d'électricien, est enfoncé un ballon de baudruche. Deux élastiques assurent la fixation de l'ensemble tube-ballon sur la planchette. Pour utiliser ce bateau, on gonfle le ballon et on maintient l'extrémité bouchée avec un doigt. Puis on pose le bateau sur l'eau et on enlève le doigt. Cette utilisation suscite comme dans l'exemple précédent un **questionnement**, suivi d'**expériences** pour prouver ou valider.

• Que se passe-t-il si l'on change le diamètre ou la longueur du tube employé ?
En modifiant les caractéristiques du tube, on agit sur les caractéristiques du flux d'air éjecté responsable par réaction de l'air environnant de la propulsion du bateau. On peut observer quelques différences, surtout lorsque l'on change le diamètre du tube.

• Que se passe-t-il si on gonfle le ballon plus ou moins ? Que se passe-t-il si on change de ballon ?
Comme dans le cas du « bateau à élastique », les qualités du caoutchouc utilisé et la façon dont on le déforme influencent la quantité d'énergie stockée et la façon dont celle-ci est restituée (plus ou moins rapidement).

Les élèves remarquent aussi que le bateau se déplace en sens inverse de celui de la sortie de l'air du ballon. Le moteur ici est un moteur à réaction, analogue à celui des fusées (éjection d'un fluide et déplacement de l'objet en sens inverse).

c. Un bateau à réservoir d'eau

La ***figure 8a*** donne quelques indications pour fabriquer un bateau à réservoir d'eau. On peut aussi réaliser les flotteurs avec des petites bouteilles en plastique. Pour l'utiliser, il faut remplir le verre qui sert de réservoir d'eau. L'eau sort par la paille et la bateau se déplace.

Un **questionnement** sera suivi d'**expériences**.

• Comment changer le sens de déplacement du bateau ?
Il suffit de modifier l'orientation de la paille, vers l'avant ou vers l'arrière : le bateau reculera ou avancera. Si on la courbe sur le côté, le bateau se déplacera transversalement. Dans tous les cas, on a un déplacement qui se fait en sens inverse du sens d'éjection de l'eau. Comme dans le cas du bateau-ballon, on a ici un moteur à réaction.

• Quelle influence a le niveau de remplissage du réservoir ?
Les élèves feront des essais et constateront que plus le réservoir est rempli au départ, plus le bateau peut aller loin. Quant le réservoir est vide, le bateau ralentit et s'arrête.

d. Le manège

La ***figure 8b*** donne des indications sur la fabrication d'un manège. Si vous n'avez pas de boîtes de pellicules photographiques, vous pouvez utiliser n'importe quel objet pour le lest et des bobines de fil à coudre ou des roues en bois.

Pour utiliser ce manège, on enroule la ficelle en faisant tourner le disque, puis on lâche le lest. La chute de celui-ci déroule la ficelle et fait tourner le disque.

Là encore un **questionnement** peut conduire à des **expériences**. Par exemple :
– Que se passe-t-il si on augmente la hauteur de chute ? Les élèves constatent que le disque tourne plus longtemps et plus vite aussi. Ils auront remarqué que la rotation s'accélère au fur et à mesure de la descente de la boîte ;
– Que se passe-t-il si on alourdit la boîte ? Bien que le poids de la boîte n'ait aucune influence sur sa vitesse de chute libre, on peut, dans ce montage, observer des différences dues aux frottements multiples.

e. Comparaison

Le professeur peut provoquer une activité de comparaison, après avoir fait construire et expérimenter sur tous ou certains de ces objets, auxquels il peut ajouter des exemples pris dans l'environnement des élèves : dans leurs jouets (voiture électrique, voiture à ressort, voiture à friction et disque d'inertie…), la voiture à essence des parents…

Dans tous ces cas, l'effet obtenu est le même : une mise et un maintien en mouvement. Les moyens utilisés, les principes de fonctionnement sont différents, mais tous ont un point commun à faire découvrir et construire par les élèves : une source d'énergie qui s'use. Le tableau (***Fig. 9***) est un document pratique pour aider les élèves à travailler cette comparaison.

L'exercice consiste à remplir toutes les cases, mêmes celles de la première colonne :
– la première colonne correspond aux différents engins ;
– la deuxième correspond à l'état initial du dispositif pour qu'il puisse fonctionner (les élèves indiquent souvent « Avec quoi ça marche » ou « Pour faire marcher il faut ») ;
– la troisième consiste en l'action qu'il faut faire pour que ça démarre, la mise en marche ;
– les quatrième et cinquième sont des étapes du fonctionnement (les élèves disent par exemple « Comment ça marche ») ;
– la sixième indique ce qui se passe : ça avance, ça éclaire…
– la septième précise pourquoi cela s'arrête.

Les élèves pourront travailler individuellement ou par petits groupes. Une mise en commun permettra de dégager un accord dans la classe sur le contenu des cases.

Les deuxième et dernière colonnes permettent de commencer à percevoir ce que représente l'énergie. Le système (élastique tordu, lest élevé, pile en bon état, bougie, pétrole, essence, ressort bandé, vitesse…) n'est pas dans le même état avant et après usage : il correspond à une **source d'énergie**, qui s'use. L'énergie possédée par la source d'énergie peut avoir des formes diverses. Elle peut être stockée et se dépenser à la demande. Quand il n'y a plus d'énergie dans le réservoir (dernière colonne), on n'obtient rien.

Deux objets à fabriquer

a. Un bateau à eau

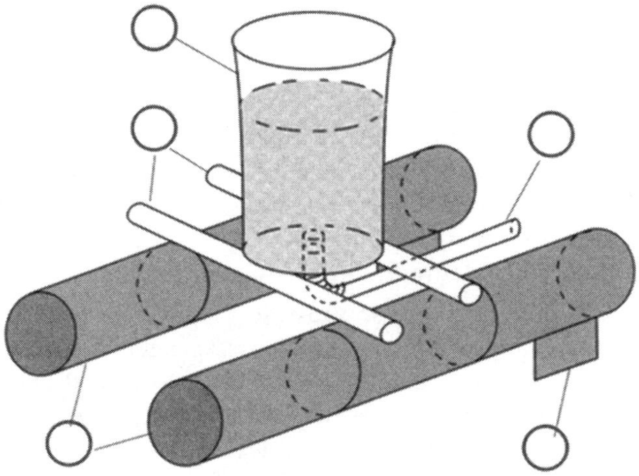

Matériel

1 • Réservoir d'eau : un verre en plastique
2 • Support du réservoir : 2 pailles en plastique
3 • Tube de sortie d'eau : 1 paille avec coude orientable
4 • Flotteurs : 6 boîtes de pellicules photographiques collées avec un pistolet à colle
5 • Aileron : morceau de boîte de pellicule photographique

• Complète la légende en portant les numéros sur le dessin.

• Indique sur le dessin, par une flèche bleue, le sens de sortie de l'eau et par une flèche rouge le sens de déplacement du bateau.

b. Un manège à poids

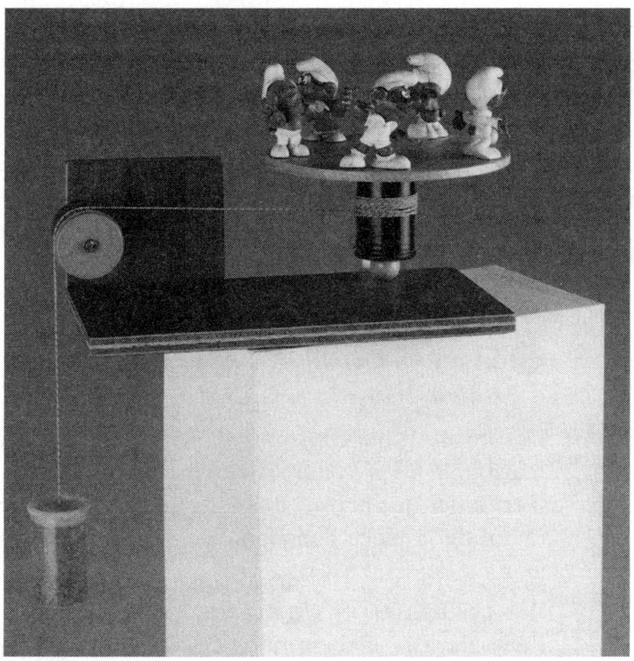

Matériel

- Un carré de contreplaqué (8 ou 10 mm) de 15 cm × 15 cm et un carré du même contreplaqué de 7 cm × 7 cm
- Un rond de 10 cm de diamètre de cartoline forte (ou deux épaisseurs de cartoline plus faible)
- 3 étuis de pellicules photographiques
- 2 perles
- 2 clous légèrement plus longs que l'étui de pellicule
- De la ficelle
- Lest : sable, plomb de pêche, …

Montage

1 • Coller perpendiculairement les deux plaques de contreplaqué.
2 • Décorer le rond comme un plateau de manège. Le coller sur le couvercle d'un des étuis.
3 • Placer cet étui muni du rond sur le clou, verticalement. Ne pas oublier la perle.
4 • Fixer le deuxième étui sur le clou horizontal.
5 • Remplir le troisième étui avec le lest et fixer une extrémité de la ficelle sur le bouchon.

Fig. 8 a. Ce bateau se déplace en sens inverse du sens de l'éjection de l'eau.
b. La chute du lest fait tourner le cylindre sur lequel est fixé le plateau du manège.

Notons que cette situation ne permet pas d'aborder la dégradation de l'énergie et sa transformation en énergie non utilisable, ce qui n'est pas du programme de l'école.

6 Utiliser le Soleil pour chauffer

a. Le chauffe-eau solaire

Vous pouvez fournir aux élèves des **photographies** de chauffe-eau solaire. Sur la ***figure 10*** sont visibles un **schéma** présentant les éléments d'un chauffe-eau solaire, permettant de **proposer des hypothèses** sur son fonctionnement, et une **expérience** pour valider (ou invalider) les hypothèses formulées. L'objectif est de construire un dispositif permettant de **comprendre le fonctionnement** du chauffe-eau et de le rendre le plus efficace possible.

La **source d'énergie** est le Soleil. L'eau chaude étant moins dense que l'eau froide, elle se positionne en haut par rapport à l'eau froide. Dans le chauffe-eau solaire va s'établir une circulation d'eau dans le sens du bas vers le haut. Dans le réservoir, on fait arriver l'eau froide par le bas et on évacue, par le haut, l'eau chauffée vers les robinets d'utilisation. L'eau froide entre dans le capteur où elle est réchauffée. L'eau chaude sort donc de ce capteur. Le déplacement peut être « naturel » (l'eau chaude « monte ») ou accéléré par un petit moteur. On peut ici s'appuyer sur une documentation technique de chauffe-eau solaire pour une maison ou sur des informations relevées lors d'une recherche sur la Toile.

b. Des miroirs pour chauffer

Pour travailler avec les élèves sur le fonctionnement d'un four solaire, deux directions de travail sont possibles : soit les engager dans un projet de fabrication de four, soit se limiter à la compréhension du fonctionnement d'un four existant.

Mener à bien un projet de fabrication nécessite un détour expérimental pour comprendre son fonctionnement et repérer les variables qui ont une influence sur son efficacité, qu'il faudra optimiser lors de la fabrication.

À partir de la définition du projet de fabrication et de l'analyse d'un document (***Fig. 11***), les élèves formulent des hypothèses :
– influence du nombre de miroirs sur la température de l'eau ;
– influence de la couleur du récipient sur la température de l'eau qu'il contient ;
– influence de la présence d'un isolant sur la température de l'eau.

Puis chaque groupe d'élèves conçoit et réalise une des trois expériences : schéma, matériel, réalisation et recueil de données. Après ces expériences et la formulation des conclusions, ils doivent avoir compris l'influence des différentes variables sur le fonctionnement du four. La fabrication peut alors être menée à bien en optimisant les valeurs des variables, de façon à obtenir un four performant, en respectant des contraintes liées au matériel disponible. Un test final doit être réalisé.

Une variante possible pour la fabrication d'un four solaire consiste à utiliser la coque d'un phare de voiture, qu'on oriente par rapport au Soleil. La concentration des rayons lumineux peut être mise en évidence au moyen d'un morceau de papier. (Ne pas y mettre le doigt : risque de brûlure !).

Si l'occasion se présente (exposition, sortie scolaire), il est possible d'envisager un travail autour des fours solaires – type four solaire d'Odeillo, dans les Pyrénées, utilisé pour faire des recherches à haute température sur des matériaux, comme l'indiquera une recherche sur la Toile.

B Peut-on faire des économies d'énergie ?

« La meilleure énergie est celle que l'on ne consomme pas. » En France, actuellement, la plus grande partie de l'énergie utilisée n'est pas renouvelable. Il faut donc l'économiser. Différents moyens sont étudiés et mis en œuvre, aussi bien dans le domaine de l'éclairage que dans les déplacements ou pour le chauffage. On doit aussi le plus possible utiliser un isolant thermique afin de limiter les échanges d'énergie thermique.

1 Comment économiser l'énergie à la maison ?

Les appareils qui consomment le plus d'énergie à la maison sont les systèmes de chauffage. Le robinet thermostatique permet de régler au mieux la température de la pièce dans laquelle se trouve le radiateur sur lequel il est posé.

Les **gestes citoyens** qui permettent d'économiser l'énergie à la maison ou à l'école sont très nombreux et les élèves d'une classe sauront généralement retrouver les plus importants :
– éteindre la lumière en sortant d'une classe ;
– ne pas laisser des appareils en fonctionnement inutilement ;
– limiter les branchements permanents de certains appareils, même en veille ;

Un tableau pour comparer le fonctionnement d'objets qui se déplacent

Objets		Déclenchement de la mise en marche	Ce qui se passe dans l'objet	Ce qui se passe dans l'objet	Ce que fait l'objet	
voiture électrique	pile en bon état	actionner l'interrupteur	le moteur tourne	les roues tournent	la voiture se déplace	pile usée
voiture à ressort		lâcher				
voiture à friction à disque d'inertie		lâcher				
voiture à essence		mettre le contact				
bateau à roue à aubes et à élastique			l'élastique se détord			
bateau à réservoir d'eau			l'eau sort			
voiture-ballon						
manège à poids	poids en hauteur					

- Complète le tableau en mettant dans la même colonne les éléments analogues.
- Complète les titres des colonnes.
- Les objets de la deuxième colonne (pile en bon état, …) sont les sources d'énergie. Compare-les avant et après le mouvement, puis entre elles.
- À quoi reconnaît-on une source d'énergie ?

Fig. 9. Les élèves connaissent les différents objets du tableau. Ils peuvent alors les comparer en complétant les cases non remplies. La source d'énergie est l'organe des seconde et dernière colonnes. Son état est modifié : une source d'énergie s'use. Des sources d'énergie de formes différentes permettent d'obtenir un même effet : une mise en mouvement.

Comment fonctionne un chauffe-eau solaire ?

a. Chauffe-eau solaire

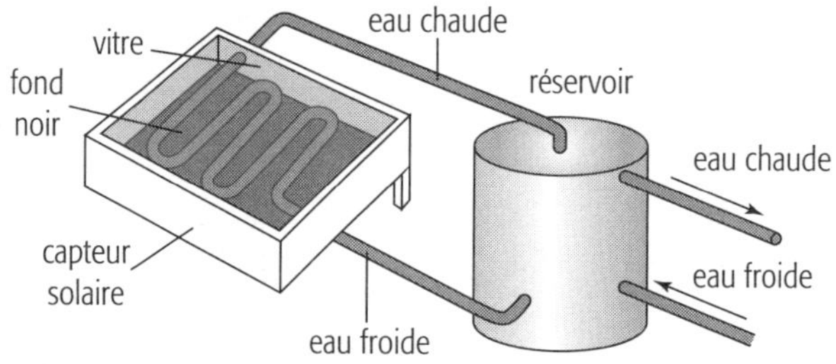

b. Une maquette pour expérimenter

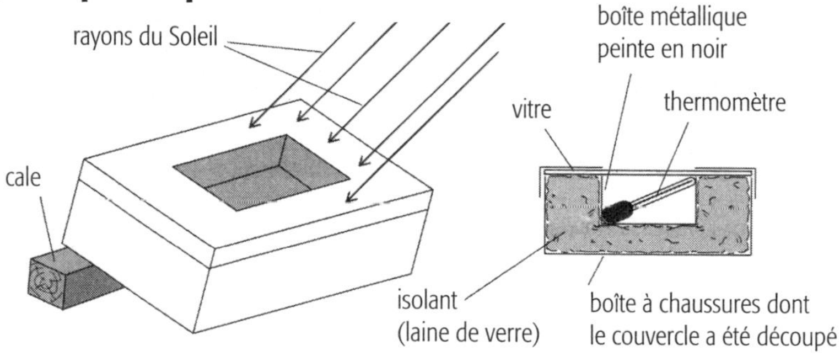

c. Les essais de Sébastien

A	Boîte 1	Boîte 2
vitre	oui	non
inclinaison	oui	la même
couleur	noire	noire
isolant	oui	oui
température après 15 min	81 °C	40 °C

B	Boîte 1	Boîte 2
vitre	oui	oui
inclinaison	oui	non
couleur	noire	noire
isolant	oui	oui
température après 15 min	81 °C	64 °C

C	Boîte 1	Boîte 2
vitre	oui	oui
inclinaison	oui	la même
couleur	noire	blanche
isolant	oui	oui
température après 15 min	81 °C	51 °C

D	Boîte 1	Boîte 2
vitre	oui	oui
inclinaison	oui	la même
couleur	noire	noire
isolant	oui	non
température après 15 min	81 °C	53 °C

• Quels facteurs Sébastien a-t-il testés dans ses expériences ?

A : ________ ; B : ____________________ ; C : ______________ ; D : __________

• Quels sont ceux qui ont une influence sur la température ? ______

• Tu peux fabriquer ce cuiseur solaire pour vérifier les résultats de Sébastien, et pour cuire des œufs ou des pommes de terre.

Fig. 10 a. À partir du schéma, on peut s'interroger sur le fonctionnement du chauffe-eau : pourquoi une vitre, pourquoi un fond noir ?
b. c. Des expériences permettent de tester diverses hypothèses sur le fonctionnement du chauffe-eau solaire.

Production d'élève

Un four solaire à miroirs

a. Un projet élaboré dans une classe

« Nous avons décidé de fabriquer un four solaire. Nous avons utilisé l'énergie du Soleil pour faire augmenter rapidement la température de l'eau. Avant de se lancer dans la fabrication, nous avons lu un document sur "la défense de Syracuse" puis entrepris quelques expériences pour comprendre. »

b. Un document de départ

En 214 avant J.-C., le général romain Marcellus dirige le siège de Syracuse. Archimède, ingénieur militaire, est chargé de défendre la ville. La légende rapporte qu'il a réussi à incendier les galères romaines en utilisant comme « miroirs ardents » les boucliers métalliques de ses soldats.

c. Un document produit par un élève

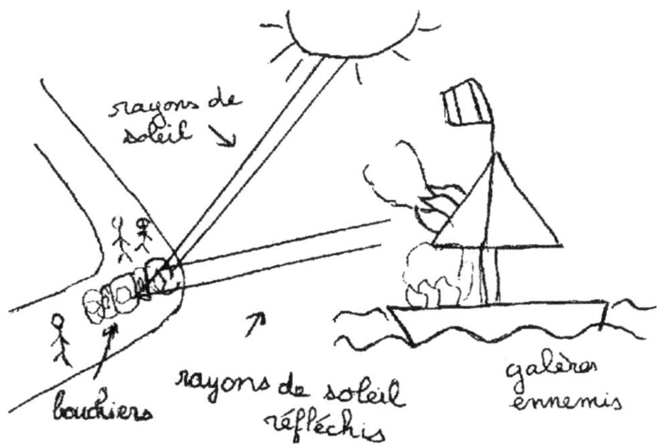

d. Hypothèse 1 : influence du nombre de miroirs

Matériel :
4 miroirs avec des supports, 1 récipient avec de l'eau, 1 thermomètre, 1 chronomètre ou une montre.

Schéma :
L'expérience est réalisée avec 0 ; 1 ; 2 ; 3 ; 4 miroirs pendant 1/4 d'heure. Les miroirs concentrent les rayons du Soleil sur le récipient.

Résultats :
La température initiale est toujours de 15 °C. Les températures finales sont les suivantes :

Nombre de miroirs	0	1	2	3	4
Température finale	16 °C	18 °C	19 °C	22 °C	25 °C

• La température la plus élevée est celle que l'on obtient dans l'expérience avec 4 miroirs : 4 miroirs réfléchissent davantage de lumière.

• Plus on augmente le nombre de miroirs, tout en dirigeant les rayons vers la bouteille, plus la température de l'eau augmente.

e. Hypothèse 2 : influence de la chaleur du récipient

• La température finale est plus élevée avec des couleurs foncées :
transparent < blanc < vert pomme < vert < vert foncé < noir

• Plus la couleur est foncée, plus la température de l'eau augmente.

• Plus la couleur est foncée, plus elle absorbe l'énergie lumineuse.

f. Hypothèse 3 : influence de la présence d'un isolant

• La température de l'eau augmente plus rapidement si l'on place l'ensemble dans un dispositif avec un isolant.
• Nous avons utilisé du polystyrène.

g. Test final

• Le four solaire a été mis au soleil pendant 3 heures.

• La température de l'eau est montée jusqu'à 72 °C !

Fig. 11. On peut repérer les étapes de l'activité de cette classe : élaboration d'un projet de fabrication (***a***) ; analyse d'un document (***b*** et ***c***) ; émission d'hypothèses et réalisation d'expériences (***d*** à ***f***) ; test du four fabriqué (***g***).

– régler le chauffage des pièces suivant leur usage ;
– utiliser des robinets thermostatiques, des régulateurs, des programmateurs…
– choisir les bons appareils (classe A pour la consommation énergétique).

❷ Économies d'énergie et habitat

La laine de verre, le polystyrène ou l'air (en faible épaisseur comme dans le double vitrage ou dans le béton cellulaire) constituent des **matériaux** ou des **dispositifs limitant les échanges énergétiques** entre l'intérieur et l'extérieur. Ils permettent donc d'économiser l'énergie utilisée pour le chauffage. Certains matériaux anciens sont à nouveau utilisés pour bâtir les murs : le pisé (mélange d'argile crue et de paille), le bois, la paille en bottes.

On peut inviter les élèves à « penser comme un architecte ». La construction d'une maison répond à diverses contraintes économiques, esthétiques, techniques… Du point de vue de la gestion de l'énergie, il faut porter une attention particulière à **l'orientation de la maison**, à la gestion de l'environnement, à la **disposition des ouvertures**, à la **répartition des pièces**, à la sélection des matériels de chauffage et d'isolation. Il faut toutefois ne pas obstruer toutes les ouvertures, de façon à maintenir une circulation d'air dans la maison, nécessaire pour y vivre et de préférence opter pour une ventilation naturelle et non mécanique.

Les élèves pourront repérer certains de ces aspects à partir d'un travail sur document (***Fig. 12***). Par exemple, on évite de placer les ouvertures des pièces vers le nord parce que c'est le moins ensoleillé. Certaines pièces non chauffées, comme le garage, peuvent servir de « tampon » d'isolation pour d'autres. Le garage sera alors du côté Nord. Une haie d'arbustes à feuilles persistantes peut jouer un rôle d'écran si elle est plantée du côté Nord : elle détournera les vents froids de l'hiver par-dessus la maison. Des arbres à feuilles caduques du côté Sud permettront de profiter de l'ensoleillement l'hiver et limiteront par contre cet effet l'été.

On considère qu'une maison **mal isolée** perd de l'énergie par le toit (35 %), par les murs (25 %), par les ouvertures (25 %), par le sous-sol ou le sol (15 %). Il correspond à ces pertes des normes d'isolation, variables suivant le lieu d'implantation en France. 20 cm de laine de verre au toit, 80 mm aux murs, 40 mm de polystyrène au sol et un double vitrage correspondent à une moyenne de dimensions d'isolants employés. Les canalisations d'eau doivent également faire l'objet d'une isolation. On utilise pour cela des manchons de mousse.

On pourra sur ce thème proposer aux enfants :
– une **enquête** sur l'orientation, sur l'isolation et sur le dispositif de chauffage de leur maison ;
– une **étude documentaire** (par exemple sur la Toile) sur les matériaux employés avec la possibilité de disposer d'échantillons ;
– la **visite** d'une maison en chantier ou l'intervention dans la classe d'un architecte.

Une **expérience** montrant le rôle isolant de l'air immobile peut être proposée : il s'agit de disposer sur une planche deux glaçons identiques, de coiffer l'un des deux d'un verre retourné plein d'air et d'observer lequel fond le plus vite. C'est parce que l'air immobile, surtout en faible épaisseur, peut être considéré comme un isolant que de nombreux matériaux contiennent de l'air emprisonné dans des plaques, des micro-billes ou des fibres. Les isolants habituellement utilisés sont performants : une épaisseur de 1 cm de laine de verre assure la même protection relativement aux échanges d'énergie thermique qu'une brique de 36 cm ou que 3 m de béton.

❸ Une expérimentation : la laine chauffe-t-elle ?

Il s'agit d'une suite de séances « à rebonds », dans laquelle les réponses données à une question amènent à de nouvelles problématiques.

Il est nécessaire de disposer de laine, de thermomètres, d'eau « chaude » à une température plus élevée que celle de la salle de classe et d'eau « froide » à une température moins élevée que celle de la salle de classe, de glaçons et d'un dispositif permettant d'obtenir de l'eau chaude.

a. Hypothèses et expérimentation

Une **question** est posée un jour de grand froid, alors que les enfants entrent en classe avec des pulls et des blousons : pourquoi mettez-vous un pull de laine ? Les élèves **proposent des réponses** : *Pour avoir chaud ! Parce que la laine chauffe !* Le professeur demande alors aux élèves de vérifier ces affirmations, qui deviennent ainsi des **hypothèses** à tester.

Les élèves doivent ensuite passer de **l'hypothèse** à **l'expérimentation**. Ils associent couramment le « chauffage » d'un objet, c'est-à-dire l'apport d'énergie thermique, à l'élévation de la température de cet objet. Ils proposent donc **l'expérience** consistant à placer, dans un pull de laine ou un morceau de laine, un thermomètre. Il y a déjà là la marque du dépassement d'un obstacle. En effet, la sensation

Des moyens utilisés pour économiser l'énergie dans une maison

a. Penser comme un architecte

Il faut penser aux économies d'énergie au moment de la construction d'une maison.
Cette maison est-elle bien construite ?

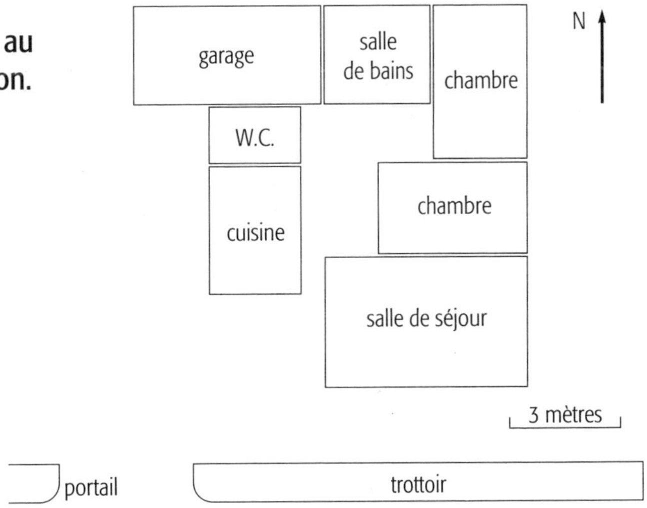

- **Place** portes et fenêtres sur le plan de la maison.
- **Choisis des couleurs** pour la légende, et reporte ces couleurs sur la légende et le plan de la maison.
- **Place sur le terrain** une haie d'arbustes, des arbres et justifie le choix de leurs emplacements.

Légende
- ☐ mur isolé
- ☐ mur non isolé
- ☐ porte ou fenêtre isolée
- ☐ porte ou fenêtre non isolée
- arbre à feuilles caduques
- arbre à feuilles persistantes
- arbuste à feuilles persistantes

b. Des dispositifs utilisés pour l'isolation

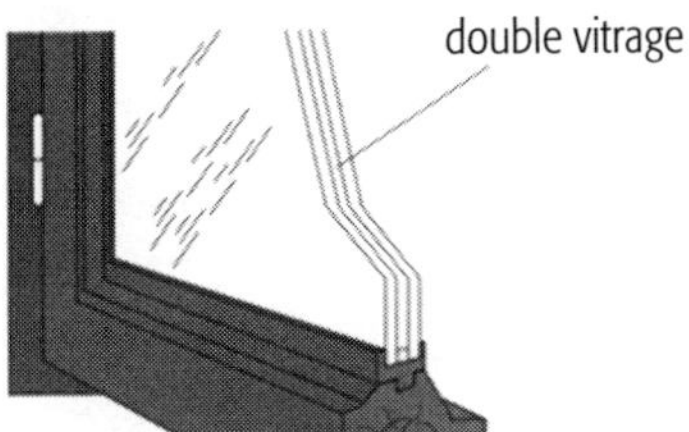

Isolation des fenêtres

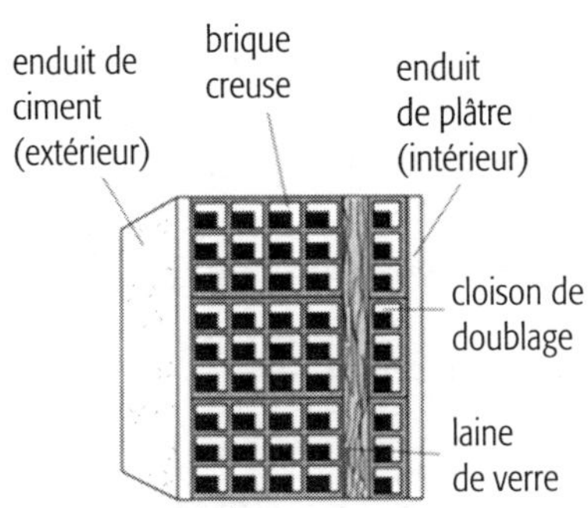

Isolation des murs

Isolation des canalisations de chauffage
(dans le sous-sol)

Isolation des toits

1 cm d'isolant du type « laine de verre » ou « polystyrène » assure la même protection thermique que 36 cm de briques ou 3 m de béton.

Fig. 12. Il faut penser aux économies d'énergie dès la construction d'une maison :
a. pour choisir son orientation et la disposition des pièces et des ouvertures ;
b. pour y installer des dispositifs isolants.

de « chauffage » due à la laine a pour bénéficiaire l'être humain. Penser à déléguer cette sensation à un appareil de mesure correspond à un objectif à atteindre.

L'expérience est réalisée. Elle aboutit à une invalidation de l'hypothèse à condition d'avoir pris une précaution au niveau des conditions initiales. La laine et le thermomètre doivent avoir séjournés dans la salle suffisamment de temps pour que l'équilibre thermique soit atteint, c'est-à-dire qu'ils aient la même température initiale. La ***figure 13a*** présente le cahier d'un élève ayant utilisé une autre procédure expérimentale.

Une **nouvelle question** peut alors être posée : « La laine ne chauffe pas, alors pourquoi met-on des pulls en laine ? La laine ne servirait-elle à rien ? »

Il faut à nouveau recourir à l'**expérimentation** pour **répondre** à ces questions. Une série d'expériences peut alors être mise en place par groupes d'élèves, chaque groupe réalisant son projet et devant ensuite le présenter. Elles vont avoir pour objectif de déterminer le rôle de la laine. Tous les récipients utilisés sont identiques (pots de yaourt par exemple). Les morceaux de laine, les récipients et les thermomètres doivent tous se trouver au départ dans la salle et donc présenter la même température.

Les **conditions expérimentales** font partie des objectifs de compréhension pour les élèves. Elles doivent donc faire l'objet d'une **argumentation** sérieuse, basée sur la nécessité de ne jouer que sur **une seule variable** (la température initiale de l'eau, qui peut être plus élevée ou plus basse que la température ambiante, compte comme une variable) et de prendre systématiquement un témoin sans laine. On utilise toujours **des récipients identiques** :
– récipient avec eau chaude et thermomètre, entouré de laine (***Fig. 13b***) ;
– récipient avec eau chaude et thermomètre, non entouré de laine (***Fig. 13b***) ;
– récipient avec eau froide et thermomètre, enroulé de laine ;
– récipient avec eau froide et thermomètre, non enroulé de laine ;
– récipient vide, avec thermomètre, enroulé de laine ;
– récipient vide, avec thermomètre, sans laine.

L'expérience est réalisée, elle peut être accompagnée d'un **tableau de relevés de mesures** de la température en fonction de la durée (***Fig. 13b***). Les élèves peuvent, en fonction de leurs acquis en mathématiques, traduire ces résultats sous forme de graphique.

Le témoin est très souvent oublié. On peut laisser faire aux élèves les premiers relevés. L'expérience montre que, dans le cas du récipient avec l'eau chaude, la température baisse et, dans le cas du récipient contenant de l'eau froide, la température varie peu (cela dépend de la différence entre la température de l'eau et celle de la salle de classe). La question du rôle de la laine se pose alors avec plus de pertinence. C'est souvent à ce stade que les élèves prennent conscience du concept de témoin.

Les deux derniers protocoles correspondent à la première expérience réalisée et ils ne sont donc pas indispensables. Ils peuvent cependant être présentés comme validation supplémentaire. Ils permettent également de connaître rapidement la température correspondant à l'équilibre thermique qui sera finalement atteinte dans tous les cas. Il s'agit de relever la température à différents instants, jusqu'à ce que l'équilibre thermique soit atteint ou, du moins, que l'on puisse conclure de façon satisfaisante sur le sens de variation.

b. Conclusions

À l'issue des expériences, les élèves peuvent **formuler les conclusions**.
– La température de l'eau chaude diminue, mais moins vite dans le récipient entouré de laine.
– La température de l'eau froide augmente, mais moins vite dans le récipient entouré de laine.
– Toutes les températures finales sont égales.

Ils peuvent ensuite **interpréter** les résultats des expériences :
– la laine ne chauffe pas ;
– la laine gêne les échanges d'énergie ;
– les objets tendent à prendre la température du lieu où ils se trouvent.

Le professeur introduira le terme : la laine est un **isolant thermique**.

Il faut noter que le temps de l'expérience peut être relativement long. Il dépend de l'écart des températures entre l'eau chaude et l'air ambiant, entre l'eau froide et l'air ambiant, de la quantité d'eau, de l'épaisseur de laine. Les résultats seront d'autant plus probants que la différence de température sera grande.

Il vaut mieux essayer l'expérience avant de la faire réaliser aux enfants afin de prévoir éventuellement, en parallèle à cette expérimentation, des activités du type étude documentaire par exemple.

c. Prolongements possibles

Pour **prolonger** cette activité, les notions d'isolants et de conducteurs thermiques peuvent être étudiées à partir **d'activités expérimentales** et de **travaux**

Pourquoi la laine tient-elle chaud ?

a. Production d'élève — La laine chauffe-t-elle ?

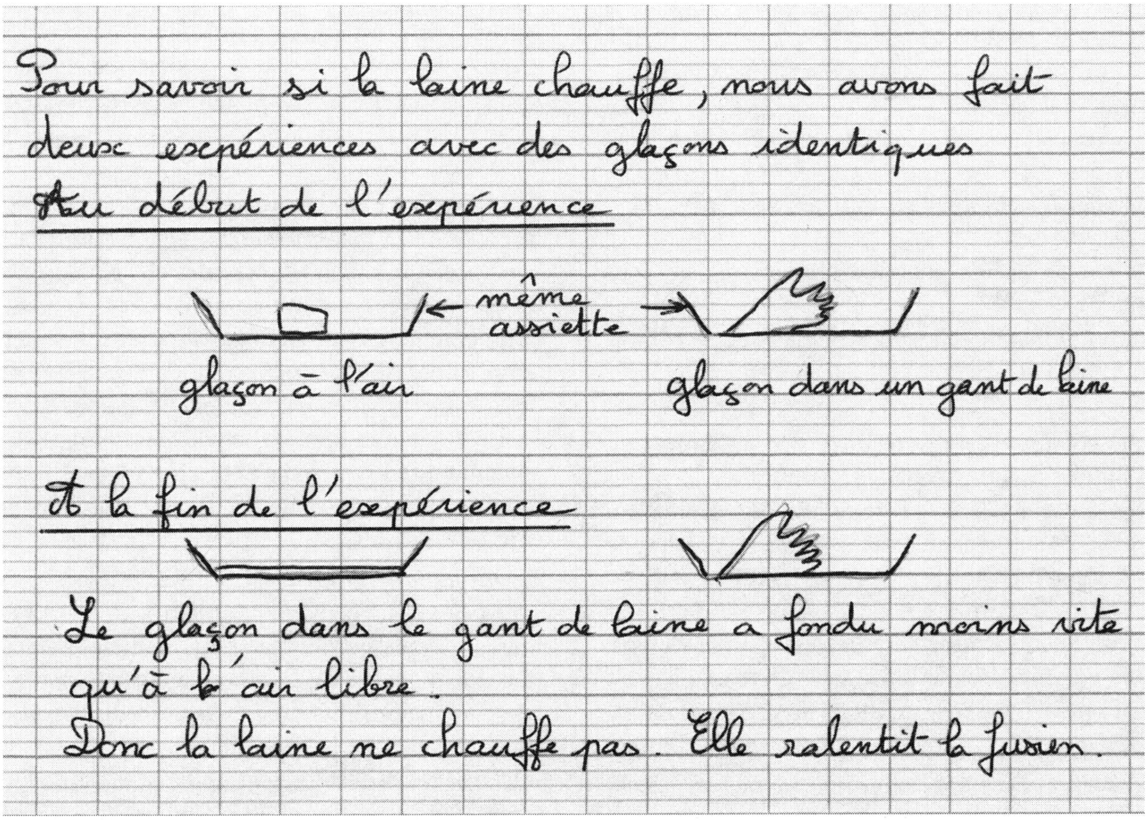

Pour savoir si la laine chauffe, nous avons fait deux expériences avec des glaçons identiques

Au début de l'expérience

A la fin de l'expérience

Le glaçon dans le gant de laine a fondu moins vite qu'à l'air libre.
Donc la laine ne chauffe pas. Elle ralentit la fusion.

b. Doc. élève — Une expérience pour tester la laine

Temps (en minutes)	Température (en degrés)	
	A	B
0	60	60
5	57	54
10	54	48
15	51	43
30	43	30
45	37	20

Ces deux récipients identiques contiennent la même quantité d'eau chaude.

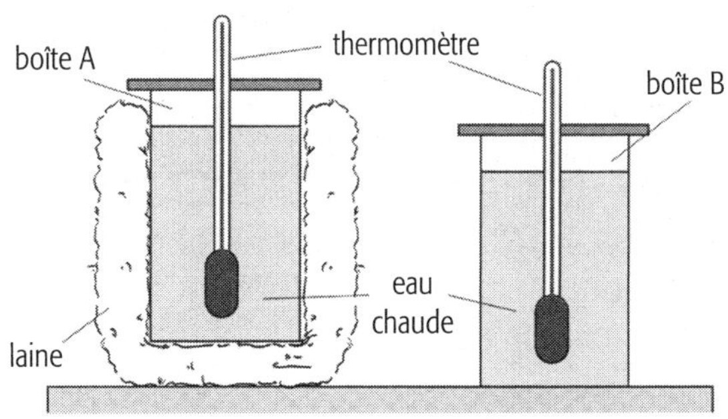

Fig. 13 a. Le compte rendu d'une expérience sur un cahier d'élève.
b. Une expérience avec un témoin pour savoir si la laine conserve l'eau chaude.

sur documents. Certaines **caractéristiques** sont précisées, notamment l'influence de la forme et de l'épaisseur :

– plus il est épais, meilleur est l'isolant ;

– plus la surface en contact avec l'air extérieur est importante, plus rapide est l'échange, moins est efficace l'isolation.

Des questions portant sur des **objets du quotidien** peuvent être posées :

– Quelles sont les matières utilisées dans les casseroles ?

– Quelles formes ont les radiateurs de chauffage dans les maisons ?

– Qu'est-ce qu'une bouteille thermos ? Une couverture de survie ?...

Il est important de relever que l'usage de ces objets détermine leur constitution, leur matière et leur forme.

• Pour certains d'entre eux, on recherche et on favorise un maximum d'échange thermique : le radiateur doit transmettre l'énergie de l'eau chaude qui circule à l'intérieur au milieu ambiant. La grande surface des oreilles de l'éléphant permet de dissiper l'énergie thermique excédentaire produite par le corps massif (faible surface de peau par rapport à son volume). Et si l'éléphant d'Afrique a des oreilles plus grandes que l'éléphant d'Asie, ce n'est pas le fait du hasard mais de l'adaptation au climat.

• Pour d'autres, c'est l'effet inverse qui est nécessaire, on **gêne** l'échange thermique : le manche de la casserole doit isoler le cuisinier de l'eau chaude qu'elle contient.

4 Comment isoler une boîte ?

Dans le cadre d'un **projet de fabrication** d'objet, les élèves peuvent chercher à construire la boîte la plus isolante, pour une couveuse par exemple.

Les élèves proposeront probablement d'entourer une boîte avec différents éléments : carton, laine, tissu de coton, plastique à bulle, feuille d'aluminium, polystyrène... Pour tester leurs propositions, ils pourront placer dans cette boîte un récipient d'eau chaude avec un thermomètre, qui dépasse par un orifice aménagé dans le couvercle. Pour **comparer l'efficacité** de leurs propositions, ils doivent **veiller à ne faire varier que** l'emballage des boîtes, c'est-à-dire utiliser des boîtes identiques contenant la même quantité d'eau chaude, à la même température. Il est judicieux de comparer avec une boîte non entourée.

Ils relèveront régulièrement la température et pourront organiser leurs résultats dans un tableau. Ils **constateront** que la température diminue dans tous les cas, mais plus ou moins rapidement. Ils pourront alors **conclure** que les dispositifs pour lesquels la température diminue moins rapidement que dans la boîte non emballée ralentissent le refroidissement de l'eau chaude (gênent le transfert d'énergie par chaleur entre l'eau chaude et l'air ambiant). Le **professeur** indiquera qu'on les appelle des **dispositifs isolants**.

Remarques :

– Les élèves ne peuvent pas maîtriser expérimentalement l'épaisseur du matériau, même s'ils mettent plusieurs couches car ils emprisonnent alors de l'air. Les conclusions portent donc sur les dispositifs utilisés mais pas sur les matériaux.

– Dans le cas du récipient emballé avec la feuille d'aluminium, les résultats peuvent être différents selon que la face brillante est tournée vers l'intérieur du récipient ou vers l'extérieur, donc varier selon les conditions de l'expérience. En effet, il y a concurrence entre deux modes de transferts d'énergie : par conduction thermique (et l'aluminium comme tous les métaux est un bon conducteur thermique), qui va accélérer le refroidissement de l'eau par rapport à celui du récipient non emballé, et par rayonnement, qui est réfléchi par le côté brillant de la feuille d'aluminium.

Partie

3

La lumière

La lumière correspond à un domaine de la physique qui figure dans les programmes de l'école. À l'école maternelle, les élèves ont pu se familiariser avec des phénomènes lumineux : réalisation et observation d'ombres, de taches lumineuses, utilisation de miroirs, d'instruments optiques (loupes, kaléidoscopes...), comparaison d'objets transparents ou non, manipulations et observations liées aux couleurs. On retrouve l'étude des phénomènes lumineux à l'école élémentaire, au cycle des approfondissements. Elle y est limitée à « lumières et ombres ».

De nombreuses situations peuvent être travaillées avec les élèves :
– Pourquoi et dans quelles conditions observe-t-on une ombre sur un objet, sur le sol ou un mur ?
– De quoi dépendent la forme, la taille de l'ombre ?
– Quelles différences y a-t-il entre l'ombre d'un objet au soleil et celle obtenue avec une lampe ?...

Les activités sur la lumière sont en relation avec d'autres parties du programme :
– en astronomie (observation du ciel, les phases de la Lune, le jour et la nuit) ;
– dans le domaine de l'énergie (utilisation d'une source d'énergie lumineuse, consommation des lampes, énergie et rayonnement solaires).

Certaines situations proposées, enfin, peuvent donner lieu à des activités transdisciplinaires, notamment avec les mathématiques, par exemple :
– Comment mesurer la hauteur d'un poteau à partir de la longueur de son ombre ?
– Comment mesurer la largeur d'une rivière que l'on ne peut traverser ?

Chapitre 7

Lumière et ombre

Travailler sur la formation des ombres suppose dans un premier temps de savoir obtenir une ombre, donc des expérimentations réalisées par les élèves. Il faut ensuite mettre en relation l'ombre et les conditions dans lesquelles on peut l'obtenir. Les élèves s'appuieront sur l'observation et l'expérience pour y parvenir. Enfin, l'introduction et l'utilisation d'un modèle permettront de comprendre la formation des ombres, ainsi que d'autres phénomènes lumineux intervenant dans des appareils optiques.

Nous compléterons par des précisions, utiles pour les enseignants, concernant les couleurs et la détection de défauts de la vision chez les élèves.

Le programme *(BO hors série n° 3 du 19 juin 2008)*	
CE2, CM1 et CM2	
SCIENCES EXPÉRIMENTALES ET TECHNOLOGIE **Le ciel et la Terre** Lumières et ombres. **DEUXIÈME PALIER POUR LA MAÎTRISE DU SOCLE COMMUN** **Compétence 3A) Les principaux éléments de mathématiques** L'élève est capable de : – utiliser les unités de mesure usuelles ; utiliser des instruments de mesure ; – savoir organiser des informations numériques ou géométriques, justifier et apprécier la vraisemblance d'un résultat ; – lire, interpréter et construire quelques représentations simples : tableaux, graphiques.	**Compétence 3B) La culture scientifique et technologique** L'élève est capable de : – pratiquer une démarche d'investigation ; savoir observer, questionner ; – manipuler et expérimenter, formuler une hypothèse et la tester, argumenter ; – mettre à l'essai plusieurs pistes de solutions ; – exprimer et exploiter les résultats d'une recherche en utilisant un vocabulaire scientifique à l'écrit et à l'oral ; – maîtriser des connaissances dans divers domaines scientifiques.

Informations pour l'enseignant

Différents modèles existent en physique pour étudier la lumière. Au niveau de l'enseignement à l'école primaire, le modèle du rayon lumineux (*cf.* partie A ci-dessous) permet d'interpréter par exemple le phénomène des ombres et certaines réalisations comme la chambre noire. Le modèle de décomposition/composition de la lumière blanche, que nous présenterons rapidement, permet d'interpréter des phénomènes liés aux couleurs (*cf.* partie C ci après).

A La lumière

1 Propagation de la lumière

À l'école primaire, on utilise, pour la lumière, **le modèle géométrique du rayon lumineux**. On observe que, dans un milieu homogène (identique dans tout son espace, dans toutes les directions), la lumière se propage suivant des directions – les rayons – rectilignes. En langage plus courant, on dira que « **la lumière se propage en ligne droite** ».

En ce qui concerne le sens de propagation de la lumière, **des conceptions erronées** ont existé dans les temps passés et existent toujours chez nombre d'élèves. La plus répandue consiste à considérer que le rayon lumineux va de l'œil à l'objet. Cette conception est soutenue, dans le langage commun, par des expressions comme « jeter un regard », « lancer un regard », etc.

En fait, la lumière, créée par des objets (le Soleil, les « vers luisants », l'éclair, les lampes...), est envoyée dans toutes les directions. Les objets qui la reçoivent – qui sont éclairés – la **diffusent** en transformant ses caractéristiques, par exemple la couleur. Songez à ce propos aux changements de couleurs d'un vêtement lorsqu'il est éclairé par des sources de lumières différentes (de couleurs différentes). L'œil reçoit les informations lumineuses et les transforme en signaux, qui sont ensuite interprétés par le cerveau. La vision est donc complexe dans le sens où elle fait intervenir plus que le phénomène physique de formation/transformation des images par l'œil.

2 Sources de lumière

On distingue les **sources de lumière primaires** (qui fabriquent la lumière), comme le Soleil, une luciole, et les **sources secondaires** (qui diffusent la lumière), comme les objets dans une pièce éclairée, mais aussi les planètes, la Lune (***Fig. 1c***).

Les jeunes élèves rattachent souvent lumière et électricité, conception soutenue dans le langage commun par des expressions du type : « allumer la lumière », lorsqu'on actionne un interrupteur. Il convient de montrer qu'il existe des **sources de lumière naturelle** (éclair, Soleil) et des **sources de lumière artificielle** (lampes), dont la « lumière d'origine électrique », mais qu'elle soit naturelle ou artificielle, on parle de « lumière » et la plupart des effets obtenus sont identiques.

Les sources de lumière peuvent être considérées comme **ponctuelles** (***Fig. 1a***) si leur surface est petite au regard des objets qu'elles éclairent, sinon elles sont **étendues**. Ces dénominations peuvent donc être relatives aux phénomènes étudiés.

Chaque point du Soleil peut être considéré comme une source ponctuelle et les rayons émis sont divergents. Mais la distance Soleil-Terre étant très importante relativement à la taille de la Terre, ce sont des rayons de directions très voisines qui arrivent sur la Terre. En première approximation, on considère alors que les rayons venant du Soleil sont parallèles (***Fig. 1b***). Cela permet d'interpréter certains phénomènes astronomiques (explication des phases de la Lune, de la construction d'un cadran solaire).

Pour d'autres phénomènes, on devra considérer le Soleil comme une source étendue, mais pas infiniment éloignée (explication des zones de pénombre dans une éclipse de Soleil). Les sources de lumière électriques ne sont généralement pas des sources ponctuelles, sauf les petites ampoules pour lampe de poche, utilisées sans le réflecteur du boîtier.

3 Opaque – Transparent – Translucide

On distingue :

– les objets **opaques**, à travers lesquels la lumière ne se propage pas et qui provoquent un phénomène **d'ombre** ;

– les objets **transparents**, qui laissent passer la lumière et à travers lesquels on distingue les formes et les couleurs ;

– les objets **translucides**, qui laissent passer la lumière, mais à travers lesquels on ne distingue pas (ou mal) les formes et les couleurs. C'est le cas par exemple du papier calque, des nuages, de la porcelaine.

Cette classification est sujette à des précautions. Une matière comme l'eau peut être transparente pour de faibles épaisseurs, puis translucide pour des épaisseurs un peu plus importantes et finalement opaque à de grandes épaisseurs : les fonds marins profonds sont sombres, les plongeurs en mer sont équipés de lampes pour pouvoir faire leurs observations.

4 Vitesse de la lumière

La vitesse de propagation de la lumière, que les scientifiques ont longtemps crue infinie, a une valeur finie, mais extrêmement élevée : 300 000 km par seconde. 300 000 km représentent environ 7 tours et demi de la Terre au niveau de l'équateur.

Cette grandeur permet de définir **l'année de lumière** ou année-lumière (al), qui correspond non pas à une durée comme son nom peut malheureusement l'induire, mais à la **distance** parcourue par la lumière en une année. Cette valeur est de 9 467 milliards de kilomètres soit environ 10^{13} km. Elle est utilisée en astronomie comme unité, pour donner par exemple des distances entre étoiles au sein d'une galaxie.

La lumière de la Lune, située à 384 000 km de la Terre, met 1,2 s pour nous parvenir. On dira que la Lune est à 1,2 seconde de lumière de la Terre. La lumière du Soleil, situé à 150 000 000 km de la Terre, met 8 min et 20 s pour nous parvenir. On dira que le Soleil est à 500 secondes de lumière de la Terre. L'étoile la plus proche de la Terre (hors Soleil : l'étoile alpha-proxima du Centaure) est à 4,3 années de lumière de la Terre ! Ce qui signifie que l'on voit l'étoile telle qu'elle était il y a un peu plus de quatre ans. Plus les astronomes regardent loin, plus ils remontent dans le temps… mais ils ne peuvent pas « voir » l'Univers tel qu'il est maintenant.

B Les ombres

1 Ombre propre et ombre portée

Un objet placé devant une source de lumière présente une partie éclairée, celle qui est orientée vers la source et une partie non éclairée, appelée **ombre propre** de l'objet (***Fig. 2a***).

Pour observer une **ombre portée**, il faut trois éléments : une source de lumière, un objet opaque et un écran (opaque ou translucide). Cet écran peut être le sol, un mur… Ces trois éléments sont disposés dans l'espace suivant cet ordre. L'ombre portée est observée sur l'écran. Pour parler d'ombre, il faut en toute rigueur préciser ces trois éléments et leurs dispositions relatives.

Lorsqu'on se trouve sous un arbre, il devrait faire noir, s'il n'y avait que l'arbre et le Soleil. Mais les objets environnants diffusent de la lumière vers la zone ombragée et l'herbe à l'ombre de l'arbre par rapport au Soleil n'apparaît pas noire. La zone d'ombre au sol est appelée « **ombre portée** », mais toute la zone comprise entre l'arbre et le sol est aussi dans l'ombre.

Si l'objet se trouve dans un lieu obscur – en dehors de la source de lumière qui l'éclaire – son ombre propre n'est pas visible. Elle devient visible si la pièce dans laquelle se trouve l'objet n'est pas totalement obscurcie, les objets de la pièce diffusent alors de la lumière et éclairent un peu l'objet.

Quand la source de lumière qui éclaire un objet opaque est ponctuelle, l'ombre portée a un contour net. Quand cette source est étendue, il existe sur l'écran une **zone de pénombre**, passant du sombre vers l'éclairé, en bordure de l'ombre portée. Une zone de pénombre existe aussi en bordure de l'ombre propre (***Fig. 2b***).

2 De quoi dépend la forme d'une ombre portée ?

La forme de l'ombre portée d'un objet dépend de ses **orientations** par rapport à la source et à l'écran. Quand on fait varier ces orientations, les formes de l'ombre portée changent. On peut ainsi obtenir, pour un anneau : une ombre rectiligne s'il est perpendiculaire à l'écran et une ombre en forme d'anneau s'il lui est parallèle.

Dans le cas d'un **objet de faible épaisseur**, il faut placer **l'objet parallèlement à l'écran** pour obtenir une ombre de la même forme que l'objet. Il n'est pas nécessaire d'aligner source de lumière, centre de l'objet et centre de l'écran pour obtenir ce résultat.

Si on place **plusieurs objets longilignes perpendiculairement** à un écran (des piquets plantés verticalement dans un plan horizontal par exemple), les ombres portées seront rectilignes. Elles seront :
– **parallèles** si les **rayons** de la source de lumière sont **parallèles** (cas du Soleil ; ***Fig. 6a***) ;
– **divergentes** si les rayons de la **source** de lumière sont **divergents** (cas d'une lampe ; ***Fig. 6b***).

3 De quoi dépend la taille d'un ombre portée ?

La taille de l'ombre portée dépend de **différents facteurs**.

• Si les **rayons** de la source peuvent être considérés comme **parallèles** (par exemple, si la source de lumière est le Soleil), la taille de l'ombre est toujours la même, quelles que soient les distances entre l'objet et l'écran – à condition que l'on ne change pas les **orientations** relatives.

Des sources de lumière

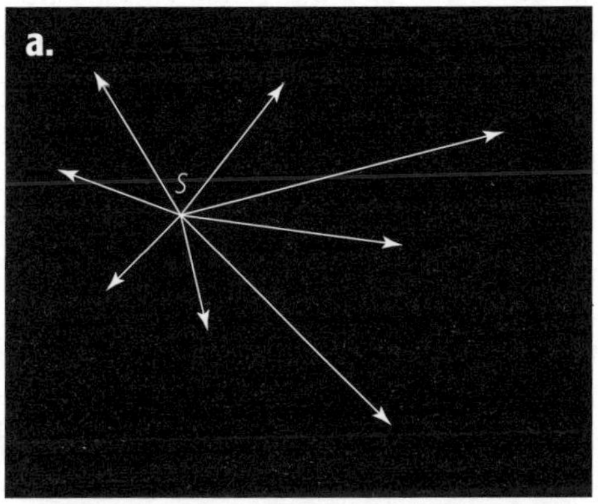

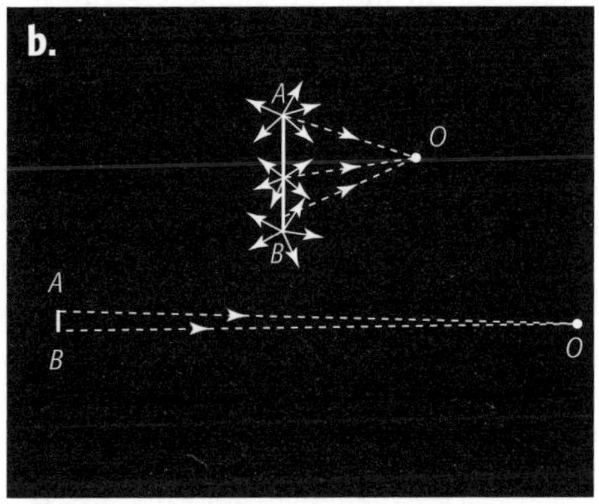

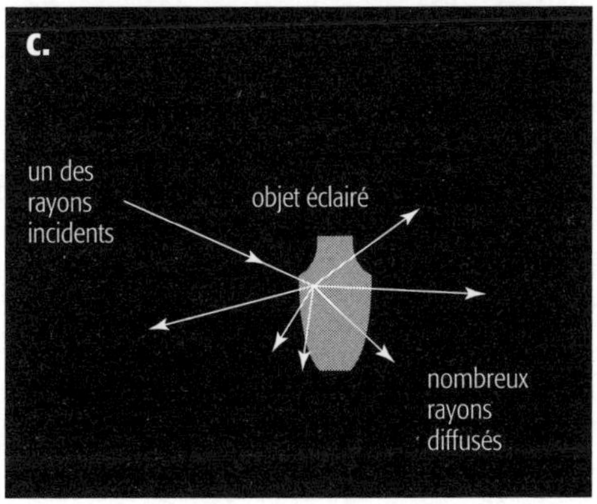

Fig. 1 a. Une source de lumière ponctuelle.
b. La source AB est étendue : chaque point de la source émet des rayons dans toutes les directions. On a représenté en pointillés les rayons qui sont perçus par un observateur *O*. Si l'observateur *O* est très éloigné, les rayons qu'il reçoit sont quasi parallèles (cas des rayons du Soleil arrivant sur Terre).
c. Un objet éclairé diffuse la lumière reçue dans toutes les directions : c'est une source de lumière secondaire.

Ombre et pénombre

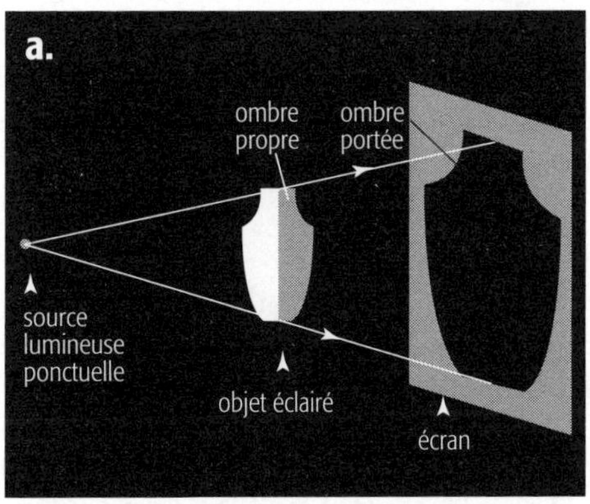

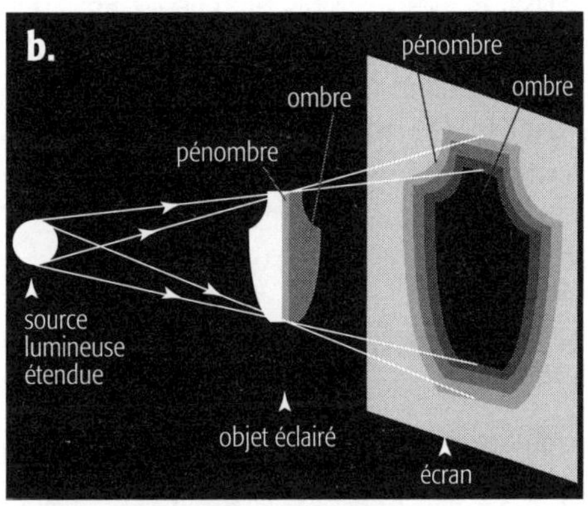

Fig. 2. La partie non éclairée de l'objet correspond à l'ombre propre. Sur l'écran, on observe l'ombre portée.
a. La source de lumière est ponctuelle : les bords des ombres sont nets.
b. La source de lumière est étendue. On distingue deux zones dans l'ombre portée, l'ombre et la pénombre, qui est représentée en dégradé sur la figure. On retrouve une zone de pénombre sur l'objet.

Si l'objet (de faible épaisseur) est **parallèle** à l'écran, on a alors **égalité** de taille entre l'ombre portée et l'objet.

• Si les **rayons** ne sont **pas parallèles** (cas d'une lampe par exemple), les facteurs influençant la taille de l'ombre sont les **orientations**, la **taille de l'objet** et les **distances** entre la source et l'objet, entre l'objet et l'écran, entre la source et l'écran. Pour un objet donné, si les orientations et la distance source-objet sont fixées, la taille de l'ombre diminue si on rapproche l'objet de l'écran.

Dans le cas où l'objet (mince) est **parallèle** à l'écran, l'ombre est **homothétique** de l'objet, c'est-à-dire que leurs dimensions sont proportionnelles et que les angles sont conservés (l'ombre d'un rectangle est un rectangle…). Elle est toujours plus grande que l'objet.

C Les couleurs

1 Synthèse additive

La **lumière blanche** est constituée par la **superposition** d'une infinité de **couleurs**. On peut le mettre en évidence par la **décomposition** de la lumière blanche : l'arc-en-ciel, les spectres colorés obtenus avec des prismes de verre en sont des exemples. On peut aussi **recomposer** de la lumière blanche à partir de lumières colorées (*voir page 3 de la couverture*). En fait, on peut reconstituer l'effet de la lumière blanche à partir de seulement trois couleurs à condition qu'elles soient bien distinctes. Ce sont des couleurs dites « primaires ». Les plus souvent rencontrées sont le rouge (R), le vert (V) et le bleu (B). Elles sont utilisées par exemple pour la synthèse additive, permettant d'obtenir la gamme entière des couleurs dans les téléviseurs. De manière ludique, il est possible de reconstituer un effet de lumière blanche en faisant tourner une toupie colorée par secteurs en violet, bleu, vert, jaune, orangé, rouge.

2 La couleur des objets

De nombreux objets éclairés par la lumière du Soleil sont colorés. Si un objet éclairé par de la lumière blanche (R + V + B) nous apparaît « jaune » par exemple, c'est parce qu'il « absorbe » la couleur complémentaire (le Bleu) et laisse passer ou diffuse le « jaune » (Rouge + Vert). Si cet objet est éclairé avec de la lumière « Bleue », il apparaît « Noir », car il absorbe le Bleu et ne laisse donc rien passer (absence de lumière = Noir). Si ce même objet est éclairé avec de la lumière Cyan (Vert + Bleu), il absorbe le Bleu et laisse passer le Vert. Il apparaît « Vert ». La couleur d'un objet dépend donc de sa nature (ce qu'il absorbe comme couleur) et de la couleur de la lumière qui l'éclaire. La **couleur** d'un objet est le résultat **d'une interaction entre la lumière et la matière**.

3 Synthèse soustractive

Les remarques précédentes montrent que l'on peut aussi « enlever » une partie des couleurs d'un objet. C'est ce que l'on fait quand on « superpose » des couleurs, quand on place des filtres devant des lumières. On est alors en « synthèse soustractive » (*voir page 3 de la couverture*). Si l'on met un filtre Jaune (qui absorbe donc le Bleu) devant un objet Bleu (qui ne laisse donc passer que le Bleu), cet objet paraîtra Noir.

Une large gamme de couleurs (qui incluent le Rouge, le Vert et le Bleu) peuvent être produites en faisant passer la lumière à travers diverses combinaisons de filtres Magenta, Cyan et Jaune, qui sont les couleurs primaires de la synthèse soustractive et les couleurs primaires de la boîte de peinture (et appelées souvent – malheureusement – Rouge, Bleu et Jaune respectivement). Ce sont aussi les couleurs de base utilisées en photographie et teinturerie.

4 Le daltonisme

Le daltonisme est un cas particulier de **dyschromatopsie**, c'est-à-dire une anomalie génétique de la vision des couleurs (sur le chromosome X), qui touche plutôt les hommes (8 %) que les femmes (0,5 %). Au fond de l'œil, les **cellules** sensibles à la couleur sont les **cônes**. Elles sont, afin de pouvoir reconstituer l'ensemble du spectre lumineux, au nombre de 3 (*cf.* synthèse additive) : celles sensibles au rouge, celles sensibles au vert, celles sensibles au bleu. La dyschromatopsie peut être relative à une déficience de vision sur un des types de cellules, sur deux (daltonisme) ou sur les trois avec des degrés divers.

Il faut être sensible à ces anomalies **en classe** lors de certaines observations, lors de l'utilisation des couleurs comme codage pour des schémas ou des symboles et bien sûr en arts visuels. Les enfants peuvent confondre les couleurs, ne pas percevoir certaines formes colorées suivant la couleur du fond coloré sur lequel elles sont placées (par exemple des cerises mûres dans un arbre), ne voir ces formes colorées qu'à partir d'une certaine distance.

Statistiquement, sur une classe de 30 élèves, 2 ou 3 pourraient être atteints à des degrés divers. Des tests de dépistage sont systématisés en école maternelle.

Activités possibles en classe

Les activités sur la lumière et les ombres sont à mettre en relation avec d'autres activités sur « le ciel et la Terre », notamment la rotation de la Terre sur elle-même, son mouvement autour du Soleil, le mouvement de la Lune autour de la Terre. En effet, les connaissances développées dans ce chapitre permettent d'interpréter des phénomènes astronomiques comme les phases de la Lune, le jour et la nuit, la durée du jour et son changement au cours des saisons (partie 4).

Connaissances et capacités travaillées au cycle des approfondissements

– Savoir qu'un objet opaque éclairé par une source de lumière a une partie éclairée et une partie à l'ombre. Les formes visibles de ces surfaces dépendent de la position de l'observateur.
– Savoir qu'une source lumineuse ponctuelle et un objet opaque déterminent deux régions de l'espace : une région éclairée d'où l'observateur voit la source et une région à l'ombre d'où l'observateur ne voit pas la source.
– Savoir qu'obtenir une ombre portée nécessite une source de lumière, un objet opaque et un écran translucide ou opaque. Sa forme dépend de la forme de l'objet, de sa position et de son orientation par rapport à la source et à l'écran.
– Savoir que la lumière suit un trajet rectiligne dans un milieu homogène. Pour qu'un objet soit vu, il est nécessaire que la lumière issue de cet objet entre dans l'œil.

Nous avons choisi de proposer des activités autour des ombres propres, puis des ombres portées. Dans ce dernier cas, nous les avons organisées en fonction de la source de lumière utilisée (Soleil ou lampe).

A Un tableau de peintre à analyser

Il est possible de partir de la reproduction d'un tableau, sur lequel des zones d'ombre et de lumière apparaissent (***Fig. 3***). Les élèves peuvent s'interroger sur les raisons pour lesquelles on voit des zones éclairées et des zones sombres ; ils cherchent à localiser les sources de lumière. Selon l'orientation des objets par rapport à la ou aux sources de lumière, on les voit de façons différentes.

Document pour le professeur

Une progression autour de l'ombre propre d'un objet

Situation de départ : une photographie ou un tableau présentant des zones éclairées et des zones d'ombre

↓

Pourquoi ces différentes zones ? Où se trouvent les sources de lumière ?

↓

Investigation par expérience pour simuler une situation analogue, avec le Soleil ou une lampe, et un objet en volume (balle, pot à crayon…)

↓

Premières conclusions : l'objet a une partie éclairée et une partie non éclairée (ombre propre)

↓

Nouvelle question : la partie non éclairée a-t-elle toujours la même forme ?

↓

Investigation par expérience

↓

Conclusion : la forme de l'ombre dépend des positions relatives de la source de lumière, de l'objet et de l'observateur.

Fig. 3. L'activité peut être initiée par l'observation d'un tableau, qui permet de poser un problème, et d'engager les élèves dans une démarche d'investigation, débouchant sur une nouvelle question à traiter.

On peut essayer de retrouver, de traduire expérimentalement certaines remarques. Si on place un objet devant une lampe, seul le côté de l'objet placé face à la lampe est éclairé. Si on regarde la face éclairée, on la voit en entier, tandis que si on regarde l'objet « de côté », on verra une partie éclairée et une partie sombre. Avec des objets de formes simples : sphère, cylindre, cube, les élèves peuvent dessiner les parties éclairées et non éclairées pour différentes positions de l'observateur. Les résultats obtenus avec une sphère sont analogues aux phases de la Lune (chapitre 11).

B Les « ombres au soleil »

Plusieurs approches sont possibles. La ***fig. 4*** propose une articulation et un enchaînement possibles d'activités, dont toutes ne sont pas reprises dans cette partie. Les deux exemples de séquences qui y sont présentées sont détaillées plus bas, afin de montrer les étapes de la démarche d'investigation mise en œuvre et de présenter les productions des élèves telles qu'elles peuvent figurer dans le cahier d'expériences et les difficultés conceptuelles qu'ils peuvent rencontrer dans la construction des connaissances.

Ces deux séquences portant sur le thème de l'ombre et de la lumière sont :
– Mon ombre, qui es-tu ? (Qu'est-ce que l'ombre ?)
– Mon ombre grandit et bouge ! (Comment varie l'ombre ?)

Une attention particulière est portée, dans la première séquence, à une **formulation du concept** d'ombre, aux **dessins** produits par les élèves dans les différentes phases de l'activité et à leur évolution en fonction des avancées conceptuelles et des **problèmes** posés.

Les phases de **débat** et d'**argumentation** autour de la description d'une ombre et de la compréhension du phénomène permettent de rendre compte du rôle fondamental de ces premiers écrits dans la mise en évidence des difficultés premières des élèves et dans la dynamique du processus de **conceptualisation**.

Dans la deuxième séquence relative à la variation de la longueur et/ou de l'orientation de l'ombre d'un corps au soleil entre deux instants dans la journée, c'est une autre démarche d'investigation qui est mise en œuvre : **mise en évidence du phénomène**, formulation d'hypothèses, **expérimentation par simulation** aux fins de **test** des hypothèses, **retour sur les observations** initiales aux fins d'interprétation.

1 Qu'est-ce que l'ombre ?

a. Construction d'un niveau de formulation pour le concept « ombre »

Les élèves travaillent dans la première phase de la séquence sur leur propre **ombre portée** au sol lorsqu'ils sont au soleil ou sur l'ombre portée de leurs camarades placés dans les mêmes conditions. Les conditions pour qu'il y ait une ombre sont données par les élèves sous une forme simple : « il faut une source de lumière et un corps qui fasse "obstacle", qui "arrête" la lumière ».

Le professeur cherche à faire construire aux élèves le concept d'ombre et définit a priori le niveau de formulation souhaité (en fin de séquence) en repérant les **attributs** caractéristiques de ce concept :

1. L'ombre n'a pas les couleurs de la personne, ni des détails, elle a les couleurs de son support, mais elle est uniformément plus sombre que la partie du support qui est éclairée.

2. L'ombre a un **contour** dont la forme rappelle la silhouette de la personne.

3. L'ombre est **orientée** par rapport au Soleil et à la personne.

4. L'ombre **touche** le corps par les pieds, la personne étant debout sur le sol.

Ces attributs guident l'enseignant pour évaluer les productions orales et écrites des élèves, quant à la construction et à la maîtrise du concept d'ombre.

b. Organisation de la séquence

Quatre phases se succèdent, qui prennent appui sur des consignes, sur différents types de travaux et de traces. Elles s'intègrent dans une **démarche d'investigation**.

• Au cours de la première phase, les élèves doivent, « de mémoire », réaliser un dessin à partir de la consigne suivante : « Il y a du soleil, dessine-toi avec ton ombre. » Le travail est individuel. Il s'agit donc de recueillir les conceptions des élèves relatives aux ombres obtenues au soleil. Un premier affichage permet de pointer des différences entre les productions des élèves. Ces écarts leur confèrent de fait un statut d'**hypothèse** scientifique pour la classe, ce qui permet de poser le problème : Qui a raison ? Comment est l'ombre ?

• Le recours à **l'observation directe** ou, sur suggestion du professeur, par l'intermédiaire d'une **photographie**, est le mode d'investigation qui permettra de répondre au problème posé. Les élèves, répartis par groupes de deux dans la cour de l'école, produisent individuellement un dessin d'observation, à

Une progression autour de l'ombre portée d'un objet posé sur un écran

Situation de départ : dessine-toi au soleil avec ton ombre.
Hypothèses des élèves

Affichage des productions des élèves, comparaison
Débat : décrire l'ombre

Investigation par observation

Conclusions sur les caractéristiques de l'ombre : sans les couleurs du personnage, sans les détails, en relation avec la forme du personnage, en contact avec les pieds du personnage, à l'opposé du Soleil.
Les ombres au sol sont parallèles.

Nouvelle question : Comment varie l'ombre au cours de la journée, puis pourquoi ? (Voir chapitre 9)

Nouvelle question : Est-ce la même chose avec une lampe ? A-t-on des ombres parallèles ?

Investigation par expérience

Conclusion : les ombres sont divergentes avec une lampe.

Nouvelle question : Pourquoi ces différences ?

Investigation par modélisation (par exemple en tendant une ficelle entre la source, le sommet de l'objet et l'extrémité de l'ombre)

Conclusion : les rayons lumineux parallèles du Soleil et divergents de la lampe expliquent les différences d'orientation des ombres.

Nouvelle question en prolongement : Comment mesurer la hauteur d'un arbre ?

Fig. 4. Dans cet exemple, une situation d'ombre au soleil est utilisée pour initier l'activité. On pourrait construire un autre exemple de progression, en débutant par les ombres obtenues avec une lampe.

partir de la consigne : « Dessine ton camarade avec son ombre. » (Phase 2.)

• Ensuite, dans la phase 3, les élèves, toujours répartis par deux, doivent prendre individuellement une **photographie** (numérique, puis impression de la photographie en classe) de leur camarade avec son ombre. Il s'agit donc de recueillir un résultat d'observation sous une autre forme que le dessin.

• La dernière phase vise à **structurer** les résultats, pour construire avec les élèves les caractéristiques de leur ombre au soleil. Lors d'un premier temps, les productions (première phase) sont regroupées suivant les caractéristiques de l'ombre qui sont présentes ou suivant les types de représentations erronées. Elles sont affichées au tableau (par groupes, les uns à la suite des autres, en commençant par les représentations les moins correctes). Les élèves présentent et explicitent leurs productions. Puis un **débat oral**, au cours duquel les élèves s'appuient sur les dessins d'observation et les photographies pour **argumenter**, permet de repérer les erreurs, et de caractériser l'ombre. Les élèves repèrent les statuts de leurs différentes productions : premiers dessins, dessins d'observation et photographies pour prouver. Pour finaliser ce moment de structuration, les élèves doivent, individuellement, produire un texte écrit selon la consigne suivante : « Ce qui est correct dans mon dessin, ce qui l'est moins, ce qui est important à retenir sur l'ombre. »

c. Description et analyse de productions d'élèves

En relation avec les quatre items retenus pour caractériser l'ombre (le niveau de formulation des connaissances retenu par le professeur), différentes difficultés sont mises en évidence dans les dessins des élèves pendant la phase 4 (***Fig. 5***).

• L'ombre n'a pas les couleurs de la personne ni ses détails, mais ceux de son support en plus sombre

Les dessins présentent une ombre qui reproduit avec différents degrés la personne elle-même :
– l'ombre peut être située à côté de la personne : ombre « jumelle » (***Fig. 5a***) ;
– les habits et les détails du visage sont apparents et colorés : ombre « miroir » (***Fig. 5b***) ;
– les détails vestimentaires sont plus ou moins apparents. Des élèves ont effectivement présenté des détails de manière exhaustive (***Fig. 5c***), mais nombreux sont ceux qui ont représenté un ou deux détails : encolure, limite des manches, ceinture, poches.

Dans la **phase de justification** orale, les élèves peuvent affirmer leurs conceptions : « Je l'avais fait un jour chez moi, l'expérience de l'ombre, et j'avais mon ombre à côté, comme ça » (***Fig. 5a***), « Je crois que si j'avais à le refaire, je referais quelque chose comme ça », ou... exprimer leurs doutes : « Normalement, on ne voit pas à l'intérieur, on ne voit que les contours [...]. Je ne sais pas pourquoi j'ai dessiné à l'intérieur. » (***Fig. 5b***)

Le **débat** dans la 4e phase peut permettre à certains des élèves d'exprimer leur surprise au regard des productions « ombre jumelle » et « ombre miroir ». Ils pensent parfois trouver l'origine de la difficulté dans une confusion entre « ombre » et « reflet » : « Il y a trop de détails pour une ombre », « Ça ressemble plus à quand on se regarde dans une glace. »

L'enseignant pourra relever que les représentations « jumelle » ou « colorée » n'apparaissent en général pas dans les dessins d'observation (phase 2), mais le niveau de conceptualisation exprimé par le dessin est encore variable dans cette phase et les enfants ayant produit ce type d'ombre dans la première séance peuvent produire, en observation, des ombres « détaillées ».

• L'ombre a un contour dont la forme rappelle la silhouette de la personne

Les ombres présentent parfois des contours mal déterminés, flous ou sous forme de ratures (***Fig. 5d et 5e***). Comme dans le cas précédent, **la phase de justification** (phase 4) permet d'interpréter une des difficultés repérées : les enfants disent avoir **imaginé** qu'il existait un mur derrière eux. Ce fait ne permet cependant pas d'expliquer les tracés flous de l'ombre tout autour du corps.

• L'ombre est orientée par rapport au Soleil et à la personne

Sur les dessins, les ombres sont parfois mal orientées par rapport au Soleil et au personnage (***Fig. 5g et 5h***). L'analyse montre que les rayons du Soleil dessinent directement au sol l'ombre de l'enfant, sans que le corps de l'enfant intervienne en tant qu'obstacle à la propagation de la lumière. Ces points peuvent être confirmés dans la phase d'explication : « Le Soleil, c'est lui qui fabrique l'ombre ; l'ombre est face à moi » (***Fig. 5f***) et « Les rayons du Soleil, ils vont là, ils fabriquent l'ombre, ils y vont dessus. » (***Fig. 5g***).

Les échanges lors du débat peuvent permettre d'avancer vers la compréhension de l'ombre : « Comment le Soleil contribue à la formation de l'ombre ? » et « S'il y a trop de soleil, n'y a-t-il pas trop de lumière et donc l'ombre ne serait-elle pas invisible sous ce « plus » de lumière ? » De fait, il faut du soleil pour créer l'ombre et là où il y a de l'ombre, les rayons du Soleil n'arrivent pas directement. Si le Soleil disparaît en tant que source de lumière localisée (ou si ses rayons ne peuvent

Des dessins « de mémoire » faits par des élèves

Fig. 5. La consigne était « Dessine-toi au Soleil avec ton ombre. » On peut repérer des erreurs faites par les élèves dans ces dessins avant observation.

arriver directement), il n'y a plus d'ombre : « L'autre jour dans la cour, à un moment, il n'y avait plus beaucoup de soleil et il n'y avait plus d'ombre. »

- **L'ombre touche le corps**

Les ombres peuvent être représentées comme complètement déconnectées du corps ou détachées de celui-ci partiellement (***Fig. 5i et 5j***).

Dans la **phase de justification**, les élèves peuvent émettre des **doutes** sur la justesse de leur production en faisant part de leurs difficultés de représentation : « Je n'ai fait toucher qu'un pied, mais je crois qu'il faut que les deux touchent l'ombre parce que l'ombre… Mais c'est dur à dessiner parce que c'est en arrière. » (***Fig. 5h***).

L'enseignant peut aider à la justification et à l'argumentation en conduisant les élèves à **observer les photographies** pour valider les idées avancées.

Dans la phase d'institutionnalisation et en référence aux différents éléments du débat, l'ombre devrait finalement être appréhendée par les caractéristiques que le professeur a déterminées comme objectifs en termes de contenus.

d. D'autres problèmes peuvent se poser

Le **débat** peut dépasser ce qui avait été prévu initialement. Dans le cas présent, en dehors des difficultés que l'on peut reporter directement aux attributs caractéristiques de l'ombre définis dans les objectifs initiaux, **d'autres problèmes** peuvent émerger en relation d'une part avec le « trajet » de l'ombre (l'ombre « étendue »), d'autre part avec le cas du dessin des ombres de plusieurs personnages.

- **L'ombre de plusieurs personnages et la position du Soleil**

Un élève produit un dessin (***Fig. 5k***), dans lequel il est le gardien d'une équipe de football. Il représente son ombre et les ombres d'autres joueurs sur le terrain. La position de l'ombre varie en fonction de la position des joueurs :
– le gardien de but a ainsi son ombre derrière lui ;
– un joueur (n° 1) situé en avant par rapport au gardien a une ombre en dessous comme s'il était éclairé du dessus par une source de lumière ;
– un joueur plus loin (n° 2) a son ombre dans une direction opposée à la sienne.

L'argumentation de l'élève repose sur le fait que le Soleil paraît être à une distance « finie » et relativement petite. De ce fait, les rayons qui arrivent au sol et qui dessinent l'ombre ne sont pas parallèles et les ombres n'ont pas toutes la même orientation. En fait, le Soleil, très loin, est à la même distance de tous les joueurs et présente la même inclinaison pour tous les joueurs sur le terrain ; leurs ombres doivent donc avoir des directions **parallèles** (***Fig. 6***).

- **L'ombre « étendue »**

Une élève a représenté une zone d'ombre entre « elle » et le sol (ombre étendue) (***Fig. 5e***). Elle explique que la zone d'ombre part du corps et va jusqu'au sol.

En ce sens, l'explication est exacte, mais cette zone d'ombre n'est pas visible car arrivent aux yeux de l'observateur des rayons lumineux provenant de l'environnement. Ces rayons lumineux ajoutent de la lumière à la zone d'ombre qui, de fait, n'est plus visible. Pour la visualiser, pour la mettre en évidence, il faut placer entre le personnage et le sol un écran. C'est ce que peut faire l'enseignant en modélisant la situation par une projection d'une ombre sur le tableau puis en passant entre l'objet qui fait ombre et le tableau blanc une feuille de papier.

e. Quelques conclusions sur les dessins des élèves

En termes de difficultés, on peut mettre en évidence dans les dessins analysés :
– l'intrusion d'aspects liés à **l'imaginaire** : c'est sûrement le cas des ombres « jumelles », des ombres « colorées » et même des ombres « détaillées » pour lesquelles il y a identification à différents niveaux de l'ombre du « moi » au « moi » ;
– des problèmes liés à des **techniques graphiques** mal maîtrisées. C'est le cas dans certains dessins pour lesquels l'ombre ne touche pas les deux pieds. Le passage de trois dimensions dans la réalité à deux dimensions sur la feuille semble aussi poser quelques problèmes. De fait, le Soleil est tantôt devant ou tantôt derrière le personnage tout en étant dans le même plan sur la feuille !
– des **conceptions erronées**, que l'on peut relever sur les ombres aux contours mal délimités, aux ombres « mal orientées », aux ombres « sans contact avec le corps », à l'ombre « étendue » et aux ombres à plusieurs orientations. Ces conceptions erronées opèrent au niveau des processus de la perception, de l'image mentale et de la remémoration et peuvent arriver à faire construire et exprimer des productions descriptives erronées, par le dessin mais aussi, on le sait, par le texte et oralement.

Il convient de distinguer à ce propos **différents niveaux de difficulté** dans la compréhension des phénomènes chez les enfants. Dans le cas du dessin de l'élève gardien de but (***Fig. 5k***), si les positions des ombres s'avèrent finalement exactes, c'est la conception de la position du Soleil et surtout de l'influence de son éloignement sur les orientations des ombres qui est en cause dans les difficultés repérées. L'ombre « étendue » (***Fig. 5e***) relève également d'un autre niveau de conception. L'élève se heurte ici dans son dessin, qui est un dessin dans lequel elle **projette un essai d'explication du phénomène**, à un problème lié à la diffusion de la lumière par les éléments extérieurs à la zone d'ombre et peut-être aussi au trajet des rayons lumineux. Elle fait apparaître, pour **expliquer** le phénomène de l'ombre, une zone d'ombre qui n'est pas visible dans les conditions d'observation habituelles.

La réalisation de ces séances permet de mettre en évidence les écarts entre les dessins faits d'après mémorisation et ceux réalisés d'après observation. On ne retrouve pas dans ces derniers les ombres « jumelles » ou « colorées ». Il reste cependant dans ces dessins, certes en moins grand nombre, des problèmes d'ombres « détaillées », d'ombres « mal orientées » validant le fait que l'observation de phénomènes identiques ne conduit pas pour les élèves à des productions identiques et que donc l'observation n'est pas première dans le processus de compréhension de phénomènes scientifiques. **Il n'y a pas d'observation neutre et passive et toute description est nécessairement liée à une explication implicite ou explicite**, réalisée à un certain niveau de conceptualisation.

2 Comment varie l'ombre ?

a. Conception et organisation de la séquence

Dans cette séquence, il s'agit à la fois :
– de réactiver les notions rencontrées dans la séquence précédente et donc de **valider** de manière implicite, puis explicite, les acquis sur l'« ombre » ;
– de mettre en évidence, par des observations, le déplacement et la variation de la taille de son ombre portée au soleil entre deux moments dans la journée ;
– de **formuler des hypothèses** quant aux raisons de ce déplacement et de cette variation de grandeur de l'ombre ;
– de réaliser en classe **une expérience permettant de simuler** la situation pour **tester les hypothèses** ;
– d'**interpréter** à partir des résultats des **expériences** et à l'aide de **documents** les premières observations.

Elle s'articule autour de trois phases : le relevé de l'ombre à deux moments de la journée, qui conduit à la formulation d'hypothèses (paragraphe **b**), une activité autour des variations de l'ombre avec une lampe (paragraphe **c**) et un moment de structuration intégrant caractéristiques de l'ombre et astronomie (non détaillé ici).

b. Relevé de l'ombre à deux moments de la journée

Les élèves se déplacent dans la cour de l'école à deux moments, avec environ 1 heure d'intervalle entre les deux. Il leur est simplement demandé d'abord – lors du premier temps – de dessiner, par groupe, le contour de l'ombre de l'un d'entre eux. Ensuite – lors du deuxième temps – les élèves sont placés dans leur position initiale et observent leur ombre. Ils repèrent immédiatement une modification du contour de leur ombre par rapport au tracé initial. Certains d'entre eux peuvent dessiner le nouveau contour.

Un descriptif de leurs observations et de leurs premières interprétations peut être consigné individuellement par écrit.

La **formulation et la distinction** entre les deux grandeurs physiques qui varient (taille – avec une influence aussi sur la forme – et orientation) ne sont pas immédiates. Les élèves parlent souvent en omettant une des deux variables (ce qui ne signifie pas qu'ils n'aient pas conscience de la double variation). Les raisons des variations de ces grandeurs physiques, considérées plus tard par l'enseignant comme des **hypothèses**, invoquent les positions relatives du Soleil et de l'élève. Mais le plus souvent les interprétations fournies sur les raisons des modifications de l'ombre font apparaître des conceptions sur les déplacements relatifs du Soleil et de la Terre, que nous citons ici, mais qui seront traitées dans le chapitre 9.

• **Le déplacement du Soleil avec modification de la distance Terre (moi)-Soleil.** Par exemple, les élèves disent ou écrivent : « La Terre tourne autour du Soleil et quand le Soleil se décale et s'éloigne, l'ombre rapetisse et quand le Soleil s'approche, l'ombre s'agrandit » ou « L'ombre est plus petite car le Soleil se rapproche de nous. »

• **Le déplacement de la Terre.** Pour certains élèves, « La Terre a tourné, donc le Soleil n'a plus été à la même place et nos ombres se sont déplacées » ou « La Terre tourne autour du Soleil, le Soleil change de place. »

• **Le Soleil est plus haut ou… plus bas.** Les élèves disent alors : « Le Soleil bouge et l'ombre aussi. Plus il est en haut, plus l'ombre est petite. Plus il est bas et plus l'ombre est grande. »

• **Le Soleil plus ou moins « puissant ».** Certains élèves font référence à la « puissance » du Soleil pour expliquer le phénomène : « Le Soleil est plus puissant quand il se lève et l'ombre est plus longue. »

La formulation de ces hypothèses montre bien les liens existant entre les phénomènes d'ombre au soleil et les mouvements des astres, comme indiqué dans les programmes.

c. Comment faire varier une ombre dans le cas où l'objet est posé sur l'écran ?

Le problème étudié et l'investigation qui s'y rapporte concernent ici la mise en relation entre les positions relatives de la source de lumière, de l'objet et de l'écran sur lequel est posé l'objet, avec la taille et l'orientation de l'ombre.

Les élèves, placés en petits groupes, disposent d'un bâtonnet, d'une rondelle de liège pour y piquer verticalement le bâtonnet, d'une lampe de poche. Ils observent l'ombre sur la table horizontale. Il s'agit de simuler la situation observée au soleil et plus particulièrement :
– de **réaliser des expériences** devant répondre à certaines directives données en fonction des difficultés précédemment repérées : emplacement, taille, déplacement de l'ombre ;
– de **dessiner** ce qui est observé ;
– d'**écrire un texte** précisant les positions relatives des matériels utilisés.

Les directives sont les suivantes :
– par rapport à vous, l'ombre du bâtonnet doit être devant ;
– par rapport à vous, l'ombre du bâtonnet doit être à droite ;
– l'ombre du bâtonnet doit être la plus courte possible (puis la plus longue possible).

Les élèves réalisent des expériences et font des propositions pour expliquer leurs observations. Des difficultés peuvent apparaître, notamment sur la compréhension de la variation de la taille de l'ombre. C'est ainsi que certains élèves relient simplement la taille de l'ombre à la distance entre le bâtonnet et la lampe : « Pour que l'ombre soit longue, il faut éloigner la lampe ; pour qu'elle soit courte, il faut coller la lampe au bâtonnet. »

La **validation ou la non-validation des propositions** des élèves est réalisée en classe entière par la **réalisation des expériences**, en **différenciant les variables** « orientations relatives de la lampe et du bâtonnet » et « distances relatives entre la lampe et le bâtonnet. »

Finalement, **sans faire varier** la distance entre la lampe et le bâtonnet, on peut :
– faire varier l'orientation de l'ombre par rapport au sol en tournant avec la lampe « à plat » autour du bâtonnet (dans un plan parallèle à la table et toujours à la même distance du bâtonnet) ;
– faire varier la longueur de l'ombre en faisant pivoter la lampe autour du bâtonnet dans un plan perpendiculaire à la table.

Remarque : il est préférable d'utiliser une ampoule électrique sans le réflecteur de la lampe de poche, de façon à avoir une source de lumière ponctuelle et des ombres aux contours nets. Pour cela, on peut simplement ouvrir le boîtier sur certains modèles ou sortir l'ampoule électrique et faire un circuit électrique pour l'allumer hors du boîtier.

Les **résultats** seront relevés et les **conclusions** formulées :
– l'orientation de l'ombre dépend des positions relatives de la lampe et du bâtonnet. L'ombre est à l'opposé de la lampe par rapport au bâtonnet ;
– plus la lampe est haute, plus l'ombre est courte (si la distance lampe-bâtonnet ne varie pas). Si la lampe se trouve à la verticale au-dessus du bâtonnet, il n'y a pas d'ombre.

Pour **interpréter** ces résultats, on peut proposer aux élèves de matérialiser avec une ficelle ou une longue règle le trajet de la lumière entre la lampe, l'extrémité supérieure du bâtonnet et l'ombre. Ils constateront qu'il y a alignement entre ces deux points et l'extrémité de l'ombre sur la table. Il s'agit ici d'une première approche de la **propagation rectiligne de la lumière**.

Un retour sur la situation au soleil peut être faite, par l'observation directe ou à l'aide d'un document (***Fig. 6***). Les ombres sont parallèles au soleil, tandis qu'elles divergent avec une lampe. Si on tend des ficelles entre les extrémités des ombres sur le sol et des objets, les ficelles sont parallèles et pointent vers le Soleil (voir aussi activité de la partie D sur la mesure de la hauteur de l'école).

C Une réalisation, le théâtre d'ombres

La réalisation d'un théâtre d'ombres constitue une bonne approche des phénomènes lumineux. Il s'agit de placer entre une source lumineuse (lampe orientable, projecteur) et un écran (translucide) des objets divers ou des formes découpées dans des matériaux opaques, de manière à projeter les ombres sur l'écran.

Les spectateurs du théâtre se trouvent placés de l'autre côté de l'écran par rapport à la source lumineuse. Il est souhaitable d'offrir de la place aux « acteurs ». Il est préférable d'éviter le castelet (petit théâtre où jouent des marionnettes), trop étroit. Un simple drap encadré par deux couvertures suspendues sur un fil horizontal offre un espace confortable, gage de réussite de l'entreprise.

Différentes variantes et jeux peuvent être créés autour de ce dispositif. On peut par exemple, d'un

Ombre au soleil et avec une lampe

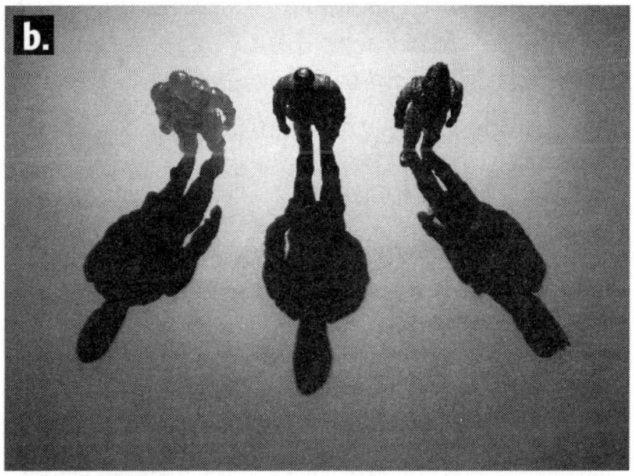

Fig. 6 a. Les ombres sont parallèles : le Soleil est la source de lumière (rayons parallèles).
b. Les ombres divergent : la source de lumière est une lampe.

L'expérience de Margot et Hector

Margot et Hector ont observé l'ombre de carrés de carton sur un écran. Ils font des mesures quand l'ombre est carrée et notent leurs résultats dans un tableau.

Longueur de l'objet (en cm)	5	10	15	20
Longueur de l'ombre (en cm)	12	24	36	48

Fig. 7. La plaque carrée est placée parallèlement à l'écran. L'ombre portée sur l'écran est un carré. La longueur du côté de l'ombre carrée est proportionnelle à la longueur du côté de la plaque.

point de vue scientifique, travailler sur **l'ombre de formes variées** découpées dans du carton, mais aussi utiliser des vrais objets en volume de formes diverses. On mettra ainsi en évidence que **l'ombre de l'objet dépend de la façon dont l'objet est orienté relativement à la source lumineuse et à l'écran**.

La ***fig. 8*** propose une étude des mêmes questions, non intégrée à une réalisation.

1 Comment obtenir une ombre de même forme que celle de l'objet ?

On peut dans un premier temps faire travailler les élèves sur la forme de l'ombre par rapport à celle de l'objet. Les élèves constateront que cette forme dépend des orientations relatives de l'objet par rapport à l'écran et à la lampe.

Avec des objets de faible épaisseur, les élèves pourront **conclure** à partir de leurs **essais** que la forme de l'ombre et celle de l'objet sont les mêmes seulement si l'objet est parallèle à l'écran. Ils testeront par exemple un objet de forme carrée, rectangulaire, mais aussi des objets de formes plus évoluées : des figurines planes, des formes reproduisant des lettres de l'alphabet…

Remarquons que, dans un théâtre d'ombre, on se place généralement dans cette configuration de façon à pouvoir reconnaître facilement les personnages.

Avec des objets en volume, les phénomènes sont plus compliqués, surtout si les objets ne présentent pas de symétries (axe ou centre). Les élèves observeront et noteront que la forme de l'ombre dépend du positionnement des objets, de leur orientation par rapport à la source et à l'écran. On pourra envisager aussi des cas où deux objets différents ont des ombres de formes identiques. Ainsi, un parallélépipède et un cylindre peuvent présenter dans certains cas une ombre identique de forme rectangulaire…

2 De quels facteurs dépend la taille de l'ombre ?

Pour une source de lumière se trouvant à une distance finie, l'ombre est toujours plus grande que l'objet. Il est possible d'engager les élèves dans une expérimentation où des variables sont à repérer (taille de l'objet, distance objet-écran, distance objet-source de lumière), dans le cas où l'ombre a la même forme que l'objet, pour répondre à des questions : De quels facteurs dépend la taille de l'ombre ? Où placer l'objet pour que les dimensions de l'ombre soient les doubles de celles de l'objet ? C'est aussi l'occasion de pratiquer des mesurages et de rencontrer des situations de proportionnalité entre les dimensions de l'ombre et celles de l'objet (***Fig. 7***).

Si l'expérience est réalisée en utilisant le Soleil comme source lumineuse, les formes de l'ombre et de l'objet seront les mêmes si l'écran (le sol ou un mur en général) et l'objet sont parallèles ; les dimensions de l'objet et de l'ombre seront alors identiques.

On peut élargir ces apprentissages de nature scientifique et aborder d'autres aspects du théâtre d'ombres : reconnaissance des élèves d'après la visualisation de leur profil ombré projeté sur l'écran, ombres chinoises, etc. L'objectif final peut consister en la mise en scène d'un spectacle dans lequel les personnages et les décors apparaissent sous forme d'ombres.

On peut aussi réaliser un théâtre d'ombres miniature en mettant en œuvre le matériel suivant : boîte en carton, écran en papier calque sur une des faces de la boîte évidée et lampe de poche placée à l'intérieur de la boîte à l'opposé de l'écran en calque. Les silhouettes découpées dans de la cartoline sont suspendues sur des petites tringles (tourillons de bois) ou suspendues individuellement pour être manipulées entre l'écran et la source de lumière.

D Mesurer la hauteur de l'école

Pour **mesurer** la hauteur d'un arbre, d'une maison ou de l'école, on peut utiliser le phénomène des ombres. La **lumière** suit un trajet **rectiligne**. Tous les rayons issus du Soleil peuvent être considérés comme parallèles, le Soleil étant à une très grande distance de la Terre (150 000 000 km).

Pour s'en assurer, on peut réinvestir certaines des **expériences** précédentes ou/et **observer** les ombres de différents piquets placés au soleil, en position verticale. Les longueurs des ombres des différents piquets dépendent alors de la hauteur du Soleil dans le ciel et de la longueur de ces piquets ; il en est de même pour des arbres ou des bâtiments. La relation entre la taille de l'ombre et la taille de l'objet qui fait l'ombre avec le Soleil est une relation de **proportionnalité** à un instant donné de la journée.

Les élèves qui placent des piquets dans le sol peuvent vérifier cette proportionnalité sur les longueurs des ombres et l'utiliser pour déduire, à partir de la mesure de l'ombre portée de leur école sur le sol, la hauteur de cette école.

Sur l'exemple de la ***figure 9***, on a, pour des piquets de 50 cm et de 100 cm, respectivement des ombres de 100 cm et de 200 cm. Si l'on trouve, au même

Une progression autour de l'ombre portée d'un objet non posé sur un écran

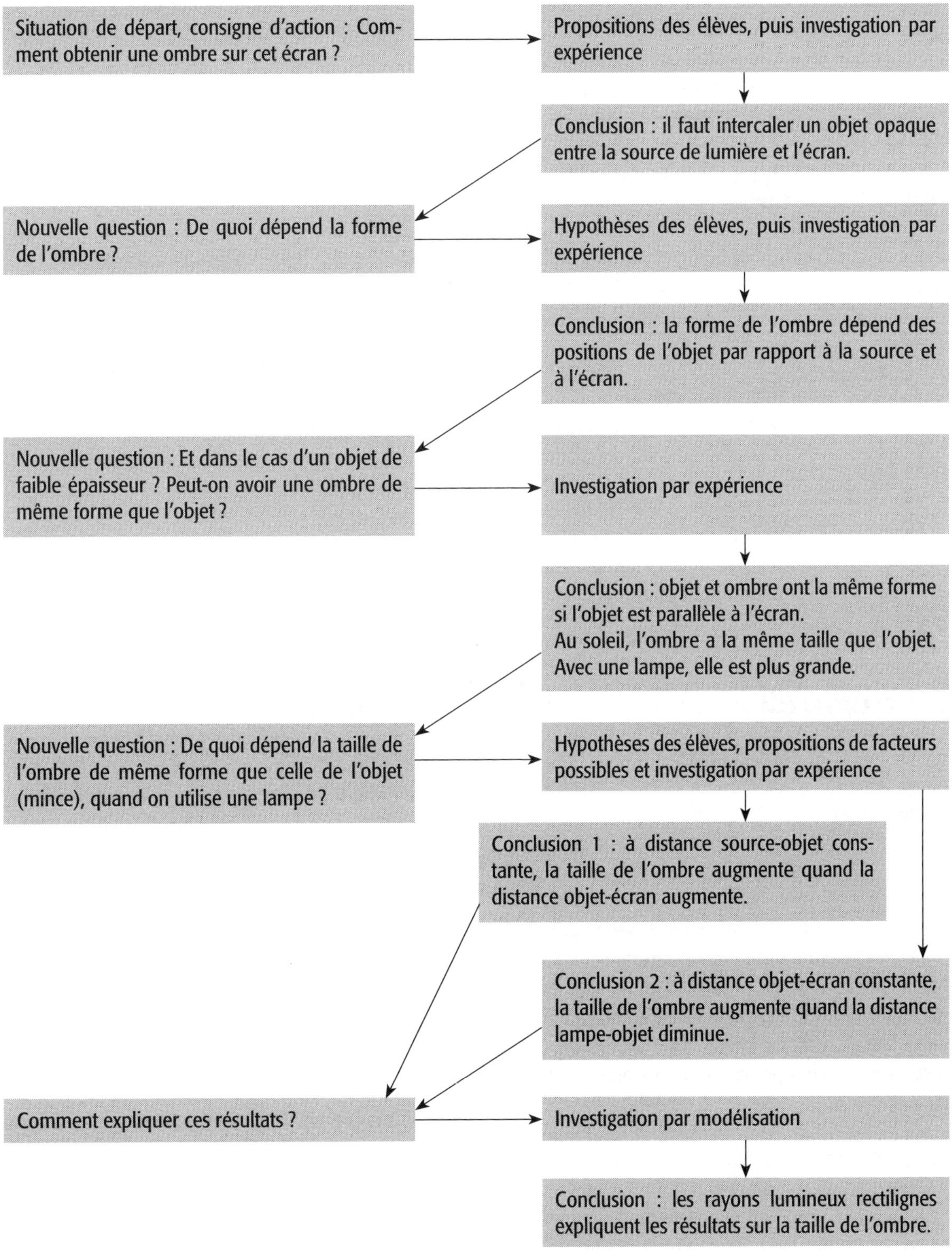

Fig. 8. La résolution d'un problème conduit à formuler des conclusions, mais aussi de nouvelles questions pour lesquelles il faut chercher des réponses.

moment, pour la longueur de l'ombre de l'école une valeur de 1 400 cm, on pourra alors déduire que la hauteur de l'école est de 1400 : 2 soit 700 cm. Les élèves pourront différencier dans le tableau de la ***figure 9*** les valeurs mesurées et les valeurs calculées. L'ombre du bâton *D* doit mesurer 400 cm et l'arbre a une hauteur de 10 m. En traçant les rayons du Soleil passant par l'extrémité des bâtons et de l'arbre, les élèves constateront qu'ils passent par l'extrémité de l'ombre ; c'est une approche de la propagation rectiligne de la lumière.

Si on recommence les mesures à un autre moment de la journée, le coefficient de proportionnalité sera différent puisque les longueurs des ombres seront différentes mais les hauteurs des piquets, de l'école et des arbres seront bien sûr identiques.

Cette **expérimentation** contribue, au-delà des **connaissances scientifiques** relatives à l'ombre, à construire des compétences plus **transversales** sur la proportionnalité et sur l'utilisation **d'instruments** spécifiques pour les mesures des « grandes » longueurs : mètre, double mètre, triple mètre, décamètre, double décamètre. Il convient également de porter une attention particulière aux **unités** de longueur utilisées, qui doivent être cohérentes.

E L'appareil photographique

1 Le sténopé

Un sténopé, ou chambre noire, est une boîte noire dont une face est percée d'un petit trou et qui possède à l'arrière de ce trou – à l'intérieur de la boîte – un écran translucide (papier calque, verre dépoli). Cet instrument était utilisé fréquemment autrefois par les peintres et appelé « camera obscura ».

La chambre noire donne d'un objet placé devant le trou une image, qui se forme sur l'écran, en couleurs et « renversée » par rapport à l'objet (haut-bas et droite-gauche)

Pour initier l'activité, on peut partir d'un document historique (***fig. 10*** par exemple). Les élèves cherchent alors à reproduire la situation décrite en fabriquant leur propre sténopé, par exemple avec une boîte de conserve percée dont le fond est fermé par un morceau de papier calque ou une boîte à chaussures dont une face a été évidée et remplacée par du papier calque ou un pot de yaourt/crème en plastique (de couleur sombre pour éviter des entrées de lumière parasite) fermé par du papier calque.

Ce sténopé est une chambre noire comme celle de la figure 10, mais en « modèle réduit », la pièce étant remplacée par une boîte, l'observation se faisant sur l'écran translucide, et de l'extérieur de la boîte. Pour observer, il vaut mieux limiter les lumières parasites et placer un tissu noir sur sa tête et sur l'appareil.

Remarque : en toute rigueur, ce n'est pas une image, au sens de la physique, qui est obtenue. Le résultat est un ensemble de taches de lumière correspondant à chaque point de l'objet, qui reproduit l'illusion d'une image de l'objet. Chaque point lumineux produit un faisceau divergent dont une partie passe par le trou de la boîte noire et forme une tache sur l'écran. Pour le « prouver », il est possible d'augmenter la taille du trou ou/et de faire varier la distance trou-écran. Alors qu'avec un appareil à lentille, chaque point lumineux produit un faisceau qui converge pour reproduire un point lumineux sur un écran.

On place le sténopé en orientant le trou vers l'objet que l'on veut observer, puis on regarde sur l'écran translucide. On reconnaît sur cet écran une image en couleurs de l'objet placé devant le trou… mais sa position est inversée par rapport à celle de l'objet – gauche/droite et haut/bas – et généralement de taille plus petite. Les élèves, surpris d'obtenir une image inversée et plus petite que la réalité, cherchent souvent à retourner la boîte à image pour redresser l'image.

Le tracé des rayons lumineux sur la ***figure 10***, qui propose une situation où l'observation se fait depuis l'intérieur de la chambre, permet d'interpréter cette observation. Chaque point de l'objet diffuse des rayons dans toutes les directions, mais seuls quelques-uns entrent dans la chambre noire et parviennent sur l'écran. À chaque point de l'objet correspond une petite tache sur l'écran, d'autant plus petite que le trou est petit (on gagne alors sur la netteté)… mais d'autant moins lumineuse aussi. L'image obtenue sur l'écran d'un objet plat parallèle à cet écran est homothétique de l'objet : les angles sont conservés, les dimensions sont proportionnelles et dépendent des distances entre l'objet et le trou, entre le trou et l'écran.

2 Histoire de l'appareil photographique

L'activité expérimentale sur la chambre noire et le sténopé peut être intégrée dans une réflexion sur l'histoire de l'appareil photographique. Ce peut être l'occasion pour les élèves de s'exercer à une recherche sur la Toile. Ils pourront y trouver les informations suivantes :

- **La chambre noire**, camera obscura ou sténopé est l'ancêtre le plus ancien de l'appareil photographique (XVIIe siècle). Les peintres ont utilisé des sténopés.

Comment mesurer la hauteur d'un arbre ?

Avec les ombres

Lucas et Mathilde ont mesuré les ombres des piquets verticaux et de l'arbre au même moment. Le tableau présente leurs résultats.

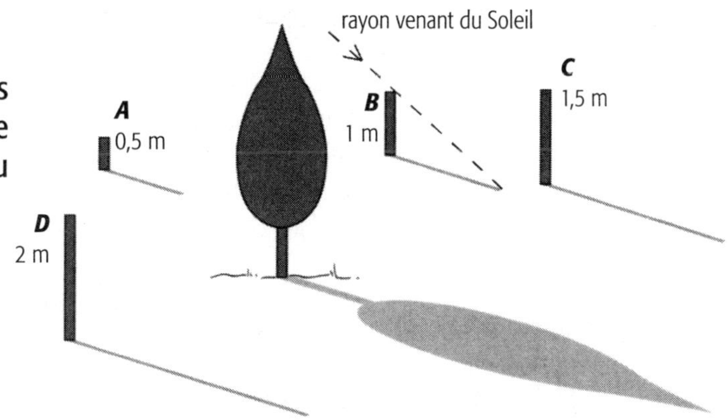

	Piquet *A*	Piquet *B*	Piquet *C*	Piquet *D*	Arbre
Hauteur des objets (en cm)	50	100	150	200	
Longueur des ombres (en cm)	100	200	300		2 000

Fig. 9. Ce document peut être utilisé par les élèves pour mettre au point une procédure pour mesurer la hauteur d'un arbre, de l'école…

La chambre noire de Della Porta

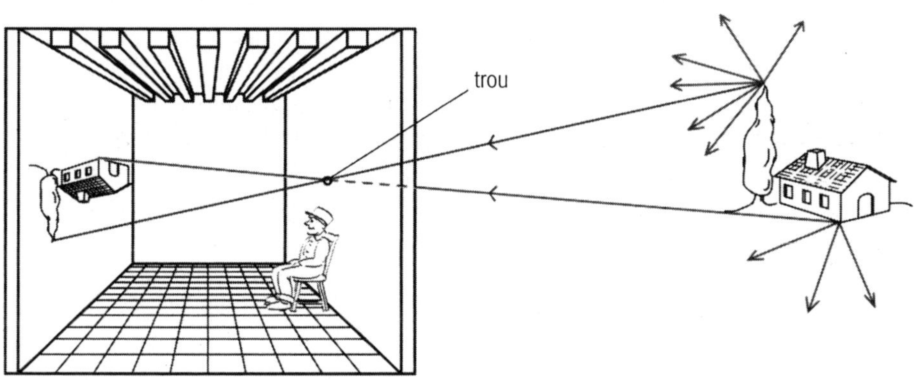

« Vous devez d'abord obturer les fenêtres de la pièce et toutes les fissures afin qu'aucune lumière ne s'infiltre […]. On fera dans une fenêtre un trou rond de la grosseur d'un petit doigt. En arrière de cette ouverture, vous mettrez un morceau de toile blanche, voire un morceau de papier. Dans ces conditions, tout ce qui se trouve à l'extérieur, éclairé par le soleil, vous le verrez à l'intérieur et vous remarquerez que les personnes ont la tête en bas ; les objets à droite auront l'air d'être à gauche, toutes les choses seront renversées. »

Jean-Baptiste Della Porta, physicien, 1597.

Fig. 10. Ce document peut être utilisé pour initier une activité sur le sténopé.

• **Le daguerréotype** (début XIXᵉ siècle), créé par Daguerre, correspond à un sténopé dans lequel le trou a été remplacé par un objectif (une lentille) et il est possible de placer sur ou à la place de l'écran une plaque sensible pour garder une trace et obtenir une photographie. La **lentille optique** permet d'obtenir une plus grande quantité de lumière entrant dans la boîte tout en concentrant les rayons lumineux sur l'écran et donc de gagner en netteté. L'utilisation d'une boîte à dimensions fixes et d'une seule lentille ne permet d'obtenir que des photographies d'objets ou de personnes à des distances déterminées de l'appareil photographique. **Le développement de la chimie** et des techniques de développement permet d'obtenir des photographies de bonne qualité et de bonne tenue dans le temps. Il est possible, grâce des dispositifs lumineux annexes (combustion de magnésium) de prendre des photographies même en cas de faible luminosité.

• L'évolution suivante consiste à pouvoir prendre une photographie quelle que soit la distance entre l'appareil et l'objet. Pour cela, on utilise un **soufflet** (milieu XIXᵉ siècle), qui permet de faire varier la distance entre l'objectif et la plaque photographique.

• Le travail sur la combinaison de plusieurs lentilles, l'utilisation de miroirs dans les appareils reflex, les progrès sur les qualités des pellicules à négatifs photographiques argentiques changeables (qui remplacent la plaque photographique et qui permettent sur un seul film de réaliser jusqu'à 36 photographies), l'arrivée de la **microélectronique** ont permis de réduire considérablement les dimensions de l'objet, son poids, les temps de pause, de rendre son maniement plus aisé et d'adapter de manière automatique les différentes variables de l'appareil : **diaphragme**, **vitesse** d'obturation. La visée est directe dans **l'appareil reflex** (milieu du XXᵉ siècle). On y adjoint un **flash** électronique pour les prises de vue en cas de lumière atténuée.

• **L'appareil jetable** (vers 1980) combine la plupart des caractéristiques de l'appareil. Comme son nom l'indique, il ne dispose que d'une seule pellicule. L'appareil est donc « jeté » (en fait, il est récupéré et une grande partie de ses composants sont recyclés) une fois la pellicule impressionnée. Il dispose quasiment systématiquement d'un flash électrique.

• **L'appareil photographique numérique** correspond à une (r)évolution très importante. On peut retrouver sur cet appareil quelques-unes des parties d'un appareil « classique » : objectif, écran ; mais l'ensemble est **numérisé** : l'écran (pellicule) est remplacé par une cellule électronique et le viseur par un écran à cristaux liquides sur lequel on peut voir l'image. **L'image optique** est à ces deux niveaux décomposée en « pixels » (petits éléments) codés numériquement et traités par un ensemble électronique à microprocesseur. **L'image numérique** finale peut être transmise par câble, par liaison téléphonique (téléphone et appareil photographique en un seul appareil), par infrarouge et éventuellement traitée par des **logiciels** (soit intégrés aux appareils soit sur plateforme informatique). Il reste évidemment toujours la possibilité de garder une trace sur papier de l'image par impression à partir de l'ordinateur. Les supports des images conservées sont des supports informatiques : clé USB, cartes mémoires, CD-Rom, DVD-Rom, disque dur.

L'évolution de l'appareil photographique constitue un excellent exemple de l'influence de l'évolution des sciences et des techniques sur la constitution et l'utilisation d'un objet technique.

Partie

4

Le ciel et la Terre

L'astronomie est un domaine qui passionne les enfants. Les élèves arrivent souvent avec des questions sur les trous noirs ou autres objets célestes et ils ont dans la tête des images de séries télévisées et d'histoires où les combats entre habitants de différentes galaxies sont monnaie courante. L'école doit préserver cette part de rêve, elle doit aussi apprendre aux élèves à différencier ce qui relève de la fiction et ce qui relève des sciences. Observer un lever de Soleil, la Lune qui joue avec les nuages, se laisser prendre par la beauté d'un ciel étoilé font partie des expériences, au sens d'expérience de vie, que les élèves doivent vivre et qui permettent d'ancrer des activités scientifiques en astronomie à l'école.

Au cycle des approfondissements, beaucoup d'élèves savent que la Terre tourne sur elle-même et autour du Soleil, qu'il existe des planètes… En revanche, ces connaissances sont généralement déconnectées de tout phénomène observable et c'est à l'école, dans des situations d'investigation qui amènent à observer, expérimenter et modéliser que les élèves pourront faire le lien entre les phénomènes et les mouvements des astres.

Travailler en astronomie suppose que l'on sache se repérer dans l'espace. On utilise pour cela quelques directions remarquables, qui doivent être connues des élèves : les directions verticale, horizontale et celles repérables grâce aux points cardinaux. C'est pourquoi nous leur consacrons un chapitre.

Chapitre 8

Se repérer sur la Terre et dans le ciel

Pour se repérer sur la Terre, on utilise des coordonnées, celles qu'on trouve sur un globe, une carte et que traite un GPS. Par ailleurs, des directions remarquables (directions verticale, horizontale et points cardinaux) sont utiles pour repérer la position d'un astre dans le ciel ou les positions successives qu'il occupe.

Chacun de nous a déjà utilisé des instruments permettant de repérer ou vérifier des directions dans l'espace. Citons le fil à plomb, les niveaux, mais aussi la boussole. Partir de ces instruments permet de mettre en place des situations d'investigation pour faire définir par les élèves les directions et en construire les propriétés. Ces dernières changent selon qu'elles sont étudiées en un lieu sur la Terre ou à l'échelle de la Terre. Par exemple, des droites verticales sont parallèles dans le premier cas ; elles ne le sont pas dans le second. Les propriétés des directions, comme les notions de physique, ont donc un certain domaine de validité, qu'on repère quand on en franchit les limites ou quand des explications de phénomènes ne peuvent plus être réalisées à l'intérieur de ce domaine. Peu d'exemples de ce type sont accessibles aux élèves de l'école. L'étude des directions au cycle des approfondissements en est un, et nous envisagerons donc les deux domaines de validité.

Par ailleurs « se repérer dans l'espace » fait partie des programmes du cycle des apprentissages fondamentaux. Certaines activités relèvent plutôt du domaine de la géographie, d'autres renvoient à celui de la physique et de la technologie. Des exemples d'activités, placées dans le chapitre 17, sont l'occasion d'exercer des compétences dans le repérage dans l'espace. Nous ne les reprenons pas ici, mais nous proposons dans ce chapitre d'autres exemples pour les travailler.

Le programme *(BO hors série n° 3 du 19 juin 2008)*	
CP et CE1	CE2, CM1 et CM2
DÉCOUVERTE DU MONDE **Se repérer dans l'espace et le temps** Les élèves découvrent et commencent à élaborer des représentations simples de l'espace familier : la classe, l'école, le quartier, le village, la ville. Ils découvrent des formes usuelles de représentation de l'espace (photographies, cartes, mappemondes, planisphères, globe). **PREMIER PALIER POUR LA MAÎTRISE DU SOCLE COMMUN** **Compétence 3. Les principaux éléments de mathématiques et la culture scientifique et technologique** L'élève est capable de : – situer un objet par rapport à soi ou à un autre objet, donner sa position et décrire son déplacement ; – observer et décrire pour mener des investigations.	**DEUXIÈME PALIER POUR LA MAÎTRISE DU SOCLE COMMUN** **Compétence 3B) La culture scientifique et technologique** L'élève est capable de : – pratiquer une démarche d'investigation ; savoir observer, questionner ; – manipuler et expérimenter, formuler une hypothèse et la tester, argumenter ; – mettre à l'essai plusieurs pistes de solutions ; – exprimer et exploiter les résultats d'une recherche en utilisant un vocabulaire scientifique à l'écrit et à l'oral ; – maîtriser des connaissances dans divers domaines scientifiques ; – exercer des habiletés manuelles, réaliser certains gestes techniques.

Informations pour l'enseignant

A La direction verticale

1 Définitions et propriétés

La direction **verticale** est la **direction d'une droite**. En effet, la verticale en un lieu est donnée par la direction du **fil à plomb** (***Fig. 1***) en ce lieu ou celle de la **chute libre des objets**. En raison de la rotondité de la Terre, les **propriétés de la direction verticale** changent selon qu'on est **en un lieu déterminé** ou **à l'échelle de la Terre**. En toute rigueur, des verticales en des lieux proches ne sont pas parallèles puisqu'elles correspondent à des directions convergeant globalement en un même point : le centre de la Terre (***Fig. 4a***). Cependant, en regard de la valeur du rayon terrestre (6 400 km), on les considère comme telles : **des droites verticales en des lieux proches sont parallèles**.

On peut aussi définir ce qu'est un plan vertical : tout **plan** contenant une verticale est lui-même **vertical**. En un lieu donné, des plans verticaux peuvent se couper (comme deux murs en angle dans une pièce) : on peut avoir des plans verticaux non parallèles.

Il faut prendre quelques précautions quand on représente une verticale sur une feuille de papier. **Par convention**, on admet qu'un trait parallèle aux bords latéraux de cette feuille correspond à une verticale. Une perpendiculaire à cette direction, c'est-à-dire parallèle au bord inférieur de la feuille, correspond à une horizontale.

Attention à une confusion fréquente, encouragée par le langage courant (« Pose l'affiche bien droit »), qui consiste à employer l'expression « c'est **droit** » au lieu de « c'est **vertical** » ou de « c'est **horizontal** ». Toute droite n'est bien évidemment pas verticale ou horizontale !

2 Des instruments

Un **fil à plomb** est constitué d'un objet de **forme tronconique** (le plomb), suspendu à une ficelle, et d'une **plaquette** tenue à la main (***Fig. 1a***). Pour vérifier la verticalité d'un plan vertical, on pose la plaquette perpendiculairement à ce plan et on regarde si la base la plus large du plomb **affleure** le plan. Ceci n'est possible que si la **longueur du côté de la plaquette carrée** est égale au **diamètre le plus large** du plomb.

Certains modèles de niveau à bulle (voir ci-dessous § B. 2) permettent de vérifier ou de tracer des droites verticales.

B La direction horizontale

1 Définition et propriétés

La direction **horizontale** est la **direction d'un plan**, celui de l'horizon (dans un lieu sans relief) ou celle qui est donnée par la surface de séparation entre l'eau et l'air d'un réservoir d'eau d'étendue modeste (bassine, étang).

Dans un plan horizontal, on peut tracer une infinité de **droites horizontales**, qui **peuvent se couper**. Dans un plan non horizontal, on peut tracer une infinité de droites horizontales qui sont nécessairement parallèles.

En raison de la rotondité de la Terre, les **propriétés de la direction horizontale** changent selon qu'on est **en un lieu déterminé** ou **à l'échelle de la Terre**. Tous les plans horizontaux, **en un lieu**, sont **parallèles**. Pour un réservoir d'eau d'étendue importante (mer par exemple), la surface de séparation air-eau prend la courbure de la sphère terrestre. On peut définir en chaque lieu un plan horizontal, **tangent à la surface de la Terre**. Les plans horizontaux ne sont **plus parallèles** (***Fig. 4a***).

En un lieu donné, directions horizontale et verticale sont orthogonales. C'est vrai à la fois pour les droites et pour les plans.

Si on compare les propriétés locales des directions verticales et horizontales, on constate une sorte de « croisement » de ces propriétés. En effet, des droites verticales sont toujours parallèles, tandis que des droites horizontales peuvent se couper ; des plans verticaux peuvent se couper tandis que des plans horizontaux sont toujours parallèles. Cela est dû au fait que, quand on ne donne pas de précision, la **direction verticale** est celle d'une **droite**, tandis que la **direction horizontale** est celle d'un **plan**.

2 Quelques instruments

Un **niveau à bulle** (***Fig. 2***) détermine une droite horizontale. Pour contrôler qu'un **plan** est **horizontal** à partir d'un **niveau à bulle**, on doit prendre **deux positions non parallèles** du niveau.

Il existe d'autres instruments pour repérer une direction horizontale. Un **niveau à eau** (***Fig. 3a***), constitué de deux récipients ouverts reliés par leur fond par un long tuyau souple et contenant de l'eau, permet de tracer une droite horizontale sur une longue distance. Il permet, de plus, de mesurer une **dénivellation**. Il existe maintenant des niveaux à visée laser, qui utilisent un niveau à bulle pour caler l'instrument, puis la propagation rectiligne de la lumière d'un laser pour repérer une droite horizontale sur une grande distance ou mesurer une dénivellation (***Fig. 3b***).

C Se repérer sur la Terre

Pour se repérer sur Terre, on utilise des coordonnées appelées longitude et latitude. Comment sont-elles définies ?

• **Le méridien géographique du lieu donne sa longitude**. L'intersection entre la surface de la Terre et un plan passant par les pôles et le lieu considéré définit un demi-cercle dit méridien géographique du lieu où l'on se trouve. Le **méridien** passant par **Greenwich** (près de Londres) a été choisi comme **méridien origine**. L'angle compris entre ce méridien et le méridien du lieu où l'on se trouve définit la longitude. Les longitudes se comptent de 0 à 180° vers l'est et vers l'ouest (***Fig. 4b***).

• **Le parallèle du lieu donne sa latitude.** L'intersection d'un plan passant par le centre de la Terre et perpendiculaire à l'axe des pôles, définit à la surface de la Terre un cercle appelé **équateur**. Tous les cercles définis par l'intersection des plans parallèles au plan de l'équateur avec la surface de la Terre se nomment « **parallèles** ». L'angle formé par le plan de l'équateur et le rayon terrestre joignant le parallèle d'un lieu définit la latitude. Les latitudes se comptent de 0° à 90° vers le nord et vers le sud à partir de l'équateur (***Fig. 4b***).

• **Les deux angles**, latitude et longitude, **désignent les coordonnées géographiques** d'un point et permettent de localiser exactement un point du globe.

D Les points cardinaux

1 Définition et propriétés

Les **points cardinaux** (nord, sud, est et ouest) sont improprement appelés points : il s'agit en fait de **directions**, les directions nord-sud et est-ouest, définies **dans le plan horizontal** d'un lieu sur la Terre.

L'instrument utilisé le plus souvent pour les connaître est la **boussole**, dont l'aiguille prend la direction du méridien terrestre, la partie colorée de l'aiguille étant généralement tournée vers le pôle Nord terrestre.

Le champ magnétique terrestre est à l'origine de l'orientation de l'aiguille de la boussole. Les chercheurs pensent que ce champ est dû à la structure interne de la Terre. Tout se passe comme si la Terre était un gros aimant dont le pôle Sud serait au pôle Nord terrestre et le pôle Nord au pôle Sud terrestre. En effet, le pôle Sud d'un aimant est attiré par le pôle Nord d'un autre aimant et inversement ; **par convention**, on a appelé **pôle Nord** l'extrémité de la boussole orientée vers le pôle Nord terrestre.

Si on marche longtemps **en suivant toujours la direction du nord**, on suit un méridien terrestre et on arrive au **pôle Nord**. En revanche, si on marche **en suivant toujours la direction de l'est**, on se retrouve au **point de départ**.

Le fil à plomb

a. Le fil à plomb du maçon

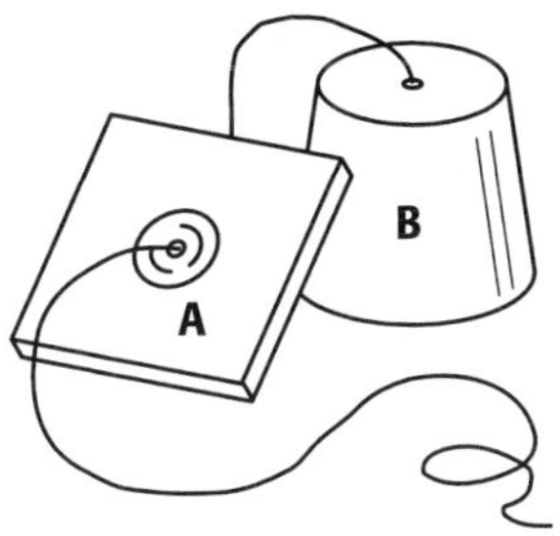

b. Une maquette de fil à plomb

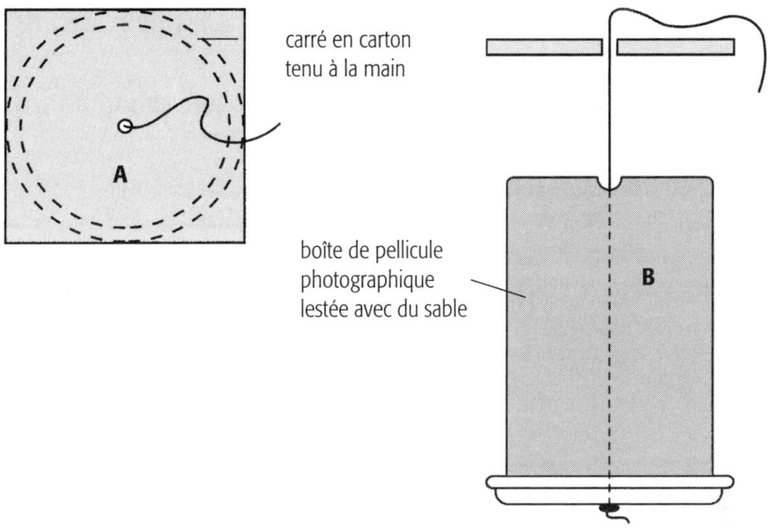

c. La direction verticale

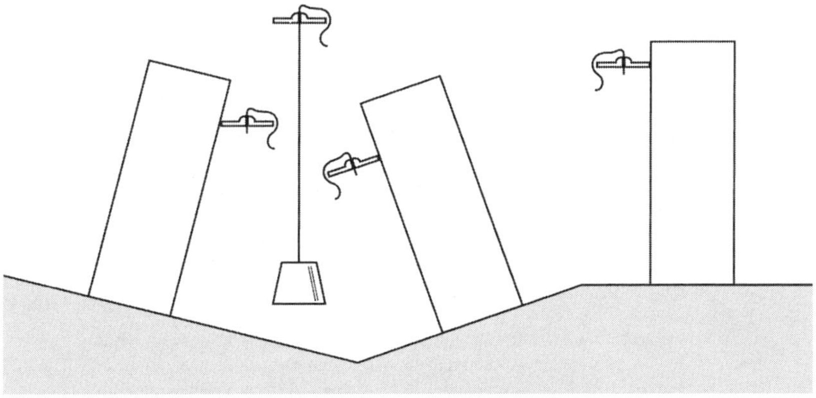

• Complète le dessin en dessinant les fils à plomb.

Fig. 1 a. b. La longueur du côté de la plaquette A est égale au diamètre le plus large du plomb B.
c. Ce document peut être utilisé après l'activité sur le fil à plomb. Il permet alors de structurer les acquis (tous les fils à plomb doivent être parallèles) ou il peut servir comme support pour une évaluation.

Une maquette de niveau à bulle

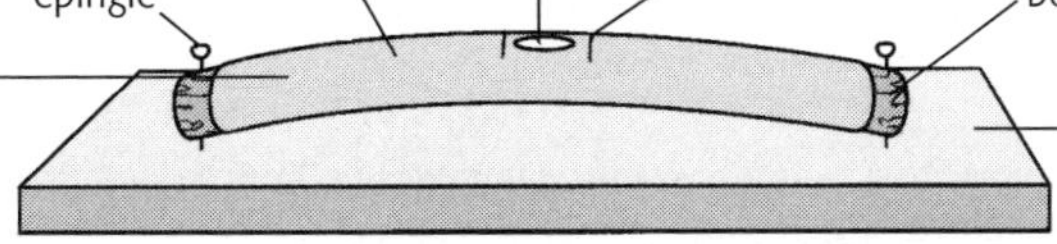

Fig. 2. Pour placer les deux traits sur la maquette de niveau à bulle, il faut le placer sur un plan horizontal à proximité d'un niveau à bulle de professionnel.

Mesurer une dénivellation

a. Avec un niveau à eau

Fabrique un niveau à eau de maçon

Les niveaux de l'eau à la même hauteur dans les deux flacons permettent de tracer une droite horizontale sur une longue distance.

• Fabrique un niveau et utilise-le pour tracer une droite horizontale sur le tableau, pour tendre une ficelle horizontalement le long d'un mur.

• Que se passe-t-il si tu oublies d'ouvrir les deux flacons ?

Matériel

1 • Deux petites bouteilles en plastique percées au moyen d'un clou chauffé
2 • Du tube en plastique
3 • De l'eau

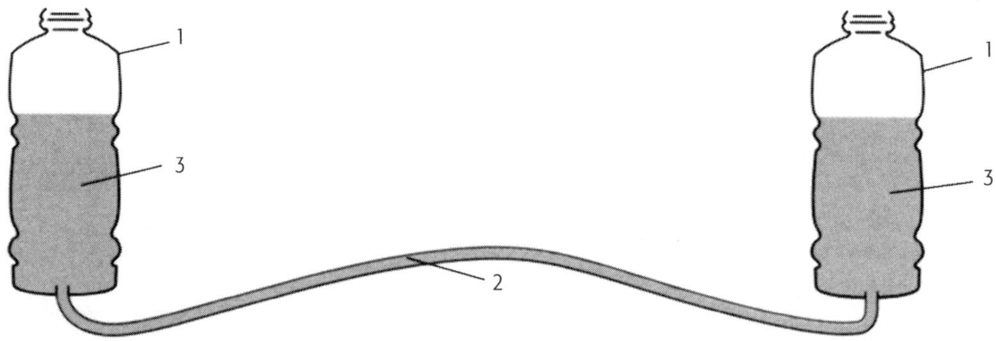

b. En faisant des visées

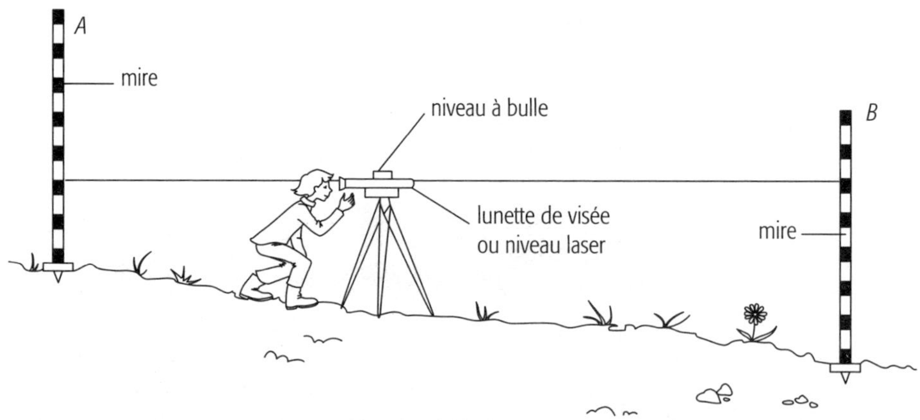

Fig. 3 a. Les niveaux de l'eau à la même hauteur dans les deux flacons permettent de tracer une droite horizontale sur une longue distance.
b. L'horizontale est repérée grâce au niveau fixé sur la lunette. La dénivellation est égale à la différence des hauteurs visées sur les mires *A* et *B*.

Directions et coordonnées

a. La Terre n'est pas plate

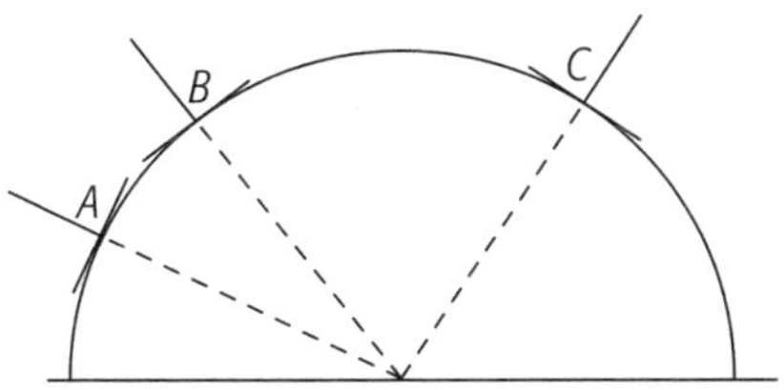

À l'échelle d'un chantier de construction, les droites verticales sont parallèles entre elles. À une plus grande échelle, les droites verticales se coupent au centre de la Terre. Les plans horizontaux aux lieux *A, B et* C sont tangents à la surface de la Terre et ne sont pas parallèles : chacun est perpendiculaire à la droite verticale située au même lieu.

b. Latitude et longitude

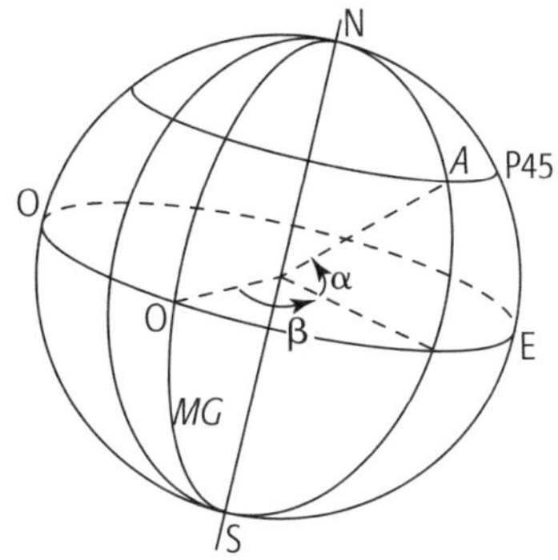

A est sur le parallèle 45° ; sa latitude est l'angle $\alpha = 45°$ N. *MG* est le méridien de Greenwich ; *A* est sur le méridien de longitude β.

c. Le GPS

Avec un satellite

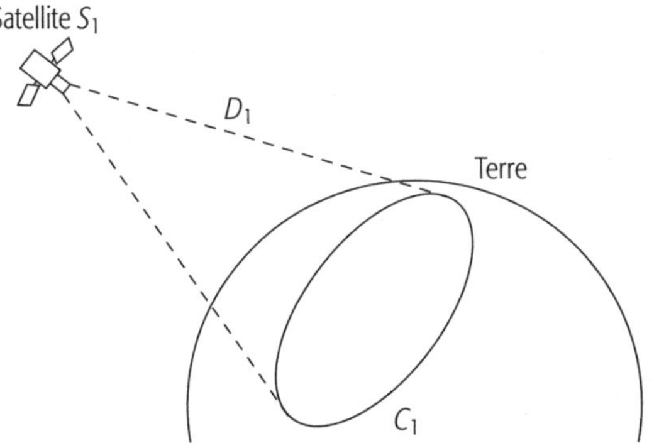

Le signal envoyé par le satellite S_1 est capté par le récepteur GPS « *R* ». *R* en déduit sa distance à S_1. *R* se trouve donc quelque part sur la sphère centrée sur S_1 et de rayon D_1. Il est donc à l'intersection (qui correspond au cercle C_1) de cette sphère avec le globe terrestre.

Avec trois satellites

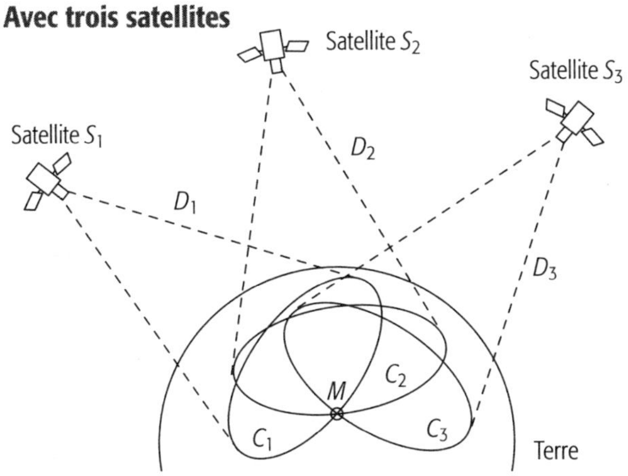

Le raisonnement suivi pour le satellite S_1 est reproduit pour les satellites S_2 et S_3. Le point *M* correspondant à l'emplacement du récepteur GPS « *R* » est à l'intersection des trois cercles C_1, C_2, C_3. Le calculateur du récepteur détermine ainsi sa position en deux dimensions, *X* et *Y*. Un quatrième satellite permettra de connaître la position de *R* en trois dimensions, *X*, *Y*, *Z*, en déterminant l'altitude de *R*.

Fig. 4 a. Les droites verticales ont la direction des rayons de la Terre.
b. Latitude et longitude sont les coordonnées géographiques d'un point.
c. Le GPS permet de localiser un lieu sur Terre.

❷ Pôle terrestre Nord magnétique et Nord géographique

Quand on observe l'ombre d'un piquet vertical (voir chapitre 9), on peut repérer la direction de l'ombre la plus courte : la direction nord/sud. Cependant, ce n'est pas exactement la direction donnée par la boussole. En effet, dans le premier cas, on obtient la direction tangente au méridien du lieu, qui rejoint le pôle Nord géographique (le point où l'axe de rotation de la Terre « sort du sol ») ; l'aiguille de la boussole est tangente à un « méridien magnétique », qui passe par le pôle Nord magnétique. Ces deux pôles diffèrent d'un certain angle (quelques degrés), la **déclinaison magnétique**. Les scientifiques se sont aperçus que le champ magnétique de la Terre s'est même inversé à plusieurs reprises au cours de son histoire. Actuellement, la position du Nord magnétique fluctue régulièrement : depuis 1904, le Nord magnétique s'est déplacé de près de 1 100 kilomètres. La connaissance précise de la déclinaison a longtemps été indispensable pour la navigation : connaissant la direction de la boussole, on peut en déduire exactement la direction du Nord géographique. Actuellement, les marins peuvent s'appuyer sur des satellites pour se repérer.

Afin de simplifier et à ce niveau de découverte et d'utilisation de la boussole à l'école élémentaire, il ne sera pas tenu compte de la déclinaison : le nord géographique et le nord magnétique seront confondus.

❸ Comment utiliser une boussole ?

Si on veut s'orienter avec une boussole, il est commode de choisir une boussole dite d'orientation, sur laquelle figure un cadran mobile avec un repérage angulaire des directions (***Fig. 8b***).

Pour orienter une carte dont la direction sud-nord est parallèle à un bord, on oriente la flèche zébrée de la couronne sur la flèche du socle et le socle parallèle au bord de la carte. On tourne l'ensemble (carte et boussole) jusqu'à ce que l'aiguille de la boussole se superpose à la flèche zébrée. À partir de ce moment, les différents éléments du paysage sont dans la direction de leurs représentations sur la carte. Il est possible alors de se situer ou de se diriger vers un point proche.

La procédure **pour suivre une direction donnée** est indiquée sur la ***Fig. 8b***.

❹ Quelques précisions sur la boussole

- Une boussole est constituée d'une aiguille aimantée libre de s'orienter. On peut vérifier que l'aiguille est un aimant en la faisant interagir avec des objets en fer (il y a attraction) ou avec un autre aimant (il y a soit attraction soit répulsion). Un aimant interagit avec la partie métallique grise des pièces de 1 et 2 euros. Cette partie est en alliage de cuivre et de nickel. Le nickel interagit, comme le fer, avec un aimant. Les pièces de couleur rouge-cuivré de 1, 2, 5 centimes sont en acier recouvert d'une couche de cuivre. L'aimant les attire également. Les pièces jaunes en alliage de cuivre, aluminium, zinc et étain, en revanche, ne sont pas attirées.
- En approchant d'une boussole dont l'aiguille est à l'air libre (cela ne se produit pas avec les boussoles à bain de liquide) une règle en plastique frottée, on observe une déviation de l'aiguille aimantée. C'est là un phénomène d'électricité statique qui n'a rien à voir avec un effet magnétique.
- Une bobine de fil conducteur isolé parcourue par un courant se comporte comme un aimant, (attraction du fer et du nickel, existence de deux pôles). Rendue mobile en la posant sur un flotteur, elle s'oriente également dans le champ magnétique terrestre.
- Il ne faut pas jeter une boussole dont l'aiguille, désaimantée, ne s'oriente plus. En approchant, sans qu'il y ait nécessairement contact, un fort aimant de l'aiguille, celle-ci se re-aimante. Si sa partie colorée se dirige vers le sud, il faut renouveler l'opération en inversant le pôle de l'aimant que l'on approche.

Ⓔ Qu'est-ce que le GPS ?

Le **GPS** (*Global Positioning System*), système mis au point par le département de la Défense des États-Unis, est désormais mis complètement à disposition du public. Ce système permet de déterminer les **coordonnées géographiques** (latitude et longitude) et l'**altitude** de tout lieu sur la Terre.

Il consiste en une constellation de 24 satellites tournant autour de la Terre (deux tours par jour), répartis de façon à ce que chaque point de la Terre puisse recevoir les signaux de plusieurs satellites simultanément. Chaque satellite a une orbite parfaitement connue et vérifiée grâce à des dispositifs de contrôle terrestres. Il émet un signal radio portant une information sur l'identification et la position du satellite et sur l'heure d'émission du signal. Un récepteur GPS utilisé sur Terre reçoit ce signal. Le récepteur (dont l'heure doit être bien réglée) compare les heures d'émission et de réception du signal radio, pour en déduire la distance séparant l'usager du récepteur et le satellite.

À partir des informations fournies par trois satellites simultanément, l'usager connaît sa position en latitude et longitude sur la Terre. Elle se trouve à l'intersection des trois sphères centrées sur chacun des satellites, dont le rayon est la distance séparant satellite et récepteur GPS (***Fig. 4c***). Un quatrième satellite permet de déterminer l'altitude du lieu où se trouve l'utilisateur.

Les récepteurs GPS peuvent avoir en mémoire des cartes et utilisent des logiciels pour visualiser sur ces cartes la position précise de l'usager.

Activités possibles en classe

■ Au cycle des apprentissages fondamentaux

Connaissances et capacités travaillées au cycle des apprentissages fondamentaux

– Découvrir que, quand on tourne autour d'un objet, on ne le voit pas de la même façon, on n'a pas le même point de vue sur lui.
– Savoir décrire l'orientation d'un objet par rapport à soi (face avant, arrière...), ainsi que sa position par rapport à cet objet (je suis devant, derrière, sur les côtés...).
– Fabriquer un objet en repérant les positions des éléments qui le composent à partir d'une photographie ou d'un dessin.
– Savoir décrire les positions relatives d'objets ou de parties d'objets.
– Lire des dessins ou des photographies pour mettre en relation la position d'un observateur et d'un objet.
– Mettre en relation le sens d'une photographie et son cadrage.

❶ Photographier pour apprendre à se repérer

a. Réaliser et analyser des prises de vue

Les élèves, par groupes successifs (ou simultanément si vous avez plusieurs appareils photographiques numériques), doivent réaliser une série de photographies (4 ou 5 par exemple), sans utiliser le zoom. Vous pouvez choisir de rester dans un premier temps dans la classe. Vous préciserez qu'il ne s'agit pas de faire des photographies d'élèves, mais plutôt d'éléments fixes de la salle de classe pour en faire une présentation par exemple (mais des élèves peuvent s'y trouver assis à leur table). Ces photographies seront ensuite enregistrées sur l'ordinateur de la classe ou de l'école ou visionnées directement sur un poste de télévision.

Les premières remarques faites par les élèves porteront sur la qualité des images : certaines sont floues ; un élève aura mis le doigt devant l'objectif ; sur d'autres photographies, les parties de la classe se reconnaissent facilement.

Un premier problème à résoudre consiste à savoir comment ne pas avoir de photographie floue. Les élèves font des propositions pour expliquer le flou obtenu : le photographe a bougé ou bien le sujet photographié a bougé. Ces hypothèses sont rapidement testées par de nouvelles prises de vue menées collectivement et l'observation des photographies obtenues.

À partir de ces observations, les élèves pourront indiquer les conditions à remplir pour voir une photographie lisible : ne pas mettre le doigt devant l'objectif, ne pas bouger et photographier un objet immobile ou quasi immobile.

b. Exploiter les photographies prises par les élèves

Vous sélectionnerez un panel de photographies prises par les élèves, de façon à couvrir l'ensemble des parties de la classe. Vous aurez à disposition pour cette séance les photographies sur ordinateur ou visibles sur un poste de télévision, ainsi qu'un tirage sur papier par petit groupe d'élèves ; il s'agit dans un premier temps de reconnaître les endroits de la classe se trouvant sur les photographies. Les élèves citeront : le tableau, la porte, le panneau d'affichage, les tables de tels ou tels élèves...

Dans un second temps, les élèves devront chercher où se trouvait le photographe, ainsi qu'un moyen de noter leurs résultats. Vous pouvez répartir les photographies dans la classe, de façon à ce que chaque petit groupe d'élèves ne dispose que de deux images. Munissez-les d'un appareil photographique pour qu'ils puissent viser et comparer le résultat observé dans le viseur et la photographie dont ils disposent. À défaut, vous pouvez leur distribuer des tiroirs de boîte d'allumettes, qui cadrent de façon proche d'un appareil (sans zoom). Les élèves se déplacent dans la classe (selon votre effectif, vous opérerez classe entière ou par roulement, les autres élèves menant une autre activité ne nécessitant pas de déplacement).

Comment vont-ils noter le résultat pour indiquer leur position ? Certains peuvent faire une phrase : « Je me mets devant la table d'Aziz » ou, plus précis, « Je me mets devant la table d'Aziz et face au tableau »... Certains vont dessiner, avec des pseudo-perspectives, ou bien représenter le sol, en indiquant par une croix ou une flèche le tableau et la table d'Aziz...

Les propositions de réponses figureront dans la partie personnelle du cahier des élèves. Ces travaux peuvent initier un travail sur le plan de la classe ou au contraire être une occasion de l'utiliser pour y repérer la partie de la classe photographiée et l'endroit où se trouvait le photographe.

Dans une phase de mise en commun, les photographies sont montrées sur écran et les élèves donnent leur résultat ; un élève d'un autre groupe peut alors le vérifier et des échanges ont lieu pour savoir si l'information donnée est correcte et suffisamment précise. Vous veillerez à l'emploi correct de la désignation des positions.

Dans la trace collective pourront figurer quelques photographies, avec des phrases indiquant la position du photographe. Si les élèves disposent du plan de la classe (ce jour ou plus tard, quand un travail aura été mené), les photographies et leur photographe y seront localisés.

2 Choisir comment photographier

a. Comment se placer pour choisir sa photographie ?

Proposez aux élèves de réaliser des prises de vue de leurs camarades. Contrairement au cas précédent, on veut ici photographier des personnes. Vous disposerez alors d'un lot de photographies réalisées par les élèves. En observant les résultats obtenus, les élèves feront certaines remarques : on obtient un portrait, on voit l'élève debout ou au contraire il est très petit et peu reconnaissable.

Pourquoi ces résultats différents ? Les élèves proposeront des explications : « On était près ou loin », « On a utilisé un bouton sur l'appareil » (le zoom)... Elles seront testées à l'aide de boîtes à cadrer (tiroirs de boîtes d'allumettes par exemple) ou directement avec un appareil photographique pour le zoom, les résultats étant observés sur écran.

Pour organiser la synthèse des résultats, dans la trace collective, les élèves pourront coller trois photographies d'un camarade (portrait, debout, très petit) et indiquer si le photographe était près ou loin. Vous pouvez aussi utiliser pour cette synthèse, ou comme support d'évaluation, le document de la ***figure 5a***.

b. Le choix du cadrage

Il s'agit ici plutôt de travailler sur le sens que prend une photographie (de paysage, de personnes) selon le cadrage lors de la prise de vue. Vous pouvez partir de photographies distribuées aux élèves, qui sont des éléments d'un même paysage et que vous aurez préparées : on verra sur l'une un groupe d'immeubles ou de maisons, sur une autre des arbres, sur une troisième un champ ou un pont enjambant une rivière... Les élèves doivent décrire leur photographie et dire, à leur avis, où peut se trouver ce qui est photographié, si elles sont prises en des endroits différents. Vous projetterez les photographies sur écran lors de la mise en commun, qui donne aux élèves l'occasion de s'exercer à la description et à la langue orale. Quand tous les groupes d'élèves auront présenté leur vision de leur photographie, ils en concluront probablement qu'elles ont été prises à des endroits différents. Vous pourrez alors leur projeter la photographie de l'ensemble et ils comprendront que leur vision a été modifiée par le choix du cadrage.
Ils pourront, pour réinvestir ces acquis, réaliser eux-mêmes des prises de vue « trompeuses » avec un appareil photographique ou travailler à partir de photographies ou d'images (catalogues, revues, albums...), en y plaçant des cadres à différents endroits de façon à changer la signification de l'image.

3 Construire une maquette à partir de dessins ou de photographies

La ***figure 5b*** propose une situation d'entrée possible. Les élèves disposent de matériel modulaire ou de patrons pour réaliser une maquette. Ils doivent ensuite trouver où se placer pour voir la construction comme sur les vues (dessins ou photographies) prises des différents côtés.

Vous pouvez aussi demander aux élèves de fabriquer à leur convenance trois tours placées sur une plaque, avec un nombre total de briques imposé (non multiple de trois pour ne pas avoir trois tours de même hauteur). Les constructions seront de fait différentes selon les groupes. Les élèves doivent alors dessiner leur construction, de façon à ce que les autres groupes puissent reproduire à l'identique leur construction. Les dessins sont échangés et la construction réalisée par un autre groupe valide ou non le dessin fourni. S'il y a des différences, les auteurs du dessin doivent comprendre pourquoi et modifier leur commande en

On ne voit pas toujours un objet de la même façon

a. Où se trouve le photographe ?

• Relie le photographe à ce qu'il voit dans le viseur.

b. Différents points de vue sur un objet

Construis ta maquette

• Construis les trois volumes.

• Dispose-les comme ci-dessous et déplace-toi autour.

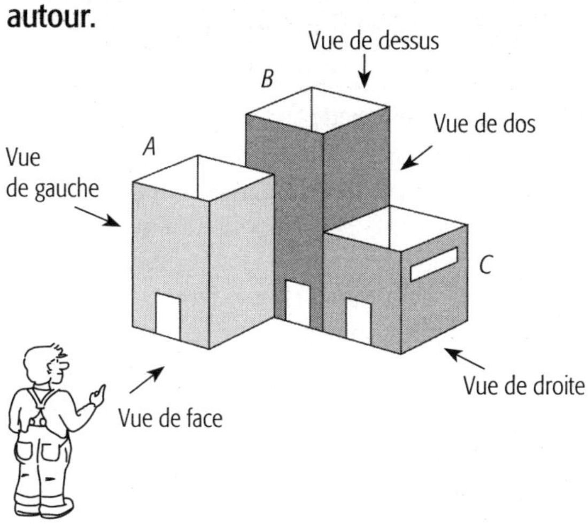

Regarde ta maquette

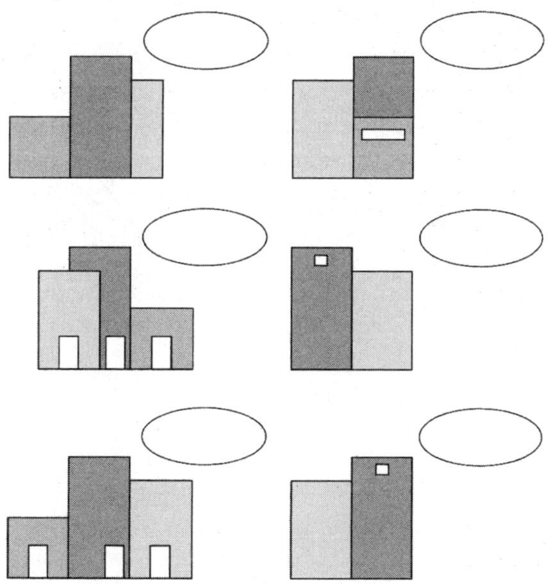

• Indique, dans chaque cartouche, si ta maquette est vue de face, de dos, de droite ou de gauche. Deux vues n'existent pas : barre-les.

Fig. 5 a. Ce document peut être utilisé pour faire la synthèse des résultats, ou comme support d'évaluation. Les élèves doivent relier le dessin du photographe à ce qu'il voit dans le viseur.
b. Les élèves construisent la maquette de gauche, en s'aidant du document et de patrons fournis par le professeur. Puis ils doivent mettre en relation les dessins et la position de l'observateur.

conséquence. S'il y a peu d'erreurs sur la disposition des pièces, celles-ci portent plutôt sur des informations insuffisantes, les élèves ne fournissant le plus souvent qu'une seule vue (ou un nombre insuffisant de vues) de leur objet.

■ Au cycle des approfondissements

Connaissances et capacités travaillées au cycle des approfondissements

Pour les directions horizontale et verticale :
– savoir repérer l'horizontale par la surface libre d'un liquide au repos ;
– savoir repérer la verticale par la direction du fil à plomb ;
– savoir que les directions verticale et horizontale sont perpendiculaires ;
– concevoir et utiliser des objets techniques mettant en œuvre ces propriétés.

Pour les points cardinaux et la boussole :
– être capable d'utiliser les points cardinaux pour repérer une direction à partir d'un lieu sur Terre ;
– savoir utiliser une boussole pour repérer une direction ou pour progresser dans une direction donnée ;
– savoir que ces repérages sont relatifs : tel lieu est à l'est (ou au nord) de tel autre, mais à l'ouest (ou au sud) d'un troisième ;
– mettre en évidence qu'une boussole possède une aiguille aimantée qui s'oriente approximativement dans la direction nord-sud pour peu qu'elle ne subisse pas d'interaction avec d'autres aimants ou avec des objets constitués de fer ;
– savoir que la propriété fondamentale de la boussole est que l'aiguille garde une même direction lorsqu'on tourne son boîtier ;
– savoir que la boussole permet de s'orienter même en présence de brouillard. Elle est en revanche perturbée par la proximité d'un orage. Lorsqu'on est perdu, une boussole permet de ne pas tourner en rond et de tenir une direction choisie sur une carte.

À l'échelle de la Terre :
– savoir qu'il existe un pôle Nord et un pôle Sud (points de la surface terrestre par lesquels passe l'axe de rotation de la Terre et en direction desquels s'orientent approximativement les boussoles) mais, en revanche, qu'il n'existe pas de « pôle Est » ni de « pôle Ouest ».

Les points cardinaux étant définis dans le plan horizontal du lieu, cela suppose de :
– savoir placer un plan horizontal sur une maquette de la Terre ;
– savoir placer un piquet vertical sur une maquette de la Terre ou tracer une droite verticale sur un schéma de la Terre.

❶ Repérer des directions horizontales et verticales

La manipulation du fil à plomb et du niveau à bulle du commerce et la fabrication de leurs maquettes permettront aux élèves de préciser leur fonction, leur mode d'emploi et aussi les propriétés importantes des directions verticale et horizontale au niveau local : les droites verticales sont parallèles, droite verticale et plan horizontal sont perpendiculaires. Les expressions « Tiens-toi droit » ou « Tiens ton assiette plate » montrent que « droit » et « plat » sont, dans le langage de tous les jours, des substituts à « vertical » et « horizontal » et qu'il faut les éviter et les rectifier dans un contexte scientifique.

a. Qu'est-ce qu'un fil à plomb ?

• Observer un fil à plomb

Le fil à plomb de maçon (***Fig. 1a***) n'est pas toujours connu des élèves. Si aucun n'en connaît l'usage, on peut leur en montrer un exemplaire et leur proposer de le dessiner. Ou bien, on leur en montre l'usage en l'appuyant contre un mur de la classe. Le fil à plomb indique la direction **verticale**.

• Fabriquer une maquette

On ne dispose bien souvent que d'un ou deux exemplaires de l'objet dans la classe. On peut alors proposer aux élèves d'en construire un modèle, avec de la pâte à modeler comme lest, de façon à ce qu'ils s'approprient l'objet et en découvrent les **caractéristiques**. Dans un premier temps, ils ne voient pas l'intérêt d'adjoindre le carré calibré au lest. En appuyant l'extrémité du fil opposé au lest contre le mur, la boule de pâte à modeler s'appuie contre le mur, le fil est incliné et la verticalité du mur permet de constater que le fil à plomb n'assume pas sa fonction !

Un **retour à l'observation** du fil à plomb du maçon s'impose. Certains vont l'utiliser et mesurent tout l'intérêt du carré tenu horizontalement en partie haute, appuyé contre le mur à contrôler : la mesure de son côté doit correspondre exactement au diamètre le plus grand du lest.

Il est possible de proposer la fiche de réalisation de la maquette d'un fil à plomb (***Fig. 1b***).

• Comment utiliser le fil à plomb ?

Les élèves testeront la maquette, à la fois pour en vérifier la validité et pour découvrir des propriétés de la direction verticale.

Dans un premier temps, ils chercheront à établir le mode d'emploi de l'objet, qu'ils pourront noter par écrit dans leur cahier. Ils chercheront alors à vérifier la verticalité d'objets dans la classe : le mur, le bord du tableau, le pied de la table…

On peut les inviter à suspendre leurs fils à plomb à divers supports (chaises montées sur la table, embrasures de porte). En se plaçant en divers endroits, ils constatent le parallélisme de leurs fils à plomb. En traçant, grâce au fil à plomb, deux verticales au tableau, ils constatent également qu'elles sont parallèles.

b. Qu'est-ce qu'un niveau à bulle ?

• À quoi sert un niveau à bulle ?

On peut faire poser délicatement une bille sur une table. Que devient-elle ? Elle roule ou elle reste immobile. Dans ce dernier cas, qui se produit pour une position très particulière de la table, son plan est dit « horizontal ». On peut alors présenter un niveau à bulle du commerce. Les élèves vont l'observer, signaler en quelles occasions ils ont vu des artisans l'utiliser (pose d'un carrelage, d'un parquet, d'une porte). Il permet de tracer ou de vérifier l'horizontalité : ne précisez pas pour l'instant s'il s'agit d'une droite ou d'un plan.

• Fabriquer une maquette

N'ayant le plus souvent que peu d'exemplaires de niveaux à bulle dans une classe, on proposera aux élèves d'en **fabriquer une maquette**. On leur fournira un **document** (***Fig. 2***) pour les aider. Il faut utiliser un tube très propre (lavé avec un produit à vaisselle par exemple). Les élèves devront **s'interroger** sur la façon de placer les deux repères pour la bulle. Certains les placeront au milieu du tube, mais en comparant l'indication de leur niveau à celle donnée par un niveau de professionnel posé au même endroit, ils constateront que cela ne convient pas : ceci est dû à la courbure de leur tube qui est rarement symétrique. Pour placer les repères, il faut donc utiliser un niveau de professionnel pour repérer un endroit horizontal, y mettre la maquette du niveau et tracer les traits de part et d'autre de la bulle : on réalise un étalonnage de l'instrument.

• Utiliser la maquette

Chaque groupe peut contrôler l'horizontalité de sa table avec son niveau à bulle. Il constate que l'instrument définit de **nombreuses positions** où la bulle est bien entre ses deux repères. Mais ce n'est peut-être pas vrai pour toutes les directions. En plaçant des cales sous les pieds de la table, il est alors possible d'obtenir un arrêt de la bulle entre ses deux repères dans toutes les directions du niveau : la table (le plan de la table) est horizontale. **Une seule opération ne suffit pas** pour affirmer l'horizontalité d'un **plan**, deux positions très différentes (par exemple à peu près perpendiculaires l'une par rapport à l'autre) sont obligatoires. En inclinant fortement la table, ils trouvent des positions (parallèles entre elles) du niveau à bulle qui donnent une position satisfaisante de la bulle entre ses deux repères : en fait, le niveau à bulle donne la direction d'une droite horizontale. Les élèves recherchent et trouvent des horizontales sur le mur vertical. L'inverse n'existe pas : pas de verticale dans un plan horizontal !

Vous pouvez faire rédiger le mode d'emploi du niveau à bulle par vos élèves, qu'ils mettront dans leur cahier.

• Quel angle entre une verticale et une horizontale ?

Plusieurs élèves tracent au tableau des verticales avec leur fil à plomb et des horizontales avec leur niveau à bulle. Avec une équerre, ils pourront constater la perpendicularité entre ces deux directions.

c. Quelle direction a la surface de l'eau ?

Faites **dessiner** à vos élèves des niveaux d'eau dans des récipients, posés sur une table horizontale ou avec une cale. Vous pourrez constater que nombre d'entre eux privilégient pour la direction de la surface de l'eau la perpendicularité par rapport aux parois du récipient au détriment de l'horizontalité. Un **travail d'observation** sur des bouteilles fermées contenant de l'eau colorée, des schématisations et des allers et retours entre le schéma et l'observation sont donc à mener pour rectifier ces erreurs (***Fig. 6a***).

Vous pouvez **compléter ce travail** en proposant un dispositif analogue à celui du bas de la ***figure 6b*** ou en leur proposant préalablement le document présentant le dispositif. La surface de l'eau définit un plan horizontal, qui est perpendiculaire à la direction verticale donnée par le fil à plomb.

d. Comment tracer une horizontale sur une grande distance ?

« Fixer des étagères ou des affiches sur un panneau, au même niveau dans une classe » peut être une situation-problème intéressante. Le niveau à bulle est peu pratique car il n'est pas assez grand. Quelles autres propositions ? Certains élèves penseront à des situations qu'ils ont rencontrées dans leur environnement : utiliser une lunette de visée (*cf.* le paragraphe suivant) ou bien un appareil de visée à laser qui permet d'obtenir des traits lumineux horizontaux sur les murs ; vous pouvez proposer d'utiliser un niveau à eau (***Fig. 3a***), qu'ils ne connaissent que rarement. Ce dernier sera simple à construire, un tuyau d'arrosage peut convenir. S'il est transparent, comme on en trouve actuellement dans le commerce, les deux bouteilles transparentes aux extrémités sont inutiles.

Ils viennent de découvrir le principe des vases communicants. Avec leur dispositif, les élèves pourront par exemple tracer une horizontale sur un mur pour y fixer une frise. Attention, les deux extrémités doivent être ouvertes, de façon à ce que l'eau dans chacune d'elles soit soumise à la même pression, la pression atmosphérique.

e. Comment connaître la dénivellation d'un terrain ?

Pour de nombreux travaux (construction d'autoroutes par exemple), pour la réalisation de cartes..., les géomètres doivent connaître les dénivellations du terrain. Pour cela, il est nécessaire de savoir repérer l'horizontale avec précision. À partir du **schéma** (***Fig. 3b***), les élèves vont essayer de **déterminer la procédure** permettant de mesurer la dénivellation entre *A* et *B*. Ils pourront même l'appliquer à l'intérieur de l'école après avoir construit une maquette de lunette de visée : un tube en carton solidaire d'un niveau à bulle fixé sur un pied d'appareil photographique.

f. Qu'y a-t-il dans un château d'eau ?

La question du fonctionnement d'un château d'eau (***Fig. 7a***) doit être mise en relation avec les activités portant sur le traitement de l'eau pour obtenir de l'eau potable. Il s'agit ici de sa distribution. L'activité donne aux élèves l'occasion de réinvestir et conforter leurs connaissances sur la direction horizontale de la surface libre d'un liquide, et sur ce qu'est une dénivellation.

La visite du château d'eau local n'est pas toujours possible. On la remplacera par l'observation d'une photographie. Les élèves essayeront de dégager un certain nombre d'observations et de questions. Ils connaissent la finalité du château d'eau ; ils vont pouvoir dégager les problèmes essentiels :
– Pourquoi les châteaux d'eau sont-ils toujours en hauteur ?
– Comment l'eau arrive-t-elle dans les maisons ?

Les élèves expriment leurs conceptions, qu'ils peuvent aussi traduire par des dessins : certains imaginent parfois que la tour est remplie d'eau ! La construction d'une maquette va aider à découvrir des réponses mais à s'interroger aussi. Les élèves expérimentent avec une bouteille en plastique pleine d'eau et un tuyau en plastique (***Fig. 7b***). À leur grand étonnement, l'eau ne coule pas. Ils doivent faire un trou dans le haut de la bouteille (ou la découper) pour que l'eau coule. Cela les intrigue et pourrait conduire à l'approche de la notion de pression atmosphérique (qui n'est pas au programme). Il est souhaitable d'en rester au constat de la nécessité de cette ouverture en signifiant simplement que c'est l'air de l'atmosphère qui doit pouvoir appuyer pour que l'eau puisse s'écouler. En remontant l'extrémité du tuyau, ils observent que le niveau de l'eau dans le tuyau s'arrête quand il atteint le niveau dans la bouteille. Si l'extrémité est bien en dessous du niveau de l'eau dans le réservoir, ils obtiennent un jet d'eau, ce qui présente toujours beaucoup d'attrait pour eux. Ils constateront que le niveau de l'eau atteint par le jet est inférieur à celui du réservoir.

Ils formulent alors des interrogations :
– Le haut du château d'eau est-il ouvert ?
– Les maisons alimentées par le château d'eau doivent-elles forcément se situer sous le château d'eau ?
– D'où vient l'eau qui est dans le château d'eau ?

Ils s'adressent au service des eaux de leur commune, ils consultent un ouvrage de sciences ou un site Internet, qui pourront leur confirmer certains résultats :
– le haut du réservoir du château d'eau est bien en relation avec l'air extérieur, l'atmosphère ;
– les maisons doivent se situer sous le niveau de l'eau du château d'eau et, s'il n'en est pas ainsi, il faut alors utiliser des pompes ;
– le château d'eau est alimenté à partir de réservoirs plus lointains, d'une rivière ou de sources captées.

Avant d'arriver au château d'eau, l'eau a été traitée pour être potable ;
– le réservoir satisfait la demande en eau de toutes les maisons proches et leur distribue l'eau sous la même « pression » ;
– on n'alimente pas directement avec l'eau refoulée par les pompes pour toujours disposer d'une réserve d'eau potable, en cas de problème sanitaire sur les prises d'eau, et aussi pour pallier les pannes de pompe (voire leur non-disponibilité lors de leur maintenance).

2 Les points cardinaux et la boussole

La boussole est un instrument souvent connu des élèves, même s'ils ne savent pas l'utiliser correctement et se limitent au fait qu'elle « donne le nord ». Un travail est nécessaire pour leur faire prendre conscience de la différence entre point et direction

L'horizontale

a. La surface libre d'un liquide est horizontale

• Trace le niveau du lait dans les biberons.

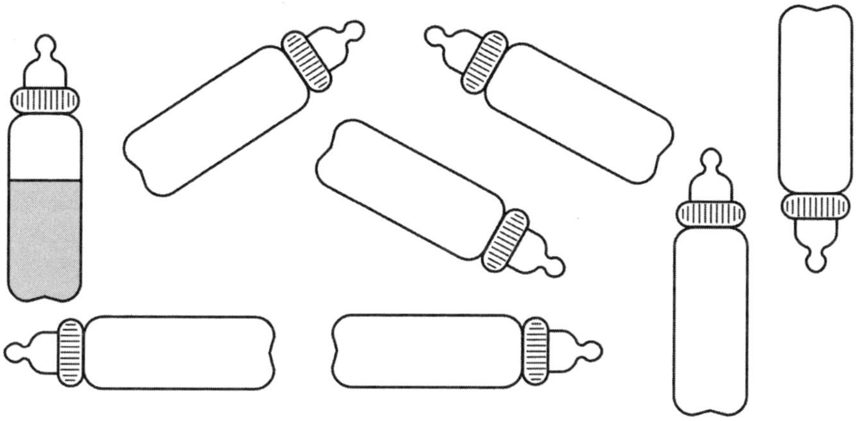

b. Horizontale et verticale sont perpendiculaires

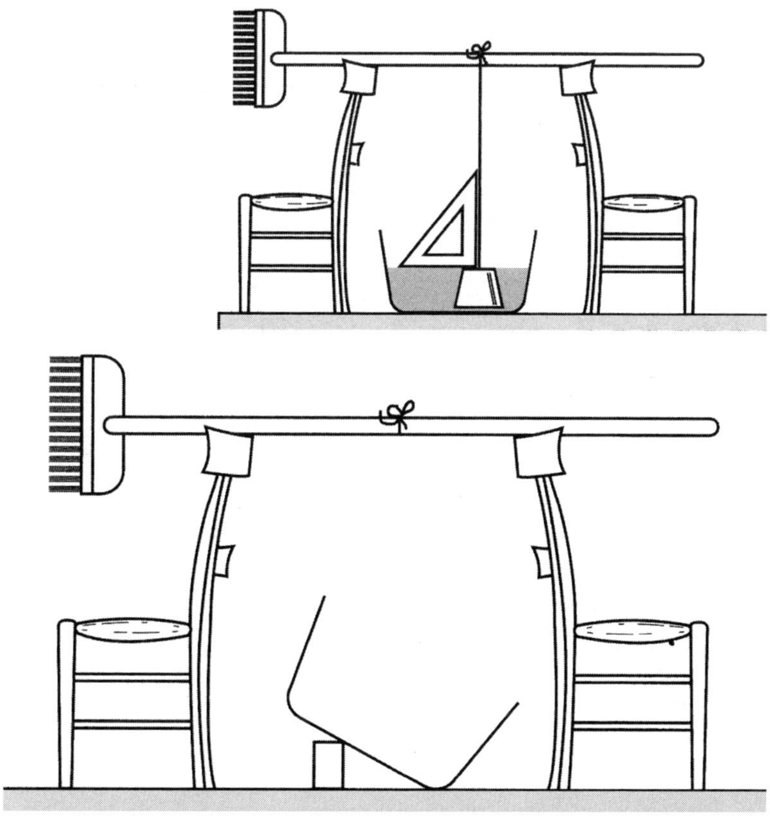

• Dessine le fil à plomb, l'eau et l'équerre.

Fig. 6 a. Ce document peut être utilisé avec les élèves soit pour recueillir leurs idées initiales, soit pour structurer les résultats après expérimentation et observation.
b. Ce dispositif peut être utilisé pour vérifier la perpendicularité des deux directions. Que passe-t-il si on incline la bassine ?

et pour leur faire découvrir les possibilités d'utilisation d'une boussole, ainsi que les caractéristiques de l'objet, qui lui permettent d'assurer sa fonction.

a. Quelles indications donne une boussole ?

Tous les élèves ne connaissent pas la boussole. Certains découvrent cet objet pour la première fois. Vous pouvez prévoir un premier temps de découverte, de manipulation libre. Les remarques que les élèves auront tirées de leurs essais demanderont à être contrôlées : « La boussole donne la direction du nord », « Elle sert à se retrouver quand on est perdu. »

Les boussoles couramment utilisées à l'école sont des boussoles d'orientation comme celle de la ***figure 8b***.

L'aiguille de la boussole donne la **direction nord-sud**. La boussole en main, demandez aux élèves de vous indiquer le nord dans la classe. Tous ne donneront pas le même endroit : pour certains ce sera le bord gauche du tableau, pour d'autres la porte... Ils pourront **s'interroger** sur ces différences et remarqueront peut-être que cela est dû à leur position. S'ils se déplacent, ils ne placent pas le nord au même endroit. Le nord n'est donc **pas un point**, une boussole donne une **direction**. Il faudra leur faire préciser les **précautions à prendre** : les boussoles interagissent avec les pieds et tubes des tables qui sont en acier, mais elles interagissent aussi entre elles ! Il est donc indispensable de les tenir éloignées les unes des autres et de tout objet contenant du fer.

L'usage est de nommer pôle Nord de la boussole l'extrémité de l'aiguille qui se dirige vers le pôle Nord de la Terre (elle est généralement colorée pour la repérer), l'autre se dénomme pôle Sud.

La direction nord/sud n'est pas celle donnée par les indications gravées sur le boîtier. Seule la **position de l'aiguille** est significative : tourner le boîtier ne modifie pas l'orientation de l'aiguille. Vous pouvez leur indiquer alors que, dans le cadre d'une bonne utilisation de la boussole, il faut tourner le boîtier jusqu'à ce que la direction nord/sud signalée par les lettres « N » et « S » se superpose à l'orientation de l'aiguille. La direction nord/sud étant définie, vous leur apprendrez à définir les directions de l'est et de l'ouest : quand l'observateur regardera vers le nord, l'est se trouvera à droite, l'ouest à gauche, quel que soit le lieu sur la Terre, dans l'hémisphère Nord comme dans l'hémisphère Sud (il existe toutefois une exception quand on est exactement aux pôles : il n'est alors plus possible de définir l'est et l'ouest et il existe une infinité de directions sud !).

Il est intéressant de prolonger cette recherche de la **direction** indiquée par la boussole à l'**extérieur**.

Dispersés en différents points de la cour, incitez-les à tracer, à même le sol, la direction indiquée par la boussole ou bien à placer leurs bras dans sa direction ou bien, enfin, à marcher vers le nord. Ces **directions** sont **parallèles** entre elles, toutes les aiguilles sont parallèles entre elles. Cette direction correspond à celle de la direction nord/sud de l'école, qu'on repère en travaillant sur l'ombre du gnomon ou sur la position de l'Étoile polaire (voir chapitre 9).

Vous pouvez leur faire constater que l'un d'eux est au nord d'un autre alors qu'il sera à l'ouest d'un troisième ou au sud-ouest d'un quatrième. Organisez des exercices exploitant ces placements en utilisant les directions supplémentaires données par la rose des vents.

b. Comment utiliser une boussole ?

Différentes activités amènent les élèves à utiliser une boussole, comme l'organisation d'une chasse au trésor dans la cour de l'école ou l'orientation d'une carte ou un plan.

En liaison avec la géographie ou dans la perspective d'une course d'orientation, les élèves apprécieront d'utiliser, sur le terrain, la boussole et d'en découvrir ses usages. La boussole de la ***figure 8b*** correspond à celle utilisée communément pour la randonnée.

- Vous pouvez organiser une chasse au trésor, en distribuant un parcours que les élèves doivent suivre, comprenant des indications du type : partir du coin du bâtiment, marcher 3 m vers le sud-est, puis 2 m vers le nord... Pour y parvenir, les élèves devront apprendre à **suivre une direction** en utilisant la boussole. L'analyse du mode d'emploi (***Fig. 8b***) s'avère nécessaire pour réussir. Ce parcours est par ailleurs une occasion pour les élèves d'utiliser des procédés adaptés pour mesurer des longueurs.
- Pour pouvoir situer des éléments de paysage les uns par rapport aux autres, les élèves doivent apprendre à **orienter une carte.** Pour cela, on pourra leur fournira les informations adéquates (voir § D.3 des « Informations pour l'enseignant »).
- On peut aussi proposer aux élèves de suivre sur le terrain un parcours à partir d'une carte. Il faut pour cela leur fournir un mode d'emploi (***Fig. 9***) à analyser, et qu'ils devront s'approprier.

c. L'aiguille d'une boussole : qu'est-ce que c'est ?

Les élèves auront fait plusieurs **observations** au cours de leurs essais, qui les auront déjà orientés

La distribution de l'eau

a. Un château d'eau

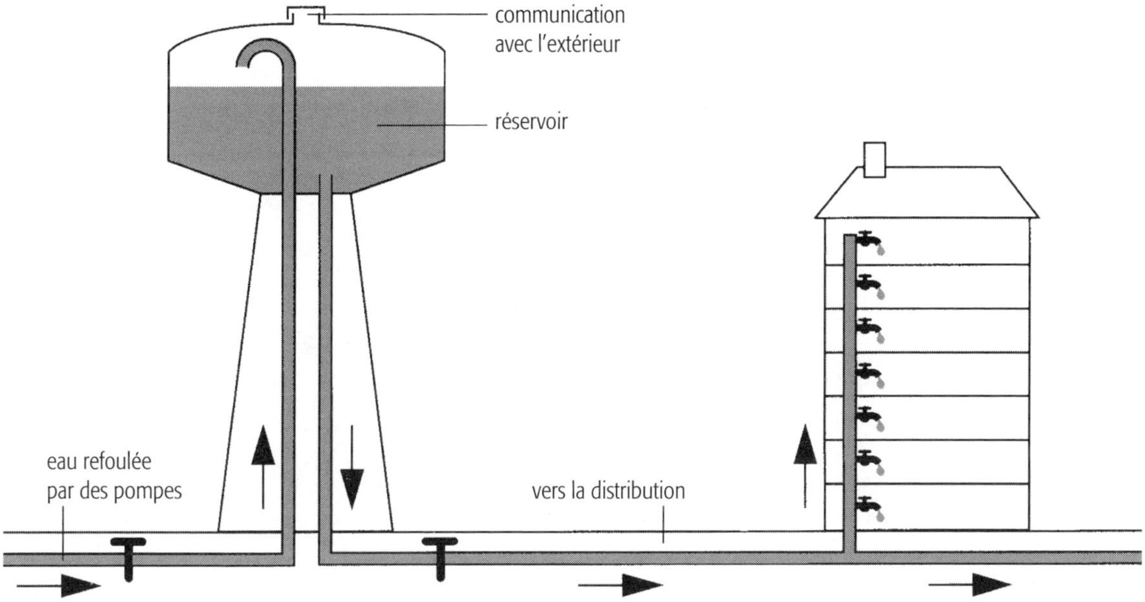

• Pourquoi le château d'eau est-il plus haut que les habitations ?

• Pourquoi utilise-t-on un château d'eau au lieu d'alimenter directement les maisons par l'eau refoulée par les pompes ?

b. Des expériences pour comprendre

• Colorie l'eau quand on lâche le tuyau.

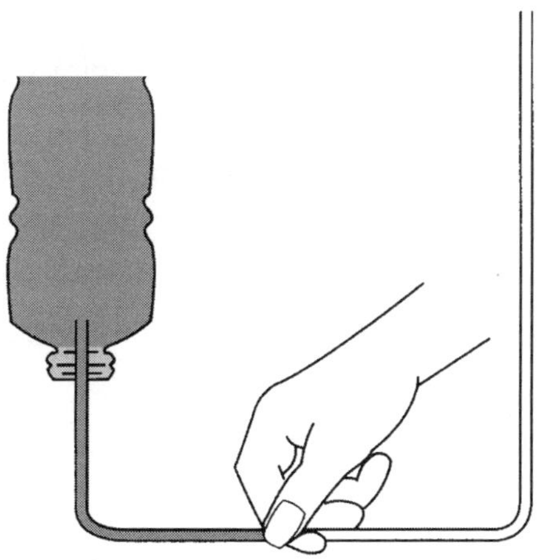

• Que se passe-t-il si on perce le fond de la bouteille ?

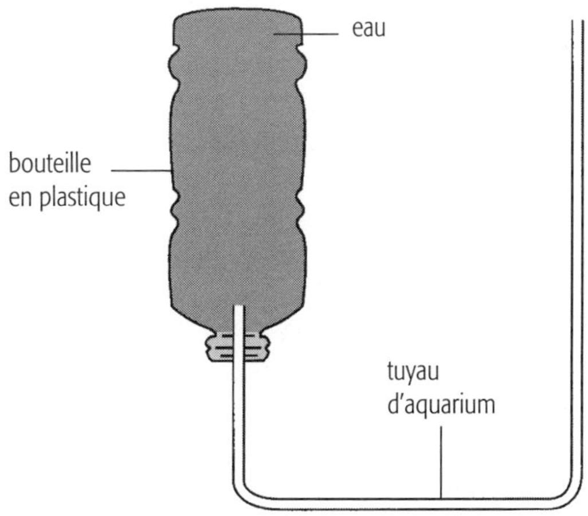

• Pourquoi y a-t-il communication avec l'air extérieur en haut du château d'eau ?

Fig. 7. L'eau coule seulement quand on perce le fond de la bouteille, l'eau est alors au même niveau dans la bouteille et dans le tube. C'est pourquoi le château d'eau est en communication avec l'extérieur et plus haut que les habitations. Mais pourquoi n'alimente-t-on pas directement les maisons avec l'eau refoulée par les pompes ?

La boussole

a. Que montrent ces expériences ?

- Complète les dessins ci-dessous.
- Fais des essais avec d'autres objets.
- Dessine l'aiguille de la boussole isolée ci-contre et indique où est le nord.

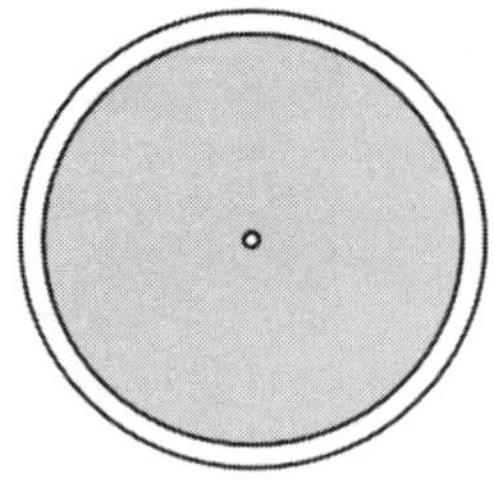

boussole isolée

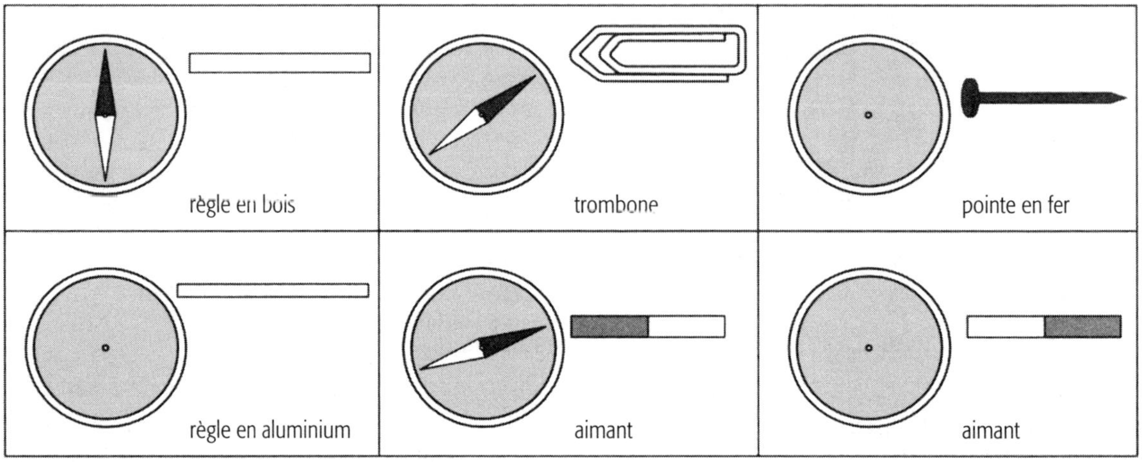

b. Une boussole pour s'orienter

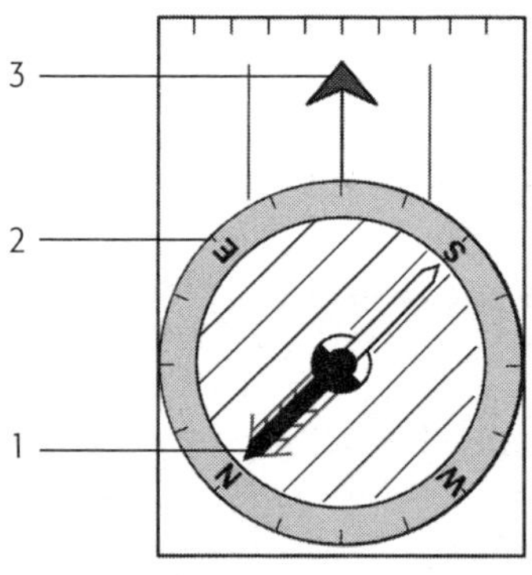

1 • Aiguille aimantée : le côté coloré indique le nord.
2 • Cadran gradué mobile solidaire de la flèche zébrée. L'ensemble est orienté suivant le côté nord de l'aiguille.
3 • La flèche du support donne le sens de la direction à suivre.

On veut marcher dans la direction du sud-est.

On tourne le cadran (**2**) pour amener la direction SE de ce cadran dans la direction à suivre (**3**).

On tourne l'ensemble du boîtier de façon que le côté coloré de l'aiguille de la boussole (**1**) se superpose à la flèche zébrée portée par le cadran mobile (**2**).

Il n'y a plus qu'à suivre la direction donnée par la flèche (**3**).

Fig. 8 a. Le document peut être utilisé pour compléter les tests expérimentaux des élèves ou pour structurer les résultats.
b. On peut utiliser cette boussole d'orientation pour suivre la direction que l'on souhaite.

Comment peut-on s'orienter en forêt avec une carte ?

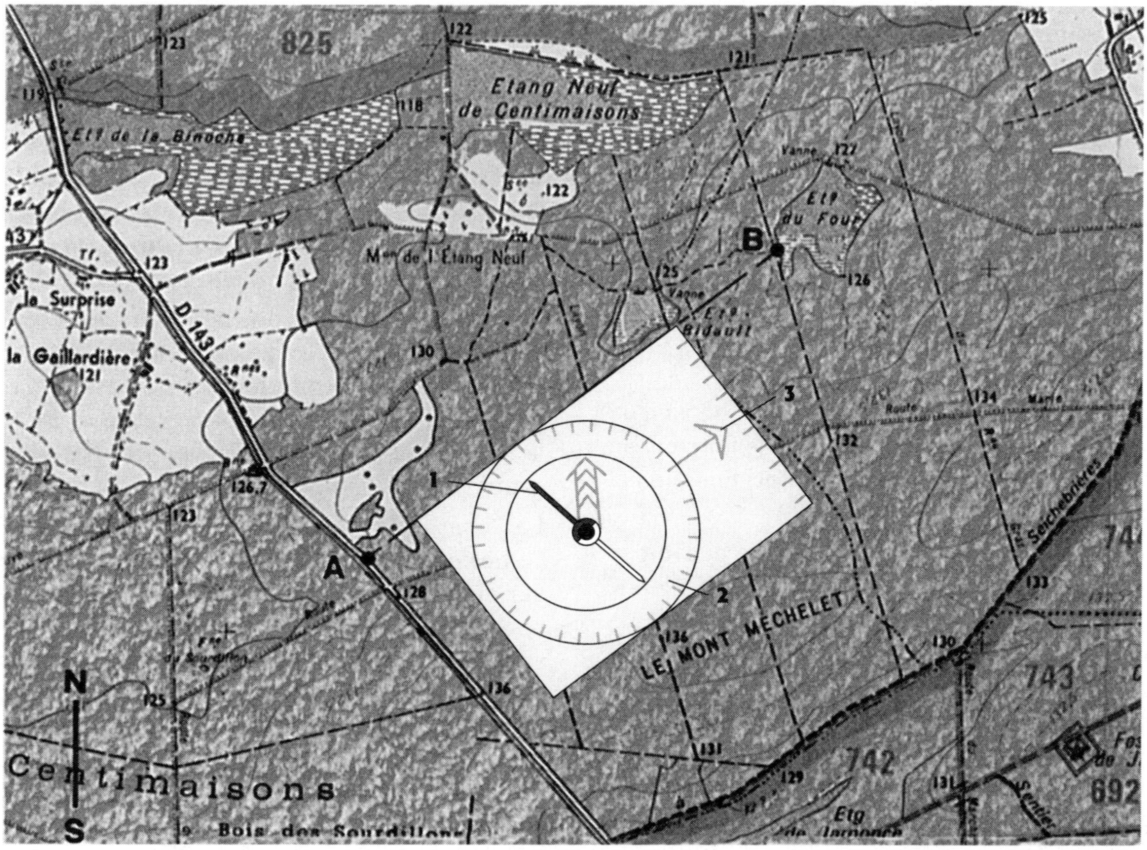

Supposons que tu sois en forêt au point A de la carte. Voici ce que tu dois faire pour trouver la direction du point B.

• Place le côté de la boussole sur la ligne AB.

• Fais tourner le cadran mobile (**2**) pour amener la flèche zébrée dans la direction S-N portée sur la carte.

• Prends la boussole horizontalement dans ta main et fais-la tourner jusqu'à superposer l'aiguille aimantée (**1**) et la flèche zébrée.

• La direction que tu dois suivre est indiquée par la flèche (**3**) portée sur le socle de la boussole.

Fig. 9. Les élèves doivent mettre en situation, à l'aide d'une boussole et d'un plan ou d'une carte, les informations fournies par ce mode d'emploi. Le lieu où ils se trouvent (point A) doit figurer sur leur plan ou leur carte.

sur la nature de l'aiguille de la boussole : elle est attirée par les objets en fer ; les extrémités de deux boussoles interagissent ; de mêmes noms, elles se repoussent, de noms contraires elles s'attirent. Ils retrouvent là les caractéristiques des aimants. Ils peuvent reprendre de **façon plus organisée** des observations faites précédemment (***Fig. 8a***).

– Ils approchent de l'aiguille des objets constitués de divers matériaux : en fer, en bois, en verre, en plastique. Ils constatent que seuls ceux qui sont en fer attirent l'extrémité de l'aiguille.

– Ils approchent d'une extrémité de l'aiguille une extrémité d'un aimant, puis l'autre. Ils observent une attraction ou une répulsion selon les extrémités en regard.

Tout semble confirmer que l'aiguille est un aimant. Mais une expérience conforterait définitivement cette idée : si l'aiguille est un aimant, tout aimant pourrait-il servir de boussole ?

La caractéristique de l'aiguille, c'est de pouvoir se déplacer, tourner. Il faudrait donc rendre mobile l'aimant. Plusieurs **propositions** sont envisagées :
– suspendre un aimant droit (ou plat) ;
– faire flotter un aimant sur un support adapté (petit morceau de bois ou de polystyrène).

Les propositions sont simples à vérifier. Effectivement, ces aimants s'orientent dans la direction sud-nord. Elle est dans le sens de la longueur de l'aimant ou non, selon que l'aimant utilisé a ses pôles aux extrémités ou qu'il les a sur les faces (cas des aimants plats). Dans ce dernier cas, ce n'est pas, comme l'affirmeront certains de vos élèves, un aimant qui s'oriente est-ouest !

Dans tous les cas, on ne peut différencier le nord du sud que par comparaison avec l'indication donnée par une « vraie » boussole. C'est d'ailleurs ainsi, que, par convention, on appelle pôle Nord d'un aimant la face qui s'oriente vers le pôle Nord terrestre.

d. La boussole a-t-elle toujours existé ?

À partir d'une lecture sur l'histoire de la boussole ou d'une recherche dans des encyclopédies ou sur la Toile informatique, les élèves découvriront les difficultés des historiens des sciences pour dater certaines inventions, la participation de plusieurs civilisations à la construction des connaissances et des pratiques scientifiques, à leur diffusion.

3 La Terre est ronde

Il est une évidence pour nous et pour beaucoup d'élèves que la Terre est ronde. Nous baignons dans des images de la Terre (globes, photographies prises depuis l'espace…) qui nous confortent dans cette idée. Il ne s'agit donc pas de leur faire découvrir la forme de la Terre, mais plutôt de réfléchir sur certaines conséquences de cette forme sur les propriétés des directions de l'espace : verticale, horizontale et points cardinaux.

a. Quand on est debout, on a toujours les pieds sur Terre

Demandez aux élèves de **dessiner des bonshommes debout** à différents endroits sur la Terre. Vous serez parfois surpris de leurs propositions (***Fig. 10***).

Une **manipulation sur une maquette** dans laquelle la Terre est remplacée par un ballon permet de lever les contradictions entre les élèves. Tous y placent des bonshommes « les pieds sur le sol ». De plus, le ballon (comme la Terre) ne permet pas de faire entrer les bonshommes à l'intérieur.

Les bonshommes debout visualisent la direction verticale en différents lieux de la Terre. Vous pouvez alors **revenir sur une propriété** vue antérieurement. Dans la classe, toutes les droites verticales sont parallèles. Sur la maquette, comme sur la Terre, ce n'est pas le cas : elles se coupent au centre de la Terre. Si la Terre était plate, les droites verticales seraient toujours parallèles. Deux bonshommes placés debout très près l'un de l'autre sur la maquette sont presque parallèles. Le rayon de la Terre étant beaucoup plus grand que celui du ballon, deux personnes debout, deux verticales en un même lieu sont aussi presque parallèles, et le non-parallélisme est indécelable.

Localement, le **haut** et le **bas** sont définis par rapport à la **verticale du lieu** où on se trouve, le point le plus haut étant plus éloigné du centre de la Terre. **À l'échelle de la Terre**, cette définition n'a **aucun sens,** contrairement à ce que pensent certains élèves. Ils voient en effet le globe terrestre de la classe posé sur son socle et assimilent le pôle Nord (situé en haut du globe posé dans la classe) au « haut » de la Terre. Il peut être judicieux de désolidariser le globe de son support, de le retourner pour l'orienter différemment dans la classe et ainsi aider les élèves dans leur réflexion. Un travail sur document (***Fig. 11***) aide à structurer les acquis.

b. Comment placer un plan horizontal sur une maquette de la Terre ?

Vous pouvez poursuivre l'activité précédente en leur demandant de dessiner, puis de placer maintenant leurs **bonshommes couchés** sur la Terre, en différents endroits. Sauront-ils les mettre de façon tangente à la sphère ?

Dessine trois bonshommes debout à des endroits différents de la Terre

Nadège

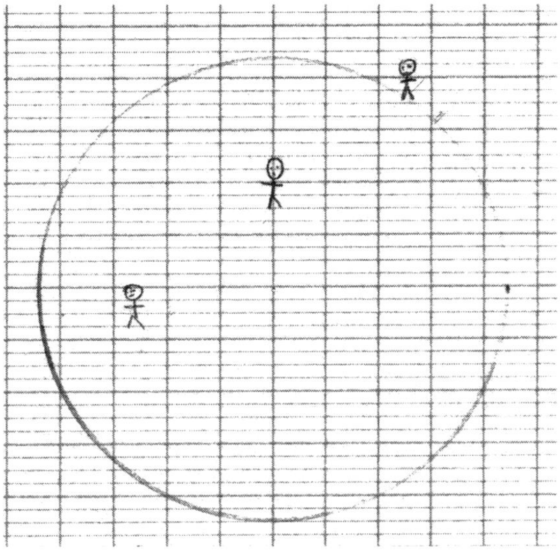

Tiphaine

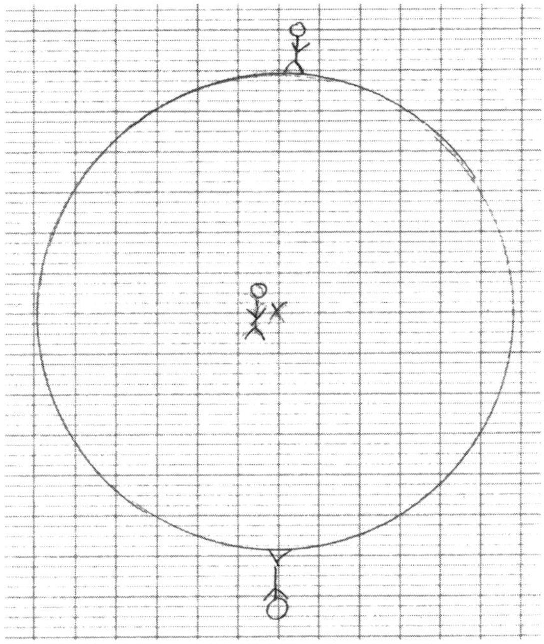

Véronique

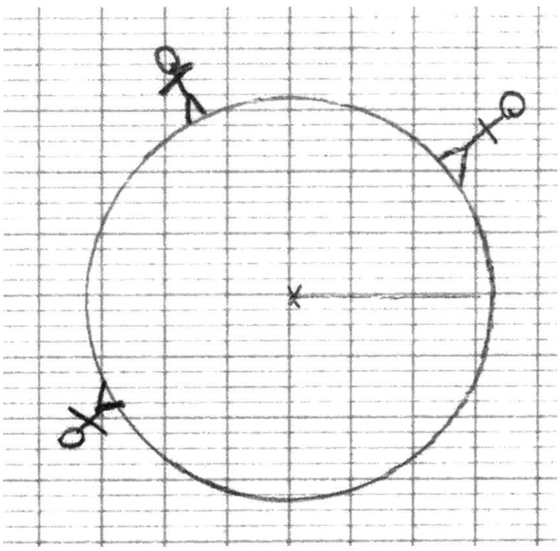

Nicolas

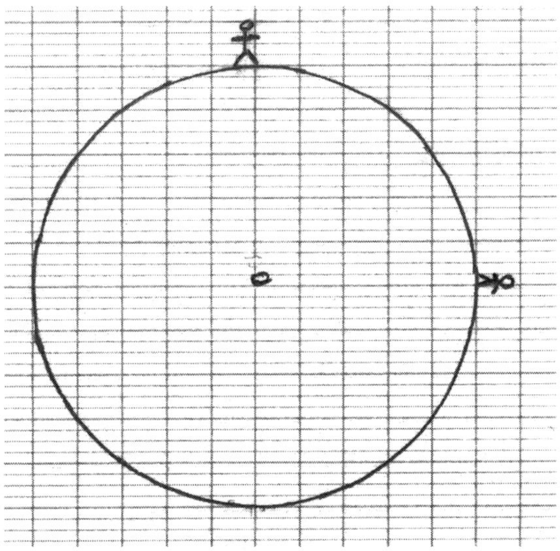

Fig. 10. Ces dessins ont été produits pour initier l'activité autour des verticales sur la Terre. On repère ici deux dessins corrects (Véronique et Nicolas), mais aussi de nombreuses erreurs : utilisation de la verticale conventionnelle sur une feuille de papier (Nadège), difficultés pour représenter les bonshommes hors de la périphérie (Tiphaine). Une modélisation sur maquette, la référence à des documents (reportages télévisuels, photographies prises en différents lieux de la Terre sur laquelle des personnes sont debout) permettra d'argumenter pour aboutir à une représentation correcte.

Les verticales sont-elles parallèles ?

De l'autre côté de la Terre, les hommes ne tombent pas. Ils n'ont pas non plus l'impression d'avoir la « tête en bas ». Chacun a sa verticale, car tous les objets tombent suivant la verticale du lieu où ils se trouvent. Toutes ces verticales se coupent au centre de la Terre. Où qu'ils soient, les hommes marchent sur leurs pieds et ont l'impression d'avoir « la tête en haut ».

À l'échelle d'un pommier

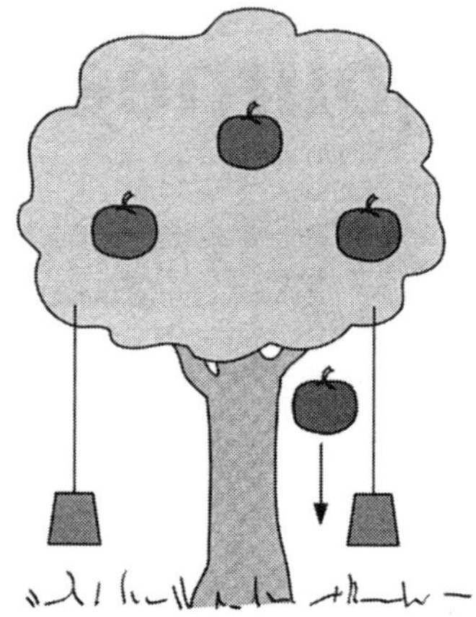

À l'échelle de la Terre

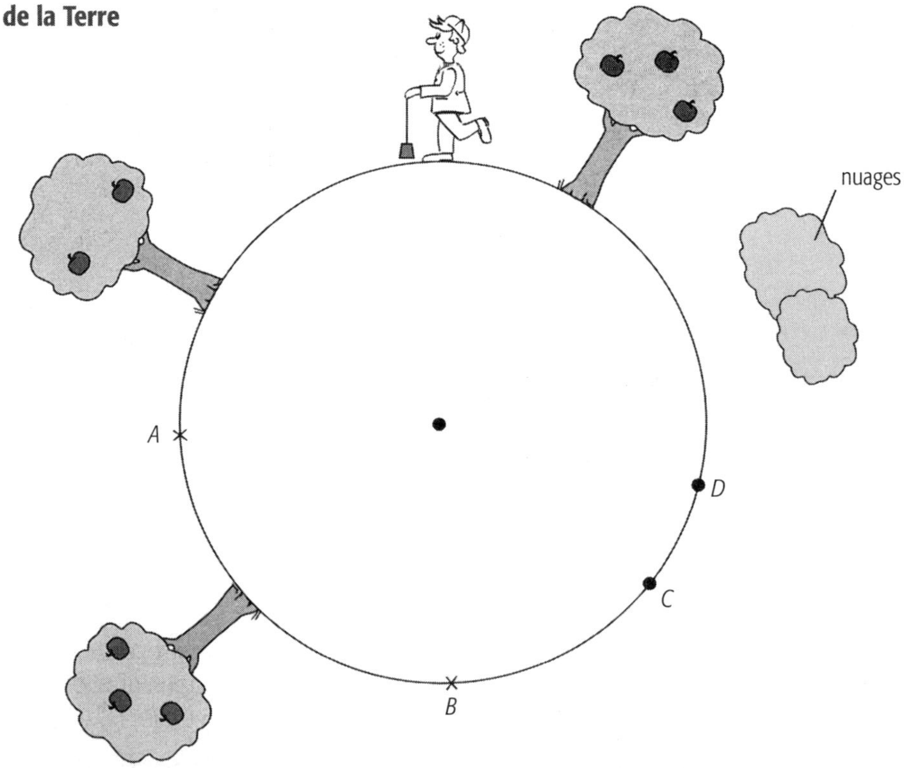

- Dessine une personne debout en *A* et une autre en *B*.
- Trace le chemin suivi par les pommes quand elles tombent des arbres.
- Bâtis une maison entre *C* et *D*.
- Dessine les gouttes de pluie qui tombent des nuages quand il n'y a pas de vent.
- Compare les verticales à divers endroits de la Terre. Sont-elles parallèles comme dans la classe ?

Fig. 11. Ce document peut être utilisé, individuellement ou par petits groupes, pour recueillir les idées des élèves et les faire débattre. Il peut être aussi un support pour une structuration des acquis à la fin de l'activité.

Les bonshommes couchés visualisent la direction de **plans horizontaux**. Ces plans peuvent se couper, alors qu'en un lieu donné, ils sont toujours parallèles.

c. Que deviennent les points cardinaux ?

Sachant placer un plan horizontal sur une maquette de Terre, les élèves pourront essayer d'y faire figurer les points cardinaux. La direction nord-sud doit suivre un « méridien » du ballon, c'est-à-dire un demi-cercle qui passe par les pôles. La direction est-ouest est perpendiculaire à la direction nord-sud.

Faites réfléchir et argumenter vos élèves : que se passe-t-il si on marche en suivant toujours la direction du nord ? En suivant toujours la direction de l'est ? Dans le premier cas, on arrive au pôle Nord. Dans le second, on revient au point de départ. L'utilisation de la maquette les aidera à soutenir leur raisonnement.

Chapitre 9

Le mouvement de la Terre au cours d'une journée

Chacun a déjà observé l'ombre d'un arbre qui change au cours de la journée, le déplacement du Soleil dans le ciel. Ces observations, qui se retrouvent de jour en jour, s'expliquent par un mouvement de la Terre qui s'effectue, lui aussi, en un jour.

Beaucoup d'observations sont relativement aisées à mettre en œuvre. Les élèves peuvent alors faire des suppositions pour les interpréter. Ils testent ensuite leurs propositions en manipulant sur maquette. Des activités en astronomie sont ainsi l'occasion de faire suivre aux élèves des démarches d'investigation. Des documents peuvent être utilisés pour valider telle ou telle hypothèse ou pour préciser telle ou telle observation. Mais les activités en astronomie ne doivent pas se réduire à des activités documentaires, elles peuvent être à l'origine de véritables activités de modélisation.

Le programme *(BO hors série n° 3 du 19 juin 2008)*	
CE2, CM1 et CM2	
SCIENCES EXPÉRIMENTALES ET TECHNOLOGIE **Le ciel et la Terre** La rotation de la Terre sur elle-même. **DEUXIÈME PALIER POUR LA MAÎTRISE DU SOCLE COMMUN** **Compétence 3B) La culture scientifique et technique** L'élève est capable de : – pratiquer une démarche d'investigation ; savoir observer, questionner ;	– manipuler et expérimenter, formuler une hypothèse et la tester, argumenter ; – mettre à l'essai plusieurs pistes de solutions ; – exprimer et exploiter les résultats d'une recherche en utilisant un vocabulaire scientifique à l'écrit et à l'oral ; – maîtriser des connaissances dans divers domaines scientifiques ; – mobiliser ses connaissances dans des contextes scientifiques différents.

A Des phénomènes observables à expliquer

Tous les phénomènes que nous allons citer, qui varient avec une période égale à **un jour** (24 h), s'expliquent par la **rotation de la Terre sur elle-même, autour de l'axe des pôles, d'ouest en est, en 24 heures** :
– **alternance du jour et de la nuit** ;
– **course apparente du Soleil dans la journée**, de l'est vers l'ouest, en culminant à midi solaire au sud pour les points de la Terre situés dans l'hémisphère Nord et au nord pour les points de la Terre situés dans l'hémisphère Sud (***Fig. 1a***) ;
– **variation de l'ombre** d'un piquet vertical ou d'un arbre, d'un immeuble, au cours d'une journée (***Fig. 1b***) ;
– **variation de l'ensoleillement** d'une pièce d'habitation au cours de la journée ;
– **déplacement apparent des étoiles** autour de l'Étoile polaire (si on est dans l'hémisphère Nord) au cours d'une nuit (***Fig. 6b***) ou, pour les étoiles observables plutôt vers le sud, déplacement apparent de l'est vers l'ouest en culminant au sud. **L'Étoile polaire** doit son nom à sa situation dans le prolongement de l'axe des pôles de la Terre.

Pour un observateur de l'hémisphère Sud, le phénomène est analogue, mais il n'y a pas d'étoile dans le prolongement de l'axe des pôles. Cet observateur verra les étoiles tourner autour d'un point (pôle Sud céleste) s'il regarde vers le sud et, s'il regarde vers le nord, il verra les étoiles se déplacer de l'est vers l'ouest en culminant dans la direction du nord.

Remarques :
– Que ce soit le jour ou la nuit, **les étoiles sont toujours présentes**. Le jour, du fait de la diffusion de la lumière du Soleil par les molécules des différents gaz constituant l'air, elles ne sont pas visibles. S'il n'y avait pas d'atmosphère, elles seraient visibles nuit et jour. C'est ce qui se passe sur le sol lunaire éclairé par le Soleil, où les étoiles sont observables dans un ciel noir. Le bleu du ciel provient ainsi du phénomène de diffusion, par les molécules de gaz, de la lumière blanche du Soleil.
– La durée mise par les étoiles pour faire un tour autour de l'Étoile polaire, donc de l'axe des pôles de la Terre, n'est pas tout à fait égale à 24 heures, mais à **23 h 56 min**. Cela correspond à la **durée de rotation sidérale** de la Terre, c'est-à-dire la durée qui sépare deux passages consécutifs d'une étoile dans la direction du méridien. La différence de 4 minutes est due à ce que, au mouvement de rotation de la Terre sur elle-même, s'ajoute sa révolution autour du Soleil (***Fig. 2a***). Elle explique qu'au fil de l'année, à la même heure, on ne voit pas toujours les mêmes constellations dans le ciel (voir chapitre 10).

Des objets ou des dispositifs ont été construits, s'appuyant sur le mouvement de rotation de la Terre sur elle-même :
– pour lire l'heure, les **cadrans solaires** (voir chapitre 10), qui utilisent la position de l'ombre d'un style au cours de la journée, variable avec la position du Soleil dans le ciel, et qui donnent **l'heure solaire** ;
– pour savoir quelle portion du ciel est visible au cours de la nuit en fonction de l'heure, les **cartes du ciel ou planiciels** (***Fig. 4b***) ;
– pour permettre une harmonisation des horaires, rendue nécessaire par le développement des moyens de transport au XIXe siècle (train, bateau), le découpage de la Terre en 24 fuseaux horaires, avec le choix d'un méridien origine dont l'heure solaire est une référence commune et les règles de **décalage horaire** (***Fig. 7***).

B La Terre tourne sur elle-même

1 Les preuves de la rotation de la Terre sur elle-même

Les mouvements de rotation de la Terre sur elle-même et sur son orbite ont été affirmés par certains astronomes depuis très longtemps (Philolaos au Ve siècle avant notre ère, Copernic au XVIe siècle, puis Galilée au XVIIe). À leur époque, aucune preuve de ces mouvements n'existait. La vraisemblance n'est pas une preuve et Galilée aurait sans doute été en meilleure posture s'il avait pu en avancer ne serait-ce qu'une seule.

Nous reviendrons plus loin sur les preuves du mouvement orbital de la Terre autour du Soleil, pour nous intéresser maintenant seulement à son mouvement de rotation sur elle-même.

Deux **arguments** étaient avancés par les **détracteurs de la rotation de la Terre sur elle-même.** Ils affirmaient qu'on devrait **ressentir la rotation**

Des observations qui s'expliquent par la rotation de la Terre sur elle-même

a. La course apparente du Soleil en France métropolitaine

- Sur le dessin ci-dessus, représente en bonne place le Soleil tel qu'on le voyait à 10 h, à 13 h, à 15 h.
- Indique par une flèche le déplacement apparent du Soleil au cours de la journée.
- À quoi voit-on que les heures indiquées sont en « heure solaire » ?
- Indique la direction du sud.

b. Le relevé de l'ombre d'un piquet vertical

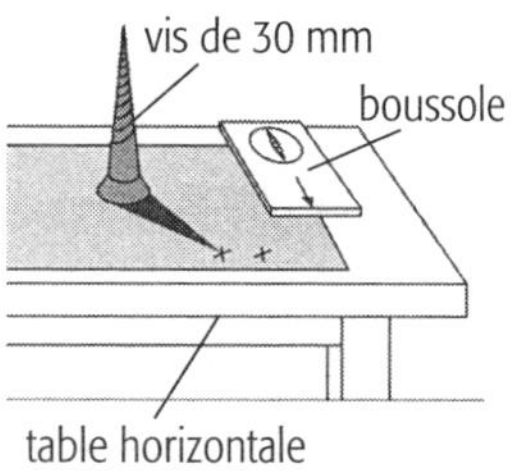

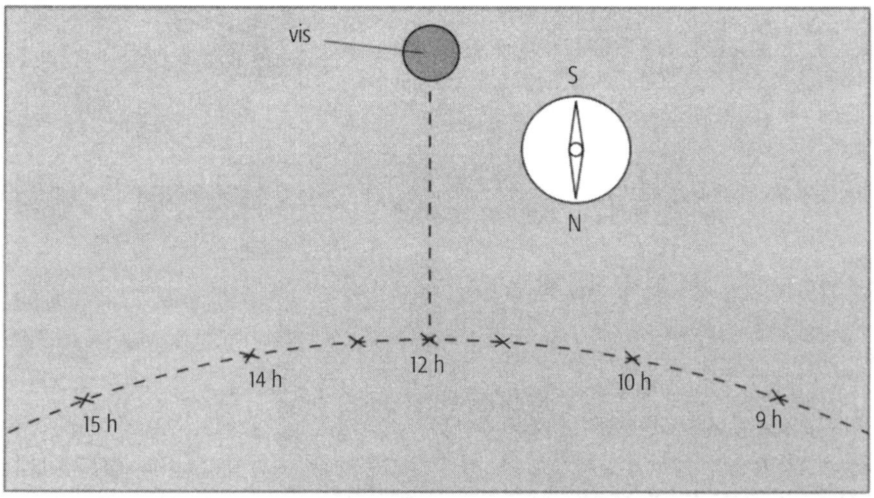

Fig. 1 ***a.*** Ce document peut être complété par les élèves après observation, ou être utilisé comme support d'évaluation.
b. Un relevé d'ombre analogue peut être réalisé par les élèves.
Les documents ***a*** et ***b*** peuvent être mis en relation : culmination du Soleil vers le sud à midi solaire, ombre la plus courte vers le nord, déplacement du Soleil de l'est vers l'ouest, et de l'ombre de l'ouest vers l'est, et longueur de l'ombre liée à la hauteur du Soleil au-dessus de l'horizon.

La description d'un mouvement dépend du repère dans lequel on le décrit

a. Jour solaire et jour sidéral

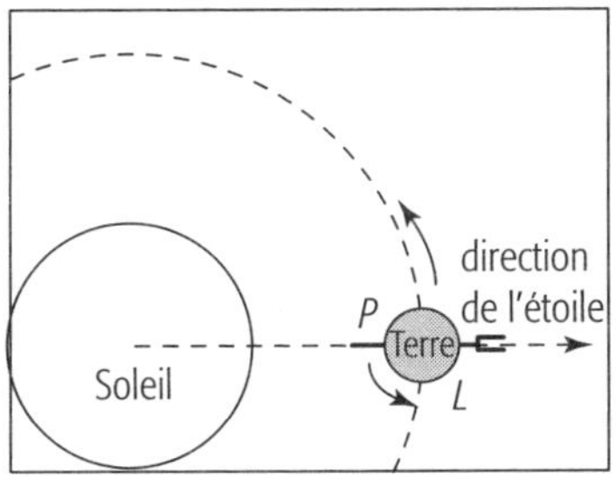

À 0 h...

Il est respectivement midi solaire et minuit, pour les lieux où se situent le piquet *P* et une lunette *L*.

La lunette *L* est alors braquée vers une étoile.

Au bout de combien de temps sera-t-elle à nouveau dans le champ de la lunette ?

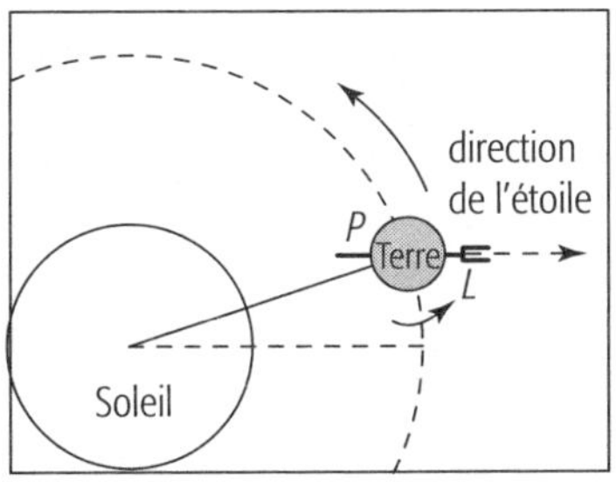

23 h 56 min plus tard... (jour sidéral)

La Terre tourne sur elle-même, mais elle est aussi en révolution autour du Soleil.

Le passage suivant de l'étoile dans le champ de la lunette se situe 23 h 56 min après la situation précédente.

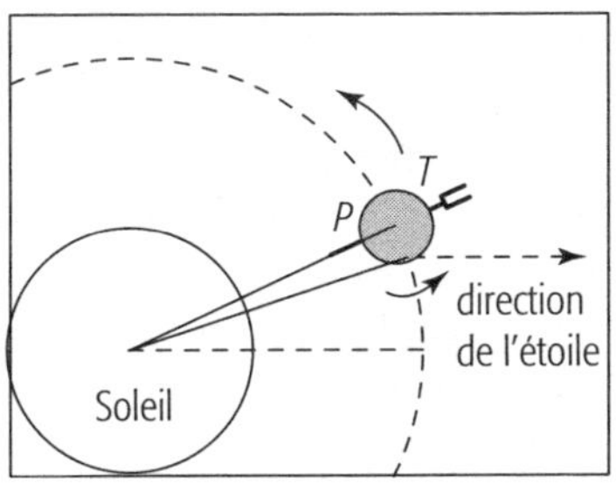

24 h plus tard... (jour solaire)

Il faut attendre 4 min pour que *P* et *T* soient dans la direction du centre du Soleil.

Il est à nouveau minuit au point où se trouve la lunette.

L'étoile n'est plus dans le champ de la lunette.

b. La trajectoire de l'objet qui tombe change selon l'observateur

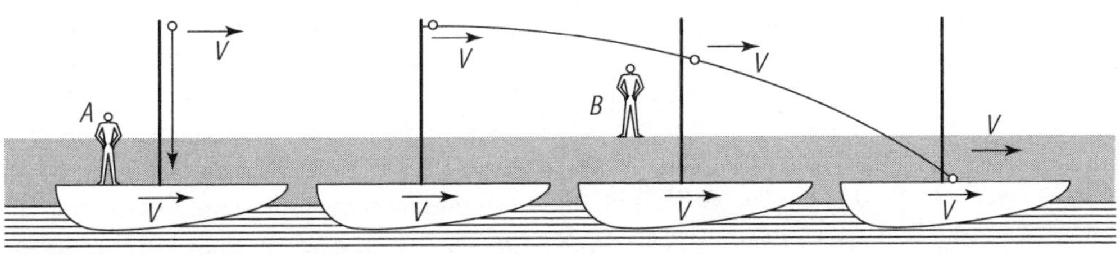

Fig. 2 a. Le jour solaire est la durée entre deux passages consécutifs du Soleil au méridien du lieu ; le jour sidéral est la durée entre deux passages consécutifs d'une étoile au méridien du lieu.

b. Pour l'observateur *A* sur le bateau, l'objet lâché du haut du mât tombe le long du mât, que le bateau soit immobile ou en mouvement rectiligne uniforme.

Pour l'observateur *B* sur le quai, l'objet et le bateau en mouvement rectiligne uniforme ont la même vitesse horizontale au moment où on lâche l'objet. Le mouvement de l'objet est une combinaison du mouvement de chute verticale et du mouvement de translation rectiligne horizontale. Vu du quai, l'objet décrit une parabole et tombe au pied du mât du bateau.

de la Terre et que comme tel n'est pas le cas, cette rotation n'existe pas. **Copernic réfute cet argument** en faisant intervenir la relativité des mouvements : « Lorsqu'un navire flotte sans secousses, les navigateurs voient se mouvoir à l'image de son mouvement toutes les choses qui lui sont extérieures et inversement, ils se croient être en repos avec tout ce qui est avec eux. Or, en ce qui concerne le mouvement de la Terre, il se peut que c'est de façon pareille que l'on croit le monde entier se mouvoir autour d'elle. » (*De Revolutionibus*, I, VIII, traduit par A. Koyré, Paris, Blanchard, 1970, première édition 1934).

Le second argument était que si un objet tombe et si la Terre tourne, alors cet objet **ne tombe pas à la verticale**, mais plus à l'ouest, parce que la Terre s'est déplacée pendant la chute. **Galilée est parvenu à réfuter cette idée** en faisant lui aussi intervenir la relativité des mouvements et en s'appuyant sur sa célèbre expérience de pensée de la chute libre d'un objet lâché du haut du mât d'un bateau en mouvement dans un port à vitesse constante (***Fig. 2b***). C'est un résultat général de la mécanique. Il est possible pour s'en convaincre de constater certains résultats d'expériences simples à faire :
– dans une voiture roulant en ligne droite à vitesse constante, si vous lancez un objet verticalement, il retombe dans votre main bien que la voiture se déplace et que pendant un intervalle de temps, l'objet ne soit pas relié à la voiture ;
– dans un train, en déplacement à vitesse constante en ligne droite, si vous sautez verticalement en l'air, vous retombez exactement au même endroit ;
– si vous courez régulièrement en ligne droite et si vous lancez en l'air une boule de pâte à modeler, vous ne devez pas la lancer vers l'avant pour pouvoir la rattraper mais il vous faut la lancer à votre verticale.

Réfuter ces arguments était un premier pas, mais pas une preuve de la rotation de la Terre sur elle-même. Cela permettait d'affirmer la possibilité de points de vue différents.

À la fin du XVIIe siècle (vers 1680), **Newton** émet l'idée qu'on peut observer « de l'intérieur » si un système est en rotation ou non. Les physiciens diraient maintenant qu'on est capable d'observer si on se trouve dans un référentiel non galiléen. Les référentiels galiléens sont ceux dans lesquels on peut écrire la relation fondamentale de la dynamique (établie par Newton et dont Galilée ne disposait pas). Ils sont tous en translation rectiligne uniforme les uns par rapport aux autres et un référentiel en rotation n'est pas galiléen. Si la Terre tourne sur elle-même, un référentiel lié à la Terre n'est donc pas galiléen. Newton précise son raisonnement en s'appuyant sur la **chute des corps** et ses lois de la dynamique. Il prévoit alors une **déviation vers l'est** si la Terre tourne sur elle-même d'ouest en est. Les calculs et raisonnements ont été repris, des erreurs rectifiées par différents physiciens, des expériences réalisées jusqu'au début du XXe siècle (1902), qui ont confirmé une déviation vers l'est conforme aux prévisions données par la mécanique classique.

Une autre preuve célèbre a été apportée par l'expérience du **pendule de Foucault**, réalisée au Panthéon à Paris en 1851, avec un pendule de 67 mètres de long. D'après la mécanique classique de Newton, le plan d'oscillation d'un pendule garde toujours la même direction dans un référentiel galiléen. Si un référentiel lié à la Terre n'est pas galiléen, le plan d'oscillation du pendule va changer de direction dans ce référentiel (***Fig. 3***). L'expérience est très délicate à mener (mode de suspension du pendule pour permettre des degrés de liberté, mise en mouvement du pendule…). Les résultats expérimentaux sont conformes aux prévisions théoriques et confirment la rotation de la Terre sur elle-même : le pendule de Foucault garde la même orientation dans un repère lié aux étoiles, mais tourne par rapport à la Terre.

Pour conclure sur ces preuves, il faut rappeler que **tous les mouvements sont décrits relativement les uns par rapport aux autres** ; il n'existe pas de mouvement absolu ou de référentiel galiléen privilégié par rapport auquel on pourrait parler de mouvement ou de repos absolu. Il faut faire appel à des théories mécaniques pour déceler la présence ou non de référentiel en rotation. La preuve du mouvement de rotation de la Terre s'inscrit donc dans le cadre d'une théorie mécanique et ne traduit pas l'existence d'un mouvement qui serait plus « vrai » qu'un autre. Enfin, en termes de cinématique, c'est-à-dire de description des mouvements à l'aide de trajectoires, de vitesses, sans faire intervenir de forces (et ce sont les seuls termes dont nous pouvons disposer à l'école élémentaire), il est équivalent de dire que la Terre tourne sur elle-même en 24 heures, dans un référentiel où le Soleil est immobile ou que le Soleil tourne autour de la Terre en 24 heures, dans un référentiel où la Terre est immobile.

Ces quelques éléments nous font entrevoir la complexité du problème, qui met en jeu des concepts de cinématique et de mécanique, pour une large part inaccessibles aux élèves. C'est pourquoi la référence à l'autorité scientifique est nécessaire pour valider, en classe, l'existence de la rotation de la Terre sur elle-même.

Une maquette de pendule de Foucault

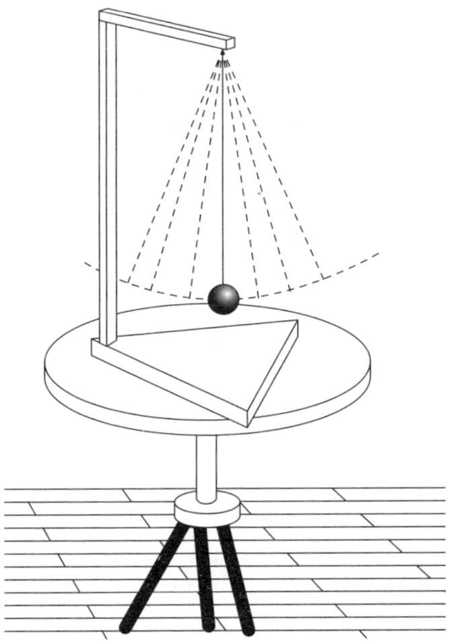

Fig. 3. Le pendule est lancé dans le sens des lames du parquet. On tourne lentement le tabouret. Le pendule oscille toujours dans le sens des lames du parquet.

Des objets s'appuyant sur le mouvement de rotation de la Terre

a. Un calculateur de décalage horaire

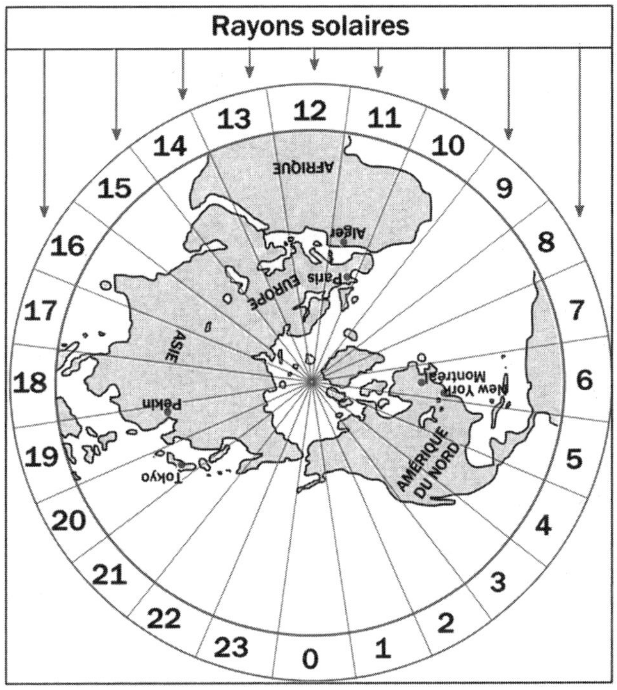

b. Un planiciel

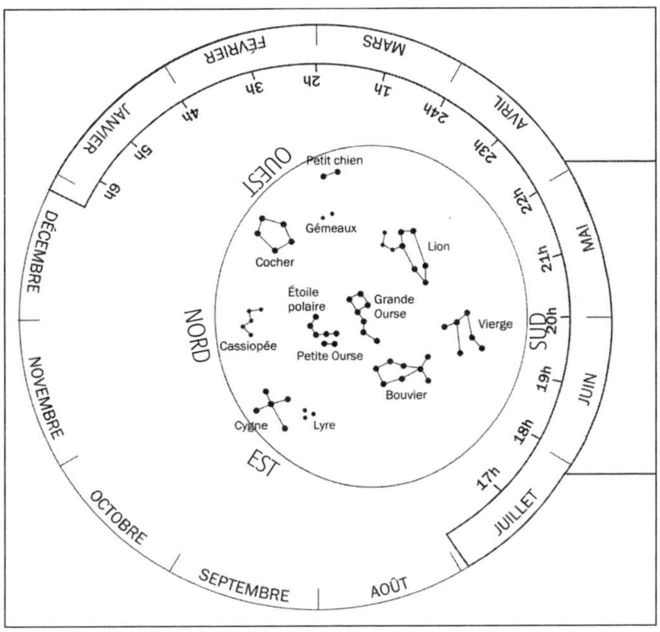

Fig. 4. Après avoir fabriqué ces objets, les élèves vont chercher à découvrir leur mode d'emploi.

a. Le disque portant la carte tourne par rapport au disque avec les cases horaires. Pour connaître l'heure en un autre lieu, il faut mettre la case correspondant à l'heure de l'endroit où on se trouve (par exemple 18 h à Paris) et on lit alors l'heure en différents lieux sur la Terre (par exemple, quand il est 11 h à Paris, il est 6 h à New York et 20 h à Tokyo).

b. Le planiciel permet de connaître les constellations visibles dans le ciel (pour un lieu de latitude donnée) à n'importe quelle date et n'importe quelle heure. La fenêtre est limitée par une ligne matérialisant l'horizon du lieu, avec les points cardinaux pour orienter la carte par rapport au paysage où on se trouve.

❷ Quelques ordres de grandeur

Quelle est la **vitesse linéaire en différents endroits** de la surface de la Terre ? Elle varie en fonction de la latitude du lieu : elle est nulle aux pôles et maximale à l'équateur. Un calcul simple permet d'en trouver la valeur. La circonférence de la Terre étant 40 000 kilomètres, un point sur l'équateur parcourt 40 000 km en 24 heures ; il a donc une vitesse égale à 40 000 / 24 ≈ 1 700 km/ h, soit environ 500 m/s.

Au vu de ces valeurs, nous pourrions être tentés de retomber dans les erreurs faites au cours de l'histoire des sciences et nous étonner de ne pas ressentir de telles vitesses !

❸ On ne sent pas la Terre tourner

Certains élèves objectent en effet qu'on ne sent pas la Terre tourner, qu'on ne sent pas le vent sur le visage. Pourtant, la vitesse d'un point à la surface de la Terre est importante : environ 1 000 km/h sous nos latitudes. On peut remarquer qu'à l'intérieur d'une voiture ou d'un train, on ne sent pas non plus le vent : l'air a la même vitesse que le véhicule. De la même façon, **l'atmosphère appartient à la Terre**, qui l'entraîne et a donc la **même vitesse** de rotation (si on excepte les phénomènes météorologiques) : on ne sent donc pas le vent, qu'il serait impossible d'ignorer car ce serait un vent à 1 000 km/h, dont la vitesse dépasserait celle des plus grosses tempêtes sur Terre !

C Fuseaux et décalages horaires

Les fuseaux et les décalages horaires sont une **conséquence de la rotation de la Terre** sur elle-même, mais aussi le résultat d'une **convention purement humaine** pour faciliter les échanges entre les hommes.

À la surface de la Terre, au même instant, **l'heure solaire n'est pas la même** d'un point à un autre, sauf si on est sur le même méridien. Tant que les moyens de transport et de communication n'étaient pas très développés, chacun pouvait vivre à l'heure solaire. Le développement des transports au XIXe siècle a rendu nécessaire une uniformisation de l'heure sur des territoires correspondant à un pays ou une portion de pays. En France, par exemple, il y a près d'une heure de décalage entre l'heure solaire à Brest et à Strasbourg. Pour des raisons de commodité, les astronomes ont partagé la Terre en **24 fuseaux horaires limités par des méridiens**. Ils ont choisi le méridien passant par l'observatoire anglais de **Greenwich** comme **méridien origine** ; il se trouve au milieu de son fuseau horaire. **Par convention**, l'heure est partout la même à l'intérieur d'un fuseau ; on ajoute ou retire une heure quand on franchit la limite d'un fuseau, vers l'est ou vers l'ouest, respectivement (***Fig. 7***).

Les États sont libres de légiférer et donc de définir **l'heure légale** de leur choix. Ils doivent en revanche la définir en référence à **l'heure du fuseau**. Ainsi, en France métropolitaine, l'heure légale est l'heure du fuseau plus une heure en hiver et l'heure du fuseau plus deux heures en été.

Les astronomes ont été amenés à définir une **ligne de changement de date**, qui est le méridien opposé à Greenwich et qui partage un fuseau horaire en deux demi-fuseaux. À l'intérieur de ce fuseau, l'heure est partout la même, mais on change de date quand on franchit la ligne : on ajoute un jour quand on la franchit en allant vers l'ouest et on retire un jour quand on la franchit en allant vers l'est.

Remarque : les limites des fuseaux, comme la ligne de changement de date, ne suivent pas parfaitement les méridiens, de façon à épouser les frontières politiques des pays concernés par leur traversée, y compris dans les territoires maritimes.

Activités possibles en classe

Les activités en astronomie laissent une place aux observations et aux travaux sur documents. Elles doivent donner l'occasion aux élèves d'expérimenter, de manipuler, en particulier sur des maquettes, dans le cadre de modélisations.

Quelques difficultés sont à prévoir :

– une difficulté de **vocabulaire**, le mot « jour » ayant deux sens dans la langue française. Il peut s'agir d'un jour d'une durée de 24 heures ou d'un jour qui fait référence à des conditions d'éclairement et qui s'oppose alors à la nuit ;

– une difficulté liée à l'intérêt porté par les élèves à l'astronomie. Ils ont tendance à faire part de tout ce qu'ils savent en même temps. Il vous faudra être vigilant pour écarter dans un premier temps tous les phénomènes variant à l'échelle de l'année, de façon à **ne retenir que ceux qui varient sur un jour** et s'expliquent par la rotation de la Terre sur elle-même ;

– une difficulté liée à la relativité des mouvements : nous avons indiqué qu'il était équivalent d'un point de vue cinématique de dire que la Terre tourne sur elle-même, le Soleil étant immobile ou que le Soleil tourne autour de la Terre, la Terre étant immobile. Les **observations** permettent seulement de déceler des **mouvements relatifs**. Des élèves de cycle des approfondissements perçoivent assez bien la relativité des mouvements quand il s'agit de mouvements de translation rectiligne (une voiture qui se déplace en ligne droite dans un paysage par exemple). Des études, s'appuyant sur des réponses données par des enfants à des questions portant sur des mouvements de manèges, montrent que des difficultés plus grandes apparaissent dès qu'un mouvement de rotation intervient. Vous devez donc veiller à ce point avec vos élèves, en prenant soin par exemple de passer par des simulations effectives sans vous contenter d'un raisonnement formel.

Connaissances et capacités travaillées au cycle des approfondissements

– Savoir que la Terre tourne sur elle-même.

– Savoir relever et représenter qualitativement la trajectoire du Soleil par rapport au sol (horizon). Chaque jour, les habitants de la Terre constatent que le Soleil apparaît vers l'est, monte dans le ciel, culmine (est au plus haut au-dessus de l'horizon) en passant au-dessus du sud (dans l'hémisphère Nord), redescend et disparaît vers l'ouest (cette affirmation n'est pas vraie dans les régions polaires). En Europe, la trajectoire du Soleil est parcourue de gauche à droite pour un observateur situé face au Soleil.

– Savoir que la trajectoire du Soleil peut s'interpréter par la rotation de la Terre sur elle-même, en vingt-quatre heures.

– Être capable de retrouver le sens de rotation de la Terre sur elle-même à partir de l'observation du mouvement apparent du Soleil.

– Savoir que la durée de rotation de la Terre sur elle-même a servi d'unité pour la mesure des durées (1 jour) (voir programme de mathématiques).

En classe, **la démarche** débutera par l'observation d'un phénomène, des **hypothèses** aux fins d'interprétations seront **proposées** et **testées** par les élèves, puis les **conclusions** utilisées pour faire des **prévisions** ou **interpréter** d'autres phénomènes. Le point important est que le mouvement de rotation de la Terre sur elle-même soit toujours mis en relation avec tel ou tel phénomène observable.

Nous proposons ici une suite d'activités débutant par une activité d'investigation sur la question de l'alternance jour-nuit. Mais vous pourrez choisir comme **point de départ** l'un des nombreux autres phénomènes cités précédemment (voir exemples de progression ***Fig. 5***). Ces autres phénomènes sont traités ici comme une conséquence du mouvement de rotation de la Terre sur elle-même.

❶ Pourquoi y a-t-il alternance jour / nuit ?

a. Les hypothèses des élèves

Quand on demande aux élèves de proposer des explications à l'alternance jour/nuit, on obtient différentes réponses, dans lesquelles on repère :

– la « bonne » interprétation : l'alternance jour-nuit s'explique par la rotation de la Terre sur elle-même ;

– l'intervention des mouvements de la Terre connus de certains élèves : rotation sur elle-même et révolution autour du Soleil.

Une discussion dans la classe aboutira à la formulation d'explications possibles, qui prennent alors le statut d'hypothèses :

– la Terre tourne sur elle-même ;

– le Soleil tourne autour de la Terre ;

– la Terre tourne autour du Soleil ;

– la Terre tourne sur elle-même et autour du Soleil.

Certains élèves font intervenir la Lune, dans un constat (faux mais ce n'est pas le moment de le faire remarquer) du type : le jour, il y a le Soleil et la nuit, il y a la Lune.

b. Modéliser pour tester ces hypothèses

Pour tester ces hypothèses, on peut proposer aux élèves **d'expérimenter sur maquette**. Ils travailleront en groupe. Il s'agit d'une activité de **modélisation**, car certaines règles sont retenues et seules quelques caractéristiques du système Terre-Soleil sont prises en compte.

À cet effet, on peut remplacer la Terre par une boule de polystyrène (transpercée par une aiguille à tricoter avec une tête comme protection ; cette aiguille pourra être piquée dans une boule de pâte à modeler posée sur la table) et le Soleil par une lampe (lampe de chevet sans abat-jour par exemple). Une boule plus petite figurera la Lune si certains élèves le souhaitent. Les caractéristiques retenues sont : la sphéricité de la Terre et de la Lune, le fait que le Soleil éclaire dans toutes les directions et que la Terre, comme la Lune, n'émet pas de lumière. On peut marquer d'une punaise le lieu où on se trouve.

Deux exemples de progression sur le mouvement de rotation de la Terre sur elle-même

Pourquoi y a-t-il alternance jour-nuit ?

Émissions d'hypothèses

- La Terre tourne sur elle-même
- Le Soleil tourne autour de la Terre
- La Terre tourne autour du Soleil
- La Terre tourne sur elle-même et autour du Soleil

Vérification par expérimentation sur maquette

Toutes les hypothèses sont validées.

Comment choisir entre des explications contradictoires ?

Recours à l'autorité scientifique : l'alternance jour-nuit s'explique par la rotation de la Terre sur elle-même autour de l'axe des pôles en 24 h.

Dans quel sens la Terre tourne-t-elle sur elle-même ?

Observation de la course apparente du Soleil au cours d'une journée et traduction sur la maquette

Conclusion : la Terre tourne sur elle-même autour de l'axe des pôles, d'ouest en est.

Quelles conséquences a la rotation de la Terre sur elle-même ?

Nouveaux problèmes à résoudre

- La rotation de la Terre sur elle-même explique-t-elle les variations de l'ombre d'un piquet vertical au soleil au cours d'une journée ?
- La rotation de la Terre sur elle-même explique-t-elle le déplacement des étoiles dans la nuit ?
- La rotation de la Terre sur elle-même explique-t-elle le décalage horaire ?

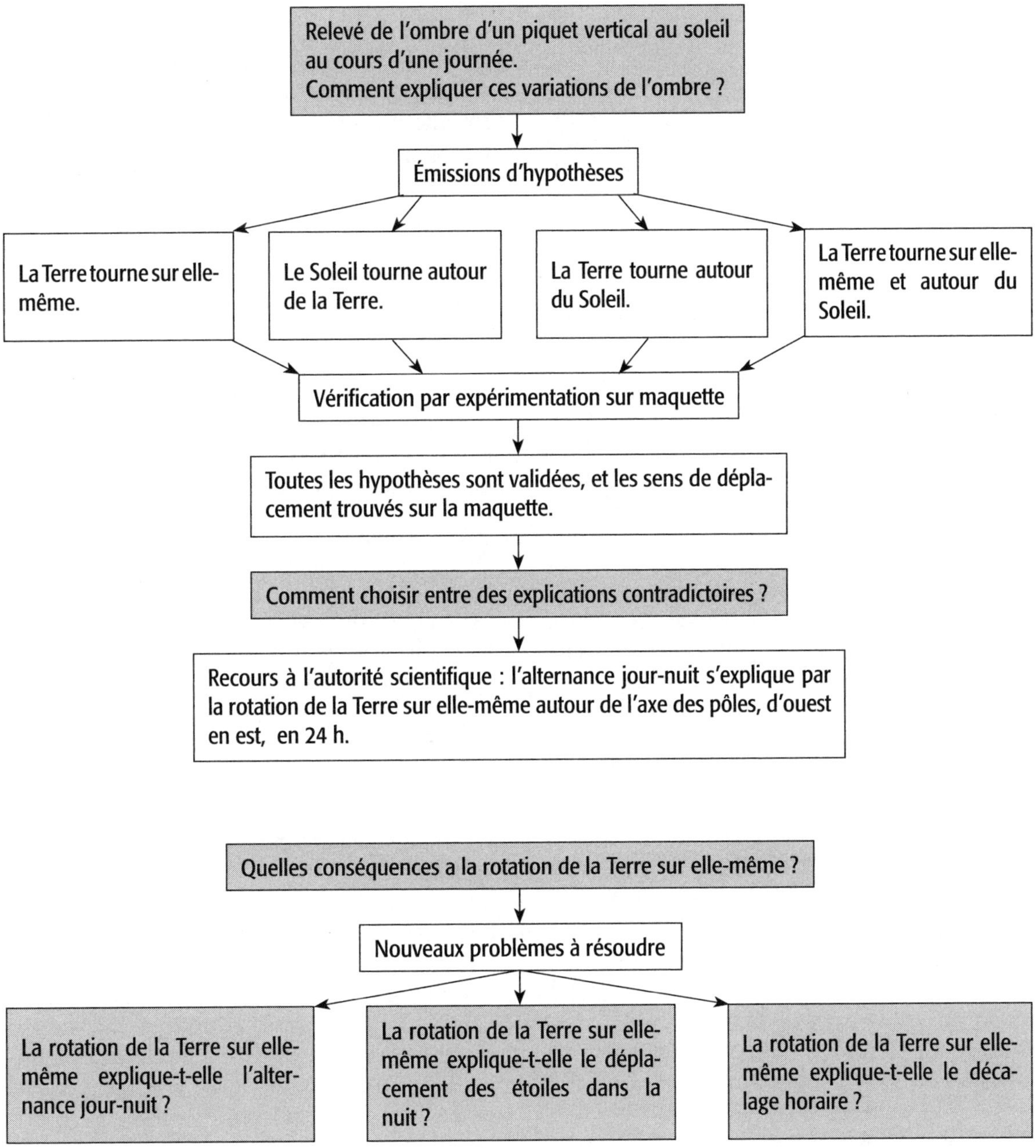

Fig. 5. Un phénomène observable est choisi comme situation de départ. Il permet de poser un problème à résoudre. Après la formulation des conclusions, validées par un recours à l'autorité scientifique, de nouveaux problèmes peuvent être traités, dont la résolution s'appuie sur les conclusions antérieures. Différents phénomènes peuvent être choisis pour initier l'activité.

L'**interprétation** faisant intervenir la **Lune** peut être **rejetée**. En effet, les élèves placent celle-ci de façon à ce qu'elle fasse une tache d'ombre sur la Terre et ils la font généralement tourner soit autour de la Terre, soit autour du Soleil. Les observations sur la boule « Terre » sont les mêmes : l'alternance jour-nuit a toujours lieu dans la même zone du globe, d'autres zones sont toujours dans le jour ou toujours dans la nuit.

En revanche, la manipulation sur maquette permet de valider toutes les autres hypothèses et de les compléter. La rotation de la Terre sur elle-même doit s'effectuer en un jour de 24 heures. Il en est de même dans les cas faisant intervenir une révolution du Soleil autour de la Terre ou de la Terre autour du Soleil. Mais les élèves tâtonnent : dans cette dernière hypothèse, pour qu'il y ait l'alternance jour-nuit, ils doivent translater la Terre dans sa trajectoire autour du Soleil (c'est-à-dire la maintenir dans une même orientation par rapport aux murs de la classe, dans sa trajectoire autour du Soleil). Souvent, dans un premier temps, ils maintiennent une des faces vers le Soleil : il fait alors jour en permanence sur une moitié de la Terre et nuit sur l'autre moitié. Dans le cas où on a simultanément rotation de la Terre sur elle-même et révolution autour du Soleil, de multiples combinaisons de durées sont possibles, à l'exclusion de leur égalité (cas où on maintient toujours la même face vers le Soleil).

L'orientation donnée à l'axe des pôles de la Terre a peu d'importance ; seul un axe pointant vers le Soleil est à exclure, mais les élèves lui donnent rarement cette orientation et ils prennent généralement un axe perpendiculaire au plan (de la table) passant par les centres du Soleil et de la Terre.

Les élèves sont généralement déroutés par **l'impossibilité de conclure** ; ils doivent pourtant conclure sur cette impossibilité. Cette conclusion est par ailleurs rassurante par rapport à l'histoire des sciences, où des siècles ont été nécessaires pour élaborer une interprétation reconnue par tous les scientifiques. Tant qu'on en reste à une description cinématique, il est impossible de trancher.

c. L'interprétation des scientifiques

Les arguments qui ont conduit les scientifiques à mettre en relation l'alternance jour-nuit et la **rotation de la Terre sur elle-même, autour de l'axe des pôles, en un jour**, ne sont pas à la portée des élèves du cycle des approfondissements. Vous ferez donc intervenir, pour trancher entre les différentes solutions possibles, un **argument d'autorité scientifique** (sous forme d'un document par exemple), présenté explicitement comme tel : les élèves ne doivent pas penser qu'ils ont « prouvé » la rotation de la Terre sur elle-même en faisant tourner une balle devant une lampe.

d. Dans quel sens la Terre tourne-t-elle sur elle-même ?

La rotation de la Terre sur elle-même étant admise, l'axe de rotation définissant l'axe des pôles, il reste à en déterminer le sens. Les élèves peuvent **s'appuyer** sur ce qu'ils savent ou sur des **observations** pour trouver ce sens. Le Soleil, vu d'un point de la Terre, se déplace de l'est vers l'ouest au cours d'une journée : en manipulant leur maquette, les élèves trouveront que la Terre doit tourner sur elle-même **d'ouest en est**. Attention, il n'existe pas pour la Terre un Est et un Ouest comme il existe un pôle Nord et un pôle Sud. Les points cardinaux sont définis seulement dans le plan horizontal local.

2 Conséquences de la rotation de la Terre sur elle-même

Les activités proposées ensuite permettent aux élèves de **renforcer leurs acquis** relatifs au mouvement de rotation de la Terre sur elle-même et de le mettre en relation avec des phénomènes observables variant sur une durée d'un jour. Ils sont dans le même temps des moyens **d'évaluation formative** de ces acquis.

a. Comment se déplace l'ombre d'un piquet vertical ?

Vous pouvez demander à vos élèves de **prévoir** le déplacement de l'ombre d'un piquet vertical, en repérant comment varie l'ombre d'une vis posée verticalement sur sa tête quand on déplace une ampoule de lampe de poche fixée sur une pile, de façon analogue au déplacement apparent du Soleil au cours d'une journée (la distance vis-lampe restant constante), ou en repérant comment varie l'ombre d'une épingle plantée verticalement sur la Terre de la maquette, mise en mouvement de rotation devant la lampe.

Les élèves **confrontent** ensuite leurs hypothèses au **résultat de l'observation**. Ils peuvent faire le relevé du déplacement de l'extrémité de l'ombre de la vis au cours du temps eux-mêmes, puis le comparer à un document (***Fig. 1b***).

Vous pouvez aussi partir d'un relevé d'ombre d'un piquet vertical au cours d'une journée, puis demander aux élèves, par groupe, de **vérifier** à l'aide de la maquette si **la rotation de la Terre** sur elle-même permet bien **d'interpréter les variations de l'ombre** au cours de la journée (déplacement de l'ouest vers l'est en passant par le nord et variation de longueur, avec l'ombre la plus courte dans la direction du nord).

b. Les étoiles se déplacent-elles au cours de la nuit ?

Avant de se poser la question avec les élèves de savoir si les étoiles se déplacent au cours de la nuit, il faut d'abord revenir sur leurs **conceptions** de la répartition des étoiles dans le ciel (***Fig. 6a***), en les faisant discuter et **en apportant les informations** suivantes :

– Les étoiles sont très éloignées de la Terre et du Soleil.

– Les étoiles semblent se placer sur une grande sphère.

– Les étoiles semblent dessiner dans le ciel des figures appelées constellations. Ces figures ne se déforment pas. Les étoiles occupent toujours les mêmes positions relatives apparentes sur la sphère céleste. En réalité, le ciel a une profondeur et les figures des étoiles sont des effets de perspective : les distances entre le Soleil et les étoiles d'une même constellation peuvent être très différentes.

– Les étoiles peuvent être considérées comme immobiles.

– Dans la constellation de la Petite Ourse, une étoile, l'Étoile polaire, se trouve dans le prolongement de l'axe des pôles de la Terre.

Si vous demandez une **prévision** aux élèves sur ce qu'on peut observer au voisinage de l'Étoile polaire, elle sera formulée en terme de déplacement des étoiles observables ou non au cours d'une nuit, pour un observateur placé en un lieu donné. Il est plus simple de **partir d'une observation** faite directement si vous avez une occasion d'observation nocturne ou d'un document (photographie, ***figure 6b***, logiciel). Il s'agit alors de **vérifier** si la rotation de la Terre sur elle-même peut expliquer le déplacement apparent des étoiles dans la nuit. Le recours à une maquette est nécessaire (***Fig. 6c***) et ce d'autant plus qu'on a affaire à des mouvements de rotation (voir les difficultés signalées plus haut).

3 D'autres pistes

a. Comment se servir d'un planiciel ?

Il est possible de **faire utiliser**, voire de faire **fabriquer** un planiciel aux élèves (***Fig. 4b***). Il s'agit d'une projection dans un plan de la voûte céleste. Le point de vue est celui d'un **observateur terrestre** : c'est donc la voûte céleste qui tourne, le planiciel matérialise son déplacement apparent.

On fera repérer aux élèves certaines **caractéristiques** importantes du planiciel : la **ligne d'horizon**, **l'Étoile polaire** qui coïncide avec l'axe de rotation (dans le prolongement de l'axe des pôles), les **points cardinaux**.

Définis dans le plan horizontal du lieu, les points cardinaux figurent sur la ligne d'horizon. Leurs positions relatives sont **inversées** par rapport à leurs positions habituelles. Quand on place le nord vers le haut, on a sur le planiciel l'est à gauche et l'ouest à droite. Ceci est dû au fait qu'il s'agit d'une carte du ciel et non d'une carte terrestre. Si on le place au-dessus de la tête, on constate que, le nord étant devant soi, on a bien l'est sur sa droite et l'ouest sur sa gauche.

Les élèves devront comprendre ou élaborer le mode d'emploi du planiciel : mettre en coïncidence, en faisant tourner le disque portant les constellations et les mois, la date et l'heure d'observation ; le ciel visible se trouve dans la fenêtre délimitée par la ligne d'horizon.

Les élèves peuvent utiliser le planiciel pour vérifier ou trouver le mouvement apparent des étoiles autour de l'Étoile polaire au cours d'une nuit, pour préparer une observation nocturne ou pour constater des changements au cours de l'année (voir chap. 10).

b. Qu'est-ce que le décalage horaire ?

L'existence des décalages horaires est généralement connue des élèves : des membres de la famille qui vivent à l'étranger, des interventions en direct lors de journaux télévisés ou la transmission en direct d'événements mondiaux font état de ces décalages.

Vous pouvez leur **demander s'il est plus tôt ou plus tard** en Russie, au Canada, en Chine ou en France. Si cela les intéresse, vous pouvez leur faire **manipuler** ou **fabriquer** (à partir d'une fiche de fabrication), puis **utiliser**, un calculateur de décalage horaire (***Fig. 4a***). Quelques **informations** doivent être fournies :

– différence d'heure solaire entre deux villes (par exemple Brest et Strasbourg), pour comprendre la nécessité d'introduire les fuseaux (***Fig. 7***) ;

– partage de la Terre en 24 fuseaux horaires ;

– choix arbitraire du fuseau origine ;

– définition d'une heure unique à l'intérieur d'un fuseau ; décalage d'une heure quand on franchit la limite d'un fuseau.

La ligne de changement de date n'est pas au programme de l'école.

Les étoiles et constellations au cours d'une nuit

a. *Productions d'élèves* Deux élèves ont dessiné le Soleil, la Terre et les étoiles

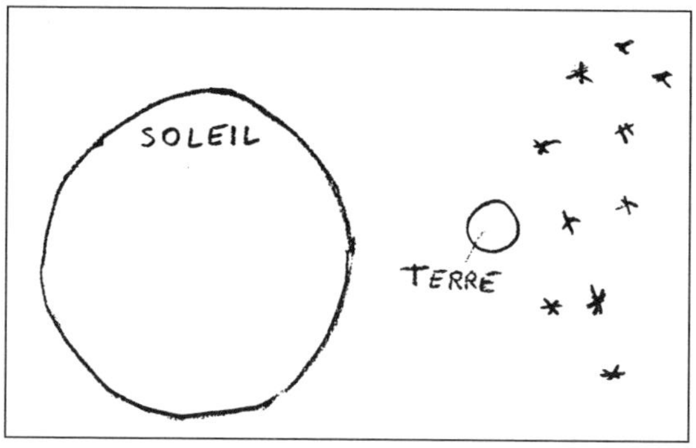

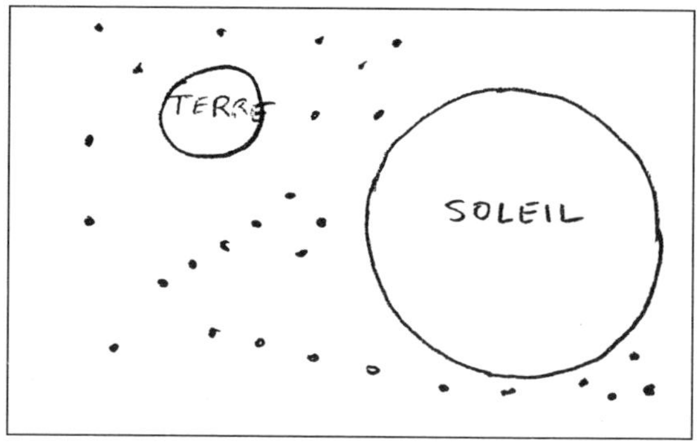

b. *Doc. élève* Une observation sur photographie

Cette photographie a été prise depuis la Terre.
L'appareil photographique, monté sur un pied, était immobile par rapport au sol.
La durée de la prise de vue (c'est-à-dire le temps d'ouverture de l'obturateur) a été de plus d'une centaine de minutes.

c. *Doc. élève* Une maquette

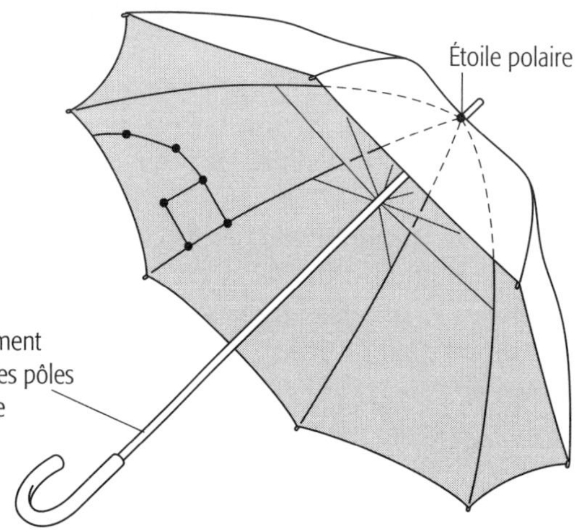

Fig. 6 a. Les élèves ne pensent pas toujours que les étoiles sont de tous les côtés dans le ciel, et à grande distance du Soleil et de la Terre.
b. Ce document confirme une observation qui peut être faite directement au cours d'une nuit : les étoiles tournent autour de l'Étoile polaire.
c. En utilisant cette maquette, on peut vérifier que la rotation de la Terre sur elle-même explique le mouvement apparent des étoiles.

L'heure solaire

a. Quelle heure solaire est-il à Brest quand il est midi à Paris ?

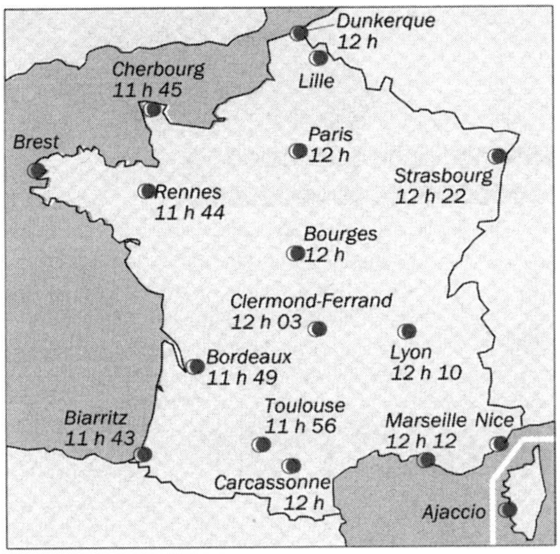

• Colorie de la même couleur les étiquettes qui se correspondent :

Nice	Brest	Lille	Ajaccio
11 h 33	12 h 26	12 h 23	12 h 03

Tu peux imaginer ce que seraient les horaires de chemins de fer si on respectait exactement l'heure solaire de chacune des villes de France. Pour des raisons de commodités, il a été décidé que l'heure serait la même dans tout l'hexagone.

b. Et dans le monde ?

Pa : Paris	L.C. : Le Cap
N.Y. : New York	R d J : Rio de Janeiro
Mo : Montréal	Bo : Bombay
A : Alger	Ma : Martinique
Da : Dakar	To : Tokyo

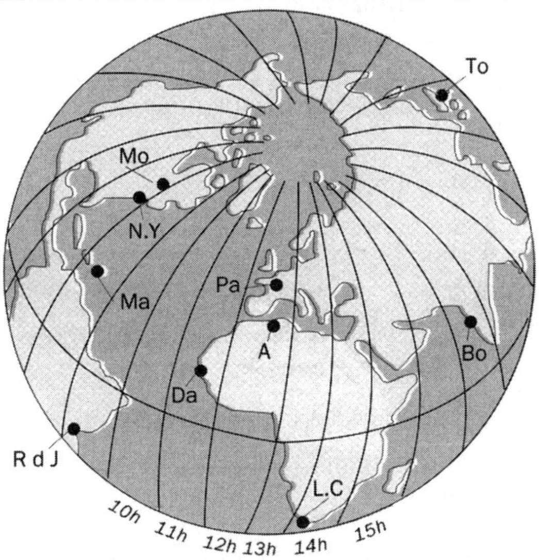

On a découpé la Terre en 24 fuseaux horaires. Dans chaque fuseau, l'heure est partout la même. Quand on franchit la limite d'un fuseau, on ajoute ou on retire une heure.

• Complète ce tableau :

14 h à Paris	… à New York
10 h à Montréal	… à Paris
3 h à Paris	… à Alger
15 h au Cap	… à Tokyo
12 h à Rio	… à Bombay
8 h en Martinique	… à Dakar

• Construis et utilise un calculateur de décalage horaire.

Fig. 7. L'heure solaire n'est pas partout la même. Pour des raisons de commodité, on a défini des fuseaux horaires limités par des méridiens, dans lesquels l'heure est partout la même : c'est l'heure du fuseau. Chaque pays définit son heure légale par référence à l'heure du fuseau.

Chapitre 10

La Terre tourne autour du Soleil

*Des activités autour de **phénomènes observables** variant sur l'année supposent acquise par les élèves la connaissance du mouvement de rotation de la Terre sur elle-même et de ses conséquences. Le programme du cycle des approfondissements porte à la fois sur des phénomènes observables et sur leur interprétation : le mouvement de la Terre autour du Soleil. Si les élèves posent des questions ou s'ils proposent d'eux-mêmes des explications, on peut, comme pour le mouvement diurne, initier des activités de modélisation qui leur permettront de mieux comprendre les phénomènes qui les entourent et de regarder autrement le monde dans lequel ils vivent.*

Le programme *(BO hors série n° 3 du 19 juin 2008)*	
CE2, CM1 et CM2	
SCIENCES EXPÉRIMENTALES ET TECHNOLOGIE **Le ciel et la Terre** Le mouvement de la Terre autour du Soleil ; la durée du jour et son changement au cours des saisons. **DEUXIÈME PALIER POUR LA MAÎTRISE DU SOCLE COMMUN** **Compétence 3B) La culture scientifique et technique** L'élève est capable de : – pratiquer une démarche d'investigation ; savoir observer, questionner ;	– manipuler et expérimenter, formuler une hypothèse et la tester, argumenter ; – mettre à l'essai plusieurs pistes de solutions ; – exprimer et exploiter les résultats d'une recherche en utilisant un vocabulaire scientifique à l'écrit et à l'oral ; – maîtriser des connaissances dans divers domaines scientifiques ; – mobiliser ses connaissances dans des contextes scientifiques différents.

Informations pour l'enseignant

A La révolution de la Terre autour du Soleil

1 Des phénomènes observables à l'échelle de l'année

Les phénomènes qui suivent, de **périodicité annuelle**, s'expliquent tous par la révolution annuelle de la Terre autour du Soleil :
– la **variation de la durée du jour par rapport à celle de la nuit** au long de l'année. Sous nos latitudes, dans l'hémisphère Nord, les nuits sont plus longues en hiver qu'en été ;
– les **saisons**. Il fait plus chaud en été qu'en hiver dans l'hémisphère Nord ;
– la **course apparente du Soleil** n'est pas la même tout au long de l'année. Dans l'hémisphère Nord, le Soleil culmine plus haut en été qu'en hiver ; il se lève entre le sud et l'est et se couche entre le sud et l'ouest en hiver, tandis qu'il se lève entre le nord et l'est et se couche entre le nord et l'ouest en été (***Fig. 1a***) ;
– les **variations de l'ombre** d'un piquet vertical, d'un arbre, d'un immeuble au cours d'une journée ne sont pas les mêmes à différentes dates dans l'année (***Fig. 1b et 4a***) ;
– l'**ensoleillement** d'une pièce d'habitation n'est pas le même tout au long de l'année ; par une fenêtre exposée au sud (dans l'hémisphère Nord), le Soleil « rentre » plus loin dans la pièce en hiver qu'en été ;
– le **champ d'étoiles visibles** dans le ciel en un lieu donné, à une heure donnée, varie selon la date dans l'année (***Fig. 3a***).

Le mouvement de la Terre autour du Soleil a des **conséquences** sur la conception des **cadrans solaires** et nécessite une indication portant sur la date dans l'année sur **les planiciels**.

2 Des dates remarquables dans l'année

Quatre dates, les **premiers jours de chacune des saisons**, correspondent à des caractéristiques particulières des phénomènes cités précédemment.

a. Équinoxes de printemps et d'automne

Les équinoxes ont lieu vers le 21 mars et le 21 septembre. Ces jours-là :
– les **durées du jour et de la nuit** sont **égales** (d'où l'étymologie du mot équinoxe) ;
– le Soleil se lève exactement à l'**est** et se couche exactement à l'**ouest**. Cela se produit donc seulement deux fois par an (***Fig. 1***) ;
– l'extrémité de l'ombre d'un piquet vertical décrit une ligne droite, la courbure de la ligne reliant les extrémités de l'ombre change de sens (***Fig. 1b***).

b. Solstices d'été et d'hiver

Les solstices d'été et d'hiver ont lieu vers le 21 juin et le 21 décembre. Le jour des solstices :
– la **nuit** est **la plus longue** (solstice d'hiver) ou **la plus courte** (solstice d'été) de l'année ;
– le Soleil **culmine** le moins haut (solstice d'hiver) ou le plus haut (solstice d'été) (***Fig. 1a***) ;
– le Soleil se lève et se couche **le plus près du sud** (solstice d'hiver) ou **du nord** (solstice d'été) (***Fig. 1a et 1b***) ;
– la courbure des relevés d'ombre est maximale (***Fig. 1b***).

Remarque : aux pôles, le Soleil reste en permanence sous l'horizon ou au-dessus de l'horizon pendant une partie de l'année. C'est ce qu'on appelle la nuit et le jour polaires.

3 L'orbite de la Terre autour du Soleil

Deux caractéristiques du mouvement annuel de la Terre sont à prendre en compte :
– **la Terre tourne autour du Soleil en un an**. La durée d'une révolution est de 365 jours et 6 heures ;
– **l'orientation de l'axe des pôles** de la Terre est constante : l'axe est incliné de 23,5° par rapport à la perpendiculaire au plan de l'**écliptique** (plan de l'orbite de la Terre). La stabilité de cette orientation est repérable par une observation : tout au long de l'année, en un lieu donné, l'Étoile polaire est toujours au même endroit dans le ciel.

Quand on interprète des observations nocturnes faites à différentes dates dans l'année, l'inclinaison de l'axe de la Terre intervient peu dans les modèles utilisés par les élèves. En revanche, il est indispensable de prendre cette orientation en compte si on fait référence à des phénomènes observés au cours de la journée, à des dates différentes (déplacement apparent du Soleil, ombre d'un piquet vertical, variation des durées du jour et de la nuit, différences de températures entre l'été et l'hiver…).

L'orbite de la Terre est une ellipse dont le Soleil occupe un des foyers. La distance Terre-Soleil varie donc au cours de l'année. Cette distance est minimale

(≈ 149 millions de kilomètres) vers le 4 janvier et maximale (≈ 151 millions de kilomètres) vers le 5 juillet. L'excentricité (un des paramètres décrivant une ellipse) de l'orbite elliptique étant presque nulle, on peut en première approximation représenter cette trajectoire par un **cercle** et ne pas se laisser piéger par les effets de perspective (***Fig. 3b***), d'autant que c'est la distance entre la Terre et le Soleil que les élèves invoquent le plus souvent pour justifier la succession des saisons.

4 Pourquoi fait-il plus chaud en été qu'en hiver ?

Deux facteurs liés à la révolution de la Terre autour du Soleil agissent dans le même sens pour expliquer les différences de température entre été et hiver :
– la **durée** du jour par rapport à celle de la nuit. Le Soleil éclaire plus longtemps, donc chauffe plus longtemps en été qu'en hiver ;
– à la même heure, le Soleil est **plus haut** au-dessus de l'horizon en été qu'en hiver. Un même faisceau de lumière provenant du Soleil éclairera donc une surface au sol plus petite en été qu'en hiver ; il la chauffera donc davantage (***Fig. 1c***).

Remarquons que, sous les latitudes tempérées, quand nous sommes en saison d'hiver dans l'hémisphère Nord, c'est une saison d'été dans l'hémisphère Sud et inversement.

5 Les constellations du Zodiaque

Les noms des constellations du Zodiaque évoquent l'astrologie et il est nécessaire de s'intéresser à ces constellations, pour les mettre en relation avec le mouvement annuel de la Terre, mais aussi pour marquer la différence entre l'astronomie et l'astrologie : l'**astronomie** est une **science**, qui construit des modèles pour expliquer, comprendre et prévoir des phénomènes. L'**astrologie** est une **croyance** et ne met pas en œuvre les mêmes types de raisonnement, même si les objets qu'elle prend en compte portent le même nom qu'en astronomie et même si ses prédictions sont accompagnées d'un habillage mathématique.

Nous allons adopter successivement deux points de vue.

• Si nous nous plaçons sur le Soleil (point de vue héliocentrique), les constellations du Zodiaque forment une bande, un anneau, devant lequel la Terre se déplace au cours de l'année (***Fig. 3a***). Du Soleil, on voit la Terre passer successivement devant les douze constellations du Zodiaque.

• Si nous nous plaçons maintenant sur la Terre (point de vue géocentrique), la bande zodiacale est la même et la trajectoire du Soleil (qui tourne autour de la Terre) projetée sur l'anneau dessine un cercle appelé écliptique. De la Terre, on voit le Soleil défiler au long de l'année devant les constellations du Zodiaque (***Fig. 3a***). Le Soleil se trouve devant la constellation des Poissons à la fin du mois de mars, au début du printemps, puis il passera devant la constellation du Bélier... Vous remarquerez le décalage par rapport aux signes astrologiques.

6 Révolution de la Terre autour du Soleil ou du Soleil autour de la Terre ?

Dans le paragraphe précédent, nous sommes passés sans dommages et sans faire d'erreur du point de vue où l'on considère que la Terre tourne autour du Soleil à celui où le Soleil tourne autour de la Terre. Les deux **descriptions** sont **équivalentes** d'un **point de vue cinématique**. Pourtant, l'interprétation actuellement donnée par les scientifiques est celle de la révolution de la Terre autour du Soleil. Qu'en est-il ?

Dans l'**histoire de l'astronomie**, les deux points de vue géocentrique et héliocentrique ont existé dès l'époque de la Grèce ancienne (Aristarque était un partisan de l'héliocentrisme), mais le point de vue géocentrique défendu par Ptolémée a prévalu pendant de nombreux siècles, jusqu'à sa remise en cause par Copernic puis Galilée. Comme pour le mouvement de rotation de la Terre sur elle-même, aucune preuve ne venait étayer l'un ou l'autre point de vue : des arguments de simplicité et de commodité ne sont pas des preuves.

Une **objection forte au système héliocentrique** était que, si la Terre tournait autour du Soleil, les étoiles étant fixes, on devrait observer un déplacement annuel apparent des étoiles. Aucune mesure ne venait confirmer cette prévision à l'époque de Galilée. Les premières mesures, dont l'interprétation est plus complexe car le phénomène résulte de la combinaison de la vitesse relative de l'astre par rapport à la Terre et de la vitesse de la lumière, datent du **XVIIIe siècle**. Ce fut la **première preuve** d'un mouvement relatif de la Terre par rapport aux étoiles (d'un mouvement relatif Terre-étoiles).

La mécanique de Newton permet d'interpréter le mouvement de la Terre autour du Soleil, comme d'ailleurs celui des autres planètes. Parce qu'elle permet le calcul des trajectoires et la « pesée » des planètes, la mécanique de Newton donne au **système héliocentrique** une **cohérence** plus forte et beaucoup plus large qu'au système géocentrique, ce qui fonde sa validité. Mais le mouvement absolu

Des phénomènes observables sur l'année

a. Doc. élève La course du Soleil

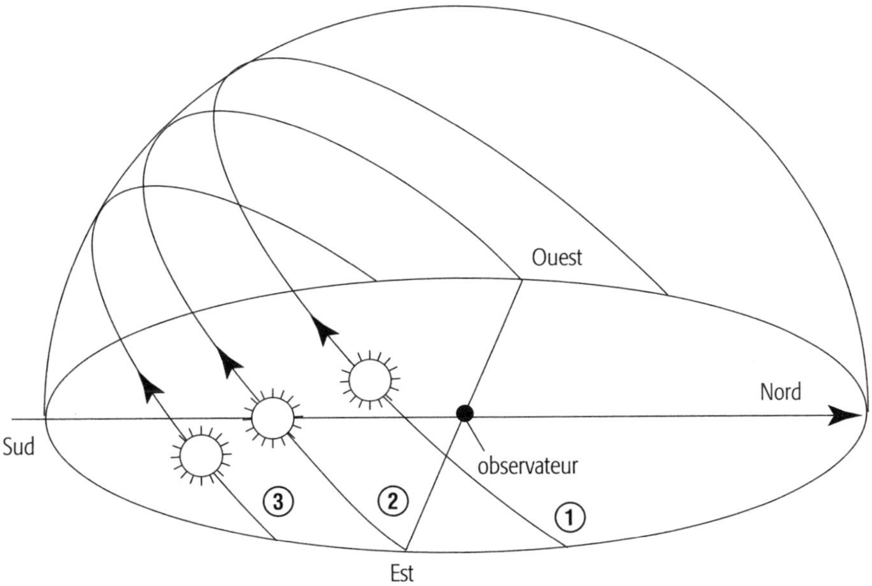

b. Doc. prof. Le déplacement des ombres

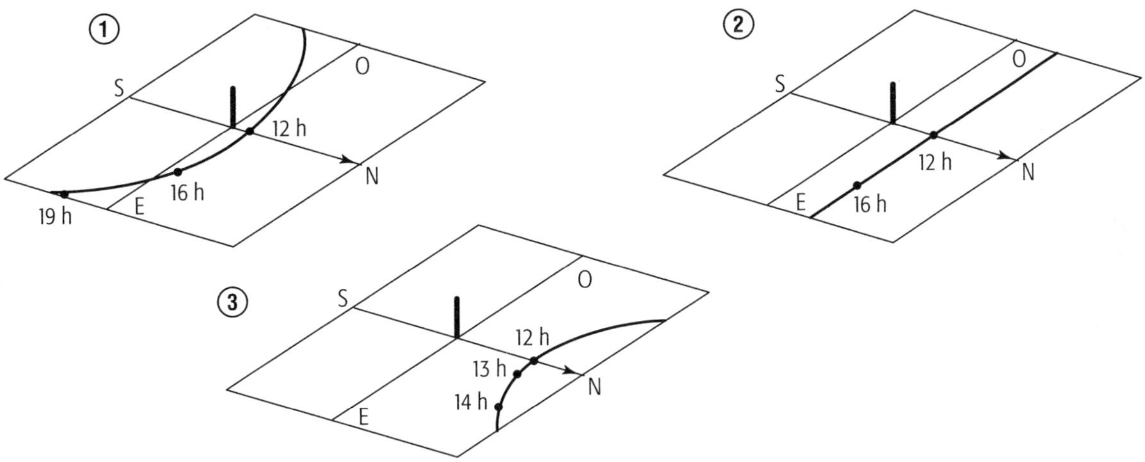

c. Doc. élève À midi solaire, le Soleil est plus haut en été qu'en hiver

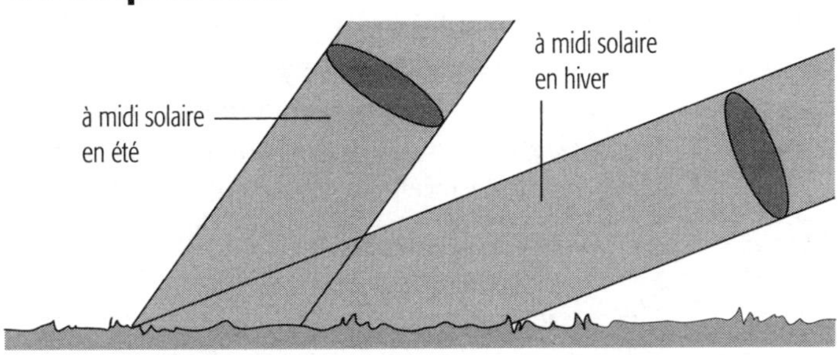

Fig. 1 a. b. Course apparente du Soleil et relevés d'ombres au long d'une journée dans l'hémisphère Nord. ① au solstice d'été ; ② aux équinoxes ; ③ au solstice d'hiver.
c. Des surfaces différentes reçoivent la même quantité d'énergie : la température de la petite surface augmente plus que celle de la grande.

n'existe pas et de ce point de vue une description n'est pas plus « vraie » qu'une autre.

7 Quelques ordres de grandeur

La distance Terre-Soleil vaut en moyenne 150 millions de kilomètres. Elle est devenue une unité utilisée en astronomie : l'unité astronomique, notée u.a.

La longueur du trajet parcouru en un an par la Terre est $2\pi \times 150 \times 10^6$, soit environ 950 millions de kilomètres. La **vitesse linéaire de la Terre sur son orbite** vaut donc :
$950 \times 10^6 / (365{,}25 \times 24) = 10^5$ km/h, soit environ **30 km/s**. La Terre a parcouru une distance voisine de la distance Terre-Lune en 3,5 heures.

Bien sûr, **nous ne percevons pas ce mouvement**, puisque nous sommes liés à la Terre.

B La conception des cadrans solaires

La science des cadrans solaires ou gnomonique, est très ancienne et a fait l'objet de traités parfois volumineux. Nous ne retiendrons ici qu'une contrainte : le cadran solaire doit pouvoir être utilisé toute l'année. Deux solutions sont possibles :
– l'**aiguille** est **verticale** (on l'appelle un gnomon) et il faut alors la placer à des **endroits différents du cadran** selon la date. Les cadrans solaires de type **analemmatique** sont conçus sur ce principe ;
– l'**aiguille** est **fixe** et la graduation unique pour l'ensemble de l'année. La plupart des cadrans sont de ce type. Ils peuvent être **équatoriaux, horizontaux, verticaux**, verticaux déclinants. Le qualificatif donne une information sur l'orientation du plan de la graduation : respectivement dans les plans équatorial, horizontal, vertical plein sud, vertical non orienté plein sud. Si on compare des relevés de l'ombre d'un piquet vertical (gnomon) à des dates différentes dans l'année (***Fig. 4a***), on constate qu'hormis à midi solaire, les directions de l'ombre ne sont pas les mêmes à la même heure, aux différentes dates. Pour avoir un système de graduation correct et définitif, pouvant fonctionner tous les jours de l'année, il faut donc que le gnomon ne soit pas vertical.

Quelle est la direction de l'aiguille ? Plaçons le cadran solaire au pôle Nord (***Fig. 4b***), avec un plan horizontal, parallèle à l'équateur. Si la Terre tourne régulièrement, et c'est le cas, on peut diviser le cercle en 24 secteurs angulaires égaux pour obtenir un instrument de mesure du temps qui fonctionnera tant qu'il sera éclairé, c'est-à-dire six mois de l'année (bien évidemment si la météo est clémente !). L'extrémité de l'ombre de l'aiguille décrit une sorte de spirale qui s'enroule en se rapprochant du pôle jusqu'au 21 juin et qui s'en éloigne peu à peu à partir de cette date.

Et sous nos latitudes ? Si on translate le dispositif utilisé au pôle Nord, l'ombre de l'aiguille tournera régulièrement, comme au pôle, tant que le cadran est éclairé. On peut garder les mêmes graduations et on a alors un cadran solaire équatorial, dont la caractéristique est d'avoir une **aiguille parallèle à l'axe des pôles** de la Terre et un cadran gradué perpendiculaire à cette aiguille, donc parallèle au plan équatorial terrestre (***Fig. 4c***). Pour pouvoir fonctionner toute l'année, il faut avoir des graduations sur les deux faces (dessus et dessous) du cadran, l'une éclairée en été et l'autre en hiver. Ceci est dû à la variation du déplacement apparent du Soleil au long de l'année. Ce cadran est difficilement utilisable au moment des équinoxes : le Soleil éclaire alors tangentiellement les deux pôles, donc le cadran par sa tranche.

• Pour des raisons de commodité, on peut souhaiter faire une lecture sur un seul plan, vertical ou horizontal. On utilise alors plutôt les cadrans classiques : horizontaux, verticaux plein sud ou non (dits alors déclinants). L'aiguille est toujours parallèle à l'axe des pôles. Il n'y a plus de difficulté astronomique, le problème est un problème mathématique de **projection** de la graduation.

C D'autres mouvements de la Terre

Aux deux mouvements de rotation et de révolution de la Terre s'ajoute le mouvement de **précession**. C'est un mouvement conique de l'axe des pôles de la Terre, d'une période de 26 000 ans. Il est dû au fait que la Terre n'est pas une sphère homogène et que les forces exercées par le Soleil et la Lune produisent une modification de la direction de l'axe des pôles. Ce mouvement est négligeable si on travaille sur des durées faibles par rapport à 26 000 ans. C'est pourquoi nous ne l'avons pas considéré plus haut, en considérant que l'orientation de l'axe des pôles était constante, et il n'en sera pas question à l'école.

Deux conséquences de ce mouvement :
– l'axe des pôles passe actuellement par une étoile de la constellation de la Petite Ourse (l'Étoile

polaire actuelle), mais, au temps des pharaons (vers 5 000 et 4 000 avant notre ère), il passait par une étoile de la constellation du Dragon ;
– vu de la Terre, le Soleil n'a pas toujours été et ne sera pas toujours devant la constellation des Poissons le premier jour du printemps. Il était devant la constellation du Bélier il y a plus de 2 000 ans et sera dans 2 000 ans devant la constellation du Verseau. Ce phénomène est connu sous le nom de précession des équinoxes.

D'autres variations périodiques de la direction de l'axe de la Terre (**nutation** de période 18,6 ans environ pour le plus important) viennent s'ajouter à la précession.

Activités possibles en classe

Connaissances et capacités travaillées au cycle des approfondissements

– Être capable de représenter qualitativement la trajectoire apparente du Soleil dans le ciel et son évolution au fil de l'année.

– Savoir que la trajectoire apparente du Soleil dans le ciel se modifie au cours des saisons. Aux latitudes de l'Europe, elle est la plus courte au solstice d'hiver (le Soleil se lève alors pratiquement au sud-est et se couche pratiquement au sud-ouest) et la plus longue au solstice d'été (le Soleil se lève pratiquement au nord-est et se couche pratiquement au nord-ouest). Ce n'est qu'aux équinoxes de printemps et d'automne que le Soleil se lève exactement à l'est et se couche exactement à l'ouest (sur un horizon parfaitement horizontal).

– Être capable de mettre en évidence, par une observation directe, que le Soleil n'apparaît pas et ne disparaît pas tous les jours à la même heure ; mettre en relation cette évolution avec celle du mouvement apparent du Soleil.

– Être capable d'exploiter un calendrier pour déterminer les caractéristiques de chaque saison et les dates (solstices, équinoxes) qui marquent le début de chacune d'elles.

– Savoir que la Terre, en plus de sa rotation sur elle-même, effectue une révolution autour du Soleil en environ 365 jours et 6 heures.

– Savoir que la Terre, vue du Soleil, décrit une trajectoire qui est pratiquement un cercle centré sur celui-ci.

– Savoir que la durée de la révolution de la Terre autour du Soleil a depuis longtemps servi d'unités à la mesure des durées (voir programme de mathématiques).

– Savoir que quand il reste longtemps levé et culmine haut dans le ciel, le Soleil chauffe davantage le sol : c'est la saison chaude. À l'inverse, quand les journées sont courtes et que le Soleil reste assez bas, c'est la saison froide. La durée de la journée évolue au fil de l'année. Dans les régions tempérées, elle est la plus courte à la date du solstice d'hiver et la plus longue à la date du solstice d'été. À la date des équinoxes, la durée de la journée (mesurée entre le lever et le coucher du Soleil sur un horizon fictif parfaitement horizontal) est pratiquement égale à 12 heures. Il y a alors égalité entre la durée de la journée et celle de la nuit, c'est l'origine du mot « équinoxe ».

– Les dates des solstices et des équinoxes changent légèrement d'une année à l'autre. Dans l'hémisphère Nord, elles se situent autour des dates suivantes : 21 septembre (équinoxe d'automne) ; 21 décembre (solstice d'hiver) ; 21 mars (équinoxe de printemps) ; 21 juin (solstice d'été).

La **démarche** est du même type que celle proposée pour le mouvement diurne. Il s'agit de partir d'un **phénomène observable**, de proposer des **interprétations à vérifier** sur **maquette** et de s'appuyer sur les **conclusions** pour **faire des prévisions** ou **interpréter** d'autres phénomènes observables. Comme dans le cas du mouvement diurne de la Terre, il est important que le mouvement annuel de la Terre ne soit pas perçu ou appris comme une vérité désincarnée, mais mis en relation avec des phénomènes observables.

Nous proposons ici une **suite d'activités** s'intégrant dans une **progression** sur le mouvement annuel, mais **d'autres entrées** peuvent être retenues. Vous pouvez partir d'observations faites au cours de la journée, qui sont le plus souvent étayées par des documents : variation des durées du jour par rapport à la nuit, course apparente du Soleil au cours de la journée à différentes dates, relevés d'ombre à deux dates différentes. Des résultats du modèle utilisé pour expliquer les phénomènes variant sur

24 h (chapitre précédent), discordants par rapport à des observations (égalité du jour et de la nuit, ciel nocturne identique tout au long de l'année), peuvent aussi servir de points de départ.

La recherche de l'explication des périodes chaude et froide amène en général des conceptions intéressantes, que l'on peut ensuite faire évoluer.

1 Les nuits sont plus courtes en été qu'en hiver

a. Un travail sur document

Des considérations de la vie courante et un examen des données du calendrier amènent à **constater** l'inégalité des jours et des nuits au long de l'année.

Vous pouvez faire relever systématiquement à vos élèves les heures de lever et de coucher du Soleil (disponibles dans le calendrier de La Poste) tous les 10 ou 15 jours et les leur faire traduire graphiquement. Les variations des durées relatives du jour et de la nuit apparaîtront alors, ainsi que 4 dates remarquables : **solstices** d'été (nuit la plus courte) et d'hiver (nuit la plus longue), **équinoxes** de printemps et d'automne (égalité des durées du jour et de la nuit).

b. Modéliser pour tester des hypothèses

En utilisant une maquette, les élèves peuvent vérifier si la révolution de la Terre autour du Soleil explique les constats précédents. Il est possible de repérer sur la maquette la durée de la nuit par rapport au jour en utilisant un globe sur lequel on peut suivre la France (métropolitaine) pendant une journée ou une balle sur laquelle on a tracé un parallèle au niveau de l'Europe. En matérialisant par un élastique la **limite jour-nuit**, on **compare** alors la longueur du trajet effectué par la France quand il fait nuit et quand il fait jour. Aux solstices, ces longueurs doivent être très différentes : courte pour la nuit et longue pour le jour au solstice d'été et l'inverse au moment du solstice d'hiver.

Si on maintient l'axe de la Terre perpendiculaire au plan de son orbite, **on ne peut pas interpréter** les observations : cette proposition doit être **rejetée**. En revanche, si les élèves inclinent l'axe de la Terre par rapport au plan de son orbite, ils peuvent observer sur la maquette des différences sur les durées du jour par rapport à la nuit.

Remarque : En manipulant leur maquette, les élèves peuvent faire d'autres propositions (***Fig. 2***). Les explications ne faisant pas intervenir la révolution de la Terre autour du Soleil peuvent être réfutées en faisant appel à des **observations nocturnes** : si l'un ou l'autre de ces mouvements était retenu, on verrait à peu près toujours les mêmes constellations dans le ciel tout au long de l'année. Si vous ne choisissez pas de le faire à ce moment, ces mouvements seront confrontés comme les autres à un document faisant **autorité scientifique**.

On peut prolonger le travail par un repérage sur la maquette des **nuits et jours polaires**. Au voisinage de la position de la Terre correspondant au solstice d'été (juin), les régions proches du pôle Nord sont toujours éclairées et celles proches du pôle Sud toujours dans la nuit. C'est l'inverse quand la Terre occupe une position voisine de celle correspondant au solstice d'hiver (décembre). Il peut être utile de se reporter à des images prises sur la Toile, pour observer la limite jour-nuit en temps réel ou à n'importe quelle autre date. Les élèves constateront alors que cette limite correspond bien à la position de leur élastique sur leur maquette.

2 Le mouvement apparent du Soleil à différentes dates dans l'année

a. Une activité d'observation et sur document

On peut engager les élèves dans une **observation** du déplacement apparent du Soleil au cours d'une journée et renouveler cette observation à **différentes dates** dans l'année. Pour cela, ils pourront placer le Soleil sur un croquis du paysage qui les entoure, à différents moments de la journée. La largeur du poing peut être un instrument de mesure adapté.

Toutefois, **attention** : il ne faut jamais viser et encore moins fixer directement le Soleil avec les yeux. La rétine, dépourvue de terminaisons nerveuses, n'envoie pas de message de douleur, mais elle peut être détériorée de façon irréversible par le rayonnement solaire.

Il est aussi possible d'utiliser un **document**.

b. Une activité de modélisation sur maquette

Les élèves, par groupe, chercheront à **vérifier sur maquette**, en plaçant un petit carton horizon avec le repérage des points cardinaux, dans quelles directions le Soleil se lève et se couche pour différentes positions de la Terre sur son orbite : il est judicieux de choisir des positions correspondant aux solstices et aux équinoxes, pour lesquelles les observations sont plus tranchées.

S'ils inclinent l'axe de la Terre par rapport au plan de son orbite, ils retrouveront les directions correspondant à celles du document. La culmination à des hauteurs différentes est repérée sur la maquette en observant la longueur de l'ombre de l'épingle.

Les jours sont plus longs en été qu'en hiver

Pour expliquer que les jours sont plus longs en été qu'en hiver, les élèves d'une classe ont fait plusieurs propositions.

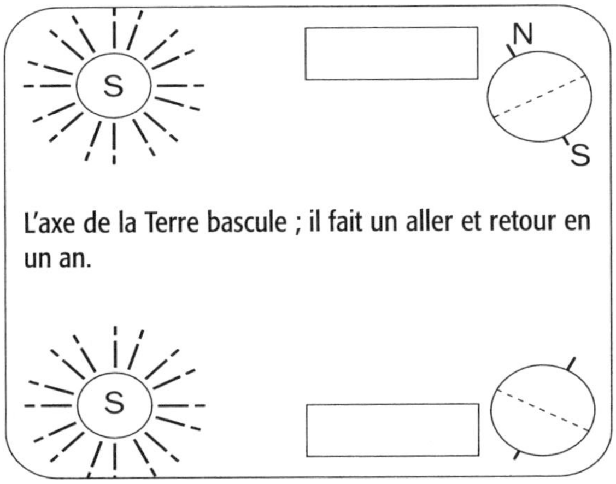

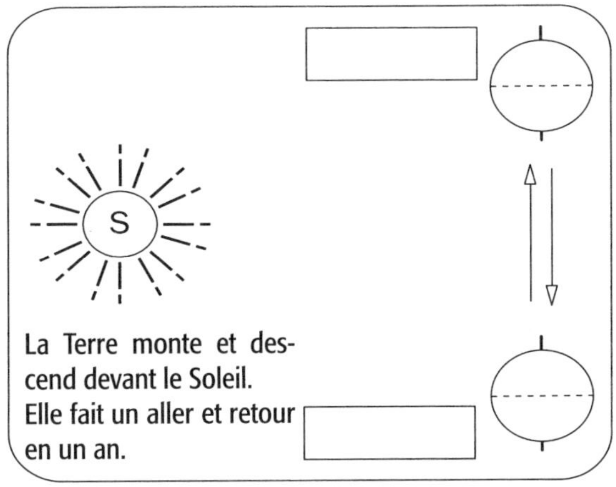

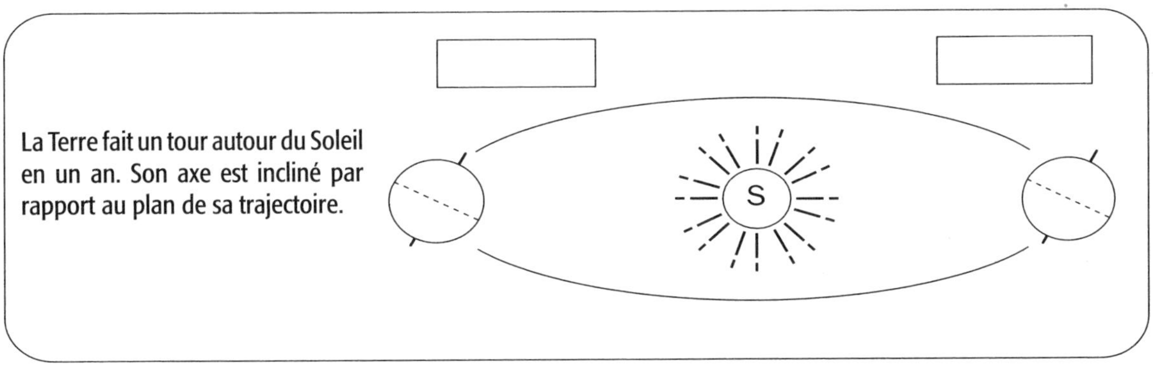

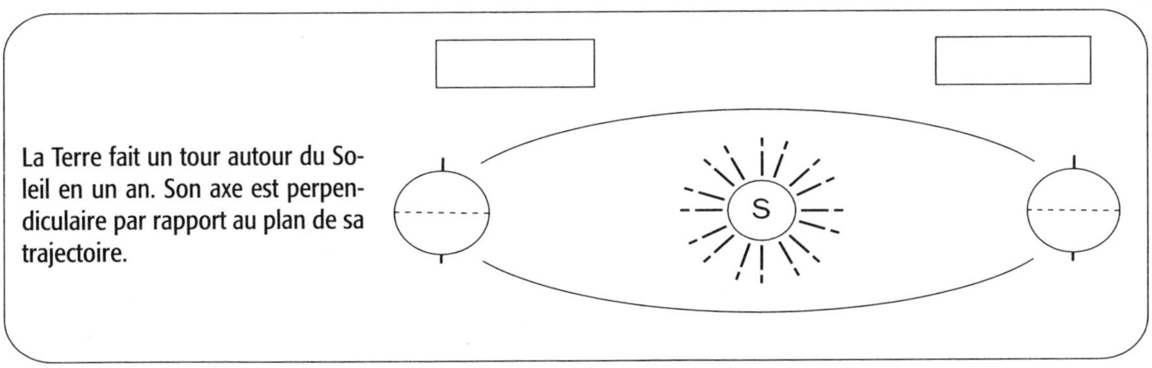

- Colorie sur les dessins la partie éclairée de la Terre en jaune et la partie non éclairée en gris.
- Indique dans les cases si c'est l'été ou l'hiver en France.
- Parmi les hypothèses proposées, lesquelles expliquent que les jours sont plus longs en été qu'en hiver ?

Fig. 2. En manipulant leur maquette, les élèves font des propositions pour expliquer les variations des durées du jour et de la nuit.

Vous pourrez donc compléter la vérification en faisant référence aux relevés d'ombre (***Fig. 4a***). La longueur de l'ombre la plus courte, dirigée vers le nord, n'est pas la même tout au long de l'année : on peut le repérer sur la maquette.

c. Pourquoi fait-il plus chaud en été qu'en hiver ?

Les élèves invoquent souvent une variation de distance Terre-Soleil pour expliquer les saisons. Cet argument n'est pas satisfaisant. En effet, avec une Terre plus proche du Soleil en été, c'est toute la Terre qui serait en été, alors que quand c'est l'été dans l'hémisphère Nord, c'est l'hiver dans l'hémisphère Sud et inversement.

En s'appuyant sur les précédents acquis, les élèves trouveront que **deux facteurs** interviennent pour expliquer qu'il fait (en général) plus chaud en été qu'en hiver :
– la **durée d'ensoleillement** est plus longue en été qu'en hiver ; cela correspond à un trajet apparent du Soleil plus long en été qu'en hiver ;
– l'**inclinaison** des rayons du Soleil, à la même heure, est plus grand en hiver qu'en été et le sol est alors moins chauffé. Si les élèves ne pensent pas à ce facteur, proposez-leur un document comme celui de la ***figure 1c*** à analyser.

3 D'autres pistes

Nous indiquons d'autres pistes possibles pour poursuivre le travail avec les élèves.

a. La forme de l'orbite terrestre

Dans beaucoup de documents, l'orbite de la Terre autour du Soleil est dessinée en perspective, ce qui induit une **idée fausse** quant à la forme de cette trajectoire. Un travail de représentation de cette orbite de différents points de vue permet de lever cette ambiguïté (***Fig. 3b***).

b. On ne voit pas toujours les mêmes étoiles

L'observation directe des étoiles n'est guère possible, surtout à des moments différents de l'année, aussi vous proposerez un document ou vous partirez d'un planiciel ou d'un logiciel pour **établir les observations de départ**. Il est commode de se limiter aux constellations voisines du plan de la trajectoire de la Terre autour du Soleil, qui sont les constellations du Zodiaque. Il s'agit alors de vérifier si la révolution annuelle de la Terre autour du Soleil peut expliquer les variations sur l'année.

Il est utile de fournir des **informations** aux élèves, qui leur serviront d'appui pour trouver des explications possibles et les tester. Deux sont essentielles :
– les étoiles sont considérées comme immobiles, elles sont très loin de la Terre et du Soleil et dispersées tout autour ;
– seuls les étoiles, le Soleil et la Terre interviennent pour expliquer ces observations. Depuis un point de la Terre, on ne voit pas les étoiles qui sont du même côté que le Soleil, car il fait jour.

Les élèves peuvent alors **modéliser** en se plaçant avec des cartons représentant quelques constellations, telles qu'elles sont placées les unes par rapport aux autres pour un observateur terrestre : leurs positions sont déduites de l'observation d'une carte du ciel (planiciel, logiciel). Les élèves « constellations » se placent alors en cercle autour de deux élèves figurant le Soleil et la Terre. En faisant fonctionner leur maquette, les élèves vérifient que si la Terre tourne autour du Soleil, en un an, on observe bien des constellations différentes au fil de l'année (***Fig. 3a***).

c. La fabrication et l'utilisation d'un cadran solaire équatorial

De **l'analyse des relevés d'ombre** d'un piquet vertical à différentes dates dans l'année (***Fig. 4a***), les élèves déduiront qu'on ne peut pas utiliser un piquet vertical pour faire un cadran solaire : à la même heure (autre que midi solaire), l'ombre n'a pas la même direction d'une date à l'autre.

L'**observation et la comparaison**, in situ ou sur des documents, de cadrans solaires (horizontaux, verticaux ou équatoriaux) mène au constat que l'aiguille des cadrans n'est jamais verticale. On indiquera aux élèves quelle est sa direction : celle de l'axe de rotation de la Terre, l'axe des pôles.

L'analyse d'un **document** (***Fig. 4b***) ou de sa traduction sous forme de maquette permet de comprendre comment peut fonctionner un cadran solaire au pôle Nord. On déplacera ce cadran par translation pour l'amener à la latitude où les élèves se trouvent.

Proposez-leur de **fabriquer**, à partir d'une fiche de fabrication, un cadran solaire équatorial. Sauront-ils expliquer pourquoi il présente une face été et une face hiver (***Fig. 4c***) ? C'est une bonne situation pour **évaluer** ou **renforcer** leur compréhension de la variation de la course apparente du Soleil au cours de l'année.

L'explication des scientifiques

a. L'orbite de la Terre et les constellations du Zodiaque

b. Quelle est la forme de l'orbite de la Terre ?

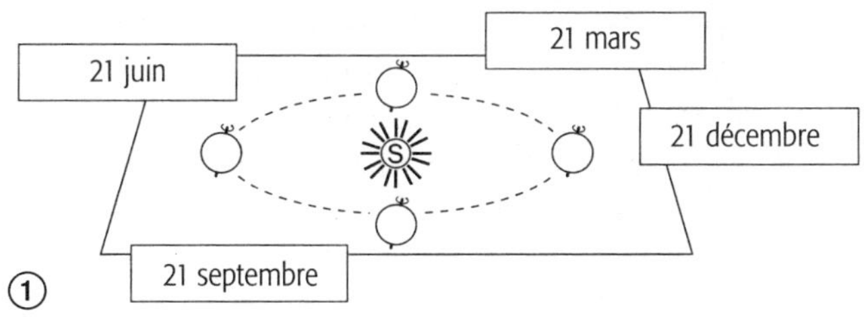

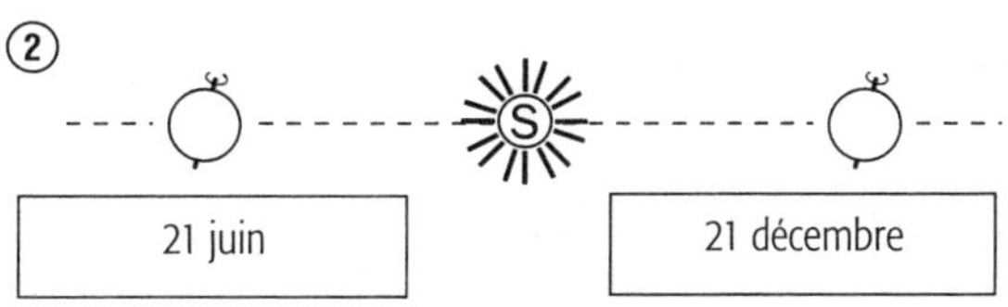

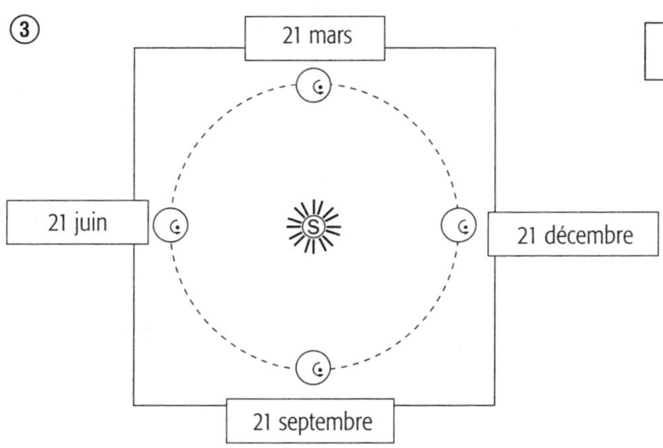

Fig. 3 a. De la Terre, on voit le Soleil passer devant les constellations du Zodiaque au fil de l'année. Celles qui sont visibles la nuit changent de mois en mois.
b. L'orbite de la Terre et ses positions aux solstices et au équinoxes : une vue en perspective ①, une vue dans le plan de l'écliptique ②, et dans un plan perpendiculaire à ce plan ③.

Comment un cadran solaire donne-t-il l'heure ?

a. Un relevé d'ombres

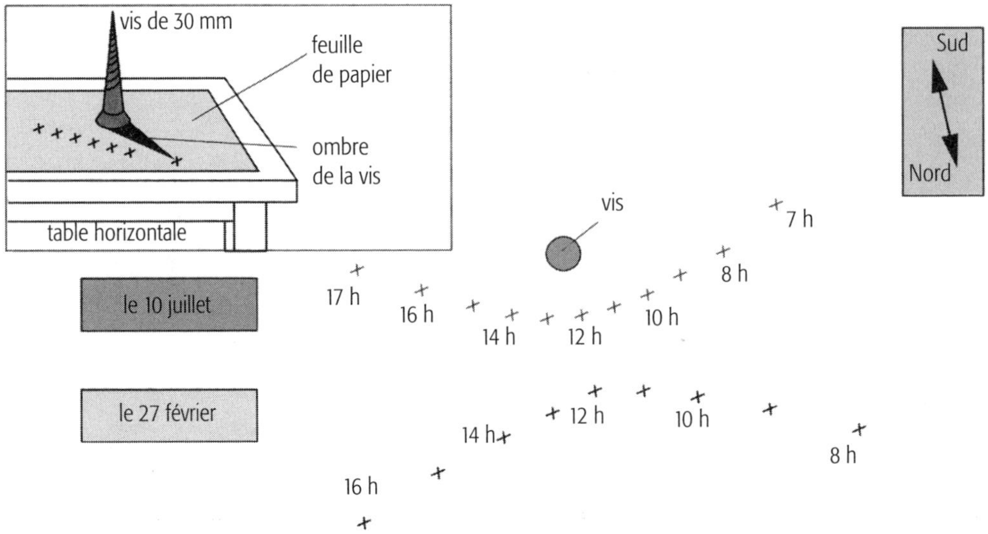

b. Au pôle Nord

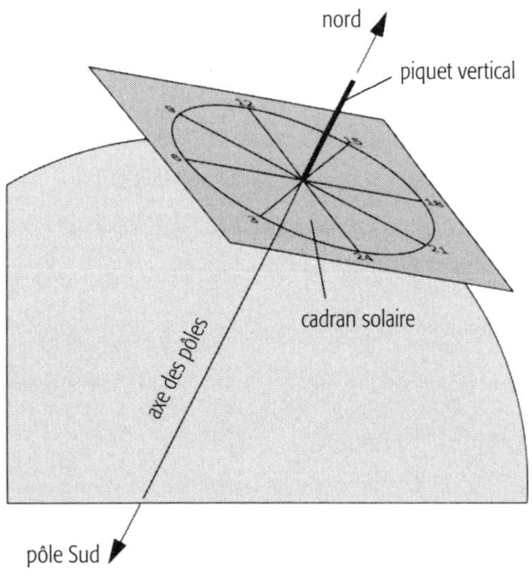

Fig. 4 a. Le relevé (en heure solaire) de l'ombre d'un piquet vertical au cours d'une journée, en France métropolitaine.
b. Au pôle Nord, on peut installer un cadran solaire dont l'aiguille est verticale, le plan des graduations horizontal et parallèle à l'équateur ; chaque graduation horaire mesure 15°.
c. L'aiguille des cadrans solaires est parallèle à l'axe des pôles de la Terre. Le plan des graduations de ce cadran (valable pour l'hémisphère Nord) est parallèle à l'équateur, d'où son nom « équatorial ». Il a deux faces, pour tenir compte de la variation de la course apparente du Soleil au fil de l'année.

c. Un cadran solaire équatorial

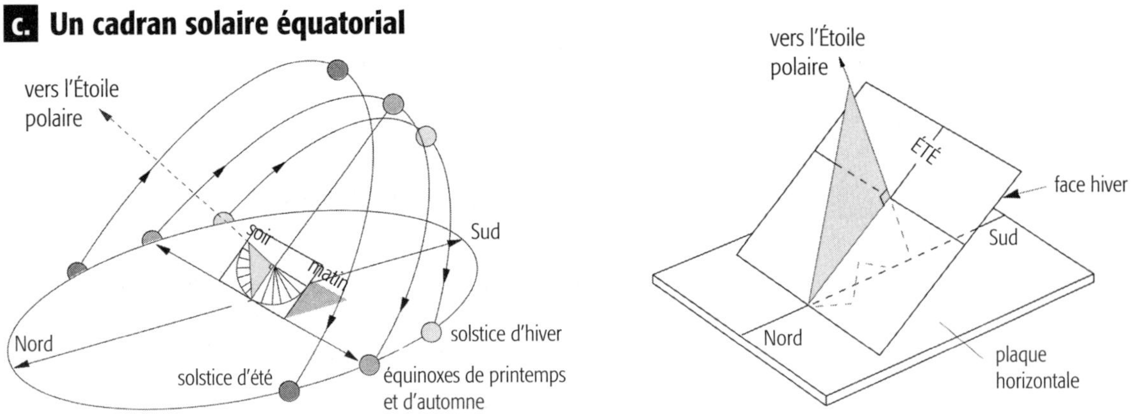

Chapitre 11

La Lune tourne autour de la Terre

Satellite naturel de la Terre, la Lune appartient, comme les planètes du Soleil, leurs satellites et d'autres objets (planètes naines, comètes, astéroïdes, météorites), au système solaire. Les élèves, au cycle des approfondissements, sont à des niveaux très différents de connaissances à propos de la Lune. Pour les uns, la Lune ne s'observe que la nuit. D'autres ont déjà lu et vu des schémas explicatifs des phases et des éclipses. À ceux-là, l'école doit donner les moyens de faire le lien entre la Lune telle qu'on l'observe et la Lune telle qu'on la trouve décrite dans les encyclopédies. D'autres, enfin, voient encore, sur la Lune, « une vieille dame qui ramasse du bois ». À ceux-là, l'école doit donner les moyens de faire de la Lune un objet d'observation et d'investigation scientifique. Pour tous, elle doit être l'occasion d'utiliser leurs connaissances sur les phénomènes d'ombre, pour pouvoir interpréter un phénomène observable.

Le programme *(BO hors série n° 3 du 19 juin 2008)*	
CE2, CM1 et CM2	
SCIENCES EXPÉRIMENTALES ET TECHNOLOGIE **Le ciel et la Terre** Le mouvement de la Lune autour de la Terre. **DEUXIÈME PALIER POUR LA MAÎTRISE DU SOCLE COMMUN** **Compétence 3B) La culture scientifique et technique** L'élève est capable de : – pratiquer une démarche d'investigation ; savoir observer, questionner ;	– manipuler et expérimenter, formuler une hypothèse et la tester, argumenter ; – mettre à l'essai plusieurs pistes de solutions ; – exprimer et exploiter les résultats d'une recherche en utilisant un vocabulaire scientifique à l'écrit et à l'oral ; – maîtriser des connaissances dans divers domaines scientifiques ; – mobiliser ses connaissances dans des contextes scientifiques différents.

Informations pour l'enseignant

A Quelques caractéristiques de la Lune

1 La Lune est un satellite de la Terre

La Lune est un **satellite** de la Terre. Pour un observateur extérieur au système Terre-Lune, la Terre et la Lune tournent autour du centre de gravité du système. En tenant compte des masses respectives de ces deux astres et de la distance de leurs centres de gravité, le centre de gravité de ce système est dans la Terre à 4 652 km du centre de gravité de la Terre (dont le rayon vaut 6 400 km).

La Lune est un **astre solide**, de 3 476 kilomètres de diamètre, dont le centre est situé à environ 384 000 kilomètres de celui de la Terre : la lumière, qui se déplace à la vitesse de 300 000 km/s, met donc un peu plus d'une seconde pour aller de la Lune à la Terre.

La **trajectoire** de la Lune autour de la Terre est une ellipse assez proche d'un cercle, dont le plan est incliné de 5,9° par rapport au plan de l'écliptique (plan de l'orbite de la Terre autour du Soleil ; ***Fig. 2c***).

La Lune est facilement observable, ce qui explique que des tables de relevés de ses positions existent depuis très longtemps et que la durée du cycle des phases de la Lune ait servi d'unité de temps dans certains calendriers.

Bien sûr, au cours d'une journée ou d'une nuit et si elle est observable, la Lune a un **mouvement apparent** dans le ciel dû à la rotation de la Terre sur elle-même. La Lune a sa trajectoire apparente qui se situe **dans la même zone du ciel que celle du Soleil** : elle se lève vers l'est et se couche vers l'ouest.

Quelques remarques :
– Contrairement aux apparences, la Lune n'est **pas plus grosse** quand elle est **basse sur l'horizon**. En toute rigueur, son diamètre apparent est alors plus petit car la distance de la Lune à l'observateur est plus grande d'environ un rayon terrestre. C'est l'absence de tout repère terrestre qui donne cette illusion. Un moyen simple de s'en convaincre, c'est de la photographier dans deux positions, basse sur l'horizon et haute dans le ciel (à condition de garder la même optique !).
– Les agriculteurs dénoncent les méfaits de la Lune rousse au printemps. C'est le moment où les jeunes pousses sont sensibles aux basses températures. En l'absence de couverture nuageuse, les nuits sont suffisamment froides pour qu'elles s'accompagnent de gelées. Il suffit que la Lune soit observable pour qu'elle soit accusée du gel de ces jeunes plantes qui, effectivement, vont roussir !

2 Révolution sidérale et révolution synodique

Dans les tables astronomiques, on trouve une durée de révolution de la Lune égale à 27,32 jours, différente des 29,5 jours de la lunaison, durée qui sépare deux Pleines Lunes successives. Deux durées pour un même mouvement ? C'est possible, dans la mesure où tout mouvement se définit par rapport à un repère. **Deux repères** distincts peuvent définir deux mouvements et donc des durées distinctes. On peut définir **deux révolutions** de la Lune autour de la Terre, la révolution **sidérale** et la révolution **synodique**.

La ***figure 1c*** présente trois positions de la Lune, qui définissent trois situations. La Terre effectue sa révolution autour du Soleil suivant une trajectoire quasi circulaire dans le plan appelé « plan de l'écliptique ». La Lune tourne sur son orbite autour de la Terre.

• On a choisi pour la situation 1 le cas où les trois astres (Soleil, Terre et Lune) sont alignés.

• Entre les moments 1 et 2, la Terre s'est déplacée sur sa trajectoire autour du Soleil. La Lune a tourné autour de la Terre en la suivant. Au moment 2, la direction Terre-Lune est la même qu'au moment 1. Par rapport à un **repère lié aux étoiles**, la Lune a fait un tour, **une révolution sidérale** qui correspond à une durée de 27,32 jours, la période de révolution sidérale. Pratiquement, cela veut dire que si depuis la Terre on voyait la Lune dans la direction d'une étoile au moment 1, on la voit dans la direction de cette même étoile au moment 2 (d'où le terme « sidéral »). Lune, Terre et Soleil ne sont pas alignés.

• Au moment 3, ces trois astres (Soleil, Terre et Lune) se retrouvent alignés comme au moment 1. Par rapport à un **repère centré sur la Terre** et lié au Soleil, la Lune a effectué **une révolution synodique**, qui correspond à la durée de la **lunaison**, la Lune présentant en effet la même phase en 1 et en 3.

B Les phases de la Lune

1 Description des phases

La Lune présente des phases (***Fig. 1a***), qui reviennent de façon périodique : la durée d'un cycle complet, une **lunaison**, vaut environ **29,5 jours**. Ces phases se succèdent toujours dans le **même ordre**. Quatre phases (Premier Quartier, Pleine Lune, Dernier Quartier et Nouvelle Lune) se placent à une date précise dans la lunaison. Les autres phases (croissants et lunes gibbeuses) se déroulent sur plusieurs jours, car la partie éclairée et visible de la Lune croît et décroît de façon continue.

2 Pourquoi la Lune a-t-elle des phases ?

La Lune, de forme quasi sphérique, **tourne autour de la Terre et est éclairée par le Soleil**. Par un **effet de perspective**, à cause de la révolution de la Lune autour de la Terre, un observateur terrestre ne voit pas la partie éclairée de la Lune toujours sous le même angle, d'où les phases (***Fig. 1a***).

Dans les périodes de faibles croissants qui encadrent la Nouvelle Lune, on distingue le disque lunaire malgré l'absence d'éclairage direct du Soleil. En effet, elle est observable pendant la journée du lieu d'observation et la face de la Lune est en vis-à-vis avec la face éclairée de la Terre. Le sol lunaire réfléchit donc la lumière que lui a réfléchie la surface terrestre. Ce phénomène se nomme la « **lumière cendrée** ».

3 À quel moment voit-on la Lune ?

Contrairement à une idée courante, la Lune n'est pas visible seulement la nuit. Le moment de la journée où on peut l'observer dépend de sa phase. Pour observer la Pleine Lune, il faut se trouver sur le côté non éclairé de la Terre : on voit donc la Pleine Lune pendant la nuit (***Fig. 2a***). Pour observer le Premier Quartier, il faut se trouver sur la partie de la Terre orientée vers la Lune ; pour l'observateur terrestre, c'est donc l'après-midi ou le début de la nuit. Un raisonnement analogue peut être tenu pour chacune des autres phases : on peut observer le Dernier Quartier en deuxième partie de nuit et le matin et la Nouvelle Lune se trouve au-dessus de l'horizon pendant la journée (mais c'est la face non éclairée qui est tournée vers la Terre et la Lune n'est pas visible).

4 La Terre a-t-elle des phases ?

Vue de la Lune, la Terre présente, elle aussi, des phases. Pour vous en convaincre, vous pouvez manipuler une maquette permettant de retrouver les phases de la Lune, en vous plaçant maintenant du point de vue d'un observateur lunaire. Vous pouvez aussi raisonner à partir de la ***figure 1a***. Selon la position de la Lune sur son orbite, vous observerez une moitié de la **Terre tout, en partie ou pas du tout éclairée**.

C La face cachée de la Lune

De la Terre, on voit toujours la même face de la Lune. La première carte de cette face visible a été dressée par l'astronome Hevelius en 1647. La toponymie lunaire a plusieurs origines. Celle de la face visible date du XVIIe siècle et est due en partie à Johannes Hevelius et surtout à Giambattista Riccioli et Francesco Maria Grimaldi. Ces astronomes ont donné à des parties de la Lune le nom de mers, par analogie avec les mers sur la Terre, et aux mers des noms de qualités humaines ou de phénomènes météorologiques (Mare Serenitatis, Mare Vaporum…). Ils ont baptisé les montagnes du nom des grands massifs terrestres (Montes Carpatus, Montes Apenninus…). Les cratères ont reçu les noms de savants, d'artistes, de philosophes, d'écrivains (Copernicus, Ptolemaeus…). Le latin, longtemps utilisé pour qualifier les formations lunaires, a été officiellement adopté en 1964. Il a fallu attendre 1959 et le survol de la Lune par la sonde soviétique Luna III, pour avoir la première photographie de la face cachée.

L'existence d'une face cachée et d'une face visible est due au fait que la Lune fait **un tour sur elle-même** dans le **même temps** qu'elle fait **un tour autour de la Terre** (***Fig. 1b***). Cette correspondance n'est pas le fait du hasard (voir § E-3).

Remarques :

– Depuis la Terre, on voit toujours la même demi-sphère lunaire, qu'on appelle sa face visible, l'autre étant la face cachée. Un observateur sur la Lune, quant à lui, peut observer au fil du temps le globe terrestre dans son entier. En effet, la Terre faisant un tour sur elle-même en 24 heures, l'observateur lunaire la voit toute entière (aux conditions d'éclairage près) pendant cette durée.

– La Lune présentant toujours la même face tournée vers la Terre, il faut bien évidemment se trouver sur cette face pour pouvoir observer la Terre. De plus, l'orientation de la Lune par rapport à la Terre étant fixe, depuis un lieu donné sur la Lune, on voit toujours la Terre dans la même position par rapport à l'horizon du lieu. Il n'y a donc pas de déplacement apparent de la Terre par rapport à l'horizon lunaire.

D Les éclipses

1 Éclipses de Soleil

Sur la ***figure 1a***, on repère à chaque lunaison deux **alignements** : Soleil-Lune-Terre à la Nouvelle Lune et Soleil-Terre-Lune à la Pleine Lune. Si on en reste à cette représentation, il devrait exister deux éclipses par lunaison. Or, il n'en est rien. La représentation est donc approximative et n'est pas entièrement conforme à la réalité.

a. Les éclipses totales

Quand, à la **Nouvelle Lune**, la Lune se trouve dans l'alignement Terre-Soleil, elle occulte le Soleil et on a alors une **éclipse de Soleil** (***Fig. 2a***). Il y a éclipse totale si, depuis le poste d'observation de la Terre, la Lune occulte totalement le Soleil. Comme les diamètres apparents du Soleil et de la Lune, vus depuis la Terre, sont voisins, environ 0,5° (le Soleil a un diamètre environ 400 fois supérieur à celui de la Lune, mais il se trouve 400 fois plus éloigné de la Terre), la Lune cache exactement le Soleil. Cela permet des observations intéressantes de la couronne solaire avec ses jets de plasma.

L'ombre de la Lune dessine un ovale d'environ 200 kilomètres à la surface de la Terre, qui, du fait du mouvement de la Lune autour de la Terre et de la rotation de la Terre sur elle-même, se déplace à la surface de la Terre à une vitesse d'environ 2 500 km/h. Une éclipse de Soleil n'est donc visible que sur une très petite partie du globe terrestre (zone 3 sur la figure) et la totalité de l'éclipse dure quelques minutes seulement (six minutes maximum pour les éclipses totales les plus longues à la latitude de Paris).

b. Les éclipses partielles

Le moment de totalité est précédé et suivi d'éclipses partielles : de part et d'autre de la zone où on observe une éclipse totale, se situe une couronne dans laquelle on observe une éclipse partielle (zone 2 sur la ***Fig. 2a***). Il se peut également il n'y ait aucune zone de la Terre où on puisse avoir un alignement parfait des centres des deux astres. L'éclipse n'est alors que partielle.

c. Les éclipses annulaires

Si l'alignement des deux astres se produit au moment où la Lune est le plus éloignée de la Terre (n'oublions pas que l'orbite de la Lune est elliptique), son disque n'occulte pas la totalité de celui du Soleil : on obtient une éclipse annulaire.

2 Éclipses de Lune

Au moment d'une **Pleine Lune**, la Terre s'interpose entre le Soleil et la Lune et la Lune se trouve alors dans l'ombre de la Terre : il y a **éclipse de Lune**. Une éclipse de Lune est plus longue qu'une éclipse de Soleil : elle peut durer plusieurs heures. Contrairement à l'éclipse de Soleil, quel que soit le lieu d'observation, les différents aspects de l'éclipse de la Lune sont vus de la même façon (***Fig. 2b***).

3 Il n'y a pas d'éclipse à chaque lunaison

Si l'orbite de la Lune était contenue dans le plan de l'écliptique, il y aurait une éclipse de Lune à chaque Pleine Lune et une éclipse de Soleil à chaque Nouvelle Lune. Mais l'orbite lunaire n'est pas exactement dans le plan de l'écliptique (***Fig. 2c***). Elle est dans un **plan incliné** de 5,9° **par rapport au plan de l'écliptique** et l'orbite coupe ce plan en deux points, les nœuds. La droite qui les contient s'appelle la droite des nœuds. L'orbite lunaire garde la même orientation durant toute la révolution de la Terre autour du Soleil.

Pour qu'il y ait **éclipse**, il faut que **les trois astres** soient **alignés**. Si la Lune passe entre le Soleil et la Terre (position 2), il y a éclipse de Soleil. Si la Lune entre dans l'ombre de la Terre, c'est une éclipse de Lune. Dans la trajectoire de la Terre autour du Soleil, deux seules positions permettent cet alignement : quand la droite des nœuds passe par le Soleil (positions 2 et 3). Mais si c'est une condition nécessaire, elle n'est pas suffisante. Dans ces deux positions, la Lune sur son orbite ne se trouve pas nécessairement sur un des nœuds ! Nous voyons donc que théoriquement, en un an, au maximum deux éclipses de Soleil ou de Lune seraient possibles. Cependant, la ligne des nœuds effectue un mouvement de rétrogradation, un tour en 18,6 ans. En outre, des éclipses partielles sont possibles quand la droite des nœuds est proche de la position 3. Pour ces deux raisons, les **possibilités d'éclipses** sont plus nombreuses : entre 2 et 5 éclipses de Soleil et entre 0 et 3 éclipses de Lune en un an.

E Les marées

Les marées sont une **déformation de la surface de la Terre** due essentiellement à **l'attraction gravitationnelle exercée par la Lune** sur la Terre. La Terre n'est pas rigide, elle peut se déformer et on peut observer des marées sur les mers, les océans et les continents. Au milieu des océans, la montée du niveau est de l'ordre de 60 cm. Les marées de

Pour expliquer les observations

a. Doc. élève Les phases de la Lune

Vue de l'extérieur du système Terre-Soleil-Lune

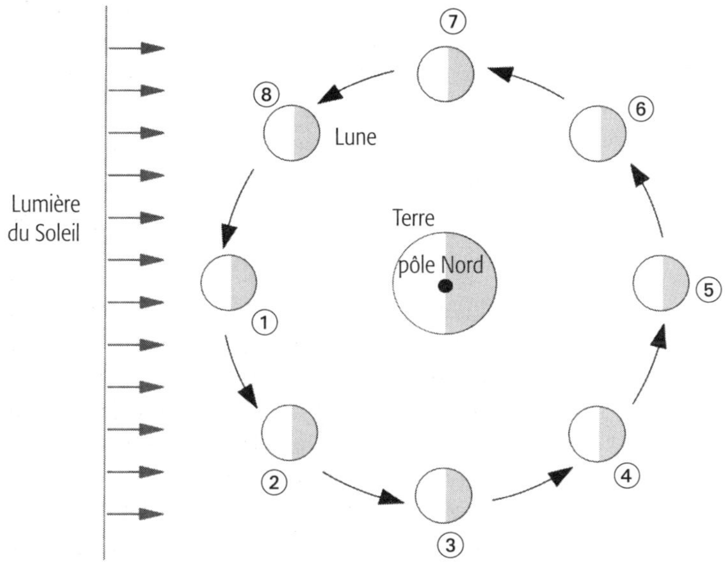

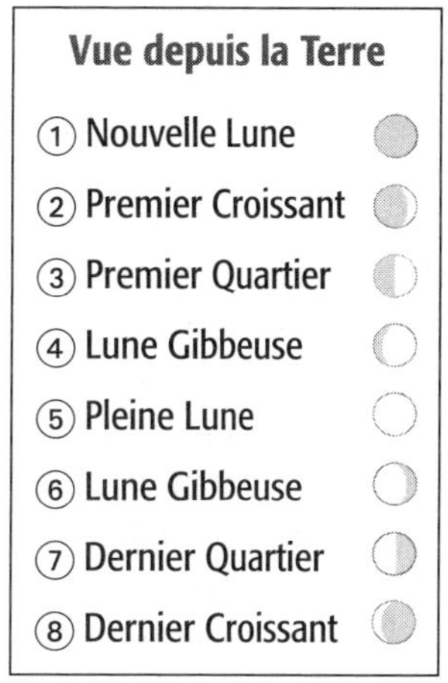

b. Doc. élève La face cachée de la Lune

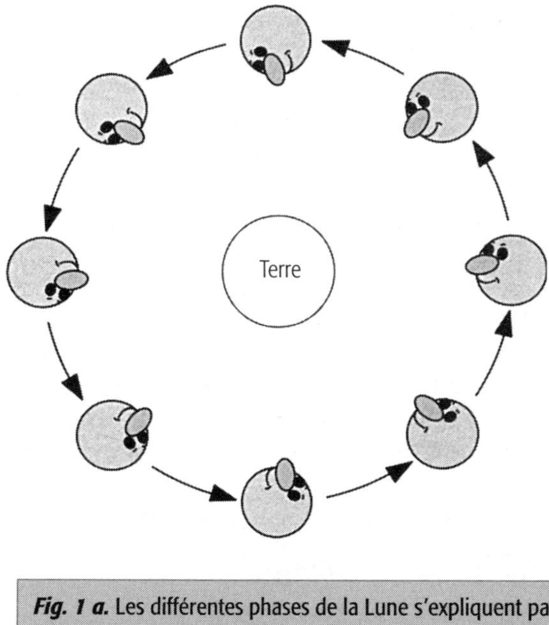

c. Doc. prof. Révolutions sidérale et synodique

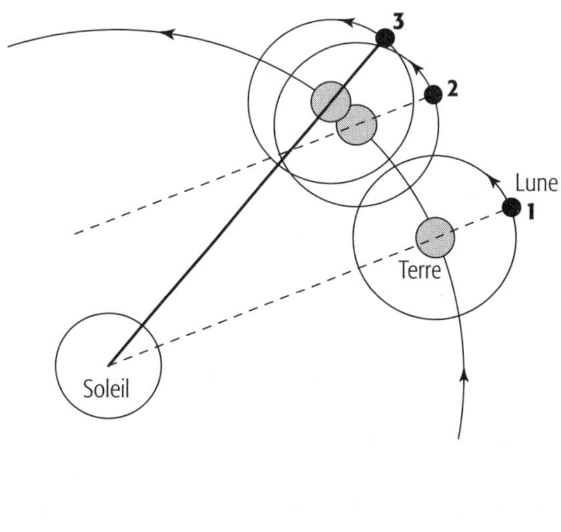

Fig. 1 a. Les différentes phases de la Lune s'expliquent parce qu'elle est éclairée par le Soleil et tourne autour de la Terre.
b. La Lune fait un tour sur elle-même pendant qu'elle fait un tour autour de la Terre. C'est pourquoi elle présente toujours la même face vers la Terre.
c. De la position **1** à la position **2**, la Lune a fait un tour si on repère, depuis la Terre, sa position par rapport aux étoiles ; elle a fait un tour entre les positions **1** et **3** si on repère sa position par rapport au Soleil. Ceci explique la différence entre les durées des révolutions sidérale et synodique.

sol ont une amplitude plus faible, qui peut atteindre 30 cm.

Pour la suite, nous considérons uniquement les marées océaniques et maritimes. Ce sont des phénomènes très complexes à analyser, la forme des bassins maritimes ou océaniques intervient pour créer des phénomènes de résonance qui en amplifient ou suppriment même les effets sur les côtes. Les conditions atmosphériques peuvent également interférer et provoquer des marées exceptionnelles. Nous n'étudierons pas tous ces phénomènes ici, mais nous essaierons de répondre à deux questions :
– pourquoi y a-t-il deux marées par jour ?
– pourquoi l'amplitude de la marée varie-t-elle au cours de la lunaison ?

1 Deux marées par jour

Dans le cadre de la théorie mécanique classique de Newton, si un objet n'est soumis à aucune force, il est immobile ou se déplace en ligne droite à vitesse constante. C'est ce qui arriverait à la Lune si elle n'était pas attirée par la Terre. En raison de l'attraction de la Lune par la Terre, la Lune « tombe » continuellement sur la Terre, ce qui explique sa trajectoire quasi circulaire autour de la Terre. La Terre « tombe » aussi continuellement vers la Lune : en fait Lune et Terre tournent autour d'un point situé sous la surface de la Terre (le centre de gravité de l'ensemble Terre-Lune), c'est pourquoi on dit le plus souvent que la Lune tourne autour de la Terre.

La Terre attire la Lune, mais la Lune attire aussi la Terre. La Lune exerce en tous points de la Terre une force d'attraction inversement proportionnelle au carré de la distance de ces points à la Lune. Ainsi, sur la ***figure 3a***, la force $\vec{F}_{M'}$ exercée en *M'* sera plus faible que $\vec{F}_O$ exercée au centre *O* de la Terre et que $\vec{F}_M$ exercée en *M*.

Si on repère les mouvements par rapport à un référentiel centré sur la Terre, le centre de la Terre y est immobile. Le bilan des forces qui s'exercent sur la Terre est donc nul et les lois de la mécanique l'expliquent en faisant intervenir une force (appelée ici force centrifuge) égale et opposée à la force $\vec{F}_O$ exercée par la Lune. Tout se passe comme s'il fallait retirer la force $\vec{F}_O$ en *O*, le centre de la Terre, mais aussi en *M* et *M'*. Les forces $\vec{f}_m$ et $\vec{f}_{m'}$ résultantes, qui s'exercent en *M* et *M'*, sont alors d'intensités égales, mais de sens opposés. Parce que la Terre peut se déformer, cela explique la **formation d'un bourrelet** aux **deux endroits**, en *M* qui se trouve du côté de la Lune, mais aussi en *M'* qui se trouve **diamétralement opposé** sur la Terre et, par conséquent, l'existence de **deux marées par jour**, alors que la **Lune ne passe qu'une fois par jour** dans la direction du méridien.
La marée haute est due au déplacement de ces bourrelets à la surface de la Terre, lié au déplacement de la Lune par rapport à la Terre. Ce phénomène n'a rien à voir avec une cuvette qu'on inclinerait, la marée étant haute d'un côté et basse de l'autre (quand la marée est haute à Calais, elle n'est pas basse à Douvres). En raison des phénomènes d'inertie, des frottements et de la forme des bassins maritimes, il y a un retard entre l'heure du passage au méridien (ou à son opposé) de la Lune et l'heure de la marée haute.

2 Des marées plus ou moins fortes

La Lune a une influence prépondérante sur les marées, mais le Soleil a aussi une influence.

Les calendriers de marée disponibles dans les ports ou des informations données lors des bulletins météorologiques à la télévision indiquent la valeur des **coefficients de marée**. Sur les côtes (Manche et Atlantique), d'un port à l'autre, les amplitudes (variation de hauteur) des marées sont proportionnelles entre elles. Un coefficient de marée égal à 100 a été attribué pour une grande marée ayant lieu lorsque le Soleil et la Lune se trouvent dans le plan de l'équateur. Connaissant les caractéristiques du port, on calcule **l'amplitude de la marée** à partir de ce coefficient. Il varie de 20 à 120.
L'examen des coefficients de marée montre une **variation au cours d'une lunaison**. Aux moments de la **Pleine Lune** et de la **Nouvelle Lune**, les actions du Soleil et de la Lune s'ajoutent et les **marées** sont alors plus **fortes** (***Fig. 3b***). En revanche, leurs actions sont antagonistes au moment des **quartiers** et les **marées** sont alors plus **faibles**. Là encore, des frottements entraînent un retard par rapport aux dates des phases de la Lune.

On constate des variations d'amplitude de la marée au cours d'une lunaison à deux moments où les positions relatives des trois astres Terre, Lune, Soleil auraient dû provoquer des amplitudes identiques, par exemple au Premier Quartier et au Dernier Quartier. Ces variations sont dues à la distance Terre-Lune : plus la Lune, sur son orbite elliptique, est proche de la Terre, plus ses effets sont sensibles.

Les marées les plus fortes se produisent au moment des équinoxes, lorsque le Soleil se trouve dans le plan de l'équateur. D'autres facteurs météorologiques (le passage d'une dépression, un vent soufflant de la mer vers la côte) se combinant entre eux et se déroulant aux équinoxes peuvent provoquer des marées catastrophiques.

Les éclipses

a. Pourquoi y a-t-il des éclipses de Soleil ?

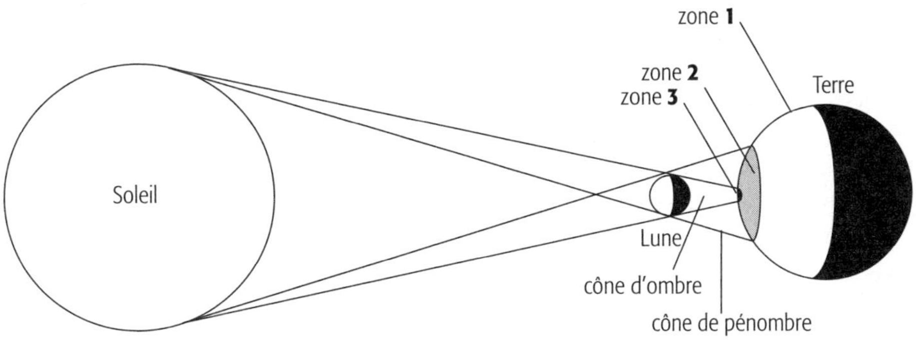

b. Pourquoi y a-t-il des éclipses de Lune ?

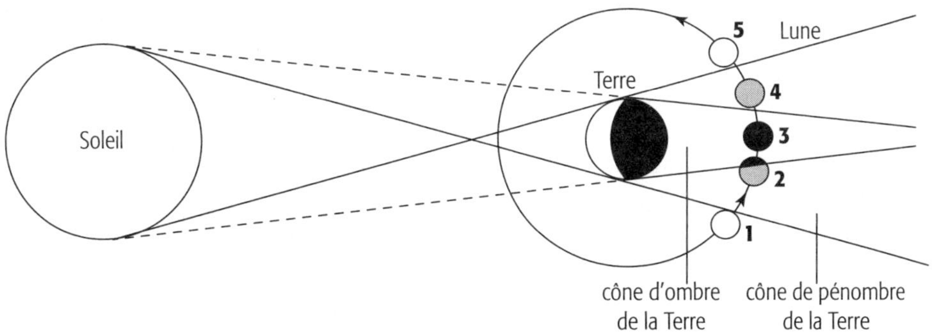

c. Il n'y a pas éclipse à chaque lunaison

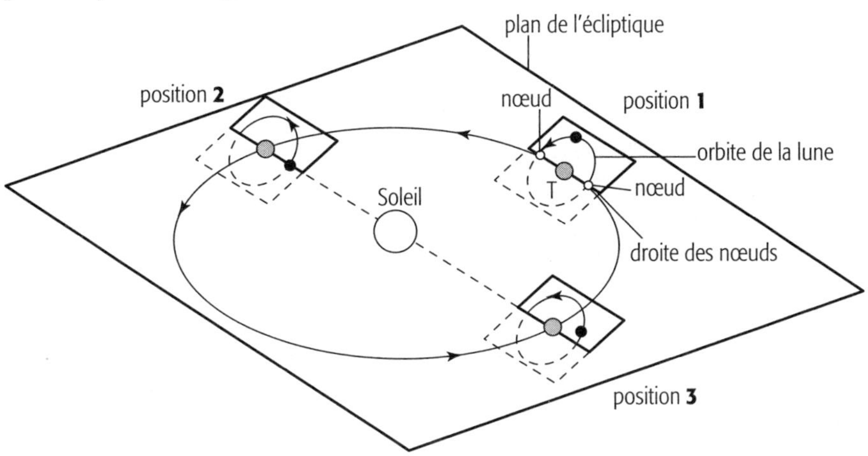

Fig. 2. Il y a éclipse quand la Lune, la Terre et le Soleil sont alignés.
a. Dans la zone **3**, il y a éclipse totale de Soleil. Elle est partielle dans la zone **2** et inobservable dans la zone **1**.
b. Les positions **1** et **5** marquent le début et la fin de l'éclipse de Lune. En **2**, la Lune entre dans la zone d'ombre où l'éclipse est totale. Avant **2** et en **4**, la Lune est dans la zone de pénombre.
c. Il y a éclipse totale quand la Lune est en Nouvelle Lune ou en Pleine Lune et quand elle se trouve dans le plan de l'écliptique. Si elle est proche de l'écliptique, l'éclipse peut être partielle.

❸ Des marées sur la Lune ?

La Lune a une face visible et une face cachée (invisible depuis la Terre). On justifie ceci en disant qu'elle fait un tour sur elle-même dans le même temps qu'elle fait un tour autour de la Terre. Mais ce résultat n'est pas le fait du hasard : c'est l'aboutissement d'un long processus. Initialement, la Lune tournait sur elle-même par rapport à un repère lié à la Terre. Deux marées lunaires existaient donc en un point du sol lunaire pour une rotation de la Lune par rapport à la Terre, l'une face à la Terre, l'autre, face opposée. Ces deux marées consommaient de l'énergie empruntée à la rotation même de la Lune. La vitesse de rotation a donc, petit à petit, diminué jusqu'à l'immobilité quand toute l'énergie cinétique de la Lune a été épuisée. C'est la situation que nous connaissons actuellement avec l'existence de deux renflements du sol lunaire, l'un vers la Terre, l'autre à l'opposé.

Remarque : les marées terrestres dues à la Lune sont consommatrices d'énergie pour assurer les frottements et les déformations qu'elles engendrent. Cette **énergie** est empruntée à la **rotation de la Terre**, qui ralentit donc peu à peu. La **durée du jour augmente** et le nombre de jours dans l'année diminue. Il y a 400 millions d'années, l'année comprenait 400 jours. Les lois de la mécanique associent à ce ralentissement un éloignement progressif des deux astres (conservation du moment cinétique du système Terre-Lune).

Activités possibles en classe

• Au cycle des approfondissements, au travers d'activités autour de la Lune, où des phénomènes d'ombre et de lumière interviennent, on poursuit des objectifs méthodologiques très importants relatifs à l'observation, la modélisation, la schématisation et aussi la recherche d'informations dans des documents.

Il est indispensable d'avoir mené des activités autour des ombres et de la lumière avant de commencer un travail sur la Lune. Pour compléter l'étude que vous allez entreprendre, essayez de mettre à la disposition de votre classe des ouvrages relatant l'exploration lunaire.

Connaissances et capacités travaillées au cycle des approfondissements

– Savoir que le déplacement apparent de la Lune au cours d'une journée ou d'une nuit, de l'est vers l'ouest en culminant vers le sud (aux latitudes de l'Europe), s'explique par la rotation de la Terre sur elle-même (voir chapitre 9).
– Savoir que la plupart des planètes ont des satellites, des corps qui gravitent autour d'elles suivant des orbites à peu près circulaires ; la Terre a un seul satellite naturel : la Lune.
– Savoir que la Lune n'est visible que parce qu'elle est éclairée par le Soleil. Une moitié de la sphère lunaire est toujours éclairée par le Soleil, mais la Lune tournant autour de la Terre, l'observateur terrestre ne voit pas toujours entièrement cette zone éclairée ; il n'en voit qu'une partie, ne présentant pas toujours le même aspect ; ce sont les phases de la Lune vues de la Terre.
– Savoir qu'une lunaison est la durée séparant deux phases successives identiques de la Lune et a une durée comprise entre 29 et 30 jours.
– Savoir que la Lune fait un tour autour de la Terre en une lunaison.
– Savoir qu'il y a éclipse de Lune quand la Terre se trouve entre le Soleil et la Lune et éclipse de Soleil quand la Lune se trouve entre le Soleil et la Terre.

❶ La Lune n'a pas toujours le même aspect

a. Une activité d'observation

Une **discussion** dans la classe à propos de la Lune met en évidence la grande **disparité des conceptions** des élèves. L'aspect variable de la vision de la Lune est généralement cité par les élèves, avec parfois des contradictions, ce qui justifie la mise en place d'une observation rigoureuse. Les conditions de l'observation seront établies par la classe, sa **durée totale** devra être **d'environ deux lunaisons**, de façon à pouvoir repérer le cycle des phases.

Il convient d'**observer systématiquement la Lune** à différents moments de la journée, par exemple à 9 h, 12 h, 16 h 30 et 20 h et de noter à chaque fois si la Lune est visible ou non en spécifiant si la couverture nuageuse autorise ou non son observation, sous quelle forme elle apparaît et dans quelle direction, vers l'est, vers le sud, vers l'ouest, vers le

Pourquoi y a-t-il des marées ?

a. Les forces de gravitation exercées par la Lune sur la Terre

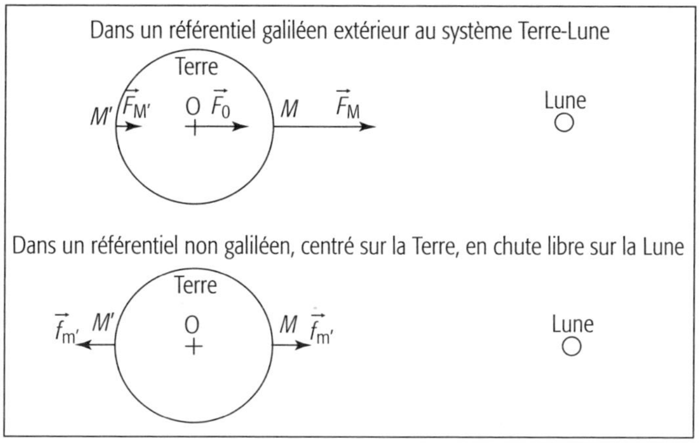

Les longueurs des forces ne sont pas à l'échelle, de même que la déformation de la Terre due aux marées.

b. L'action conjuguée de la Lune et du Soleil

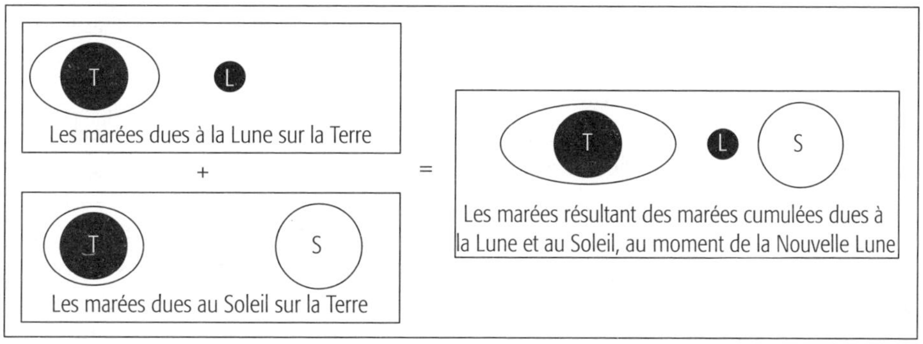

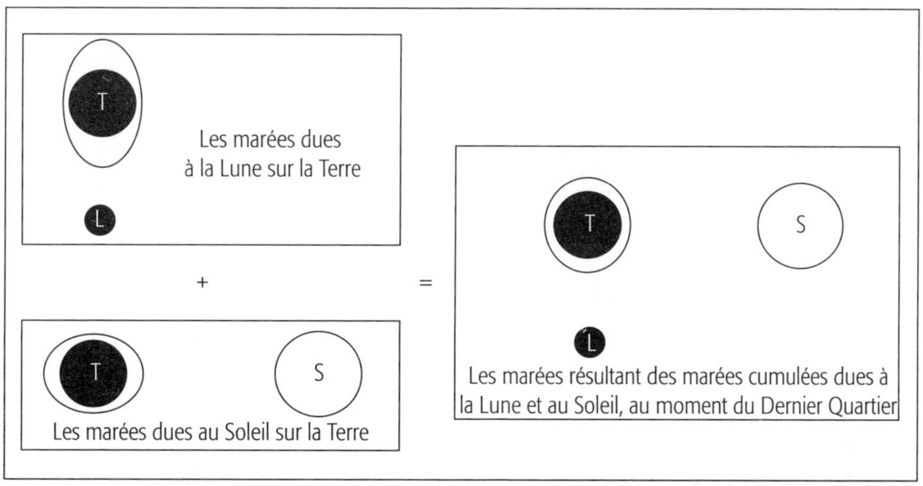

Fig. 3 a. Dans le cas où on repère le mouvement par rapport au centre de la Terre, qui est alors immobile, et où aucune force ne s'exerce, $\vec{F}_0$ est compensée par une force égale et opposée, qui s'exerce aussi en *M* et *M'*. Le passage de la Lune au méridien provoque deux pleines mers diamétralement opposées.
b. Les marées sont plus fortes à la Nouvelle Lune et à la Pleine Lune qu'aux quartiers.

nord et sous quelle hauteur : haute ou basse. Pour faciliter le relevé, pour vérifier avec vos élèves que les informations nécessaires seront bien notées, faites-leur construire un tableau ou analyser un document (***Fig. 4a***). Le relevé peut être individuel ou fait par équipe, chaque équipe ayant la charge d'une semaine d'observation par exemple. Un point rapide pourra être fait chaque semaine.

b. Exploiter des observations

Après deux mois d'observation, si le temps a été favorable, on dispose de faits relatifs à deux cycles complets des phases de la Lune. L'exploitation se fait suivant deux directions : le repérage du cycle et l'aspect de la Lune.

Les conclusions tirées des observations seront confirmées et complétées par un **calendrier** (***Fig. 4b***). La durée de la **lunaison**, qui sépare deux phases identiques successives, sera établie de façon plus précise à partir du calendrier. Une difficulté liée aux bornes d'un intervalle apparaît. Selon qu'ils comptent les deux bornes ou aucune, les élèves peuvent trouver 31 ou 28 jours. De fait, il faut compter une seule borne de l'intervalle et la durée d'une lunaison étant égale à 29,5 jours, on trouve 29 ou 30 jours selon les mois. Ces observations pourront être validées aussi par l'utilisation d'un logiciel ou une recherche sur la Toile.

La Lune n'est **pas visible** tous les jours **à la même heure**. On peut la voir le matin, l'après-midi ou la nuit ; elle n'est donc pas visible seulement la nuit. Si les observations ont pu être suffisamment riches, les élèves constateront que la Lune est visible le matin quand elle est en Dernier Quartier ou Dernier Croissant, tandis qu'elle est visible l'après-midi si elle est en Premier Croissant ou Premier Quartier.

La Lune **se déplace de l'est vers l'ouest**, en culminant au sud, comme tous les astres et ce en raison de la rotation de la Terre sur elle-même. L'utilisation d'un logiciel ou une recherche sur la Toile confirmera l'observation qui peut être faite directement. Les élèves utiliseront leurs connaissances sur la rotation de la Terre pour comprendre ce déplacement apparent de la Lune.

c. Pourquoi la Lune a-t-elle des phases ?

• Une activité de modélisation pour répondre à une question

Les élèves **s'interrogent** sur l'origine des phases. Certains imaginent (ce que l'appellation Nouvelle Lune induit d'ailleurs) que la Lune change, qu'on a un nouvel astre à chaque lunaison. Seule une activité de modélisation permettra de trouver une explication et de donner une réponse aux idées et interrogations des élèves.

On fournira aux élèves des **éléments de départ**, qui leur permettront de construire une explication du phénomène. Les informations à donner sont :
– la Lune est **sphérique** et n'est pas lumineuse, elle est **éclairée par le Soleil** ;
– **seuls le Soleil, la Terre et la Lune** interviennent pour expliquer les phases de la Lune ;
– la Lune **tourne autour** de la Terre.

Les élèves mettent ces informations en action sur une **maquette** (analogue à celle de la ***Fig. 5a***) et cherchent à **retrouver** sur la balle-Lune **les différentes phases observées**. En utilisant leurs connaissances sur les phénomènes d'ombre et de lumière (ombre propre, voir chapitre 7), ils comprendront que seulement une moitié de la Lune (une demi-sphère) est éclairée à un moment donné et que ce n'est pas toujours la face visible depuis la Terre. En manipulant la maquette, ils compléteront le modèle en trouvant le **sens de la révolution** de la Lune autour de la Terre et trouveront que la **lunaison** correspond à la **durée d'un tour** de la Lune autour de la Terre.

Remarque : lorsque l'on observe un quartier ou croissant de Lune, la partie non éclairée de la Lune n'apparaît pas noire dans le ciel, mais de la couleur du ciel... alors que ce n'est pas le cas sur la balle. Ceci est dû au fait que la Lune se trouve hors de l'atmosphère terrestre, que la partie non éclairée de la Lune n'est vraiment pas éclairée, contrairement à la balle qui reçoit de la lumière diffusée par l'atmosphère terrestre et les objets autour d'elle. Quand de la lumière diffusée par l'atmosphère terrestre arrive sur la Lune, celle-ci en renvoie une partie vers la Terre : c'est la lumière cendrée que l'on voit en cas de croissant fin, sur la partie « noire » de la Lune.

Il arrive que certains élèves constatent que l'aspect du sol lunaire (le grand cratère de Copernic se remarque particulièrement) ne change pas pendant les différentes phases. C'est bien sûr lié au fait que la Lune présente toujours la même face à la Terre.

• Une activité de schématisation

On peut compléter l'activité en demandant aux élèves de **schématiser pour rendre compte** des phases de la Lune. Deux schémas sont à faire et à mettre en relation, correspondant à un point de vue extérieur au système Terre-Soleil-Lune et au point de vue d'un observateur terrestre (***Fig. 5b et 1a***).

d. Qu'est-ce qu'une éclipse ?

En manipulant leur maquette, les élèves se seront certainement trouvés dans des situations d'éclipse de Soleil. Ils peuvent alors **décrire et différencier**

Observer les phases de la Lune

a. *Doc. prof.* Pour organiser l'observation

Date	30-11				1-12			
Heure	9 h	12 h	16 h	20 h	9 h	12 h	16 h	20 h
Dessin de la lune	NV	NV Temps nuageux	◐	◐	NV	NV	◐	◐
Direction			SE-S	S-SO			SE-S	S-SO

NV : non visible

b. *Doc. élève* Des photographies de la Lune prises depuis la Terre

Premier Croissant

Premier Quartier

Lune Gibbeuse montante

NOVEMBRE			DÉCEMBRE		
S	**1**	**TOUSSAINT** ☽	L	1	s^e^ Florence
D	**2**	**Défunts**	M	2	s^e^ Viviane
L	3	s Hubert	M	3	s Xavier
M	4	s Charles	J	4	s^e^ Barbara
M	5	s^e^ Sylvie	V	5	s Gérald
J	6	s^e^ Bertille	S	6	s Nicolas
V	7	s^e^ Carine	**D**	**7**	s Ambroise
S	8	s Geoffroy	L	8	Imm. Concept. ○
D	**9**	s Théodore ○	M	9	s Pierre Fourier
L	10	s Léon	M	10	s Romaric
M	**11**	**ARMISTICE 1918**	J	11	s Daniel
M	12	s Christian	V	12	s^e^ Jeanne-F. C.
J	13	s Brice	S	13	s^e^ Lucie
V	14	s Sidoine	**D**	**14**	s^e^ Odile
S	15	s Albert	L	15	s^e^ Ninon
D	**16**	s^e^ Marguerite	M	16	s^e^ Alice ☾
L	17	s^e^ Elisabeth ☾	M	17	s Gaël
M	18	s^e^ Aude	J	18	s Gatien
M	19	s Tanguy	V	19	s Urbain
J	20	s Edmond	S	20	s Abraham
V	21	Prés. Marie	**D**	**21**	s Pierre C.
S	22	s^e^ Cécile	L	22	HIVER
D	**23**	Christ. Roi ●	M	23	s Armand ●
L	24	s^e^ Flora	M	24	s^e^ Adèle
M	25	s^e^ Cath. L.	**J**	**25**	**NOËL**
M	26	s^e^ Delphine	V	26	s Etienne
J	27	s Séverin	S	27	s Jean
V	28	s Jacqu. d. l. M.	**D**	**28**	ss Innocents
S	29	s Saturnin	L	29	s David
D	**30**	**Avent** ☽	M	30	s Roger ☽
			M	31	s Sylvestre

Fig. 4 a. Un exemple de tableau à construire avec les élèves pour organiser les observations sur une période de deux mois.
b. Les différentes phases de la Lune. Il n'y a pas de photographie de la Nouvelle Lune car on ne la voit pas. Le calendrier permet de déterminer la durée d'une lunaison, qui sépare deux phases identiques consécutives (29 ou 30 jours).

Dernier Croissant

Pleine Lune

Lune Gibbeuse descendante

Dernier Quartier

ces situations, verbalement ou par schématisation. Lors d'une éclipse, les trois astres sont alignés : la Terre se trouve entre le Soleil et la Lune lors d'une éclipse de Lune. La Lune se trouve entre le Soleil et la Terre lors d'une éclipse de Soleil. Ils pourront trouver des images des éclipses les plus récentes lors d'une recherche sur la Toile.

Il n'y a pas d'éclipse à chaque lunaison car les trois astres ne sont pas toujours parfaitement alignés. Sur leur maquette, les élèves pourront constater qu'en déplaçant légèrement leur balle (en la montant un peu par exemple), ils peuvent observer une phase de Pleine Lune et pas seulement se trouver en situation d'éclipse de Lune. De même, quand la Lune est en position de Nouvelle Lune, on peut avoir ou non une éclipse de Soleil, en déplaçant un peu la balle-Lune.

e. Y a-t-il de la vie sur la Lune ?

Les élèves se posent souvent des questions sur les possibilités de vie sur la Lune. Des **recherches documentaires** peuvent répondre à cette question comme à certaines de leurs interrogations (dimensions, consistance du sol et relief, exploration lunaire, aspect du ciel lunaire observée sur des photographies de l'exploration lunaire trouvées sur la Toile ou dans la BD *On a marché sur la Lune* (Tintin)...).

La Lune n'a pas d'atmosphère, ce qui explique la couleur noire de son ciel, différente de celle du ciel terrestre. Cela explique aussi la nécessité de porter des scaphandres avec assistance respiratoire pour séjourner et se déplacer sur la Lune.

Il s'agira là, en classe, d'une recherche d'informations visant à répondre de façon ponctuelle à leur curiosité.

Des essais faits par les élèves

a. Doc. élève Retrouver sur la balle les phases de la Lune

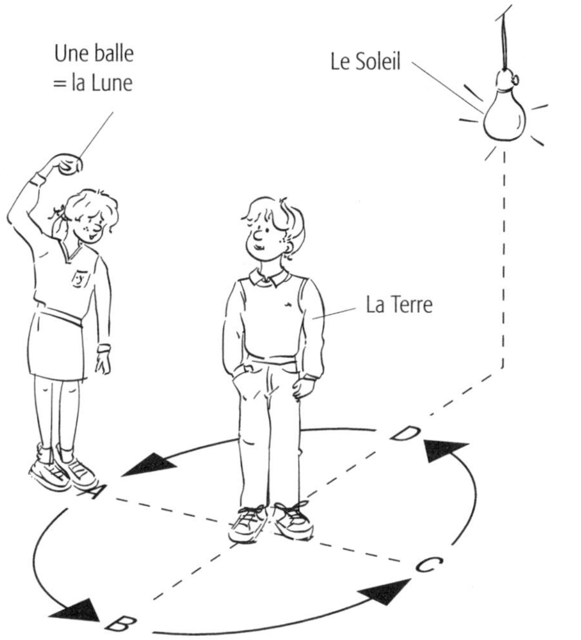

Fig. 5 a. Deux informations ont été fournies : la Lune est une sphère éclairée par le Soleil ; elle tourne autour de la Terre ; les élèves modélisent la situation avec cette maquette pour retrouver sur la balle les phases de la Lune. Par beau temps, on peut aussi utiliser le Soleil au lieu de la lampe.
b. Ces deux élèves ont fait des choix différents : représenter toutes les positions de la Lune sur son orbite ou faire une succession de dessins pour les différentes phases observées sur la balle. Dans les deux cas, il faut travailler les points de vue adoptés : on a une vue extérieure au système Terre-Lune-Soleil pour les positions relatives de ces trois astres, mais une vue depuis la Terre pour les phases de la Lune. Les deux vues sont mêlées sur leurs productions, et il faut les séparer.

b. Productions d'élèves Représenter les phases de la Lune

Élève 1

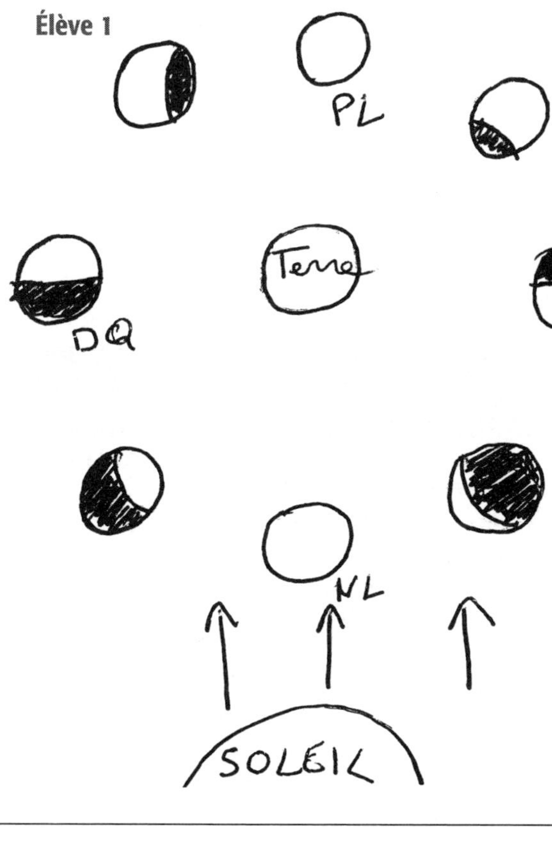

Élève 2

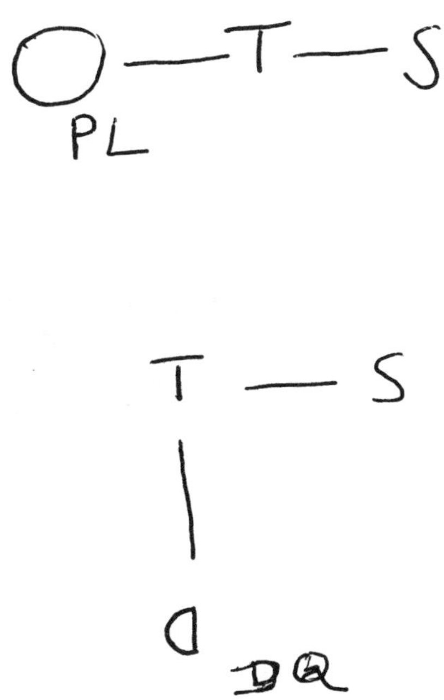

Chapitre **12**

Le système solaire et l'Univers

Le système solaire est au programme du cycle des approfondissements. À l'école, les activités sur le système solaire ont pour ambition de répondre à la curiosité des élèves et de poser quelques jalons pour relativiser notre position dans le système solaire, voire dans l'Univers si les élèves manifestent de la curiosité à ce sujet.

Le programme *(BO hors série n° 3 du 19 juin 2008)*	
CE2, CM1 et CM2	
SCIENCES EXPÉRIMENTALES ET TECHNOLOGIE **Le ciel et la Terre** Le mouvement de la Terre (et des planètes) autour du Soleil.	DEUXIÈME PALIER POUR LA MAÎTRISE DU SOCLE COMMUN **Compétence 3B) La culture scientifique et technique** L'élève est capable de : – pratiquer une démarche d'investigation ; savoir observer, questionner ; – exprimer et exploiter les résultats d'une recherche en utilisant un vocabulaire scientifique à l'écrit et à l'oral ; – maîtriser des connaissances dans divers domaines scientifiques.

Informations pour l'enseignant

A Le système solaire

Le Soleil est au centre d'un système composé de **huit planètes** tournant autour de lui. Les **orbites** de ces planètes sont pratiquement toutes dans le **même plan**, le plan de l'écliptique, et elles tournent toutes dans le **même sens** autour du Soleil. On trouve **dans l'ordre des distances**, à partir du Soleil : **Mercure, Vénus, la Terre, Mars, Jupiter, Saturne, Uranus, Neptune** (***Fig. 1a***).

Remarque : la planète Vénus est parfois désignée sous le terme « Étoile du Berger », alors qu'il s'agit bien d'une planète et non d'une étoile.

La lumière met environ 8 minutes pour parcourir la distance Soleil-Terre et 4 heures pour parcourir la distance Soleil-Neptune. Les planètes les plus proches du Soleil (Mercure, Vénus, Terre et Mars) sont solides et de tailles voisines (elles sont dites telluriques), tandis que les plus éloignées n'ont pas de surface solide et sont beaucoup plus grosses (elles sont dénommées les planètes gazeuses).

Toutes les planètes sont **en rotation sur elles-mêmes**, comme la Terre. Deux cas particuliers sont à signaler : la rotation de Vénus sur elle-même est très lente et rétrograde (dans le sens inverse de celui de sa révolution autour du Soleil), l'axe de rotation d'Uranus est presque dans le plan de son orbite. Le **même sens de révolution des planètes autour du Soleil** correspondrait au sens originel de formation du système solaire. Les mêmes sens de rotation des planètes sur elles-mêmes qui correspondent au sens de révolution autour du Soleil auraient la même justification. Une hypothèse expliquerait les deux anomalies sur les axes de rotation de Vénus et d'Uranus : ce sont les chocs d'astéroïdes qui auraient modifié l'orientation des axes.

Hormis Mercure et Vénus, toutes les planètes du système solaire possèdent des satellites, un seul pour la Terre (la Lune), jusqu'à 23 pour Jupiter et 59 pour Saturne.

Enfin, plusieurs planètes sont ceinturées par un ou plusieurs anneaux. Ceux de Saturne ont été observés par Galilée en 1610 sans qu'il en comprenne la nature. C'est Huygens qui, en 1656, a pu en définir la constitution. Les plus récents ont été découverts grâce aux photographies prises par les satellites d'observation. Ces anneaux sont vraisemblablement constitués de graviers, de poussières et de glace. Leurs épaisseurs sont comprises entre 50 m et 400 m.

La Terre est la seule planète du système solaire abritant la vie.

Le 24 août 2006, l'UAI (Union astronomique internationale) a statué sur la **définition d'une planète**. C'est un corps céleste qui remplit les trois conditions suivantes :
– il est **en orbite autour du Soleil** ;
– il a une masse suffisante pour avoir une **forme sphérique** ;
– tout corps sur une orbite proche a été annexé (il s'est écrasé ou a été satellisé).

Pluton, découverte en 1930, est **en orbite autour du Soleil** et de **forme sphérique**, comme les planètes, mais de très nombreux corps possèdent une orbite très proche de la sienne. C'est pourquoi elle a perdu son statut de planète en 2006. Elle appartient maintenant à un autre groupe d'objets du système solaire, les **planètes naines**. Cérès en fait partie, ainsi qu'Eris, et Sedna, si sa sphéricité est établie.

Les autres objets du système solaire **en orbite autour du Soleil** sont appelés « **petits corps du système solaire** ». Ils ne sont pas assez volumineux pour avoir pris une forme sphérique. Ils comprennent notamment les comètes, les astéroïdes.

On situe actuellement la limite du système solaire à une **année de lumière** (distance parcourue par la lumière, à la vitesse de 300 000 km/s, en un an, notée a.l.), soit environ 10^{13} km (1 suivi de 13 zéros).

B La structure de l'Univers

Avoir une idée de la structure de l'Univers permet de se représenter les différents objets qui y figurent, avec les **ordres de grandeur de leurs dimensions et distances**. On peut les énumérer, par ordre de taille croissant.

• Le **système solaire** est centré sur une étoile, le Soleil.

• **Notre Galaxie** a un diamètre de 100 000 a.l. (***Fig. 1c***). Toutes les étoiles visibles à l'œil nu depuis la Terre appartiennent à notre galaxie. La **Voie Lactée** ou Chemin de Saint-Jacques, traînée blanche que l'on observe dans le ciel nocturne, correspond à une plus forte densité d'étoiles de la galaxie vue par la tranche. L'étoile la plus proche du Soleil en est à 4,3 a.l. C'est l'étoile alpha Proxima du Centaure. Notre Galaxie, comme toutes les galaxies, est composée d'étoiles à différentes étapes de leur évolution, dont certaines sont entourées de planètes (appelées les exoplanètes en dehors du système solaire), d'amas d'étoiles, de **nébuleuses** (grandes masses de gaz). Les **trous noirs** sont des objets qui exercent une attraction gravitationnelle très forte, assez forte pour « piéger » la lumière : aussi ne peut-on les observer de façon directe, mais des observations menées dans certains points (de Notre Galaxie ou d'autres galaxies) prouvent leur existence. Ils correspondent sans doute au stade ultime de l'évolution de certaines étoiles extrêmement denses.

- Il existe **d'autres galaxies** dont certaines, telle la galaxie d'Andromède, située à environ 2 millions d'années-lumière, peuvent être vues à l'œil nu, ou dans une paire de jumelles, sous l'aspect d'une tache floue. Les galaxies les plus proches de Notre Galaxie forment, avec elle, l'**Amas Local** : au nombre d'une trentaine, ces galaxies sont en interaction gravitationnelle entre elles. Le diamètre d'un amas de galaxies est de l'ordre de la dizaine de millions d'années-lumière.

- Les amas eux-mêmes se regroupent entre eux pour former des **super-amas**. La distance entre des amas est de l'ordre de 100 à 1 000 millions d'années-lumière.

Il y a donc apparemment **beaucoup de vide** dans l'Univers, mais toute la matière de l'Univers n'est pas encore connue (hypothèse de la « matière noire » permettant d'interpréter des écarts entre observations actuelles et modèle du Big Bang). La limite de l'Univers est actuellement estimée à environ 15 milliards d'années-lumière.

Pour conclure, rappelons que **l'Univers n'est pas fixe**. Il est actuellement en expansion, les galaxies s'éloignent les unes des autres. Il ne faut pas penser ces galaxies s'éloignant dans un espace vide infini, mais plutôt comme engendrant un espace de plus en plus grand en s'éloignant les unes des autres. Des discussions ont lieu à l'heure actuelle pour déterminer les caractéristiques de cette expansion et pour savoir si elle sera infinie ou suivie d'une phase de contraction (en relation notamment avec l'existence de la « matière noire »).

Enfin, à cause de la vitesse de la lumière et donc du temps que met la lumière des astres pour nous parvenir, regarder **loin**, c'est regarder **en arrière dans le temps**. Depuis la Terre, nous voyons en un instant donné le Soleil tel qu'il était huit minutes plus tôt, les étoiles telles qu'elles étaient il y a des années, des centaines ou des milliers d'années (selon leur distance), la galaxie d'Andromède telle qu'elle était il y a plus de deux millions d'années…

C Comment différencier planète et étoile ?

Tous les points lumineux dans le ciel se nomment « **astre** ». Il faut savoir les distinguer.

- Si on voit un point lumineux très rapide, qui traverse le ciel en quelques secondes, c'est une **météorite**, appelée improprement « étoile filante », minuscule élément solide porté à l'incandescence en raison des frottements lors de son entrée dans l'atmosphère terrestre.

- Si le point lumineux se déplace lentement et qu'il est visible pendant plusieurs minutes, c'est un **satellite artificiel**, fabriqué par les hommes, éclairé par le Soleil car il est très haut, au-delà de la zone d'ombre de la Terre (à ne pas confondre avec un avion, qui a des lumières clignotantes !).

Les autres sont des **étoiles** et **des planètes du Soleil** que l'on peut distinguer (il peut aussi s'agir de **comètes**, mais leur présence est généralement bien signalée par les medias).

Il est utile de savoir comment différencier une planète d'une étoile par l'observation. Une **étoile** est une **source de lumière**, tandis que les planètes du Soleil renvoient sa lumière. On aura à l'œil nu une impression de scintillement pour une étoile, tandis qu'une planète offrira un éclat plus fixe. Avec un **instrument**, une étoile restera toujours un point, tandis qu'une **planète** sera **grossie**. Par ailleurs, les planètes, si elles se trouvent toujours dans la bande des constellations du Zodiaque, **se déplacent par rapport aux étoiles**. Si, après une observation faite sur plusieurs jours (quelques heures peuvent suffire pour certaines planètes), on observe un point lumineux qui se déplace par rapport aux étoiles, il s'agit probablement d'une planète. En décalquant les astres d'une vignette de la ***figure 1b*** par exemple et en cherchant à les superposer à ceux de l'autre vignette, on peut y repérer deux planètes.

On a coutume de dire qu'une **étoile** est une boule de gaz. En fait, il ne faut pas s'imaginer ce gaz comme quelque chose qui ressemble aux gaz rencontrés quotidiennement sur Terre. En effet, on a affaire à un **plasma** (voir chapitre 1).

Remarque : des planètes tournent autour d'étoiles autres que le Soleil. On les nomme « exoplanètes ». On n'a pas encore pu en observer directement dans un télescope, comme on peut le faire pour les planètes du Soleil, mais on en compte maintenant autour de plusieurs centaines d'étoiles différentes, détectées de façon indirecte par les perturbations gravitationnelles qu'elles causent sur le mouvement de leur étoile.

Du système solaire à l'Univers

a. Les planètes du Soleil

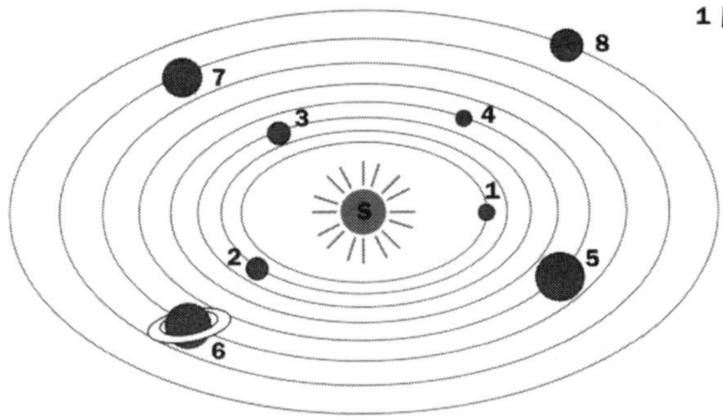

1 Mercure
2 Vénus
3 Terre
4 Mars
5 Jupiter
6 Saturne
7 Uranus
8 Neptune

Astre	Diamètre (en km)	Distance au Soleil (en millions de km)	Durée d'une révolution (en jours)
Soleil	1 400 000		
Mercure	4 800	58	88
Vénus	12 200	110	225
Terre	12 750	150	365
Mars	6 700	230	687
Jupiter	143 000	780	4 333
Saturne	122 000	1 400	10 760
Uranus	52 000	2 900	30 600
Neptune	48 000	4 500	60 190

b. Planètes ou étoiles ?

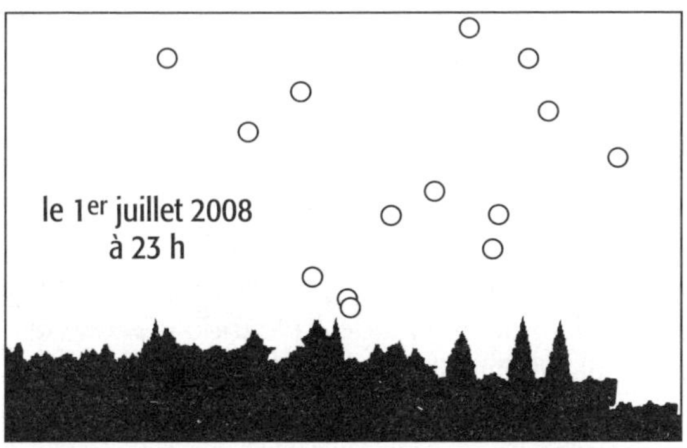

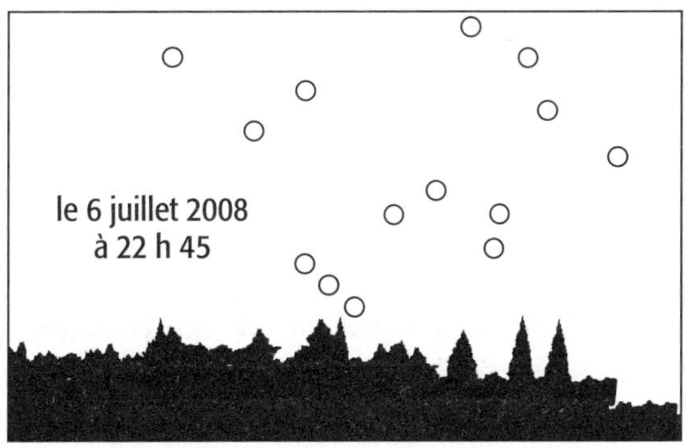

Quand un astre ressemblant à une étoile change de place d'un jour à l'autre par rapport aux étoiles d'une constellation, il ne s'agit pas d'une étoile mais sans doute d'une planète.

- Fais une croix sur les planètes des deux dessins.

c. Notre Galaxie

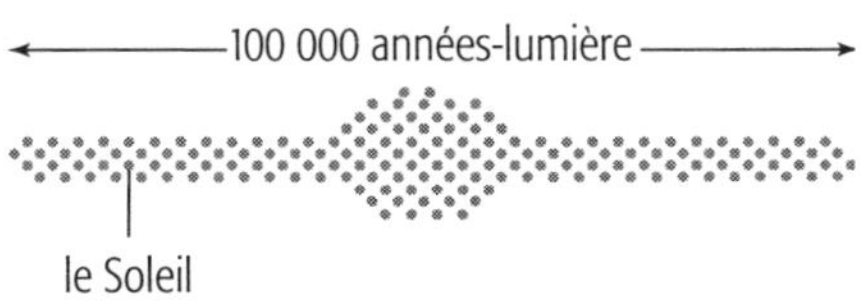

Fig. 1 ***a.*** Huit planètes tournent autour du Soleil.
b. Comment reconnaître une planète ?
c. Parmi les nombreuses étoiles de Notre Galaxie, on trouve le Soleil, qui n'occupe pas une position centrale.

Activités possibles en classe

Les activités s'appuieront le plus souvent sur des documents et donneront l'occasion aux élèves de s'exercer à leur exploitation.

Connaissances visées au cycle des approfondissements

– Savoir que le système solaire est constitué en son centre d'une étoile, le Soleil, et de huit planètes qui gravitent autour de lui sur des trajectoires pratiquement circulaires. Le Soleil est beaucoup plus gros que les planètes (son diamètre est 100 fois plus grand environ que celui de la Terre). Ces planètes sont au nombre de huit : les quatre premières à partir du Soleil (Mercure, Vénus, la Terre et Mars) sont de plus petite taille, ce sont des planètes solides, ayant un sol et relativement proches du Soleil ; les quatre suivantes (Jupiter, Saturne, Uranus, Neptune) sont des planètes de plus grande taille, gazeuses et nettement plus éloignées du Soleil.

– Savoir que les étoiles sont des boules de gaz à très haute température qui émettent leur propre lumière, tandis que les planètes du système solaire ne sont visibles que parce qu'elles sont éclairées par le Soleil.

– Être capable de réaliser une représentation à l'échelle des dimensions des planètes et des dimensions des orbites.

❶ Le système solaire

La recherche des caractéristiques des planètes peut répondre à la curiosité des élèves, mais ce sont souvent des accumulations d'informations rarement parlantes. **Travailler sur les dimensions** dans le système solaire (diamètres des planètes comparés à celui du Soleil, distances des planètes au Soleil), en le représentant sous forme de **maquette**, permet de repérer notre position de Terrien dans ce système. C'est aussi l'occasion pour les élèves de travailler avec des **outils mathématiques** construits par ailleurs (***Fig. 1a***). Choisir l'échelle de 1/10 000 000 000 par exemple (échelle commune aux diamètres et aux distances, ce qui permet de percevoir le « vide » les séparant) : le Soleil aura 140 mm de diamètre, la Terre aura 1,27 mm de diamètre et se situera à 15 m du Soleil, Neptune aura 4,8 mm de diamètre et se situera à 450 m du Soleil ! Quant à l'étoile la plus proche, Proxima du Centaure, elle sera à 4 000 km !

Les élèves constateront, à partir des **informations tirées de documents**, que les trajectoires des planètes autour du Soleil sont des cercles centrés sur le Soleil et qu'elles sont sensiblement dans le même plan.

En cherchant des photographies et des informations sur les planètes sur la Toile, les élèves pourront les classer selon qu'elles ont un sol rocheux (de Mercure à Mars) ou non.

On peut aussi faire réfléchir les élèves aux moyens de différencier une planète d'une étoile, en les faisant travailler à partir d'un **document** analogue à celui de la ***figure 1b***.

❷ L'Univers

L'Univers n'est pas au programme de l'école, mais quelques exploitations de documents sont tout de même possibles, pour faire ressentir aux élèves la profondeur du ciel étoilé ou leur donner une idée de notre place dans la galaxie (***Fig. 1c***).

Partie

5

Mesurer, utiliser des instruments de mesure

Dans la vie quotidienne, nous sommes souvent appelés à faire des mesures : mesures de contenances ou de masses en cuisine, mesures de longueurs, quand on veut meubler ou tapisser une pièce, lors d'un trajet en voiture, repérage de l'heure ou mesure de durées avec une montre… Du point de vue de la physique, il est important de s'intéresser à la mesure. La physique est une science qui s'est constituée et continue à se constituer en construisant des **grandeurs physiques**. Construire des grandeurs suppose dans le même temps qu'on définisse **comment on les mesure**. Par ailleurs, la physique est une science qui utilise des **instruments de mesure** pour résoudre des problèmes, pour établir des relations entre grandeurs. Cela suppose avoir construit, identifié la grandeur physique. Tout un travail qualitatif autour de la grandeur est donc à faire.

En **technologie**, il faut souvent utiliser (donc savoir le faire) des instruments de mesure pour résoudre certains problèmes. On peut aussi comparer, analyser des instruments de mesure en tant qu'objets techniques.

Les **programmes de l'école élémentaire** comportent, dans la partie se rapportant aux mathématiques, un chapitre consacré aux « grandeurs et mesures » et demandent un travail autour de : longueur, aire, contenance et volume, masse, temps et durée. Il est précisé que « la résolution de problèmes concrets contribue à consolider les connaissances et capacités relatives aux grandeurs et mesures et à leur donner sens » (programmes 2008). Les activités scientifiques et technologiques offrent des supports permettant aux élèves se s'exercer aux mesures, d'utiliser des instruments, mais aussi de se confronter à la définition d'étalons de mesure et d'unités.

Chapitre 13

Comment mesurer une longueur ? un volume ? une masse ?...

Utiliser un double décimètre ou un décamètre pour mesurer une longueur, découvrir comment réaliser une pesée, comparer des quantités de liquides, telles sont quelques-unes des mesures auxquelles renvoie ce chapitre.

Les grandeurs envisagées ici ont une caractéristique commune : ce sont des grandeurs extensives. Cela correspond à des lois de conservation et à des propriétés mathématiques qui leur sont attachées.

La construction de la conservation des grandeurs n'est pas immédiate pour les enfants. Elle a été particulièrement étudiée par Piaget, qui souligne que, pour un enfant, une boule de pâte à modeler et la même boule séparée en petits morceaux peuvent ne pas avoir la même masse ou que le volume d'eau contenu dans un récipient large peut changer quand on verse ce volume d'eau dans un récipient étroit. C'est bien sûr faux sur le plan de la physique. L'admission de la conservation de ces grandeurs est un préalable indispensable pour comprendre leur mesure. Une des conséquences est que certaines activités ne peuvent pas être proposées à des élèves trop jeunes. Mais cela ne veut pas dire qu'il faut attendre trop longtemps pour proposer des activités autour de la mesure : en effet, celles-ci peuvent aider certains élèves à franchir un pas dans la construction de leur pensée et de la conservation des grandeurs.

Le programme *(BO hors série n° 3 du 19 juin 2008)*	
CP et CE1	**CE2, CM1 et CM2**
DÉCOUVERTE DU MONDE **Découvrir le monde du vivant, de la matière et des objets** Les élèves réalisent des maquettes élémentaires pour comprendre le fonctionnement d'un appareil. **PREMIER PALIER POUR LA MAÎTRISE DU SOCLE COMMUN** **Compétence 3. Les principaux éléments de mathématiques et la culture scientifique et technologique** L'élève est capable d' : – utiliser les unités usuelles de mesure ; estimer une mesure ; – être précis et soigneux dans les tracés, les mesures et les calculs ; – observer et décrire pour mener des investigations.	**SCIENCES EXPÉRIMENTALES ET TECHNOLOGIE** **Les objets techniques** Leviers et balances, équilibres. **DEUXIÈME PALIER POUR LA MAÎTRISE DU SOCLE COMMUN** **Compétence 3 A) Les principaux éléments de mathématiques** L'élève est capable d'utiliser les unités de mesure usuelles ; utiliser des instruments de mesure ; effectuer des conversions. **Compétence 3 B) La culture scientifique et technologique** L'élève est capable de : – pratiquer une démarche d'investigation ; savoir observer, questionner ; – manipuler et expérimenter, formuler une hypothèse et la tester, argumenter ; – mettre à l'essai plusieurs pistes de solutions ; – exprimer et exploiter les résultats d'une recherche en utilisant un vocabulaire scientifique à l'écrit et à l'oral ; – maîtriser des connaissances dans divers domaines scientifiques ; – exercer des habiletés manuelles, réaliser certains gestes techniques.

Informations pour l'enseignant

A La longueur

1 La longueur est une grandeur extensive

• **Que signifie la conservation des longueurs ?** Si on prend un morceau rectiligne de fil de fer et qu'on le courbe ou le plie, sa forme a été changée mais sa longueur n'est pas modifiée. De même, si on le coupe en plusieurs morceaux, la somme des longueurs de chacun est égale à la longueur du morceau de fil de fer initial. La **longueur** est **conservée**.

• **Les longueurs s'additionnent.** Si on place deux segments de longueurs l_1 et l_2 bout à bout, on obtient un segment dont la **longueur totale** est la **somme** de l_1 et l_2, soit $l = l_1 + l_2$.

• **On peut multiplier une longueur par un nombre.** Pour obtenir un segment de longueur égale à quatre fois la longueur d'un segment initial, on reporte le segment initial à trois reprises, en faisant coïncider les extrémités. On obtient alors un segment correspondant à 4 segments mis bout à bout. La longueur du segment obtenu est le quadruple de la longueur du segment initial. Cet exemple illustre le fait qu'on peut multiplier (ou diviser) une longueur par un nombre. Pour obtenir un brin de ficelle de longueur moitié de celle du brin initial, on plie ce brin en deux parties égales et on coupe sur le pli. Une longueur de 40 cm est le double d'une longueur de 20 cm.

• **Il est des cas où la longueur d'un objet change.** Par exemple, la longueur d'un bracelet élastique augmente quand on le tend. La longueur des portions de rail des voies ferrées augmente avec la température (phénomène de dilatation, c'est pourquoi ces portions ne sont pas jointives), une plaque d'argile crue aura ses dimensions qui vont diminuer au cours du séchage à l'air libre puis de la cuisson au four (évaporation de l'eau contenue dans l'argile humide). Cela ne remet pas en question la conservation des longueurs. Au contraire, on s'appuie sur cette notion de conservation pour mettre en relation la variation de longueur avec la force appliquée dans le cas du bracelet élastique, avec la température dans le cas des rails, avec la quantité d'eau évaporée dans le cas de la terre mouillée qui sèche.

2 Mesurer une longueur

La construction de la grandeur « longueur » va de pair avec la définition de sa mesure.

Dans un premier temps, il s'agit de **comparer des objets selon leur longueur**, de façon à les **ranger** du plus court au plus long. Le procédé utilisé est une comparaison directe, en veillant à la coïncidence d'une des extrémités des objets que l'on veut comparer.

Si on veut s'affranchir d'une comparaison directe des objets, on a le choix entre deux solutions :
– passer par un **outil intermédiaire**. Ce sont ces outils que l'on va ensuite comparer. Ce peut être le cas quand on veut comparer la taille de plantes, soit au même moment, soit le plus souvent à des dates différentes. On peut alors découper une bande de papier de même longueur que la plante. Les bandes sont ensuite mises côte à côte pour constituer un histogramme favorisant leur comparaison et l'observation de l'évolution du phénomène de croissance ;
– faire une **mesure** avec un **instrument**.

Pour faire une mesure de longueur, deux possibilités s'offrent : utiliser un instrument déjà gradué ou fabriquer son propre instrument. Cette deuxième solution permet de réfléchir à ce qu'est une **unité**, arbitraire, puis conventionnelle et universelle.

Si nous reprenons l'exemple précédent, les élèves peuvent utiliser une bande de papier à carreaux comme instrument. La longueur de la plante sera alors comprise entre 4 et 5 carreaux à un moment, entre 7 et 8 ou égale exactement à 8 carreaux plus tard. Si tous les élèves utilisent les « mêmes carreaux », les résultats dans la classe seront comparables. Ce ne sera pas possible si les unités (les carreaux, et en toute rigueur la longueur de leur côté) ne sont pas les mêmes. Pour pouvoir faire des comparaisons des nombres correspondant aux résultats, il faut que tous renvoient à la même unité.

Une **unité internationale** est définie, **le mètre**, avec ses multiples et ses sous-multiples. À la fin du XVIIIe siècle, la mesure de la circonférence de la Terre a été choisie pour définir un étalon de longueur, le mètre, qui soit universel, c'est-à-dire qui ne dépende plus de la longueur du pied ou du pouce de tel ou tel prince. Aujourd'hui, le mètre est défini à partir de la valeur de la vitesse de la lumière dans le vide (300 000 km/s).

Remarque : on peut obtenir le résultat d'une mesure par **report d'un étalon** de longueur (report d'une petite bande de papier unité par exemple). C'est possible si on travaille sur des segments tracés sur une feuille de papier. C'est beaucoup moins pratique si on mesure la taille d'une plante car les coïncidences au niveau des reports ne sont pas faciles à assurer.

B L'aire

1 Quelle différence y a-t-il entre aire et surface ?

L'utilisation du puzzle de conception chinoise, le tangram, permet de distinguer les notions d'aire et de surface. Ce puzzle de forme carrée comporte sept pièces de formes géométriques : deux grands, un moyen et deux petits triangles isocèles rectangles, un carré et un parallélogramme. Deux **formes différentes** obtenues à partir de ces pièces ont des **surfaces différentes**, mais sont de **même aire** : les pièces les constituant sont absolument identiques et superposables !

La surface se définit comme la partie extérieure, l'étendue d'un objet considéré quant à sa longueur et sa largeur, sans tenir compte de sa profondeur ou de son épaisseur : on en touche une partie à la main quand on saisit l'objet, c'est aussi ce que l'on époussette quand on fait le ménage. On peut délimiter une partie d'un objet par une ligne fermée : à l'intérieur de cette ligne fermée, la surface est la partie extérieure, l'étendue de la partie de l'objet située à l'intérieur de la ligne. **L'aire** est la **mesure** de la surface limitée par la ligne fermée.

2 Comment mesurer une aire ?

Les **étapes à suivre** pour construire la grandeur « aire » sont les mêmes que pour la longueur, mais la comparaison est généralement moins immédiate : on peut découper une surface de papier et superposer les morceaux à une autre surface, mais des difficultés pour joindre les morceaux apparaissent souvent et viennent fausser le résultat de la comparaison quand les aires sont voisines. On peut passer par un intermédiaire, la **pesée de surfaces de carton** identiques aux surfaces dont on veut **comparer les aires**.

On peut aussi utiliser un quadrillage composé de carrés identiques définissant une unité. En superposant ce quadrillage à la surface dont on veut déterminer l'aire, on peut compter le nombre de carrés non coupés par le tracé du périmètre, qui donne une valeur inférieure à l'aire de la surface, puis en y ajoutant le nombre de carrés amputés par le tracé de périmètre, on obtient une valeur de l'aire supérieure : on a ainsi un encadrement de l'aire.

Une **erreur fréquente** consiste à penser que le rangement d'aires de surfaces est identique au rangement des périmètres, ce qui n'est bien sûr pas le cas.

Quand les surfaces ont des formes géométriques simples, un **calcul** permet de connaître leurs aires, à partir de la mesure de certaines longueurs des figures.

L'unité légale de l'aire est le mètre carré (m^2) ; elle possède multiples et sous-multiples.

3 L'aire est une grandeur extensive

Comme la longueur, l'aire est une grandeur extensive, qui possède les mêmes propriétés mathématiques. Si on découpe une carte en plusieurs morceaux, la somme des aires des différents morceaux est égale à l'aire de la carte.

Un champ de 2 000 m^2 a une aire double de celle d'un champ de 1 000 m^2.

C Contenance et volume

1 Comment mesurer une contenance ? un volume ?

La « **contenance** » est le **volume maximal de liquide ou de solide en grains que peut contenir un récipient**. **L'unité de contenance** est le **litre (L)**, avec ses multiples et sous-multiples.

Le **volume** mesure **l'encombrement d'un objet**. Il est facile à mesurer pour un liquide au moyen de verres gradués ou d'éprouvettes graduées si on veut une mesure en unités légales.

L'unité de volume est le mètre cube (m^3), avec ses multiples et sous-multiples. Il existe une correspondance entre le litre et les unités de volume : 1 L = 1 dm^3.

Le **volume d'un solide** est plus difficile à mesurer. Si le solide a une **forme géométrique simple**, une relation mathématique entre des longueurs mesurées sur le solide permet d'en **calculer** le volume. Une **mesure** peut également être faite par immersion du solide dans un liquide (***Fig. 2***)

Le volume d'un solide divisé (en grains ou en poudre) est également difficile à définir, non pas parce que sa forme peut ne pas être simple (cas de certains solides ci-dessus), mais parce que pour le mesurer il est nécessaire d'utiliser un récipient gradué (comme pour un liquide) : il faut alors veiller à ce que la surface soit horizontale. Le volume varie aussi en fonction du tassement du solide.

2 Contenance et volume sont des grandeurs extensives

- **Le volume se conserve.** Quand on verse l'eau d'un récipient dans un autre, le volume reste le même quelle que soit la forme du récipient, donc quelle que soit la hauteur d'eau dans les récipients. Quand on déforme une boule de pâte à modeler, son volume reste le même, même si on transforme la boule en galette. Dans ces deux exemples, il y a **conservation du volume**.
- **Les volumes s'additionnent.** Si on constitue un seul bloc de pâte à modeler à partir de deux blocs, le **volume du bloc final** est la **somme des volumes** des blocs de départ. Si on ajoute 50 mL d'eau à 100 mL d'eau, on obtient 150 mL d'eau.
- **On peut multiplier un volume par un nombre.** Par exemple, un volume de 100 mL est le double d'un volume de 50 mL ; un volume de 2 m^3 est la moitié d'un volume de 4 m^3.
- **Il est des cas où le volume change.** Par exemple, le volume d'un objet solide ou celui d'un liquide augmentent avec la température. Une bouteille remplie d'eau liquide éclate ou se déforme quand l'eau gèle : le volume de l'eau augmente quand elle passe de l'état liquide à l'état solide. Cela ne remet pas en question la conservation des volumes. Au contraire, comme pour les longueurs, on s'appuie sur cette notion de conservation pour mettre en relation la variation de volume avec la température ou avec le changement d'état dans le cas de l'eau qui gèle.

D La masse

1 Masse ou poids ?

Dans les programmes de l'école élémentaire, le terme « **masse** » est utilisé. C'est bien cette grandeur qui est mesurée avec une balance, dont l'unité est le kilogramme ou ses dérivés. Dans la vie courante, on utilise facilement le terme « **poids** » d'un objet en lieu et place de « masse ». Il ne s'agit pas de la même grandeur physique. Le poids est une force, celle que la Terre exerce sur tout objet soumis à son influence gravitationnelle. Le **poids** a donc une **direction** (la direction verticale), un **sens** (vers le bas ou le centre de la Terre) et une intensité, ce qu'on traduit mathématiquement par un vecteur. Il n'est pas constant : son intensité, sur la Terre, **varie** en fonction de l'**altitude** (plus on s'éloigne du centre de la Terre, plus le poids de l'objet diminue) et de la **latitude**. La **masse** est liée à la quantité de matière, au nombre de particules élémentaires qui la constitue. C'est une grandeur qui se traduit mathématiquement par un nombre (avec une unité) : la valeur de ce nombre **ne dépend pas de la position de l'objet**. Une comparaison fréquente consiste à dire que le poids d'un objet sur la Lune est plus faible que sur la Terre (la force d'attraction exercée par la Lune sur l'objet est plus faible que celle exercée par la Terre sur l'objet), mais la masse de l'objet restera la même dans les deux cas. L'unité de masse est le kilogramme (kg) ; celle du poids est le newton (N).

Remarque : les balances à fléau (voir chapitre 16) donnent le même résultat en tout point de la Terre ; elles donneraient le même résultat de mesure, que la pesée soit effectuée sur Terre ou sur la Lune : elles mesurent des masses. En revanche, des balances à déformation (de nombreuses balances de cuisine, des pèse-personnes ou des balances électroniques), bien que graduées en masse, mesurent en fait des poids et ne donneraient pas le même résultat de mesure sur Terre ou sur la Lune.

2 La masse est une grandeur extensive

• **La masse se conserve.** Quand on déforme une boule de pâte à modeler, sa masse reste la même, même si on transforme la boule en galette : il y a **conservation de la masse**.

• **Les masses s'additionnent.** Si on constitue un seul bloc de pâte à modeler à partir de deux blocs, la masse du bloc final est la somme des masses des blocs de départ.

• **On peut multiplier (ou diviser) une masse par un nombre.** Par exemple, une masse de 100 g est le double d'une masse de 50 g ; une masse de 2 kg est la moitié d'une masse de 4 kg.

3 Mesurer une masse

Il est possible de comparer deux objets selon leur masse en utilisant nos sens, en soupesant les objets à la main. Très vite, surtout quand les objets sont de masses assez proches, ces estimations deviennent difficiles et on a recours à un **instrument** pour objectiver la comparaison : une **balance**. Certaines sont à lecture directe. (Des informations sur les balances se trouvent dans le chapitre 16.) D'autres, comme la balance de Roberval, permettent de faire des comparaisons sans aller nécessairement jusqu'à une mesure dont le résultat est exprimé par un nombre suivi de son unité. Avec une balance de Roberval, on peut **comparer** deux objets en fonction de leur masse (plus léger que…, plus lourd que…, aussi lourd que…) et schématiser la position du fléau et des plateaux dans chaque cas. On peut ainsi **ranger** quelques objets du plus léger au plus lourd. On s'aperçoit alors que nos sens, et en particulier la vue, nous induisent parfois en erreur. Un gros objet n'est pas nécessairement plus lourd qu'un petit objet.

Faire une mesure de masse avec une balance de type Roberval suppose de faire des **comparaisons non simultanées** qui obligent à « mémoriser » le résultat des équilibres et qui conduisent donc aux mesures, ce qui sous-entend, si on ne dispose pas de la boîte de masses marquées :
– **choisir un étalon pour définir une unité** (bâtons de craie, clous, trombones…). Réaliser que tous les éléments correspondant à l'unité doivent être identiques : par exemple, tous les clous doivent être les mêmes. Le résultat de la mesure est donné généralement par un encadrement ;
– constater qu'avec l'unité « locale » choisie, les données recueillies ne peuvent être communiquées à des étrangers ne connaissant pas l'étalon.

Pour pouvoir communiquer, il faut utiliser une **unité universelle, légale** : le **kilogramme** (kg), avec ses multiples et sous-multiples. C'est une unité fondamentale en physique, qui correspond actuellement à la masse d'un étalon déposé au Pavillon des poids et mesures de Breteuil dans la région parisienne.

La balance de Roberval nécessite l'utilisation de **masses marquées** ; les masses assez importantes sont en fonte et ont une base hexagonale ; les masses rassemblées dans une boîte de masses marquées sont en laiton et la **composition de la boîte** est conçue pour pouvoir mesurer des masses de 1 g à 1 kg, en allant de gramme en gramme (***Fig. 3***).

De façon pratique, si on recherche la masse d'un objet, on pose celui-ci sur un plateau de la balance, puis on ajoute sur l'autre plateau de la balance des masses marquées jusqu'à obtention de l'équilibre, **en commençant par la plus lourde**. En ajoutant les valeurs des masses marquées placées sur le plateau, on a la valeur de la masse de l'objet. On procède à l'inverse si on veut atteindre une masse voulue d'un ingrédient. Par exemple, pour une masse de 185 g de sucre, on peut choisir les masses marquées suivantes : 100 g, 50 g, 20 g, 10 g et 5 g. Ensuite, on verse du sucre sur l'autre plateau jusqu'à l'équilibre.

E Construire une grandeur physique

De la comparaison des grandeurs précédentes, on peut dégager des points communs à la construction et la mesure des grandeurs physiques.

1 Les étapes de la construction

Construire une grandeur physique suppose des opérations qui sont toujours identiques : **définir une**

Quelles unités sont utilisées ?

Grandeurs	Unités	Multiples (exemples)	Sous-multiples (exemples)	Correspondances
longueur	mètre (m)	décamètre (dam) hectomètre (hm) kilomètre (km)	décimètre (dm) centimètre (cm) millimètre (mm) micromètre (μm) nanomètre (nm)	1 km = 1 000 m 1 dm = 0,1 m 1 mm = 10^{-3} m 1 μm = 10^{-6} m 1 nm = 10^{-9} m
aire	mètre carré (m^2)	kilomètre carré (km^2) are (a) hectare (ha)	centimètre carré (cm^2)	1 km^2 = 10^6 m^2 1 a = 100 m^2 1 ha = 100 a 1 cm^2 = 10^{-4} m^2
contenance, volume	mètre cube (m^3)		décimètre cube (dm^3) centimètre cube (cm^3) litre (L) millilitre (mL)	1 dm^3 = 10^{-3} m^3 1 cm^3 = 10^{-6} m^3 1 L = 1 dm^3 1 mL = 10^{-3} L 1 mL = 1 cm^3 1 stère = 1 m^3
masse	kilogramme (kg)	quintal (q) tonne (t)	hectogramme (hg) décagramme (dag) gramme (g) décigramme (dg) centigramme (cg) milligramme (mg)	1 t = 1 000 kg 1 q = 100 kg 1 hg = 0,1 kg 1 hg = 100 g 1 mg = 10^{-3} g 1 μg = 10^{-6} g

Fig. 1. Les préfixes kilo, hecta, déca, déci, centi… signifient × 1 000, × 100, × 10, × 0,1, × 0,01…

Comment mesurer le volume d'un solide ?

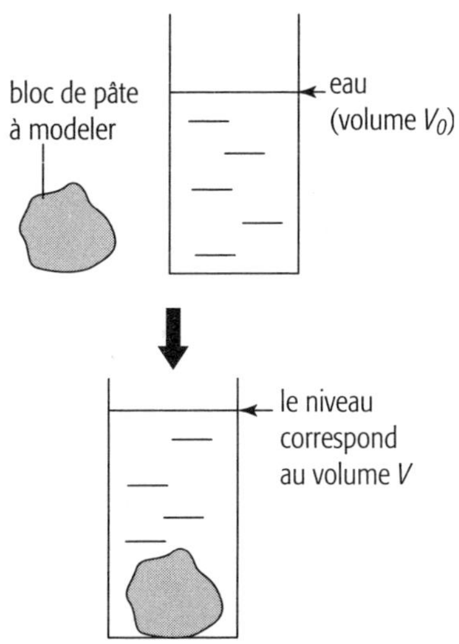

Fig. 2. Le volume du bloc de pâte à modeler est égal à $V - V_0$.

La composition d'une boîte de masses marquées

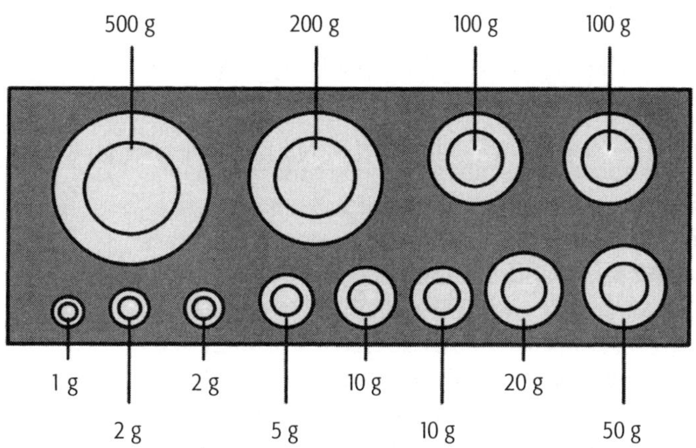

Fig. 3. Avec cette boîte de masses marquées, on peut avoir toutes les masses de 1 g à 1 kg, en allant de gramme en gramme.

propriété par une opération de tri, qui aboutit à un **classement** ; comparer des objets pour les **ranger** en fonction de cette propriété ; définir une **unité**, un étalon qui permet la mesure, avec des **propriétés mathématiques** d'additivité et de distribution dans le cas des grandeurs extensives (longueur, masse, volume par exemple). Cette unité peut être dans un premier temps arbitraire, interne à la classe : ce peut être la longueur d'un pas, la masse d'une bille... Il est ensuite nécessaire, pour pouvoir communiquer, d'adopter des unités conventionnelles, partagées par tous (le mètre, le kilogramme...).

Très souvent, dans les situations élémentaires, la **comparaison** est suffisante. Cette comparaison peut se faire par simple évaluation sensorielle, par déplacement (par superposition par exemple pour les longueurs). Dans ces deux cas, le nombre n'intervient pas. On peut également classer (mettre ensemble des grandeurs équivalentes), ranger (par exemple de la plus petite à la plus grande).

Pour d'autres situations, il est nécessaire de réaliser une mesure **en utilisant un outil**, une unité arbitraire, des instruments construits ou des instruments du commerce. Le **nombre** intervient, il y a correspondance entre la grandeur et le nombre, c'est la mathématisation.

La mesure n'est pas simplement un nombre. Très souvent, pour les élèves, la mesure consiste à fournir un nombre. Or, il s'agit de ne pas négliger des étapes essentielles à sa conception. L'objet pris comme **étalon** doit être en rapport avec la dimension de la grandeur à mesurer, ni trop grand ni trop petit. **Il ne doit pas varier** au cours de la mesure. La **mesure** doit se faire dans des **conditions absolument identiques**. Enfin, le **résultat** se présente le plus souvent sous forme d'un **encadrement**, ou avec une indication sur la précision de la mesure. **L'unité** doit être indiquée.

Pour comprendre comment se construit une grandeur, il est intéressant de s'attarder sur une **grandeur physique mesurable** : la **résistance électrique**. Cette grandeur commence à être construite par les élèves à l'école élémentaire. Un travail fréquent en électricité, demandé par les programmes du cycle des approfondissements, est de définir les conducteurs et isolants électriques (voir chapitre 15). Les élèves effectuent des **classements** d'objets, puis de matériaux, ce qui permet de définir la **propriété** « conducteur électrique » de façon opératoire, comme une propriété attachée à la substance. Le **deuxième niveau** de construction de la grandeur « résistance électrique » est de comparer des objets, des matériaux, pour les **ranger**, du plus conducteur au moins conducteur. On a ainsi une mise en ordre. À l'école élémentaire, on ne va pas jusque-là car il faudrait un appareil de mesure (on se fie à l'éclat d'une lampe comme moyen de comparaison, qui le plus souvent brille ou ne brille pas). **L'étape suivante**, au collège, consiste à **mesurer** et à **définir** la résistance électrique, exprimée en ohms. On a une évolution analogue sur la scolarité en ce qui concerne la couleur : les élèves de l'école (maternelle et élémentaire) classent des objets selon leur couleur et celle-ci est progressivement mise en correspondance, en ce qui concerne les couleurs émises par une source de lumière, avec la grandeur « longueur d'onde » ou « fréquence » d'une onde électromagnétique. Ces activités de classement et de définition de propriétés sont donc bien souvent le premier pas vers la définition et la mesure des grandeurs en physique.

Il existe des grandeurs physiques dont le **niveau de définition** reste celui d'un **rangement**. C'est le cas de la dureté d'un matériau, qui est définie selon ses conditions de mesurage, par exemple par le diamètre de l'empreinte laissée par une bille d'un matériau de référence, appuyée avec une force connue. On définit ainsi une échelle de dureté.

2 Définir les conditions d'un mesurage

Les grandeurs étant supposées connues des élèves, il faut savoir définir correctement les **conditions d'un mesurage**. Par exemple, comparer les longueurs parcourues par des bicyclettes suppose qu'on prenne le même repère sur les vélos au départ et à l'arrivée : le point de contact entre la roue avant et le sol par exemple. Cela paraît évident, mais certains élèves changent de repère et prennent par exemple comme repère la roue avant au départ et la roue arrière à l'arrivée, en utilisant l'argument qu'il s'agit de la distance « entièrement » parcourue par le vélo. De même, quand on compte des tours de manivelle, de roue... (voir chapitre 17), il est nécessaire de repérer la position de la partie mobile par rapport à une partie fixe.

Le résultat d'une mesure devrait être accompagné de la précision correspondante. À l'école élémentaire, cette dimension importante de la mesure n'est guère apparente et son exigence peu évidente, d'autant plus qu'il est le plus souvent demandé d'en rester aux aspects qualitatifs des lois. Parfois, l'appareil de mesure oblige à donner le résultat sous forme d'un encadrement. C'est le cas avec la balance de Roberval, où les masses utilisées ne permettent pas toujours de réaliser un équilibre parfait.

Activités possibles en classe

■ À l'école maternelle

Dès l'école maternelle, les élèves, au cours de la fabrication d'objets, sont amenés à faire des **comparaisons de longueurs** (exemple : choisir parmi plusieurs bandes de carton celles de la bonne longueur pour entourer un cadre photo), **des relevés de longueur** (exemple : relever le tour de tête pour confectionner une couronne des rois….). Ils sont confrontés à des **comparaisons de contenance**, quand ils cherchent à savoir, par exemple, qui a préparé le plus de sirop. À ce niveau, les élèves ne peuvent combiner les hauteurs et sections du récipient et les comparaisons des volumes de liquide contenus dans les verres ne peuvent se faire que si les verres sont identiques : cela revient alors à comparer les hauteurs dans les récipients.

■ Au cycle des apprentissages fondamentaux

Au cycle des apprentissages fondamentaux, les élèves comparent et mesurent des longueurs, des contenances. Ils utilisent des balances pour comparer des masses et réalisent des pesées en utilisant les unités usuelles : le gramme et le kilogramme.

Remarque : les activités autour des masses et avec les balances se trouvent dans le chapitre 16.

Connaissances et capacités travaillées au cycle des apprentissages fondamentaux

– Connaître les unités usuelles : cm et m, kg et g, litre (L).
– Comparer des objets selon leur longueur par un procédé direct ou indirect.
– Utiliser une règle graduée en cm pour mesurer ou pour construire un segment ou une ligne brisée.
– Utiliser le mètre ruban ou le mètre de couturière dans une activité de mesurage.
– Choisir l'unité appropriée pour exprimer le résultat d'un mesurage (cm ou m pour une longueur, kg ou g pour une masse).
– Utiliser une balance Roberval ou à lecture directe pour comparer des masses, effectuer des pesées simples ou pour obtenir des objets de masses données.
– Comparer la contenance de deux récipients en utilisant un récipient étalon.

❶ Mesurer une longueur

Nous présentons ici quelques activités, dont la liste est loin d'être exhaustive, au cours desquelles les élèves sont conduits à comparer ou mesurer des longueurs.

a. À partir de situations rencontrées au cours d'autres activités

Les questions : « Qui a sauté le plus loin ? » « Qui a lancé l'objet le plus près de la cible ? » qui peuvent être reliée à des activités en EPS, conduisent à **comparer** des longueurs. C'est un problème bien connu des joueurs de pétanque. La comparaison ne peut être directe, puisque les longueurs à mesurer sont dans des directions différentes. Les élèves prendront vite conscience que leur appréciation « à l'œil » est subjective. Il faut avoir recours à une méthode de comparaison objective faisant appel à des instruments de mesure. Des activités analogues de relevés de mesure peuvent être menées au cours de l'observation de la croissance d'une plante.

Selon leurs connaissances, les élèves choisiront de passer par un **outil intermédiaire** (bande de papier, bâtonnet, ficelle…) ou d'utiliser un **instrument de mesure gradué**.

b. Au cours d'une fabrication

Il s'agit ici de comparer des longueurs pour fabriquer un objet, pour adapter une pièce à la dimension d'un objet. De nombreuses fabrications font appel à cette comparaison. Par exemple, pour construire la carte électrique (voir fig. 22a du chap. 15) ou le phare électrique (voir fig. 22b du chap. 15), il faut déterminer la longueur de fil électrique nécessaire. Il est possible, mais pas nécessaire, de passer par une mesure avec un instrument de longueur : une comparaison suffit, en veillant à repérer les endroits où est fixé le fil et en prévoyant un jeu supplémentaire pour assurer une bonne liaison électrique.

c. Mesurer pour fabriquer un objet

• Des constructions sur papier quadrillé

Lesélèvespourrontaborderdesconstructionsd'objets à caractère géométrique en utilisant du papier quadrillé pour **reproduire un patron** : par exemple la construction du puzzle chinois comme le tangram (***Fig. 4a***), une carte au contour fantaisie (***Fig. 4b***) pour écrire à un ami. Ils apprendront à **lire un plan en comptant les carreaux**, à tracer avec une règle et à mettre en place une chronologie des actions pour organiser le tracé. Le professeur veillera au respect des mesures, à la rigueur et au soin apporté au tracé, ainsi qu'au découpage ultérieur pour respecter la mesure de l'objet fini. Un gabarit en cartoline ou mieux un traçage sur papier calque, fabriqué par les bons soins du professeur, permettra à l'élève de **s'auto-évaluer** par **conformité au modèle**. Il s'avère intéressant d'utiliser le tracé du tangram sur papier quadrillé pour le coller sur une cartoline de couleur avant le découpage des pièces. Elles seront ainsi plus solides et plus jolies. Pour ranger les pièces du puzzle, l'élève peut par exemple réaliser une pochette. Pour cela, il reproduira sur du bristol quadrillé la moitié du tracé proposé (***Fig. 4a***), puis la seconde partie symétriquement. Cela permet d'établir à nouveau un lien avec les activités mathématiques, les élèves étant amenés alors à reproduire une forme à partir d'un axe de symétrie. Après pliage et collage de la pochette, l'élève mettra au point un petit système de fermeture.

Une autre activité consiste à **reproduire** une forme à partir d'un **tracé proposé sur papier quadrillé** (***Fig. 4b***), à la découper, puis à l'utiliser comme **gabarit** pour ensuite réaliser soit par exemple une boule de Noël à suspendre pour décorer la classe, soit une décoration en relief de carte sur de la cartoline ou du papier fantaisie. Le principe consiste à contourner le gabarit sur du papier plié en deux. En fonction du volume attendu, de l'effet souhaité ou de la rapidité de l'élève seront découpées des pièces en nombre plus ou moins grand, qu'il faudra assembler (collage sur le pli de charnière). Pour motiver les élèves et leur faire retrouver, comprendre la démarche adoptée, le maître peut montrer dès le début de la séquence un objet fini.

• Des constructions sur papier non quadrillé

Pour mener à bien des constructions sur papier non quadrillé, les élèves pourront s'entraîner à **lire un dessin technique coté** et à construire l'objet en utilisant des outils de traçage appropriés. C'est le cas par exemple pour la carte magique (chapitre 17).

En fonction des objectifs d'apprentissage visés, le professeur proposera à l'élève des rectangles de base débités aux bonnes dimensions extérieures et l'élève exécutera alors les tracés intérieurs ou bien il demandera à l'élève de tracer le contour extérieur du rectangle nécessaire à l'intérieur d'une feuille aux dimensions supérieures. Seule la règle graduée sera employée ou bien le maître visera aussi l'usage de l'équerre.

Dans cet objet ou, par exemple, dans le calendrier à cubes (chapitre 14), il est intéressant et très important de faire découvrir aux élèves que les assemblages de pièces nécessitent **le respect précis des mesures** pour un **bon fonctionnement** de l'objet. La base de l'objet destinée à recevoir les quatre cubes présente des dimensions qui prennent en compte leur maintien avec un certain **jeu de fonctionnement** pour une manipulation aisée. Si la base est trop petite les cubes ne rentrent pas, si elle est trop grande, ils ne sont pas bien maintenus et alignés.

À travers les exemples de construction présentés ici, il est important de faire apparaître que le **degré d'exigence du respect des mesures** n'a pas la même incidence selon qu'il s'agit d'un objet pour lequel les pièces détachées sont indépendantes les unes des autres ou pour lequel les pièces dépendantes les unes des autres imposent un respect précis des dimensions (exemples : un curseur qui glisse le long d'une bande, un couvercle qui doit s'adapter sur un fond de boîte…).

2 Comparer des instruments de mesure de longueur

Rassemblez, avec l'aide de vos élèves, une **collection d'instruments** de mesure de longueur : double-décimètre, réglet, mètre de couturière, mètre à enrouleur, mètre pliant, décamètre, appareils électroniques…

Il s'agit alors de **comparer** ces instruments, pour repérer leur fonction et les mettre en relation avec leurs conditions d'utilisation. Cette comparaison peut s'articuler autour de **quelques questions** : Pourquoi le mètre de couturière est-il souple ? Pourquoi le mètre à enrouleur va-t-il jusqu'à 2 (ou 5) mètres, alors que ma règle ne va que jusqu'à 20 cm ? Quel est l'intérêt d'avoir un mètre pliant ?…

On peut aussi demander aux élèves de mesurer la longueur de différents objets : livre, table, tour d'une bouteille, hauteur de la fenêtre, longueur de la classe, ressort de matelas, ressort de montre, branche d'arbre non rectiligne… Sauront-ils choisir l'instrument qui convient et justifier leur choix ?

3 Comparer les contenances de récipients variés

Au cycle des apprentissages fondamentaux, puis plus tard au cycle des approfondissements, on peut utiliser des récipients de formes variées et faire ainsi construire aux élèves la grandeur « **contenance** », c'est-à-dire le **volume maximal de liquide ou de solide en grains que peut contenir un récipient**. Les élèves prennent conscience que des contenants de **formes variées** peuvent avoir des **contenances**

Des constructions sur papier quadrillé

a. Le trangram et sa pochette

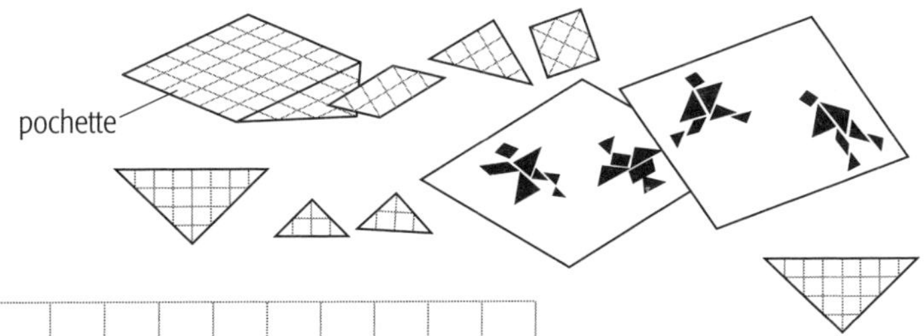

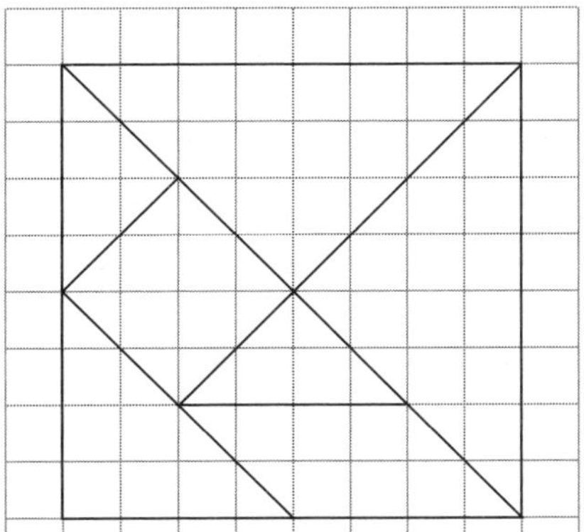

Tangram
1 carreau = 1 cm

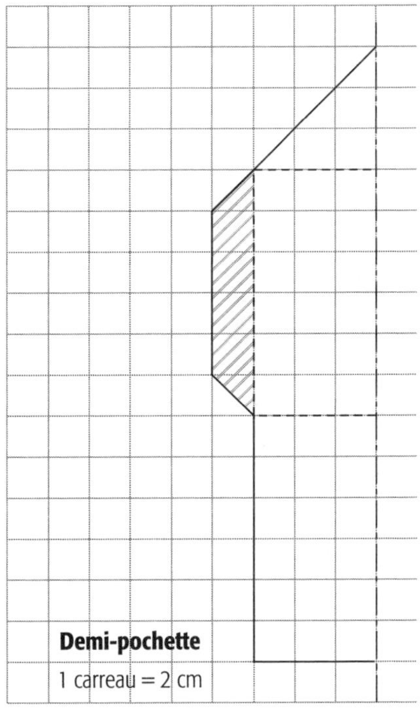

Demi-pochette
1 carreau = 2 cm

b. Une carte en relief

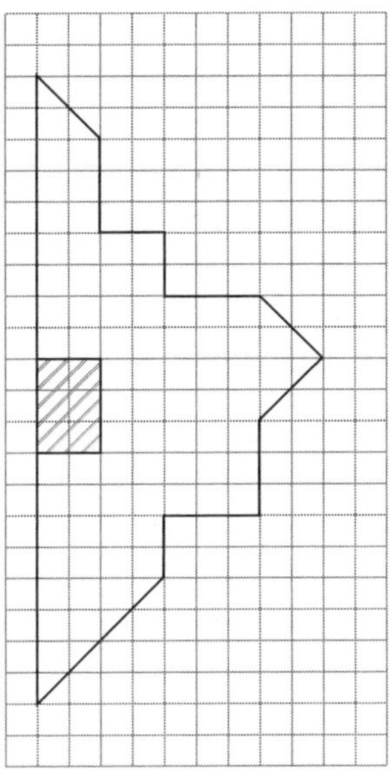

Tracé du gabarit sur fiche bristol quadrillée

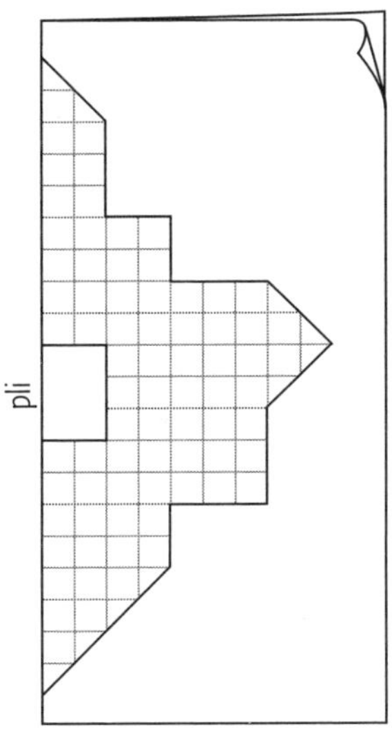

Gabarit positionné sur une feuille pliée en deux

Fig. 4. Le quadrillage est un moyen commode pour reporter des longueurs.

identiques (exemple : un moule à gâteau et une carafe...).

La situation suivante peut être proposée : si on doit remplir ces quatre récipients d'orangeade, quel est celui qui en contiendra le plus, quel est celui dont la contenance est la plus grande ? Il faudra veiller à ce que quelques contenances soient voisines mais de hauteurs différentes. Les élèves seront conduits à des **transvasements** d'eau (ou de sable) pour effectuer leur **recherche**. Il faut donc prévoir une cuvette dans le groupe, la proximité d'un robinet et... une serpillière !

Certains élèves, en transvasant la même quantité d'eau d'un récipient A dans un récipient B, puis du récipient B dans le récipient A, admettent que le **volume** d'un liquide ne varie pas en fonction de la **forme du récipient** qui le contient et, en particulier, que la **hauteur** n'est pas le seul facteur impliqué dans la détermination d'un volume de liquide. Il est possible que certains n'admettent même pas la conservation du volume du liquide au cours du transvasement. On peut alors leur proposer les expériences suivantes : un contenant relativement étroit est rempli de billes en terre ou en verre, toutes identiques. On les transvase dans un deuxième récipient large. Les hauteurs sont différentes, mais les élèves admettent volontiers (ou au besoin peuvent le vérifier par comptage) que le nombre de billes n'a pas varié au cours de l'opération. On recommence successivement la même opération avec des grains de maïs ou de riz et même de semoule (l'extension vers des solides de plus en plus finement divisés conduit au liquide... mais limite bien entendu le comptage de vérification possible...). En général, à ce stade, ils conviennent d'accepter la conservation de la quantité d'eau. En fait, on leur suggère le caractère corpusculaire de la matière.

Revenons au problème initial. Étant donné le petit nombre de récipients, le **rangement** peut se réaliser par transvasements successifs. Plus habilement, les élèves peuvent verser successivement dans le plus grand d'entre eux les contenus des trois autres et repérer les différents niveaux par un trait sur une bande de papier collée verticalement. Ils peuvent aussi passer par des mesures en convenant de prendre le plus petit (un pot de petit suisse par exemple) comme **étalon** et établir ainsi un rangement à partir des mesures des récipients présentées par un **encadrement** (***Fig. 5***). S'ils choisissent un récipient plus petit comme étalon (une mesurette pour lait en poudre par exemple), les nombres seront différents, la mesure de chacun d'eux plus précise et le rangement identique.

■ *Au cycle des approfondissements*

Au cycle des approfondissements, les élèves vont poursuivre leur construction de connaissances relatives aux grandeurs longueur, contenance et volume et à leur mesure, en allant jusqu'aux unités légales de contenance, de masse. La grandeur « aire » s'ajoute à ces grandeurs, mais pas le volume.

Remarque : les activités autour des masses et avec les balances se trouvent dans le chapitre 16.

Connaissances et capacités travaillées au cycle des approfondissements

– Connaître les unités légales du système métrique pour les longueurs (mètre et ses multiples et sous-multiples usités), les masses (gramme, ses multiples et ses sous-multiples usités) et les contenances (litre, ses multiples et ses sous-multiples usités).
– Utiliser des instruments pour mesurer des objets physiques ou géométriques.
– Exprimer le résultat d'un mesurage par un nombre ou un encadrement, l'unité (ou les unités) étant imposée(s) ou choisie(s) de façon appropriée.
– Estimer une mesure (ordre de grandeur).
– Construire ou réaliser un objet dont les mesures sont données.
– Utiliser le calcul pour obtenir la mesure d'une grandeur.
– Classer et ranger des surfaces (figures) selon leur aire.
– Savoir que deux surfaces peuvent avoir la même aire sans avoir le même périmètre et avoir le même périmètre sans avoir la même aire.

1 Mesurer une longueur

a. Un exemple : le plan de la cour

L'exercice consistant à réaliser un plan de la cour peut paraître anodin. Il n'en est rien, car il pose toutes les difficultés liées à la mesure, puis celle de l'échelle. Quelle unité de mesure choisir ? Comment l'utiliser ?

On peut engager les élèves dans un projet de réalisation du plan de la cour, en ajoutant une **contrainte** : on ne dispose **pas d'instrument** classique pour réaliser les mesures.

Les élèves pensent qu'il y a nécessité de disposer d'un nombre important d'un même élément, par exemple les cerceaux en plastique utilisés en EPS, qu'ils alignent pour mesurer la longueur de la

Comment comparer des contenances ?

• Fais des essais en remplissant d'eau ces récipients et complète le tableau.

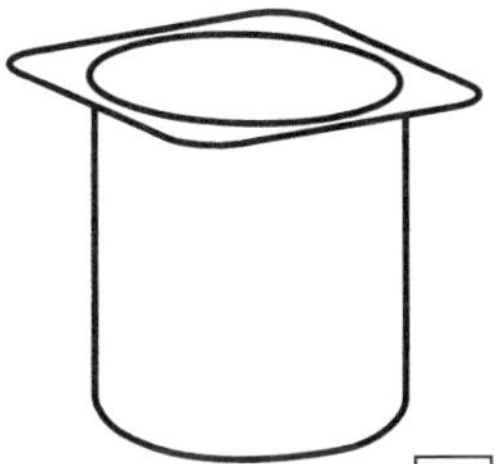

A

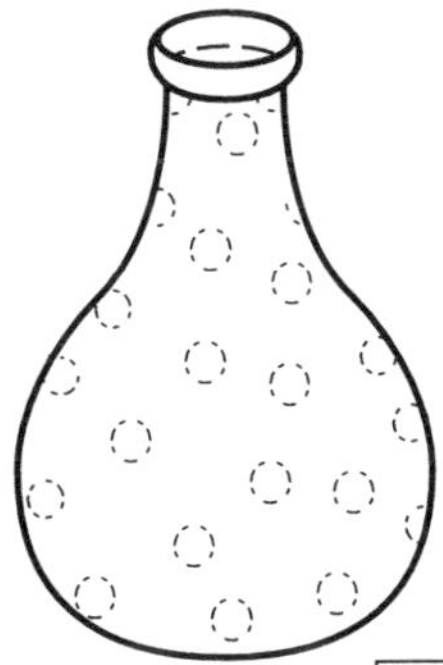

B

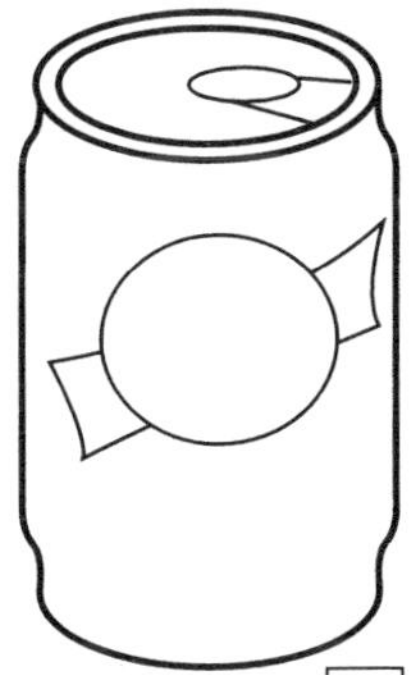

C

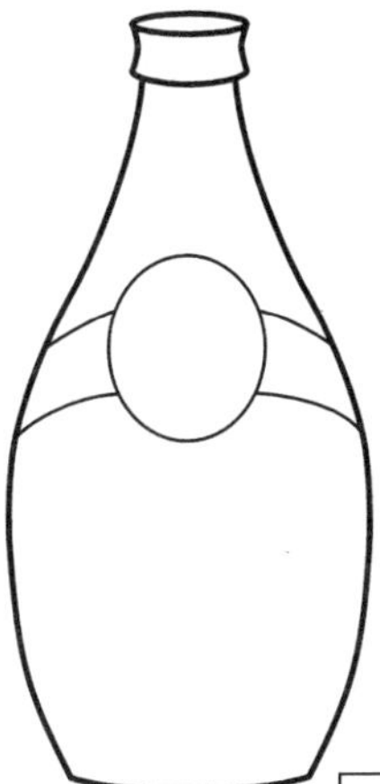

D

E

F

		Nombre de pots de petit suisse	Nombre de mesurettes pour lait en poudre
A	un pot de yaourt		
B	une bouteille d'orangina		
C	une boîte de boisson en aluminium		
D	une petite bouteille d'eau Perrier		
E	un seau de plage		
F	un verre		

• Range les récipients de celui qui contient le plus à celui qui contient le moins : ..., ..., ..., ..., ..., ...

Fig. 5. Ce document peut être utilisé pour aider les élèves à comparer leurs résultats et formuler des conclusions.

cour, ce qui n'est pas nécessairement une opération commode avec des cerceaux. Après divers essais, le professeur reprend les différentes parties de ce travail en leur demandant d'analyser leur méthodologie, puis d'envisager des modifications dans leur procédure pour être plus opérationnels. Ils arrivent alors à la conclusion qu'il faut :
– **choisir une unité** rigide et droite, bien adaptée à la mesure à exécuter ;
– ne pas prendre plusieurs unités et surtout ne pas les additionner ;
– disposer obligatoirement de **sous-multiple** ;
– tracer un trait droit sur lequel sera posée successivement l'unité choisie ;
– disposer d'une unité connue de tous, une **unité universelle** pour que la mesure soit exploitable par tout le monde.

La mesure peut être reprise avec une chaîne d'arpenteur.

Il reste à résoudre le problème de l'échelle pour la reproduction du plan sur la feuille de papier. Selon le niveau de difficulté auquel on veut confronter les élèves, on leur fournit ou non cette échelle.

b. Mesurer pour fabriquer un objet

• Des constructions d'enveloppes sur papier quadrillé

À partir d'enveloppes ou de leurs photographies et des dessins de leurs patrons sur papier quadrillé, les élèves doivent établir une relation entre l'objet plié et le patron correspondant (***Fig. 6a***). Une fois cette relation faite, ils pourront imaginer à quelle **mesure** correspond le **côté d'un carreau du quadrillage** pour **reporter le patron** et construire l'objet (par exemple 2 cm). Ils chercheront une stratégie pour trouver ou obtenir un papier quadrillé de la sorte.

Une fois l'enveloppe construite sur du papier fantaisie, les élèves poursuivront par la **recherche des dimensions de la carte** qui pourra rentrer dans l'enveloppe. Il est plus facile de travailler à partir d'une enveloppe de forme rectangulaire. Là, les élèves ont **plusieurs méthodes** de travail :
– un tracé de la carte sans relevés de mesures, sans instrument de mesure… : tous les résultats sont envisageables, mais la plupart du temps les cartes obtenues sont minuscules !
– un tracé de la carte sur la feuille en utilisant l'enveloppe comme gabarit : la carte présente alors des dimensions supérieures à celles de l'enveloppe et, de ce fait, ne rentre pas dans l'enveloppe ;
– un relevé des mesures exactes de l'enveloppe avec reproduction de celles-ci pour la carte : là aussi la carte s'avère trop grande pour rentrer dans l'enveloppe ;
– le tracé d'une carte en relevant des mesures inférieures à celles de l'enveloppe : bonne solution mais peu retenue par les élèves.

À ce moment-là s'impose une **observation de cartes et enveloppes du commerce** pour faire apparaître et apprécier la présence et la valeur du **jeu de fonctionnement** nécessaire au bon assemblage carte-enveloppe. En procédant par observation, comparaison et relevés de mesures, les élèves conviendront, par exemple, de retirer 5 à 7 mm aux longueurs et largeurs de l'enveloppe pour déduire les dimensions de la carte. Cela les conduit à percevoir des relations entre les dimensions de pièces destinées à être reliées entre elles.

• Des constructions de boîtes sur papier non quadrillé

Des patrons cotés (entièrement ou en partie) de boîtes (par exemple ***fig. 6b***) sont fournis aux élèves. Ils doivent les reproduire en cherchant eux-mêmes la **méthodologie de tracé** en fonction des outils de traçage sélectionnés. Quelle sera la méthode la plus rapide, la plus précise ?… On peut construire le patron de la boîte en partant du carré central correspondant à la base de la boîte, puis en élevant les tracés des parois, ou bien en traçant les parallèles verticales puis horizontales perpendiculairement pour délimiter les différentes faces de l'objet et terminer par les parties arrondies et les onglets de fermeture. L'enseignant peut faire le choix de donner le rectangle de matériau juste nécessaire à la fabrication de l'objet ou bien proposer un rectangle aux dimensions supérieures. Tous ces partis pris méthodologiques dépendent des objectifs de l'enseignant. Dans tous les cas, il s'avère indispensable d'utiliser la règle, l'équerre et le compas.

Une fois le patron tracé, plié, découpé, l'élève se réfère à une photographie d'ensemble pour le montage de l'objet.

Il est aussi possible de faire faire aux élèves des recherches et des propositions de patron à partir de la boîte finie. Le document permet alors de les valider ou non.

Une recherche qui s'avère pertinente, quand l'élève a intégré la construction géométrique, est le **calcul** par lui-même des **dimensions** de sa boîte **en réponse à un besoin**. Selon qu'il va ranger des trombones, offrir une bague, des bonbons…, les dimensions de l'objet fini diffèrent, ce qui engendre le calcul de la quantité de matériau à prévoir pour le fabriquer. Le passage de la représentation du volume fini au développement du patron est une opération mentale difficile.

Dans tous les cas, le document sera un support très utile pour relever des dimensions et les reporter à

Mesurer pour fabriquer des objets

a. À chaque enveloppe son patron

Les enveloppes fermées

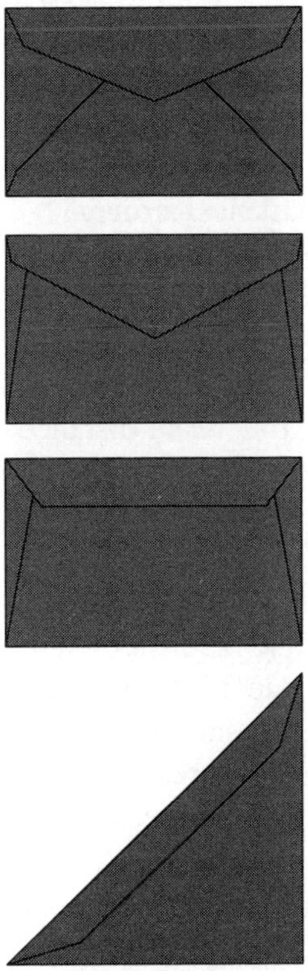

Les patrons des enveloppes ouvertes

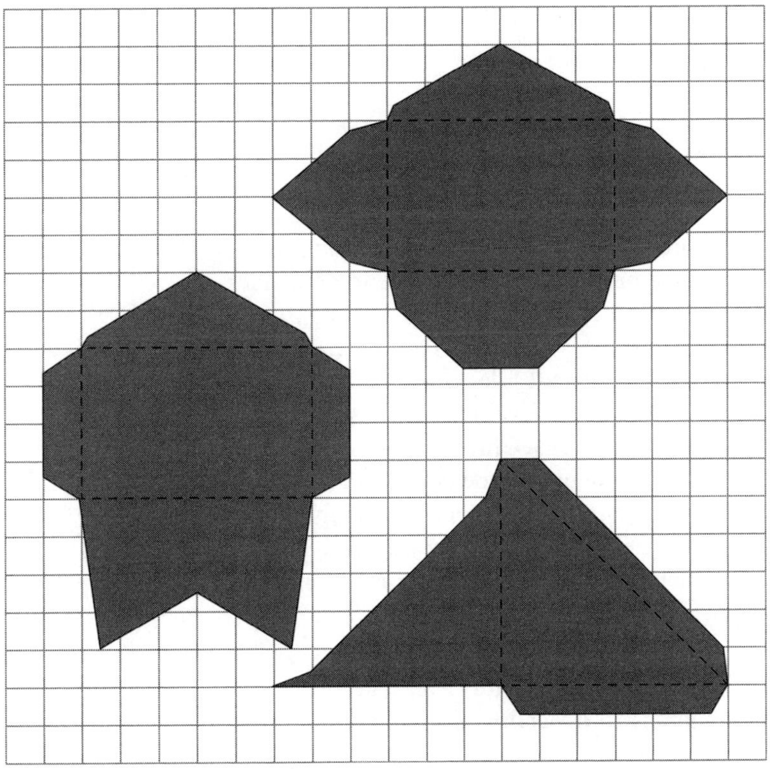

b. Une boîte pour offrir un cadeau

Le patron

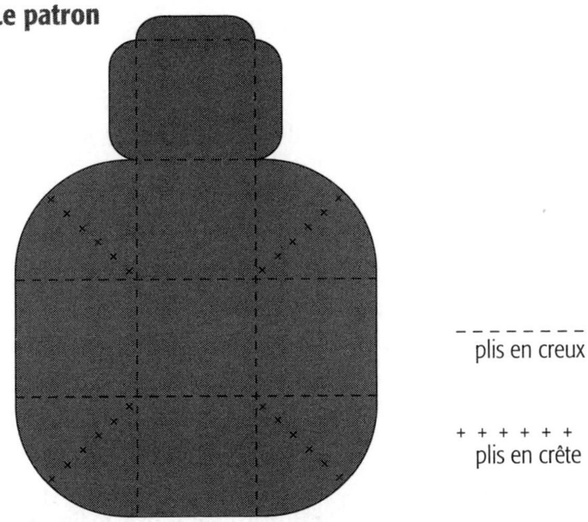

Une étape de fabrication

Fig. 6 a. Les élèves peuvent utiliser le quadrillage pour reporter les longueurs et fabriquer les enveloppes. Quelle enveloppe n'a pas de patron ?
b. La fabrication de cette boîte permet de travailler des compétences liées à la mesure des longueurs.

l'échelle 1, ou en utilisant une relation de proportionnalité en fonction des dimensions voulues pour la boîte.

c. Mesurer la longueur d'une ligne courbe

Pour faire mesurer aux élèves la longueur d'une ligne courbe, on peut utiliser un document comme celui de la ***figure 7a***. On peut demander aux élèves comment savoir quel est le chemin le plus court pour la tortue.

Dans un premier temps, **les élèves feront des propositions** : utiliser un double-décimètre, un mètre de couturière… Ils pourront essayer de faire les mesures. Le mètre de couturière est plus adapté car il est souple. On peut aussi leur interdire d'utiliser des instruments existants et leur demander de **trouver d'autres solutions**, en leur apportant éventuellement une aide en laissant du **matériel à leur disposition** : bandes de papier, ficelle, ruban, fil électrique… Les élèves feront des essais et **mettront au point une procédure** qui permet la comparaison des longueurs des deux chemins : choisir un « fil » (ficelle, ruban, fil électrique souple) et le placer pour qu'il suive le contour du tracé, le couper, puis mettre en vis-à-vis les fils correspondant à chacun des chemins pour les comparer.

La **confrontation des résultats** obtenus par les différents groupes les **validera** et **validera** dans le même temps **la procédure** mise en œuvre, tous ayant les mêmes tracés.

• Introduction d'un instrument : un curvimètre

Le curvimètre est un instrument utilisé pour mesurer la longueur d'une ligne courbe. Tous ont une roue que l'on fait tourner en suivant le tracé à mesurer. Il en existe de grands modèles, comme ceux qu'on voit utilisés à l'extérieur par des géomètres (on les appelle des odomètres) et de petits modèles, qui servent à déterminer sur une carte la longueur d'un trajet. Dans ce cas, l'échelle de la carte est une donnée prise en compte pour l'affichage du résultat.

Le professeur présente un instrument apporté en classe, accompagné d'un document distribué aux élèves (***Fig. 7b***). La **lecture du document** permet aux élèves de repérer la petite roue sur la photographie et de comprendre le mode d'emploi de l'objet, puis de le **formuler** avec leurs mots. S'ils disposent d'un curvimètre, ils pourront **tester ce mode d'emploi** pour mesurer par exemple la ligne de la ***figure 7a*** et vérifier s'ils obtiennent bien le même résultat que dans la situation précédente pour la comparaison des deux trajets. Sinon, la lecture du document conduira à de **nouvelles questions** : Comment fonctionne le curvimètre ? Pourquoi la roue est-elle toute petite ? Peut-on fabriquer un curvimètre ?…

• Fabrication d'un petit curvimètre

Les élèves indiqueront alors qu'il leur faut une petite roue et un manche pour la faire tourner. Il faudra aussi pouvoir lire le résultat. On peut leur proposer un document à analyser (***Fig. 7c***) pour les aider dans la fabrication. On peut aussi mettre du matériel à leur disposition et leur laisser trouver par tâtonnements et essais successifs comment réaliser les assemblages.

• Comment trouver la distance parcourue ?

Avec leur curvimètre rudimentaire : une roue avec un axe (matériel modulaire, roue de bois ou de carton fort ou bien une roulette à pâtisserie), les élèves doivent trouver comment établir la relation entre le nombre de tours de roue et la distance parcourue. Ils mesurent la longueur d'un tracé photocopié et distribué de façon que tous aient le même (celui de la ***fig. 7a*** par exemple). Ils doivent **marquer un repère sur la roue** pour pouvoir compter les tours.

Les élèves annoncent le **résultat de leur mesure** en nombre de tours de roue, le plus souvent sous forme d'un encadrement. S'ils ont utilisé des roues de diamètres différents, les nombres annoncés seront très différents d'un groupe à l'autre.

Pourquoi ces différences ? Les élèves font l'**hypothèse** que le diamètre de la roue intervient, ce qui peut être facilement **vérifié** par **l'analyse des résultats**. Plus la roue est grande, plus le nombre correspondant au résultat de la mesure est petit.

Comment trouver la longueur du tracé ? Vos élèves **proposeront** de **mettre en relation** la longueur du tracé avec le nombre de tours de roue, mais aussi avec le périmètre de la roue. Ils peuvent mesurer ce périmètre et constatent alors que la longueur du tracé est égale au produit de la longueur du périmètre par le nombre de tours de roue. Ils choisiront pour expérimenter des tracés rectilignes facilement mesurables avec un double décimètre.

Pour **valider leur conclusion**, les élèves pourront mesurer les deux tracés de la ***figure 7a*** et vérifier si les résultats de leurs mesures au curvimètre conduisent aux mêmes résultats que la comparaison des longueurs effectuée sans le curvimètre.

Remarque : les élèves sont ici confrontés à une **situation de proportionnalité** entre la longueur à mesurer et le périmètre de la roue.

d. D'autres exemples

Vous trouverez d'autres situations de mesures de longueurs dans le chapitre 7 et dans le chapitre 17, à propos de la transmission du mouvement.

Comment mesurer une ligne courbe ?

a. Quel est le chemin le plus court ?

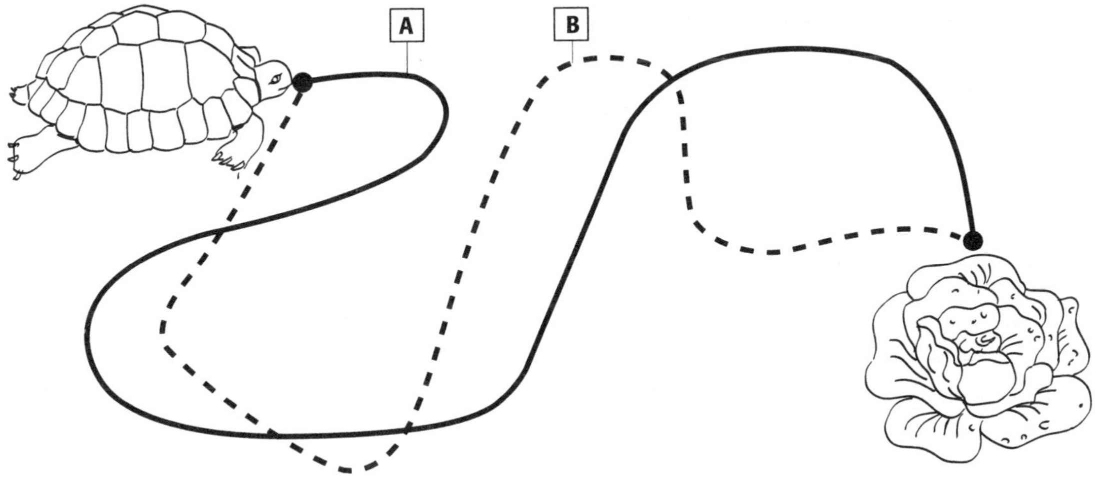

b. Un curvimètre

Posez sur la carte le bout muni d'une roue de ce curvimètre et faites-le rouler le long de l'itinéraire prévu : la distance est lue sur l'écran gradué. La petite roulette et les huit échelles de ce curvimètre assurent un travail rapide et simple.

c. Construis un curvimètre

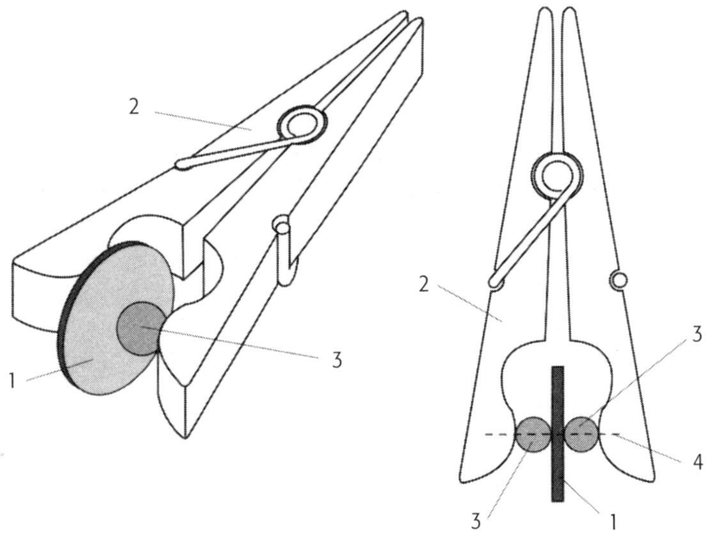

Matériel

1 • Un disque en carton (diamètre égal à 1,6 cm)
2 • Une pince à linge en bois
3 • Deux perles
4 • Une épingle dont on a coupé la tête

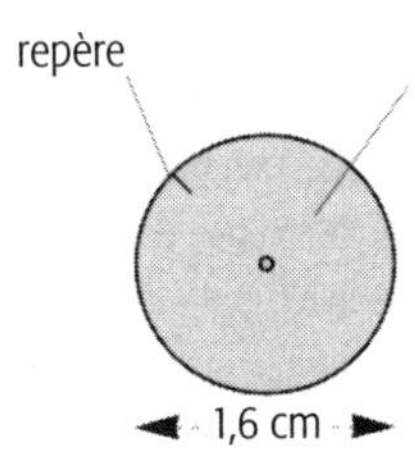

Fig. 7 a. Différents moyens peuvent être utilisés pour comparer la longueur de ces deux trajets. Ils doivent tous donner le même résultat.
b. On peut repérer la petite roue sur ce curvimètre.
c. Les élèves peuvent fabriquer ce petit curvimètre et chercher comment il permet de mesurer la longueur d'une ligne courbe.

❷ Mesurer une aire

Il n'est pas toujours facile d'introduire la grandeur aire et d'amener les élèves à la travailler. Voici une situation de départ qui a été proposée à des élèves de CM1.

Une carte sur laquelle figurent les circonscriptions du département (ou les communes du canton) est distribuée dans chaque groupe. Le défi suivant leur est proposé : « Vous serait-il possible de les ranger par aires croissantes ? »

Plusieurs propositions sont faites :
– par **comparaison de périmètres**. Avec une ficelle, les élèves d'un groupe suivent le contour de chaque circonscription à l'aide d'une ficelle. Ils comparent leurs périmètres, convaincus que le rangement des périmètres des surfaces correspond au rangement de leurs aires. Ils comprendront leur erreur en comparant les surfaces incluses dans une boucle en position circulaire puis tendue entre deux points de la boucle ;
– par **comparaison de masses**. Dans un autre groupe, les élèves ont choisi de découper les différentes circonscriptions et de les ranger par masse grâce à la balance (un pèse-lettre). Les différentes pièces étant découpées dans le même support, cette proposition a été retenue comme séduisante et exacte ;
– par **comparaison des aires**. Deux autres groupes se sont lancés dans un difficile exercice de découpage et de superposition qui permet d'obtenir un rangement approximatif des aires, sans être certain de son exactitude.

Le professeur propose de voir combien de surfaces étalons peuvent rentrer sur chacune des circonscriptions. Encore faut-il choisir un étalon : ils retiennent un carré de 5 mm de côté comme étalon. Ils transposent sur une feuille de papier calque millimétré (ou sur la carte qui leur a été fournie) et dessinent sur chaque circonscription les petits carrés. Immédiatement, un nouveau problème surgit : « Faut-il prendre des carrés entiers à l'intérieur ? Ou bien inclure ceux qui englobent toute la surface ? » Le maître renvoie la classe vers un travail sur la pesée où la valeur cherchée est donnée par un encadrement. Pour finir, les élèves établissent leur rangement à partir du dénombrement de carrés donné sous forme d'un encadrement. Les deux rangements sont identiques.

❸ Mesurer une contenance

On trouve encore dans certaines écoles des verres mesureurs de cuisine, des récipients gradués de laboratoire, divers instruments de mesure de contenance : c'est le moment de les sortir !

On peut proposer, par groupe, de **ranger une collection de 5 ou 6 contenants** (pot de yaourt en verre, petite bouteille de jus de fruit, bouteilles de contenances et de formes diverses). Le rangement peut s'effectuer par des transvasements successifs (voir cycle des apprentissages fondamentaux, § 3).

On peut aussi mettre à disposition des élèves des verres mesureurs, des récipients gradués de laboratoire... Le professeur introduit alors les **unités légales** de contenance, les multiples et les sous-multiples.
Les élèves peuvent enfin vérifier l'exactitude de leur rangement à partir des inscriptions figurant sur les étiquettes : 25 cL - 50 cL - 75 cL - 1 L - 1,5 L - etc.

Chapitre 14

Le temps qui passe

« O Temps, suspends ton vol, respecte ma jeunesse... » (M. Thomas, 1762.)

Le temps et sa mesure sont omniprésents dans notre vie. Nous consultons régulièrement notre montre pour être à l'heure à nos rendez-vous, nous nous référons à des calendriers pour connaître la date. Nous évaluons des durées, subjectivement longues ou courtes selon notre activité pendant cette durée, ce que nous traduisons par des expressions telles que : « Le temps a passé vite » ou « Cela n'en finissait pas ». La durée mesurée avec des instruments peut parfois être la même pour des durées perçues pourtant comme différentes !

Ces deux aspects du temps (date et durée) peuvent être abordés au travers d'activités variées, au cours desquelles les élèves sont amenés à mener des investigations, à fabriquer, à utiliser des instruments de mesure du temps (calendrier, horloges, chronomètres, ...).

L'histoire, la géographie, l'économie, la philosophie, la sociologie et la psychologie fournissent du « temps » différentes approches, sur son écoulement, sur les événements qui le jalonnent, sur sa durée. Les écrivains, les peintres, les compositeurs et les scientifiques l'ont utilisé et l'utilisent. Le « temps » constitue de fait un thème transversal utile et abordé à l'école dans différents champs disciplinaires. Des liens avec les programmes de mathématiques et d'histoire sont en particulier à établir :
– en mathématiques, par exemple pour des calculs de durée et des conversion d'unités (heure, minute, seconde), pour la lecture de l'heure ;
– en histoire, par exemple pour un travail sur la frise.

Le programme *(BO hors série n° 3 du 19 juin 2008)*	
CP et CE1	CE2, CM1 et CM2
DÉCOUVERTE DU MONDE **Se repérer dans l'espace et dans le temps** Les élèves apprennent à repérer l'alternance jour-nuit, les semaines, les mois, les saisons. Ils utilisent des outils de repérage et de mesure du temps : le calendrier, l'horloge. **Découvrir le monde du vivant, de la matière et des objets** Les élèves réalisent des maquettes élémentaires pour comprendre le fonctionnement d'un appareil. **PREMIER PALIER POUR LA MAÎTRISE DU SOCLE COMMUN** **Compétence 3. Les principaux éléments de mathématiques et la culture scientifique et technologique** L'élève est capable d' : – utiliser les unités usuelles de mesure ; estimer une mesure ; – être précis et soigneux dans les tracés, les mesures et les calculs ; – observer et décrire pour mener des investigations.	**DEUXIÈME PALIER POUR LA MAÎTRISE DU SOCLE COMMUN** **Compétence 3 A) Les principaux éléments de mathématiques** L'élève est capable d'utiliser les unités de mesure usuelles ; utiliser des instruments de mesure ; effectuer des conversions. **Compétence 3 B) La culture scientifique et technologique** L'élève est capable de : – pratiquer une démarche d'investigation ; savoir observer, questionner ; – manipuler et expérimenter, formuler une hypothèse et la tester, argumenter ; – mettre à l'essai plusieurs pistes de solutions ; – exprimer et exploiter les résultats d'une recherche en utilisant un vocabulaire scientifique à l'écrit et à l'oral ; – maîtriser des connaissances dans divers domaines scientifiques ; – exercer des habiletés manuelles, réaliser certains gestes techniques.

Informations pour l'enseignant

Les extraits de texte présentés en exergue dans ce chapitre sont issus d'un poème de M. Thomas, prix de l'Académie française en 1762 (cité dans l'*Encyclopédie* de Diderot et D'Alembert). Les questions qui y sont abordées sont celles que le temps pose à chacun au long de sa vie : la quête des origines du temps, le désespoir de son écoulement, l'infini des infinités passées et futures, ce qu'on en fait.

Ô Temps, être inconnu que l'âme seule embrasse,
Invincible torrent des siècles et des jours,
Tandis que ton pouvoir m'entraîne dans la tombe,
J'ose, avant que j'y tombe,
M'arrêter un moment pour contempler ton cours.

A L'écoulement du temps

On ne peut dans cet ouvrage et en si peu… de temps (ou de place) couvrir de manière exhaustive les mouvements de pensée sur le temps. Seules quelques indications générales seront données, visant à aborder plus précisément la question du temps pour l'enseignement des sciences et de la technologie.

Le temps qui passe est pensé en relation à des **événements** qui se déroulent. Il est tout à fait possible d'ordonner – **chronologiquement** – des événements et de dire qu'un événement A était situé avant l'événement B et ainsi de suite. Chaque événement qui se déroule présente une **durée** et l'ensemble des durées des événements qui se succèdent montre l'écoulement du temps. On peut également concevoir qu'un événement perdure au-delà de l'existence d'un (ou de plusieurs) événement(s) qui lui succède(nt). On peut alors penser la durée d'un événement en la **comparant** à la durée d'autres événements. La durée devient une **grandeur commensurable** grâce à l'existence des événements qui passent. Si deux événements, même non simultanés, s'écoulent pendant la même durée qu'un autre événement reproductible pris comme **référence**, on pourra dire que ces événements ont la même durée.

On peut lier l'écoulement du **temps** à un repérage dans l'**espace**. Si nous considérons une pierre qui tombe d'une certaine hauteur, on conçoit fort bien qu'elle n'a pas pu se trouver à une hauteur de 1 mètre du sol sans être passée à une hauteur de 2 mètres, etc. C'est ainsi que l'écoulement des événements et la position des corps dans l'espace permettent de prendre en compte par un mouvement de pensée l'écoulement du temps.

Ici de vieux tombeaux que la mousse a couverts ;
Là des murs abattus, des colonnes brisées,
Des villes embrasées,
Partout les pas du Temps empreints sur l'Univers.

Toujours **des événements s'enchaînent et se succèdent**. Ce sont des existences successives qui marquent le temps qui passe et qui permettent aussi de situer les événements les uns par rapport aux autres et ainsi de parler de passé, de présent et de futur. Le temps est donc une grandeur qui n'arrête pas de croître, mais qui augmente de manière continue et uniforme… ; **continuité** car on peut toujours imaginer, entre deux événements ou deux instants, un autre événement ou un autre instant… et **uniformité** car il n'y a aucune raison que le temps s'écoule plus vite à un moment qu'à un autre.

B L'origine du temps

Qui me dévoilera l'instant qui t'a vu naître ?
Quel œil peut remonter aux sources de ton être ?
Sans doute ton berceau touche à l'éternité.
Quand rien n'était encore, enseveli dans l'ombre
De cet abîme sombre,
Ton germe y reposait, mais sans activité.

Du chaos tout à coup les portes s'ébranlèrent ;
Des soleils allumés les feux étincelèrent,
Tu naquis ; l'Éternel te prescrivit ta loi.
Il dit au mouvement, du Temps sois la mesure.
Il dit à la nature,
Le Temps sera pour vous, l'éternité pour moi.

Pour certains philosophes, le temps n'a ni commencement ni fin, le temps est éternel ; pour d'autres, au contraire, on ne peut parler de temps que parce qu'il a un commencement et qu'il a ou aura une fin. **Le début du temps** (le moment ou l'instant « 0 ») a toujours posé une question à l'Homme. Des réponses ont été apportées par les philosophes, dans les religions, par les scientifiques. Actuellement, certains considèrent le Big Bang comme origine du temps…

Mais, de fait, si on ne peut pas fixer une origine au temps, on peut marquer **l'origine d'une durée** : le « top » de départ d'une mesure d'un morceau plus ou moins long de temps qui passe. On peut ainsi dire que l'Univers a actuellement 15 milliards d'années en considérant le top de départ au Big Bang, ou repérer dans notre monde occidental commun les dates en référence à l'instant « 0 », début de l'année 1 du christianisme. D'autres références d'origines culturelles sont présentes dans d'autres pays.

Dans le langage courant, tout ce que nous considérons comme des temps serait le plus souvent, d'un point de vue scientifique, des **durées**, c'est-à-dire des morceaux de temps, le temps absolu n'existant pas. Par exemple, la phrase suivante est scientifiquement incorrecte : « Le **temps** consacré à la lecture dans cette classe est de deux heures par jour. » En effet, il s'agit bien ici d'une **durée**.

On parle de **date** quand il s'agit de **repérer** un instant et non de **mesurer** une durée. L'origine prise pour repérer une date est toujours arbitraire : nous sommes le 18 février signifie qu'une durée de 49 jours sépare cet instant du 1er janvier de la même année.

C Se repérer dans le temps

Chacun a une **perception** particulière du « temps qui passe » et des durées. Chacun a sa propre mesure et cette mesure varie suivant les conditions dans lesquelles il se trouve. Il y a des durées qui paraissent « longues » (quand on souffre, quand on piétine) et d'autres qui paraissent courtes (les « bons moments »), alors que leurs durées peuvent avoir été identiques.

À cette perception individuelle, psychologique, il convient d'ajouter la question de la construction des temps et des durées culturels et sociaux ; la perception du temps n'est pas la même dans les différents peuples.

Dans la mythologie, on a personnifié et divinisé le temps. Saturne en était le symbole ; le battement de ses ailes marquait la rapidité avec laquelle il passe et une faux signifiait ses ravages. Le temps était divisé en **siècles**, en **générations** (trente ans actuels), en **lustres** (cinq années), en **saisons**, etc. Chacune des parties était symbolisée par une figure particulière, homme ou femme, figure associée à des cérémonies religieuses. Il est d'ailleurs certain que les cultes et les religions, mais aussi les organisations sociales et politiques, ont été depuis longtemps des acteurs dans le découpage du temps.

Pour autant, les variations dans la nature et les mouvements des astres ont également été à l'origine d'un **découpage du temps** :
– les migrations des oiseaux, l'épanouissement d'une plante, l'éclosion de certaines fleurs, le retour des feuilles sur les arbres, les premières gelées ;
– le mouvement apparent du Soleil autour de la Terre, celui des étoiles autour de la Terre, celui de la Lune autour de la Terre, le passage de la Terre « devant » les constellations, les phases de la Lune. Mais on était souvent ici dans le domaine de l'**astrologie**.

❶ Le découpage de l'année

Les premiers **calendriers** datent de 5 000 ans et viennent de Macédoine. Les **mois** étaient lunaires et **l'année** était **solaire**, ce qui posait un problème puisqu'une année solaire ne contient pas un nombre entier de mois lunaires. Il était alors nécessaire de rajouter, de temps en temps, un mois lunaire à l'année.

Le calendrier que nous utilisons aujourd'hui est le calendrier créé par l'astronome grec Sosigène en 30 av. J.-C. et imposé ensuite par Jules César. Avec une année bissextile tous les 4 ans, il était au départ basé sur une année solaire de 365 jours et 6 heures (365,25 jours), soit avec un décalage de 11 minutes environ avec les observations actuelles. Cet écart fut rattrapé en 1582 par le pape Grégoire XIII, qui décida que le jeudi 4 octobre deviendrait le vendredi 15 octobre. Le calendrier grégorien était né, dans lequel la distribution des années bissextiles était également modifiée, afin d'éviter tout décalage futur (suppression des années bissextiles séculaires, sauf des multiples de 400).

Aux **cycles annuels et mensuels** sont venus s'ajouter ensuite, sous influence chrétienne, la **semaine** de sept jours d'origine hébraïque. Dans la plupart des langues européennes, les jours de la semaine portent des noms dérivés des noms des astres connus alors – et de certains noms de dieux : Lune (lundi), Mars (mardi), Mercure (mercredi), Jupiter (jeudi), Vénus (vendredi), Saturne (samedi), Soleil (dimanche). En français, ces références n'existent plus pour le samedi (« jour du sabbat ») et le dimanche (*dies Dominicus* : « jour du Seigneur »). Dans d'autres cultures, les semaines peuvent avoir des nombres de jours différents.

Les calendriers juifs et musulmans sont des calendriers lunaires. C'est pourquoi les dates des fêtes juives et musulmanes ne se reproduisent pas au même moment du calendrier grégorien d'une année à l'autre.

❷ Le découpage de la journée

Le découpage de la **journée** est également très ancien. Dans ce cas-là aussi, ce sont les astres, et plus précisément le Soleil, qui ont été utilisés. Le **cadran solaire** est l'instrument de mesure du temps le plus ancien (voir le chapitre 10). Compte tenu des organisations sociales, il était suffisant. Mais il est cependant assez peu précis, peu transportable car c'est une horloge locale et il ne fonctionne que pendant les journées… ensoleillées et seulement pendant le jour (et donc pas la nuit). Pendant longtemps, la journée fut divisée de la même façon (par exemple en douze parties) en fonction du lever et du coucher de soleil, été comme hiver. Ce système conduisait à des heures de durées inégales dans l'année mais semblait satisfaisant pour les Romains, par exemple, qui l'utilisaient malgré l'invention d'autres instruments de mesure plus réguliers, les **clepsydres** (***Fig. 1b***). Les clepsydres permettent de contrôler les durées. Ces appareils sont facilement transportables. Ils permettent une **mesure de l'écoulement du temps** uniforme, régulière, reproductible, fiable par l'association du temps à un écoulement possédant lui-même ces propriétés. La forme des clepsydres et l'utilisation de l'eau comme fluide permettent en effet de répondre à ces exigences. Dans l'Antiquité, en Grèce ou en Égypte, les clepsydres étaient déjà utilisées. Elles permettaient par exemple de donner à des orateurs des durées de parole égales. Au Moyen Âge, les clepsydres étaient, d'une manière générale, très utilisées dans le monde occidental. L'eau, volatile, congelable, fut cependant remplacée par le sable. Le **sablier** (***Fig. 1a***) présentait les mêmes qualités que la clepsydre. À partir du XVIe siècle, les grands navigateurs utilisaient des sabliers appelés « **ampoulettes** ».

Les moments des prières étaient marqués par les tintements des cloches. Puis, vers l'an mille, **l'organisation politique, sociale et commerciale** commença à s'imposer. Les heures inégales de la journée ne permettaient pas de garder dans le courant de l'année des **productivités** égales. On en vint alors, dans les villes, à un découpage de la journée mettant en place une durée de travail constante pour tous les jours de l'année, marquée elle aussi par le tintement de cloches, qui indiquaient le début et la fin de l'activité pour les ouvriers. Les cloches marquaient aussi les réunions citoyennes, les appels en cas de conflit, d'incendie… Petit à petit, **l'unité de durée** passa du jour à l'heure marquée par le tintement des cloches de l'horloge qui, de purement religieuse était devenue communale.

Les **horloges à poids** sont apparues alors que les clepsydres étaient encore utilisées et permettaient d'ailleurs de les mettre à l'heure. Un poids accroché à une corde enroulée autour d'un cylindre faisait, dans sa chute, tourner ce cylindre. D'abord très peu précises, elles n'avaient souvent qu'une seule aiguille et la **chute du poids** était plus ou moins bien **freinée** pour régulariser le mouvement. L'invention du foliot (balancier horizontal) a été un premier progrès dans la régularisation de la chute du poids. C'est surtout **l'introduction du pendule** (voir partie suivante) qui a rendu ces horloges beaucoup plus précises et fiables.

Des instruments pour mesurer le temps

a. Un sablier du commerce

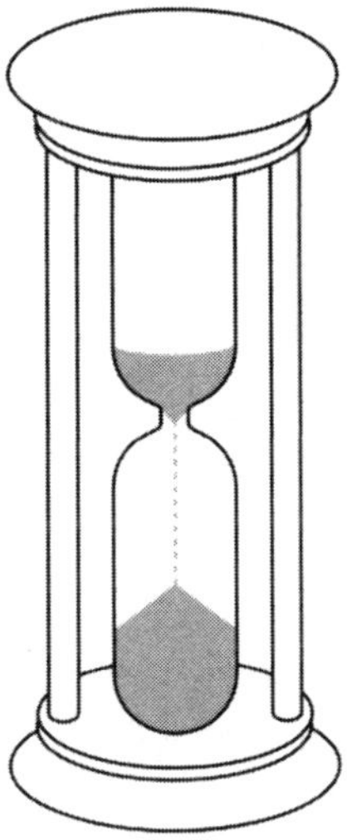

b. Une clepsydre

Au ve siècle avant J.-C., dans les cours de justice d'Athènes, les Grecs utilisaient une clepsydre pour contrôler le temps de parole des orateurs. C'était un vase de terre cuite, contenant environ 6 litres d'eau et percé d'un trou par lequel l'eau s'écoulait.

c. Une horloge à poids et à balancier

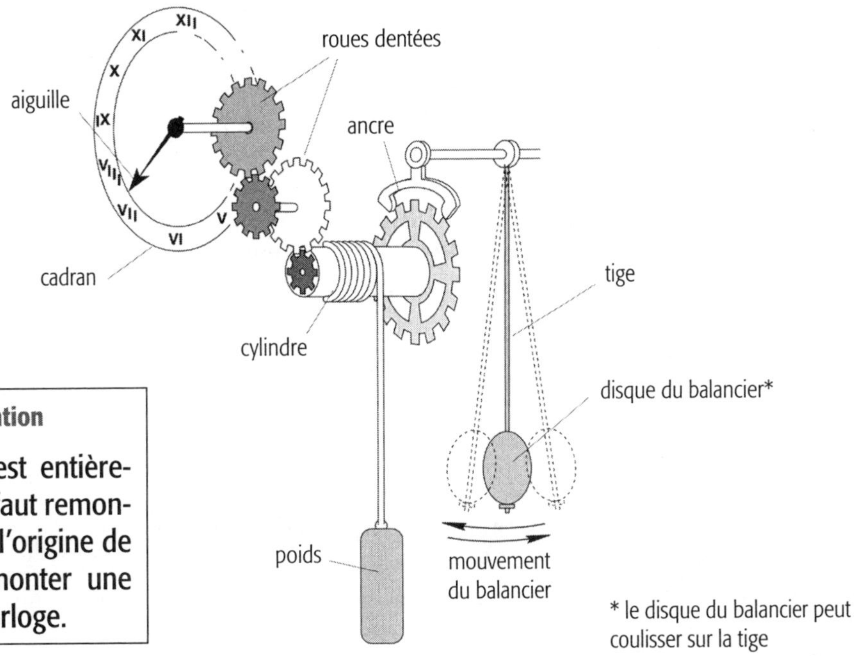

Une information

Quand la corde est entièrement déroulée, il faut remonter le poids. C'est l'origine de l'expression : remonter une montre ou une horloge.

Fig. 1 a. b. Le sablier et la clepsydre utilisent l'écoulement continu d'un solide en grains ou d'un liquide. Les deux modèles présentés mesurent une durée.
c. L'horloge à poids et à balancier utilise la régularité des oscillations du balancier, comptées grâce aux engrenages. Le résultat affiché est l'heure : c'est une date et non une durée.

L'horloge est ensuite perfectionnée techniquement, donne une meilleure précision, est ramenée à des dimensions plus petites et on la trouve dès lors jusque dans les maisons bourgeoises.

D Le temps scientifique

Le perfectionnement des instruments de mesure permet de **mesurer** plus précisément les données astronomiques et d'intervenir dans les expérimentations scientifiques. C'est ainsi que **Copernic** (Pologne, 1473-1543), au XVIe siècle, reprenant les travaux d'Aristarque de Samos (IIIe siècle av. J.-C.) put mesurer de manière précise des durées toujours utilisés, celle du jour sidéral par exemple. **Kepler** (Allemagne, 1571-1630) poursuivit les travaux de Copernic et s'intéressa aux trajectoires des planètes et à leur temps de révolution autour du Soleil.

Galilée (Italie, 1564-1642) s'intéressa à un autre dispositif pour mesurer les durées : le battement régulier d'un **pendule** (bille oscillant au bout d'une ficelle). Il commença, grâce à ses instruments, des recherches sur la chute des corps ou leur mouvement sur un plan incliné. Plus tard, Huygens (Hollande, 1629-1695) intégra le pendule dans une horloge à poids (***Fig. 1c***), augmentant ainsi beaucoup la précision et la fiabilité de l'instrument. On retrouve là les trois parties essentielles constituant un appareil destiné à donner le temps : une source d'énergie, un oscillateur (régulateur du temps), un dispositif destiné à la lecture du temps.

D'une **mesure** du temps au moyen d'un **phénomène variant de façon continue** (écoulement de sable, d'eau, bougie qui se consume, chute d'un poids plus ou moins bien freinée), on passait à une **mesure par comptage d'oscillations**, ce qui correspond à une véritable **rupture technologique** sur le plan du principe de fonctionnement de l'instrument.

Le XVIe puis le XVIIe sont ainsi les siècles pendant lesquels se sont développées les bases de la recherche et des démarches scientifiques ; **l'invention du temps et des instruments de mesure** en sont une des conditions les plus importantes. **L'unité de temps** est posée : la **seconde** (s). La **minute** vaut 60 secondes et l'heure équivaut à 60 minutes. La **journée** égale 24 heures. On peut ajouter des durées, multiplier des durées. Le temps scientifique et mathématique est né.

Le XIXe siècle et la révolution industrielle modifient considérablement le rapport au temps des ouvriers. L'horloge entre dans les usines, les montres sont aux poignets des contremaîtres, les rendements des productions sont calculés, améliorés... souvent au mépris des conditions de travail. **Le système économique** rationalisant (Taylor, États-Unis, 1856-1915) prend le pas sur la vision personnelle, fugitive, imaginative et créatrice du temps qui passe (*cf. Les Temps modernes* de Charlie Chaplin). Le temps social devient aussi un temps de revendications.

L'adoption d'un « **temps universel** » répond à la nécessité d'avoir au niveau international une référence commune, indépendante du lieu et donc des fuseaux horaires. Ce temps va permettre une cohérence des horaires dans les communications, d'abord ferroviaires. C'est le *Greenwich Mean Time* (**GMT**) qui sert de base au temps international.

Le quartz et l'électronique détrônent les mécanismes anciens en 1928, dans les dispositifs de précision. La définition de la seconde est déconnectée en 1967 des horloges basées sur la durée de la journée (pour des problèmes de haute précision encore) et l'unité de temps devient corrélée à des fréquences de transition électronique dans l'atome de césium (horloge atomique). Mais pour gagner encore dans la précision, il est possible que l'on revienne un jour aux étoiles et plus précisément aux pulsars, qui ont des fréquences extrêmement stables.

Activités possibles en classe

■ À l'école maternelle

L'étude du « temps qui passe » est l'objet d'**activités à l'école maternelle** : activités ritualisées, organisation de la journée, de la semaine, de l'année. Les séances peuvent permettre **l'utilisation** d'objets de **repérage** du temps : sablier du commerce, chronomètre, montre, semainier, calendrier. Pour une analyse des activités possibles en maternelle, on peut se reporter à l'ouvrage *Pour découvrir le monde à l'école maternelle. Guide pour l'enseignant*, éd. Bordas – p. 206-222). Ces activités construisent petit à petit la représentation mentale du « temps », qui se poursuit à l'école élémentaire.

■ Au cycle des apprentissages fondamentaux

Au cycle des apprentissages fondamentaux, il s'agit d'abord de **distinguer** et de **positionner** la succession de l'« avant », du « maintenant » et de l'« après » (chronologie), puis de **structurer** progressivement l'écoulement du temps, les durées et leurs mesures. Dans une journée, on **repère** ainsi, par exemple, le « matin » et l'« après-midi » par rapport à certains types d'activités. Dans la semaine, ce sont les jours qui permettent de se repérer, toujours en fonction d'événements qui se répètent : par exemple, la « pause-école » du samedi et du dimanche. Dans l'année, l'écoulement du temps est mis par exemple en évidence par les **modifications** des paysages et des conditions climatiques – les saisons. Le **langage** est extrêmement important dans la construction du « temps » et le vocabulaire associé est développé en ces nombreuses occasions. L'aspect cyclique du temps peut être noté.

Pour les jeunes élèves, les difficultés à **appréhender, d'un point de vue mental**, le « temps qui passe » et les durées sont importantes. Parmi celles-ci, on citera une vision encore **syncrétique** du temps, le rapport du temps à soi uniquement et le **paradoxe d'une vision cyclique du temps** – idée d'un temps qui se reproduit identique à lui-même – en opposition à **un temps qui s'écoule**, qui ne tourne pas « rond », mais qui progresse plutôt comme l'« hélice » d'un avion qui avance. L'enfant possède une représentation à la fois globale et confuse. Il connaît de nombreux phénomènes ou faits qu'il pourrait mettre en relation avec la notion de temps, dans différents domaines, mais il n'y a aucune cohérence dans ses connaissances souvent d'ordre affectif.

L'idée du temps qui se reproduit identique à lui-même est liée :
– à une reproductibilité des événements qui se déroulent dans la journée, mais aussi dans l'année : les saisons, les fêtes, les vacances, certaines traditions ;
– au vocabulaire qui lui est attaché : les heures de la journée, les jours de la semaine, les mois de l'année.

L'idée du temps qui se reproduit d'une journée à une autre est aussi induite à l'école par les régularités dans l'organisation des activités (surtout en maternelle) : l'heure des parents, l'heure des recréations, l'heure du conte, l'heure des jeux, l'heure des rondes…

Les durées sont mesurées par l'intermédiaire d'un phénomène physique ou astronomique. On peut ainsi montrer, comme cela a pu déjà être réalisé en classe maternelle, l'écoulement du temps par l'utilisation de **calendriers**, des **semainiers.** Une approche de la mesure des durées peut être réalisée en utilisant des bougies portant des graduations régulières. Une bougie est allumée en début de journée. Une bougie « témoin » (une bougie identique, avec des graduations) qui ne se consume pas est placée à côté de la précédente. Les enfants peuvent se rendre compte du temps qui s'écoule si on compare la hauteur de la bougie témoin à celle de la bougie qui se consume. La différence de hauteur – repérable et mesurable en nombre de graduations – est proportionnelle à la durée du temps écoulé depuis que la bougie a été allumée. On passera plus tard de la bougie à la pendule de la classe sur laquelle on repère les moments importants et qu'on apprend à lire, pour y repérer les heures, les demi-heures, unités que les élèves doivent connaître, comme l'indiquent les programmes de mathématiques.

Connaissances et capacités travaillées au cycle des apprentissages fondamentaux

– Identifier une information relative au passé en la situant dans une suite chronologique.
– Utiliser différents types de calendriers et y situer des événements.
– Utiliser des horloges et apprendre à repérer les heures, les demi-heures ; situer des évènements sur l'horloge de la classe.
– Mesurer et comparer des durées.

1 Utiliser des calendriers

Le temps qui s'écoule et le temps cyclique peuvent être étudiés de manière efficace au cycle des apprentissages fondamentaux. **Les calendriers** permettent de montrer les divisions du temps : **année, mois, semaines, jours** et de construire la **date**, témoin du temps qui passe, jour après jour, marquée sur les cahiers des élèves et en haut du tableau de classe, date complète indiquant le jour de la semaine, le **quantième** (le jour dans le mois), le mois et l'année.

Les calendriers utilisés sont des calendriers de différents types : annuel, semestriel, mensuel, journalier (éphéméride) et perpétuel. Les élèves pourront les comparer, les classer et les mettre en relation avec leur fonction d'usage : l'éphéméride pour garder visible seulement la date du jour, le calendrier annuel pour connaître le jour de la semaine pour n'importe quelle date de l'année en cours, l'agenda pour pouvoir noter des informations… Le temps qui s'écoule pourra être montré, par exemple, en comparant simplement le jour de la semaine du 1er janvier d'une année avec le jour de la semaine du 1er janvier de l'année suivante (365 ou 366 n'étant pas des multiples de 7, ces deux jours correspondront à des jours de semaine différents). Par exemple, le 1er janvier 2008 est un mardi, le 1er janvier 2009 est un jeudi. On peut repérer aussi les passages des saisons et certaines journées importantes pour les élèves : les anniversaires des enfants de la classe par exemple.

❷ Fabriquer des calendriers

a. Fabriquer un calendrier perpétuel

Le **calendrier perpétuel** peut être investi dans le cadre de la technologie et en poursuite du travail sur les volumes en mathématiques. Il est perpétuel, car il ne dépend pas de l'année. Vous pourrez initier l'activité à partir d'un **document** (***Fig. 2***) et inviter les élèves à analyser ce document de façon à pouvoir fabriquer le calendrier. Les élèves énonceront sa fonction : afficher et lire une date composée du jour de la semaine (lundi, mardi, etc.), du numéro du jour (composé de deux chiffres) et du mois.

D'un point de vue technique et du point de vue de la **recherche technologique**, il est intéressant de faire étudier le document par les élèves, de façon à dégager les **contraintes** qui vont déterminer les caractéristiques des composants de ce calendrier : les cubes et le support. Vous pouvez aussi choisir de leur faire fabriquer ce calendrier en fixant les **contraintes** au moyen d'un **cahier des charges** à respecter.

Le calendrier comprend quatre cubes pour l'affichage de la date et un support. Chaque cube correspond à une composante de la date (qui en compte quatre).

Avant de passer à la fabrication, les élèves résoudront le **problème** de l'inscription des informations sur les cubes. Ils mèneront une **recherche** plus ou moins **tâtonnante** (selon le degré de médiation nécessité) pour résoudre ce problème. Vous pourrez pour cela leur fournir des patrons de cubes en papier, sur lesquels ils pourront écrire et qui leur permettront de **tester leurs propositions**.

Six faces sur chaque cube doivent suffire… et pourtant, il y a 7 jours dans la semaine, jusqu'à 31 jours par mois et 12 mois dans l'année. Le document donne une amorce de solution si les élèves ne parviennent pas à résoudre le problème. Il y a un cube pour les noms des jours de la semaine. Chacune des 6 faces d'un cube va correspondre à un jour de la semaine. Où mettre le septième ? Il faut inscrire, tête-bêche, deux jours sur la même face ; le support des cubes cachera le nom du jour ne correspondant pas à la date.

Il y a douze mois pour six faces donc deux mois portés sur chaque face du cube des mois. La difficulté est plus grande pour le numéro du jour, qui doit pouvoir aller de 1 à 31. Les élèves remarqueront que certains chiffres n'apparaissent qu'une fois (de 3 à 9), tandis que d'autres doivent être sur les deux cubes (0, 1 et 2) de façon à pouvoir écrire tous les numéros des jours, de 01 à 31 (il faut pouvoir écrire 11 ; 22 ; 30 et 03, mais aussi 04 ; 05… 09, donc le 0 aussi doit être sur chacun des deux cubes). Les élèves peuvent chercher directement avec les cubes ou en tentant de constituer deux listes de 6 chiffres qui permettent d'écrire tous les nombres de 01 à 31 en prenant un chiffre dans chaque colonne. On arrive alors à 13 chiffres pour 12 faces. L'astuce consiste à utiliser le 6 pour afficher le 9 par retournement du cube.

• Réalisation

Pour la **réalisation**, différentes **démarches** pédagogiques peuvent être utilisées suivant le niveau des élèves, les durées que l'on se donne pour l'activité, les acquis technologiques et mathématiques, les objectifs que l'enseignant fixe en termes d'apprentissages (recherche complète, recherche partielle, exécution) :
– **recherche** individuelle, par groupe ou par la classe, des indications portées sur chaque face du cube. Détermination des dimensions des cubes et du support. Détermination collective des matériels et des matériaux nécessaires ;
– suivi d'une **fiche de fabrication complètement prédéterminée** par l'enseignant : dessins, cotations, indications portées sur les faces des cubes, liste des matériaux et des matériels nécessaires, listing des opérations à réaliser ;
– suivi d'une **fiche technique de fabrication incomplète** donnant les cotations des différentes parties et les développements des volumes *sans* les indications portées sur les cubes, *sans* les dimensions définitives. Les élèves doivent ainsi déterminer en partie certaines des caractéristiques de l'objet compte tenu des fonctions et contraintes de l'appareil.

Remarque : il faut fournir aux élèves le développement d'un cube, avec la présence d'onglets de collage.

• Fabrication du support

Le support doit maintenir liés les cubes avec un certain **jeu** permettant de les manipuler. La longueur du support doit être légèrement supérieure à 4 fois la longueur de l'arête du cube, la largeur du support doit être légèrement supérieure à la valeur de l'arête du cube. La hauteur du support doit permettre la lecture des indications données par les cubes et, de

Un calendrier perpétuel avec quatre cubes

Patron de la boîte support

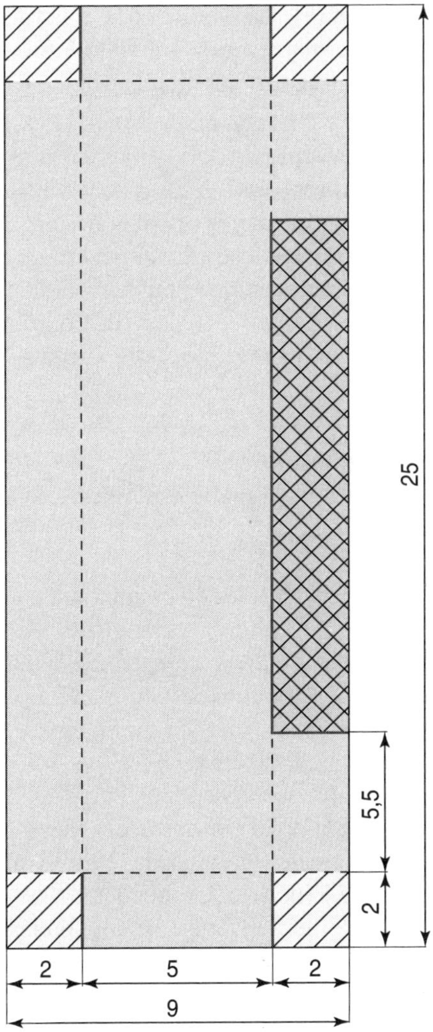

	premier cube	deuxième cube	troisième cube	quatrième cube
première face	lundi	1	0	janvier / février
deuxième face	mardi	2	1	mars / avril
troisième face	mercredi	3	2	mai / juin

unité : le cm

_____ couper

coller — enlever

Des informations complémentaires pour le professeur

- Sur un cube sont portés les chiffres de 0 à 5.
- Sur le second cube sont portés les chiffres 0, 1, 2, puis de 7 à 9.
- Samedi et Dimanche sont inscrits sur le même cube : le support cache le nom qui ne correspond pas à la date.

Fig. 2. Le document peut être utilisé à plusieurs moments de l'activité : pour l'initier, pour apporter une aide au remplissage des cubes, pour avoir un patron pour le support.

fait, doit donc être légèrement inférieure à la moitié de la valeur de l'arête du cube, au niveau du cube « jour de semaine » et du cube « mois ». Il convient en revanche de laisser, au niveau des 2 cubes permettant la lecture des quantièmes, une découpe complète. Prévoir les onglets pour les collages.

Vous pourrez aider les élèves en leur fournissant le patron coté de ce support (***Fig. 2***).

b. Un autre modèle de calendrier perpétuel

Vous trouverez un autre modèle de calendrier à curseur dans le chapitre 17. Au-delà de la structure du calendrier, il donne l'occasion aux élèves de travailler sur des pièces en translation rectiligne.

3 Utiliser des instruments pour mesurer des durées

a. Recenser des instruments pour mesurer des durées

Les élèves connaissent des instruments pour mesurer ou pour contrôler des durées. Ils permettent par exemple de fixer une durée de cuisson d'un aliment : minuteur d'un four à micro-ondes ou minuteur indépendant. Des instruments de ce type sont également utilisés pour mesurer une performance sportive : la durée d'une course ou, dans certains jeux, pour limiter les durées de réflexion (jeu d'échecs par exemple). Ce sont des **chronomètres** ou des **sabliers**. Les élèves pourront citer ces exemples et constituer une collection d'instruments dans la classe.

Les élèves pourront se répartir ces instruments pour les utiliser et évaluer simultanément une même durée : la durée d'un morceau de musique par exemple. Ils **comparent** alors le mode d'affichage (numérique, à aiguille ou sans indication comme pour les sabliers), le mode d'emploi (comment mettre en marche ? comment arrêter ?...). La précision des instruments pourra être un critère d'observation. Certains instruments sont peu performants pour cela : le minuteur ne permet pas de mesurer une durée, mais de l'afficher pour la contrôler ensuite.

b. Fabriquer un sablier

S'ils disposent de plusieurs sabliers du commerce, les élèves les utilisent pour **comparer leurs durées** et les **ranger** en fonction de cette durée. Ils doivent pour cela définir les conditions de la comparaison : retourner simultanément tous les sabliers.

Une fabrication de sabliers les conduira à comprendre le fonctionnement de cet appareil.

Il est important d'insister ici sur le fait que les élèves doivent s'engager dans une **démarche d'investigation** donnant lieu à des recherches expérimentales et à la **recherche de solutions techniques** pour obtenir des maquettes fonctionnelles (modélisation d'objets techniques) et non des instruments de mesure précis, fiables, fidèles..., comparables à ceux provenant d'une fabrication industrielle.

Le principe de fonctionnement d'un sablier repose sur la durée d'écoulement d'une quantité de « sable fin » d'un réservoir à un autre, via un rétrécissement (le conduit). Les sabliers du commerce sont généralement symétriques, ils comportent des éléments communs : deux réservoirs, un conduit, un solide en poudre ou en grains, et ils sont généralement montés sur un support. La qualité et la quantité du matériau utilisé, le diamètre du conduit permettent de faire varier les durées d'écoulement.

Il est possible de fabriquer des sabliers (***Fig. 3a***) en utilisant par exemple des bouteilles en matière plastique comme réservoirs, en les reliant (ou/et les collant) l'une à l'autre par les bouchons que l'on aura percés et au travers desquels on peut placer un petit tuyau en matière plastique ; ou bien on dispose des rondelles métalliques percées du commerce entre deux bouteilles, le tout étant relié par un ruban adhésif large.

Différentes matières et divers matériels sont utilisables pour cette fabrication :
– flacons et bouteilles en matière plastique de préférence (sécurité et facilité pour percer) de différentes contenances ;
– différents matériaux solides en poudre ou en graines : farine, sucre en poudre, sucre glace, sel fin, gros sel, différentes qualités de sable, y compris du sable mouillé (*cf.* marchands de matériaux de construction ou maçons), maïs en grain, riz de différentes qualités, blé, haricots secs ;
– bouchons, tubes (penser à de vieux corps de stylo à bille que l'on peut scier) et des accessoires permettant de mieux ajuster et éviter des fuites (ruban adhésif, colle, pâte à modeler), rondelles ;
– entonnoirs, passoires, cuvettes ou couvercles de boîtes pour servir de supports aux dispositifs.

Pour comparer les durées d'écoulement de différents sabliers, il convient de les **retourner tous au même instant**. Chaque sablier aura sa propre durée d'écoulement.

Un **nouveau problème** peut être posé : Pourquoi les sabliers n'ont-ils pas tous la même durée ? Les élèves font des **hypothèses** sur les **facteurs** susceptibles de faire varier les durées d'écoulement, par exemple le matériau utilisé (qualités de sable – différentes tailles de grains – du sel, du sucre en poudre, de la semoule, etc.), la quantité de matière (en masse ou en volume).

Des instruments pour mesurer des durées

a. Des sabliers

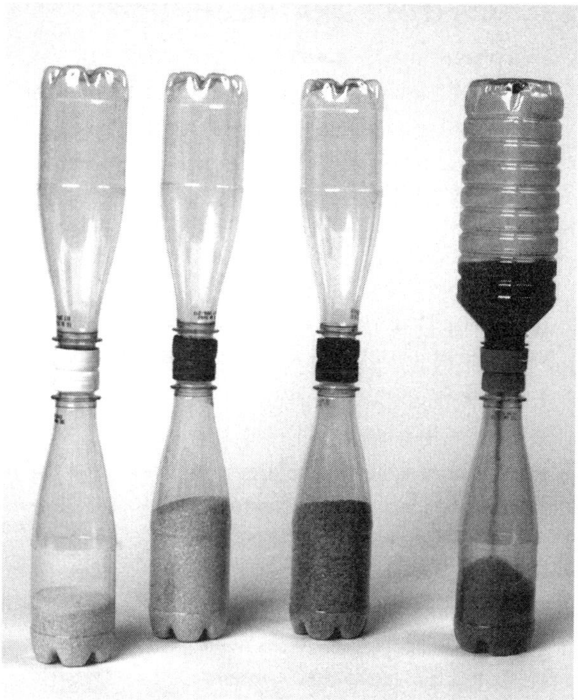

b. Des clepsydres

Des expériences pour savoir pourquoi les bandes de graduation sont différentes

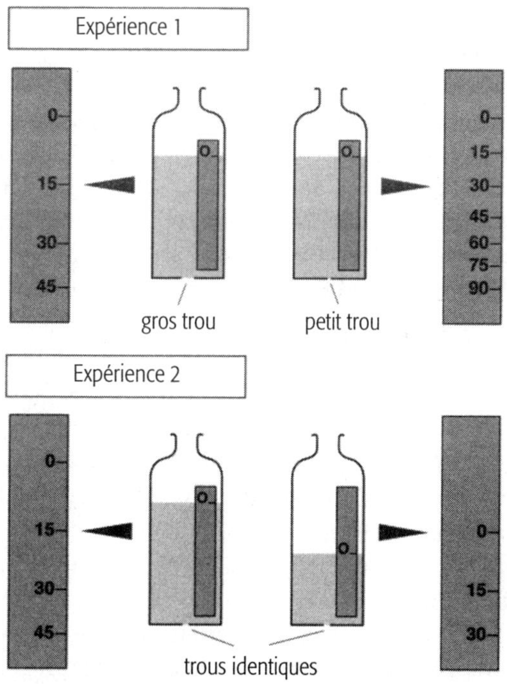

c. Une clepsydre à niveau constant

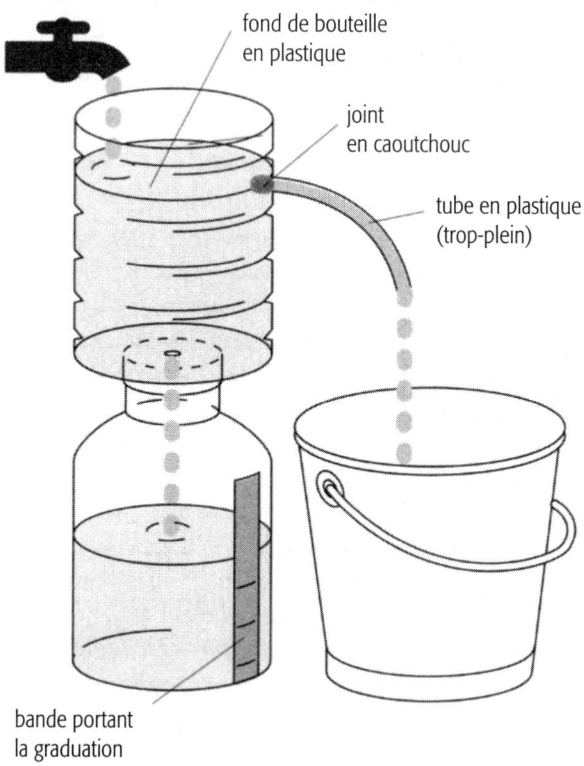

Fig. 3 a. Ces sabliers ne mesurent sans doute pas tous la même durée.
b. Sur les maquettes de clepsydre, la bande de graduation peut être placée sur le réservoir, ou en bas. Des conclusions peuvent être tirées des expériences : les traits sont plus espacés si le trou est plus gros et le niveau initial plus haut.
c. Le niveau de l'eau est constant dans le réservoir : la graduation est régulière.

On ne cherchera pas, au cycle des apprentissages fondamentaux, à réaliser une expérimentation complète impliquant une séparation des variables. En revanche, on peut lancer un défi aux élèves, en leur demandant de modifier leur sablier pour qu'il ait la **même durée** d'écoulement qu'un sablier pris comme référence. Selon que la durée d'écoulement de leur sablier est plus ou moins importante que celle du sablier pris comme référence, ils devront ajouter ou retirer du solide, modifier la taille du trou. Il s'agit ici d'une **expérimentation tâtonnante** s'appuyant sur les facteurs repérés par les élèves. Ils pourront **conclure**, que, pour augmenter la durée de leur sablier, ils peuvent ajouter du solide et/ou diminuer la taille du trou.

4 Utiliser l'horloge de la classe

L'horloge de la classe, le plus souvent à aiguilles, peut être utilisée pour **repérer certains moments** importants de la journée et reconnaître les unités qu'elle porte : heure, minute. L'heure de l'entrée en classe, les heures de récréation et de sortie pourront ainsi être repérées, avant même tout apprentissage de la lecture de l'heure.

Ce travail pourra être complété par l'apprentissage de la **lecture de l'heure** avec la définition de la fonction des deux aiguilles : la petite pour les heures et la grande pour les demi-heures, les minutes. Ce repérage et cet apprentissage seront facilités si les élèves disposent individuellement d'une « horloge » en carton, avec les deux aiguilles pour afficher n'importe quelle heure.

Comment fabriquer cette « horloge » ? Les élèves **analyseront** l'horloge de la classe pour pouvoir lister les éléments intervenant dans l'**affichage** de l'heure : un cadran gradué et deux aiguilles pouvant tourner autour d'un axe au centre du cadran.

Le cadran, en carton léger, pourra être **fabriqué** par les élèves. Ils choisiront un cadran carré, qu'ils peuvent tracer en lien avec des activités de géométrie, ou vous leur distribuerez des cadrans en forme de disque, dont vous aurez repéré le centre. Le centre du carré se trouve au croisement des diagonales.

Il s'agit ensuite de **graduer** le cadran. En se référant à l'horloge de la classe, ils pourront placer les traits correspondant à 12 et 6, puis, avec l'équerre, à 3 et 9. Pour tracer les graduations horaires intermédiaires, des gabarits (correspondant à un secteur angulaire de 30°) seront mis à disposition des élèves. Il reste alors à découper et monter les deux aiguilles. Une attache parisienne servira **d'axe de rotation**. On peut, pour faciliter la manipulation, intercaler une rondelle métallique sur l'axe, entre les aiguilles. L'« horloge » est alors prête pour son utilisation : simple affichage des moments repérés dans la journée ou affichage de telle ou telle heure.

Au cycle des approfondissements

Les programmes de sciences et technologie du cycle des approfondissements ne font pas explicitement référence à la mesure du temps et des durées. On la trouve dans le programme de mathématiques. En revanche, comme indiqué dans la partie mathématiques des programmes, il est important de confronter les élèves à des problèmes concrets. C'est pourquoi nous proposons ici quelques exemples d'activités, qui permettent de travailler ces points, ainsi que des compétences définies dans le socle commun.

Les unités de durée « jour » (24 h) et « année » sont abordées dans les chapitres 9 et 10.

Connaissances capacités travaillées au cycle des approfondissements

– Mesurer et comparer des durées.
– Connaître et manipuler des unités de mesure de durée : la seconde, la minute.
– Imaginer et réaliser un dispositif expérimental susceptible de répondre aux questions que l'on se pose, en s'appuyant sur des observations, des mesures appropriées ou un schéma.
– Recommencer une expérience en ne modifiant qu'un seul des facteurs par rapport à l'expérience précédente.

1 Comment mesurait-on le temps avec une clepsydre ?

La clepsydre est un bon support pour faire **manipuler et lire des chronomètres** par les élèves, **mesurer des durées** dans une situation concrète et s'interroger sur la graduation d'un instrument de mesure de durées.

Les élèves peuvent **fabriquer** et **étalonner** des clepsydres et **découvrir leurs principes de fonctionnement**. Ils ne connaissent généralement pas l'instrument et un document (***Fig. 1b***) sera un bon support pour une **situation de départ**. Les clepsydres fonctionnent grâce à l'écoulement d'un liquide : l'eau. Dans une clepsydre, l'écoulement de l'eau est irrégulier, le débit ralentit au fur et à mesure de l'écoulement. L'écoulement peut d'ailleurs éventuellement faire l'objet d'observations de phénomènes qui varient suivant les conditions expérimentales : bulles, tourbillons, entonnoirs, vaguelettes...

La clepsydre grecque (***Fig. 1b***) ne comporte pas de graduations, elle ne peut donner qu'une seule durée ; d'autres (clepsydre égyptienne par exemple) comportent des graduations, on peut donc déterminer plusieurs intervalles de temps égaux (qui servent d'unités) et donc s'approcher de la « lecture d'heure » telle qu'on la conçoit aujourd'hui.

On peut **construire une maquette** de clepsydre (***Fig. 3b***) en utilisant une bouteille en matière plastique que l'on perce à sa base. Un **chronomètre** permet d'**étalonner** l'instrument en repérant le niveau de l'eau et donc les durées que l'on pourra mesurer grâce à cette clepsydre. Si les graduations sont correctement faites, toutes les clepsydres doivent afficher le même résultat quand on mesure simultanément la même durée : c'est un moyen commode pour vérifier la validité des graduations.

Attention au choix qui peut être fait de porter la graduation sur le réservoir qui se vide ou sur le récipient du bas. Dans ce dernier cas, les élèves peuvent ne pas avoir repéré le **niveau d'eau initial dans le réservoir**, ce qui conduit à des erreurs dans les mesures faites avec la clepsydre graduée et à des difficultés pour valider la graduation. Cette validation fait apparaître la nécessité de repérer le niveau d'eau initial dans le réservoir.

Dans une classe, les clepsydres n'ont généralement pas toutes les mêmes **bandes de graduation** car les fabrications ne sont pas absolument identiques. Par exemple, le diamètre du trou est rarement le même sur toutes les clepsydres. Cela peut conduire à une **recherche sur les facteurs** ayant une influence sur l'espacement des traits de graduation et à une **expérimentation pour les tester** (***Fig. 3b***).

Les durées des écoulements ne sont pas proportionnelles à la quantité de liquide qui s'écoule. Ce phénomène est lié à la différence de pression exercée sur l'eau qui s'écoule et qui lui donne sa vitesse, son débit. Plus la hauteur d'eau est importante, plus la pression sur l'eau au niveau du trou est élevée, plus la vitesse de l'eau éjectée est grande. L'eau s'écoule donc rapidement au début et de moins en moins vite au fur et à mesure que la clepsydre se vide. Pour des durées identiques, on aura donc un intervalle de graduations plus important au début que vers la fin.

On peut réfléchir alors avec les élèves à la forme de la clepsydre qui permettrait d'obtenir des graduations identiques pour des intervalles de durées égales. On en arrive à mieux comprendre la forme des clepsydres anciennes ou la fabrication d'une clepsydre à niveau d'eau constant (***Fig. 3c***). On peut également tester un autre liquide que l'eau, l'huile par exemple et comparer les résultats des différentes expériences.

❷ Un pendule qui bat la seconde

a. Découverte du pendule

La plupart des horloges et montres actuelles possèdent un oscillateur, dont le premier exemple intégré dans une horloge est un pendule. Il est donc intéressant de s'appuyer sur cet exemple pour faire prendre conscience aux élèves d'une **unité de temps : la seconde**. On proposera aux élèves de fabriquer un instrument qui permette d'avoir cette unité de temps.

Pour introduire l'objet « pendule », on pourra choisir comme **situation de départ** une réflexion sur le fonctionnement d'une horloge type « comtoise » (***Fig. 1c***), en s'interrogeant sur la fonction du balancier : oscille-t-il régulièrement ? On pourra aussi partir d'un texte historique, pour lequel on cherchera à simuler la situation décrite et à vérifier les informations données (***Fig. 4a***). On pourra aussi fournir un pendule déjà réalisé par les élèves et leur demander de l'utiliser et de faire part de leurs remarques.

Un pendule est constitué d'un objet suspendu au bout d'un fil. L'objet peut faire, après lui avoir donné une impulsion, des allers-retours, des « oscillations », avec des intervalles de temps, des durées, identiques. La durée d'un aller-retour s'appelle une « période ».

Les élèves se **familiarisent** avec le dispositif, observent le mouvement, déterminent par tâtonnement les conditions de réalisation de « bonnes » oscillations. Il faut une impulsion initiale mais il faut ensuite que le pendule oscille tout seul. Il est donc nécessaire de le suspendre de telle manière que ses oscillations soient libres de toute interaction matérielle avec l'extérieur.

b. Mesurer la durée d'une oscillation : la période

Des **questions** se posent : Le pendule paraît osciller régulièrement : est-ce vrai ? Quelle est la durée d'une oscillation ? Et comment avoir une oscillation qui dure une seconde ? Les élèves doivent **mesurer** une période d'oscillation d'un pendule. Ils découvrent que la méthode la plus efficace doit combiner un certain nombre de contraintes :
– utiliser un appareil précis : chronomètre ou montre avec les secondes ;
– ne pas faire des oscillations d'amplitudes trop grandes, le fil doit toujours être tendu ;
– la meilleure façon pour mesurer une oscillation est de donner les « tops » au moment où le pendule passe par sa position la plus haute (vitesse nulle) ;
– réaliser plusieurs mesures pour contrôler et faire une moyenne ;
– mesurer la durée de cinq ou dix oscillations, la mesure sur une seule oscillation étant sujette à

erreur ; on fait ensuite un calcul pour trouver la durée d'une oscillation.

Cette dernière contrainte implique l'isochronisme des oscillations, c'est-à-dire le fait que les oscillations ont toutes la même durée. Le maître peut fournir ce résultat sans discussion, tout en indiquant que cette découverte a été faite par un savant du XVIIe siècle, appelé Galilée (voir ***fig. 4a*** si le document n'a pas été utilisé en situation de départ).

Pour **vérifier** si le pendule oscille régulièrement, il est nécessaire de mesurer la durée de 5, 10, 15 oscillations. Si elles sont toutes de même durée, la durée totale de 20 oscillations sera 4 fois plus longue que la durée de 5 oscillations. On place ainsi les élèves face à une situation de **proportionnalité**.

c. Comment fixer la valeur de la période ?

Un nouvelle question se pose : Les élèves remarquent que tous leurs pendules n'ont pas la même période. Pourquoi ? Ils recherchent alors des **facteurs** pouvant influencer la valeur de la période. Cela permettra ensuite de savoir sur quel facteur agir pour obtenir un pendule qui bat la seconde.

Les élèves posent des **hypothèses** à la fois sur les facteurs à tester et sur leur **influence a priori** : écart (ou angle) au départ, longueur du fil et masse (poids) de l'objet suspendu seront celles qui seront retenues pour les expériences (***Fig. 4b***).

Les élèves, ne manquant généralement pas d'imagination, proposeront peut-être d'autres facteurs : type de fil (cordelette, ficelle à rôti, fil de pêche), forme de l'objet suspendu. Ce dernier cas peut être traité à part. La forme peut avoir de l'influence par suite d'une variation de la pénétration dans l'air engendrant plus ou moins de frottement mais la mise en œuvre d'une expérimentation rigoureuse est délicate à réaliser, le mobile suspendu tournant dans l'espace pendant ses oscillations.

Il est nécessaire de **conserver** deux des trois facteurs constants quand le troisième est variable. Pour les élèves, les résultats sont généralement surprenants :
– la période ne varie pas en fonction de la masse de la boule suspendue ;
– la période ne varie quasiment pas en fonction de l'angle (si on reste dans des angles assez petits, inférieurs à 30° environ) ;
– la période varie avec la longueur du fil uniquement. Quand la longueur augmente, la valeur de la période augmente.

Il reste maintenant à savoir quelle longueur de fil utiliser pour avoir une oscillation de durée égale à 1 s. Par tâtonnement et en référence aux valeurs de périodes déjà déterminées, les élèves trouveront la valeur de cette longueur, évidemment identique pour tous les groupes... ce qui peut encore surprendre certains élèves, mais ce qui montre l'universalité des lois physiques ! On trouve une valeur de longueur de fil égale à 25 cm environ.

On peut alors poser la question : « On veut obtenir une oscillation de durée égale à 2 s. Quelle est la valeur de la longueur de fil à utiliser ? » Les élèves se précipitent pour prendre une valeur de fil égale à 50 cm, pensant souvent à un phénomène proportionnel. On doit en fait utiliser un fil d'une longueur égale à environ 100 cm soit 1 m.

Information pour l'enseignant : la valeur de la période est donnée par la relation :

$T = 2 \times \pi \times \sqrt{L/g}$.

T est la période (en s), L est la longueur du pendule (en m) et g est la valeur de l'accélération de la pesanteur (g = 9,81 m/s^2).

D'après cette relation, en un lieu donné, T ne dépend que de L et n'est pas proportionnel à L, mais à $\sqrt{L}$. La période est ainsi multipliée par 2 quand la longueur est multipliée par 4.

Avec un pendule

a. Un document historique

Voici ce que faisait dire le savant Galilée (1564-1642) dans son livre *Discours sur les sciences nouvelles* à ses deux personnages Sagredo et Salviati.

Sagredo : *Des milliers de fois, j'ai observé des oscillations dans les églises où les lampes, suspendues à de longues cordelettes, sont parfois, par mégarde, mises en mouvement. Mais je n'aurais jamais imaginé apprendre qu'un même corps, suspendu à un cordon et écarté de deux angles différents, mît le même temps pour décrire l'arc le plus long que pour l'arc le plus court et, en vérité, cela me paraît encore quelque peu invraisemblable.*

Salviati : *Certes, mais il faut remarquer que chaque pendule possède son propre temps d'oscillation, qu'il est impossible de modifier.*

b. Des expériences pour tester des hypothèses

Expérience d'Emmanuelle

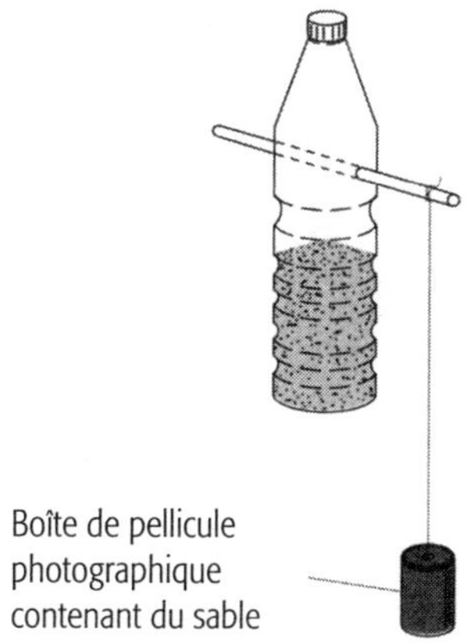

Objet suspendu	Boîte remplie de sable	Boîte à moitié remplie de sable
Écartement au départ (en cm)	10	10
Longueur du fil (en cm)	50	50
Durée de 10 aller-retour (en s)	14,2	14,2

- Écris la conclusion de l'expérience.
- Réalise l'expérience. Arrives-tu à la même conclusion ?

Expérience d'Emilie

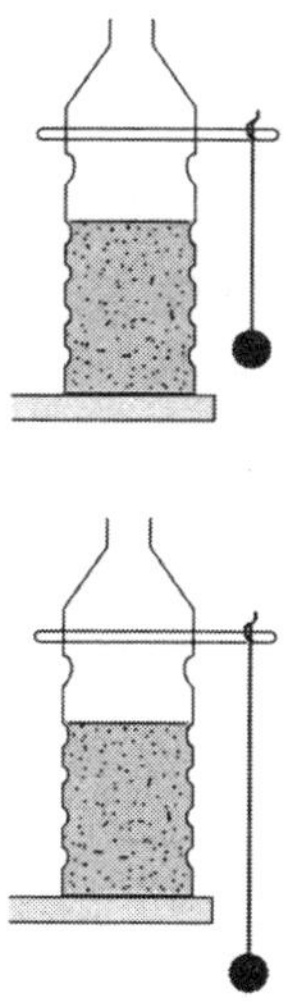

Longueur du pendule (en cm)	30	50
Durée de 10 aller-retour (en s)	11	14,2

- Dans le tableau n'apparaissent ni les poids des objets ni les écartements au départ : pourquoi ?
- Écris la conclusion de l'expérience.
- Que doit faire Étienne pour avoir un pendule dont la durée d'un aller-retour est inférieure à 1 s ?

Fig. 4 a. Ce document peut être utilisé comme situation de départ. Les élèves peuvent traduire sur un schéma les informations du texte, puis vérifier l'affirmation de Sagredo.
b. Les élèves formulent des hypothèses pour expliquer les durées différentes de leurs pendules. Ces expériences permettent de tester deux facteurs : le poids de l'objet et la longueur du pendule.

Partie

6

L'électricité

S'il est un domaine qui fascine les élèves de l'école élémentaire, c'est celui de l'électricité. Il ne faut pas s'en étonner : il suffit de prendre conscience de la place qu'elle occupe dans notre civilisation. Que se passerait-il si, brutalement, tout ce qui fonctionne grâce à l'électricité s'arrêtait ?

Les circuits électriques, ceux que l'on rencontre dans les activités en électricité à l'école ou ceux des installations domestiques ou industrielles, comportent tous des générateurs et des récepteurs. Aborder générateurs et récepteurs suppose qu'on les situe et les différencie dans un circuit électrique, mais aussi qu'on les envisage d'un point de vue énergétique : dans un circuit électrique pile-lampe, la pile est une source d'énergie et la lampe transforme une partie de l'énergie reçue sous forme d'électricité en lumière. Un lien s'établit donc de fait entre cette partie et celle sur l'énergie.

Chapitre 15

Réaliser et comprendre des circuits électriques

Outre l'étude des circuits électriques rencontrés à l'école, ce chapitre s'attache à donner du sens aux grandeurs électriques élémentaires, grandeurs souvent abordées d'un point de vue quantitatif excluant toute modélisation explicative. La majorité d'entre nous développe de nombreuses conceptions, parfois erronées ou à portée limitée, tenaces, suite à une mauvaise compréhension du sens donné à des grandeurs fondamentales telles que courant, tension, résistance. Aussi l'enseignant doit-il se les approprier afin de maîtriser ce qu'il dit, veiller à ce qu'il ne faut pas dire et, ainsi, éviter d'induire involontairement chez ses élèves des conceptions erronées.

Dans les activités proposées, une place importante est réservée aux manipulations permettant de réaliser des circuits électriques. La sécurité électrique, présente dans le programme de l'école primaire, doit être une préoccupation des enseignants et nous proposons des activités et des montages qui permettent d'en comprendre certains aspects.

Le programme *(BO hors série n° 3 du 19 juin 2008)*	
CP et CE1	**CE2, CM1 et CM2**
DÉCOUVERTE DU MONDE **Découvrir le monde du vivant, de la matière et des objets** Les élèves apprennent quelques règles de sécurité personnelles et collectives. Ils réalisent des maquettes élémentaires et des circuits électriques simples pour comprendre le fonctionnement d'un appareil. **PREMIER PALIER POUR LA MAÎTRISE DU SOCLE COMMUN** **Compétence 3. Les principaux éléments de mathématiques et la culture scientifique et technologique** L'élève est capable d' : – observer et décrire pour mener des investigations ; – appliquer des règles élémentaires de sécurité pour prévenir les risques d'accidents domestiques.	**SCIENCES EXPÉRIMENTALES ET TECHNOLOGIE** **Les objets techniques** Circuits électriques alimentés par des piles. Règles de sécurité, dangers de l'électricité. **DEUXIÈME PALIER POUR LA MAÎTRISE DU SOCLE COMMUN** **Compétence 3B) La culture scientifique et technologique** L'élève est capable de : – pratiquer une démarche d'investigation ; savoir observer, questionner ; – manipuler et expérimenter, formuler une hypothèse et la tester, argumenter ; – mettre à l'essai plusieurs pistes de solutions ; – exprimer et exploiter les résultats d'une recherche en utilisant un vocabulaire scientifique à l'écrit et à l'oral ; – maîtriser des connaissances dans divers domaines scientifiques ; – mobiliser ses connaissances dans des contextes scientifiques différents et dans des activités de la vie courante ; – exercer des habiletés manuelles, réaliser certains gestes techniques.

Informations pour l'enseignant

A Caractéristiques de l'énergie électrique

C'est à partir du milieu du XIXe siècle que l'exploitation de l'énergie électrique se développe, grâce aux connaissances acquises de manière empirique, mais aussi par le développement de savoirs en électromagnétisme dans la première moitié de ce même siècle. Quels avantages présente-t-elle ? Il y en a plusieurs :

– La technique a permis de construire des dispositifs importants de production, les **centrales électriques**, et de mettre ainsi à disposition une énergie considérable.

– La diversité des sources d'énergie utilisables donne une certaine souplesse à la production d'électricité dans les centrales.

– Parallèlement, de petites unités de production d'électricité (les piles, les batteries et les piles solaires) répondent à des besoins énergétiques isolés ou très faibles, en particulier dans le traitement et l'échange d'informations (téléphonie, informatique).

– L'électricité offre la possibilité de **transférer de l'énergie à de grandes distances** de son lieu de production grâce à un **réseau** de fils conducteurs, avec des installations fixes ne demandant pas beaucoup d'entretien. Cette dissociation du lieu de production de l'énergie de son lieu d'utilisation, associée à une relative simplicité technique d'acheminement, est à l'origine du succès de l'électricité. L'électricité est en fait un transmetteur d'énergie. Elle permet également, même en des lieux isolés, de manière autonome (petite centrale hydroélectrique, panneaux de cellules photovoltaïques, éoliennes), de disposer d'une **ressource énergétique commode** pour répondre à des besoins personnels, voire industriels : **se chauffer, s'éclairer, se déplacer, mettre en mouvement des machines, produire, communiquer, traiter l'information**.

– Les divers récepteurs (lampes, moteurs…) offrent, en général, une certaine facilité d'utilisation.

– L'absence de déchets sur le site d'utilisation est un autre avantage.

L'utilisation de l'électricité n'est cependant pas sans présenter des difficultés :

– Au tout début, il fallut résoudre le problème de **pertes énergétiques dans les lignes** importantes. La mise au point, vers 1880, des transformateurs statiques, associée à l'adoption de générateurs industriels à tension alternative ont permis de les réduire.

– Les lignes aériennes ne sont guère esthétiques et leur enfouissement entraîne des pertes et des coûts importants.
– **L'impossibilité de stocker l'énergie électrique** oblige le producteur à ajuster en permanence sa production à la demande. Il est ainsi tenu de faire des prévisions intégrant les données météorologiques, le jour de la semaine, l'heure de la journée, les grandes rencontres sportives télévisées... Ces prévisions tiennent compte également des possibilités d'échanges avec les pays voisins.
– La production d'électricité provoque dans certaines centrales des nuisances importantes. Les centrales thermiques à flamme dégagent du dioxyde de carbone, qui participe à l'effet de serre. Les centrales nucléaires produisent des déchets radioactifs dangereux.

B Les constituants d'un circuit électrique

1 Description élémentaire d'un circuit électrique

Un des circuits électriques les plus simples qu'on puisse imaginer est celui consistant à relier une lampe à une pile, par l'intermédiaire de fils électriques (***Fig. 1a***). D'une façon générale, un circuit électrique se définit par un certain nombre de composants :
– un **générateur** qui fournit **l'énergie électrique** : les piles qui sont utilisées dans les classes ou les batteries, les alternateurs ou le secteur ;
– un **récepteur** qui va utiliser cette énergie et la transformer en un autre type d'énergie : en chaleur dans les résistances, en lumière dans les lampes, en son dans les vibreurs, en mouvement dans les moteurs ;
– des **fils de liaisons**. Ce sont des **conducteurs** : les matériaux qui les constituent permettent le passage de l'électricité. En opposition, des matériaux seront dits **isolants** s'ils ne permettent pas le passage de l'électricité. En fait, on constate que cette classification des matériaux entre conducteur ou isolant évolue vers une échelle du matériau le plus conducteur vers le matériau le moins conducteur ;
– s'y ajoute le plus souvent un **interrupteur**, dont la fonction est de **fermer** ou **d'ouvrir le circuit**. Dans un circuit dont le récepteur est une lampe, celle-ci est allumée si l'interrupteur – et le circuit – sont fermés. Elle est éteinte dans le cas contraire.

Dans le cas des circuits simples étudiés à l'école, générateurs et récepteurs possèdent deux bornes pour les branchements électriques : ce sont des dipôles.

2 Les générateurs

Les piles sont les générateurs utilisés à l'école dans l'étude des circuits électriques. En liaison avec la partie relative à l'énergie dans les programmes du cycle des approfondissements, les élèves sont amenés à rencontrer d'autres types de générateurs (alternateur, cellule photovoltaïque...). Nous en présentons quelques-uns, pour en repérer certaines caractéristiques.

a. Quelles formes d'énergie dans les générateurs ?

Un **générateur** est un **transformateur d'énergie**. Pour produire de l'énergie électrique, il fait appel à des **sources d'énergie** (voir chapitre 6), dont l'utilisation n'est pas toujours dénuée d'inconvénients. Ces énergies sont diverses : énergie chimique dans les piles et accumulateurs, énergie solaire dans les piles solaires, énergie potentielle de pesanteur dans les centrales hydrauliques, énergie cinétique de l'air dans les éoliennes, énergie chimique dans les centrales thermiques à flamme, énergie nucléaire dans les centrales thermiques nucléaires.

La production d'électricité à partir des **énergies renouvelables** (Soleil, vent, biomasse) reste, pour l'instant, très faible. La plupart des sites susceptibles de recevoir un barrage sont occupés. Leur implantation n'est pas sans présenter des inconvénients. Un grand barrage, outre le fait de noyer d'importants territoires, entraîne des modifications climatiques locales et des contraintes écologiques et économiques (par exemple, depuis la construction du barrage d'Assouan, l'utilisation d'engrais chimiques dans la plaine du Nil doit pallier la disparition de la fertilisation naturelle du fleuve). L'implantation d'éoliennes reste anecdotique et encore sujette à contestation, particulièrement en France ; sa production d'électricité ne pourra fournir au mieux que le dixième de ce qui est nécessaire.

L'utilisation massive des énergies fossiles (charbon, gaz ou pétrole) entraîne le rejet de produits sulfurés préjudiciables à la végétation et le rejet de dioxyde de carbone qui, par augmentation de l'effet de serre dû à ce gaz en altitude, augmente les risques de modification climatique. De plus, les sources fossiles sont épuisables.

L'utilisation de l'uranium dans les centrales nucléaires, outre les accidents graves possibles au cours du fonctionnement de la centrale, exige un stockage difficile de ses déchets pendant des milliers d'années. Elle présente un avantage certain sur les centrales thermiques, celui de ne rejeter aucun résidu gazeux aggravant l'effet de serre. Les espoirs des scientifiques se portent sur une fusion nucléaire, produite à partir du deutérium (isotope de l'hydrogène), qui présenterait le double intérêt d'utiliser un matériau largement disponible (une partie non négligeable des molécules d'eau est constituée à partir d'atomes de deutérium) et de produire un déchet inoffensif, l'eau. Mais l'échéance de la mise au point de cette technique est éloignée : certains parlent de cinquante ans !

Souhaitons que la conscience des limites de la production énergétique et de ses sources conduira chacun d'entre nous à savoir mieux gérer et économiser l'énergie.

b. Les piles

Si on ôte l'enveloppe d'une pile saline (ne pas le faire avec un autre type de pile !) neuve et d'une pile saline usagée, on constate que le cylindre (de zinc) est piqueté de points blancs dans la pile usagée, alors qu'il est intact et brillant dans la pile neuve. Il y a donc **modification des substances** présentes dans la pile au cours de son utilisation. Cette modification est le résultat de réactions chimiques, dites électrochimiques dans le cas des piles.

La pile utilise la plus ou moins grande capacité qui existe entre deux conducteurs différents à laisser partir de leurs atomes un ou plusieurs électrons ou à les y fixer. L'un des deux conducteurs perd des électrons ; l'autre capte ces électrons (on a alors entre ces deux matériaux, à l'intérieur de la pile, dans un milieu humide contenant des ions, une *réaction chimique d'oxydoréduction*). Le flux d'électrons qui se forme, et qui passe dans la partie du circuit électrique extérieure à la pile, constitue le courant électrique. Dans la pile, les électrons ne se déplacent pas librement, mais les charges électriques sont véhiculées par des déplacements d'ions.

Voici un exemple d'une pile non désirée : si un morceau de feuille d'aluminium enveloppant un chocolat se coince entre les dents, la présence d'une couronne métallique (d'un autre métal) provoque un effet de pile dans la bouche, entraînant une forte névralgie dentaire.

La **nature des deux conducteurs** détermine la valeur de la **tension** de la pile, les **quantités des matériaux** déterminent la **quantité d'énergie** emmagasinée : c'est ce qui justifie les piles de même tension mais de grosseurs différentes, adaptées à leurs utilisations et à leurs destinations.

La pile est donc un réservoir d'énergie chimique. À la fermeture du circuit, cette énergie se convertit en énergie électrique. L'avantage de ce dispositif est évident : sous un faible encombrement, on dispose d'un générateur électrique facile à transporter. Mais ses réserves d'énergie en restreignent l'usage à des dispositifs électriques à faible consommation d'énergie : calculette, montre, lampe de poche, etc. Les produits composant une pile sont toxiques. Usagée, elle doit être jetée dans un conteneur spécifique.

c. Les accumulateurs

L'accumulateur à électrodes de plomb, le plus répandu (la « batterie » des voitures), possède au départ des électrodes identiques. On crée par électrolyse une dissymétrie (sulfate de plomb sur la cathode, dioxyde de plomb à l'anode) en le branchant sur un chargeur relié au secteur. Au fur et à mesure de son utilisation en tant que générateur, la symétrie se rétablit ; par électrolyse, on le recharge et ainsi de suite. D'autres accumulateurs existent, tel l'accumulateur fer-nickel (Fe-Ni).

Les réactions réversibles qui se produisent aux électrodes expliquent le **caractère rechargeable des accumulateurs**. Dans le langage courant, on utilise à mauvais escient le terme de « piles rechargeables » : il s'agit en fait d'accumulateurs.

d. Les piles à combustible

Des piles dites à combustible ont été utilisées au cours des missions Apollo. Elles fonctionnent sur le même principe que les précédentes, mais leur technique est différente car elle font intervenir des gaz. Il s'agit, par exemple, dans la pile à hydrogène, de faire réagir en combustion lente l'hydrogène avec l'oxygène de l'air (alors que la combustion directe dans l'air est explosive). Constituée de deux électrodes, d'un catalyseur (qui facilite la réaction chimique) et d'un électrolyte (une membrane imbibée d'une solution acide qui contient des ions H^+), son principe de fonctionnement est le suivant :

– sur une des électrodes (la cathode), l'hydrogène se décompose en ions H^+ et libère des électrons dans le circuit ;

– sur l'autre électrode (l'anode), les ions H^+ ayant traversé l'électrolyte, les électrons arrivant du circuit et l'oxygène se combinent pour produire de l'eau.

Si le produit de la réaction, l'eau, n'est pas polluant, il n'en demeure pas moins que de l'énergie électrique produite par une centrale sera nécessaire pour remplir le réservoir d'hydrogène à partir de l'électrolyse de l'eau.

Ces piles font actuellement l'objet de recherches afin de réduire leur encombrement. Leur coût reste élevé.

e. Les panneaux photovoltaïques

Il existe actuellement des **cellules photovoltaïques**, ou **piles solaires**, qui produisent directement de l'électricité à partir du rayonnement solaire. Même si la conquête spatiale a permis de faire d'énormes progrès, la puissance électrique développée par ces panneaux reste faible, le coût de leur fabrication élevé. Leur utilisation reste limitée à des équipements exigeant un faible apport énergétique et éloignés des réseaux de distribution électrique. Les **piles solaires ne sont pas des sources d'énergie** : elles convertissent en énergie électrique une partie de l'énergie transférée par rayonnement en provenance du Soleil. Elles ne peuvent stocker l'énergie reçue par rayonnement. Aussi sont-elles souvent associées à des batteries (par exemple dans les éclairages de jardin).

f. La dynamo et l'alternateur

Les générateurs qui transforment de l'énergie mécanique en énergie électrique sont des dynamos ou des alternateurs. En 1871, le Belge Zénobe Gramme présente à l'Académie des sciences une machine tournante susceptible de produire de l'électricité, la **dynamo**. Elle produit à ses bornes une **tension continue**. Elle équipe les voitures anciennes et permet de recharger directement la batterie.

L'**alternateur** produit à ses bornes une **tension alternative**, qui engendre un courant alternatif quand on ferme le circuit. Certaines bicyclettes sont équipées d'un petit alternateur (et non d'une dynamo comme on le dit couramment). On trouve aussi des alternateurs dans les centrales électriques.

Que ce soit dans l'alternateur ou la dynamo, l'existence de la tension est due au **mouvement relatif d'une bobine conductrice par rapport à un champ magnétique** (aimant ou électroaimant). Il est intéressant de noter le caractère réversible de l'effet électromagnétique :
– si on crée un mouvement relatif entre un aimant et une bobine de fil conducteur, il apparaît une tension aux extrémités du conducteur constituant la bobine (fonctionnement en alternateur ; ***Fig. 1b***) ;
– si une bobine traversée par un courant électrique est placée au voisinage d'un aimant (ou d'un électroaimant), elle est attirée ou repoussée : elle se comporte comme un aimant (***Fig. 1b***). Cette propriété est mise à profit dans le moteur (§ 3.b), qui transforme en mouvement l'énergie qu'il reçoit par électricité (voir chapitre 6).

À la fin du XIXe siècle, deux types de centrales étaient en concurrence, les centrales à courant continu, le choix d'Edison et les centrales à courant alternatif, choix de Tesla. Très vite, on s'est aperçu que le transport en haute tension limitait les pertes par effet Joule et était donc plus économique. Or les transformateurs, dispositifs peu onéreux, fiables et non-consommateurs d'énergie, s'ils montent et abaissent la tension, fonctionnent uniquement en alternatif. Ce sont donc les alternateurs qui ont prévalu. Il est toujours possible et si c'est nécessaire, par un dispositif électronique relativement simple (diodes), de transformer la tension électrique alternative en tension continue.

g. Pile ou alternateur

La pile et l'alternateur s'opposent sur divers points :
– l'origine de l'énergie électrique est chimique pour l'une, mécanique pour l'autre ;
– la tension produite est continue pour l'une, alternative pour l'autre ;
– les quantités d'énergie produites sont dérisoires avec la pile, alors que les alternateurs peuvent fournir des énergies largement adaptées aux besoins ;
– si la pile contient l'énergie qu'elle transformera en énergie électrique à la fermeture du circuit (générateur autonome), l'alternateur seul ne produit rien !

Pour établir un véritable parallèle, on devrait comparer la pile et la centrale, c'est-à-dire l'alternateur avec sa turbine et tout ce qui est nécessaire pour faire tourner cette dernière ! Notons que l'on trouve actuellement sur le marché des lampes de poche dont le générateur est un petit alternateur mû par une manivelle. Lui est souvent associée une batterie (avec des diodes pour assurer le redressement de la tension alternative de l'alternateur), qui permet une mise en réserve de suffisamment d'énergie pour utiliser cette lampe quelque temps sans actionner la manivelle.

3 Les récepteurs

Les récepteurs majoritairement utilisés à l'école sont les lampes. Les élèves peuvent aussi en manipuler d'autres : moteur électrique, DEL...

a. Les lampes électriques

• **La lampe à arc.** Avant 1880, les **lampes à arc** sont les premières à fonctionner à l'électricité. Elles produisent, entre deux électrodes de charbon, une étincelle électrique continue, source d'une lumière intense et crue basée sur la décharge électrique dans l'air. Cette technique fut réservée à l'éclairage public et longtemps utilisée dans les projecteurs de films au cinéma (jusqu'à la décennie 1970). Les électrodes de carbone brûlent progressivement. Des dispositifs d'horlogerie fragiles devaient maintenir les deux extrémités des électrodes à une distance constante suffisamment proche pour que la décharge puisse se poursuivre.

• **La lampe à filament.** En 1879, Edison met au point la **lampe à filament**. Le courant porte à **l'incandescence** un conducteur dont le point de fusion est élevé : c'est le **filament**. L'incandescence

Le circuit électrique : générateurs et récepteurs

a. Un circuit électrique simple

Dessin fidèle

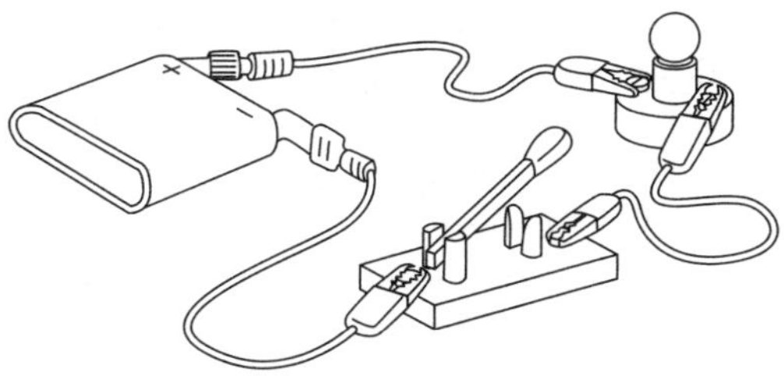

Dessin simplifié

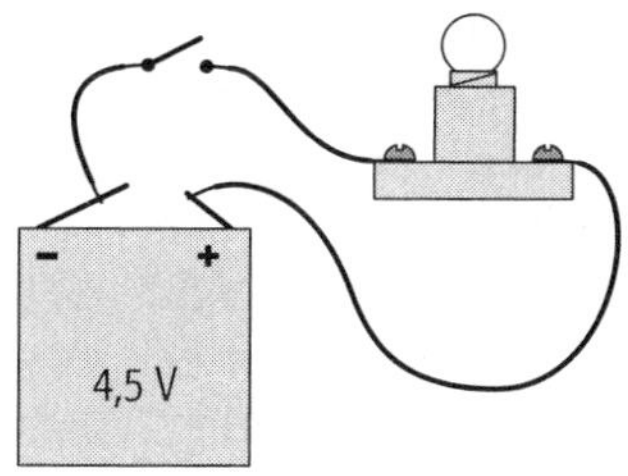

Schéma normalisé (pas au programme)

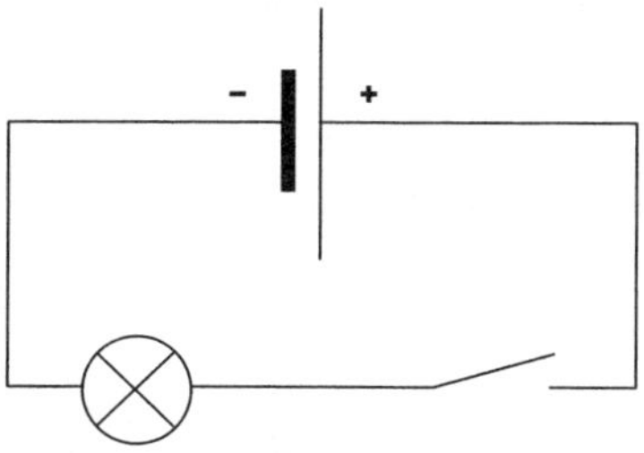

Dessin d'élève

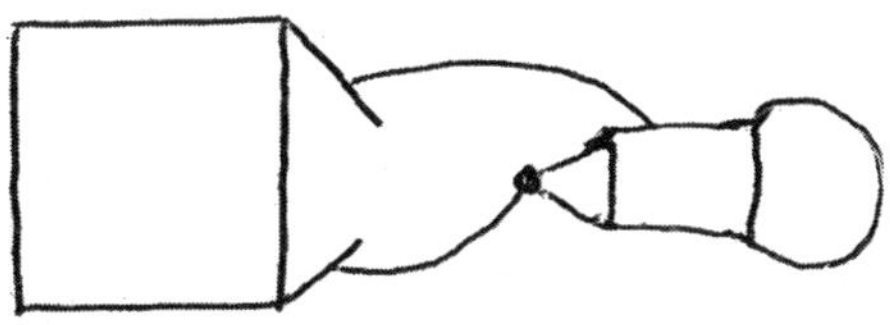

Fig. 1 a. Plusieurs représentations du circuit existent. On cherchera à faire accéder les élèves à un niveau suffisant de schématisation (dernier dessin).
b. Un aimant en mouvement crée un courant électrique dans une bobine, qui se comporte en générateur. Inversement, une bobine parcourue par un courant se comporte en aimant (récepteur).
c. d. e. La lampe, le moteur, la DEL sont des récepteurs. La DEL est un récepteur polarisé.

b. Deux applications de l'effet électromagnétique

Dans un alternateur

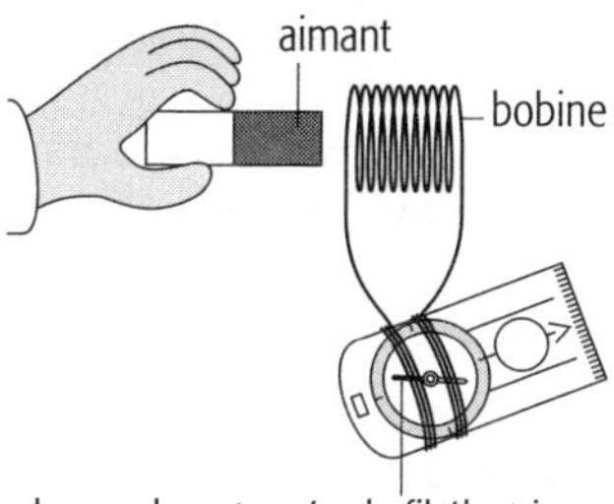

Dans un moteur

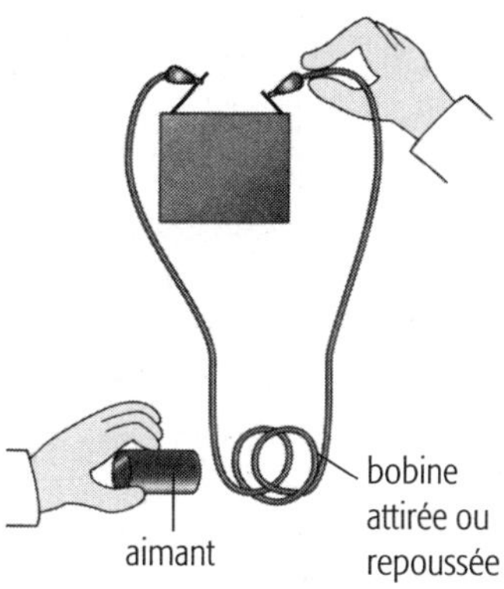

c. *Production d'élève* Coupe d'une lampe électrique

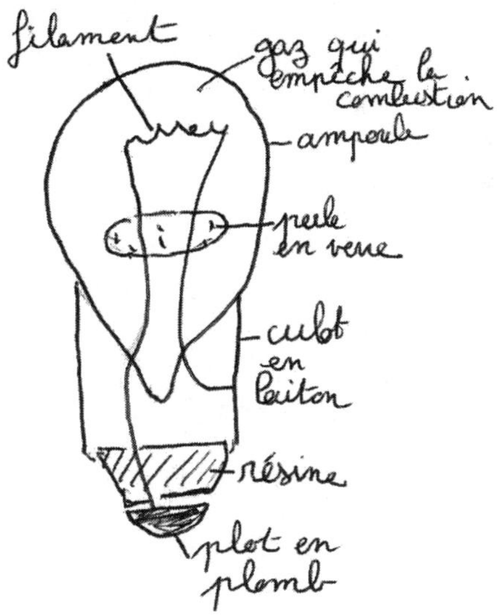

d. Un petit moteur

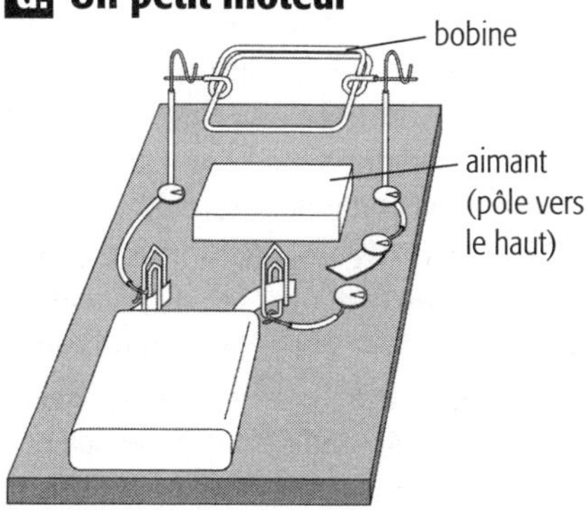

e. La DEL

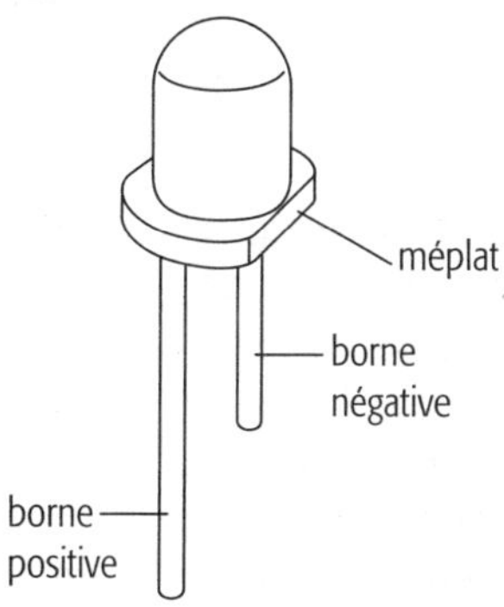

est l'émission de lumière par un objet porté à haute température. Initialement en carbone, le filament est aujourd'hui en tungstène, métal dont la température de fusion est de 3 422 °C. L'homme doit, pour la première fois, **empêcher la combustion** pour s'éclairer. Aussi le filament doit-il être enfermé dans une ampoule de verre étanche dans laquelle on réalisait autrefois un vide poussé. Le filament chauffé a tendance à se sublimer (passage de l'état solide à l'état gazeux). Le tungstène qui quitte le filament sous forme de gaz vient se condenser sur la paroi intérieure de l'ampoule, formant un dépôt noir solide qui diminue le rendement lumineux et la durée de vie de la lampe. Vers 1913, pour pallier cet inconvénient et ralentir ce processus, on remplit les lampes avec un **gaz inerte**, d'abord l'azote, puis un mélange d'argon et d'azote ou de krypton (***Fig. 1c***). Le gaz exerce une pression sur le filament, ce qui ralentit sa sublimation, maintient le rendement de la lampe et augmente sa durée de vie. Dans le filament de tungstène porté à 2 900 °C, l'énergie reçue est transformée en énergie thermique (10 %), en énergie de rayonnement infrarouge (80 %) et en énergie de lumière visible (10 %). La législation les condamne à disparaître en raison de ce faible rendement.

• **La lampe à filament et à halogène.** Dans cette lampe, on ajoute un halogène (iode, brome) au gaz inerte. Les atomes de vapeur de tungstène obtenus par sublimation se combinent avec l'halogène pour former un composé gazeux, l'iodure de tungstène par exemple. Si ce composé rencontre le filament, il se dissocie car il est instable à haute température : l'atome de tungstène se dépose sur le filament et le régénère. On peut ainsi éviter le noircissement de la paroi de l'ampoule, augmenter la température de fonctionnement (entre 3 000 °C et 3 100 °C), ce qui produit une lumière plus blanche. Si les lampes à halogène ont une durée de vie plus grande, leur rendement n'est pas meilleur. En général, elles sont équipées d'un gradateur, appareil électronique qui permet de moduler l'intensité lumineuse. Il faut savoir qu'en baissant l'intensité lumineuse, on diminue la température de fonctionnement du filament, mais aussi son rendement.

• **La lampe fluorescente (lampe à décharge dans un gaz).** La technique de cette lampe est différente de celle de la lampe à incandescence. Une **décharge électrique dans une colonne de gaz**, en général de la vapeur de mercure, émet un rayonnement ultraviolet. Ce rayonnement est invisible, mais il « excite » la **substance fluorescente** (un mélange de « terres rares ») déposée sur les parois, qui transforme cette lumière invisible en lumière visible. Les fabricants essayent de trouver un mélange de substances fluorescentes telles que la luminescence obtenue soit la plus proche de celle de la lumière blanche (lumière du Soleil). Le fonctionnement nécessite un ballast, dispositif destiné à produire, à l'allumage, la surtension nécessaire pour ioniser le gaz, puis à limiter la tension et l'intensité du courant dans la lampe en fonctionnement. Cette lampe se caractérise par un faible dégagement de chaleur et un **rendement** multiplié par cinq par rapport à la lampe à filament. La qualité de la lumière émise est moindre. Elle est plus adaptée aux éclairages permanents : elle nécessite un certain temps pour donner toute son efficacité lumineuse, un temps de repos avant un nouvel allumage et sa longévité dépend du nombre d'allumages. Contenant du mercure, les lampes usagées doivent être collectées (commerce, déchetterie) pour être recyclées.

Jusqu'à présent, les lampes fluorescentes avaient la forme de longs tubes peu esthétiques. Les nouvelles, les lampes fluocompactes, ont pu être miniaturisées avec incorporation du ballast dans leur culot, ce qui a permis de les intégrer dans des luminaires classiques. Elles bénéficient d'un tube plus fin et plus court, en forme de U, éventuellement d'une association de plusieurs d'entre eux (2 et même 3) pour obtenir des puissances plus élevées. Ce type de lampe a l'aspect d'une lampe à incandescence, avec un rendement et une durée de vie bien meilleurs.

Il existe enfin un **autre type de lampe à décharge**, où la lumière est directement produite par l'atmosphère gazeuse excitée. Le gaz est en général de la vapeur de sodium. Ces lampes de forte puissance produisent un éclairage caractéristique légèrement orangé, réservé aux équipements publics.

• **La lampe à DELs**. Voir le paragraphe c.

b. Le moteur électrique

Le principe de fonctionnement d'un moteur électrique repose sur l'**interaction** entre un **courant** traversant un conducteur et le **champ magnétique** d'un aimant. Les expériences des ***figures 1b et 1d*** illustrent la présence d'une force entre un aimant et une petite bobine constituée de quelques tours de fil conducteur. Traversée par un courant, cette bobine se comporte comme un aimant : ses deux faces correspondent aux deux pôles de l'aimant et leurs noms, nord et sud, sont alors fonction du sens du courant. C'est un électroaimant. Quand deux pôles de même nom se font face, ils se repoussent et quand deux pôles différents se font face, ils s'attirent.

Dans un moteur électrique, on choisit généralement de guider la pièce mobile (la bobine de la ***figure 1d*** par exemple) en rotation, de façon à obtenir un mouvement de rotation et non une translation de cette pièce. Le sens de rotation d'un moteur électrique alimenté par une pile est inversé quand on inverse son branchement. Le moteur est un convertisseur d'énergie électromagnétique en énergie mécanique : une partie de l'énergie se convertit en énergie cinétique, l'autre partie de l'énergie est transformée dans la (les) bobine(s) en énergie thermique (il y a augmentation de la température de la bobine), transférée par chaleur au milieu ambiant. Si on bloque le rotor (bobine), toute l'énergie reçue se transforme en énergie thermique et le vernis isolant des fils brûle. Le moteur est « grillé ».

La ***figure 1d*** présente un moteur élémentaire, constitué d'un aimant plat et d'une bobine de quelques tours de fil isolé, dénudé aux extrémités et mobile autour de son axe. La boucle servant de rotor devrait s'immobiliser quand deux faces sud et nord de l'aimant et de l'électroaimant se font face. L'inertie du rotor (son « élan ») lui permet pourtant de tourner. Dans les moteurs, on s'arrange techniquement pour que l'orientation de l'électroaimant (la bobine parcourue par le courant électrique) puisse s'inverser, de façon que l'interaction entre la bobine et l'aimant conduise à une rotation continue de la bobine ; dans ce cas, l'inertie de la bobine en rotation n'intervient plus dans le fonctionnement du moteur.

c. Les diodes

La **diode** est un composant électronique **polarisé**, qui a la propriété d'être **conducteur dans un sens du courant et isolant dans l'autre**. Elle se comporte comme un interrupteur selon son sens de branchement. Ses propriétés sont dues à la constitution des deux matériaux traités distinctement qui la composent.

La **diode électroluminescente** (la DEL) est une diode qui, dans le sens passant, émet de la **lumière**. On reconnaît sa borne négative aux signes suivants : sa patte est courte ; il lui correspond un méplat (***Fig. 1e***). Il en existe de différentes couleurs. Alimentée par une pile de 4,5 V, elle nécessite une ampoule de lampe de poche ou une résistance de 330 ohms en série pour limiter l'intensité du courant électrique dans le circuit et éviter sa détérioration. Jusqu'à présent, les diodes étaient utilisées en tant que témoins lumineux. Mais elles sont maintenant envisagées comme éléments pour éclairer. Déjà, des voitures automobiles les utilisent pour les feux colorés (feux arrière, feux de freinage, de changement de direction). Cette conversion en lumière présente une efficacité dix fois supérieure à celle obtenue avec les lampes à incandescence (on a même obtenu un rendement cinquante fois supérieur avec une DEL rouge). Leur durée de vie est 100 fois plus grande. Leur coût reste pour l'instant plus élevé. Autre inconvénient, non entièrement résolu pour l'instant : la lumière produite n'est pas une lumière blanche de qualité. Les ingénieurs orientent leurs recherches dans deux directions : la combinaison de trois DELs, une rouge, une verte, une bleue : cela permet d'obtenir une lumière blanche (voir chapitre 7). Une autre solution consiste à produire simultanément, à l'intérieur de la même DEL, trois couleurs, rouge, vert et bleu. On trouve actuellement sur le marché une lampe sous 220 V qui regroupe plusieurs de ces petites DELs. On imagine les économies d'énergie réalisées avec la généralisation de ce type d'éclairage : actuellement, 25 % de l'énergie électrique est dépensée pour l'éclairage.

d. Le vibreur sonore (buzzer)

Le vibreur sonore est un composant électronique qui, soumis à une faible tension, vibre (on le dénomme aussi buzzer ; ***Fig. 2***) et produit un **son**. Il peut servir de détecteur de courant. Comme la DEL, c'est un **composant polarisé**, qui ne fonctionne que pour un sens de branchement sur une pile. Ce sens est repéré au moyen d'une indication portée sur le boîtier (le + vers la borne + de la pile) ou par la couleur des fils (fil rouge vers la borne + de la pile).

C Tension, intensité et résistance

Sur les ampoules de lampe de poche, on peut lire deux indications, par exemple : 3,5 V et 0,2 A. Sur les lampes à usage domestique, on lit par exemple : 230 V, 40 W. À quoi correspondent ces indications ?

L'électricité correspond à un **transfert d'énergie** d'un lieu où elle (l'énergie) est stockée vers un lieu où elle est utilisée. Envisageons des situations de transfert d'énergie qui, par analogie, pourront rendre intelligibles les mécanismes qui se produisent dans un circuit électrique simple. Leur intérêt est double. Leur lecture fournit des expériences de pensée qui devraient permettre de donner des images sur ce qui peut se passer dans un circuit simple ; elles devraient rendre compréhensibles les principales lois et même permettre de les anticiper.

❶ Des analogies

a. Premier exemple : Obélix et le soldat romain

Obélix inflige une correction à un malheureux soldat romain en lui administrant une très longue série de gifles. C'est bien d'un transfert d'énergie dont il s'agit entre un générateur d'énergie et un récepteur d'énergie, avec la « gifle » comme vecteur élémentaire de transfert. Pour connaître l'énergie reçue pendant une durée *t*, on peut construire les grandeurs suivantes :
U, l'énergie transmise par chaque gifle ;
I, le nombre de gifles par seconde (le débit de gifles) ;

L'énergie totale reçue *W* pendant une durée *t* se définit aisément : $W = U \cdot I \cdot t$.

La puissance *P*, correspondant à l'énergie échangée pendant l'unité de temps, s'exprime par :
$P = W / t = U \cdot I$

Étant donné la situation étudiée, les unités ne sont pas indiquées.

b. Deuxième exemple : un ventilateur mécanique

Soit un ventilateur (le récepteur, lieu d'utilisation d'énergie) entraîné par la chute d'un poids (le générateur, lieu de stockage d'énergie) par l'intermédiaire d'une couronne et de deux roues dentées (***Fig. 3a***). L'énergie stockée dans ce générateur est liée à la position du lest par rapport au sol. Le **transfert d'énergie du générateur au récepteur** s'établit grâce à la couronne dentée. Les dents de la grande couronne dentée peuvent être considérées comme les intermédiaires de ce transfert. Chaque dent sert donc de vecteur élémentaire transporteur d'énergie. En effet, tout se passe comme si, en passant dans la roue dentée solidaire du générateur (roue A), chaque dent se chargeait d'une quantité d'énergie correspondant à la chute d'une certaine hauteur bien définie du lest et la transmettait au récepteur quand elle entraîne la roue dentée solidaire du récepteur (roue B). Cette quantité d'énergie « *U* » (que l'on pourrait dénommer tension mécanique du générateur mécanique et qui s'exprimerait en joules par dent) caractériserait le générateur (en particulier, elle est indépendante de la vitesse de défilement des dents qui, elle, dépend du récepteur). Si on dénomme « *I* » le débit des dents (qui s'exprimerait en dents par seconde), la puissance transmise « *P* » serait, comme dans l'exemple précédent :
$P = U \cdot I$
avec le watt comme unité pour *P*. En effet, la multiplication des « joules par dent » par des « nombres de dents par seconde » donne bien des « joules par seconde » soit, par définition, des watts (notés W).

Notons que, comme dans un circuit électrique :
– si on bloque le dispositif (circuit ouvert), aucun transfert ne se fait, le générateur garde son lest à une certaine hauteur, il ne perd pas son énergie ;
– le blocage peut se faire soit en amont soit en aval du récepteur ;
– si on diminue la surface des pales du ventilateur, la résistance à l'air des pales sera moindre, le ventilateur tournera plus vite : l'énergie transférée par dent n'est pas modifiée (c'est une caractéristique du générateur), mais le débit des dents augmente. La puissance dissipée dans le récepteur augmente, le transfert se fait plus rapidement, le générateur épuise plus rapidement son énergie stockée. Cela correspond par exemple à l'utilisation d'une lampe de plus forte puissance électrique dans un circuit électrique.

Comme dans le cas de l'analogie avec le soldat romain, nous pouvons repérer les transferts d'énergie entre le générateur et le récepteur. De plus, une idée de circuit apparaît (« ce qui sort de la pile y entre ») : à chaque fois qu'une dent « sort » du générateur, une autre y « entre ».

c. Troisième exemple : le tourniquet et les lutins

La ***figure 3b*** illustre une nouvelle situation de **transfert d'énergie.**

Des **germes de modèle** sont introduits :
– la transmission d'énergie du générateur au récepteur se fait grâce à un ensemble d'éléments intermédiaires identiques, des petits lutins !
– ces lutins ne disparaissent pas, ils se conservent !
– ils remplissent entièrement le circuit constitué par le générateur et le récepteur, que le dispositif soit activé ou non ;
– la circulation de cet ensemble d'éléments constitue un courant. La mesure de ce courant s'appelle suivant le cas un débit ou une intensité ;
– cette circulation peut être arrêtée en n'importe quel endroit du circuit.

Le générateur est assimilé à un tourniquet entraîné par la chute d'un lest. Les lutins, au passage dans le tourniquet, sont poussés par le tourniquet et se chargent d'énergie (comme les dents de la couronne dans l'analogie précédente étaient entraînées par la chute du lest), qu'ils pourront transférer, comme dans l'analogie précédente, au passage dans le récepteur. La différence est que plusieurs lutins peuvent « marcher de front », dans les « fils » et dans le récepteur, alors que les dents de l'analogie précédente passaient une par une.

Il peut alors y avoir des frottements, qui se traduisent par une modification du nombre de lutins « de front ». Ceci est plus proche de ce qui peut se

Schémas conventionnels de quelques composants

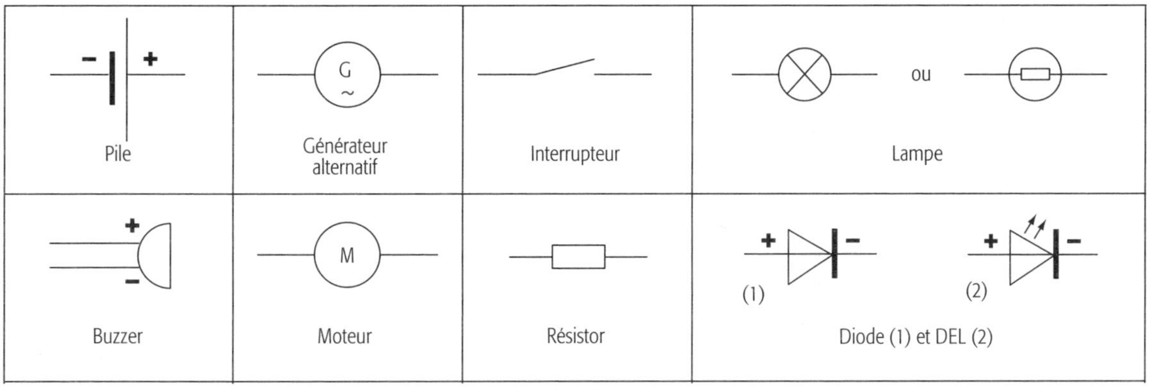

Fig. 2. Ces schémas ne sont pas au programme de l'école.

Des analogies qui illustrent un transfert d'énergie

a. Un ventilateur mécanique entraîné par un lest

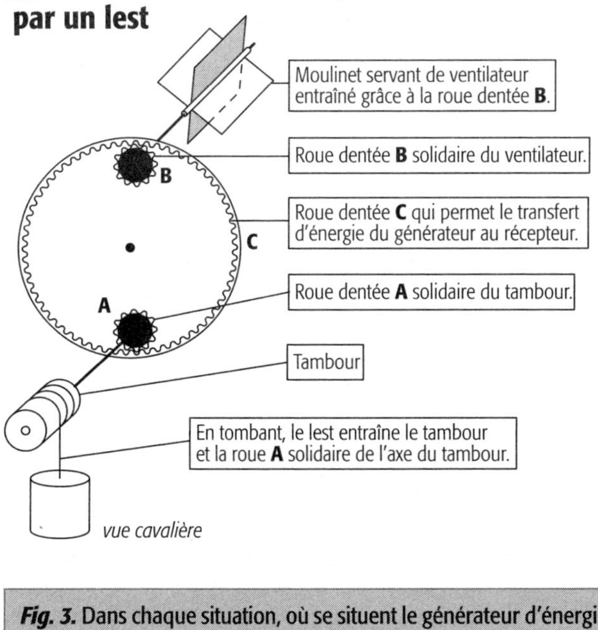

b. Le tourniquet et les lutins

Fig. 3. Dans chaque situation, où se situent le générateur d'énergie, le récepteur d'énergie ? Tout se passe comme si un porteur transmettait l'énergie du générateur au récepteur. Quel est-il dans chaque cas ? Quand s'arrêtent ces transferts ?

passer dans un circuit électrique : il peut y avoir des bifurcations (circuits en dérivation vus plus loin par exemple), des voies rétrécies à certains endroits (pour simuler un récepteur), qui limitent le débit dans l'ensemble du circuit (il est le même en tout point des branches principales du circuit). Par frottements contre les bords des tables, les lutins transfèrent au récepteur constitué par deux tables rétrécissant la voie l'énergie dont ils étaient porteurs. **L'énergie transférée par chaque lutin** correspond à celle de la chute d'une certaine hauteur du lest provoquant la rotation du tourniquet et le passage du lutin. L'angle de rotation du tourniquet est indépendant de la vitesse à laquelle passe le lutin. La quantité d'énergie chargée « U » est donc exactement définie et elle caractérise le générateur. Dans ce cas, elle est transférée au récepteur, par frottements des lutins contre les tables et augmentera l'énergie thermique du récepteur. Dans les voies de circulation, on peut admettre que les frottements n'existent pas et que les lutins ne perdent pas l'énergie qu'ils transportent.

Le **débit « I » des lutins est le même en tous les points du circuit** et, si le système fonctionne pendant une durée « t », comme dans les deux exemples précédents, on peut quantifier ce transfert d'énergie :
$W = U \cdot I \cdot t$

La puissance sera égale à :
$P = W/t = U \cdot I$

L'analogie, ici encore, est conforme à ce qui se passe dans le circuit électrique simple.

d. Bilan des analogies

Les analogies précédentes permettent d'assimiler les résultats suivants :
– le transfert d'énergie d'un générateur à un récepteur se fait grâce à la circulation d'un vecteur spécifique (nous verrons que dans le cas du circuit électrique, ce vecteur correspond à l'unité de charge électrique) ;
– l'énergie transférée par seconde (la puissance) se calcule facilement en connaissant l'énergie transportée par chacun de ces vecteurs (U) et le débit de ces vecteurs (I) : $P = U \cdot I$.

La dernière analogie est plus conforme avec ce qui se passe dans le circuit électrique. En effet, on peut admettre que la circulation des lutins, comme celle des charges électriques, s'assimile à la circulation d'un fluide. Cela permet de comprendre des résultats qui paraissent étonnants dans le cas du circuit électrique. Avec deux récepteurs en dérivation (§ D.1.b), le débit dans la branche principale augmente, alors que la tension aux bornes des récepteurs (la quantité d'énergie par lutin, qui traverse chacun un seul récepteur) n'est pas modifiée et le débit dans chaque dérivation reste ce qu'il était quand le récepteur était seul dans le circuit. En série (§ D.1.a), les deux récepteurs se partagent la tension du générateur (un lutin, traversant obligatoirement les deux récepteurs, dépose une partie de son énergie dans un récepteur et une autre partie dans le second, la façon dont se fait la répartition dépendant des caractéristiques des deux récepteurs, et de façon égale s'ils sont identiques) et le débit diminue. Les deux branchements en dérivation et en série existent seulement si le vecteur de transfert d'énergie peut être assimilé à un fluide. Dans le cas d'un transfert par un vecteur solide (dents d'un engrenage, courroie, chaîne), le branchement de récepteurs ne peut être qu'en série.

❷ Cas d'un circuit simple

a. Le courant électrique

Revenons maintenant au circuit électrique. On considère un circuit simple, constitué d'une pile, d'une lampe et d'un interrupteur. Il s'agit de transférer, à la demande, de l'énergie en réserve dans un lieu donné, le générateur, la pile, vers un lieu de consommation d'énergie, le récepteur, ici une lampe à filament (***Fig. 1a***). Quel est l'élément qui permet de transférer cette énergie ? Ni gifles ni dents ni lutins, mais **tout se passe comme si** c'était des particules électriques, des charges électriques, qui effectuaient ce transfert. Dans les conducteurs métalliques, ces particules, ces grains d'électricité, ces charges, sont des électrons, dits de conduction. Les ***figures 4a*** et ***4b*** illustrent les conceptions de la majorité des élèves, de tout âge, dans le cas du circuit ouvert, dont l'interrupteur est symbolisé par une barrière qui fait obstacle à la circulation des grains électriques :
– pour les uns (***Fig. 4a***), la pile est un réservoir de grains électriques, qui y sont cantonnés tant que le circuit est ouvert. La non-brillance du filament justifie l'absence des grains électriques à l'intérieur ;
– pour d'autres (***Fig. 4b***), les grains atteignent sans problème l'interrupteur. Ils justifient très naturellement la présence des grains dans le filament par le fait que, étant immobiles, ils ne peuvent provoquer son échauffement et donc sa brillance.

En fait, les charges électriques remplissent tous les éléments du circuit, filament de la lampe y compris, que ce circuit soit ouvert ou fermé (***Fig. 4c***). L'interrupteur ouvert joue le rôle d'une barrière infranchissable par ces particules, c'est un isolant. Sa position dans le circuit, en amont ou

Des représentations d'élèves

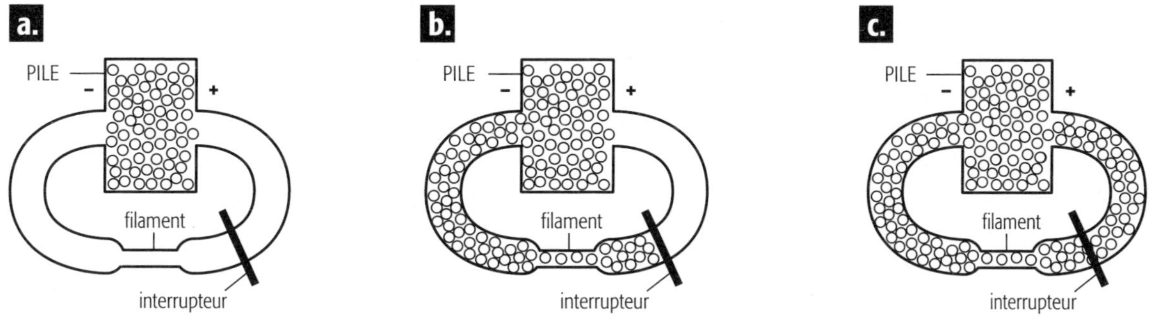

Fig. 4. Les élèves n'imaginent pas tous la même répartition des « grains d'électricité » dans un circuit dont l'interrupteur est ouvert.

Mesures de grandeurs électriques

a. La tension

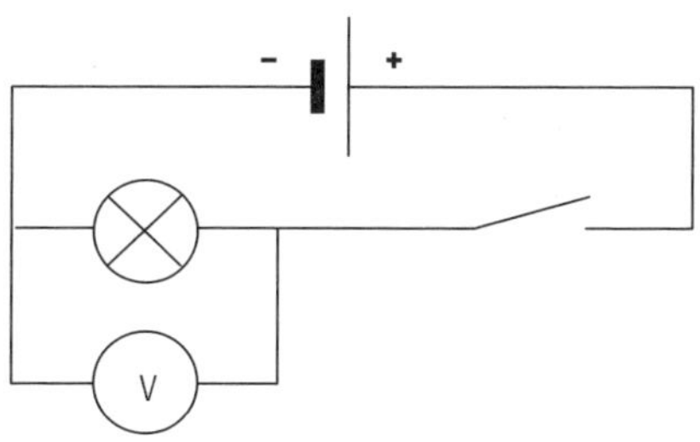

b. L'intensité du courant

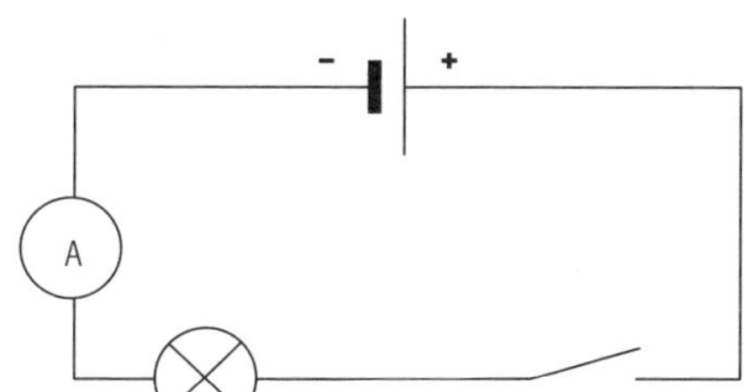

c. La résistance d'un conducteur

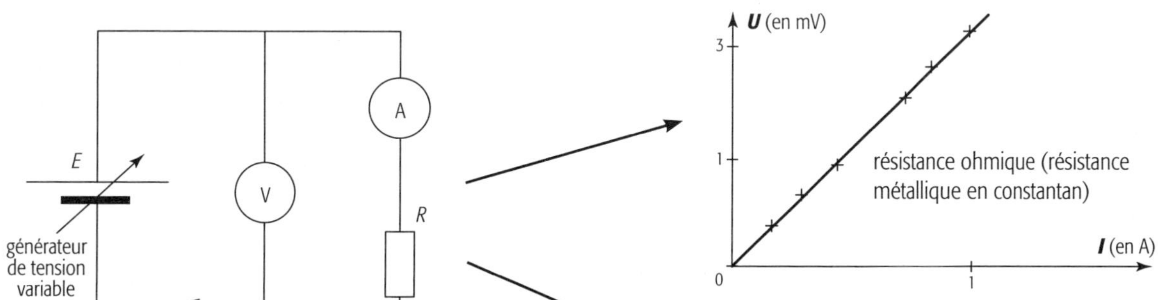

dispositif pour obtenir le tracé des caractéristiques d'une résistance

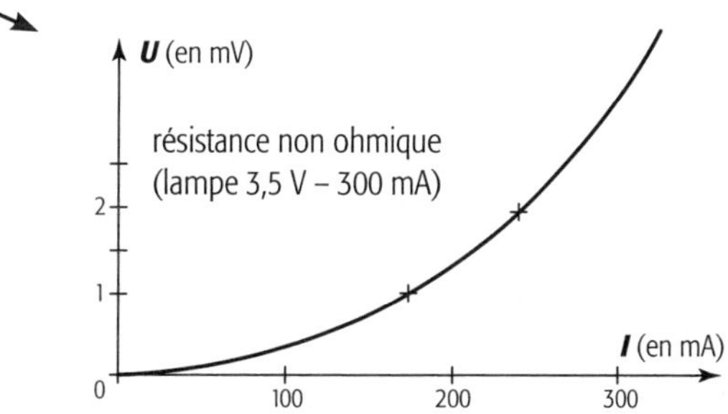

Fig. 5 a. Le voltmètre est branché en dérivation sur la portion de circuit aux bornes duquel il doit mesurer la tension (ici la lampe).
b. L'ampèremètre est placé en série dans le circuit.
c. Pour une résistance ohmique, la tension est proportionnelle à l'intensité. La valeur de la résistance est constante.

en aval du récepteur, est sans importance. **« Fermer le circuit »** signifie supprimer l'obstacle que l'interrupteur présentait aux particules en position ouverte. L'interrupteur fermé est alors un conducteur. Dès que l'interrupteur permet le passage, presque instantanément, les particules de tout le circuit se déplacent, mues par les effets du générateur « pile ». La pile joue le rôle du dispositif à tourniquet muni de son lest présenté précédemment. **Tout se passe comme si** la pile mettait en mouvement dans le circuit toutes les particules, qui transfèrent au récepteur l'énergie dont elles se sont chargées en traversant le générateur. **La pile n'est pas un réservoir d'électrons**, comme on le croit beaucoup trop souvent : **elle est un réservoir d'énergie**. Les frottements des particules dans le matériau constituant le filament sont tels que l'essentiel de l'énergie transférée apparaît sous forme thermique et une faible partie est convertie en énergie lumineuse.

Ce déplacement de particules électriques est appelé le courant électrique. Le sens du courant choisi arbitrairement au XIXe siècle est celui qui va de la borne positive à la borne négative à l'extérieur du circuit. C'est devenu le **sens conventionnel du courant**. Il s'est avéré que dans les conducteurs les plus communs, les métaux, les particules électriques sont les électrons qui, chargés négativement, se déplacent de la borne négative vers la borne positive… cependant le sens du déplacement des charges électriques ne change rien à la compréhension du phénomène électrique d'un point de vue macroscopique.

Remarque : dans le cas des solutions conductrices, le courant est constitué par un double déplacement d'ions positifs et négatifs en sens opposés.

b. La tension

Il y a en fait des milliards de particules qui se déplacent. Il n'est pas envisageable de définir l'énergie transférée à partir de l'énergie transférée par un électron et du débit d'électrons, grandeur trop faible pour la première et trop grande pour la deuxième. Comme chaque électron est porteur d'une charge électrique, les physiciens aujourd'hui peuvent définir **la tension de la pile** E comme étant l'énergie transférée par un nombre d'électrons tels que la somme de leurs charges électriques soit égale à l'unité de charge, le coulomb (noté C, le coulomb correspond exactement à la charge de $6{,}25 \times 10^{18}$ électrons). La tension de la pile s'exprime en **volts** (V) et elle correspond donc à l'énergie susceptible d'être transférée si une charge totale d'un coulomb s'extrait de la pile. Cette grandeur **caractérise la pile**. C'est elle qui est inscrite sur l'enveloppe de la pile : 1,5 V ; 3 V ; 4,5 V ; 9 V. On n'étudiera ici que des générateurs à tension constante (il existe aussi des générateurs à courant constant).

On dénomme souvent la tension sous le vocable de différence de potentiel électrique. Quand les charges traversent un générateur, on utilise l'expression « montée du potentiel électrique » ou « montée de la tension électrique ». Au contraire, quand ces charges traversent un récepteur où elles apportent de l'énergie, on parle d'une « chute de potentiel électrique » ou d'une « chute de la tension électrique » aux bornes du récepteur. Dans le cas d'un circuit simple comprenant un générateur, un récepteur et des fils de connexion, **la chute de tension électrique** aux bornes du récepteur correspond à l'énergie transférée à ce récepteur quand une charge d'un coulomb le traverse, **soit « *U* »**.

La montée de tension électrique, « *E* », dans le générateur (dipôle actif) et la chute de tension « U » dans le récepteur (dipôle passif) correspondent à des échanges d'énergie pour le passage d'un coulomb entre les deux points du dipôle considéré. Le récepteur ne peut recevoir plus que le générateur n'a produit et l'on admettra dans l'immédiat que : $E = U$.

Si « Q » est la charge électrique totale, exprimée en coulombs, qui transite, on peut écrire que l'énergie électrique « W », exprimée en joules, échangée entre les deux points (soit une « prise d'énergie » dans le générateur soit un « dépôt d'énergie » dans le récepteur) est de la forme :

$W = U \cdot Q = E \cdot Q$

En circuit fermé, une **différence de potentiel non nulle** entre deux points du circuit signifie l'existence d'un **échange d'énergie** entre ces points.

La tension se mesure avec un **voltmètre**. Son unité est le volt. Le voltmètre, comparant l'énergie par unité de charge « échangée » entre deux points d'un circuit, se place en dérivation entre ces deux points (***Fig. 5a***).

c. Intensité du courant électrique

Le courant correspond au déplacement des charges. L'intensité « *I* » du courant correspond au débit des charges, soit la charge électrique qui passe par unité de temps :

$I = Q / t$

Son unité est l'ampère (A), qui correspond à un débit de 1 coulomb par seconde.

L'**ampèremètre** est l'appareil de mesure de l'intensité du courant. Il doit « capter » tout le flux de charges électriques qui circulent en un point du circuit : il se met dans le circuit, en série (***Fig. 5b***). Les électrons ne s'usent pas, ne disparaissent pas, ne s'accumulent pas. Aussi, si on place un ampèremètre en plusieurs points d'un circuit simple, en particulier en amont et en aval du récepteur, les intensités du courant mesurées sont nécessairement égales.

d. Puissance consommée dans le récepteur

En reprenant les analogies établies précédemment, la puissance consommée dans le récepteur est proportionnelle à l'énergie transférée par l'unité de charge qui le traverse, c'est-à-dire à la tension électrique à ses bornes, et proportionnelle au nombre des unités de charge qui le traversent, c'est-à-dire à l'intensité du courant qui le traverse : $P = U \cdot I$.

e. Résistance

Dans tout conducteur classique traversé par un courant, il y a des pertes d'énergie plus ou moins importantes dues aux frottements des charges qui progressent dans le matériau de ce conducteur. Ceci est d'autant plus vrai dans une lampe. Les matériaux offrent une résistance au passage des charges électriques, on dit qu'ils ont une **résistance**. Cela se traduit par un échauffement, une consommation d'énergie : c'est ce qu'on appelle **l'effet Joule**. Des fils de connexion présentent un effet Joule faible : ils ont, eux aussi, une résistance, même si on admet en général qu'elle est nulle. Quand un élément est conçu volontairement pour offrir une résistance, on le nomme **résistor** (« résistance » dans le langage courant, y compris dans celui des physiciens, d'où le risque de confusion entre le nom de l'objet et sa caractéristique).

Prenons le cas d'un circuit comprenant un seul résistor. Plus sa **résistance** sera **grande**, plus **l'intensité du courant** qui le traverse, donc l'intensité dans le circuit, sera **faible**.

Faisons varier la tension aux bornes de ce résistor grâce à un montage générateur de tension variable (***Fig. 5c***) et mesurons l'intensité du courant qui le traverse pour chacune des valeurs de la tension. Plus la **tension** est **grande**, plus **grande** sera **l'intensité du courant**. Pour chaque valeur de « U » et de « I », le rapport U/I correspond à la valeur de la **résistance du résistor** :

$R = U/I$

Son unité est l'ohm (symbole Ω).

Avec certains matériaux, il y a proportionnalité entre U et I (R est une constante), avec d'autres, non. Quand la résistance est constante, on peut en déduire la puissance consommée dans cette résistance :

$P = U \cdot I = R \cdot I \cdot I = R \cdot I^2$.

Remarque : on découvre actuellement des matériaux conducteurs sans résistance. Ce sont les **supraconducteurs.** Ils possèdent cette propriété à des températures extrêmement basses. Des recherches sont en cours pour découvrir des matériaux la possédant à des températures ordinaires.

f. La tension aux bornes d'une pile est-elle constante ?

Reprenons le montage analogique proposé à la ***figure 3b***. L'énergie fournie par la « pile mécanique » correspond à la chute du lest. Cette énergie est transformée dans tous les points où se produisent des frottements, dans le récepteur, dans les couloirs de circulation (très peu), mais aussi à l'intérieur de la « pile mécanique », où de nombreuses pièces en mouvement engendrent des frottements et donc une consommation d'énergie.

Qu'en est-il pour les piles et, d'une manière générale, pour les générateurs électriques ? Une partie de l'énergie consommée par la pile se perdrait-elle à l'intérieur ? **Quand on mesure la tension d'une pile qui débite** (c'est-à-dire quand elle est branchée sur une lampe par exemple), on constate sa diminution par rapport à sa valeur à vide (quand elle ne débite pas de courant).

Dans la pile qui débite, il se produit des pertes d'énergie par effet Joule ou autres effets. Pour faciliter l'expression de ces pertes d'énergie, on admettra qu'elles sont dues uniquement à un effet Joule et que **tout se passe comme si** la pile possédait une **résistance interne** « r ». La totalité de l'énergie transformée dans la pile électrique n'est pas disponible à l'extérieur et, en admettant qu'une partie se perd par effet Joule, à l'intérieur :

$$W_{\substack{\text{disponible}\\ \text{à l'extérieur}}} = W_{\substack{\text{transformée}\\ \text{dans la pile}}} - W_{\substack{\text{pertes par effet Joule}\\ \text{à l'intérieur}}}$$

ou bien, en se souvenant que, d'une manière générale, $W = U \cdot I \cdot t$, on peut écrire :

$U \cdot I \cdot t = E \cdot I \cdot t - r \cdot I^2 \cdot t$

soit : $U = E - r \cdot I$

avec :

« U », la tension U aux bornes de la pile, appelée aussi **« tension en charge »** ;

« E », **la tension à vide** ;

« $r \cdot I$ », la chute de potentiel due à la résistance interne « r » du générateur.

On vient de construire un nouveau modèle plus performant du générateur : il résulte de l'association d'un générateur « parfait » de tension « E » en série avec une résistance « r » symbolisant la résistance interne supposée du générateur (***Fig. 6b***). On peut construire expérimentalement la « caractéristique de la pile » : c'est la courbe donnant la tension en charge d'une pile en fonction de l'intensité de son courant débitée (***Fig. 6a***). On constate bien que la tension aux bornes de la pile diminue quand l'intensité du courant augmente.

Ceci est bien en accord avec le principe de **conservation de l'énergie** : on ne peut pas disposer de plus d'énergie qu'on n'en fournit. Au niveau de l'école élémentaire, cela pourrait apparaître secondaire si deux situations ne risquaient d'embarrasser l'enseignant :

– « *Sur la pile est inscrit "4,5 volts" et sur la lampe "3,5 volts".* » En fait, cette lampe présente à ses bornes une **tension nominale** – tension d'utilisation – de 3,5 volts. Elle est prévue pour être branchée sur ce type de pile dont la tension à vide est de 4,5 volts, mais dont la tension en charge vaut effectivement 3,5 volts quand elle lui est associée. Quand elle débite, une partie de son énergie est dissipée dans sa résistance interne (il lui correspond une chute de tension d'environ 1 volt) et sa tension en charge est de 3,5 volts.

– « *Quand on branche plusieurs lampes en dérivation* [voir § D.1.b], *leurs éclats diminuent légèrement par rapport à l'éclat d'une seule lampe branchée.* » Cette observation se justifie : au fur et à mesure que le nombre de lampes en dérivation augmente, le courant principal en fait autant. Ce courant principal traverse la pile. La chute de tension due à la résistance interne de la pile augmente et sa tension en charge diminue.

Si l'une ou l'autre de ces deux observations est faite, il est souhaitable de la relever, de la noter, mais de différer son explication aux années de collège.

D Des circuits électriques plus complexes

1 Circuits avec un générateur et plusieurs récepteurs

Nous raisonnerons en prenant l'exemple de **circuits à deux lampes identiques** (qui ont donc même tension et même intensité nominales) et une seule pile, mais les résultats sont généralisables aux circuits avec des récepteurs différents et avec plus de deux récepteurs, les combinaisons possibles étant plus nombreuses dans ce cas.

Quand ils manipulent pour réaliser des montages à deux lampes, les élèves pensent découvrir trois montages (***Fig. 7a***). Les deux montages de droite donnent des résultats semblables et sont en fait équivalents ; il y a seulement deux cas possibles.

a. Cas de lampes en série

Lorsque les lampes sont en série, on peut observer que :
– les deux lampes identiques brillent pareillement et moins que si chacune était seule ;
– l'ouverture d'un interrupteur situé à n'importe quel emplacement dans le circuit éteint les deux lampes. En particulier, si l'une d'elles « grille », l'autre s'éteint.

La deuxième observation s'interprète simplement : le circuit étant coupé, aucun courant ne circule, les charges sont immobiles et aucun effet n'apparaît dans les différents récepteurs. On peut interpréter la première observation en se posant trois questions :

• Quelle est **l'énergie par particule électrique** transférée dans chaque lampe ? Une particule électrique traverse successivement les deux filaments. Nous pouvons raisonner comme nous l'avons fait avec l'analogie des lutins (§ C.1.c). L'énergie que transfère la particule électrique dépend des frottements. Or ces frottements sont identiques puisqu'elle a la même vitesse dans chacun des deux filaments (le débit est le même dans tout le circuit, donc les vitesses dans deux portions identiques du circuit le seront aussi). L'énergie transférée à chaque lampe par chacune des particules électriques est la même et égale à la moitié de celle dont elle disposait à la sortie de la pile : **la différence de potentiel aux bornes de chaque lampe est la même et égale à la moitié de la tension de la pile** (on néglige la résistance interne de la pile).

• Qu'en est-il de **l'intensité du courant** qui traverse le circuit ? Les deux lampes en série équivalent à une résistance unique égale à la somme des résistances des deux lampes. L'**intensité** du courant, le même dans tout le circuit, est **inférieure** à la valeur qu'elle a quand une seule lampe est dans le circuit. Si nous nous reportons à l'analogie des lutins, cela correspond au fait qu'ajouter un rétrécissement, donc des frottements, diminue le débit dans tout le circuit par rapport à ce qu'il est quand il y a un seul rétrécissement.

• Qu'en est-il de la **puissance dissipée** (et donc de l'éclat) dans chaque lampe ? Si on compare avec un circuit à une seule lampe, l'intensité du courant qui traverse chaque lampe est plus faible et la tension aux bornes également (égale à la moitié à la tension de la pile). La **puissance** dissipée dans chaque lampe, égale au produit des deux, **diminue** également.

Une pile

a. Caractéristique électrique d'une pile de 4,5 V

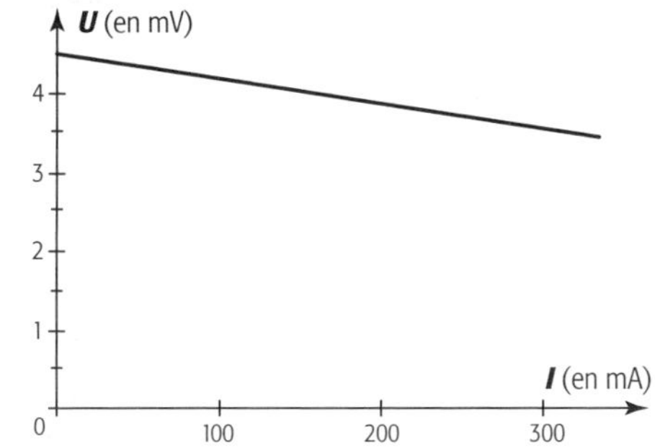

b. La modélisation d'une pile

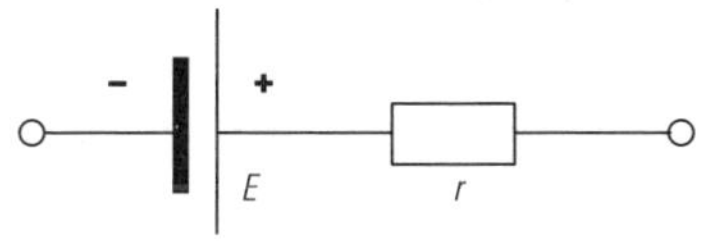

Fig. 6 a. La tension électrique aux bornes d'une pile diminue quand l'intensité du courant augmente. Une pile n'est pas un générateur de tension constante.
b. On modélise une pile par un générateur (parfait) de tension constante et une résistance dite résistance interne de la pile.

Montages à plusieurs générateurs ou récepteurs

a. Montages à deux lampes et une pile

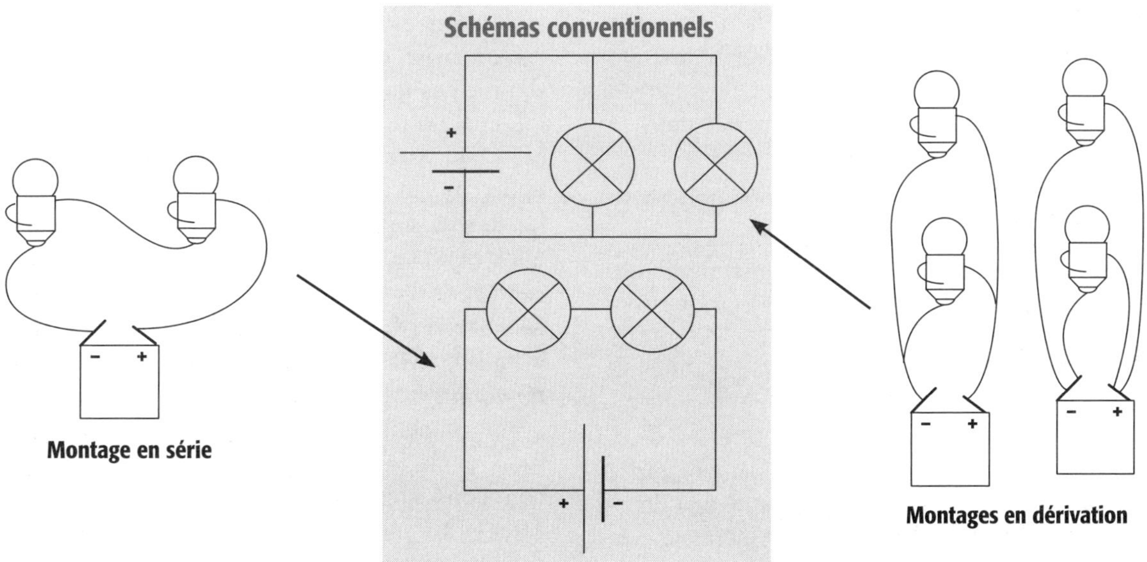

b. Associations de piles en série

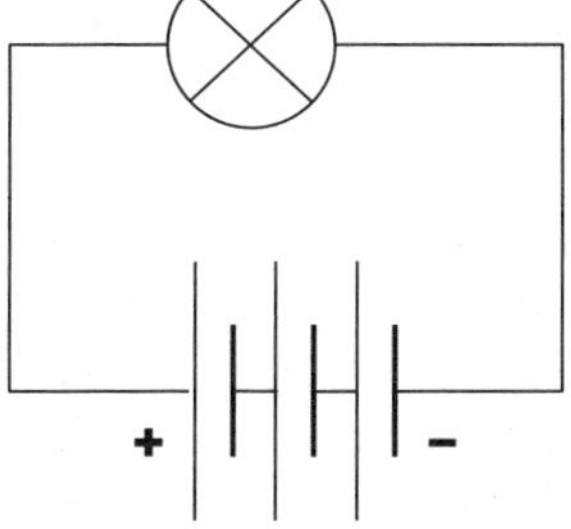

Schéma conventionnel de 3 piles en série

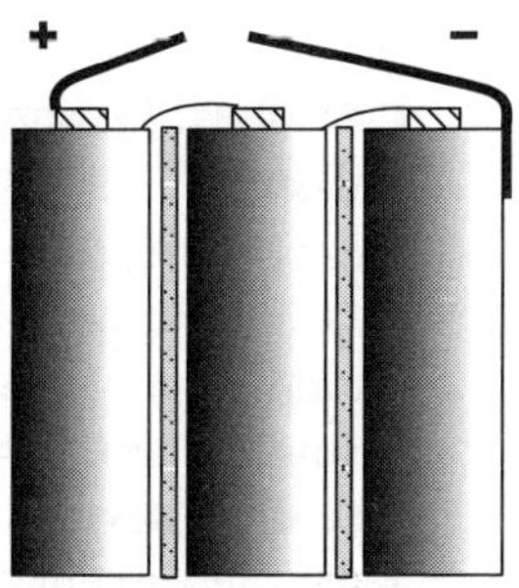

Dessin de l'intérieur d'une pile de 4,5 V

Fig. 7 a. Montages réalisés par les élèves, en série ou en dérivation, et leurs schémas conventionnels.
b. Dans une pile plate, trois éléments de piles rondes (1,5 V) sont placés en série. On obtient une tension égale à $3 \times 1{,}5 = 4{,}5$ V.

• **En résumé** :
– La somme des tensions aux bornes des deux lampes est égale à la tension de la pile.
– L'intensité du courant est la même dans tout le circuit série, mais est plus faible que ce qu'elle serait si le circuit contenait une seule lampe.
– La puissance consommée dans chaque lampe (et donc leur éclat) diminue par rapport à ce qu'elle serait si le circuit contenait une seule lampe.
– L'usure de la pile est moindre que ce qu'elle était dans le cas où elle débitait dans une seule lampe : sa tension U n'étant pas modifiée et l'intensité du courant I étant plus faible, la puissance fournie, égale au produit $U \cdot I$, diminue.

b. Cas de lampes en dérivation

Lorsque les lampes sont en dérivation (en parallèle), on peut observer que :
– les deux lampes brillent comme si chacune était seule ;
– un interrupteur ouvert sur une branche éteint la lampe de la seule branche.

La deuxième observation s'interprète ici encore simplement : l'interrupteur étant ouvert dans une des branches, aucun courant n'y circule, les charges sont immobiles et aucun effet n'apparaît dans le récepteur qui s'y trouve.

On peut interpréter la première observation en se posant trois questions :

• Quelle est **l'énergie transférée par particule** dans chaque lampe ? Une particule électrique sortant du générateur est porteuse d'une énergie qu'elle ne pourra transférer qu'à une seule lampe, l'une ou l'autre, puisque son trajet passe par une branche ou par l'autre (les lutins se partagent entre les deux voies et un lutin ne traverse qu'un récepteur). Elle déposera donc dans le filament la totalité de l'énergie dont elle s'est chargée dans le générateur : la **tension** aux bornes de chacune des deux lampes est **la même** et est égale à la tension en charge de la pile.

• Qu'en est-il de **l'intensité du courant** qui traverse chacune des lampes ? Rappelons que dans un circuit simple, avec une résistance donnée, le débit sera d'autant plus important que l'énergie par particule (la tension appliquée aux bornes de cette résistance) le sera. La **résistance** étant **donnée** et la **tension définie**, ces deux grandeurs **déterminent l'intensité du courant** qui traverse la résistance ($I = U/R$, *cf.* § C.2.e). Ici, nous avons deux résistances identiques à celles utilisées dans le cas du circuit simple. La tension à leurs bornes est égale à celle qui existait aux bornes d'une seule lampe dans le circuit simple, la résistance étant la même, le débit des charges dans chacune (l'**intensité** du courant) sera donc **celui qui existait dans la lampe seule. En conséquence, l'intensité du courant dans la branche principale** devra être égale à la **somme** des deux débits de chacune des branches dérivées. Avec deux lampes en dérivation, le débit étant le double de sa valeur dans un circuit à une seule lampe, l'énergie fournie par la pile sera deux fois plus importante que dans le cas d'un circuit à une seule lampe.

• Qu'en est-il de la **puissance** dissipée (et donc de l'éclat) dans chaque lampe ? Dans chaque lampe d'un circuit simple ou d'un circuit à deux lampes en dérivation, l'intensité du courant électrique qui traverse la lampe et la tension à ses bornes sont respectivement identiques : la puissance dissipée est la même. Les deux lampes en dérivation brillent comme si elles étaient seules. Dans ces conditions et très logiquement, la puissance transférée par la pile aux deux lampes en dérivation est double de celle qui était la sienne avec une seule lampe.

• **En résumé** :
– Les tensions aux bornes des deux lampes en dérivation sont égales.
– L'intensité du courant principal est égale à la somme des intensités des courants dérivés.
– L'énergie dissipée par chacune des deux lampes est égale à celle qu'elle dissipait quand elle était seule dans le circuit. Comme elles ont été choisies identiques, elles brillent de façon identique.
– La puissance fournie par la pile est égale à la somme de celles dissipées dans les deux lampes ; dans le cas de deux lampes identiques, la pile s'use deux fois plus vite qu'avec une seule lampe.

Remarque : la ***figure 10*** présente trois circuits ayant chacun deux branches en dérivation, dont l'une comporte une lampe et l'autre un simple (et bon) conducteur. Dans ce cas, l'intensité du courant dans le simple conducteur est très grande et celle dans la lampe très faible. La lampe ne brille pas, le fil chauffe et la pile s'use très rapidement : on a un court-circuit.

c. Quel est le montage le plus fréquemment utilisé ?

Une observation de l'environnement permet de déduire le type de branchement adopté dans la vie quotidienne, dans la maison, dans la rue. Seul le **branchement en dérivation** permet de répondre au **cahier des charges** suivant :
– un interrupteur doit agir sur un seul récepteur ;
– chaque récepteur doit fonctionner indépendamment du branchement d'autres récepteurs, comme s'il était seul.

2 Circuits avec plusieurs générateurs en série

Considérons maintenant le cas d'un circuit avec plusieurs générateurs en série. Nous nous limiterons au cas de circuits comprenant deux piles identiques (de même tension) et une lampe dont les caractéristiques nominales (tension et intensité ou tension et puissance) sont choisies pour ne pas provoquer sa détérioration.

On observe alors que :
– quand on réalise le montage, en plaçant les piles de façon à ce qu'une borne positive soit reliée à la borne négative de l'autre pile (***Fig. 7b***), on constate que la lampe brille plus que si elle était branchée sur une seule pile ;
– si on place les piles en sens inverse, elle ne brille pas (ceci est vrai si les piles sont rigoureusement identiques, dans le même état d'usure).

Comment interpréter le premier phénomène ? Dans le cas où les deux piles sont branchées dans le même sens, **l'énergie transférée** dans la lampe **par particule électrique** est le **double** de sa valeur dans le cas d'un circuit à une seule pile. La **tension** aux bornes de la lampe, ou aux bornes de l'ensemble des deux piles, est **double**. La résistance de la lampe étant la même (en première approximation, si on néglige sa variation avec la température traduite par la variation d'éclat de la lampe), le débit des charges (donc **l'intensité du courant**) sera **plus grand**. La **puissance** consommée par la lampe sera elle aussi plus **grande**.

Remarque : en ouvrant les piles de 1,5 V, 4,5 V et 9 V, on découvre qu'elles sont constituées respectivement, de 1, 3 (***Fig. 7b***) ou 6 éléments identiques de 1,5 V, placés en série. Les enveloppes en zinc de chaque pile sont séparées de leurs voisines par une paroi isolante.

Dans le cas où les piles sont branchées en sens inverse (en opposition), l'énergie transférée par charge est nulle et l'intensité du courant, la puissance consommée dans la lampe, sont nulles également. Les tensions aux bornes de chaque pile sont égales, mais inverses, et la tension aux bornes de l'ensemble des deux piles, et donc de la lampe, est alors nulle.

E Les dangers de l'électricité

Le danger que représente l'électricité domestique pour notre corps exige la connaissance de plusieurs facteurs :
– le corps et l'eau sont conducteurs ;
– un des fils (le neutre) provenant du transformateur le plus proche est relié à la terre ;
– la terre est conductrice.

En possession de tous ces éléments, on peut alors comprendre et justifier les règles essentielles concernant la sécurité électrique.

1 Comment l'électricité arrive-t-elle dans une maison ?

La centrale électrique produit une **tension alternative**, sinusoïdale. Elle distribue l'énergie sous haute tension, afin de diminuer les pertes par effet Joule dans les lignes. Arrivent à la maison, provenant du transformateur le plus proche, deux fils : la phase et le neutre (***Fig. 8c***). Ce transformateur a abaissé la tension à une valeur de 230 V. Avec ses deux bornes, il tient le rôle de générateur pour la maison.

2 Les risques d'électrocution

a. Le corps humain et l'électricité

Le corps humain est **conducteur,** mais sa résistance varie. En particulier, mouillé, un corps humain est meilleur conducteur (***Fig. 8b***) : en effet, l'eau est également conductrice (***Fig. 8a***). La réglementation française a retenu la valeur de 2 500 ohms de résistance électrique et 10 mA pour seuil de courant maximum. Ces valeurs déterminent la tension maximale à laquelle le corps humain pourra être soumis sans danger : 25 V. Ainsi, le danger sera d'autant plus important que la tension sera élevée. Notons enfin que des facteurs autres que la tension et l'intensité du courant sont à prendre en compte pour expliquer les dangers que présente l'électricité pour le corps humain : la durée du contact électrique et, dans le cas d'une tension alternative, la fréquence. En effet, avec une tension alternative, il se produit une tétanisation des muscles.

Comment agir face à une personne ayant subi une électrocution ? Couper l'alimentation électrique et, si ce n'est pas possible, rompre le contact au moyen d'un élément très isolant. Il faut ensuite procéder aux gestes de premier secours : vérifier si la personne est consciente, alerter les secours…

b. Quand a lieu l'électrocution ?

Pour qu'il y ait électrocution, le **corps humain** doit être un **élément d'un circuit**. Il peut toucher en deux points différents **les deux fils**, celui de phase et le neutre. Mais il risque aussi de **s'électrocuter en touchant le seul fil de phase** (***Fig. 8e***). En effet, avec ses pieds touchant le sol, il est susceptible d'être relié à la terre, qui est conductrice (***Fig. 8d***). Le corps devient alors un élément conducteur du circuit comprenant un générateur (le transformateur), un fil, la terre et un récepteur (le corps). Dans le cas de la ***figure 8e***, le circuit est le suivant : la borne du fil de phase du transformateur, le fil de phase, le corps, la flaque d'eau, la terre et la borne du neutre au transformateur.

3 Quelques dispositifs de protection

a. Le disjoncteur général

Le disjoncteur permet à l'utilisateur de **couper l'alimentation en électricité** de la maison. Il la coupe automatiquement quand l'intensité demandée est supérieure à celle qui correspond au réglage du disjoncteur et à l'abonnement de l'utilisateur. Cela peut arriver dans deux cas très différents : quand l'utilisateur branche trop d'appareils simultanément et dépasse ainsi ce que lui permet son abonnement et le disjoncteur ou quand un dysfonctionnement survient dans l'installation, provoquant un court-circuit et demandant une intensité de courant supérieure à l'intensité maximale autorisée. Si l'installation est correctement faite, d'autres dispositifs devraient avoir réagi avant le disjoncteur général en cas de court-circuit, en particulier les fusibles (voir § 3.d).

Ouvrir l'interrupteur avant une intervention sur un appareil électrique, même aussi élémentaire que le changement d'une lampe, n'est **pas suffisant**. En effet, sur une bonne installation, l'interrupteur est placé sur le fil de phase. Mais ce n'est pas une certitude et, dans le cas contraire, on est à la merci d'un contact avec le fil de phase. Il faut donc **couper** l'alimentation au niveau du **disjoncteur général** (qui coupe les deux fils).

b. Qu'est-ce qu'une prise de terre ?

Tout appareil électrique devrait avoir **sa masse** (partie conductrice de l'appareil normalement isolée des fils électriques et des éléments sous tension) **reliée à la terre** grâce à une liaison supplémentaire (fiche mâle) qui apparaît sur la prise du secteur. Cette fiche est directement reliée à la terre grâce à un conducteur dénudé enterré dans le sol (***Fig. 9***). Si le fil de phase touche accidentellement la carcasse métallique, un courant passera de la masse de l'appareil vers la terre. Dans ce cas de figure, si un utilisateur touche la masse de l'appareil, un courant le traversera pour rejoindre le sol au travers de son corps. Mais ce courant sera faible et sans danger, car l'essentiel passera par la prise de terre dont la résistance est moindre (si elle est de bonne qualité).

c. À quoi sert un disjoncteur différentiel ?

Très succinctement, un disjoncteur différentiel peut être considéré comme un contrôleur de l'équilibre entre les intensités des courants du fil de phase et du neutre. Dans le cas d'un circuit normal, il y a égalité entre ces deux intensités. Au moindre dysfonctionnement (par exemple lors d'une mise en contact accidentel du fil de phase avec le sol), l'intensité du courant de phase est supérieure à celle du courant du neutre : à ce constat de différence, le disjoncteur différentiel coupe le circuit.

d. À quoi sert un fusible ?

L'existence d'un court-circuit (***Fig. 10***) ou la multiplication de récepteurs sur une même prise entraînent une augmentation de l'intensité du courant. Pour pallier ce risque, qui pourrait déclencher par des échauffements des fils de conduction un incendie, on dispose, en série dans le circuit, un petit fil métallique, qui, en fondant au-delà d'une certaine température due à une surintensité, coupe le circuit : c'est le fusible (***Fig. 11***). Autrefois, ce fil était en plomb. Maintenant, il est noyé dans un cylindre de porcelaine. Ne jamais remplacer un fusible grillé par un fil métallique quelconque, on risque un incendie !

e. L'installation de la maison

Sur une ligne alimentant une pièce, il y a :
– au départ, un disjoncteur différentiel contrôlant l'égalité des intensités dans les fils de phase et neutre. En général, la protection est de 30 mA ou 10 mA ;
– puis en série, sur la phase, un dispositif contre les surintensités : un fusible qui est maintenant, le plus souvent dans les installations récentes, remplacé par un disjoncteur de protection soit thermique (avec un bilame, ce disjoncteur protège essentiellement les conducteurs contre les échauffements dus à des surcharges prolongées) soit magnétique : une forte augmentation de l'intensité du courant dans une bobine déclenche une variation du champ magnétique, qui déplace un noyau de fer doux qui va mécaniquement ouvrir le circuit.

Le disjoncteur installé par EDF, au départ de l'installation de la maison, a un double rôle : il contrôle les écarts entre les intensités des arrivées de phase et du neutre, avec un seuil de déclenchement qui ne protège pas de l'électrocution (pour cela, il faut les disjoncteurs 30 et 10 mA sur les petites lignes qui alimentent les différentes prises) ; il contrôle aussi les surintensités.

4 Informations complémentaires

a. Les oiseaux sur les fils électriques

Les élèves se montrent intrigués par le fait qu'un oiseau ne s'électrocute pas lorsqu'il se pose sur

L'électricité peut être dangereuse

a. L'eau est-elle conductrice ?

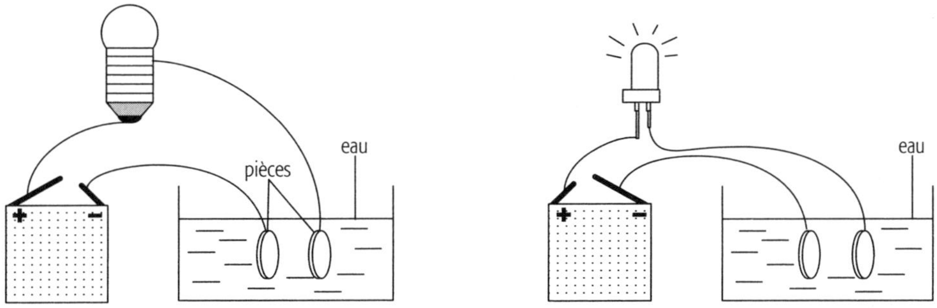

b. Le corps humain est-il conducteur ?

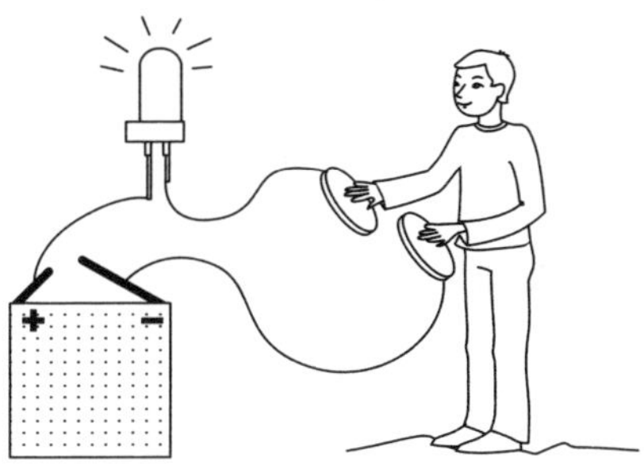

c. L'alimentation électrique d'une maison

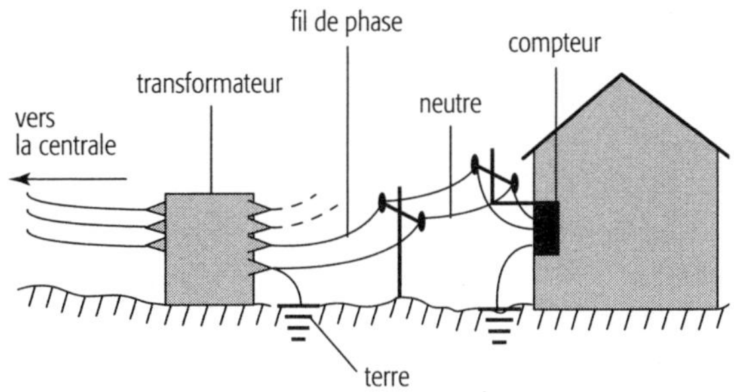

d. La terre est-elle conductrice ?

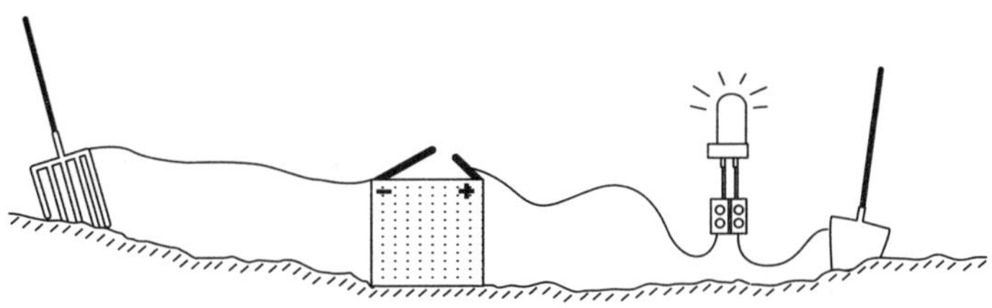

e. Il est dangereux de toucher un fil même coupé

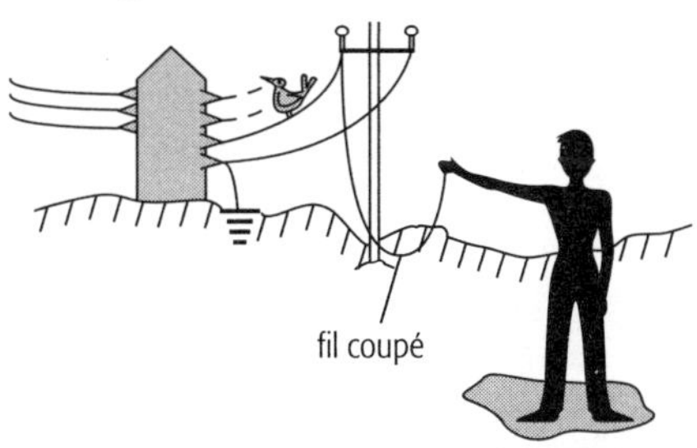

Fig. 8 a. L'eau est conductrice mais, contrairement à la DEL, la lampe n'est pas assez sensible pour détecter le passage de l'électricité.
b. La DEL s'allume. Le corps humain est conducteur (nécessité d'établir un bon contact entre les deux mains et les deux conducteurs : les mains sont mouillées et doivent toucher des pièces métalliques larges).
c. Du dernier transformateur partent deux fils vers la maison : la phase et le neutre. Le neutre, au niveau du transformateur, est relié à la terre. Le transformateur joue le rôle de générateur.
d. La DEL brille, car la terre conductrice ferme le circuit électrique.
e. Le fil coupé peut être soit le fil de phase soit le neutre, mais rien ne permet de les différencier. Si on touche le fil de phase, le corps humain et la terre, tous deux conducteurs, assurent la fermeture du circuit électrique.

Comment fonctionne une prise de terre ?

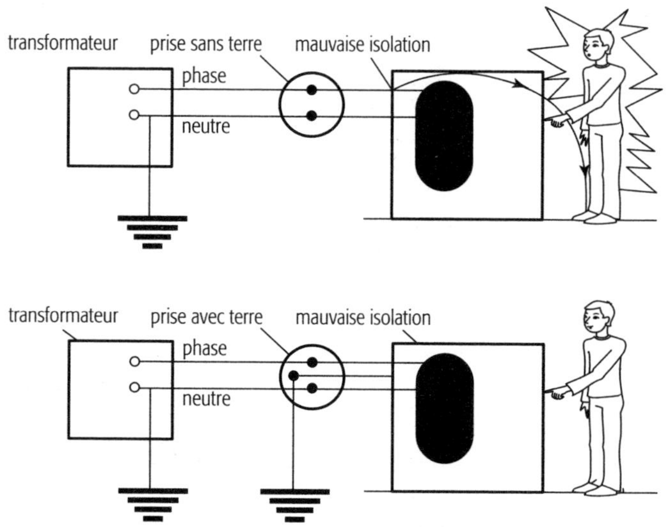

Fig. 9. Dans le premier cas, du courant électrique passe dans le circuit :
phase → carcasse métallique de l'appareil → personne → terre.
Dans le second cas, la plus grande partie du courant passe par le fil de terre, qui court-circuite la branche en dérivation constituée par la personne.

Des courts-circuits réalisés par des élèves

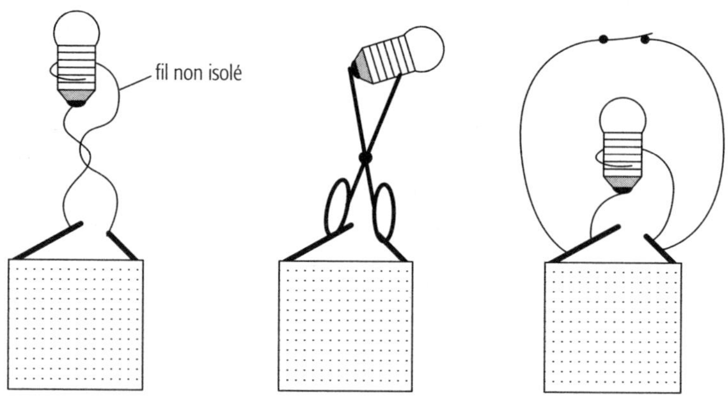

Fig. 10. La lampe et un objet bon conducteur sont en dérivation : la lampe ne brille pas, le fil et la pile chauffent et la pile s'use rapidement.

Le fonctionnement d'un fusible

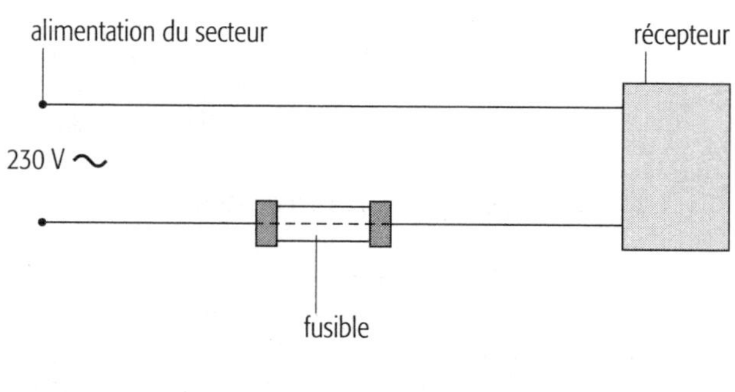

Fig. 11. Si l'intensité du courant est supérieure au calibre du fusible, le fil métallique du fusible fond et le circuit est coupé.

un fil. L'oiseau est conducteur, mais il n'est pas un élément d'un circuit fermé. Une lampe qui ne touche qu'une borne d'une pile ne brille pas : telle est la réponse que l'on pourra avancer à ce niveau. L'oiseau touche un fil électrique par ses deux pattes. En toute rigueur, on pourrait considérer qu'il est « branché » en dérivation entre les deux points du fil. Ce fil ayant une résistance très faible sur la longueur comprise entre les deux points, la différence de tension entre ces deux points est nulle et le courant qui traversera effectivement le corps de l'oiseau le sera aussi. En revanche, s'il touche deux fils en s'envolant, il s'électrocute.

b. Danger de la foudre

Le déplacement des charges dans un éclair entre le sol et un nuage un jour d'orage est complexe. La charge électrique importante est transférée en une fraction de seconde : l'intensité du courant résultant est de l'ordre de 10 000 A ou plus (mais il ne s'agit pas d'un circuit électrique fermé, avec un courant électrique qui circule de façon permanente). La différence de potentiel entre le nuage et le sol est de l'ordre de plusieurs centaines de millions de volts. L'importante énergie transférée en un temps très bref provoque une brutale élévation de température (25 000 °C) le long de la gaine d'air ionisé. Elle est à l'origine de la luminosité de l'éclair et d'une brutale variation de pression, véritable onde de choc : le tonnerre. Les effets peuvent être très dommageables pour les arbres et les bâtiments et mortels pour les hommes et les animaux. Quand la foudre tombe sur un arbre, la charge se déplace dans la partie conductrice de l'arbre, en particulier dans la sève. Étant donné la charge et la différence de potentiel, il y a une augmentation de température et une vaporisation de la sève ; au cœur de l'arbre, la pression est telle que l'arbre éclate. Il est bien connu que, pour tomber, la foudre affecte plus particulièrement les pics, les clochers, les pylônes et les arbres. Aussi, par temps d'orage, faut-il **éviter de rester sur un sommet ou une crête, de s'abriter sous un arbre isolé**, de transporter une canne à pêche verticalement. Pour une plus grande sécurité, **s'immobiliser, s'accroupir,** avec les deux pieds très serrés qui se touchent. En effet, la foudre qui est tombée au sol non loin s'étend en ramifications : les deux pieds très écartés offrent à la foudre une dérivation conductrice, le corps humain. Le nombre élevé de vaches foudroyées est dû en grande partie à l'écart entre leurs pattes, qui offrent une dérivation bonne conductrice.

Le paratonnerre n'éloigne pas la foudre, il l'attire au contraire à cause de sa pointe et il évite ainsi qu'elle tombe ailleurs. Encore faut-il que la charge électrique soit canalisée vers le sol par des conducteurs métalliques reliant la pointe à la terre et que cette mise à la terre soit de bonne qualité.

Remarque : notons que l'air considéré comme un matériau isolant devient conducteur quand il existe une différence de potentiel élevée entre deux points et ce d'autant plus que son taux d'humidité est élevé. Ceci justifie l'extrême danger auquel on s'expose quand on s'approche d'appareillages portés à un potentiel élevé (en rentrant dans un local électrique, celui d'un transformateur par exemple, ou bien en montant sur le toit d'un wagon et en se plaçant ainsi à proximité des caténaires, dont le fil de contact est à plus de 10 000 volts).

Activités possibles en classe

Le matériel et la schématisation

• Dès que les élèves ont construit un circuit en ayant analysé où se situent les contacts pour que le circuit soit fermé, il est souhaitable d'adopter du matériel du commerce pour établir des contacts électriques fiables : supports d'ampoule, dominos électriques comme support des DELs, fils électriques équipés de pinces crocodiles pour assurer les liaisons entre les différents composants, vrais interrupteurs ou boutons-poussoirs.

• La schématisation normalisée du circuit électrique et de ses composants n'est pas au programme. On en restera au niveau d'un dessin simplifié des divers constituants du circuit électrique.

■ À l'école maternelle

À l'école maternelle, les élèves ont utilisé des appareils électriques alimentés par des piles. Ils ont pu les comparer et repérer l'adaptation des piles à tel ou tel appareil en fonction des indications données par le fabricant.

■ Au cycle des apprentissages fondamentaux

Au cycle des apprentissages fondamentaux, les activités en électricité se poursuivent ; les élèves construisent un premier niveau de connaissances relatives au circuit électrique.

Connaissances et capacités travaillées au cycle des apprentissages fondamentaux

– Savoir classer des objets en fonction de leurs usages et mener à bien une construction simple.

– Être capable de réaliser un circuit permettant l'allumage d'une lampe à l'aide d'une pile et savoir commander ce circuit par un interrupteur ou un bouton-poussoir.

– Savoir schématiser ce circuit.

– Savoir repérer les causes de dysfonctionnement dans un circuit électrique simple ou dans un objet alimenté par des piles.

– Être capable, dans un cas simple, d'élaborer un diagnostic de panne en hiérarchisant les tests.

– Savoir que les expériences menées en classe ne doivent pas être reproduites à la maison en utilisant l'alimentation du secteur.

– Savoir distinguer, parmi les objets électriques, ceux qui sont alimentés par des piles et ceux qui sont alimentés par le secteur.

– Savoir qu'il est dangereux de mettre ses doigts dans une prise électrique et d'utiliser les appareils électriques dans un milieu humide.

Avant toute activité sur l'électricité, il est essentiel de rappeler les consignes de sécurité.

Une alerte à la sécurité doit être donnée : le secteur peut être dangereux pour l'homme, tandis que manipuler des piles est sans danger. C'est pourquoi toutes les manipulations faisant intervenir le secteur sont réalisées par l'enseignant et il faut s'abstenir, à l'école et à la maison, de toucher aux prises de courant.

Nous proposons des exemples d'activités faisant intervenir différentes modalités d'investigation : tâtonnement expérimental, observation, fabrication d'objets ou de maquettes. Les élèves sont amenés à schématiser ou à lire des schémas tout au long de ces activités. La ***figure 12*** présente l'ensemble de ces exemples, en mettant en évidence leurs spécificités, de façon à être une aide dans la construction d'une séquence en électricité dans votre classe.

❶ Inventorier, comparer et classer les objets techniques électriques

On peut demander aux élèves de donner des exemples d'appareils et objets électriques, dont la liste pourra être complétée par des apports d'objets par le professeur ou au travers de documents. À ce niveau, les élèves devront comparer et classer les divers exemples.

Deux critères peuvent être retenus :
– **le mode d'alimentation électrique**, qui conduira à lister les différentes sources d'électricité rencontrées : pile, batterie, secteur, photopile, petit alternateur entraîné à la main…
– **la fonction d'usage**, qui permettra d'aboutir à une liste de ces fonctions, illustrées par des exemples : chauffage, éclairage, mouvement, communication, transmission d'informations, traitement d'informations (***Fig. 13***).

Remarque : notons que certains objets cumulent plusieurs de ces fonctions. Par exemple, un sèche-cheveux utilise l'électricité pour entraîner le moteur, qui fait tourner la petite turbine, dont la rotation est à l'origine du déplacement d'air, mais l'électricité est aussi à l'origine du rougissement d'une résistance qui chauffe cet air.

Pour certains élèves du cycle des apprentissages fondamentaux, la présence du moteur est une découverte : certains pensent que le contact des languettes d'une pile à une roue de voiture-jouet permet la rotation de cette roue.

❷ Comment faire briller une lampe avec une pile ?

Le matériel (pile plate 4,5 V et lampe) sera distribué aux élèves, qui devront arriver à allumer la lampe par **tâtonnement expérimental**. On leur demandera de **schématiser** leur montage : à la lecture, une personne étrangère doit pouvoir, sans hésitation, faire briller la lampe. Une **comparaison** critique des dessins affichés au tableau (***Fig. 14a, b, c***) permettra de les faire évoluer sur le plan de la schématisation : Comment représenter la pile, la lampe, quels sont les détails importants à faire figurer pour que le dessin soit lisible et fournisse les informations nécessaires à la reproduction du montage ? En particulier, il faudra bien distinguer les quatre parties extérieures de la lampe : l'enveloppe de verre (l'ampoule de verre), le culot, le plot et la résine vitrée noire séparant le plot du culot. Un dessin avec une vue en perspective est trop difficile. Il faut privilégier la vue de face. La marque de la pile et même le dessin de l'intérieur de la lampe sont

Un exemple de progression d'activités en électricité au cycle des apprentissages fondamentaux

Donner les consignes de sécurité. → Ne jamais utiliser une prise du secteur.

activité 1

Comparer et classer des objets techniques électriques.

- selon leur mode d'alimentation → **Conclusion.** Lister les différentes sources d'électricité rencontrées : pile, batterie, secteur, photopile.
- selon leur fonction d'usage → **Conclusion.** Lister les différents usages : chauffer, éclairer, produire du mouvement, transmettre des informations, traiter des informations.

activité 2

Allumer une lampe avec une pile de 4,5 volts.

→ Tâtonnement expérimental avec le matériel : une pile plate et une lampe. Schématisation.

→ Comparaison des schémas. Élaboration d'un schéma correct et formulation des conclusions : établir un contact entre les bornes de la pile et celles de la lampe.

activité 3

Avoir le projet de construire une maquette, d'un phare par exemple.

activité 4

Allumer une lampe loin de la pile.

→ Tâtonnement expérimental avec le matériel : une pile plate, une lampe et des fils électriques. Schématisation.

→ Comparaison des schémas. Élaboration d'un schéma correct et formulation des conclusions.

→ Commander l'allumage de la lampe avec un interrupteur.

→ Tâtonnement expérimental avec le matériel auquel on ajoute un interrupteur électrique. Schématisation.

→ Formulation de conclusions : un interrupteur a deux bornes ; sa fonction est de fermer ou d'ouvrir le circuit.

activité 5

Construire une maquette, d'un phare par exemple.

→ Établir le cahier des charges (par exemple à partir de l'analyse d'une photographie ou d'une visite).

→ Concevoir le circuit électrique, utiliser ses connaissances pour le schématiser. Le tester en le réalisant avec du matériel.

→ Concevoir la partie non électrique de l'objet. Le réaliser.

→ Inclure la partie électrique sur la partie non électrique. Tester l'objet.

activité 6

Étude d'un appareil électrique simple

- Une lampe de poche
- Un aspirateur à main

→ Recherche de la fonction principale de l'objet. Analyse technologique de l'objet et décomposition en parties avec recherche de la fonction de chacune. Schématisation.

→ Construction de la maquette si c'est possible.

Fig. 12. Il est possible de suivre l'ordre proposé. On peut aussi initier le travail sur le circuit électrique à partir de l'étude d'un appareil électrique (activité 6) ; l'activité 2 viendra alors s'intercaler dans cette étude.

Différents usages de l'électricité

Objectifs

Faire faire par les élèves un inventaire de ce qui fonctionne à l'électricité.
Essayer ensuite de :
- dans la mesure du possible, les amener à regrouper toutes ses actions suivant des critères qu'ils devraient essayer de définir. C'est ce qui est fait ci-dessous ;
- leur montrer son importance ;
- leur proposer des textes montrant comment les hommes vivaient avant de l'utiliser.

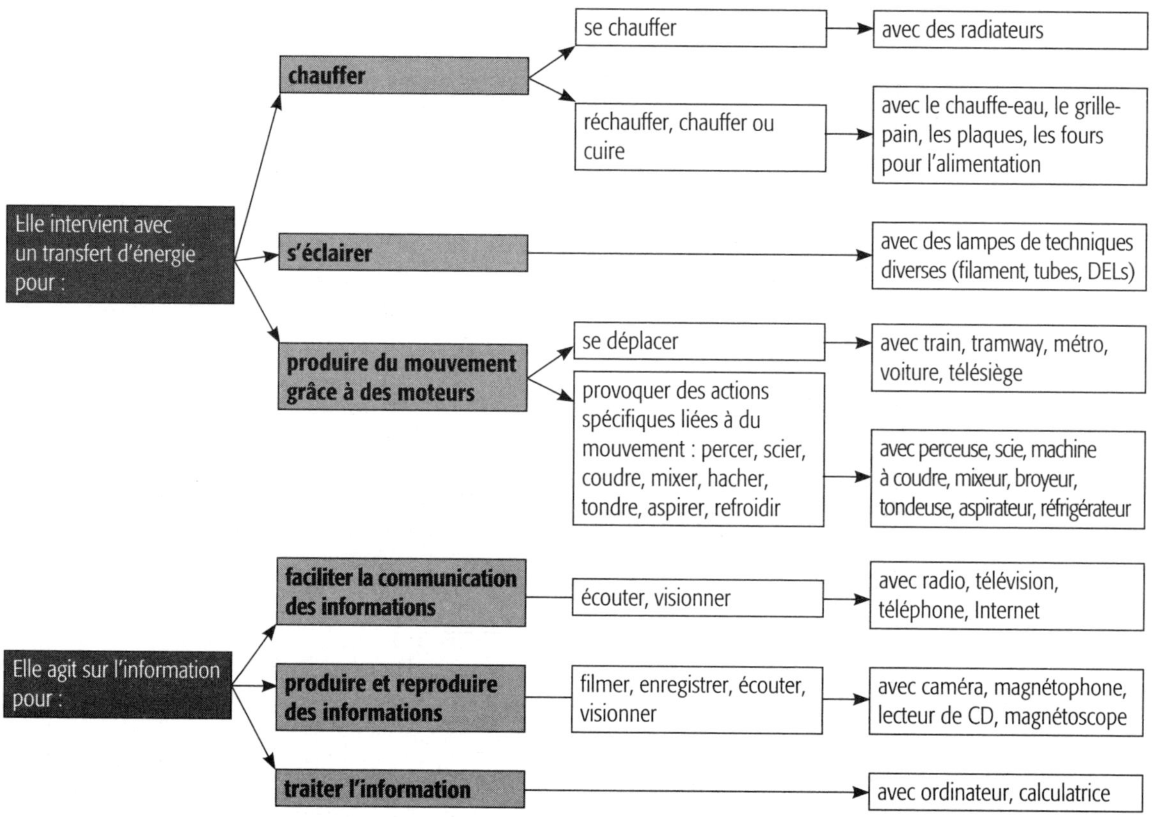

Remarques

• Certaines fonctions assurées par l'électricité sont remplies grâce à plusieurs de ses possibilités : dans une machine à laver se trouvent à la fois un traitement d'informations grâce aux nombreux capteurs qu'elle possède, mais aussi la création de chauffage et de mouvements grâce à des résistances et des moteurs (réfléchir sur le sèche-cheveux, le projecteur de film, les feux tricolores…). Dans les montres électriques, il y a l'obtention de vibrations suivant des techniques différentes (quartz et diapason électrique), mais aussi du traitement d'informations.

• Une autre utilisation de l'électricité n'est pas mentionnée ici mais est très importante : son action chimique avec, par exemple, l'électrolyse.

Fig. 13. À partir d'un inventaire d'appareils électriques dressé avec les élèves, un classement peut être opéré.

Comment faire briller une lampe avec une pile ?

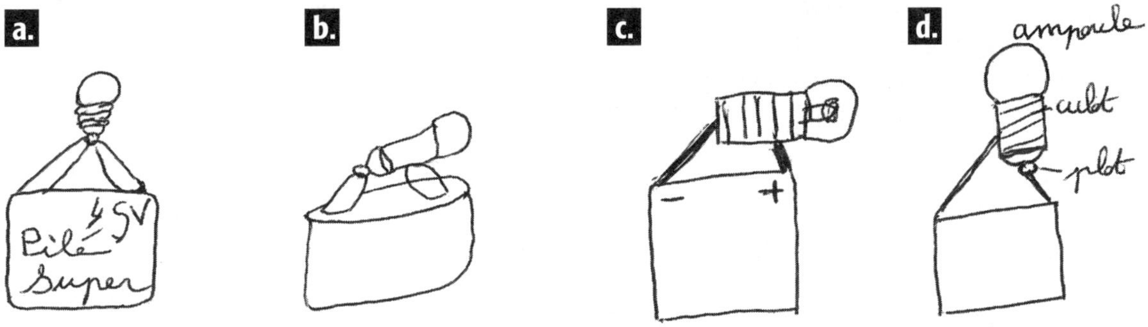

Fig. 14. Les dessins ***a***, ***b***, ***c*** ont été produits par des élèves après les premiers essais de montage. Une analyse critique collective de dessins affichés au tableau permet de définir des critères (lisibilité, position des contacts). Un nouveau recours à la manipulation permet de les valider ou non, puis d'élaborer un schéma de synthèse (***d***).

Document pour l'élève

Quand la clé touche la serrure, la lampe s'allume !

Matériel

1 • Décor collé sur le couvercle d'une boîte en carton
2 • Tirette pour déplacer le bonhomme et sa clé magique
3 • Ampoule
4 • Clé recouverte d'une feuille d'aluminium
5 • Punaise
Le bonhomme et sa clé sont collés sur la tirette.

- Schématise le circuit électrique.
- Rassemble le matériel.
- Réalise la construction.

Fig. 15. Une carte animée à fabriquer.

des informations inutiles pour rendre compte de la façon de procéder.

Les **conclusions** seront formulées et traduites sur un schéma de synthèse (***Fig. 14d***) : une pile plate possède deux bornes spécifiques, la lampe aussi. Il est nécessaire de mettre en contact les deux bornes de la pile et celles la lampe pour que cette dernière brille.

3 Avoir un projet

Il est souhaitable que le professeur propose à ses élèves le projet d'une réalisation simple : un circuit électrique avec une seule lampe loin de la pile. Il s'agit d'éclairer une maquette (construction d'un phare, par exemple ***fig. 16***) ou une carte animée avec une languette qui ferme un circuit (***Fig. 15***)... La réalisation nécessite des connaissances spécifiques. Le projet va poser les problèmes liés à l'allumage de la lampe loin de la pile et l'activité suivante est un détour nécessaire pour le mener à bien.

4 Comment faire briller une lampe loin de la pile ?

En fournissant des fils électriques aux élèves, on peut leur demander de faire briller la lampe loin de la pile. Les premiers essais se soldent par des échecs. Les élèves s'interrogeront sur la constitution des fils électriques. Certains pensent qu'ils contiennent de l'électricité ; d'autres que, dans la gaine, il n'y a aucune matière (en dehors de l'air)... Le démontage des fils électriques permettra de constater qu'ils sont tous constitués des mêmes éléments : un ou plusieurs fils métalliques (du laiton le plus souvent), entourés d'une gaine en matière plastique. Ils comprendront la nécessité de dénuder les extrémités des fils pour établir les contacts. Ils auront alors à construire le circuit électrique, à partir des acquis de l'exercice précédent (§ 2), en localisant à nouveau les bornes de la pile et de la lampe. Chaque élève produira un dessin/schéma. Leur comparaison permettra de finaliser la séance sur un dessin susceptible de contenir toutes les informations pour qu'un étranger à l'exercice puisse réussir le montage.

Tout dispositif électrique est commandé par un interrupteur. Il est légitime d'en proposer un du commerce et de demander de le placer dans le circuit. Les élèves vont tâtonner et proposer soit un montage série soit un montage en dérivation sur la lampe. Dans ce dernier cas (***Fig. 10***), ils auront l'illusion qu'il fonctionne normalement. Il est important de leur montrer que la pile se met à chauffer anormalement (la pile est en effet en court-circuit par l'intermédiaire de l'interrupteur). L'enseignant peut alors faire constater que la simple mise en contact ou rupture du contact entre deux points du circuit précédent peut jouer le rôle d'interrupteur. La mise en place en série de l'interrupteur du commerce produit le même effet sur la lampe sans provoquer d'échauffement sur la pile, ce qui peut justifier le bon placement de l'interrupteur avec sa fonction d'ouverture et de fermeture du circuit électrique. Le schéma initial sera complété avec l'interrupteur (***Fig. 1a***).

Notons que les expressions « fermer le circuit » et « ouvrir le circuit » prêtent à confusion, mais ce sont les expressions correctes. On peut les rapprocher des expressions suivantes : ouvrir le circuit revient à le couper, fermer le circuit revient à l'établir.

5 Retour sur le projet

Le projet est une activité qui permet **d'évaluer des acquis** en électricité, la réalisation d'un circuit électrique défini par la chaîne de ses éléments reliés par des fils électriques : pile , interrupteur, lampe ; lampe d'une maquette d'un phare ou de toute autre situation, au choix des élèves. Le reste du matériel est constitué également d'un matériel « professionnel » : fils électriques, support d'ampoule. Cette réalisation pose de **nouveaux problèmes**, que les élèves doivent résoudre. L'idée est de faire un produit relativement simple à construire, mais fini, attrayant, joli, fiable, bon marché.

Plusieurs approches sont possibles :
– utiliser une fiche de fabrication ;
– observer une maquette terminée et l'analyser pour retrouver son fonctionnement et ses modalités de construction.

Dans la réalisation de l'objet fini, les élèves développent des **capacités** et des **attitudes** qu'ils auront à exercer dans toutes les situations analogues :
– développer les qualités indispensables à la réalisation d'un produit fini : soin, persévérance, habileté ;
– réaliser des fabrications à partir de documents techniques et photographiques ou à partir d'un objet déjà réalisé ;
– lire des dessins (vue d'ensemble, vue de détail, coupe, schéma...) associés à des photographies pour comprendre l'organisation, la structure et les parties cachées du circuit électrique de l'objet ou observer un objet pour en comprendre la structure et les parties cachées du circuit électrique ;
– réaliser un écrit prescriptif ;
– mettre en place un processus de fabrication et s'organiser dans le temps et dans l'espace ;
– développer des savoir-faire techniques : coller, percer, assembler, visser, établir des contacts électriques.

Installe l'électricité dans ce phare

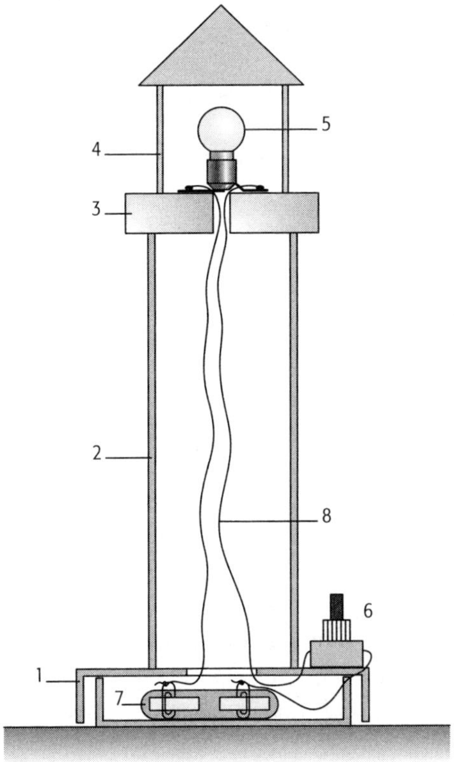

Matériel

1 • Un socle (boîte à fromage par exemple)
2 • Un tube de carton
3 • Une roue en bois
4 • Un cylindre transparent (bouchon de bombe spray)
5 • Une ampoule et son support
6 • Un interrupteur
7 • Une pile plate
8 • Des fils électriques
9 • De la colle

- Schématise le circuit électrique.
- Rassemble le matériel.
- Réalise la construction.

Fig. 16. Un phare à fabriquer.

Une maquette de lampe de poche

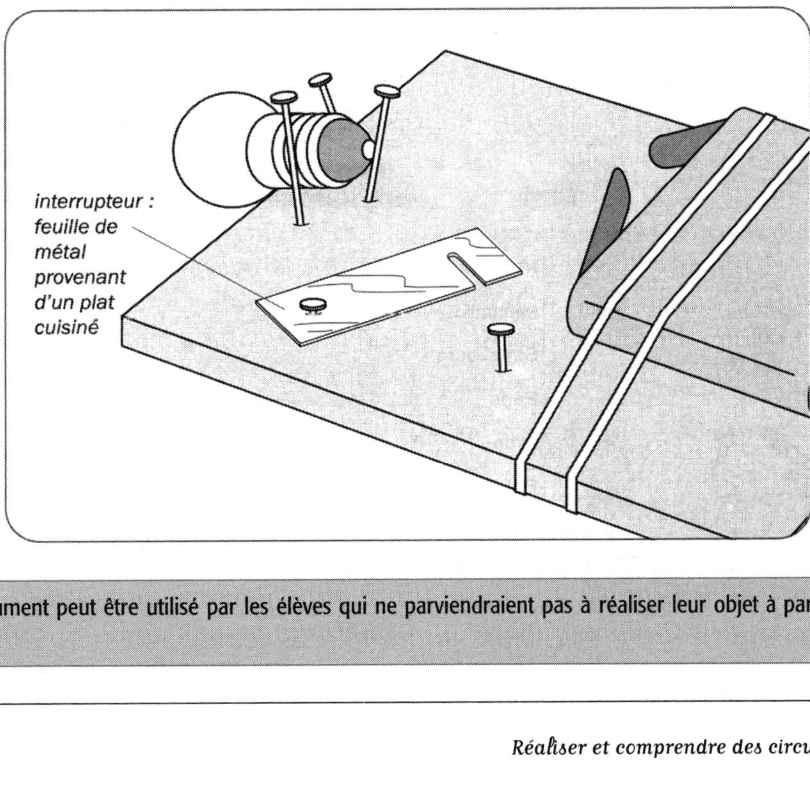

Fig. 17. Ce document peut être utilisé par les élèves qui ne parviendraient pas à réaliser leur objet à partir du cahier des charges.

a. Construction d'une carte animée

Quand la clé animée par la tirette touche la serrure, l'ampoule s'allume (***Fig. 15***). Le décor de la carte est réalisé à partir de feuilles de dessin colorées.

b. Construction de la maquette d'un phare

Le projet est ici d'installer l'électricité dans une maquette de phare (***Fig. 16)***. Voici une proposition de chronologie des étapes de la fabrication :
– décorer les éléments du système : cylindre en carton, socle…
– percer le couvercle du socle, installer l'interrupteur et les fils électriques ;
– placer la douille sur la roue en bois ;
– coller le cylindre à la roue en bois et au couvercle du socle, en ayant mis en place les fils ;
– compléter le circuit électrique avec la pile ;
– finir la décoration de la partie supérieure du phare.

Remarque : vous choisirez un système de fixation de la pile qui permette un échange aisé de celle-ci en cas d'usure (élastique et attaches parisiennes…).

6 Étude d'un appareil électrique

On peut proposer aux élèves un appareil électrique à **analyser**. Ils s'**interrogent** sur son fonctionnement et doivent comprendre quel circuit électrique permet son fonctionnement. D'une façon générale, un objet technique est conçu pour satisfaire une **fonction principale** (réponse à la question « À quoi sert cet objet ? »). Il est constitué d'éléments possédant chacun une fonction spécifique. Ces éléments doivent être reliés entre eux suivant une organisation bien déterminée. Enfin, chacun doit être en bon état pour assurer la fonction technique qui lui est dévolue. Quand c'est réalisable, il est pertinent de proposer d'en réaliser une **maquette**, qui confortera les connaissances acquises lors de son étude fonctionnelle. Ce n'est pas un objet technique qui est fabriqué, c'est un objet sans « valeur marchande », à finalité pédagogique.

a. Étude d'une lampe de poche à pile

Voici un déroulement possible pour l'étude d'une lampe de poche à pile.

L'**observation** de la lampe de poche (ou de la torche) peut conduire à définir les conditions pour que cet objet produise le résultat attendu, éclairer quand on appuie sur un bouton. Chaque groupe dispose d'une lampe de poche sur laquelle **le professeur aura provoqué une panne** (ou deux !). Notons que le choix de la torche va conduire à découvrir où se situent les deux bornes de la pile et à observer l'association en série de plusieurs piles rondes.

Après une observation collective, les élèves rechercheront la nature de la panne de la lampe de poche dont ils disposent :
– la lampe est grillée ;
– les contacts sur les bornes de la lampe ne sont pas assurés ;
– les contacts sur les bornes de la pile ne sont pas assurés ;
– une ou plusieurs des piles (pour la torche) ou la pile (cas de lampe de poche plate) sont usées ;
– l'ordre des piles n'est pas le bon (cas de la lampe-torche) ;
– l'interrupteur est cassé.

La recherche de la panne exige une certaine **méthode** :
– avant de démonter la lampe de poche, les élèves devront l'observer correctement pour être capable de la remonter ;
– pour identifier une panne, il est indispensable de **modifier un seul élément** susceptible d'être hors d'usage.

Les élèves en fin de cycle des apprentissages fondamentaux peuvent **schématiser** la lampe de poche ouverte, tracer en rouge le circuit électrique. L'ouverture du boîtier de la lampe de poche à pile plate permet d'observer le principe de l'interrupteur : en appuyant sur un bouton, une languette en touche une deuxième, ce qui ferme le circuit.

Remarque : notons que de nouvelles lampes de poche actuellement sur le marché font apparaître de nouvelles sources d'électricité :
– **la lampe de poche à photopile** : si elle a été soumise à un éclairage solaire, elle pourra éclairer quand elle sera ensuite utilisée dans l'obscurité (elle dispose donc d'une batterie chargée par la photopile) ;
– **la lampe de poche munie d'un alternateur** entraîné à la main par une manivelle, qui va charger une batterie.

À ce niveau de la scolarité, s'il est souhaitable de ne pas les ignorer, il est préférable d'en différer l'étude au cycle des approfondissements.

b. Construction d'une maquette de lampe de poche à pile

Faire **construire une maquette** de lampe de poche permet d'**évaluer** les acquis précédents en réalisant les fixations de la lampe et de la pile, en concevant un interrupteur dont les élèves ont pu observer le fonctionnement après en avoir repéré la fonction lors de l'activité précédente. On peut choisir une démarche de fabrication selon un **cahier des charges** comme celui-ci : « Réaliser une lampe de poche sur une plaquette de bois, en imaginant un dispositif de

Un aspirateur à main

a. *Productions d'élèves* Des dessins avant et après étude

Dessin avant étude

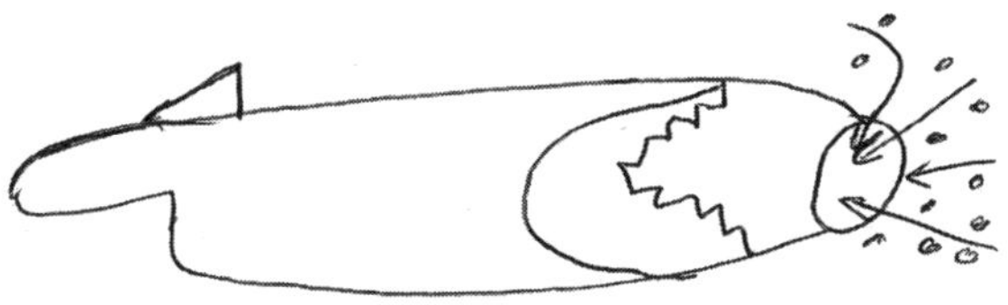

Dessin après étude

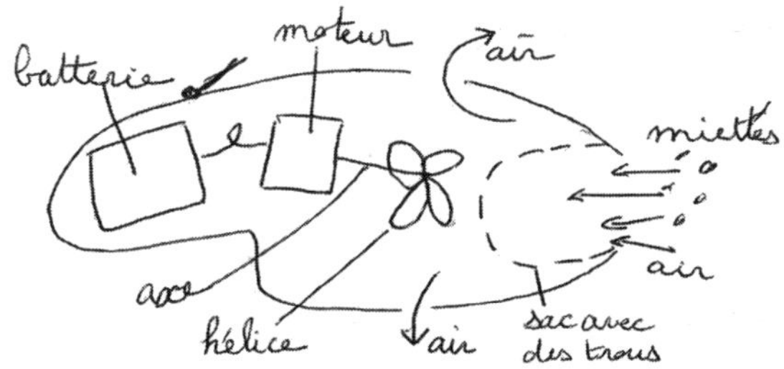

b. *Doc. élève* Fiche de travail

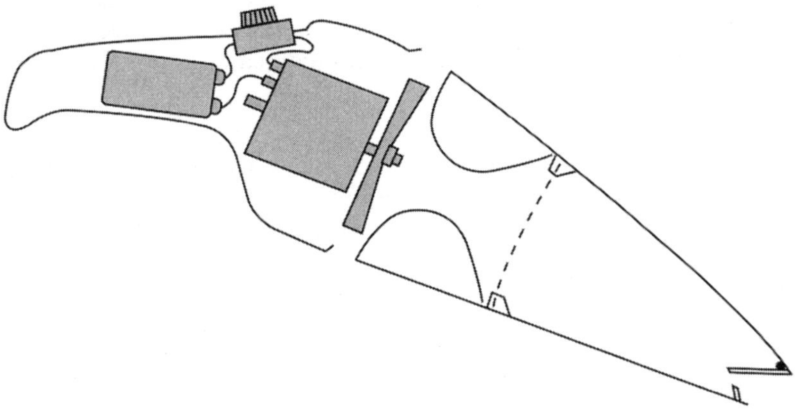

- Trace en bleu le chemin de l'air.
- Trace en rouge le chemin suivi par les poussières.
- Complète la légende du dessin en utilisant les numéros des « éléments ».
- Associe les éléments à leur fonction en les reliant par un trait ci-dessous.

Éléments

1 • Interrupteur .... ●
2 • Moteur .... ●
3 • Turbine .... ●
4 • Réservoir à poussières .... ●
5 • Poignée .... ●
6 • Batterie .... ●
7 • Filtre .... ●

Fonctions

● Créer un courant d'air
● Fournir de l'électricité
● Faire tourner
● Mettre en marche et arrêter
● Tenir et guider
● Stocker les poussières
● Filtrer l'air

Fig. 18 a. On peut repérer l'évolution entre les deux dessins, tant au niveau de la légende que de la compréhension du fonctionnement.
b. Ce document peut servir de support pour une synthèse, ou pour une évaluation.

commande du circuit par un interrupteur. Éteinte ou allumée, elle doit fonctionner dans toutes les positions. »

Les élèves doivent faire preuve de débrouillardise et d'habileté. Le maître pourra leur donner quelques conseils et les aider en leur proposant du matériel. La ***figure 17*** propose un exemple de production possible. À la fin de leurs **constructions**, celles-ci seront contrôlées et **validées** collectivement. Les maquettes permettent de comprendre où doivent s'établir les contacts.

Si on veut une réalisation **finie et fonctionnelle**, on fera utiliser une petite boîte en carton pour contenir la pile, une douille pour tenir l'ampoule, un réflecteur et un interrupteur du commerce.

c. Étude d'un aspirateur à main

L'étude d'un aspirateur à main est une activité de technologie. Elle porte essentiellement sur la structure de cet appareil. Il présente l'avantage de fonctionner sur batterie, ce qui permet une exploitation sécurisée à l'école. La mise en place d'un atelier avec un groupe d'élèves favorisera son observation.

Voici quelle peut être la programmation d'une telle étude :
– une **observation** collective permet de dégager la fonction principale de cet appareil, le « comment on s'en sert », ses conditions d'utilisation ;
– une première réflexion va être menée sur son principe de fonctionnement. Pour cela, les élèves seront invités à réaliser un **premier schéma explicatif**, qui correspondra à la représentation qu'ils en auront (***Fig. 18a***).

Ces représentations seront confrontées entre elles, puis elles seront **validées ou invalidées** grâce à une **observation** de l'appareil démonté. Les différentes parties le constituant assurent des sous-fonctions qui permettent son fonctionnement général :
– un sac en tissu qui recueille les poussières (le sac est perméable à l'air, imperméable aux poussières) ;
– un moteur électrique qui tourne grâce à « l'électricité en réserve » dans la batterie ;
– un interrupteur qui commande le moteur ;
– une hélice-turbine solidaire de l'axe du moteur ;
– un carter général qui enveloppe l'ensemble des composants, avec une ouverture à l'avant et des évents (petites ouvertures) à l'arrière.

Les élèves **chercheront** comment relier un moteur électrique à une pile. Ils constateront que, comme la lampe, le moteur électrique possède deux bornes, et qu'il comprend une partie qui tourne. Ils schématiseront le circuit électrique comprenant pile et moteur.

Les élèves comprendront que la rotation de l'hélice provoque un déplacement d'air. En s'aidant d'un ruban de papier, ils en suivront le chemin depuis son aspiration à l'avant de l'appareil et son rejet par les évents latéraux. Ils découvriront que l'appareil ne fabrique pas l'air et que l'air ne s'emmagasine pas à l'intérieur. Ce déplacement d'air entraîne les poussières. L'air est filtré par le sac en tissu qui retient ces poussières.

Un **nouveau schéma** va pouvoir rendre compte de ce fonctionnement. Il sera complété par des flèches indiquant le déplacement d'air (***Fig. 18a***). Pour les plus jeunes, vous pouvez proposer, à la place de cette dernière trace écrite, la fiche de la ***figure 18b***. Pour les plus âgés, elle pourra servir de **synthèse** ou d'**évaluation**.

D'autres appareils assurent la même fonction : l'aspirateur-balai, l'aspirateur-traîneau, le balai. Les élèves pourront les comparer, reconnaître les différentes parties, distinguer leurs modes et leurs conditions d'utilisation.

■ Au cycle des approfondissements

Au cycle des approfondissements, les élèves vont poursuivre leurs investigations en électricité, s'appuyant sur le travail déjà effectué dans les cycles précédents, en rappelant les connaissances acquises et en reprenant les traces écrites du cahier. Ils vont pouvoir découvrir les notions de conducteur et d'isolant, comparer les montages à deux lampes en série et en dérivation. Ils intégreront dans le circuit d'autres récepteurs, comme des DELs, des buzzers, ou ils construiront un objet intégrant un moteur électrique.

Ils schématiseront les circuits ; la schématisation normée n'est pas au programme.

Le courant, l'intensité du courant et la tension ne sont pas au programme de l'école élémentaire. On est souvent tenté d'utiliser le mot « *courant* », qui induit des conceptions erronées difficiles à détruire, car les élèves essayent ensuite de justifier les observations en se fondant uniquement sur cette grandeur. Une juste compréhension passe nécessairement par la construction simultanée des trois notions associées à celle de la résistance. Elle se fera au collège. D'où la nécessité d'une grande prudence dans l'utilisation orale de ces termes. On privilégiera le mot « électricité », mot dont le sens est suffisamment polysémique pour ne pas induire des représentations fausses (par exemple, « *la lampe s'allume, l'électricité passe* »).

En ce qui concerne le danger que représente l'électricité, il est important de recenser des situations potentiellement dangereuses, mais il faut faire découvrir les raisons de ce danger pour les personnes et pour les biens. Un certain nombre de connaissances élémentaires en électricité acquises à ce niveau sont alors indispensables : notions de circuit, de conducteur et d'isolant, de montage en dérivation.

Par ailleurs, les activités en électricité sont un excellent support pour engager les élèves dans des démarches de fabrication d'objet.

La ***figure 19*** présente un ensemble d'exemples d'activités et peut être une aide à la construction d'une séquence en électricité.

Connaissances et capacités travaillées au cycle des approfondissements

– Savoir réaliser un montage qui permet de classer différents matériaux en deux catégories : conducteurs et isolants.
– Savoir allumer deux lampes ou davantage à l'aide d'une pile.
– Savoir distinguer les deux types de circuits en mettant en évidence les propriétés suivantes :
• dans un circuit série, plus il y a de lampes, moins elles brillent ; quand on en dévisse une, les autres s'éteignent ; chaque lampe brille moins que si elle était alimentée seule ;
• dans le cas de circuits dérivés comprenant chacun une lampe, si on dévisse une lampe, les autres brillent encore ; chaque lampe brille presque comme si elle était alimentée seule.
– Connaître des principes élémentaires de sécurité électrique, en particulier l'utilisation des matériaux conducteurs et des matériaux isolants.
– Savoir que l'eau conduit légèrement l'électricité, suffisamment pour augmenter les dangers de l'électricité du secteur.

❶ Connaître les consignes de sécurité et les situations

Il est important de revoir les consignes données au CP ou au CE1 et de repérer différentes situations électriques dangereuses (***Fig. 21***). Voici une liste plus détaillée de ces différentes situations.

a. Situations dangereuses pour les personnes

Les situations dangereuses pour les personnes mettent en cause les possibilités de contact entre une personne et les fils du secteur ou bien elles présentent un danger spécifique :

– ouvrir une pile ou une batterie : elles contiennent des produits dangereux et, pour protéger l'environnement, ces objets doivent être rapportés impérativement dans les magasins qui les commercialisent ;
– placer un appareil électrique branché sur le secteur (sèche-cheveux, rasoir, poste de radio, etc.) à côté d'une baignoire, même en position « arrêt » ;
– manipuler un appareil électrique avec les mains mouillées ;
– changer l'ampoule d'un lustre ou d'une lampe de chevet ;
– ouvrir un appareil électrique branché (pour le nettoyer ou pour toute autre raison) ;
– laisser traîner une rallonge électrique branchée ;
– enfoncer une pointe ou tout autre objet dans une prise ;
– laisser un lapin d'appartement mordiller le câble électrique d'alimentation d'un appareil ;
– ressentir des picotements en touchant un appareil électrique ;
– jouer avec un cerf-volant à proximité d'une ligne électrique ;
– arroser son jardin sous une ligne électrique ;
– grimper sur un poteau électrique ;
– tenir une longue canne à pêche sous une ligne électrique ;
– toucher un fil électrique tombé sur le sol provenant d'une ligne électrique ;
– rentrer dans un poste de transformation dont la porte est restée ouverte ou accéder à une armoire électrique ;
– s'exposer à découvert au moment d'un orage.

Les élèves doivent être informés du danger que représente la haute tension sans connaître ce qu'elle est. Dans le cas de la haute tension (transformateurs, câbles électriques des lignes à haute tension et ceux qui alimentent les locomotives électriques), on peut être foudroyé sans pour cela avoir établi un contact physique. Comme dans le cas de la foudre, une colonne d'air devient conductrice et relie l'imprudent à l'élément sous haute tension.

b. Situations dangereuses pour les biens

Les situations dangereuses pour les biens sont susceptibles de déclencher des incendies par échauffement des fils conducteurs :
– le court-circuit ;
– le branchement de plusieurs appareils sur la même prise du secteur ;
– le remplacement d'un fusible par un morceau de fil métallique (fer ou cuivre).

Les justifications des dangers se feront au cours de l'activité du § 11.

Document pour le professeur

Un exemple de progression d'activités en électricité au cycle des approfondissements

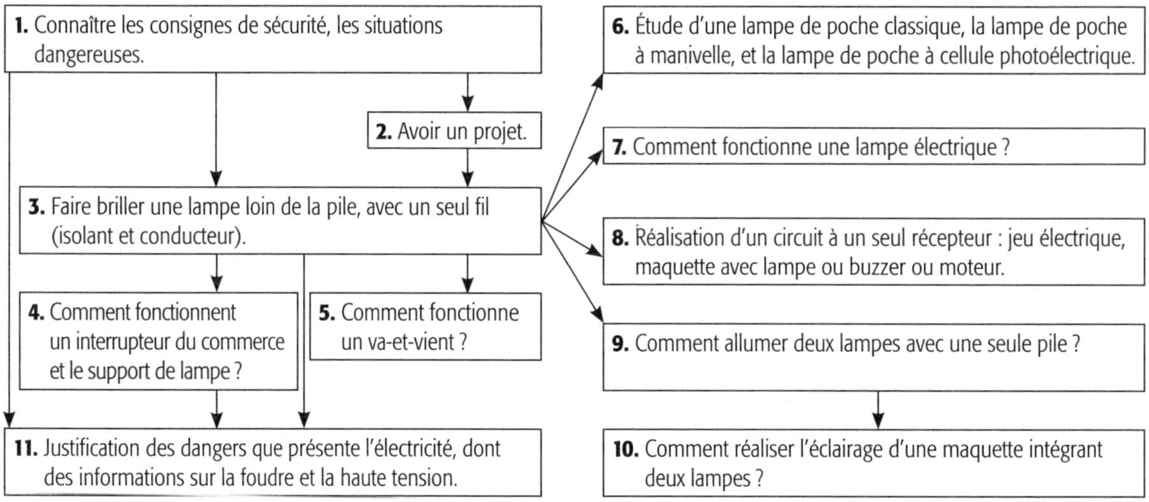

Fig. 19. La séquence peut être initiée par un projet. On peut aussi partir d'activités tâtonnantes avec les dipôles.

Production d'élève

Conducteurs et isolants

a. Étude d'objets

la lampe s'allume	la lampe ne s'allume pas
pointe	gomme
règle	mouchoir
ciseaux	pinceau
barquette	règle
fil électrique	fil à coudre
fil de fer	feuille de papier
bague	stylo

b. Prise en compte des substances

Objet	Substance	La lampe s'allume	La lampe ne s'allume pas
pointe	fer	x	
règle	aluminium	x	
gomme	caoutchouc		x
ciseaux	fer	x	
mouchoir	papier		x
règle	plastique		x
pinceau (manche)	bois		x
barquette	aluminium	x	
fil à coudre	coton		x

Fig. 20. Dans le premier tableau construit (*a*), certains objets posent problème. Il faut changer de classification (*b*).

Les dangers de l'électricité

L'électricité peut tuer par électrocution. Elle peut aussi brûler gravement ou provoquer des lésions internes graves.

En dessous de 24 V, il n'y a pas de risques d'électrocution. C'est pourquoi les jeux électroniques pour enfants sont alimentés par des piles ou par des transformateurs permettant de passer l'électricité des 220 V du secteur à 24 V ou moins.

Ne touche jamais, avec les mains mouillées, un appareil électrique branché.

N'utilise pas plusieurs prises multiples sur la même prise murale.

Ne change pas une lampe électrique sans débrancher la lampe.

Ne fais pas de pari stupide : « Chiche que je monte. »

Pense à bébé et utilise des cache-prises ou des prises de sécurité.

Se sécher les cheveux, se raser, utiliser un appareil électrique branché sur le secteur quand on est dans son bain peut être mortel.

• Relie étiquettes et images.

Fig. 21. Quelques situations dangereuses sont présentées sur le document. Il peut être utilisé pour initier l'activité sur les dangers de l'électricité, ou au contraire pour faire le point, compléter les propositions des élèves.

❷ Avoir un projet

L'idée de projet peut servir de moteur à la nécessité d'approfondir les acquis en électricité. Le projet pourra être plus complexe que celui envisagé au cycle des apprentissages fondamentaux : une carte animée, un jeu de contact, une alarme sonore, construire la maquette de la salle de classe avec des éclairages multiples indépendants. Ces exemples sont repris dans les paragraphes suivants. La réalisation du projet choisi nécessite des connaissances supplémentaires sur le circuit électrique : conducteur et isolant, divers types de branchement de récepteurs dans un circuit, avant de passer à la phase de réalisation.

On peut donc initier le projet et faire un détour par des activités pour construire les connaissances nécessaires ou mener des activités avec des dipôles, pour construire les connaissances nécessaires avant de proposer le projet.

❸ Faire briller une lampe loin de la pile

Au cycle précédent, les élèves ont eu à faire briller une lampe loin de la pile en disposant de fils électriques. Avec des élèves du cycle des approfondissements, l'exercice doit avoir une autre ambition : celle de tester la **conduction électrique** des objets. Les élèves vont découvrir que, pour tester la conduction d'un objet, celui-ci doit être intercalé entre la pile et la lampe. Ensuite, ils vont constater que le résultat est lié à la **substance** et non à l'objet. Si la lampe s'allume, la substance est conductrice, sinon elle est isolante.

La **situation de départ** peut être la suivante : on doit faire briller la lampe qui est placée loin de la pile et on ne dispose que d'un seul fil électrique.

La suite de la séance peut se faire par étapes :
– laisser les élèves utiliser les seuls objets de leur environnement immédiat (les outils de la trousse ou ceux figurant naturellement dans la classe : trombones, pinces, craie, règles, etc.) ;
– mettre ensuite à leur disposition du matériel hétéroclite mais diversifié : règle en aluminium, règle en bois et règle en plastique, trombones métalliques et en plastique, gomme, bracelets élastiques, cordon en plastique, pointes en fer, tubes de cuivre ou de plomb, éléments de gouttières en zinc et en plastique, feuilles d'aluminium ou de papier, fil de cuivre, ficelle, bouchons de liège ou de verre, des pinceaux, des crayons, feuille d'aluminium et de papier … Il faut diversifier au maximum les objets en veillant à ce qu'il y ait des objets de même fonction mais de matériaux différents (règle, trombone), mais aussi des objets comprenant deux matériaux (le pinceau, la pince à linge, le crayon).

L'**expérimentation** avec ces objets va conduire à les classer. Les **résultats** peuvent être **organisés** dans un tableau à double entrée ou à deux colonnes : une colonne pour les objets permettant à la lampe de briller, une colonne pour ceux qui ne permettent pas à la lampe de briller (***Fig. 20a***). On va donc retrouver plusieurs fois le même objet, la règle par exemple, avec des résultats opposés. Ou bien il y aura une difficulté à n'inscrire qu'une partie d'un objet (cas de la pince à linge par exemple). La nécessité d'une nouvelle classification va s'imposer en faisant apparaître non pas la dénomination des objets mais la nature de leurs matériaux (***Fig. 20b***).

Vous introduirez les termes : « **conducteurs** » et « **isolants** ». Les paragraphes suivants apportent quelques précisions complémentaires.

• Conducteurs et isolants

– Sont conducteurs les matériaux qui permettent à la lampe de briller, essentiellement tous les métaux. C'est l'occasion d'amener les élèves à ne pas nommer « fer » tous les métaux. Ils trouveront également dans leur environnement des matériaux non métalliques et conducteurs : le graphite de leur mine de crayon, par exemple.
– Parmi les isolants, on peut citer : le verre, le bois, le caoutchouc, la porcelaine, la craie, l'air…. Les plastiques sont généralement isolants. Mais attention, de nouveaux plastiques conducteurs apparaissent sur le marché.
– D'autres matériaux ou matières, non métalliques, vont poser un problème : l'eau est-elle conductrice ? Le corps humain est-il conducteur ? La mine de crayon est-elle conductrice ? Le test pile et lampe est peu sensible : la lampe peut ne pas s'allumer bien que l'objet intercalé soit réalisé dans une substance conductrice. Avec la mine de crayon, les élèves pourront moduler l'éclat de la lampe en faisant glisser un contact sur la mine. Pour l'eau et le corps humain, ils verront (voir § 11) que les deux sont conducteurs mais nécessitent des détecteurs de passage de l'électricité plus sensibles.

• Court-circuit

Dans leurs essais, les élèves peuvent réaliser un court-circuit (***Fig. 10***). Dans ce cas, la lampe ne s'allume pas, bien que l'objet soit conducteur, et la pile chauffe. Il permet, en revanche, de comprendre la constitution d'un fil électrique : un fil métallique conducteur entouré d'une gaine isolante. L'isolant évite des contacts intempestifs dans les montages, qui pourraient provoquer un court-circuit.

❹ Comment fonctionne un interrupteur et le support de lampe ?

En **observant** un interrupteur du commerce démonté ou à défaut une photographie ou un schéma (***Fig. 22a***), les élèves repèreront les parties **conductrices** et les parties **isolantes**. Ils comprendront que, suivant les positions de l'interrupteur ouvert ou fermé, le circuit est lui aussi ouvert ou fermé. Par exemple, l'interrupteur de la ***figure 1a*** est ouvert. C'est donc un moyen d'**évaluer** leur bonne compréhension des notions de conducteur et d'isolant.

D'une façon analogue, ils pourront **observer** un support de lampe du commerce. Les difficultés pour réaliser les contacts sur le culot et sur le plot de la lampe leur feront apprécier la découverte et l'intérêt de disposer d'un tel support. Ils pourront rapprocher les observations qu'ils feront directement sur le support avec son schéma. Cela pourrait se traduire par une recherche de ses parties isolantes et conductrices et constituer un exercice d'**évaluation** (***Fig. 22b***) : « Colorer en rouge les parties conductrices du support et en bleu les parties isolantes. Représenter la pile et les fils électriques qui, avec la lampe, constituent le circuit. »

❺ Comment fonctionne un va-et-vient ?

On peut proposer un autre exercice d'évaluation, mais aussi de réflexion sur le concept de circuit, en présentant aux grands élèves du cycle des approfondissements la ***figure 22c***. Dans la position des interrupteurs, la lampe est-elle allumée ou éteinte ? Que se passe-t-il si on bascule l'un, puis l'autre ?

L'élaboration du principe du va-et-vient est trop complexe pour des élèves du cycle des approfondissements. Mais ils peuvent en comprendre le fonctionnement. Les élèves formulent dans un premier temps des **propositions de réponses** à partir de l'analyse du schéma. Ils **expérimentent** pour **vérifier** leurs prévisions. Dans le cas de la figure, la lampe est allumée. Si on bascule l'interrupteur de gauche, la lampe s'éteint car le circuit est ouvert. Il est fermé si on bascule alors l'interrupteur de droite et la lampe s'allume. Elle s'éteint à nouveau si on bascule l'un ou l'autre des interrupteurs. L'enseignant donnera le nom de ce dispositif, le va-et-vient. Il pourra faire consigner sa spécificité : pouvoir commander l'allumage et l'extinction d'une lampe par l'un quelconque des deux interrupteurs.

❻ Étude d'une lampe de poche

Si cette étude n'a pas été réalisée avec les élèves de la classe en CP ou CE1, elle peut très bien être conduite avec les élèves du cycle des approfondissements (reprendre le paragraphe 6.a du cycle des apprentissages fondamentaux comprenant la recherche d'une panne sur une lampe de poche et la construction d'une maquette).

L'activité pourra s'enrichir d'une comparaison de l'alimentation de différentes lampes de poche :
– des moyens utilisés pour alimenter les lampes : les piles (valeur de la tension de la pile, nombre de piles utilisées), batterie (la valeur de sa tension et la technique utilisée pour la recharger : adaptateur relié au secteur, cellules photoélectriques, alternateur à main) ;
– des types de lampes : lampe à filament ou DEL (utilisée dans l'activité du § 11).

Les élèves établiront les comptes rendus de leurs observations.

Remarque : notons que de nouvelles lampes de jardin sont disponibles actuellement dans le commerce. Leur fonctionnement reprend le principe de la lampe de poche alimentée par des cellules photoélectriques : des cellules photoélectriques chargent une batterie pendant la journée ; la nuit, l'électricité stockée dans la batterie est disponible pour les lampes, qui sont des DELs. Un détecteur de lumière coupe l'alimentation des lampes le jour, et l'établit l'obscurité venue.

❼ Comment fonctionne une lampe électrique ?

En s'interrogeant sur le fonctionnement de la lampe qu'ils utilisent dans leurs montages, les élèves vont effectuer une véritable démarche d'investigation avec des « découvertes » successives :
– chaîne continue de conducteurs entre les deux bornes de la lampe ;
– filament porté à incandescence quand l'électricité le traverse ;
– conditions pour que cette incandescence se prolonge.

• **Pourquoi établir deux contacts, l'un sur le culot, l'autre sur le plot ?** La réponse à la question se situe sûrement à l'intérieur. On peut faire dessiner la lampe aux élèves en imaginant l'intérieur. Tout n'est pas visible et ils sont alors conduits à faire des **hypothèses** qui révèlent l'idée qu'ils se font de sa constitution, de la continuité du circuit électrique à l'intérieur. La confrontation de leurs idées rend nécessaire d'autres **observations** pour les départager. Comment observer les liaisons électriques à l'intérieur ? On propose aux élèves des lampes désolidarisées de leur culot : avec une petite tenaille, le professeur brise la résine noire entre le culot et le plot. Puis, en maintenant l'ampoule de verre dans un chiffon pour éviter tout bris possible, avec les tenailles, il serre progressivement le culot en tournant la lampe : l'ampoule de verre se déchausse du culot. Cette opération peut avoir été réalisée au préalable. La structure de la lampe apparaît alors nettement. Les liaisons au plot et au culot se justifient par une continuité des conducteurs dans la lampe : plot, fil conducteur, filament, fil conducteur, culot en laiton. Parallèlement, les élèves peuvent faire l'inventaire des parties isolantes entrant dans la constitution de la lampe : résine vitrée noire, ciment beige, perle en verre, ampoule en verre.

En établissant le circuit de la lampe sur une pile grâce à des fils électriques munis de pinces crocodiles (***Fig. 22d***), on constate que le filament brille. C'est là, pour les élèves, un constat enthousiasmant !

• **Peut-on fabriquer une maquette de lampe ?** La réalisation d'une maquette de la lampe est possible et source de nouvelles découvertes : l'observation de ses limites permettra d'en découvrir tous les secrets. Les élèves font rapidement l'inventaire de ce qu'il leur faudrait : une ampoule de verre, un filament, deux fils électriques, un bouchon.

Vous pouvez très simplement leur proposer ces éléments : de petites bouteilles en verre (type jus de fruit ou eau minérale en verre transparent), des fils électriques et, pour le filament, quelques brins de paille de fer n° 0 utilisée par les antiquaires. Il est indispensable de ne mettre que quelques brins, non roulés. Ce filament sera maintenu en pinçant ses extrémités entre les deux fils conducteurs. Les extrémités des deux fils à l'extérieur sont maintenues avec un bouchon de liège ou en papier (***Fig. 22e***). En testant cette maquette, on constate que le filament rougit et… brûle. Pourquoi ?

• **Comment empêcher le filament de brûler ?** Des élèves penseront à enlever l'air de l'ampoule ou à y introduire un gaz qui empêche la combustion. La référence à un **document** sur la découverte de l'ampoule confirme qu'Edison a bien enlevé l'air. Les élèves ne peuvent le faire sur leur maquette, mais comprennent alors que leur filament brûle à cause de l'air contenu dans la bouteille. Ils peuvent en avoir la confirmation si le maître branche sur une pile une lampe du commerce dont il a brisé l'ampoule : le filament brûle. Ils sont à même de réaliser une coupe de la lampe (***Fig. 1c***) et de compléter le schéma de la ***fig. 22b***.

On peut **prolonger** cette activité en :
– faisant l'inventaire des différents types de lampes qui existent actuellement ;
– découvrant **l'histoire de l'éclairage**. Cela permet une perception de l'évolution des sciences et des techniques et de soulever les aspects sociaux et économiques. Les élèves rechercheront la date de l'éclairage public électrique dans la commune (le premier éclairage public à partir de lampes électriques date de 1881 à Londres) ;
– constituant parallèlement un mini-musée en rassemblant quelques dispositifs d'éclairages anciens associés à des textes les décrivant pris dans la littérature ;
– réalisant une petite lampe à huile ancienne, en construisant une petite lampe à pétrole.

8 Retour au projet : exemples de réalisations à un seul récepteur

Une réalisation comportant un seul récepteur conforte le principe d'une chaîne continue de conducteurs entre les deux bornes de la pile. L'objet devra répondre à un certain nombre de contraintes : être relativement simple à construire, mais être fonctionnel, ergonomique, soigné, attrayant, esthétique, fiable, durable dans le temps, d'un entretien aisé (pour changer la pile et la lampe en cas de besoin), bon marché. Il sera réalisé à partir d'un matériel « professionnel » : fil électrique, supports d'ampoule, interrupteur du commerce. Les élèves devront développer des qualités spécifiques : soin, persévérance, habileté. En outre, ils devront lire des dessins et des schémas, en réaliser, s'organiser pour mettre en place un processus de fabrication, développer des savoir-faire techniques : coller, percer, assembler, visser, établir des contacts électriques.

a. Réalisation d'un jeu électrique

La ***figure 23*** propose deux exemples de jeux à contacts électriques : le jeu ***a*** est un jeu d'adresse, le jeu ***b*** teste des connaissances.

Plusieurs approches sont possibles :
– utiliser une fiche de fabrication (qui peut poser un certain nombre de problèmes à résoudre) ;
– observer un jeu soit fabriqué par le maître soit du commerce et l'analyser pour retrouver son fonctionnement et ses modalités de construction.

Cette deuxième approche est plus valorisante. On recherche la règle du jeu et son cahier des charges.

Si les élèves sont engagés dans une correspondance scolaire et des échanges avec d'autres classes, on peut, à la fin, leur demander de réaliser une fiche qui leur sera destinée. C'est là un bon prétexte à un écrit fonctionnel.

Comment ça fonctionne ?

a. Un interrupteur du commerce

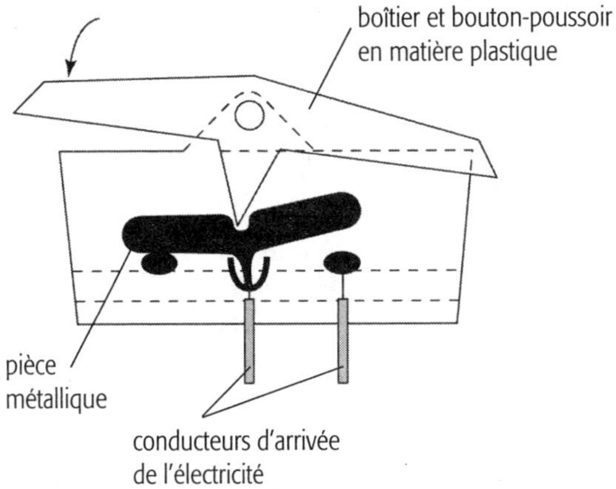

b. Coupe d'un support de lampe

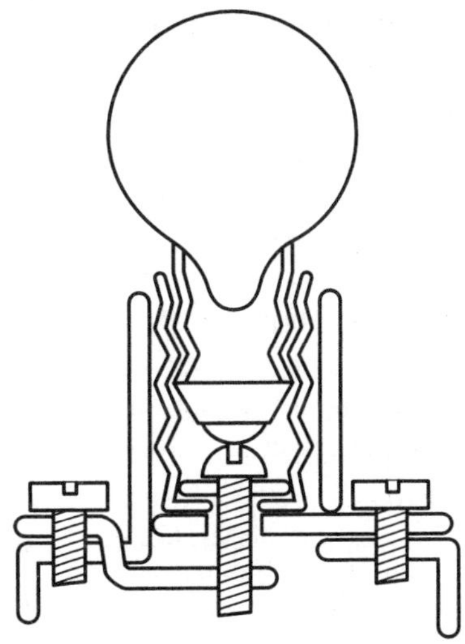

c. Un va-et-vient

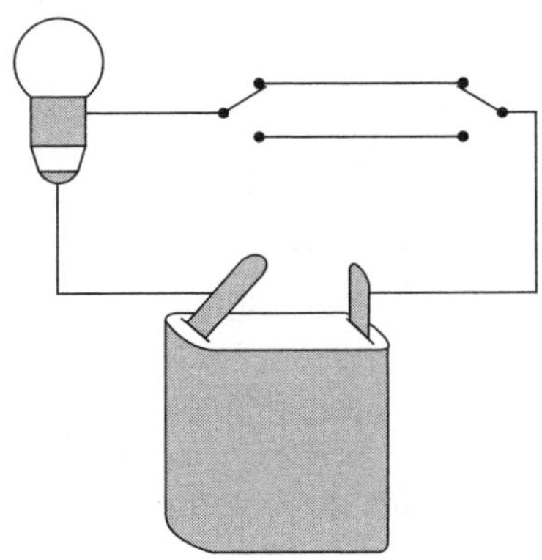

d. Une lampe électrique

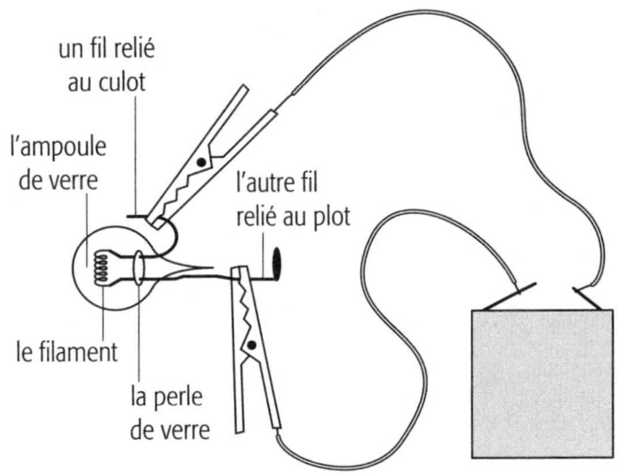

e. Une maquette de lampe

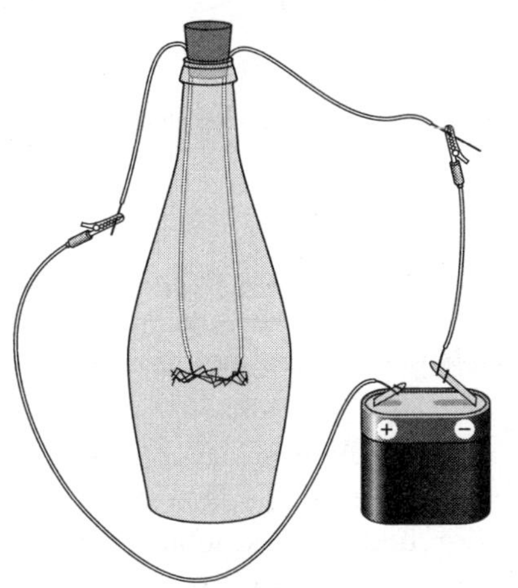

Fig. 22. a. et ***b.*** Ces documents peuvent être utilisés pour initier une activité, ou pour évaluer la capacité des élèves à utiliser la notion de circuit électrique pour retrouver les conducteurs et isolants dans les objets présentés.
c. Les élèves feront des prévisions sur le fonctionnement de la lampe selon la position des interrupteurs, et les vérifieront expérimentalement.
d. Le schéma de la lampe descellée permet d'identifier le circuit électrique.
e. Après avoir fait leurs propres propositions, les élèves pourront s'appuyer sur les informations fournies par ce document pour fabriquer leur maquette de lampe.

• Jeu électrique a (*Fig. 23a*)

– Règle du jeu : avec un anneau métallique, il faut suivre le contour de l'oiseau sans le toucher. Si on touche, l'ampoule s'allume. Celui qui joue compte le nombre de contacts établis tout au long du parcours et se mesure avec d'autres dans les mêmes conditions.
– Cahier des charges : l'ensemble doit être séduisant. Le fil de fer qui double le dessin doit être rigide. La lampe doit s'allumer au moindre contact.
– Les élèves doivent trouver et tester le circuit électrique qui convient. Ils doivent ensuite déterminer les étapes à suivre pour la fabrication : coller sur le couvercle un décor de forme simple, mettre en forme un fil de fer rigide en suivant un contour du décor, et réaliser le montage électrique.

• Jeu électrique b (*Fig. 23b*)

Règle du jeu : quand on pointe deux éléments qui se correspondent, la lampe s'allume ; s'ils ne correspondent pas, la lampe reste éteinte.

Le cahier des charges est fourni aux élèves :
– il s'agit d'un jeu d'association question-réponse (exemple : capitale de la France-Paris). Le témoin de la réponse correcte est une lampe allumée ;
– il y a un seul jeu pour la classe ;
– il y a plusieurs fiches en cartoline (format plus petit que A4) ;
– les éléments à associer ne sont pas tous au même endroit pour toutes les fiches ;
– des fils électriques sont utilisés seulement pour les connexions sur la pile et la lampe ;
– de la feuille d'aluminium est utilisée pour les autres connexions.

L'enseignant invite les élèves à fabriquer un jeu analogue, unique pour la classe, avec plusieurs fiches de questions. Ils doivent réaliser des schémas électriques, rédiger des listes (de matériel et d'étapes de fabrication).

Dans le cas de ce deuxième jeu, ils doivent rechercher un thème pour leur fiche, mener une recherche documentaire pour établir le questionnaire. Les fiches de tous les groupes devront avoir le même format. Mais, auparavant, les élèves rechercheront une solution technique pour répondre aux deux dernières contraintes du cahier des charges. À partir de la feuille d'aluminium qui leur a été distribuée, ils font des essais en manipulant. Seules les deux solutions de gauche conviennent puisqu'elles prennent en compte des isolants. Ils doivent veiller à ce que les perforations et les connexions soient convenablement établies. Une vérification de la bonne réalisation des connexions et de leur positionnement doit être menée par les auteurs de la fiche, à l'aide de matériel électrique (pile, ampoule, fils). Un groupe réalise une boîte avec un montage électrique comprenant la pile, la lampe et les deux fils mobiles pour établir les contacts quand on joue.

b. Fabriquer une alarme sonore

Dans le cas du montage d'une alarme sonore (***Fig. 24***), la situation-problème peut être proposée sous forme d'un **cahier des charges** : *Un signal sonore doit se déclencher à la simple ouverture d'une boîte qui joue le rôle d'un coffret. Il s'arrête dès qu'elle est refermée.*

Les élèves **conçoivent** par un schéma leur **projet**. S'ils ne connaissent pas le **vibreur sonore** (buzzer), ils doivent dans un premier temps **découvrir** la polarisation de ce récepteur. Ils constatent que c'est un récepteur qui fonctionne correctement pour un sens de branchement. Les élèves devront disposer d'une boîte par groupe. Elle peut être en plastique, en bois, en carton épais, à charnière ou à glissière.

Chaque groupe fait un **projet de fabrication d'un interrupteur**, qui doit fermer le circuit pile-buzzer. Cet interrupteur doit s'adapter à la boîte dont il dispose, à son mode de fermeture (charnière ou glissière), à sa nature : par exemple, si la boîte est métallique, il serait judicieux d'utiliser le « retour par la masse » (c'est-à-dire que la boîte métallique sert de conducteur et devient un élément du circuit électrique). Pour sa réalisation, il faut mettre à la disposition des élèves des feuilles métalliques (moule de gâteaux en aluminium par exemple). Les liaisons électriques peuvent se faire en utilisant des dominos d'électricien et des fils électriques fins. Les composants sont fixés sur la boîte avec un pistolet à colle.

La boîte doit donner l'aspect d'un coffret. La partie électrique doit être dissimulée au mieux. Les parois peuvent être décorées. On a alors un objet bien fini, répondant au cahier des charges.

9 Comment allumer deux lampes avec une seule pile ?

Les élèves disposent du matériel : deux lampes (que l'on choisira de mêmes caractéristiques nominales) et leurs supports, une pile et des fils de connexion. Ils **font des essais** pour déterminer tous les montages possibles pour allumer deux lampes avec une seule pile, et les **schématisent** (***Fig. 7a***). Ils notent leurs observations.

Lors d'une mise en commun, ces montages sont comparés. Les élèves peuvent **conclure** qu'il y a deux possibilités. Le professeur apporte le vocabulaire :

Deux jeux électriques à construire

a. Jeu de l'anneau

Règle du jeu

Il s'agit de faire suivre un anneau tout le long du fil de fer en établissant entre les deux le minimum de contacts : à chaque contact, la lampe s'allume.

Matériel

1 • Ampoule et son support
2 • « Corps » de stylo à bille
3 • Piton ouvert
4 • Fil de fer
5 • Fil électrique
6 • Domino d'électricien
7 • Boîte à chaussures

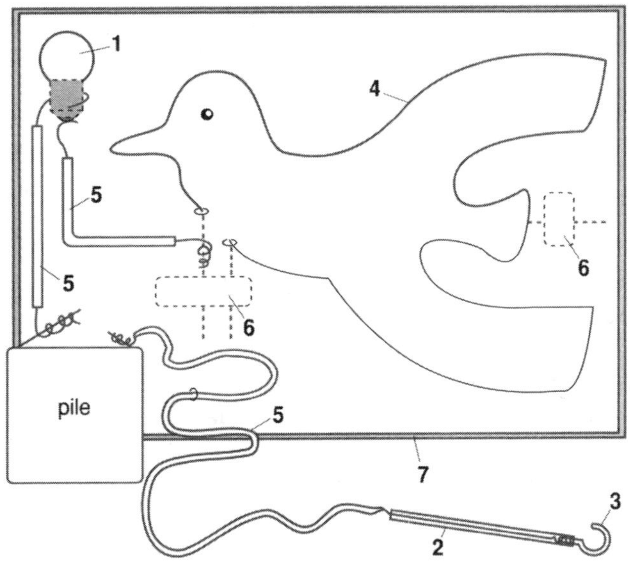

b. Jeu questions-réponses

Le jeu à construire

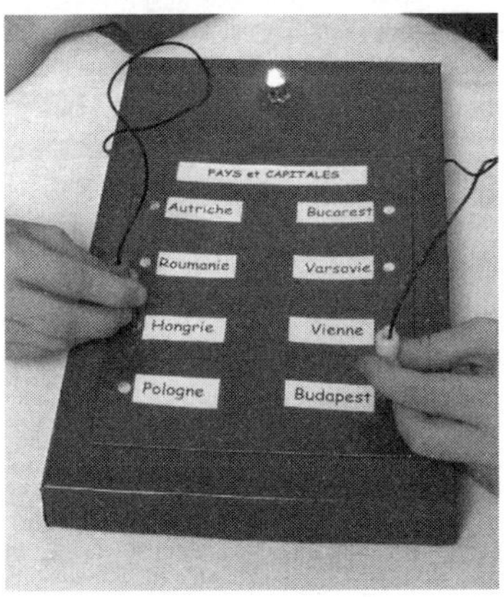

• Ces solutions techniques sont-elles toutes satisfaisantes ?

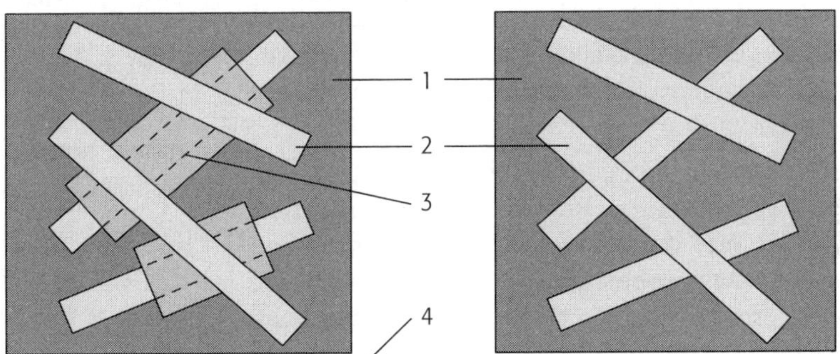

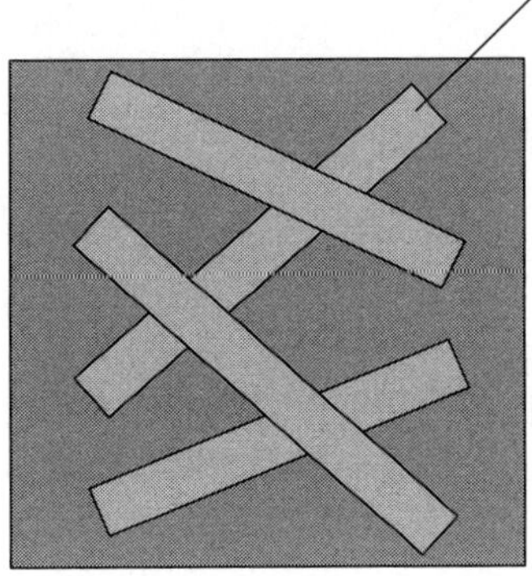

1 • Support en carton sur lequel sont collées les différentes bandes.
2 • Bande d'aluminium.
3 • Papier à dessin.
4 • Feuille d'aluminium collée sur du papier à dessin.

Fig. 23. Les élèves peuvent exploiter le document pour mener à bien leurs fabrications. Si vous avez initié l'activité par la présentation d'un jeu analogue, leurs propositions de montages peuvent être confrontées à ceux du document.

les lampes sont en série ou en dérivation. De leurs observations sur les éclats des lampes, les élèves pourront conclure que :
– dans le cas des lampes en série, elles brillent moins que si une lampe était seule dans le circuit. Si on dévisse l'une des lampes, l'autre s'éteint ;
– dans le cas des lampes en dérivation, elles brillent comme si elles étaient seules dans le circuit. Si on en dévisse une, l'autre reste allumée.

10 Comment réaliser l'éclairage d'une maquette ?

Pour réaliser l'éclairage de la maquette de la salle de classe ou celle d'une maison de poupée (***Fig. 25***), les élèves établissent un **cahier des charges** en s'inspirant des éclairages existant dans la salle de classe. Globalement, ils arrivent au cahier des charges suivant :
– il faut utiliser une seule pile ;
– il faut une lampe et un interrupteur par pièce ;
– les deux pièces doivent pouvoir être éclairées de façon indépendante ;
– les deux lampes doivent briller comme si elles étaient seules dans le circuit ;
– il faut utiliser le moins de fil possible.

S'ils ont déjà travaillé sur les circuits à deux lampes, ils sauront qu'il faut brancher ces lampes en dérivation. C'est un moyen d'**évaluer** leurs connaissances sur ces circuits.

Ils schématisent le circuit à réaliser, en précisant où doivent se trouver les interrupteurs. La **réalisation** du circuit avec du matériel mis à leur disposition **validera leurs propositions**. Si ce n'est pas le cas, ils trouveront la position correcte des interrupteurs en faisant des essais et schématiseront le circuit correct.

Il reste à fabriquer la maison de poupée ou la maquette de la salle de classe. La **fabrication** sera faite par groupe. Les élèves choisiront une boîte et disposeront les différents éléments, lampes (au plafond) et interrupteurs (accessibles aux personnages). Puis ils chercheront comment placer les fils, de façon à en utiliser le moins possible : il faut les placer le long de la boîte, relier directement les deux lampes par l'une de leurs bornes et, de la même façon, une borne de chaque interrupteur.

11 Les dangers de l'électricité

Une justification expérimentale des dangers que présente l'électricité est souhaitable et simple à mettre en œuvre. Elle peut se faire sous forme d'investigation : les élèves peuvent **imaginer des expériences** pour interpréter des consignes de sécurité, exploiter des **documents** ou des informations fournies par le professeur. L'observation faite sur des montages simples illustre les risques encourus et ne peut qu'inciter les enfants à plus de prudence.

a. Des situations dangereuses pour notre corps

• Pourquoi des situations où il y a de l'eau peuvent-elles être dangereuses ?

Il est intéressant de faire formuler aux élèves leurs représentations sur les raisons du danger de la présence d'eau. Après un temps de réflexion, ils en viennent à formuler deux **hypothèses** :
– l'eau doit être conductrice ;
– le corps doit être conducteur.

Une **première recherche** engagée avec une pile plate (4,5 V) et une lampe de 3,5 volts comme détecteur de passage de l'électricité conduit à un échec (***Fig. 8a***). Il va falloir mettre en doute la sensibilité du détecteur et introduire l'idée que, peut-être, l'électricité circule mais en quantité insuffisante pour faire briller le filament.

Vous pouvez leur **fournir** une DEL (DEL 7400 mcd15) ou un buzzer piézoélectrique. Ils pourront alors **conclure** que l'eau et le corps humain sont conducteurs (***Fig. 8a et b***).

Si, avec la pile, les effets de la traversée du corps par l'électricité ne présentent aucun danger, il n'en serait pas de même avec le secteur, il est bon de le rappeler !

• Pourquoi est-il dangereux de toucher un seul fil ?

Les deux informations sur la conduction du corps et de l'eau ne justifient pas pour l'instant le danger qu'il y a à ne toucher qu'un seul fil. Pour qu'il y ait circuit, il faudrait deux conditions supplémentaires :
– une des deux bornes de l'alimentation du secteur doit être reliée à la terre ;
– la terre doit être conductrice.

Il faudra donner la première information, en faisant travailler les élèves sur un **document** analogue à celui de la ***figure 8c***. En effet, au transformateur de distribution le plus proche, un des deux fils alimentant la maison, dit « le neutre », est relié à la terre. Le deuxième fil se dénomme « la phase ».

Pour qu'il y ait un circuit quand on touche le fil de phase de la prise dans la maison en y enfonçant une pointe par exemple, il faut admettre que la terre est conductrice. Comment le vérifier ? Ils peuvent concevoir une **expérience** : il suffit de construire, dans la terre aux alentours de l'école, un circuit avec, en série, la terre et un détecteur sensible de passage d'électricité, une DEL (***Fig. 8d***).

Une boîte à ouverture sonore

Cahier des charges

Un signal sonore doit se déclencher à la simple ouverture d'une boîte qui joue le rôle d'un coffret. Il s'arrête dès qu'elle est refermée.

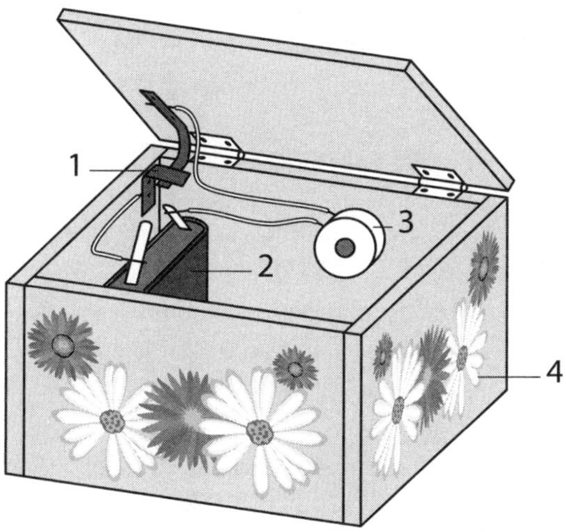

Matériel

1 • Interrupteur fabriqué avec des lamelles métalliques
2 • Pile
3 • Buzzer (composant polarisé)
4 • Boîte en bois avec son couvercle

• Dessine le schéma électrique en grossissant l'interrupteur.

• Si la boîte est en fer, que se passe-t-il ? Dans ce cas, comment modifier le montage ?

Fig. 24. Les élèves schématiseront le circuit électrique pour comprendre le fonctionnement de cette boîte et testeront le montage correspondant au circuit avant de la fabriquer.

Installe l'électricité dans une maquette de maison

Tu dois installer l'électricité dans une maison de poupée faite dans une boîte à chaussures en respectant le cahier des charges.

• Fais des essais et note tes observations.

a. les lampes sont en série

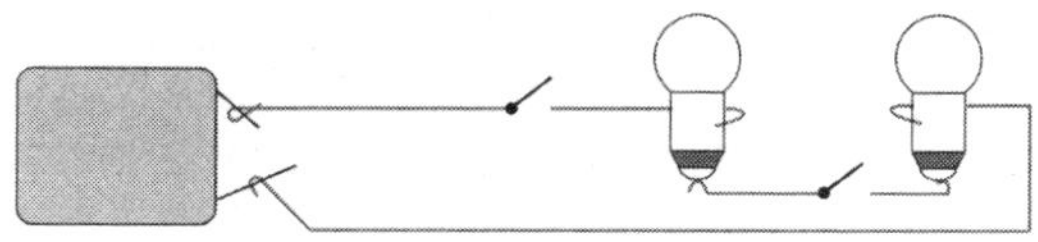

b. les lampes sont en parallèle

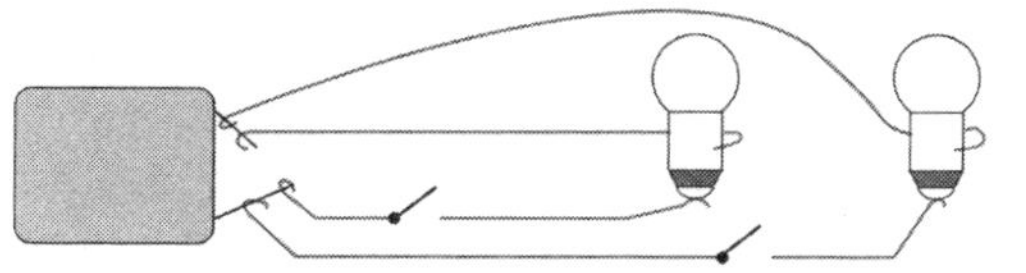

c. les lampes sont en parallèle

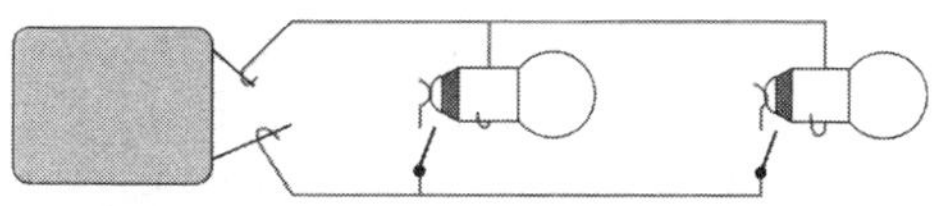

• Quel montage choisis-tu ? Un montage est-il à exclure ? Un montage est-il plus avantageux ?

Construction de la maison

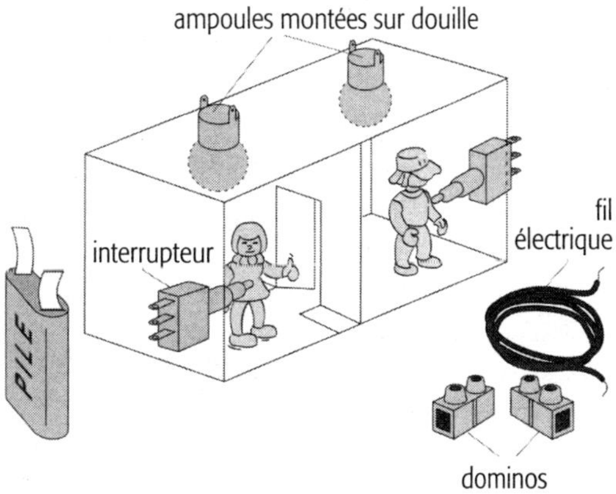

Fig. 25. Les élèves chercheront quel circuit électrique permet de répondre au cahier des charges. Il différencieront ainsi les circuits de lampes en dérivation et en série. Ils pourront ensuite réaliser l'installation.

La DEL brille. Les élèves peuvent alors **conclure** que la Terre est conductrice et que toucher le seul fil de phase conduit à l'électrocution (***Fig. 8e***).

Remarque : ne pas essayer cette expérience avec un bac à fleurs pour éviter de sortir. La section de terre est trop faible et, de ce fait, sa résistance beaucoup trop grande ne permet pas de déceler le passage de l'électricité.

• Danger dû à la foudre et aux appareils soumis à une haute tension

Une information doit être donnée aux élèves sur les risques encourus à cause de la haute tension. L'enseignant pourra s'appuyer sur des exemples pris malheureusement dans l'actualité ou par la lecture de consignes données aux randonneurs ou placardées sur des locaux techniques.

Pour éviter les accidents liés à la foudre, il s'agit d'éviter tout ce qui est proéminent :
– ne pas se promener par temps d'orage en tenant une canne à pêche vers le haut ;
– ne pas s'abriter sous un arbre isolé ;
– ne pas demeurer sur un sommet ;
– s'accroupir au maximum.

Parallèlement, on pourra informer les élèves sur la réalité du paratonnerre : c'est une pointe métallique dressée sur un toit, dont le rôle est justement d'attirer la foudre et de conduire l'électricité au sol par l'intermédiaire d'un câble métallique dont l'autre extrémité est soigneusement enterrée.

La proximité de certains appareils électriques soumis à une haute tension est cause d'électrocutions très graves : l'air devient conducteur et une décharge électrique peut s'établir entre ces appareils et notre corps qui touche le sol. Il n'y a pas eu de contact entre l'appareil et notre corps, la décharge s'est faite à distance ! Il faut donc éviter de rentrer dans un local comprenant des appareillages électriques (postes de transformation ou autres locaux électriques) ou de s'approcher de câbles à haute tension (lignes électriques, caténaires).

Les élèves découvriront que l'air, considéré comme un isolant, peut devenir conducteur.

b. Risques pour les biens

• Un court-circuit peut-il être dangereux ?

Au cours de manipulations « accidentelles » réalisées en classe (***Fig. 10***), les élèves ont réalisé des **courts-circuits** avec une pile au cours des premières découvertes. Ils ont constaté un **échauffement** important dans la pile elle-même, qui entraîne sa détérioration. Les risques d'échauffement et donc d'**incendie** seront d'autant plus importants dans le cas d'un court-circuit provoqué sur le secteur.

• Pourquoi ne faut-il pas brancher trop d'appareils sur une même prise ?

Que se passe-t-il quand on multiplie les branchements d'appareils électriques sur une même prise électrique ? C'est un branchement en dérivation qui est effectué. Où est le risque ?

Il s'agit ici simplement de faire **observer** l'augmentation de l'électricité dans la branche principale. Reprenons le montage permettant d'observer la conduction du corps humain (***Fig. 8b***). Si, successivement, plusieurs enfants se rajoutent **en dérivation** sur le premier d'entre eux, on constate l'augmentation de l'éclat de la DEL. L'électricité dans la branche principale augmente chaque fois. C'est un résultat correspondant au montage de plusieurs récepteurs en dérivation.

L'échauffement produit par ce passage important d'électricité dans les fils de conduction peut les détruire. Comme dans le cas du court-circuit, un fusible bien adapté protège l'installation. Un fusible « bricolé » n'assure aucune protection.

Partie

7

Équilibre et mouvement

Nous vivons entourés de nombreux objets. Beaucoup renferment des parties électroniques, dont le fonctionnement reste hermétique à l'école élémentaire. Beaucoup aussi possèdent des éléments mobiles. Cette partie de l'ouvrage porte sur ce type d'objets, des objets mécaniques. Ils permettent aux élèves de s'interroger, mais aussi de trouver par investigation des éléments de réponse à leurs questions, au moyen de l'observation, de l'expérimentation ou de la fabrication de maquettes. Les élèves commencent ainsi à construire des connaissances leur permettant de comprendre une partie du monde qui les entoure.

Conformément aux programmes de l'école, nous nous intéressons aux objets techniques renfermant des leviers, aux équilibres de ces objets, puis aux mouvements de tout ou partie d'objets et aux mécanismes qui permettent de transmettre un mouvement.

Chapitre 16

Balances et leviers en équilibre

Dès son plus jeune âge, l'enfant est confronté à l'équilibre : équilibre de son corps tout d'abord, puis équilibres divers qu'il tente de réaliser avec des objets, lorsqu'il les empile pour construire une « tour » la plus haute possible ou lorsqu'il manipule des jeux de construction. Au cours de ces activités, il se familiarise ainsi avec le concept d'équilibre.

À l'école élémentaire, les élèves retrouvent des situations d'équilibre, qui les conduiront à mener des investigations. Ils pourront par exemple :
– fabriquer un mobile ; trouver et comprendre (cycle des approfondissements) comment l'équilibre est assuré ;
– assurer l'équilibre d'objets posés sur un support ;
– utiliser des balances.

Le mot « équilibre » apparaît explicitement dans les programmes du cycle des approfondissements, associé aux balances. À ce niveau de la scolarité, les élèves pourront expliquer l'équilibre des balances à fléau, en relation avec des activités sur les leviers. En effet, des activités de comparaison, d'analyse, de fabrication d'objets comprenant des leviers permettront aux élèves d'en repérer les principales caractéristiques et propriétés.

Le programme *(BO hors série n° 3 du 19 juin 2008)*	
CP et CE1	CE2, CM1 et CM2
DÉCOUVERTE DU MONDE **Découvrir le monde du vivant, de la matière et des objets** Les élèves réalisent des maquettes élémentaires pour comprendre le fonctionnement d'un appareil. **PREMIER PALIER POUR LA MAÎTRISE DU SOCLE COMMUN** **Compétence 3. Les principaux éléments de mathématiques et la culture scientifique et technologique** L'élève est capable d' : – utiliser les unités usuelles de mesure ; estimer une mesure ; – observer et décrire pour mener des investigations.	**SCIENCES EXPÉRIMENTALES ET TECHNOLOGIE** **Les objets techniques** Leviers et balances, équilibres. **DEUXIÈME PALIER POUR LA MAÎTRISE DU SOCLE COMMUN** **Compétence 3 A) Les principaux éléments de mathématiques** L'élève est capable d'utiliser les unités de mesure usuelles ; utiliser des instruments de mesure ; effectuer des conversions. **Compétence 3 B) La culture scientifique et technologique** L'élève est capable de : – pratiquer une démarche d'investigation ; savoir observer, questionner ; – manipuler et expérimenter, formuler une hypothèse et la tester, argumenter ; – mettre à l'essai plusieurs pistes de solutions ; – exprimer et exploiter les résultats d'une recherche en utilisant un vocabulaire scientifique à l'écrit et à l'oral ; – maîtriser des connaissances dans divers domaines scientifiques ; – exercer des habiletés manuelles, réaliser certains gestes techniques.

Informations pour l'enseignant

A Équilibre

On qualifiera d'équilibre l'état de repos d'un objet sollicité par plusieurs forces dont la somme est nulle. L'**équilibre** est dit **stable** s'il n'est pas détruit par une faible variation des conditions, **instable** dans le cas contraire. Si l'objet, légèrement déplacé de sa position d'équilibre, reste de manière stable dans sa nouvelle position, l'équilibre est **indifférent** (cas d'une bille posée sur une table horizontale, d'une roue parfaitement symétrique suspendue par son axe…). L'approche faite à l'école primaire sera plus qualitative que quantitative.

Remarque : absence de force ou somme des forces nulle ne signifie pas obligatoirement immobilité. Si aucune force ne s'exerce sur un objet, cet objet peut aussi être en mouvement rectiligne uniforme. Nous envisageons ici des situations d'équilibre immobile (statique).

1 Comment rendre stable un équilibre ?

Quand **on suspend un objet**, il se place en position d'équilibre stable : si on déplace légèrement cet objet, il revient à sa position d'équilibre, où il se retrouve immobile après quelques oscillations.

Le poids de l'objet agit sur l'objet pour le ramener à sa position d'équilibre ; il est appliqué au **centre de gravité** *G* de l'objet. Ce centre de gravité se trouve **sur la verticale passant par le point de suspension** et sous ce point quand l'équilibre est stable (***Fig. 1a***). Si le point de suspension et le centre de gravité sont confondus, l'équilibre est alors **indifférent**.

Dans le cas d'un **objet posé sur un support** (une table par exemple), l'équilibre est stable à condition que le **centre de gravité** se trouve **au-dessus de la base d'appui** de l'objet (***Fig. 1a***). Cet équilibre est d'autant plus stable que la base d'appui est plus grande et que le centre de gravité est plus bas.

Pour faire tenir en équilibre un objet qui repose sur un support seulement par un point, il faut **abaisser son centre de gravité** en dessous du point d'appui en ajoutant des lests plus bas que ce point d'appui (***Fig. 1c***).

Remarque : dans le cas d'un objet sphérique ou cylindrique homogène posé sur une table, la base d'appui est réduite à un point (ou un segment de droite) et l'objet est en équilibre bien que son centre de gravité soit plus haut que le point d'appui. Ce centre de gravité reste toujours à la même hauteur et à la verticale de son appui : l'équilibre est **indifférent**.

❷ Le centre de gravité d'un objet

L'exemple du parapluie (***Fig. 1b***) suggère un procédé pour trouver la position du centre de gravité. Le centre de gravité se trouve sur la verticale passant par le point de suspension. L'objet suspendu successivement par deux (ou plus pour vérification) points différents permet de tracer les deux verticales passant par ces points et de trouver le centre de gravité au point de concours de ces deux droites.

Un autre procédé convient bien pour les objets longilignes, tels qu'un balai par exemple (***Fig. 1b***). Vous placez le balai sur les deux index de vos mains écartées, de façon à ce qu'il soit en équilibre et vous rapprochez alternativement l'une puis l'autre main. Vous constaterez que vous ne choisissez pas la main qui se déplace par rapport au balai. Du fait de la plus grande charge qu'un côté du balai exerce sur un des deux doigts, les frottements diffèrent sur chacun d'eux et le déplacement relatif par rapport au balai se fait alternativement d'un côté ou de l'autre. Vos deux doigts se rejoignent là où se trouve le centre de gravité. Si, en ce point, on coupe le manche, les deux morceaux ont-ils le même poids ? (Non, *cf.* le paragraphe 3.b.)

❸ Force et moment d'une force

a. Moment d'une force

Prenons l'exemple de la force horizontale que l'on exerce sur une porte que l'on veut ouvrir (***Fig. 2a***). Si la droite définie par le point d'application et la direction de la force (appelée droite d'action de la force) passe par l'axe des gonds, la porte ne bougera pas. Si la droite d'action est perpendiculaire à la porte, l'ouverture sera aisée et le sera de moins en moins au fur et à mesure que l'on se rapprochera des gonds. Enfin, plus l'intensité de la force sera grande, plus l'ouverture en sera facilitée. Une grandeur en physique rend compte du fait que l'effet obtenu dépend simultanément de l'intensité de la force et de la distance entre la droite d'action de la force et l'axe de rotation : le **moment d'une force par rapport à un axe de rotation**.

• Dans le cas où la force F est perpendiculaire à la droite OA (cas de la force F_2 sur la ***figure 2a***), le moment de la force s'exprime simplement :

$$M_F = F \times OA$$

OA est le bras de levier : c'est la distance entre le point de rotation O et le point d'application de la force F exercée en A.

On constate que le moment reste le même si, par exemple, on double l'intensité de la force et divise par deux la distance à l'axe de rotation, et qu'à l'inverse, si on augmente la distance à l'axe, on diminue l'intensité de la force à exercer pour obtenir le même effet.

• Dans le cas où la force n'est pas perpendiculaire à la droite OA (cas de la force F_3 sur la ***figure 2a***), l'expression du moment de la force fait intervenir une projection, et devient :

$$M_F = F \times OH = F \times OA \times \cos \alpha$$

• Le moment d'une force est nul si la droite d'action de la force passe par l'axe de rotation.

b. Comment expliquer l'équilibre d'un objet ?

Le **moment du poids** d'un objet explique aussi l'équilibre des **objets suspendus ou posés** : le moment du poids de l'objet est nul si le centre de gravité est sur la verticale du point de suspension ou au-dessus de la base d'appui (***Fig. 1a***). Cela explique aussi bien les équilibres stables qu'instables. Un « jongleur » tenant un balai en équilibre sur un doigt doit bouger sans cesse son doigt pour faire passer la verticale du centre de gravité par l'appui de son doigt. Dès que le centre de gravité n'est plus sur la verticale du point d'appui, il descend et le moment de son poids va accentuer son mouvement : l'équilibre dans ce cas est instable.

Beaucoup **d'objets en rotation** sont **en équilibre** en étant soumis à des **forces antagonistes**. C'est le cas par exemple de certaines balançoires constituées d'une planche tournant autour d'un axe horizontal, de nombreuses balances à fléau, des baguettes d'un mobile... Comment la balançoire des aires de jeux peut-elle être en équilibre ? Une réponse immédiate serait de dire que la condition à remplir est l'égalité des poids P des deux enfants placés aux deux extrémités (***Fig. 2b***). En effet, si l'enfant B est plus lourd que l'enfant A, le tape-cul va s'incliner du côté de B. L'équilibre ne pourrait être obtenu dans ce cas que si l'enfant B se rapprochait de l'axe de rotation O. En fait, il y a équilibre si les **moments des forces** tendant à faire tourner la barre AB en sens inverse ont **même valeur.** Si A et B sont équidistants de O, ce n'est possible que si $P_A = P_B$. Si $P_B > P_A$, l'enfant B doit se rapprocher de O pour diminuer la distance OB et permettre l'égalité $M(P_A) = M(P_B)$. La condition d'égalité des moments des forces antagonistes explique l'équilibre de tous les objets cités précédemment.

Remarquons **qu'être en équilibre n'implique pas**, d'une façon générale, que la barre soit **horizontale**. En effet, le poids de la barre n'est en général pas négligeable et le moment de ce poids par rapport à l'axe de rotation est nul seulement si le centre de gravité se trouve sur la verticale passant par l'axe

Les conditions de l'équilibre d'un objet

a. Doc. prof. Déséquilibre et équilibre

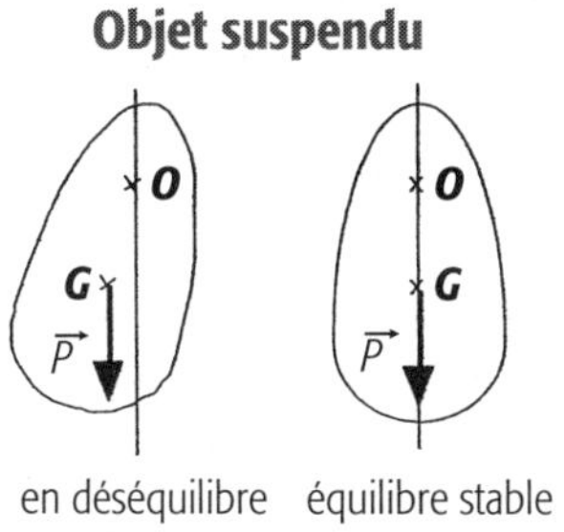

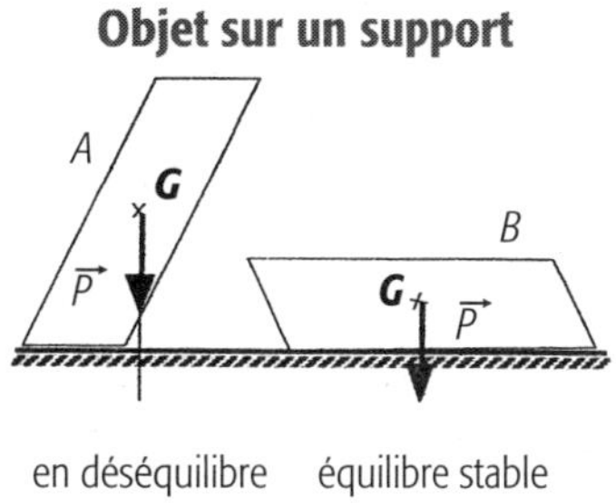

b. Doc. prof. Comment trouver leur centre de gravité ?

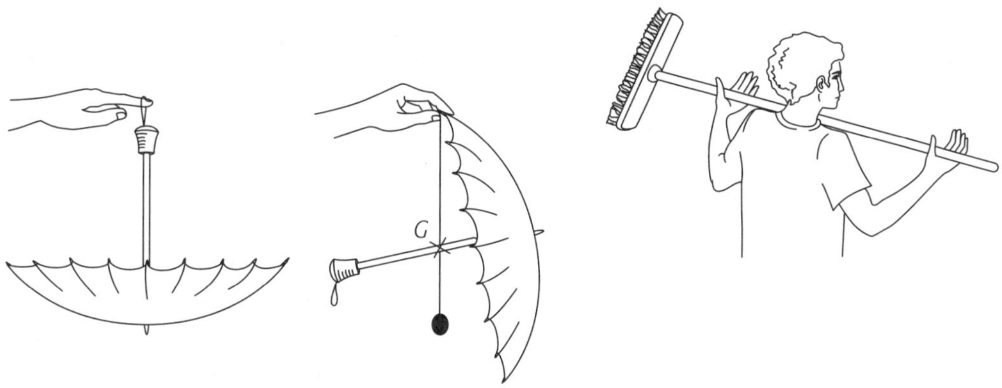

c. Doc. élève Des funambules en équilibre

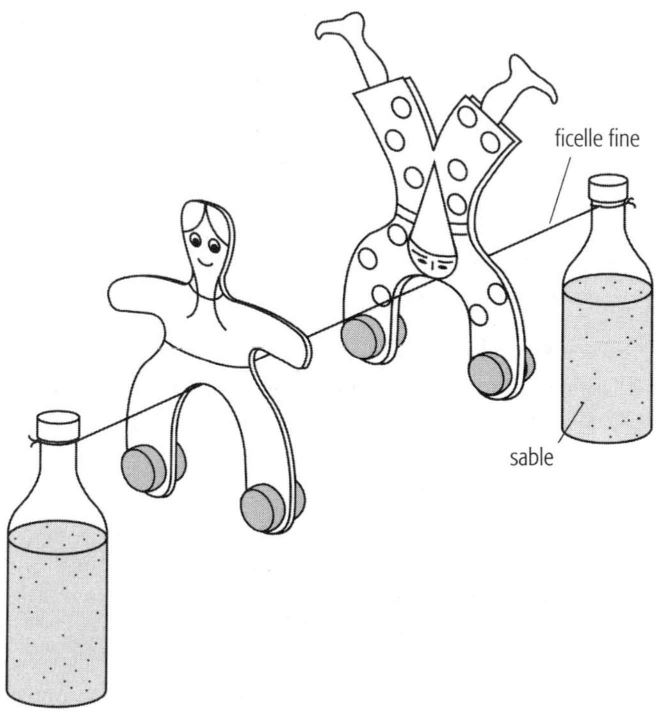

Fig. 1 a. L'objet suspendu en *O* est en équilibre stable quand son centre de gravité *G* (point d'application du poids $\vec{P}$ de l'objet) se trouve sur la verticale passant par *O* et en dessous. L'objet posé est en équilibre stable à condition que la verticale passant par *G* traverse la base d'appui.
b. Pour le parapluie, le centre de gravité se trouve à l'intersection des verticales passant par les deux points de suspension. Pour le balai, il faut procéder par tâtonnement en déplaçant lentement les deux doigts l'un vers l'autre pour le trouver.
c. Ces silhouettes en carton tiennent en équilibre grâce à des lests placés sous leur point d'appui.

de rotation. Ce n'est le cas, pour la balançoire comme pour les balances à fléau, que parce qu'on a choisi par construction qu'à l'équilibre horizontal de la barre, à vide, le centre de gravité de l'objet se trouve sur la verticale passant par l'axe de rotation. Dans le cas de la balançoire, l'équilibre est très instable, le centre de gravité de l'ensemble se trouvant au-dessus de l'axe de rotation *O*.

Dans le cas des balances à fléau, l'équilibre horizontal du fléau est stable car le centre de gravité de la partie mobile (fléau, plateaux, ...) se trouve sur la verticale et sous l'axe de rotation. C'est facilement vérifiable sur les balances à plateaux suspendus et les balances romaines car les plateaux, objets à peser et contrepoids sont placés sous le fléau (***Fig. 3b***).

B Les leviers

« Donnez-moi un point d'appui et je soulèverai le Monde [la Terre]. » En prononçant cette phrase, son auteur présumé, Archimède, traduisait une des propriétés des leviers, la « multiplication » des forces. Si les leviers obéissent tous à la loi des moments, il en est de différentes sortes, avec chacun leurs caractéristiques. Par ailleurs, les **leviers** sont utilisés dans des objets ou des dispositifs techniques pour remplir **certaines fonctions** : **soit diminuer la force à exercer à l'entrée** du système pour obtenir un effet déterminé, **soit augmenter le déplacement en sortie** du système par rapport au déplacement en entrée.

1 Qu'est-ce qu'un levier ?

La comparaison d'exemples d'outils à levier (***Fig. 4***) permet de dégager des caractéristiques communes à tous les leviers.

Un levier est un solide rigide (une barre le plus souvent) **pouvant tourner ou pivoter autour d'un axe**. On exerce une action sur lui, dont l'effet, dans les conditions d'équilibre, compense celui d'une résistance s'exerçant en un autre point du levier. Le levier est à la fois la machine la plus ancienne et l'outil le plus utilisé en construction.

Un levier est ainsi caractérisé par plusieurs éléments :
- **un axe de rotation** *O* ;
- **une force motrice** appliquée en *A* ;
- **une force résistante** appliquée en *B*.

Une comparaison plus fine de ces mêmes exemples permet de repérer différents types de leviers. On peut ainsi les classer selon différents critères.

• Un **levier** est **simple** quand il exerce son action en un seul point (ou sur une même face) de l'objet sur lequel il agit (exemple : l'arrache-clou). C'est un **levier double** quand le dispositif le constituant exerce son action en deux points (ou sur deux faces symétriques) de l'objet qui la subit (exemples : ciseaux, pince universelle, casse-noix, pince à sucre, coupe-pain manuel).

• **L'axe de rotation** se situe soit entre les points d'application des forces motrice et résistante (exemples : ciseaux, arrache-clou, pince universelle) et on a alors un **levier inter-appui**, soit à une extrémité et les points d'application des forces motrice et résistante sont du même côté par rapport à l'axe de rotation (exemples : coupe-pain, casse-noix, pince à sucre).

• **Quand l'axe de rotation est en extrémité**, on peut distinguer encore deux catégories :
– si la force motrice est appliquée entre l'axe et le point d'application de la force résistante, on a alors un **levier inter-moteur** (exemple : pince à sucre) ;
– si la force résistante est appliquée entre l'axe et le point d'application de la force motrice, on a un **levier inter-résistant** (exemples : couteau à pain, casse-noix).

2 Les lois des leviers

Nous envisageons chaque type de levier dans sa position d'**équilibre**. Trois lois s'appliquent alors :
– la **somme des forces** appliquées au levier est **nulle** ;
– il y a **égalité** entre les **moments des forces antagonistes** (§ A.3.b) ;
– il y a **conservation de l'énergie transférée par travail** lors des déplacements.

Il peut sembler surprenant de parler de déplacement (la troisième loi) alors qu'on est en situation d'équilibre. En fait, on raisonne pour des situations dans lesquelles les frottements sont négligeables et les vitesses des déplacements très faibles, pour lesquelles on peut alors admettre que les intensités des forces ne variant quasiment pas, elles restent celles des conditions d'équilibre statique.

a. Levier inter-appui

L'axe de rotation *O* est entre *A* et *B* (***Fig. 4***). Les forces s'exerçant sur le levier sont :

$\vec{F}_m$: force motrice appliquée en *A* ;

$\vec{F}_r$: force résistante appliquée en *B* ;

$\vec{R}$: réaction de l'axe de rotation ou du pivot, s'exerçant en *O*.

La somme de ces forces est nulle, soit :

$\vec{F}_m + \vec{F}_r + \vec{R} = \vec{0}$,

d'où une valeur de $\vec{R}$ qui indique que le support du pivot ou l'axe de rotation doivent être suffisamment

Comment réaliser et expliquer l'équilibre d'un objet en rotation ?

a. Doc. prof. Qu'est-ce que le moment d'une force ?

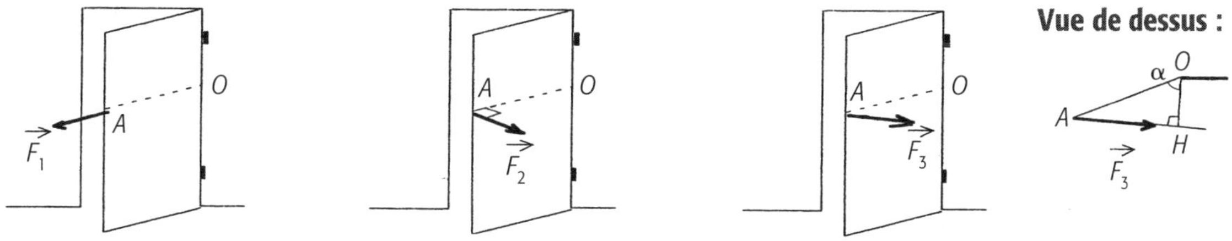

$M(F_1/O) = 0$ $\quad$ $M(F_2/O) = F_2 \times OA$ $\quad$ $M(F_3/O) = F_3 \times OA \times \cos\alpha$

b. Doc. prof. Deux enfants et une planche

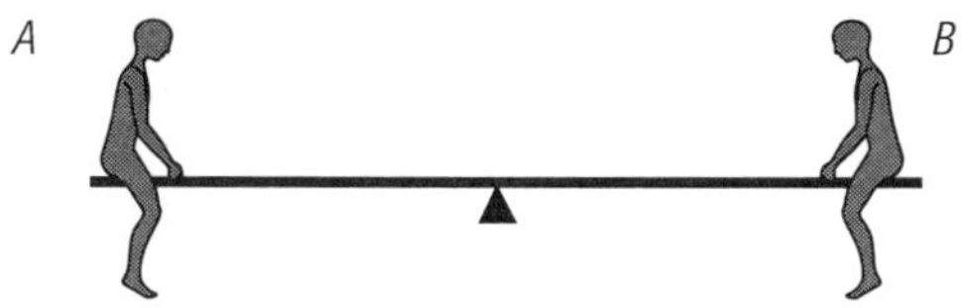

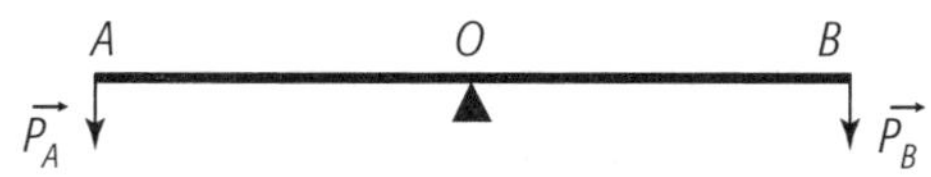

$OA \times P_A = OB \times P_B$

$OA = OB$ donc $P_A = P_B$

c. Doc. élève Une expérience pour trouver les conditions de l'équilibre

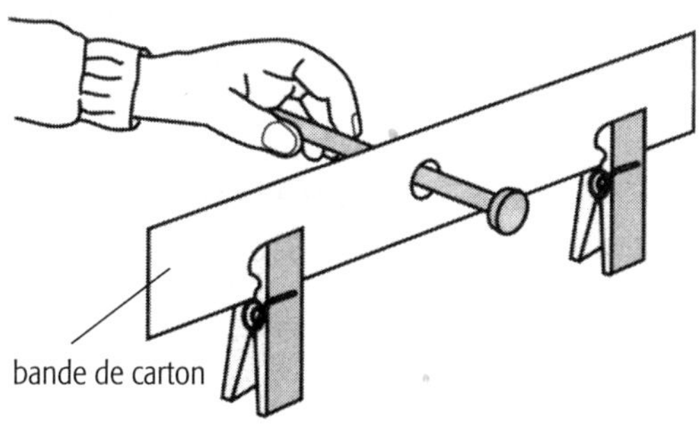

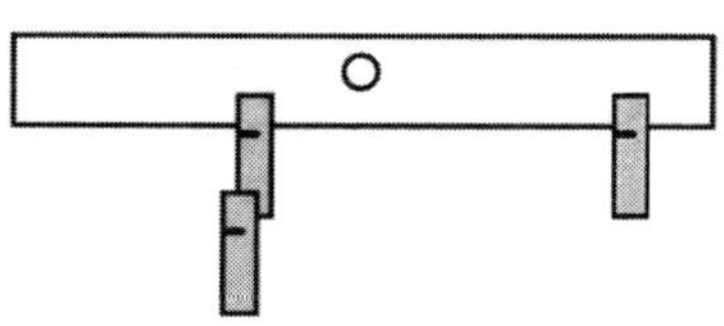

Nombre de pinces	Distance à l'axe (en cm)	Distance à l'axe de la pince seule (en cm)
1	8	8
1	4	4
2	4	8
3	4	12

Conclusion : plus il y a de pinces d'un côté, plus la pince seule est loin de l'axe pour avoir l'équilibre.

Fig. 2 a. Plus le moment de la force exercée pour ouvrir la porte est élevé, plus cette force est « efficace ».
b. La condition d'équilibre de la planche est que les moments des deux forces qui s'y appliquent soient égaux.
c. Au cours d'un atelier expérimental, les élèves cherchent à obtenir des équilibres et dégager les lois de l'équilibre. Ces connaissances pourront être réinvesties lors d'un projet de construction de mobile.

Comment expliquer l'équilibre des balances à fléau ?

a. Balance à bras de fléau égaux

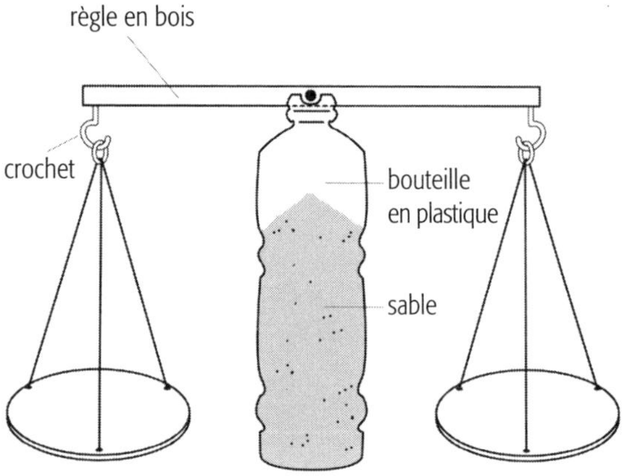

Condition d'équilibre de la balance à bras de fléau égaux

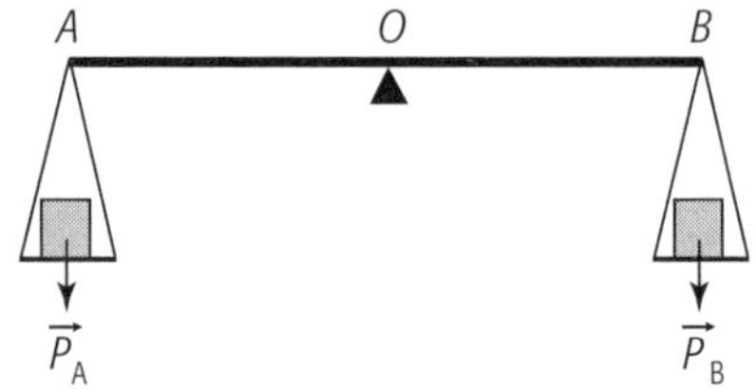

L'équilibre à vide est réalisé quand le fléau est horizontal, par raison de symétrie.
En charge, on a, à l'équilibre :
$P_A \times OA = P_B \times OB$, d'où $P_A = P_B$

b. Balance à bras de fléau inégaux

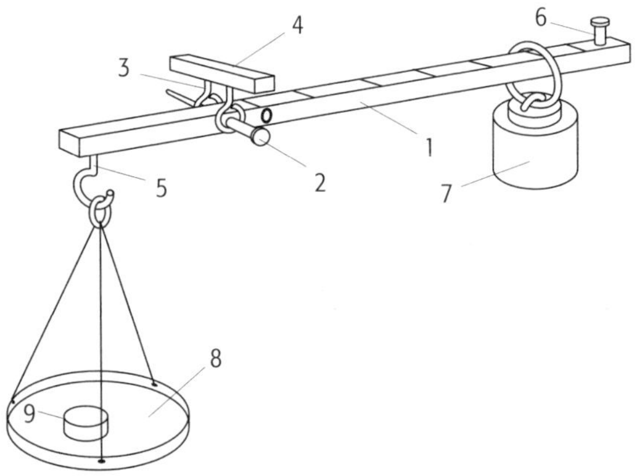

1. Réglette : tasseau de bois (L = 50 cm)
2. Axe : pointe
3. Deux pitons fermés
4. Poignée : tasseau de bois
5. Piton ouvert
6. Point d'arrêt : pointe
7. Contrepoids : petit pot rempli de sable avec fil de fer d'accroche
8. Plateau : couvercle ou assiette en carton lesté avec fils d'accroche
9. Objet à peser

Condition d'équilibre de la balance à bras de fléau inégaux

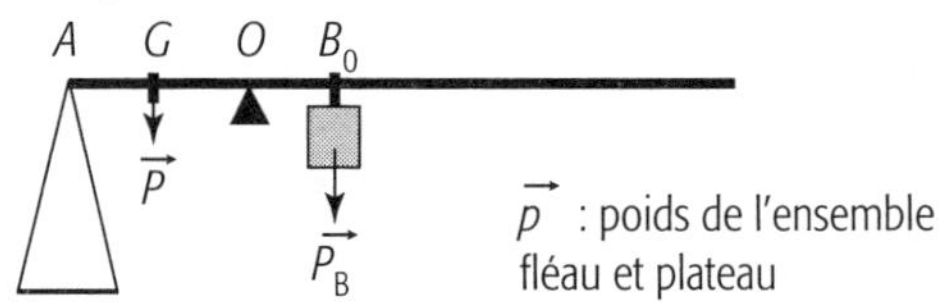

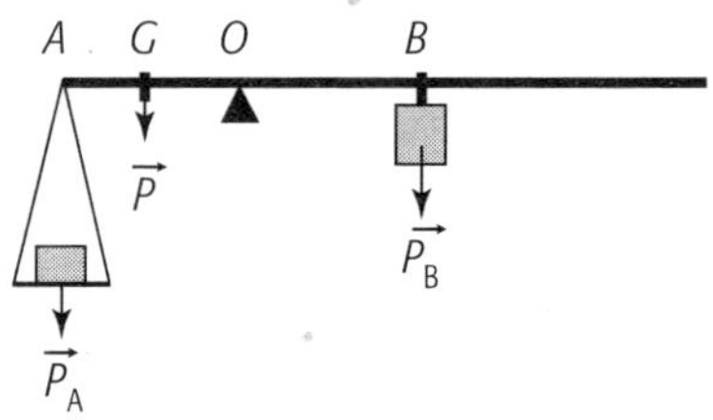

À vide, on a à l'équilibre : $p \times OG = P_B \times OB_0$
En charge, on a à l'équilibre :
$(P_A \times OA) + (p \times OG) = P_B \times OB$
D'où, par différence : $P_A \times OA = P_B \times B_0B$

Fig. 3 a. Maquette de balance à fléau et à plateaux suspendus. Quand le fléau est horizontal, le centre de gravité de la balance à vide se trouve sur la verticale sous l'axe de rotation O : le poids de la balance à vide n'intervient pas dans la condition d'équilibre horizontal du fléau.
b. Maquette de balance romaine. Le poids de l'ensemble fléau et plateau intervient dans l'équilibre de la balance à vide, ce qui explique que le zéro de la graduation ne soit pas sur l'axe de rotation O, mais en B_0.

Des leviers qui rendent service

Principe	Leviers simples Exemples	Leviers composés Exemples
Levier inter-appui **a.** 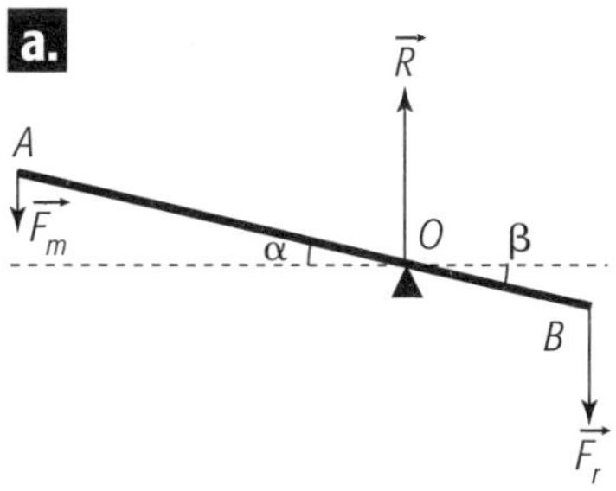 **b.** 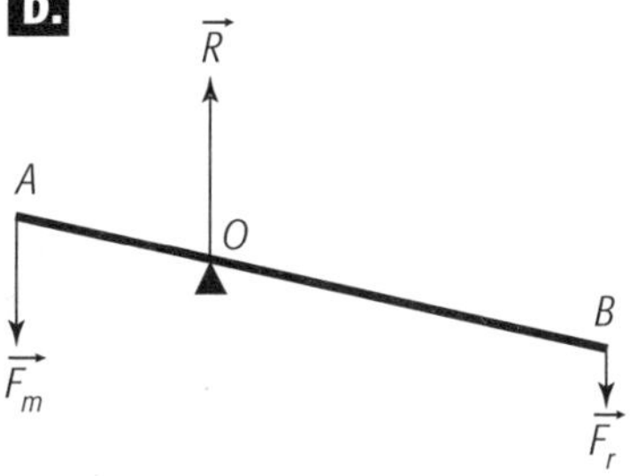	**Pied de biche** 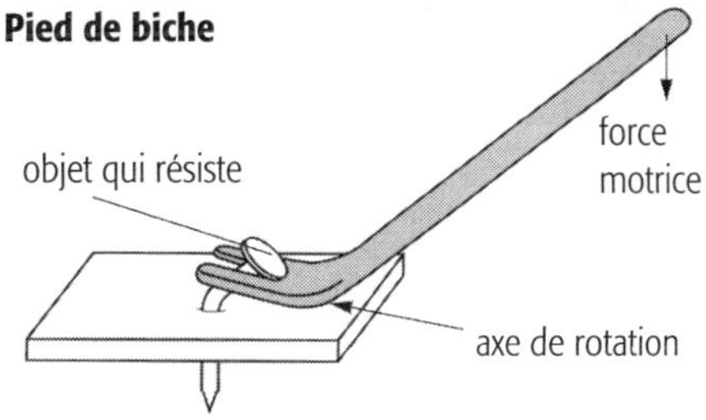 **Puits à balancier** 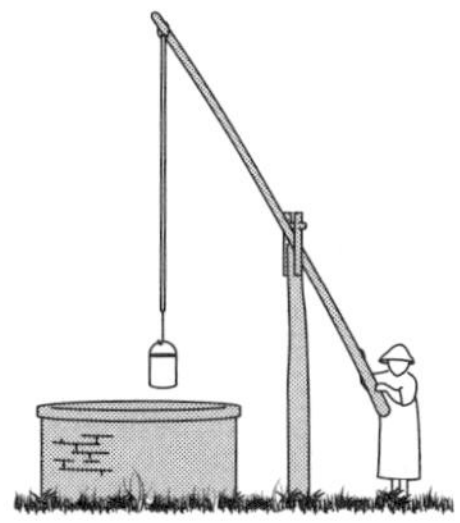	**Pince universelle** 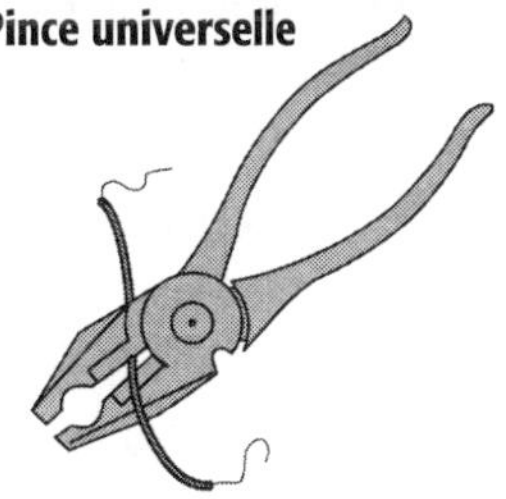 **Tenaille** 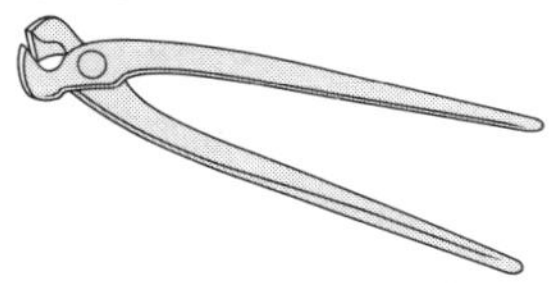 **Ciseaux** 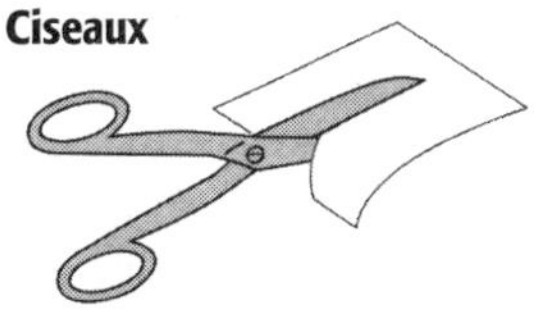
Levier inter-résistant **c.** 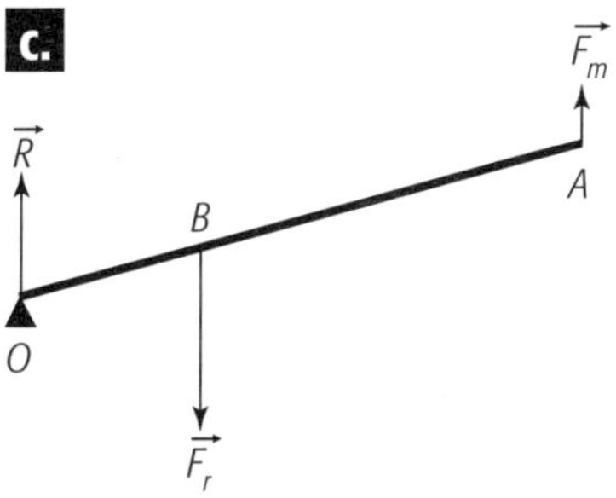	**Brouette** 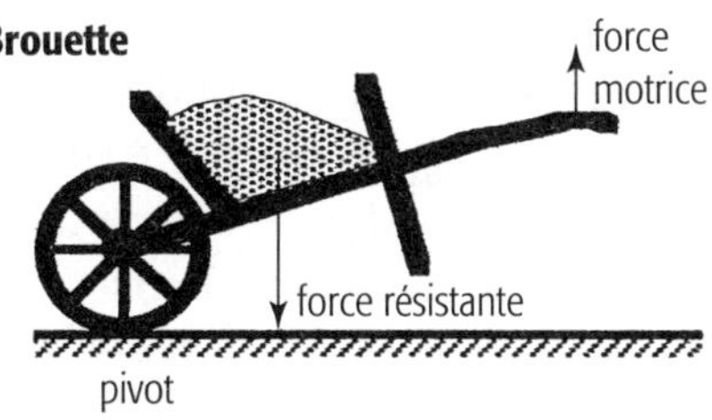	**Casse-noix** 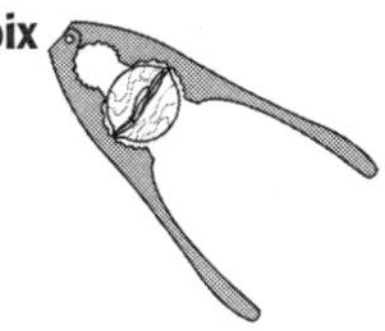 **Coupe-pain manuel** 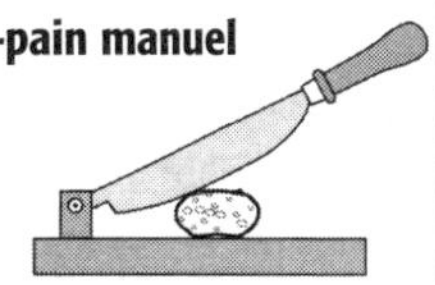
Levier inter-moteur **d.** 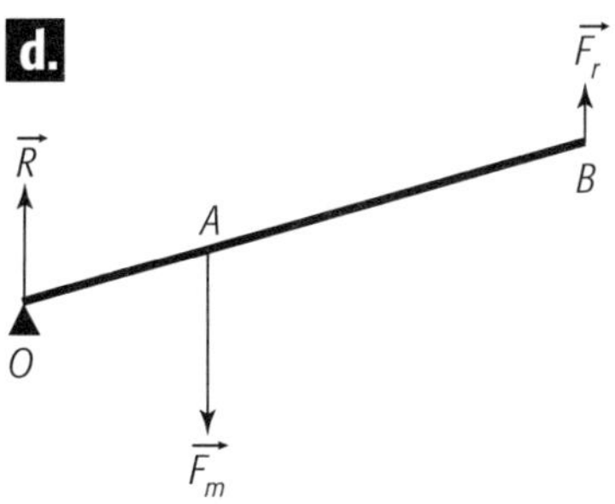	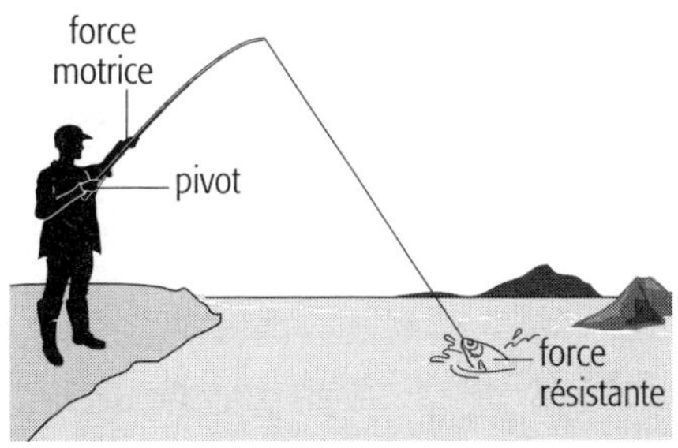	**Pince à sucre** 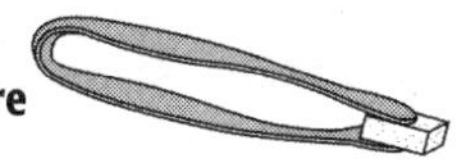 **Pince à spaghettis** 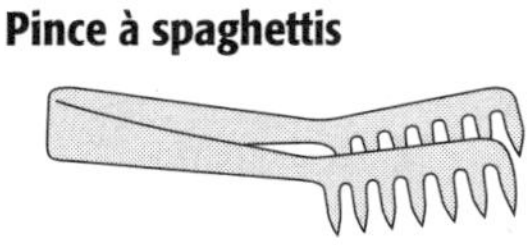

Fig. 4. Les positions de l'axe de rotation, des points d'application des forces motrice et résistante déterminent trois types de levier. Dans tous les cas, on a, à l'équilibre, égalité des moments de forces motrice et résistante par rapport de l'axe de rotation *O*. La réaction *R* est nécessaire pour équilibrer les forces motrice et résistante, mais n'intervient pas dans la rotation du levier.

solides pour supporter la force qui leur est appliquée par le levier ($-\vec{R}$) et exercer la réaction $\vec{R}$.

Dans le cas où les forces sont perpendiculaires à OA et OB, l'égalité des moments s'écrit :

$F_m \times OA = F_r \times OB$

Dans le cas (***Fig. 4***) où les droites d'action des forces ne sont pas perpendiculaires à OA et OB, la loi des moments s'écrit :

$F_m \times OA \times \cos \alpha = F_r \times OB \times \cos \beta$

Si les forces sont parallèles (cas de la ***figure 4***), les angles α et β sont égaux et l'égalité des moments s'écrit simplement : $F_m \times OA = F_r \times OB$.

Le moment de $\vec{R}$ par rapport à O est nul, car $\vec{R}$ s'applique en O ; la réaction du support n'intervient pas dans la rotation du levier.

Deux cas se présentent :

• $OA > OB$. On a alors $F_m < F_r$ (***Fig. 4a***).

La force motrice est inférieure à la force résistante. Le déplacement de A sera plus important que celui de B : on **« perd en déplacement ce que l'on gagne en force »**. C'est une façon qualitative de décrire l'égalité des travaux des deux forces lors de l'utilisation du levier (en mécanique, le « travail » est proportionnel à la valeur de la force, mais aussi au déplacement effectué). Ce cas correspond au levier d'Archimède, mais aussi aux ciseaux, à la pince universelle et à l'arrache-clou.

• $OA < OB$. On a alors $F_m > F_r$ (***Fig. 4b***).

La force motrice est supérieure à la force résistante. Ces leviers sont peu fréquents dans des outils, mais on les rencontre quand on veut amplifier un déplacement, puisqu'alors le déplacement de B est supérieur à celui de A. Le puits à balancier en est un exemple.

b. Levier inter-résistant

B est entre O et A (***Fig. 4c***). Les lois de l'équilibre s'écrivent toujours :

$\vec{F}_m + \vec{F}_r + \vec{R} = \vec{0}$

$F_m \times OA = F_r \times OB$

Ici, $OB < OA$, donc $F_m < F_r$.

On a un levier « multiplicateur » de force. Un tel levier se trouve par exemple dans des objets comme le coupe-pain ou le casse-noix.

c. Levier inter-moteur

A est entre O et B (***Fig. 4d***). L'écriture des lois à l'équilibre est la même, mais, comme $OB > OA$, on a $F_m > F_r$. L'intérêt porte sur le déplacement plus important en B qu'en A.

La pince à sucre, mais aussi l'étau renferment de tels leviers.

C Les balances

1 Les différents types de balances

Il existe différents types de balances (***Fig. 5***).

• Les **balances à fléau** sont des balances comprenant un levier appelé « fléau ». Elles peuvent être :

– **à bras de levier égaux** comme la balance à plateaux suspendus (***Fig. 3***) et la balance de Roberval (***Fig. 5***). On peut directement comparer les masses de deux objets. Pour effectuer une pesée, on utilise des masses marquées ;

– **à bras de fléau inégaux** comme la balance romaine (***Fig. 3 et 5***). Le résultat de la pesée est lu directement sur le fléau gradué.

Toutes les balances doivent avoir leurs plateaux horizontaux, de façon à ce que les objets à peser ne tombent ni ne glissent quand le fléau est incliné. Le problème de l'horizontalité des plateaux ne se pose que lorsque ceux-ci se trouvent au-dessus du fléau.

En comparant la balance de Roberval avec une balance à plateaux suspendus, on découvre l'intérêt de cette balance qui est de libérer les accès aux plateaux, donc de pouvoir peser des objets plus volumineux. Mais elle pose au moins une question technique : comment les plateaux restent-ils horizontaux ?

La solution trouvée par Roberval est très élégante : il a placé un contre-fléau qui reste toujours parallèle au fléau car il est articulé en ses extrémités aux supports des plateaux et bloqué en son centre par un guide qui évite tout mouvement horizontal. On a alors un parallélogramme déformable qui assure en permanence la verticalité des supports des plateaux et leurs égales distances par rapport au guide central, donc l'horizontalité de ces plateaux (pièce 7 de la ***Fig. 9a***).

• Le peson, les pèse-personnes à ressort sont des exemples de **balances à déformation** (***Fig. 5 et 6b***). La déformation (allongement ou contraction) du ressort dépend du poids de l'objet à peser et cette déformation est rendue visible par le déplacement d'une aiguille devant un cadran. Ces appareils déterminent donc directement un poids, une force et non une masse (voir chapitre 13). Cependant, leurs graduations, au lieu de s'exprimer en newton, unité de la force, s'expriment en unités de masse (kilogramme, gramme…). Du fait du manque de fidélité de la déformation, ces appareils sont interdits dans les transactions commerciales.

Divers modèles de balances

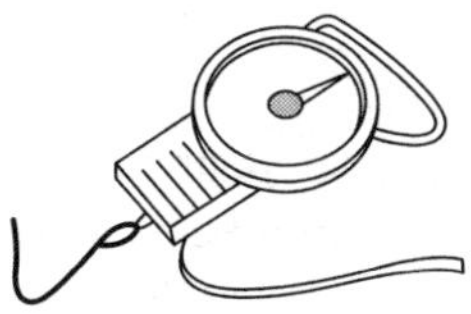

Balance à peson mécanique

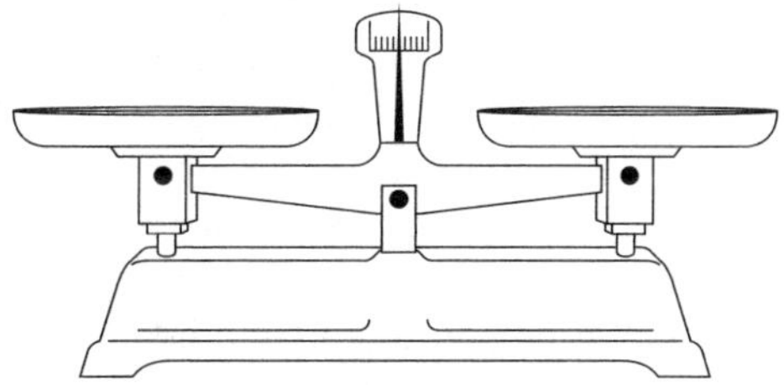

Balance mécanique de Roberval

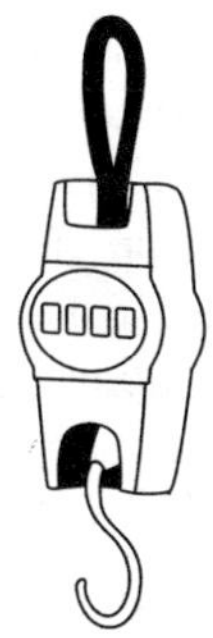

Balance à peson électronique

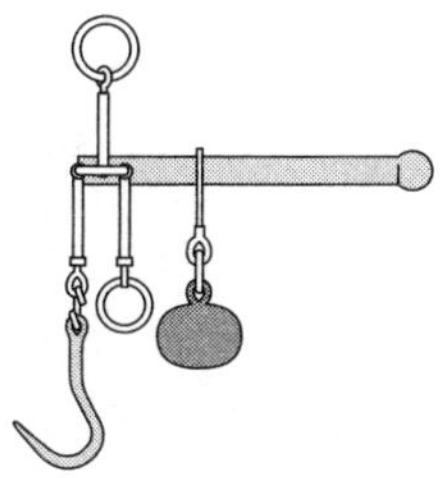

Balance romaine

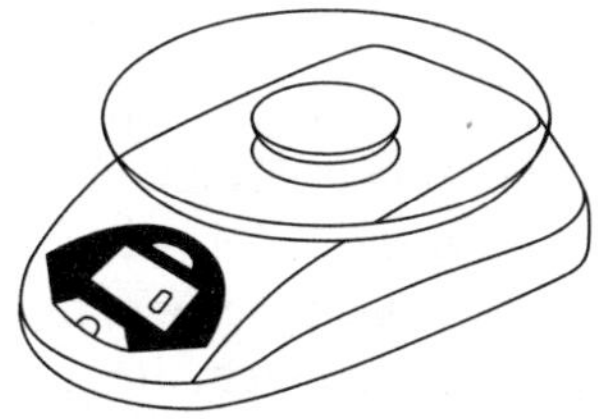

Balance électronique de ménage

Pèse-lettre mécanique

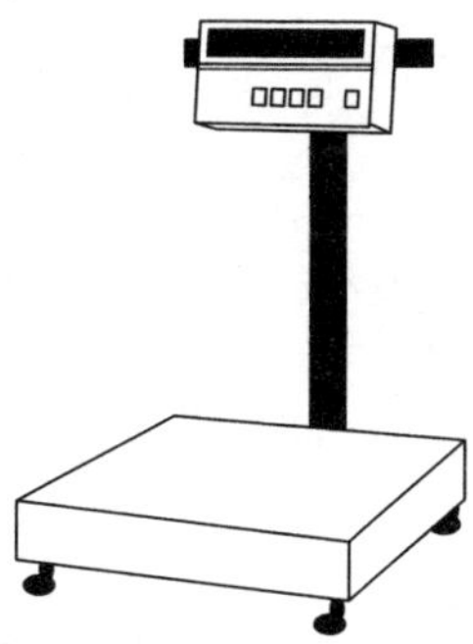

Balance électronique à affichage séparé

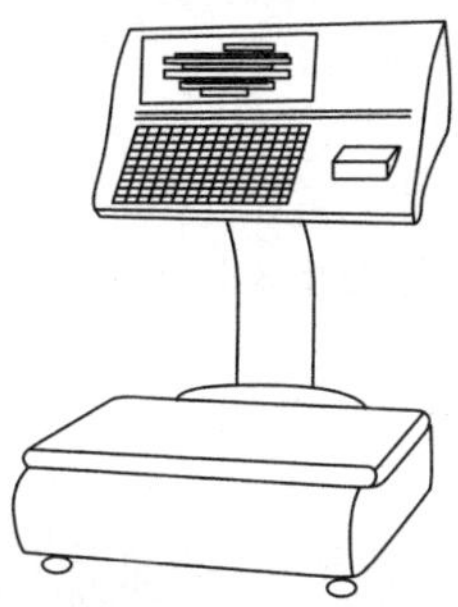

Balance électronique de supermarché

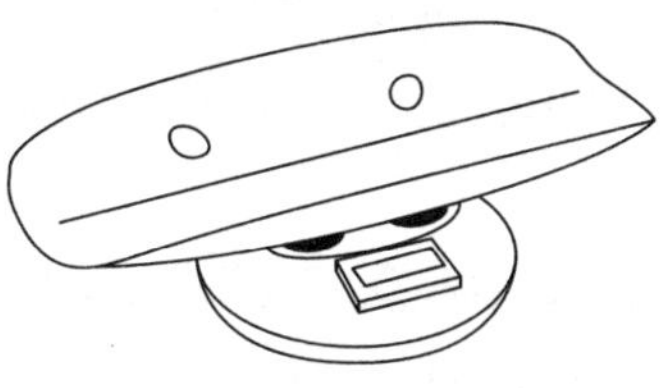

Pèse-bébé électronique

Pèse-personne électronique

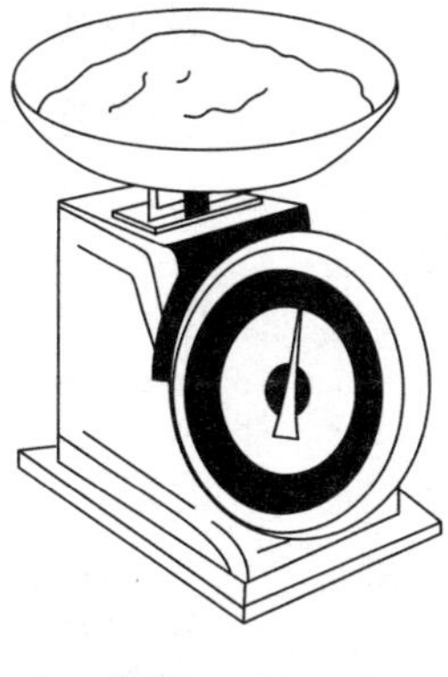

Balance mécanique de ménage

Pèse-lettres électronique

Fig. 5. On peut classer les balances selon leur usage, leur mode de fonctionnement, leur mode d'affichage…

• **Les balances électroniques**, telles que les appareils de pesée dans les grandes surfaces, certains pèse-lettres et pèse-personnes, sont aussi des appareils basés sur la déformation d'une pièce métallique. La déformation, extrêmement faible, est décelée par des jauges de contrainte fixées sur cette pièce. La résistance électrique intégrée dans la jauge varie en fonction de la déformation. La variation de l'intensité du courant est très faible, aussi est-elle amplifiée par des circuits électroniques. La faiblesse de la déformation permet d'obtenir une bonne fidélité, autorisant l'usage de ce type de balance dans le commerce. La balance électronique, bien que mesurant une force, est directement graduée en unités de masse.

Le traitement informatique d'une telle balance permet de remplir d'autres fonctions que la pesée. Intégrant l'information sur la nature du produit transmise par une touche, le résultat de la pesée, les données mises en mémoire, elles affichent le nom du produit, son prix au kilogramme, la valeur de la pesée, le prix à payer et délivrent un ticket par l'intermédiaire d'une imprimante.

2 La composition d'une boîte de masses marquées

L'unité légale et internationale de masse est le kilogramme. C'est une unité fondamentale en physique, qui correspond à la masse d'un étalon déposé au Pavillon des poids et mesures de Breteuil, dans la région parisienne.

On utilise bien sûr des multiples (quintal, tonne...) et des sous-multiples (hectogramme, décagramme, décigramme, centigramme, milligramme...) de cette unité.

La masse maximale que l'on peut poser sur une balance de Roberval est indiquée sur son socle. Selon les modèles, elle peut aller de 1 kg à 5 ou 10 kg.

La balance de Roberval nécessite l'utilisation de masses marquées ; les masses assez importantes sont en fonte et ont une base hexagonale ; les masses rassemblées dans une boîte de masses marquées sont en laiton et la composition de la boîte est conçue pour pourvoir peser de 1 g à 1 kg, en allant de gramme en gramme (voir chapitre 13).

De façon pratique, si on recherche la masse d'un objet, on pose celui-ci sur un plateau de la balance, puis on ajoute sur l'autre plateau de la balance des masses marquées, jusqu'à obtention de l'équilibre, en commençant par la plus lourde. En ajoutant les valeurs des masses marquées placées sur le plateau, on a la valeur de la masse de l'objet. On procède à l'inverse si on veut atteindre une masse voulue d'un ingrédient. Par exemple, pour peser 185 g de sucre, on peut choisir les masses marquées suivantes : 100 g, 50 g, 20 g, 10 g et 5 g. Ensuite on verse du sucre sur l'autre plateau jusqu'à l'équilibre.

Activités possibles en classe

■ À l'école maternelle

À l'école maternelle, les élèves ont pu être confrontés à des situations favorisant la recherche de l'équilibre, au cours d'activités corporelles, de jeux de construction (réalisations de tours, de grues...), d'activités de fabrication (réalisations de mobiles).

Les balances sont utilisées dès la maternelle pour faire des pesées par comparaison. De même, des objets à levier doivent être découverts dès le plus jeune âge. Des collections d'objets qui pincent (pince à épiler, à spaghettis, tenaille, pince à linge, pince à sucre, à glaçons...) auront été constituées pour observer leurs fonctions, les comparer, apprendre à les utiliser, à les choisir, à les représenter....

■ Au cycle des apprentissages fondamentaux

Au cycle des apprentissages fondamentaux, les activités autour des balances peuvent prendre deux directions : l'utilisation de l'instrument ou son analyse pour comprendre son fonctionnement.

Les balances sont utilisées pour faire des pesées par comparaison. Les élèves doivent conclure à partir de l'indication donnée par une balance en termes de comparaison de masses de deux objets (plus, moins, égal) et poursuivre ensuite par transitivité (prévision, vérification). Ils commencent à utiliser les masses marquées.

Des fabrications où les élèves doivent réaliser des équilibres peuvent être abordées dans les deux cycles de l'école élémentaire. Cependant, la formulation des conditions d'équilibre sera plus élaborée au cycle des approfondissements, c'est pourquoi nous avons choisi de les faire figurer plus bas dans la partie concernant ce cycle.

Connaissances et capacités visées au cycle des apprentissages fondamentaux

Les connaissances et capacités visées sont en lien avec les programmes de mathématiques.
– Comparer les masses d'objets par des procédés directs ou indirects.
– Exprimer et utiliser le résultat d'une mesure.
– Choisir l'unité appropriée pour exprimer ce résultat (kg ou g pour une masse).
– Utiliser une balance de Roberval ou à lecture directe pour comparer des masses, effectuer des pesées simples ou pour obtenir des objets de masses données.
– Développer des habiletés manuelles.

1 Manipuler une balance de Roberval

Avant de réaliser des pesées faisant intervenir des masses marquées, comme il est demandé dans les programmes de mathématiques, les élèves doivent apprendre à lire l'indication donnée par une balance.

• Vous pouvez leur demander de comparer deux objets en fonction de leur masse (plus léger que…, plus lourd que…, aussi lourd que…) et de schématiser la position du fléau et des plateaux dans chaque cas ; vous pouvez aussi évaluer leurs acquis en leur faisant interpréter des schémas analogues à ceux de la ***figure 6a***. Les élèves formuleront et retiendront que sur ce type de balance, **l'objet le plus lourd se situe sur le plateau le plus bas de la balance et le moins lourd sur le plateau le plus haut. Deux objets ont la même masse si les deux plateaux de la balance sont au même niveau.**

• Un exercice plus difficile consiste à ranger quelques objets du plus léger au plus lourd (pas plus de cinq ou six). Il leur faudra découvrir la méthode qui leur permet d'aboutir au rangement sans tâtonnements : mettre deux objets et conserver le plus lourd, puis recommencer en disposant un autre objet de la liste et ainsi de suite jusqu'au dernier. L'objet le plus lourd est ainsi déterminé. Il reste à recommencer la même opération avec les objets restants jusqu'à épuisement de la collection.

• Cet objet plus gros est-il plus lourd ? Il s'agit de faire découvrir que le volume n'est pas un critère suffisant, de faire formuler aux élèves qu'un objet plus « gros » qu'un autre n'est pas nécessairement plus lourd. Vous pouvez pour cela leur proposer des boîtes de tailles très différentes, dont certaines sont chargées et d'autres vides et leur demander de prévoir, sans les toucher, quelle est la plus lourde. Ils vérifieront ensuite en les soupesant à la main et en utilisant une balance. Les élèves sont ainsi initiés à la nécessité **d'utiliser un instrument de mesure « objectif » pour réaliser des mesures** ou des comparaisons et de « se méfier » de leurs propres sensations. Vous pouvez aussi leur demander de prévoir combien il faudra de polystyrène ou de coton hydrophile pour équilibrer un sachet de pointes ou une boîte de plomb de pêche.

• Vous pouvez les amener à donner une information sur la masse d'un objet en ne disposant pas, dans un premier temps, des masses marquées. Ils seront conduits à utiliser des objets de leur environnement pour s'approcher au mieux de la position d'équilibre : des trombones, des attaches parisiennes, des clous ou même des cahiers. L'essentiel, c'est qu'ils prennent conscience de l'obligation d'avoir des objets absolument identiques pour annoncer le résultat de leur pesée. En outre, ils seront tenus de présenter le résultat sous forme d'encadrement : « Ma trousse a une masse comprise entre 32 et 33 clous. Tous les clous sont identiques. » Pour pouvoir échanger les résultats de leurs mesures, ils comprendront rapidement l'intérêt d'utiliser une unité universelle, le kilogramme, et de disposer de multiples et sous-multiples de cette unité.

• Les élèves peuvent aussi être placés dans une situation fonctionnelle d'utilisation d'une balance, qui ne nécessite pas un recours à l'utilisation de masses marquées (réaliser la recette d'un quatre-quarts par exemple) ou qui, au contraire, va rendre nécessaire cette utilisation (autre recette…).

• La réalisation de pesées avec une boîte de masses marquées nécessite un apprentissage, pour pouvoir effectuer cette pesée le plus rapidement possible et sans risque de manquer de masses marquées. Vous ne manquerez pas d'exploiter une situation où les élèves n'ont pas assez de masses marquées pour poser le problème et leur fournir le procédé à suivre. Il faut commencer par utiliser les masses marquées les plus lourdes et les éliminer si le fléau penche du côté où on les a placées. Il faudra choisir une masse dont la valeur ne dépasse pas les compétences calculatoires des élèves.

2 Fabriquer et utiliser une balance à élastique ou à ressort

Il est motivant de faire fabriquer à vos élèves une petite balance (***Fig. 6b***), à partir d'un modèle que vous apporterez ou d'une fiche présentant l'objet et des indications sur sa fabrication.

Outre sa fabrication, l'utilisation de cette balance pour comparer les mêmes objets que ceux employés avec la balance de Roberval permet aux élèves de ne pas lier le résultat des pesées ou la comparaison des masses des objets à l'instrument utilisé. Au contraire, ils devront retenir que **la masse n'appartient pas à l'instrument, mais à l'objet testé**. Dans le cas de l'exercice de rangement par masse d'une petite collection d'objets, le repérage de l'équilibre obtenu pour chacun des objets sur la feuille de papier permet d'établir un rangement plus facile. **Avec une balance à élastique ou à ressort, plus l'objet est lourd, plus l'élastique ou le ressort de la balance s'allonge**.

Il convient de prêter une attention particulière à la limite d'utilisation de ce type d'instrument. Un objet trop lourd accroché à l'élastique (ou au ressort) peut conduire à une déformation rémanente, voire à la destruction de cet élément et donc rendre l'utilisation de l'instrument inadéquate ou impossible. C'est une bonne initiation à la reconnaissance par les élèves que tout objet technique est conçu pour un certain usage et que tout autre usage doit être a priori proscrit pour des raisons de sécurité de l'usager ou de l'objet, ici l'instrument.

■ Au cycle des approfondissements

Le levier est à la fois la machine la plus ancienne et un des outils les plus utilisés en construction. On pourra trouver des supports d'étude dans de nombreux objets de notre environnement constitués de leviers simples ou bien doubles : outils, jouets… ou dans des études de documents (grue). Des fabrications viennent compléter cette analyse d'objets et de documents.

En classe, on peut se limiter à la mise en évidence de deux types de leviers selon la position de l'axe de rotation, sans oublier de mettre en évidence la finalité du levier employé : soit exercer une force motrice plus faible que la force résistante (pour déplacer des charges lourdes, soulever, serrer, couper…) soit amplifier le déplacement en sortie.

L'analyse du fonctionnement des balances à fléau sera l'occasion pour les élèves d'y retrouver les leviers et de réaliser des équilibres et des pesées.

Les activités peuvent être réparties sur l'ensemble du cycle. Celles qui sont proposées ici peuvent être mises en œuvre indépendamment les unes des autres. Cependant, des renvois de l'une à l'autre sont à établir, pour asseoir la construction des connaissances par les élèves. On choisira les activités de façon à varier les modalités d'investigation : analyse d'objets, projet de fabrication d'objet, résolution de problèmes techniques, expérimentation sur maquette pour dégager un premier niveau de formulation des lois de l'équilibre.

Compétences visées au cycle des approfondissements

– Savoir définir un levier : c'est un objet rigide en rotation autour d'un axe, possédant un endroit sur lequel on agit et un autre où on obtient un effet.
– Être capable d'identifier des leviers dans des objets.
– Être capable de prévoir ou d'interpréter qualitativement quelques situations d'équilibre, en particulier lorsque les forces qui s'appliquent ne sont pas à égale distance de l'axe. Être capable d'utiliser pour ce faire les deux propriétés suivantes :
• une même force a plus d'effet sur la rotation si elle est appliquée à une plus grande distance de l'axe ;
• une grande force a plus d'effet qu'une petite force si elle est appliquée à la même distance de l'axe.
– Être capable de fabriquer un ou deux objets mettant en œuvre des leviers.
– Apprendre à se comporter efficacement devant un problème d'ordre technique.
– Développer des habiletés manuelles et techniques.

❶ Les leviers

a. Une collection d'objets pour comprendre

Il s'agit ici de comparer et trier des outils. Vous pouvez apporter et rassembler des photographies d'objets et une collection d'outils comportant des leviers simples ou composés : ciseaux, casse-noix, pince coupante, pince à sucre, barrière de douanier, puits à balancier (***Fig. 4***)…

Distribuez un outil ou une photographie à chaque élève et proposez-leur la construction de sa maquette. Sont mis à disposition du matériel modulaire, des matériaux divers (carton, tasseaux de bois) et des systèmes d'assemblage adaptés pour les liaisons pivot (attaches parisiennes, boulons…). Chacun vérifie le bon fonctionnement de la maquette et valide par comparaison avec l'objet.

Il en résulte trois catégories de maquettes comme celles schématisées sur la ***figure 6c***. La maquette C

Des activités sur les balances et leviers

a. Avec une balance de Roberval

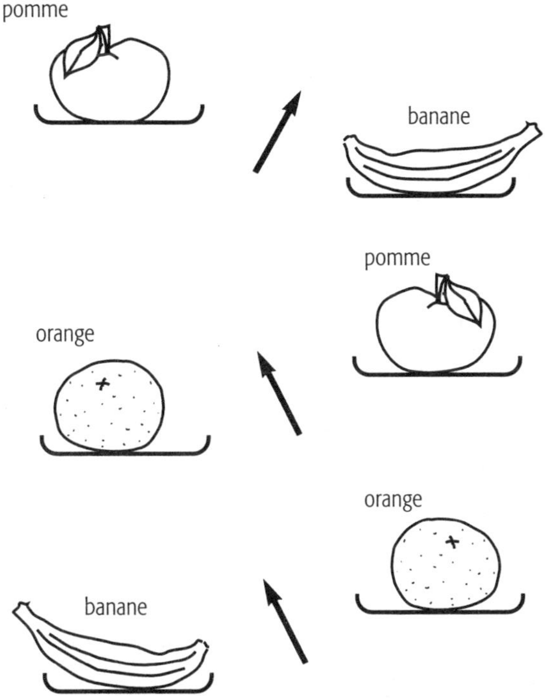

b. Fabriquer une balance à élastique

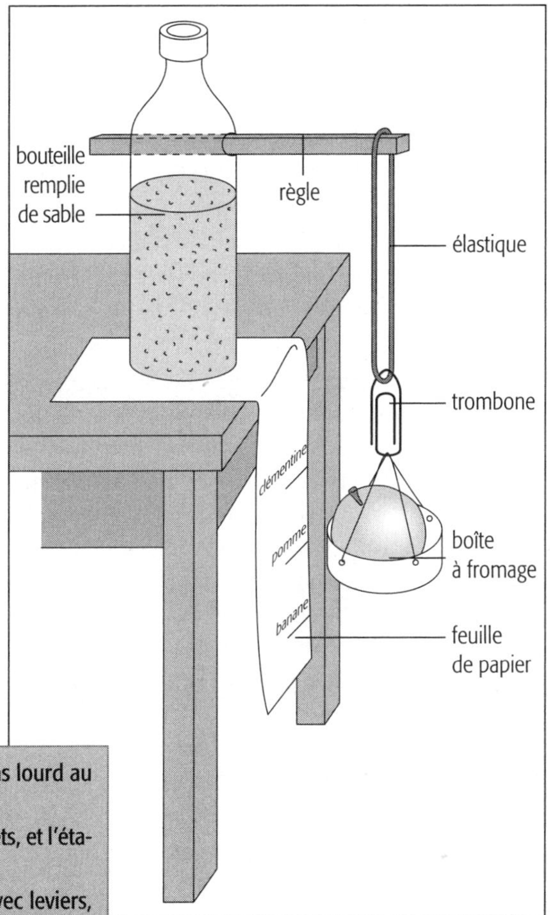

Fig. 6 a. Grâce à une balance on peut ranger des objets du moins lourd au plus lourd par comparaison.
b. On peut utiliser cette balance pour comparer les masses d'objets, et l'étalonner à l'aide de masses marquées.
c. Pour amener les élèves à analyser et comprendre les outils avec leviers, il est intéressant de leur demander de reproduire le principe mécanique de leur objet avec des bandes de carton assemblées.

c. Découvrir la structure d'un outil à levier

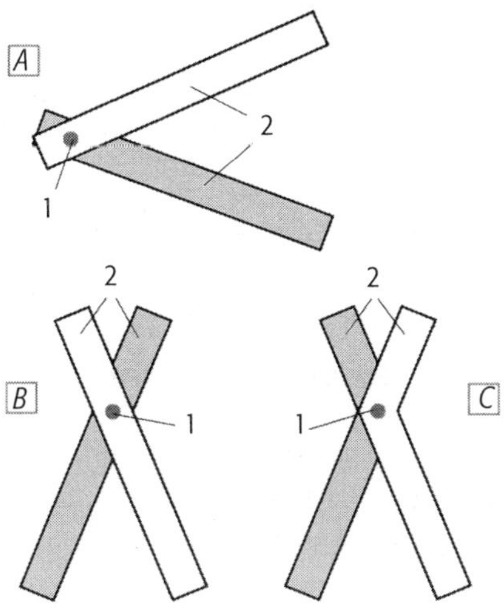

1. Attache parisienne
2. Bandes de carton

Outils	Maquettes
Couteau à pain	*A*
Casse-noix	
Pince à sucre	
Ciseaux	
Pince universelle	

- Remplis le tableau pour faire apparaître les ressemblances.
- L'une des maquettes ne correspond à aucun outil : laquelle ?

ne correspond à aucun des outils du tableau ; il existe cependant des objets auxquels elle correspond, par exemple une pince à linge, quand on l'ouvre avec les doigts. Amenez vos élèves à observer les positions relatives de l'axe de rotation, de l'endroit où on agit (la force motrice) et de l'endroit où on obtient un effet pour les objets étudiés, et orientez le travail vers une **classification des objets en deux types de leviers, selon la position de l'axe de rotation** : **ceux pour lesquels il est placé à une extrémité et ceux pour lesquels l'axe n'est pas en extrémité.**

Vos élèves pourront aussi les classer selon leur fonction : **amplifier un déplacement** (balancier d'un puits par exemple) **ou faciliter une tâche de façon à avoir à exercer une force plus petite que s'il n'y avait pas de levier** (pince universelle par exemple).

Ils seront invités à enrichir la collection en apportant des outils ; ils devront être capables de les situer dans la classe de leviers qui leur correspond. Un tableau peut servir de mémoire à la recherche collective et refléter la collection exposée dans la classe. Quelques objets sont schématisés et légendés (en indiquant l'axe de rotation et les endroits où on agit et où on obtient un effet), de façon à en garder trace dans le cahier de sciences.

Une évaluation permet de contrôler les connaissances acquises.

b. Un problème technique à résoudre

Vous pouvez soumettre un problème technique à vos élèves : « Comment soulever le bureau du maître ? » Les élèves **essaient** avec leurs bras : ils constatent qu'il est lourd et que cela fatigue le dos. Surgit donc un **nouveau problème** : « Comment soulever le bureau du maître, en appuyant sur une planche prenant appui sur un rondin de bois ? »

Les élèves font le choix d'un système pour soulever cette charge. Ils se regroupent et expérimentent pour vérifier. Vous mettrez à leur disposition du matériel varié et adapté : une planche, un rondin, des clous et, pour la charge : seau de sable, carton de livres... ou, si vous souhaitez travailler avec du matériel plus léger : une bande de cartoline repliée en U dans le sens de la longueur et perforée régulièrement de trous en vis-à-vis sur les deux côtés, une pique à brochette maintenue entre deux piles de livres pour l'axe et une gomme, comme charge (***Fig. 7a***).

Les essais des différents groupes sont comparés, discutés. Les élèves peuvent représenter chaque solution en codant, en légendant et en expliquant. Sont mis en évidence : le point d'appui ou axe de rotation, la force motrice, la force résistante et la distance entre le point d'appui et les points d'application des forces.

Il se dégage de ces premières observations des **conclusions** que les élèves pourront formuler et noter dans leur cahier d'expériences.

c. Utiliser des outils à levier

Vous pouvez proposer d'autres situations, qui permettront aux élèves de confirmer les conclusions précédentes et de renforcer leurs acquis.

Ce seront par exemple des **situations fonctionnelles**, où différents outils sont fournis :
– enlever des clous enfoncés dans une planche avec : arrache-clous, tenaille, marteau...
– ouvrir une boîte avec un couvercle encastré à l'aide d'une pièce de monnaie, d'un tournevis (en respectant bien sûr des règles de sécurité)...

Des questions guident l'**observation** : Quel outil donne le meilleur résultat ? Y a-t-il un levier ? Où est situé l'axe de rotation par rapport aux forces motrice et résistante ? Quel est le résultat à obtenir ? À quel endroit se fait-il ? Qu'est-ce qui est privilégié, l'augmentation du déplacement ou l'augmentation de la force ? Où la force motrice est-elle appliquée ?

Une discussion apporte des informations sur la tenue des outils : par exemple, tenir un arrache-clou près, puis loin du point d'appui. On conclut sur l'utilisation optimale des outils.

On peut aussi faire **utiliser** quelques outils **pour mettre en évidence** l'augmentation de la force selon l'endroit où on l'applique. Par exemple, avec une paire de ciseaux, on essaie de couper une allumette en faisant trois essais successifs : en plaçant l'allumette près du pivot au fond des lames, puis au milieu des lames et enfin à la pointe des ciseaux. Les élèves feront des constats sur la facilité d'exécution, la force nécessaire, qui viendront confirmer les conclusions déjà trouvées.

On peut également modifier les longueurs de bras de leviers d'une « pince » construite avec un jeu, pour faire percevoir la différence de force nécessaire au cours de l'utilisation.

La trace écrite rendra compte des différentes expériences, du cheminement des découvertes, et des conclusions pratiques sur l'utilisation des outils.

d. Des jacquemarts et des pantins articulés

Les objets qui suivent comportent tous des leviers. Si les élèves ont déjà travaillé sur les leviers, ces objets serviront de support pour évaluer qu'ils savent bien les reconnaître et repérer leur fonction. S'ils n'ont pas encore travaillé dessus, ils peuvent analyser, fabriquer ces objets, repérer les parties

Les leviers au cycle des approfondissements

a. Production d'élève — Une maquette pour expérimenter

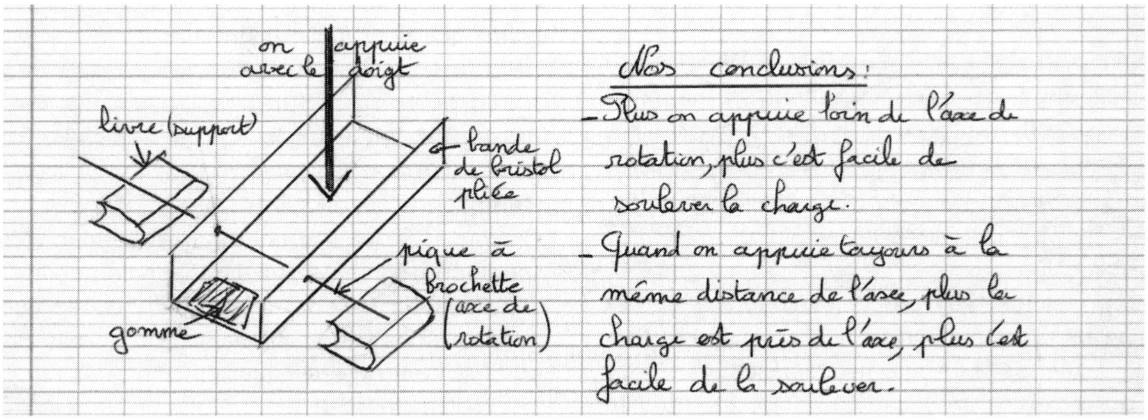

b. Doc. prof. — Des objets à fabriquer

Le pic-vert

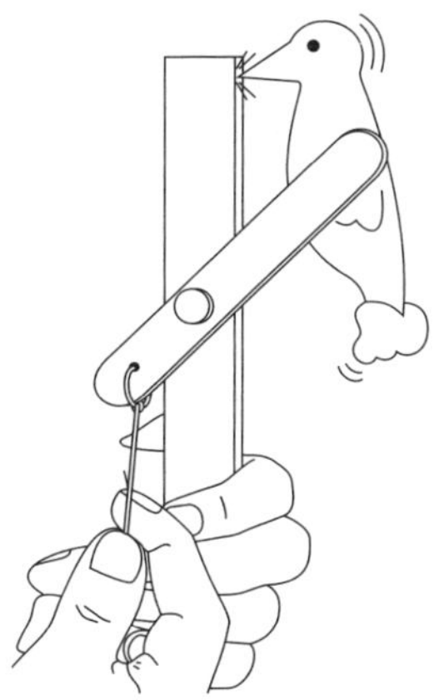

Le pantin

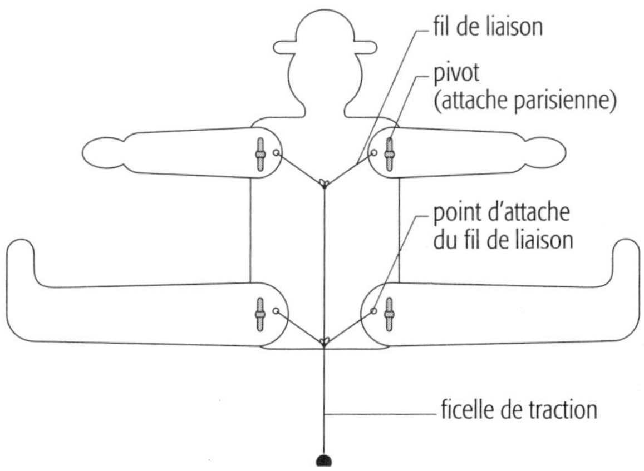

c. Doc. prof. — Des leviers dans le corps humain

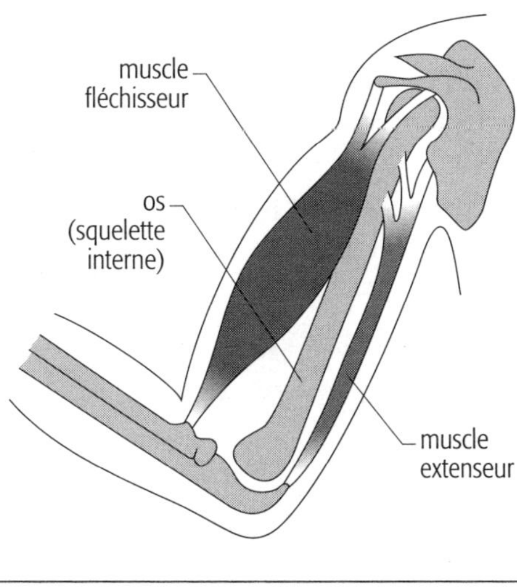

Fig. 7 a. La maquette permet de trouver comment varie la force motrice en fonction des positions de l'objet à soulever, de l'endroit où on exerce la force motrice et de l'axe de rotation.
b. Les leviers inter-appui de ces deux objets permettent d'obtenir un déplacement plus grand en sortie qu'en entrée.
c. Les os de l'avant-bras sont des leviers sur lesquels les muscles peuvent exercer des forces motrices.

mobiles, leur fonction, même avant que vous n'employiez le terme « levier ». Ce mot technique sera introduit lors d'une activité sur les objets et outils comparable à celle présentée dans la partie précédente. Les objets servent alors de support à une structuration des connaissances sur les leviers.

• Fabriquer un objet à partir d'une fiche de fabrication

Le matériel nécessaire pour fabriquer un objet animé est facile à se procurer : du carton, des attaches parisiennes, de la ficelle. Des fiches de fabrication de jouets sont fournies ; les élèves choisissent l'objet qu'ils souhaitent réaliser, par exemple le pic-vert (***Fig. 7b***).

Leurs productions sont observées, commentées. Les **différences** de fonctionnement sont analysées : les oiseaux font-ils le même mouvement ? Qu'est-ce qui diffère d'une production à l'autre ? Comment amplifier un mouvement ? Comment le réduire ? Quels sont les éléments que l'on peut faire varier ? Parmi les **réponses possibles** à cette dernière question, citons :

– la longueur d'un bras de levier. Soit on éloigne le point d'application de la force motrice de l'axe de rotation, soit on éloigne le personnage du point de rotation ;
– la taille des oiseaux ;
– leur position sur le manche.

Les élèves transcrivent leurs projets de modification, puis les **valident** par la réalisation. Ils notent sur leur cahier les **résultats** observés, avec les explications.

Vos élèves sauront-ils identifier le bras de levier sur les fabrications ? Ils devront repérer les trois caractéristiques d'un levier et les faire apparaître sur un schéma de leur objet. C'est l'occasion à la fois d'**évaluer** et de **renforcer** leurs acquis concernant les leviers.

• Fabriquer et animer un pantin

Vous pouvez **présenter** et faire fonctionner un modèle réalisé par vos soins devant les élèves. Il est bien sûr possible d'introduire la situation en partant du dessin d'ensemble du pantin présenté dans les deux positions (***Fig. 8a***). De toutes les façons, le mécanisme de ce pantin reste invisible, la démarche consistant à **imaginer** et **concevoir** un mécanisme auquel l'élève n'a pas accès.

La face avant de l'objet est observée au repos, puis en action, après avoir tiré sur la ficelle. Il est demandé aux élèves d'analyser et de commenter les effets obtenus en tirant sur la ficelle. « On tire la ficelle verticalement vers le bas, les bras montent en tournant autour d'une attache parisienne ; on lâche la ficelle qui remonte vers le haut, les bras redescendent vers le bas en pivotant. »

Vous pouvez proposer un document portant le dessin du buste du pantin vu de dos, avec les deux bras. La consigne est : « Dessiner le mécanisme qui permet au pantin de lever les deux bras en même temps quand on tire sur une ficelle vers le bas. » La réflexion conduira les élèves à proposer le dessin du mécanisme qu'ils s'imaginent (***Fig. 8b***). Le mécanisme entraînant également les membres inférieurs du personnage est envisagé dans un deuxième temps.

Chaque élève réalise une **maquette** pour **valider** son **hypothèse**, puis, après mise en commun, s'engage dans la mise en œuvre individuelle de son projet de fabrication. Chacun procède par essais, erreurs, propose des réajustements pour répondre au problème posé.

Les premiers **résultats** sont confrontés, ce qui permet de tirer quelques **conclusions** :

– « Comment obtenir la rotation des bras ensemble ? » Si l'on veut que les bras tournent ensemble, la ficelle de traction doit être reliée à chaque bras du pantin près de l'articulation (et non directement sur le pivot). Il est commode d'attacher la ficelle de traction à un fil de liaison qui relie les deux bras (***Fig. 7b***).

– « Pourquoi les bras du pantin ne présentent-ils pas la même amplitude sur les différents pantins ? » Selon le point d'implantation de la ficelle de liaison sur le bras, l'amplitude du mouvement ne sera pas la même. Les élèves établiront des relations de cause à effet entre les points d'implantation des ficelles de liaison et les amplitudes obtenues. Dans certains cas, on peut même obtenir les bras du pantin qui basculent et se croisent vers le bas.

– « Pourquoi les bras ne se lèvent-ils pas de façon symétrique ? » Si les points d'attache des fils de liaison ne sont pas placés symétriquement sur les bras par rapport à l'axe du corps, et si la ficelle de traction n'est pas nouée au milieu du fil de liaison, alors on rencontre des asymétries dans les mouvements des bras.

Le bras du pantin est un levier. On retrouve bien ses trois caractéristiques : **la force motrice** est la force que l'on exerce sur la ficelle de traction **; la force résistante** est le poids du bras du pantin **; l'axe de rotation** est l'attache parisienne. Dans un pantin articulé, la finalité du levier est d'**amplifier un mouvement**.

Le prolongement de cette première phase de questionnement, de recherche et de conclusion débouche sur de nouveaux **problèmes à résoudre :**

Un pantin à leviers

a. Doc. élève Le modèle

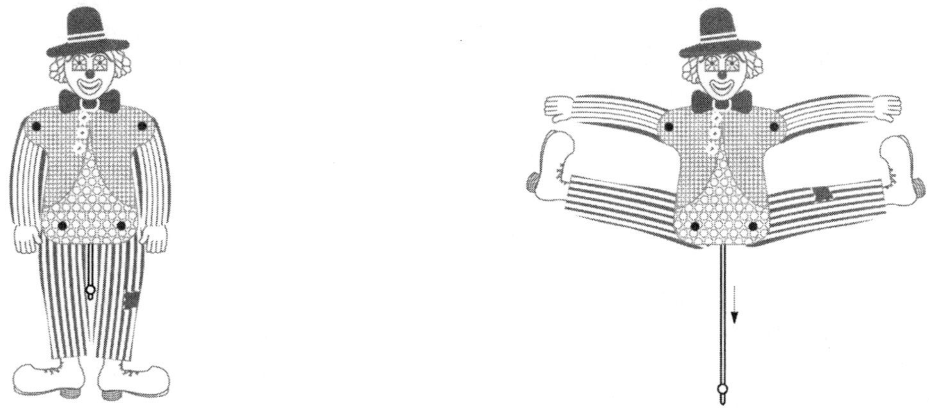

b. Productions d'élèves Des propositions de montages

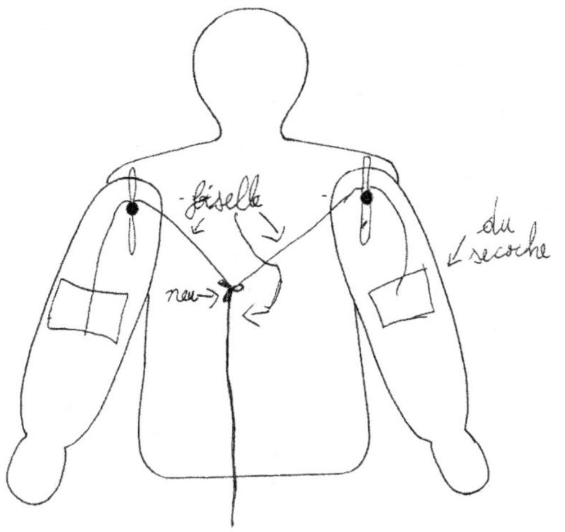

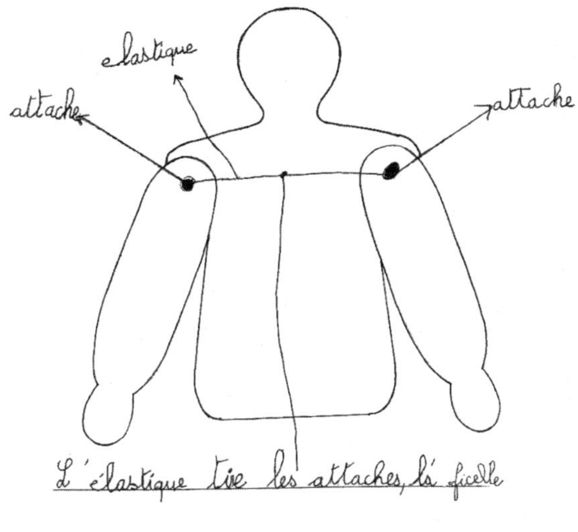

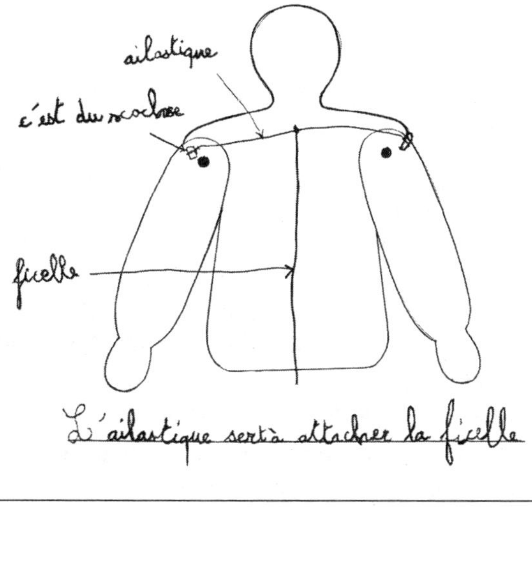

Fig. 8. Les élèves proposent des solutions techniques différentes pour le mécanisme du pantin, qu'ils valident ou non en les fabriquant. S'ils ont travaillé sur les leviers, les élèves pourront le reconnaître sur le pantin : chaque bras ou jambe est un levier avec un axe de rotation, une force motrice exercée sur le fil, et une force résistante (poids des membres). L'effet recherché est ici un plus grand déplacement en sortie qu'en entrée. C'est pourquoi l'amplitude des mouvements est plus grande si le fil est fixé près de l'axe de rotation.

– « **Comment faire pour obtenir deux formes de jambes identiques ?** » Après diverses recherches, la solution retenue est celle du gabarit (sauf si l'ensemble des pièces du pantin à assembler a été distribué au départ).

– « **Comment obtenir la mise en rotation simultanée des quatre membres du pantin en tirant sur la même ficelle ?** » « Comment relier entre eux les fils de liaison supérieur et inférieur ? » En effet, il s'agit maintenant de transférer le principe technique découvert aux membres inférieurs du personnage, ce qui n'est pas sans difficulté pour les élèves.

Un **écrit** définitif met en valeur un **schéma technique** du dispositif qui fonctionne, complété de **légendes** et du **codage** des mouvements. La définition d'un levier ainsi que son rôle feront l'objet de l'écrit définitif de structuration.

• D'autres pistes

D'autres objets ou maquettes d'objets faisant intervenir des leviers peuvent être fabriqués : cartes animées, maquette de puits à balancier ou de chadouf, maquette de barrière actionnée à la main, maquette de frein de bicyclette... Il s'agira à chaque fois d'identifier les leviers, de repérer quelle est leur fonction : obtenir un grand déplacement ou minimiser l'effort à fournir à l'entrée du dispositif.

Dans le chapitre 17 est développée plus particulièrement la commande à distance de bras de levier par l'intermédiaire d'une tige, mécanisme très employé dans les cartes et livres animés.

e. Rechercher des leviers dans les bras et les jambes d'un homme

En liaison avec un travail sur le corps humain ou sur les animaux, les élèves peuvent rechercher et identifier des leviers au niveau des bras (***Fig. 7c***), des jambes... Par exemple, les muscles du bras s'insèrent sur les os des avant-bras pour assurer la flexion et l'extension de ceux-ci. Au cours de la flexion, la force motrice est exercée par le muscle fléchisseur, la force résistante est le poids du bras et l'articulation du coude sert d'axe de rotation. On a un levier inter-moteur. Lors de l'extension, le levier est inter-appui. Dans les deux cas, on cherche à avoir un plus grand déplacement en sortie (au niveau de la main) qu'en entrée.

2 Réaliser des équilibres dans des fabrications

Des fabrications où les élèves doivent réaliser des équilibres sont l'occasion d'approcher des notions relatives à ce concept et de mettre en œuvre des démarches variées.

a. Fabriquer des funambules

Il s'agit ici de modifier un objet pour assurer son équilibre. En réponse à une première consigne, les élèves « placent une silhouette de funambule en carton léger sur un fil ». Ils constatent qu'elle ne tient pas en équilibre et qu'elle tombe. Ils ont donc un **problème à résoudre** : « Comment faire tenir en équilibre sur un fil ces silhouettes de funambules en carton léger ? » Les élèves doivent apporter des modifications à leur funambule pour qu'il remplisse sa fonction.

Ils sont amenés à faire des **suppositions** et des **essais**. Du matériel est mis à leur disposition : trombones, épingles à linge, pâte à modeler, rondelles de bouchon de liège... Les interactions entre élèves sont très utiles pour stimuler et enrichir leurs essais. En tâtonnant, grâce à des solutions techniques différentes, ils parviendront à faire tenir leurs figurines en équilibre et, en **conclusion**, découvriront qu'il faut les **lester sous le point posé sur le fil** (***Fig. 1c***).

b. Fabriquer un mobile

La fabrication d'un mobile peut être menée de façons différentes et convient aussi bien à un cycle des apprentissages fondamentaux qu'à un cycle des approfondissements. Vous pourrez demander au préalable aux élèves les conceptions qu'ils ont de cet objet. Le projet peut être initié par une photographie, l'apport en classe d'un mobile du commerce, un mobile réalisé par vos soins. Les productions réalisées ultérieurement par les élèves pourront être totalement différentes des modèles proposés. Ce peut être aussi un projet de fabrication avec un cahier des charges plus précis, où il y a par exemple normalisation des éléments suspendus, où le nombre de baguettes et d'étages du mobile est fixé...

Quel que soit le choix que vous ferez, vous avez intérêt à imposer le type de baguettes utilisées (piques à brochettes, tourillons de bois, fil de fer...) et la qualité des fils de suspension (un fil de coton fin facile à nouer est préférable à un fil de nylon certes transparent mais très glissant, difficile à nouer).

Pour faire découvrir progressivement les lois de l'équilibre aux élèves, il est rationnel, pour commencer, de proposer l'équilibre d'une seule baguette comportant deux pendeloques de masse égales, de masses inégales... Des ateliers, proposant la mise en œuvre de matériaux et matériel différents pour résoudre des problèmes, permettront de dégager des conclusions générales importantes.

Si les objets fixés aux extrémités de la baguette sont de masses identiques, alors la baguette est

suspendue en son milieu, sinon, il faut placer le point de suspension de la baguette du côté de l'objet le plus lourd.

Une fois que chacun a compris comment assurer l'équilibre d'une baguette avec ses pendeloques, la réalisation d'un mobile se prête bien à une fabrication en groupe ou collective. Il faut alors s'organiser : choix d'un thème pour le mobile, du nombre et du choix des pendeloques, représentation du projet à l'aide d'un dessin, réalisation de baguettes par groupes de deux, puis assemblage des éléments par groupe. Par exemple, des thèmes ou des choix spécifiques peuvent être retenus pour les pendeloques identiques ou non : pliages, origamis, polyèdres... répondant à des constructions mathématiques, etc. Pour réaliser un mobile à plusieurs étages, un **nouveau problème** se pose : « Dans quel ordre procéder pour monter le mobile ? Du bas vers le haut ou du haut vers le bas ? » À l'issue de recherches, les élèves en concluront qu'**un mobile se construit du bas vers le haut** pour préserver les équilibres établis, sinon l'ensemble se déséquilibre au fur et à mesure.

c. Comment obtenir l'équilibre ?

Au cycle des approfondissements, vous pouvez inviter vos élèves à **formaliser les conditions d'équilibre** en leur faisant manipuler des pinces à linge faciles à déplacer sur une bande de carton, avec un trou qui n'est pas au milieu de la largeur de celle-ci.

Il s'agit d'équilibrer avec une seule pince et successivement, une, deux ou trois pinces à linge disposées de l'autre côté de la bande de carton (attention, toutes les pinces doivent être identiques). Pour bien définir la position horizontale de la bande de carton (choisie pour neutraliser l'influence du poids de la bande), les élèves pourront s'aider en l'alignant avec le bord horizontal de la table. Les mesures de longueur entre le milieu du trou et le milieu de la pince à linge devront être faites soigneusement. Les résultats de tous les groupes seront affichés au fur et à mesure au tableau (***Fig. 2c***).

Avant de réaliser l'équilibre entre une et trois pinces, le maître pourra demander aux élèves s'ils sont capables d'**anticiper** la position. L'analyse du tableau permet de formuler des **conclusions** intéressantes :
– avec l'équilibre d'une pince à linge équilibrée par une autre, les résultats confortent l'égalité des positions s'il y a égalité des masses mais ceci avec une certaine approximation, qui pourra faire l'objet d'une discussion : est-on sûr de l'égalité des masses des pinces, l'exactitude des mesures, de la position centrale du trou de suspension ?
– une pince est équilibrée par deux épingles à condition que la distance de celle qui est seule soit le double de l'autre ;
– une pince est équilibrée par trois pinces à condition que la distance de celle qui est seule soit le triple de l'autre.

Ce travail expérimental peut être antérieur à la réalisation d'un mobile ou venir s'intégrer au service de la réalisation du projet de fabrication, sous forme d'activité décrochée pour comprendre comment équilibrer l'objet, les connaissances acquises étant réinvesties au cours de la réalisation définitive.

d. Autres pistes

De nombreux supports peuvent être utilisés en classe pour faire travailler les élèves :
– Comment faire tenir une bande de papier sur un doigt ? des objets en papier (papillon, avion...) sur un doigt ?
– Comment assurer l'équilibre de la flèche d'une grue ?
– Comment assurer l'équilibre d'une girouette ?

3 Balances

a. Réaliser des pesées avec une balance

Au cycle des approfondissements, il faut favoriser les situations qui amènent à la mesure de la masse, par exemple : « Notre cobaye grossit-il ? » Il faut faire des comparaisons non simultanées qui obligent à « mémoriser » le résultat des équilibres et qui conduisent donc aux mesures, ce qui sous-entend :
– choisir une unité (bâtons de craie, clous, trombones, etc.). Réaliser que tous les éléments correspondant à l'unité doivent être identiques, par exemple, que tous les clous doivent être les mêmes. Le résultat devrait être donné par un encadrement ;
– faire un tableau des résultats ;
– proposer une mise en page des résultats préfigurant le graphique ;
– faire constater qu'avec l'unité « locale » choisie, les données recueillies ne peuvent être communiquées à des étrangers à la classe ;
– rechercher des unités universelles, légales et à cette occasion introduire le kilogramme, le gramme ;
– faire découvrir ou retrouver la technique de la pesée avec une boîte de masses marquées.

Voici le rappel de quelques situations des programmes qui exigent l'utilisation de la balance :
– constater la conservation de la masse dans des transformations liées aux changements d'état et à la dissolution (voir chapitres 1 et 4) ;
– découvrir que l'air pèse (voir chapitre 2) ;
– expliquer la superposition de liquides (voir chapitre 4).

b. Fabriquer une maquette de balance romaine

Vous pouvez proposer une photographie de balance romaine pour que les élèves sachent de quoi il s'agit, puis leur fournir des éléments pour fabriquer leur balance (***Fig. 3b***).

Après avoir fabriqué leur balance romaine, tous les éléments étant à leur disposition, les élèves doivent trouver le moyen de l'utiliser pour faire des pesées. La discussion s'engage dans les groupes et les élèves doivent :
– trouver comment on utilise la balance et découvrir une de ses caractéristiques : plus l'objet à peser est lourd, plus il faut éloigner le contrepoids ;
– trouver un procédé pour l'étalonnage, en plaçant des masses marquées dans le plateau et en marquant à chaque équilibre l'emplacement du contrepoids.

Les balances étalonnées doivent bien sûr être utilisées. Les élèves testeront leurs balances en pesant des objets qu'ils s'échangent.

c. Comment fonctionne une balance de Roberval ?

Un moyen d'amener les élèves à analyser le fonctionnement de la balance de Roberval est de leur proposer d'en faire le schéma, puis une maquette à partir de bandes de carton et d'attaches parisiennes (***Fig. 9a***).

S'ils matérialisent sur leur maquette seulement le fléau et les supports de plateaux, ils constateront que les plateaux sont inclinés quand le fléau l'est : si on posait des objets sur les plateaux, ils glisseraient et tomberaient, ce qui n'arrive pas sur la balance. Ils chercheront alors comment cela est possible. Soulever la balance pour en observer la partie cachée permet de repérer l'existence d'une seconde barre, le contre-fléau. En l'ajoutant à leur maquette, avec les articulations adéquates, vos élèves découvriront la fonction du parallélogramme déformable, la présence d'un seul couteau qui soutient l'ensemble de l'équipage mobile, la nécessité d'un guide au milieu du contre-fléau. L'activité de construction peut se poursuivre par une activité de schématisation de la balance, pour garder en mémoire ce qui a été découvert.

d. Autres pistes

D'autres pistes d'activités sont possibles :
– schématiser, fabriquer une maquette de pèse-lettres à fléau en carton ou en matériel modulaire (***Fig. 9b***) ;
– fabriquer une balance à plateaux suspendus (***Fig. 3a***) ;
– comparer et classer des balances actuelles et anciennes. Faire des recherches documentaires dans les encyclopédies, les livres d'histoire, sur la Toile.

Pourquoi les plateaux de la balance de Roberval restent-ils horizontaux ?

a. Doc. élève Une maquette à fabriquer et comparer à la balance

A

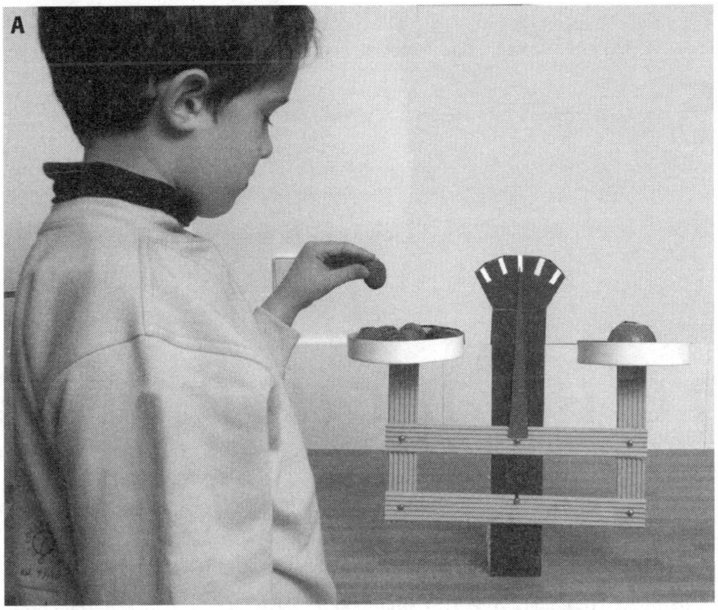

• Observe une balance de Roberval et dessine-la en imaginant la partie cachée par le socle.

• Fabrique la maquette **A**. Quel dispositif permet d'assurer l'horizontalité des plateaux ?

• Mets en correspondance les chiffres du dessin **B** et les lettres de la légende.

Matériel

- du carton
- une bouteille lestée
- deux boîtes rondes identiques
- de la colle
- des attaches parisiennes

B

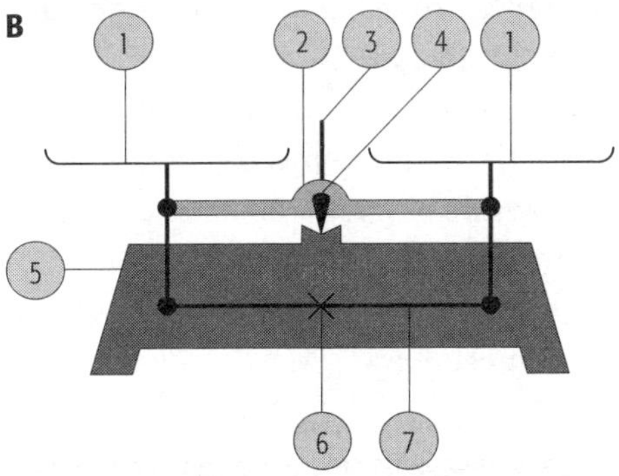

Légende

a. plateau
b. fléau
c. couteau
d. socle
e. aiguille
f. contre-fléau
g. guide

b. Doc. prof. D'autres modèles de balances

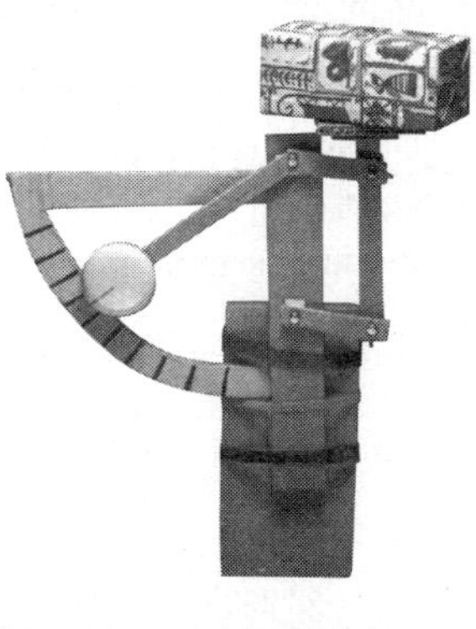

Fig. 9. En fabriquant ces maquettes, les élèves comprennent quel mécanisme (un parallélogramme déformable) permet d'assurer l'horizontalité des plateaux placés au-dessus du fléau.

Chapitre 17

Transmettre un mouvement

Nous savons que, dès son plus jeune âge, l'enfant commence à observer des mobiles, manipuler des jouets tels que son tableau des découvertes, une voiture miniature, pour lesquels il cherche à faire déplacer des pièces, rouler les roues... La mobilité des pièces, les mécanismes simples ou plus compliqués d'un objet, la synchronisation et la succession des mouvements d'une boîte à musique, d'un automate... sont fascinants pour les enfants qui veulent voir, toucher, puis comprendre. Ils sont amenés à découvrir, manipuler, utiliser, démonter, étudier, fabriquer... une grande diversité de jouets, ustensiles, outils, machines, plus ou moins compliqués mettant en jeu des relations spatiales, des mouvements et des mécanismes. Ce chapitre porte sur certains de ces objets, pour y repérer et caractériser mouvement et transmission de mouvement.

Le programme *(BO hors série n° 3 du 19 juin 2008)*	
CP et CE1	CE2, CM1 et CM2
DÉCOUVERTE DU MONDE **Découvrir le monde du vivant, de la matière et des objets** Les élèves réalisent des maquettes élémentaires pour comprendre le fonctionnement d'un appareil. **PREMIER PALIER POUR LA MAÎTRISE DU SOCLE COMMUN** **Compétence 3. Les principaux éléments de mathématiques et la culture scientifique et technologique** L'élève est capable de : – situer un objet par rapport à soi ou à un autre objet, donner sa position et décrire son déplacement ; – être précis et soigneux dans les tracés, les mesures et les calculs ; – observer et décrire pour mener des investigations ; – appliquer des règles élémentaires de sécurité pour prévenir les risques d'accidents domestiques.	**SCIENCES EXPÉRIMENTALES ET TECHNOLOGIE** **Les objets techniques** Objets mécaniques, transmission de mouvements. **DEUXIÈME PALIER POUR LA MAÎTRISE DU SOCLE COMMUN** **Compétence 3 B) La culture scientifique et technologique** L'élève est capable de : – pratiquer une démarche d'investigation ; savoir observer, questionner ; – manipuler et expérimenter, formuler une hypothèse et la tester, argumenter ; – mettre à l'essai plusieurs pistes de solutions ; – exprimer et exploiter les résultats d'une recherche en utilisant un vocabulaire scientifique à l'écrit et à l'oral ; – maîtriser des connaissances dans divers domaines scientifiques ; – exercer des habiletés manuelles, réaliser certains gestes techniques.

Informations pour l'enseignant

Dans ce chapitre, les connaissances abordées traitent d'abord des types de mouvements à connaître en mécanique, puis des systèmes de transmissions de mouvements relatifs au programme du cycle des approfondissements.

Mais, avant d'aller plus loin, il semble souhaitable de définir quelques mots usuels. Une machine (exemples : une machine à laver, une photocopieuse...) se détermine comme un ensemble de mécanismes combinés pour recevoir une forme définie d'énergie, la transformer et la restituer sous une forme appropriée pour produire un effet souhaité (*cf.* chapitre 6).

On désignera par machine simple (exemples : poulie, treuil, levier) un appareil destiné à transformer un mouvement en modifiant la direction ou l'intensité de la force, en modifiant le déplacement.

Un mécanisme est une combinaison de pièces mécaniques (roues dentées, poulies, bielle...) disposées de façon à obtenir un mouvement ou un fonctionnement spécifique.

A Les mouvements

1 Les différents types de mouvements

On peut repérer trois types de mouvements de base : translation, rotation et mouvement hélicoïdal.

a. Mouvement de translation

Un solide a **un mouvement de translation** si **tous les segments** que l'on peut définir sur ce solide **se déplacent en conservant leur direction initiale** (ils restent parallèles à eux-mêmes). Les **trajectoires** de tous les points sont **parallèles entre elles**.

Il existe (***Fig. 1a***) :
– la **translation rectiligne**, dans le cas où les trajectoires de tous les points sont des droites. Par exemple, une fenêtre coulissante, le casier d'une boîte d'allumette, une marchandise posée sur le tapis roulant à la caisse du supermarché...
– la **translation curviligne** (et dans certains cas **circulaire**), pour lesquelles les trajectoires sont des courbes (des cercles), par exemple : les casiers d'une caisse à outils, un téléphérique suspendu à un câble, une barre d'accouplement des roues d'une locomotive, les nacelles du manège de la grande roue...

Attention : il ne faut pas confondre le mouvement de translation circulaire avec le mouvement de rotation (***Fig. 1b***).

b. Mouvement de rotation

Un solide a un **mouvement de rotation** si un point ou un axe de celui-ci reste fixe.

• Dans le cas d'une **rotation autour d'un axe, tous les points du mobile décrivent des arcs de cercle** centrés sur la même droite fixe, appelée **axe de rotation** (***Fig. 1b***). L'axe de rotation est perpendiculaire aux plans des cercles des trajectoires. Cet axe assure la fonction technique « **guidage » en rotation**. Quelques exemples : les aiguilles d'une pendule, un bouton que l'on tourne sur un appareil électrique, une porte en rotation autour de l'axe des gonds, les roues libres d'un caddie de supermarché... Beaucoup d'objets sont dotés de pièces animées de mouvements de rotation. Si l'axe est rendu solidaire de la pièce en rotation, il devient capable de l'entraîner et de lui transmettre un mouvement. C'est un **arbre** (exemple : treuil d'un puits).

Un mouvement de rotation autour d'un axe présente les propriétés suivantes :
– chaque point du solide reste à égale distance de l'axe ;
– chaque point du solide balaye le même angle et cet angle est appelé angle de rotation ou amplitude de rotation ;
– la longueur de la trajectoire d'un point croît avec sa distance à l'axe, elle est proportionnelle à la distance du point à l'axe.

• Dans le cas d'une **rotation autour d'un point,** chaque point du solide reste à égale distance du centre de rotation. L'aiguille d'une boussole qui repose sur un pivot, un objet posé en équilibre sur un doigt... ont des mouvements de rotation autour d'un point.

c. Mouvement hélicoïdal

Un **mouvement** est **hélicoïdal** si ce mouvement est obtenu par la **combinaison d'une rotation autour d'un axe et d'une translation** de cet axe, simultanément. Par exemple, le siège d'un tabouret à vis qui peut monter ou descendre en le faisant tourner, une vis que l'on visse avec un tournevis, un écrou qui se déplace sur une vis...

2 Caractéristiques des mouvements

Le mouvement d'un mobile est décrit par la **trajectoire** du mobile (le trajet suivi) et par sa **vitesse.**

Un mouvement, quel qu'il soit (translation, rotation ou hélicoïdal) :
– présente à tout instant **une direction** et **un sens** ;
– peut être **continu** (toujours dans le même sens comme les aiguilles d'une montre, la chute libre d'un objet sans vitesse initiale…), **alternatif**, dit aussi **en va-et-vient** (qui change périodiquement de sens comme les essuie-glaces d'une voiture, les chevaux qui montent et qui descendent dans un manège…).

Pour provoquer un mouvement, il faut utiliser une **source d'énergie** (les muscles, une pile, un ressort…), qui transfère de l'énergie sous différentes formes. L'état de la source est alors modifié (voir le chapitre 6).

3 Guidage et jeu de fonctionnement

Pour qu'une pièce effectue son mouvement dans les meilleures conditions, il faut assurer la **fonction technique guidage**. Un guidage en rotation doit éviter toute translation. Un guidage en translation doit empêcher toute rotation.

Afin qu'il n'y ait pas une adhérence trop forte entre les surfaces fonctionnelles et qu'on ne soit pas obligé de fournir un effort trop important pour compenser les frottements trop grands, il est nécessaire de prévoir un « petit espace » entre les pièces assemblées, appelé **jeu fonctionnel** ou **jeu de fonctionnement**.

B Transmissions et transformations

1 Classification des transmissions

Dans un mécanisme, on distingue le **mouvement d'entrée** (provoqué par une action extérieure au système) du **mouvement de sortie** (le résultat des mouvements transmis par le système ; ***Fig. 3***) :

La transmission de mouvements se fait **sans transformation** si les mouvements d'entrée et de sortie sont de même nature. Pour simplifier, on la dénommera « **transmission de mouvements** » (***Fig. 3a***). La transmission des mouvements se fait **avec transformation** de mouvement si les mouvements d'entrée et de sortie sont de natures différentes. Pour simplifier, on la dénommera « **transformation de mouvements** » (***Fig. 3b***). On peut répertorier les dispositifs mécaniques selon qu'ils assurent des transmissions ou des transmissions avec transformations de mouvements.

Dans les tableaux de la ***figure 3*** apparaissent les types de transformations de mouvement, les dénominations des mécanismes, ainsi que des exemples d'objets techniques qui renferment ce type de mécanismes. Ceux-ci font l'objet d'un développement dans les paragraphes suivants. Certains mécanismes sont réversibles, ce qui signifie que le mouvement d'entrée peut avoir lieu d'un côté ou de l'autre du mécanisme.

2 Chaîne de transmission de mouvements

La question « comment fonctionne l'objet ? » amène à répondre avec des phrases exprimées à l'oral ou à l'écrit. On peut aussi transcrire l'ensemble du mécanisme sous une forme plus schématique : la chaîne de transmission de mouvements. Celle-ci doit permettre de situer **chronologiquement l'enchaînement de tous les mouvements** contribuant à la transmission ou à la transformation du mouvement de l'entrée à la sortie du système. Il sera important de préciser le type de dispositifs ou de pièces mécaniques mis en jeu pour assurer la cohérence mécanique de l'objet analysé.

Pour illustrer le propos, considérons la cuillère à glace (***Fig. 2***). L'utilisateur, en resserrant les poignées (bras de levier) entraîne dans un mouvement de translation la crémaillère solidaire d'un des bras de levier. Celle-ci entraîne, dans un mouvement de rotation, la petite roue dentée solidaire d'un axe qui à, son extrémité supérieure, va actionner le racloir afin de détacher la boule de glace de la cuillère. Une traduction de cette explication peut s'exprimer par un schéma : la **chaîne de transmission**.

C Transmissions de mouvements

1 Les mécanismes à roues de friction

Considérons une roue *A* qui tourne. On met directement en contact avec elle une roue *B*. Celle-ci est entraînée par la roue *A* (***Fig. 4a***). C'est le système d'**entraînement par friction**. On dit que la roue *A* est la **roue d'entrée** ou **menante** ou **motrice** ou **entraînante**. La roue *B* est qualifiée de **roue de sortie** ou **menée** ou **réceptrice** ou **entraînée**. Par exemple, le galet de l'alternateur d'une bicyclette est entraîné par le pneumatique de la roue.

Ce système mécanique offre la qualité d'être silencieux et l'intérêt d'un entraînement direct sans organe intermédiaire. En revanche, la roue menée peut être mal entraînée si son adhérence avec la roue menante n'est pas suffisante, ce qui va provoquer une usure due au glissement entre les deux pièces.

Repérer et caractériser des mouvements

a. Mouvements de translation

Translation rectiligne

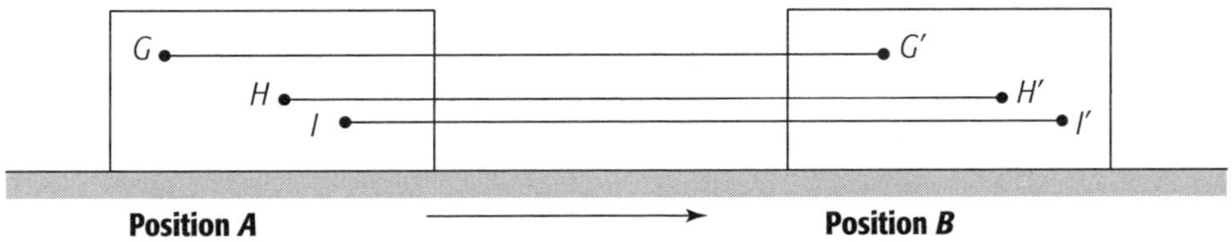

Translation curviligne

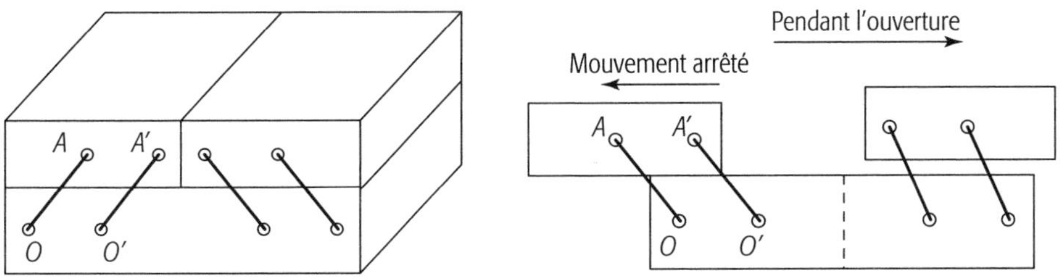

b. Mouvements de rotation

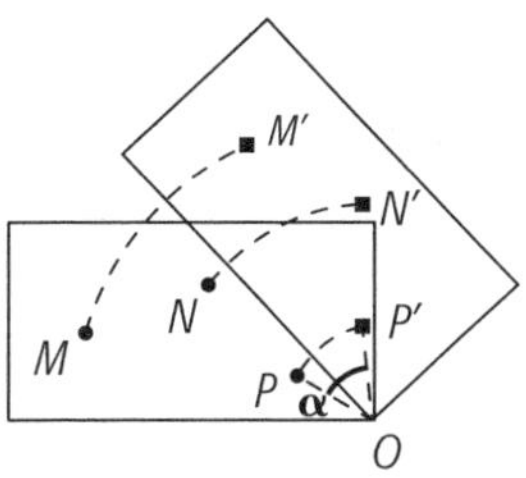

Fig. 1 a. Dans la translation rectiligne, les segments *GG′*, *HH′* et *II′* sont parallèles et égaux. Dans la translation curviligne, les points de l'objet décrivent des courbes. Le segment *AA′* (et tout segment défini sur le tiroir) garde cependant toujours la même direction.
b. Ce rectangle effectue une rotation autour d'un axe perpendiculaire au plan de la figure, passant par *O*. Chaque point reste à égale distance de *O*. L'arc *PP′* représente la trajectoire du point *P* et l'angle α l'angle de rotation.

Une chaîne cinématique

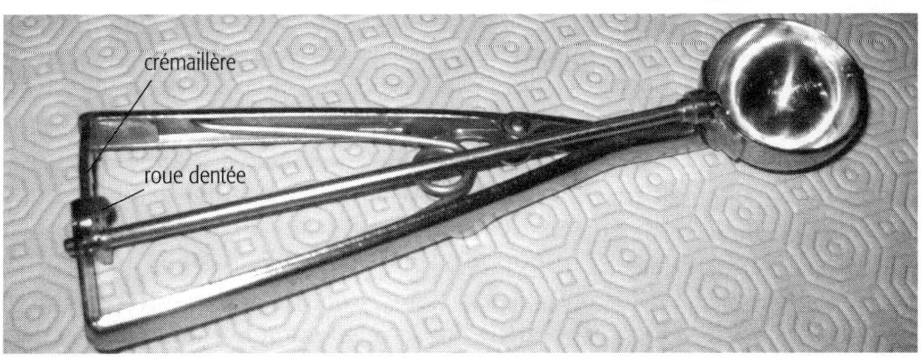

Fig. 2. Repérage des mouvements et chaîne de transmission et de transformation de ces mouvements dans la cuillère portionneuse à glace.

rotation des poignées → **translation** de la crémaillère → **rotation** de la roue dentée → **rotation** du racloir

Dans ce système, les deux roues tournent **en sens inverses**. Si l'on souhaite avoir le même sens de rotation à la sortie qu'à l'entrée du système, il faudra placer une roue intermédiaire (***Fig. 4b***).

Ce dispositif est **réversible** : la roue d'entrée peut devenir la roue de sortie et vice et versa.

Deux roues qui s'entraînent tournent avec la même vitesse linéaire (deux points de leur périphérie balaient la même distance en un même temps). Si elles ont le **même diamètre**, elles ont la **même vitesse de rotation**, c'est-à-dire qu'elles font le **même nombre de tours par unité de temps**. Si elles sont de **diamètres différents**, leurs **vitesses de rotation sont différentes** : la roue plus petite tourne plus vite que la grande, elle effectue un nombre de tours plus grand par unité de temps.

2 Les mécanismes à poulies

a. Les poulies

Une poulie est constituée d'une roue dont la jante présente une gorge destinée à recevoir un organe de transmission réalisée par une bande souple : une courroie ou une corde. On la nomme aussi « **roue à gorge** ».

Les poulies sont des pièces mécaniques rencontrées dans des dispositifs pour soulever, transporter des charges, transmettre des mouvements de rotation.

On distingue deux sortes de poulies (***Fig. 5a***) :
– les **poulies mobiles**, qui portent la charge ;
– les **poulies fixes**, dont l'axe est relié à un support ; la charge est liée à la corde qui passe sur la gorge de la poulie.

Ces dispositifs permettent de transporter des charges selon un mouvement de translation, de changer le sens, la direction du mouvement. Un système peut comporter une, deux ou plusieurs poulies.

Avec une **poulie simple fixe**, l'effort à fournir pour soulever la charge est égal en valeur au poids de celle-ci. L'intérêt de ce système est que l'utilisateur dirige la corde dans la direction qu'il souhaite pour travailler de façon aisée.

Une **poulie double** présente une poulie fixe et une poulie mobile : l'effort à exercer pour soulever la charge est égal en module à la moitié du poids de la charge, car celui-ci est réparti sur les deux brins de la corde. Chacun des deux filins en soutient donc la moitié. Or la poulie ne fait que transmettre la force. La charge monte d'une longueur moitié à celle qui a été tirée : ce qu'on « gagne » en force, on le « perd » en déplacement.

Le **palan** est un exemple de système à **poulies multiples**. Ce dispositif compact est composé d'une corde enroulée autour d'une série de poulies fixes reliées à une machine (grue par exemple) et d'une série de poulies mobiles attachées à la charge à soulever. **L'augmentation de force** produite par le palan est **proportionnelle au nombre total de poulies** mises en jeu. Si le palan comporte quatre poulies, la force exercée par l'utilisateur est, en valeur, 4 fois plus petite que le poids de la charge. Dans le même temps, l'utilisateur tire une longueur de corde égale à 4 fois le déplacement de la charge.

b. Les systèmes poulies-courroie

Un **système « poulies-courroie » comporte deux poulies reliées par une courroie**, un câble. Il a pour fonction de **transmettre à distance un mouvement de rotation**. Il peut aussi en modifier le sens, la vitesse. Dans certains systèmes techniques comme les téléphériques, téléskis, télésièges…, le câble est utilisé pour transporter des charges à distance.

Il arrive que la courroie patine, quand le frottement entre la courroie et la poulie n'est pas suffisant : l'entraînement de la poulie par la courroie n'est pas parfait. Il y a des risques d'échauffement et de brisure de l'ensemble. Des solutions sont envisagées pour pallier cet inconvénient : les formes de la courroie et de la gorge doivent être appropriées, un crantage de la courroie peut exister, l'ajout d'un produit favorisant l'adhérence peut être préconisé et la tension de la courroie doit être ajustée.

Dans un dispositif poulies-courroie, on distingue la **poulie d'entrée** du système ou poulie menante ou entraînante, c'est-à-dire celle où l'on agit, de la **poulie de sortie** nommée aussi poulie menée ou entraînée ou réceptrice (***Fig. 5b***).

C'est un dispositif **réversible** : la poulie de sortie pourrait entraîner la poulie d'entrée.

c. Caractéristiques des systèmes poulies-courroie

• **Deux poulies reliées par une courroie directe ont le même sens de rotation**, alors que **deux poulies reliées par une courroie croisée ont des sens de rotation inverses** (***Fig. 5b***).

• **Deux poulies de même diamètre effectuent en même temps le même nombre de tours.** Elles ont la même vitesse de rotation. Lorsque la poulie d'entrée effectue 1 tour, la poulie de sortie effectue 1 tour.

• **Deux poulies de diamètres différents n'effectuent pas le même nombre de tours pendant la même durée.** Quand la poulie de sortie est plus petite que la poulie d'entrée, pour un tour de la poulie d'entrée, on a plus d'un tour de la poulie de

Mécanismes de transmission et de transformation de mouvement

a. Mouvement de mêmes types en entrée et en sortie

Mouvement	Mécanismes	Caractéristiques (sortie / entrée)	Réversibilité	Exemples
translation ↓ translation	poulie simple fixe	$\text{Force}_{\text{entrée}} = \text{Force}_{\text{sortie}}$ $\text{Déplacement}_{\text{entrée}} = \text{Déplacement}_{\text{sortie}}$	oui	appareils de levage, grue
	– poulie fixe et poulie mobile portant la charge – palans	$\text{Force}_{\text{entrée}} < \text{Force}_{\text{sortie}}$ $\text{Déplacement}_{\text{entrée}} > \text{Déplacement}_{\text{sortie}}$	oui	appareils de levage, grue
rotation ↓ rotation	roues de friction	– sens de rotation inverses – la petite roue tourne plus vite que la grande	oui	galet de l'alternateur et jante d'un vélo
	engrenages	– axes de rotation parallèles ou perpendiculaires – sens de rotation (dents sur le pourtour extérieur des roues) : inverses si le nombre de roues dentées est pair ; même sens si ce nombre est impair (axes parallèles) – vitesse de rotation (cas de deux roues dentées) : la petite roue tourne plus vite que la grande ($N\text{tours}_A/N\text{tours}_B = N\text{dents}_B/N\text{dents}_A$)	oui	batteur mécanique, essoreuse à salade, appareils de levage, appareil à treuil sur une dépanneuse
	poulies et courroie	– sens de rotation : même sens avec une courroie droite et sens inverses avec une courroie croisée – vitesse de rotation : la petite poulie tourne plus vite que la grande	oui	téléski, magnétoscope, imprimante, machine à coudre
	roues dentées et chaîne	– même sens de rotation – la petite roue dentée tourne plus vite que la grande ($N\text{tours}_A/N\text{tours}_B = N\text{dents}_B/N\text{dents}_A$)	oui	bicyclette (la grande roue dentée est alors appelée le plateau, et la petite le pignon)
	vis sans fin-roue dentée	– axes de rotation perpendiculaires – $\text{Vitesse}_{\text{sortie}} < \text{Vitesse}_{\text{entrée}}$ (1 tour de vis fait tourner la roue dentée d'une seule dent)	non, vis sans fin en entrée	batteur électrique, barrière automatique, boîte à musique
	cardan	– axes de rotation de directions différentes (angle $< 90°$) – mêmes vitesses de rotation	oui	commande de volet roulant, planche à voile, voiture

b. Mouvements de types différents en entrée et sortie

Mouvements	Mécanismes	Réversibilité	Exemples
rotation → translation	roue dentée-crémaillère	oui	cuillère à glace, tire-bouchon à bras, portail électrique coulissant, microscope, jouet à lanceur, presse-orange à levier
	treuil	pour un seul sens	appareil de levage, treuil de puits
	bielle-manivelle	oui	machine à coudre, machine à vapeur, moteur à explosion, rouet
rotation → translation	vis sans fin-crémaillère	non	étau, clef à molette
	vis-écrou	non	serre-joint, cric, presse, casse-noix à vis
rotation → rotation ou translation alternative	came ou excentrique, tige guidée	non	machine à coudre, certains jouets, automates, arbre à cames et maillets d'un moulin

Fig. 3. Les caractéristiques des mécanismes sont résumées dans les tableaux.

sortie : le **système est multiplicateur de vitesse**. Quand la poulie de sortie est plus grande que la poulie d'entrée, la roue de sortie va moins vite que la roue d'entrée : **le système est démultiplicateur ou réducteur de vitesse**.

On peut préciser la relation mathématique entre les nombres de tours en entrée et en sortie, dans le cas où la courroie ne « patine » pas : quand la poulie d'entrée A de diamètre D_A fait un tour, la courroie se déplace d'une longueur égale à celle du périmètre de cette poulie ($\pi \times D_A$). La poulie de sortie B (diamètre D_B) a tourné d'une fraction de tour égale au rapport $(\pi \times D_A)/(\pi \times D_B)$.

Si la poulie A fait N_A tours, la poulie B en fera : $N_B = N_A \times (D_A / D_B)$.

Soit la relation mathématique :

$N_B / N_A = D_A / D_B = K$.

K est le rapport de transmission de vitesse de rotation entre les deux poulies.

Si $K > 1$ soit $D_A > D_B$, le système est multiplicateur de vitesse. Par exemple, si la poulie de sortie est 3 fois plus petite que la poulie d'entrée, K à une valeur de 3, la poulie de sortie va 3 fois plus vite.

Si $K < 1$ soit $D_A < D_B$, le système est démultiplicateur de vitesse.

3 Les mécanismes à engrenages

a. Présentation

Les engrenages, constitués de roues dentées, sont des systèmes élémentaires de transmission de mouvements extrêmement fréquents dans un grand nombre de machines, objets quotidiens, jouets. Ils peuvent avoir des formes et des tailles très différentes. Leur fabrication peut être onéreuse pour des pièces de qualité et de précision (par exemple dans le domaine de l'horlogerie…), mais également très bon marché, lorsqu'ils sont moulés en série en matière plastique pour des ustensiles de cuisine, des jouets…

Il existe quatre types d'engrenages : **engrenages avec roues droites (*Fig. 6a*) à axes de rotation parallèles ; engrenages avec roues coniques à axes de rotation perpendiculaires (*Fig. 6a*)** ; engrenages constitués **d'une roue droite et d'une vis** sans fin ; engrenages constitués **d'une roue droite et d'une crémaillère**. Ce dernier type est traité plus loin (§ D.1).

Un **engrenage simple est composé de deux roues dentées qui s'engrènent dent à dent**. Pour pouvoir s'engrener, les dents doivent avoir même forme et même taille. Un tel dispositif supprime tout glissement, mais, pour un bon entraînement, les distances entre les axes de rotation des deux roues doivent être parfaitement choisies. Les dents des roues sont régulièrement réparties, le plus fréquemment à l'extérieur, dans des cas plus rares à l'intérieur (***Fig. 19***).

Un engrenage permet de transmettre un mouvement de rotation, caractérisé par **un sens de rotation et une vitesse**, qui changent au cours de la transmission du mouvement. Les systèmes d'engrenages permettent de surmultiplier (augmenter) ou démultiplier (réduire) une force ou une vitesse et également de **changer le sens de rotation ou la direction d'un mouvement** (cas des engrenages coniques à axes perpendiculaires).

Dans un engrenage, parmi les différentes roues dentées mises en jeu, celle sur laquelle on agit à l'origine du mécanisme a le statut de **roue d'entrée** ou **menante** ou **entraînante**, les autres roues dentées ont le statut de **roues menées** ou **entraînées**. Nous retrouvons la même terminologie que pour les systèmes à roues de friction et poulies-courroie.

On qualifiera de **pignon** la plus petite des roues dentées d'un couple d'engrenages cylindriques ou coniques, mais également la roue dentée située sur l'axe de la roue arrière d'une bicyclette.

Un **train d'engrenages** comporte plusieurs roues dentées montées sur le même arbre (axe) (***Fig. 6c***).

b. Sens de rotation

Deux roues dentées à axes parallèles (avec les dents extérieures) qui s'engrènent ont des sens de rotation inverses (***Fig. 6c***). En plaçant une **roue dentée intermédiaire**, on obtient le même sens de rotation à la sortie du système qu'à l'entrée. On peut généraliser en disant qu'un **nombre pair de roues permet d'inverser le sens de rotation**, alors qu'un nombre impair de roues conserve le sens de rotation à la sortie du système.

Dans le cadre d'un train d'engrenages (***Fig. 6c***), c'est le nombre d'arbres qu'il faut prendre en compte, pour identifier le sens de rotation du dispositif, de l'entrée à la sortie du système.

Dans un engrenage simple avec les dents intérieures, les sens de rotation sont identiques.

Tous ces dispositifs sont **réversibles**.

c. Vitesse de rotation

Deux roues dentées de diamètres identiques (même nombre de dents de même forme et de même taille) qui s'engrènent ont des **vitesses de rotation identiques** : pour une durée déterminée, le nombre de tours effectués par les deux roues A et B est le même. En effet, une dent de la roue A entraîne une dent de la roue B ; quand la roue A fait un tour, elle

Transmission d'un mouvement de rotation par des roues à friction

a. Avec deux roues

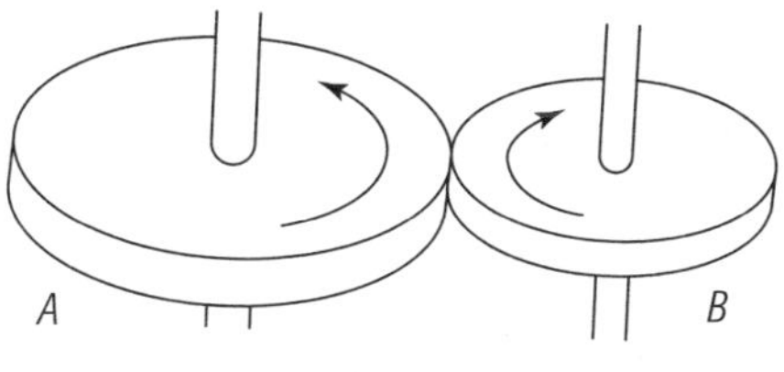

b. Avec trois roues

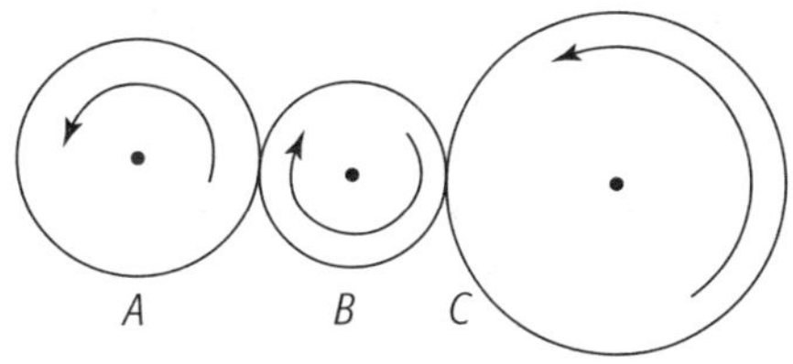

Fig. 4 a. Les deux roues tournent en sens inverse.
b. Avec une roue intermédiaire, la roue d'entrée et la roue de sortie ont même sens de rotation.

Des mécanismes à poulies

a. Avec des poulies fixes et mobiles

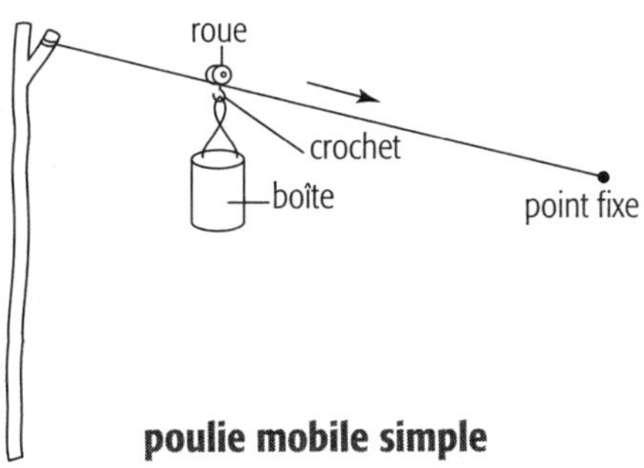

poulie mobile simple

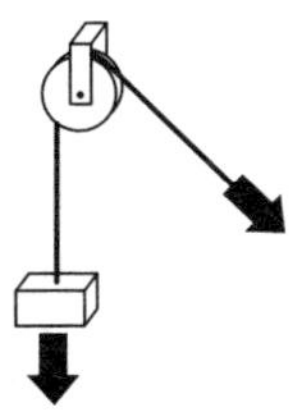

poulie fixe simple

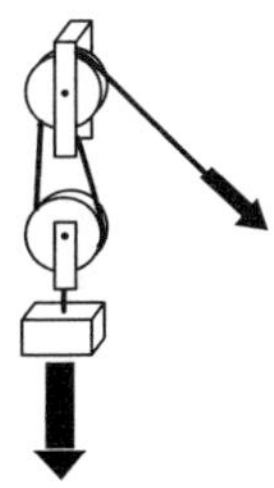

poulie double

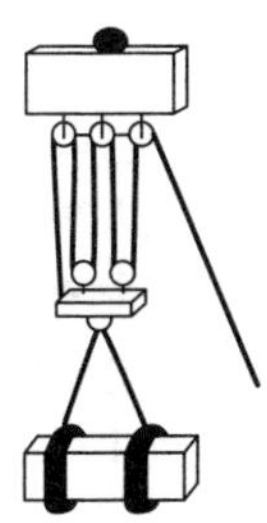

palan

b. Avec deux poulies et une courroie

Courroie droite

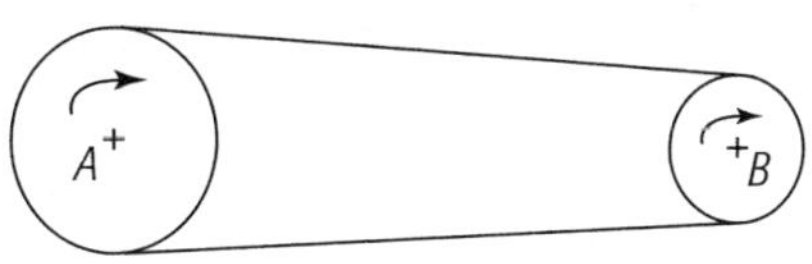

Courroie croisée

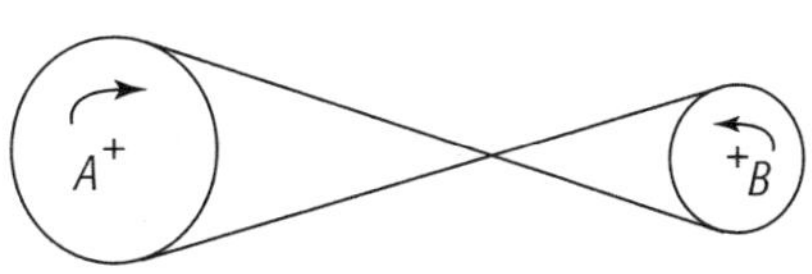

$$\frac{\text{Nombre de tours de } B}{\text{Nombre de tours de } A} = \frac{\text{périmètre de } A}{\text{périmètre de } B} = \frac{\text{diamètre de } A}{\text{diamètre de } B}$$

Fig. 5 a. Les mouvements sont des mouvements de translation rectiligne.
b. Le système poulies-courroie transmet un mouvement de rotation.

entraîne un nombre de dents égal sur la roue B, qui fait aussi un tour.

Deux roues dentées de diamètres différents, présentant donc des nombres de dents différents qui s'engrènent, ont des **vitesses de rotation différentes** : en effet, pour une durée déterminée, le nombre de tours effectués par les deux roues A et B n'est pas le même.

Si la **roue de sortie est plus petite que la roue d'entrée** (plus petit nombre de dents), alors la roue de sortie va plus vite que la roue d'entrée. Un tel système est **multiplicateur de vitesse**.

Si la **roue de sortie est plus grande que la roue d'entrée** (plus grand nombre de dents), alors la roue de sortie va moins vite que la roue d'entrée. Un tel système est **réducteur de vitesse.**

Il existe une **relation entre le nombre de dents des roues d'un engrenage et le nombre de tours effectués.**

Soit la roue d'entrée R_1 : nombre de tours N_1, nombre de dents D_1.

Soit la roue de sortie R_2 : nombre de tours N_2, nombre de dents D_2.

Quand la roue R_1 fait un tour, elle entraîne D_1 dents de la roue R_2 et N_1D_1 dents quand elle fait N_1 tours. Sur la roue R_2, il y a D_2 dents. Le nombre de tours fait par R_2 est $N_2 = N_1D_1/D_2$.

$N_2 \times D_2 = N_1 \times D_1$ soit :

$$\frac{\text{Nombre de tours } N_2}{\text{Nombre de tours } N_1} = \frac{\text{Nombre de dents } D_1}{\text{Nombre de dents } D_2} = K$$

K est le rapport de transmission de vitesse.

- **Si $K > 1$** soit $D_1 > D_2$, le **système est multiplicateur de vitesse** (***Fig. 6b***).
- **Si $K < 1$** soit $D_2 > D_1$, le **système est démultiplicateur ou réducteur de vitesse**.

Quel est l'intérêt d'avoir une diminution de la vitesse ? Comparons deux appareils de levage :
– le premier comporte un tambour (cylindre) entraîné directement par une manivelle et sert à tirer ou soulever des charges ;
– le second comporte le même tambour, mais aussi un engrenage à deux roues dentées dont la petite roue d'entrée est mise en mouvement par la même manivelle que précédemment, la grande roue dentée est liée au tambour. On a alors la chaîne cinématique :

manivelle → petite roue dentée → grande roue dentée → tambour → déplacement de la charge.

La force qu'il faut exercer sur la manivelle pour tirer ou soulever une charge donnée est plus petite dans le second cas que dans le premier. L'utilisation des engrenages avec la petite roue en entrée conduit à ce qu'on peut traduire par l'expression « gain en force » : on exerce une force plus petite que celle qu'on aurait à exercer sans les engrenages, la manivelle et le tambour étant les mêmes dans les deux cas (***Fig. 20b***). Ce « gain en force » s'accompagne obligatoirement d'une « perte » en vitesse. Selon la fonction de l'objet, selon ses conditions d'utilisation, on choisira telle ou telle configuration pour les roues dentées.

Dans un jouet qui comporte un moteur électrique, ce moteur entraîne souvent un réducteur de vitesse. En effet, l'axe de rotation du moteur tournant trop vite, on place un train d'engrenages à la sortie du moteur pour en réduire la vitesse. Dans l'exemple proposé (***Fig. 6c***), on s'aperçoit que des roues dentées montées en train d'engrenages réduisent plus la vitesse que si elles étaient montées en série.

4 Le mécanisme roues dentées-chaîne

a. Présentation

Le système roues dentées-chaîne comporte **deux roues dentées reliées à distance par une chaîne**. Celle-ci est constituée de maillons articulés les uns avec les autres qui s'encastrent parfaitement dans les dents des roues afin d'éviter tout glissement. À un maillon correspond une dent de la roue dentée (***Fig. 21b***). L'objet technique le plus familier de tous exploitant ce système est la bicyclette.

Ce dispositif combine des caractéristiques d'une part du système poulies-courroie, pour la transmission à distance d'un mouvement de rotation, et d'autre part des engrenages, pour le calcul du rapport de transmission de vitesse puisque ce sont des roues dentées qui sont en jeu.

b. Sens de rotation

La roue de sortie tourne dans le même sens que la roue d'entrée. Le système est **réversible**. La roue de sortie peut entraîner la roue d'entrée. On ne peut pas croiser la chaîne pour inverser le sens de rotation.

Remarque : sur de nombreux vélos, un dispositif « à roue libre » placé sur l'axe de la roue arrière permet à celle-ci de tourner sans entraîner le pédalier. Dans ce cas, la réversibilité n'existe plus.

c. Vitesse de rotation

Deux roues dentées de même diamètre (même nombre de dents de même forme et de même taille) reliées par une chaîne ont des vitesses de rotation égales. Deux roues dentées de diamètres différents, présentant donc des nombres de dents différents, reliées par une chaîne, ont des vitesses de rotation différentes.

Des mécanismes à roues dentées

a. Doc. prof. Deux types d'engrenages

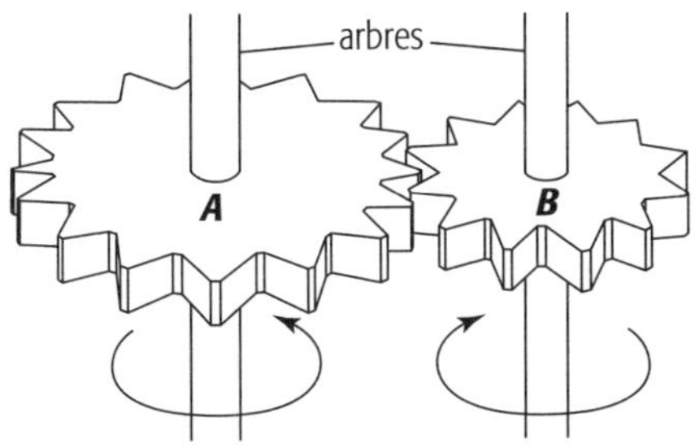

Axes de rotation parallèles

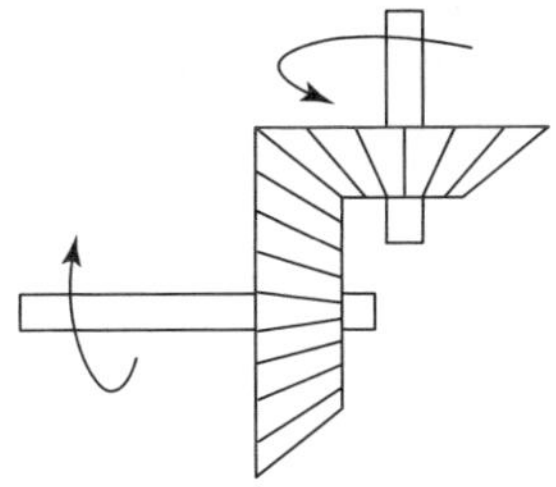

Axes de rotation perpendiculaires

Fig. 6. Les roues dentées transmettent un mouvement de rotation.
a. Deux types d'engrenages.
b. Dans cet engrenage, la petite roue possède trois fois moins de dents que la grande : elle tourne trois fois plus vite.
c. Le mécanisme avec train d'engrenages réduit plus la vitesse qu'un mécanisme « en série » (1/25 contre 1/5 ici).

b. Doc. élève Combien de tours font les roues ?

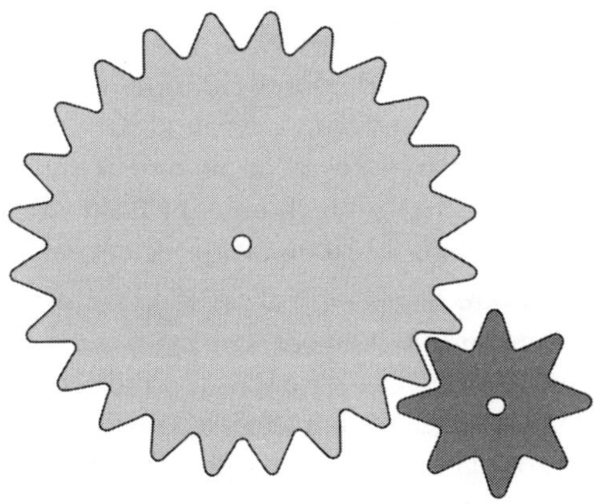

Cécile a fait tourner les roues et elle a compté les tours.

Nombre de tours de la grande roue	1	2	3	4	5	6
Nombre de tours de la petite roue	3	6	9		15	

- Complète le tableau de Cécile.
- Quelle relation existe-t-il entre les nombres de tours faits par la grande roue et par la petite roue ?

c. Doc. prof. Deux montages différents avec quatre roues dentées

« En série »

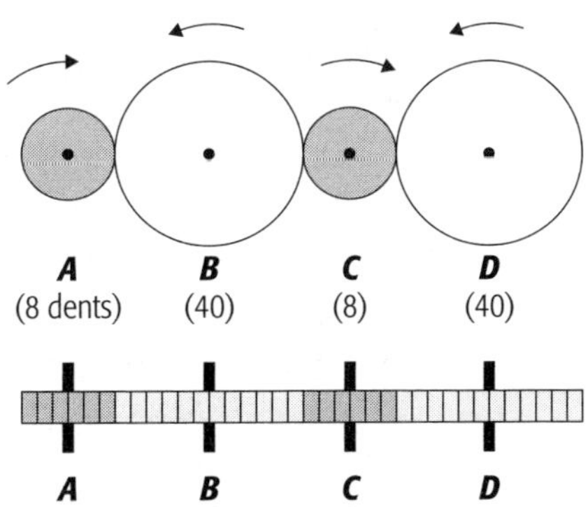

Avec train d'engrenages

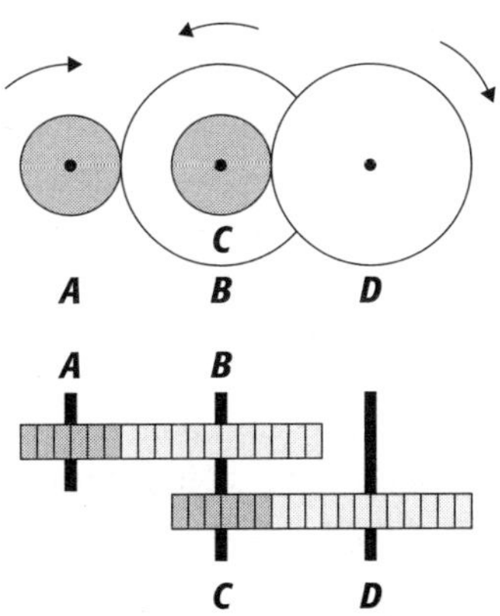

tours pour 1 tour de la roue A →

« En série » : *A* : 1 ; *B* : $\frac{1}{5}$; *C* : 1 ; *D* : $\frac{1}{5}$

Avec train d'engrenages : *A* : 1 ; *B*, *C* : $\frac{1}{5}$; *D* : $\frac{1}{25}$

Si la roue de sortie est plus petite (plus petit nombre de dents) que la roue d'entrée, alors la roue de sortie va plus vite que la roue d'entrée. Un tel système est multiplicateur de vitesse. C'est le cas dans la bicyclette. Les pédales sont des manivelles qui entraînent le **plateau** (grande roue dentée). Par l'intermédiaire de la chaîne de transmission, le mouvement est transmis au **pignon** ou petite roue dentée, avec une augmentation de la vitesse.

Si la roue de sortie est plus grande (plus grand nombre de dents) que la roue d'entrée, alors la roue de sortie va moins vite que la roue d'entrée. Un tel système est réducteur de vitesse.

Il existe une **relation entre le nombre de dents des roues d'entrée et de sortie et le nombre de tours effectués.**

Soit la roue d'entrée R_1 : nombre de tours N_1, nombre de dents D_1.

Soit la roue de sortie R_2 : nombre de tours N_2, nombre de dents D_2.

$N_2 \times D_2 = N_1 \times D_1$ soit :

$$\frac{\text{Nombre de tours } N_2}{\text{Nombre de tours } N_1} = \frac{\text{Nombre de dents } D_1}{\text{Nombre de dents } D_2} = K$$

K est le rapport de transmission de vitesse.

- **Si $K > 1$, le système est multiplicateur de vitesse.**
- **Si $K < 1$, le système est démultiplicateur ou réducteur de vitesse.**

Quel pignon choisir ? Selon qu'on est en pente ascendante ou en terrain plat, on ne va pas choisir les mêmes plateaux et pignons. On choisira un petit plateau et un grand pignon pour monter une pente forte et au contraire un grand plateau et un petit pignon en terrain plat. Le rapport de transmission est plus grand dans le second cas.

Pour comprendre, comparons l'effort à fournir quand on est en terrain plat, mais avec deux rapports de transmission différents. Les manivelles des pédales et la roue arrière sont bien sûr les mêmes dans les deux cas. On se retrouve dans une situation analogue à celle décrite dans les cas de l'appareil de levage à roues dentées et sans roues dentées. La force avec laquelle il faut appuyer sur les pédales est plus grande quand le rapport de transmission est le plus grand, c'est-à-dire quand le plateau est grand et le pignon petit : le vélo avance plus loin pour un tour des pédales, mais il faut appuyer plus ; on gagne en vitesse, mais il faut exercer une force plus grande en entrée.

5 Le mécanisme vis sans fin-roue dentée

Le mécanisme vis sans fin-roue dentée, destiné à **transformer un mouvement de rotation en une autre rotation autour d'un axe perpendiculaire**, est constitué, comme son nom l'indique, d'une **vis sans fin et d'une roue dentée** (***Fig. 7a***). La vis sans fin, inventée par Archimède, a l'allure générale d'un cylindre présentant une saillie hélicoïdale sur sa surface courbe, régulièrement répartie d'une extrémité à l'autre de la pièce. Elle peut transmettre un mouvement de rotation d'axe perpendiculaire à l'axe d'entrée tout en permettant d'obtenir une grande réduction de vitesse et une augmentation de force sous un faible encombrement. **Un tour complet de la vis sans fin fait tourner la roue dentée d'une seule dent**. La distance entre deux dents de la roue dentée est égale au **pas de la vis**.

On notera qu'un tel système n'est **pas réversible**.

On rencontre fréquemment ce mécanisme dans les batteurs électriques, les barrières de passage à niveau, les boîtes à musique…

6 Le mécanisme à cardan

Le **cardan** est un **mode d'articulation** qui doit son nom à l'inventeur Jérôme Cardan (1501-1576). Il permet de **transmettre un mouvement de rotation** entre deux arbres en **changeant faiblement la direction de l'axe**. C'est un dispositif **réversible**.

On le rencontre dans la direction de la voiture pour transmettre un mouvement de rotation, tout en modifiant la direction de celui-ci : l'axe de rotation du volant et celui du mécanisme permettant de changer l'orientation des roues pour faire tourner la voiture n'ont pas la même direction (***Fig. 7b***). On le rencontre aussi fréquemment dans les volets roulants, les planches à voile. C'est une rotule animée par le mouvement de rotation de la manivelle que l'on actionne pour faire monter ou descendre un volet roulant.

D Transformation de mouvements

1 Le mécanisme roue dentée-crémaillère

Une **crémaillère est une pièce rectiligne, munie de dents**. On peut imaginer une « roue dentée déroulée » dont les dents s'engrènent avec une roue dentée pour **transformer un mouvement rectiligne en un mouvement de rotation et inversement**. Elle donne lieu au système roue dentée-crémaillère (***Fig. 8a***).

On retrouve le même dispositif dans le système de changement de direction sur une automobile

Transmettre un mouvement de rotation

a. Vis sans fin-roue dentée

b. Le cardan

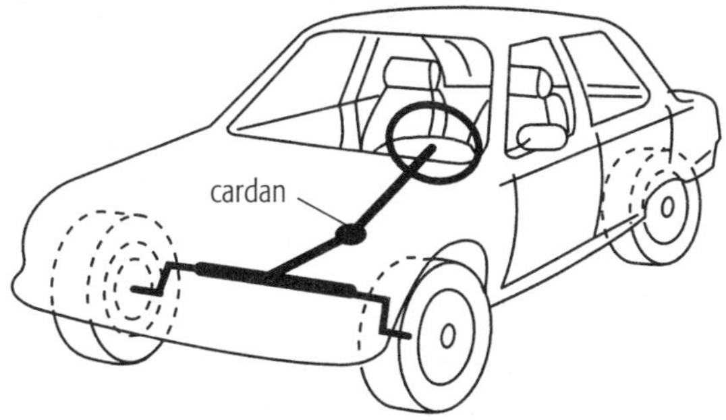

Fig. 7 a. Sur cette boîte à musique, la manivelle fait tourner une vis sans fin, laquelle entraîne une roue dentée solidaire du cylindre ; le cylindre tourne beaucoup moins vite que la manivelle. Ce cylindre est un arbre à cames, qui entraînent les lamelles, qui vibrent en émettant un son.
b. Sur la colonne de direction d'une voiture, le cardan permet de transmettre un mouvement de rotation en changeant faiblement de direction.

Transformer un mouvement

a. Le système roue dentée-crémaillère

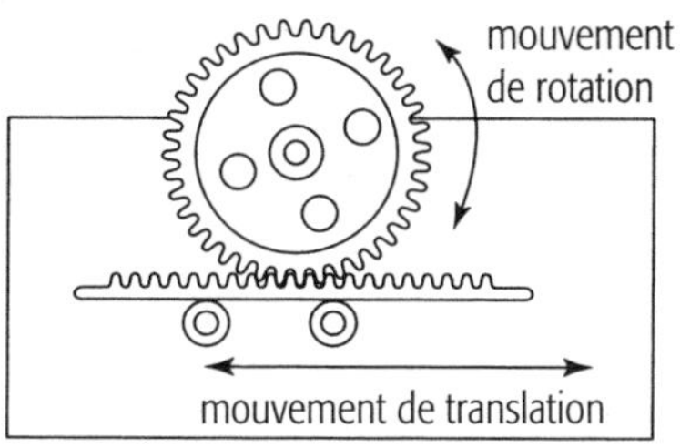

b. Un treuil

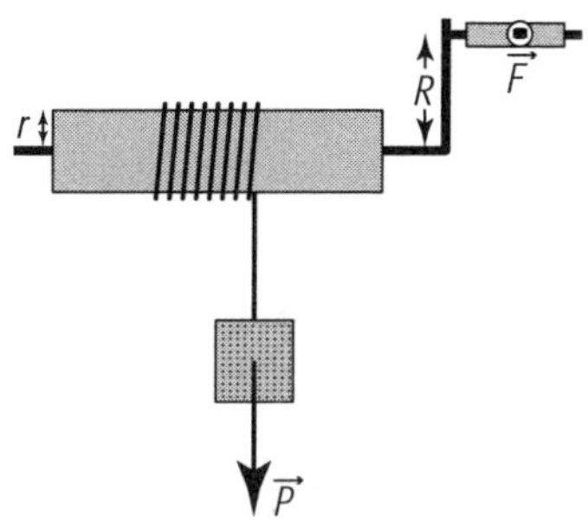

c. Des cames et excentriques

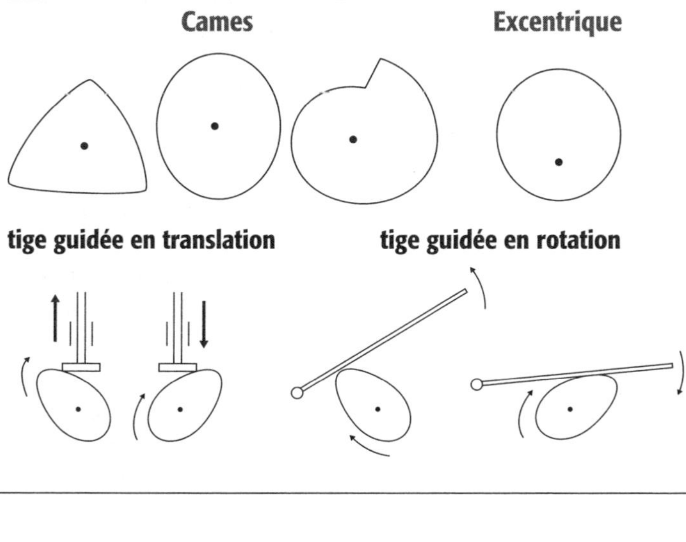

Fig. 8 a. Le système roue dentée-crémaillère transforme un mouvement de rotation en mouvement de translation ou inversement.
b. En tournant la manivelle du treuil, on fait monter ou descendre la charge (translation rectiligne).
c. La came est guidée en rotation. La liaison tige-came est assurée par contact, grâce ici au poids de la tige. On a transformation d'un mouvement de rotation continu en mouvement de translation ou de rotation alternative.

(***Fig. 7b***) pour transformer le mouvement de rotation de l'arbre situé en sortie du cardan en un mouvement de translation de la crémaillère pour faire tourner les roues et assurer la direction de la voiture.

Selon les objets et les machines dans lesquels on rencontre ce dispositif on observe la transformation suivante :

mouvement de rotation à l'entrée → **roue dentée – crémaillère** → mouvement de translation à la sortie

ou bien :

mouvement de translation à l'entrée → **crémaillère - roue dentée** → mouvement de rotation à la sortie

On trouve ce mécanisme dans la conception d'objets de la vie courante tels que certains modèles de tire-bouchon, cuillère à glace, presse-agrume, microscope… et dans des machines plus compliquées comme le chemin de fer à crémaillère, la direction d'une voiture, le portail électrique à ouverture rectiligne…

Le déplacement de la crémaillère peut être calculé : la distance entre deux dents de la roue dentée est égale à celle entre deux dents de la crémaillère. Pour un tour de roue dentée, la mesure du déplacement de la crémaillère équivaut à celle de la circonférence de la roue dentée qui l'entraîne. Pour un calcul plus précis, il est préférable de compter les dents plutôt que de mesurer des longueurs avec un mètre-ruban. La distance entre deux dents voisines représente le pas de la crémaillère. On le désigne par la lettre p.

Si la roue dentée a Z dents, pour un tour de la roue, le déplacement de la crémaillère est $d = p \times Z$. Pour N tours de roue, le déplacement est :
$D = N \times d = N \times p \times Z$.

Les déplacements de la crémaillère et de la roue sont proportionnels.

Pour un bon fonctionnement de ce dispositif, il faut construire des guidages parfaits au niveau des mouvements de la crémaillère et de la roue dentée.

2 Le mécanisme vis-écrou

En tournant sur elle-même, une vis, qui ne peut pas avancer ou reculer, fait avancer un écrou qui lui, ne peut pas tourner : c'est le mécanisme **vis-écrou**. C'est ainsi que peut avancer la mâchoire mobile d'un étau, le bâton de colle du tube de colle.

mouvement de rotation à l'entrée → **vis-écrou**
→ mouvement de translation à la sortie

Ce mécanisme n'est **pas réversible**.

3 Les mécanismes à came

Une **came** est une **roue, pourvue d'une ou plusieurs encoches et saillies**, destinée à transmettre ou à commander le mouvement d'une machine (***Fig. 8c***). Un **excentrique** est un dispositif excentré, c'est-à-dire dont l'axe est placé loin du centre : par exemple une roue pour laquelle l'axe de rotation n'est pas au centre de celle-ci. Tous les points du contour de la pièce ne sont pas à la même distance de l'axe. Le **mouvement** transmis est **périodique**.

Deux possibilités sont à envisager (représentées sur la ***Fig. 8c***) :
– **associée à une tige guidée en translation**, la came ou l'excentrique permettent de **transformer un mouvement de rotation en un mouvement de translation en va-et-vient**. Au cours d'une rotation de la came, le mouvement de va-et-vient de la tige est lié au nombre d'encoches de la came. Son amplitude est fonction des dimensions de la came ;
– **associée à une tige guidée en rotation**, un bras de levier, la came ou l'excentrique permet de **transformer un mouvement de rotation toujours dans le même sens en un mouvement de rotation, de faible amplitude, en va-et-vient**.

Une came, liée par contact à une tige, permet donc de transformer un mouvement de rotation continu en un mouvement de va-et-vient :

mouvement de rotation à l'entrée → **came-tige**
→ mouvement de va-et-vient à la sortie (translation ou rotation).

Notons que ce dispositif mécanique **n'est pas réversible**.

Un système à plusieurs cames montées sur un même arbre portera le nom d'**arbre à cames**. On le rencontre dans des jouets mécaniques (automates), dans la machine à coudre pour effectuer des points de couture fantaisie, dans le marteau-pilon, le martinet de forge, la boîte à musique (***Fig. 7a***), les moulins, dans certaines machines-outils, etc.

4 Le mécanisme du treuil

Le **treuil** est un dispositif mécanique composé d'un cylindre ou **tambour mobile autour d'un axe, sur lequel s'enroule une corde** ou un câble et qui sert à **déplacer des charges** verticalement (***Fig. 8b***) ou horizontalement, **en réduisant l'effort de l'utilisateur**. Le cylindre est entraîné par une manivelle.

Le treuil transforme un **mouvement de rotation** du tambour à l'**entrée** du système en un **mouvement de translation rectiligne** de la charge à la **sortie** du système :

Le mécanisme bielle-manivelle

a. Le puits à balancier

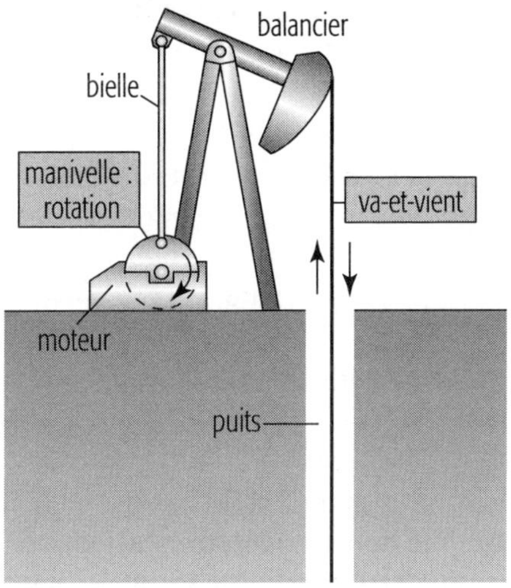

b. Le moteur à explosion

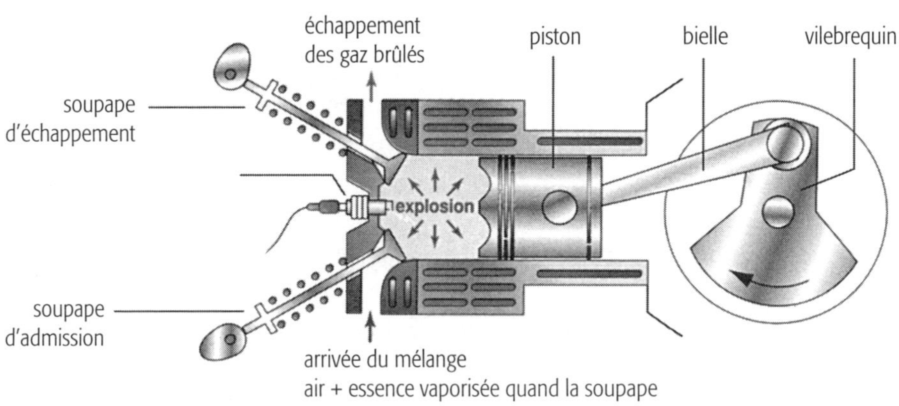

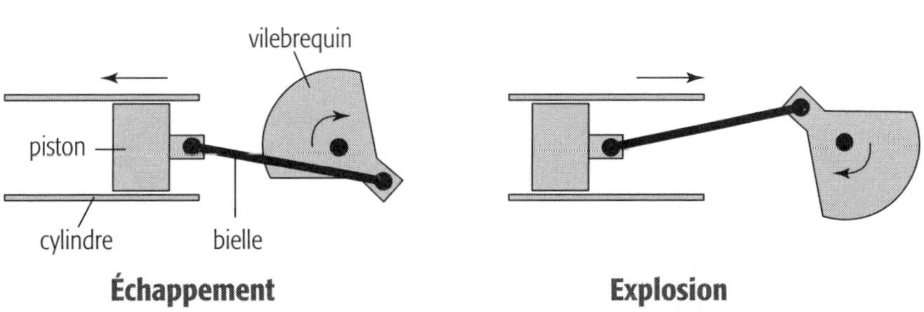

Fig. 9 a. Puits à balancier : passage d'un mouvement de rotation continue à un mouvement de rotation alternative du balancier, puis à un mouvement de translation alternative du câble.
b. Dans un moteur à explosion, le mouvement de translation alternative du piston est transformé en mouvement de rotation continue du vilebrequin (qui remplace la manivelle).

mouvement de rotation du tambour à l'entrée → **treuil** → mouvement de translation du câble à la sortie.

Ce mécanisme est **réversible** (voir par exemple le treuil des horloges à poids, chapitre 14) **pour un seul sens** de translation rectiligne de l'extrémité du câble, correspondant à son éloignement du tambour.

Si on compare les moments de la force $\vec{F}$ appliquée par l'utilisateur sur la manivelle (rayon R) et du poids $\vec{P}$ de la charge à soulever, qui s'exerce sur la corde enroulée sur le tambour de rayon r, on a, à l'équilibre : $F \times R = P \times r$. Du fait des dimensions respectives des rayons du tambour et de la manivelle, la force à exercer sera plus faible que le poids de la charge à soulever.

Selon le sens d'enroulement de la corde de traction autour du treuil, il faudra tourner la manivelle du treuil dans le sens des aiguilles d'une montre ou en sens inverse pour ramener la charge.

5 Le mécanisme bielle-manivelle

La **bielle** est une **tige rigide, articulée à ses deux extrémités, destinée à la transmission du mouvement entre deux pièces mobiles.** L'une au moins est en rotation, l'autre étant soit en rotation soit en translation. Une **manivelle** est un composant mécanique pouvant tourner autour d'un axe et présentant une partie excentrée sur laquelle on exerce une force pour la faire tourner.

Le système « **bielle-manivelle** » est un ensemble comportant la **manivelle effectuant un mouvement de rotation continu** et la **bielle assurant la transformation du mouvement** à une autre pièce animée d'un **mouvement alternatif de translation ou de rotation.** Ce dispositif présente la caractéristique d'être **réversible**. Il peut fonctionner selon les deux possibilités suivantes :

mouvement de rotation de la manivelle à l'entrée → **bielle** → mouvement alternatif de translation ou de rotation à la sortie (***Fig. 9a***)

ou bien :

mouvement alternatif de translation ou de rotation à l'entrée → **bielle** → mouvement de rotation à la sortie (***Fig. 9b***).

Dans le cas où le mouvement alternatif est une translation rectiligne, on appelle la pièce effectuant ce mouvement un piston. **L'amplitude du déplacement du piston** est égale à la course effectuée par la bielle, c'est-à-dire au double de la distance axe de la manivelle-point d'articulation de la bielle.

Ce dispositif, très employé sur les pompes, les machines avec moteur à vapeur, moteur à explosion (***Fig. 9b***), trouve aussi des applications dans le domaine des jouets mécaniques. On notera que, dans un moteur thermique, la manivelle est remplacée par un vilebrequin, arbre coudé, qui transforme le mouvement rectiligne alternatif de l'ensemble piston-bielle en un mouvement circulaire.

Dans le cas où le système **bielle-manivelle** permet de **transformer le mouvement de rotation continu en un mouvement de rotation alternatif ou inversement**, le pied de bielle est articulé à l'extrémité d'un balancier qui oscille autour de son axe lorsque la manivelle tourne (***Fig. 9a***). C'est le cas par exemple sur les anciennes machines à coudre non électrifiées, dont on actionnait au pied une pédale (mouvement de rotation alternative) pour obtenir un mouvement de rotation continu d'une poulie.

6 Le mécanisme tige guidée-bras de levier

Dans le chapitre précédent, sont abordées les caractéristiques et propriétés fondamentales des leviers. En mettant en jeu ce mécanisme simple, on recherche soit l'augmentation de la force soit l'augmentation du déplacement. Dans le mécanisme étudié ici, c'est la notion de **commande à distance d'un bras de levier par une tige en translation** que l'on va envisager dans le but d'obtenir le déplacement d'un objet en rotation.

On trouve tout particulièrement ce type de mécanisme dans les cartes et livres animés pour mettre en mouvement des éléments de décor (***Fig. 15***).

Activités possibles en classe

■ À l'école maternelle

Les élèves découvrent des notions relatives aux mouvements et à leur transformation à travers la manipulation de jouets et jeux de construction, l'utilisation d'ustensiles de cuisine…, le montage et le démontage d'objets et jouets modulaires. Les notions de « déplacer », « glisser », « rouler », d'axe, de roue, etc. sont approchées à travers des activités de manipulation, de tri et de construction.

■ Au cycle des apprentissages fondamentaux

Au cycle des apprentissages fondamentaux, les élèves manipulent, observent, classent, comparent, construisent des objets mécaniques. On vise la découverte de quelques objets, de leurs usages et de leur maniement ; les règles de sécurité qu'ils impliquent. Le maître proposera aux élèves une diversité d'objets mécaniques afin de faire découvrir et décrire par les élèves des déplacements divers d'objets ou de parties d'objets, d'approcher des notions relatives aux mouvements de rotation et translation.

Connaissances et capacités travaillées au cycle des apprentissages fondamentaux

– Savoir décrire des déplacements en utilisant le lexique adapté.
– Savoir reconnaître une rotation et identifier un axe de rotation.
– Développer des habiletés manuelles.

En fait, même si les instructions officielles ne précisent pas l'approche des mouvements dans ce cycle, il est important d'initier les élèves à ces notions afin de les préparer au cycle des approfondissements. Pour pouvoir repérer et nommer un mouvement de rotation, il faut le différencier d'un mouvement de translation. Des appareils, ou plus largement des objets dans lesquels ces mouvements interviennent sont donc adaptés à ce niveau de la scolarité.

❶ Découverte d'objets existants

Les élèves manipuleront, utiliseront des objets que vous aurez apportés ou qu'ils auront recherchés eux-mêmes. Ce seront des objets courants (boîte d'allumette à tiroir, poignée de porte…), des jouets, des ustensiles (moulinette à manivelle, râpe à main, batteur mécanique…), des outils (tournevis, scie…), mettant en œuvre différents types de mouvements. Là, ils distingueront les pièces mécaniques qui « glissent », de celles qui « tournent » et établiront des tris qui donneront lieu à l'élaboration de traces écrites.

❷ Fabriquer des objets comportant une pièce en translation

a. Un calendrier à curseurs

La question qui se pose ici est : **« Comment indiquer quotidiennement la date par des systèmes qui glissent ? »** En s'appuyant sur la lecture de dessins (***Fig. 10***), les élèves découvriront que le calendrier proposé comporte la bande des jours de la semaine, celles de la date et des mois. Il s'agit bien de trouver autour de soi des « glisseurs », des curseurs qui mettent en valeur la date du jour. Des systèmes peuvent être récupérés dans l'environnement proche : pince, pince à linge, trombone, etc. Chaque système fait l'objet d'une étude critique au plan de la facilité d'utilisation, de la dégradation du support ou non, de l'esthétique… D'autres systèmes peuvent être construits. Soit les élèves s'entraînent à inventer des curseurs qui répondent à un **cahier des charges** précis : indiquer seulement 1 jour, glisser sans tomber, être facile à tenir avec les doigts, être décoratif, être solide à l'usage… soit ils cherchent à reproduire les modèles proposés, en **lisant les dessins de montage** représentés. Vous remarquerez que les techniques de découpage, surtout d'évidage au milieu de la surface du curseur, ne sont pas aisées à réaliser sans cutter (dont l'utilisation et la présence même sont interdites en classe) : il faut alors trouver un procédé pour la découpe, par pliage puis découpage par exemple. Dans tous les cas, les élèves doivent résoudre des problèmes techniques au cours de la fabrication. Ils retiendront qu'**un curseur est un système mécanique qui effectue un mouvement de translation le long d'un guide.**

b. Une carte magique

La carte magique présente un effet spectaculaire pour les enfants. En effet, quand elle est fermée apparaît simplement un graphisme sur un rhodoïd (film plastique transparent) (***Fig. 12a***), puis, quand on tire un cache (mouvement de translation) apparaît un fond dessiné coloré derrière ce dessin sur rhodoïd transparent (***Fig. 12b***). Des butées évitent au système de cache de se désolidariser de l'objet (***Fig. 12c***). le cache circule entre le fond et le rhodoïd.

Pour mettre en œuvre ce système de carte, la démarche la plus adaptée à de jeunes élèves de fin de cycle des apprentissages fondamentaux consiste à analyser et à manipuler l'objet fini, puis à suivre une fiche de fabrication.

Au cours de l'observation, les élèves vont identifier :
– **la structure fixe** de l'objet : un fond présentant un dessin ou une photographie en couleur recouverte d'un film transparent de rhodoïd dessiné ;
– la pièce en mouvement : un cache situé entre le fond et le film en rhodoïd effectuant un **mouvement de translation** pour faire apparaître ou disparaître le fond en couleur ;
– les solutions pour assurer **le guidage** du cache (pliages du rhodoïd autour du fond) et les butées du

système (agrafes) pour limiter l'amplitude du mouvement de translation du cache et éviter ainsi qu'il ne s'échappe de la structure. Deux agrafes sont placées parallèlement à la longueur et près du cache pour renforcer son guidage au cours de la translation et éviter sa sortie lorsqu'on le tire vers l'extérieur pour laisser apparaître le dessin en couleur. De même, deux autres agrafes sont placées parallèlement à la largeur au fond de la carte pour caler le cache repoussé complètement sous le rhodoïd.

Pour fabriquer la carte, les élèves peuvent lire (écrits et dessins) une **fiche de fabrication** distribuée individuellement (***Fig. 13***), confronter leurs interrogations, puis se lancer dans l'exécution de l'objet, étape par étape, à partir des matériaux proposés, préalablement débités par le professeur. Au cours du travail, les élèves apprendront à tracer, découper, coller et agrafer avec précision et soin (ou réinvestiront leurs compétences). Le maître conduira l'élève à observer le modèle de référence pour surmonter ses difficultés, évaluer son travail.

Des variantes de décor déboucheront sur des créations diverses : une photographie de l'élève ou d'un événement de la classe, une carte postale d'une œuvre d'art achetée dans un musée seront autant de points de départ possibles, mais un message de vœux peut aussi être écrit sur une partie de l'objet à l'occasion d'une fête, un décor complémentaire peut être dessiné sur le cache…

3 Analyser et fabriquer des objets comportant une pièce en rotation

a. Une manivelle, pour quoi faire ?

Pour constituer une collection d'objets présentant un élément en rotation et une manivelle, le maître donne une consigne du type « apporter un objet ayant au moins un élément qui tourne ». On peut réunir, par exemple, moulinet, rouleau à peinture, moulinette à gruyère, moulinette à persil, roulette à pâte, jouet à pousser, presse-fruits à manivelle, presse-purée, rouleau à pâtisserie, perceuse à main, taille-crayon à manivelle…

L'enseignant demande de trier, classer ces objets, selon des critères imposés. Le tri selon **la fonction d'usage « à quoi ça sert ? »** permet d'en déduire les fonctions des roues : « ça tourne pour… avancer, tracer, découper, râper, écraser, étaler… » « qu'est-ce qui fait tourner la roue, la râpe ? », « il faut appuyer, il faut tourner une manivelle ». Là apparaissent des différences quant à l'entraînement des pièces réceptrices. Pour une meilleure prise de conscience du fonctionnement de ces objets, il sera indispensable de faire agir les élèves : ils râperont du gruyère, hacheront du persil…

Ils percevront la présence de cette pièce coudée qui, entraînée par la main, permet de transmettre un mouvement de rotation à une autre pièce mécanique à laquelle elle est liée : râpe, engrenage… **Une manivelle est une tige coudée que l'on peut entraîner dans un mouvement de rotation pour faire tourner l'axe sur lequel elle est placée**. Vous les interrogerez sur le rôle de la poignée de manivelle. Pourquoi peut-elle tourner librement autour de la manivelle ? En actionnant la manivelle, cette poignée effectue un mouvement de translation circulaire (on n'utilisera pas ce terme avec les élèves du cycle des apprentissages fondamentaux) pour éviter les frottements dans la main, ce qui entraînerait un échauffement. On peut le vérifier en la bloquant avec du ruban adhésif. Sur le cahier d'expériences et d'observations, ils représenteront un ou des objets à manivelle et écriront la définition du mot manivelle élaborée collectivement avec leurs mots, qui devront évoquer « barre coudée », « mouvement de rotation », « entraîner un axe, une autre pièce mécanique », etc.

L'analyse de la ***figure 11*** vous permet de prendre conscience des capacités de dessin dont peut faire preuve une élève de Cours préparatoire.

b. Fabrication de voitures

L'enseignant annonce aux élèves qu'ils vont être amenés à fabriquer, à partir d'un document photographique ou de dessins (***Fig. 14a***), un véhicule à quatre roues qui devra rouler.

Des **documents** présentant des véhicules miniatures réalisés avec du matériel utilisable en classe invitent le groupe-classe à observer, décrire, comparer leurs conceptions. Chaque élève choisit le modèle qu'il souhaite réaliser.

Vient alors la phase de recherche des matériaux et du matériel nécessaires à la production. Les élèves se regroupent par choix de véhicule. Il s'agit d'en établir une liste et d'organiser la collecte en vue de la fabrication ultérieure. Les réalisations présentées font appel à du matériel tel que : jeux de construction, bouteilles en matière plastique, boîtes diverses, bouchons de liège, perles, pailles, piques à brochette, tourillons de bois, roues en matière plastique ou en bois et matériel divers pour la décoration.

Le maître met à la disposition des élèves des moyens d'assemblage (ruban adhésif, attaches parisiennes, ficelle, colle, clous cavaliers, clous, vis, paille, etc.) et des outils adaptés (marteau, scie, tournevis, vrilles…). L'utilisation des outils sera l'occasion

Document pour l'élève

Un calendrier à curseurs

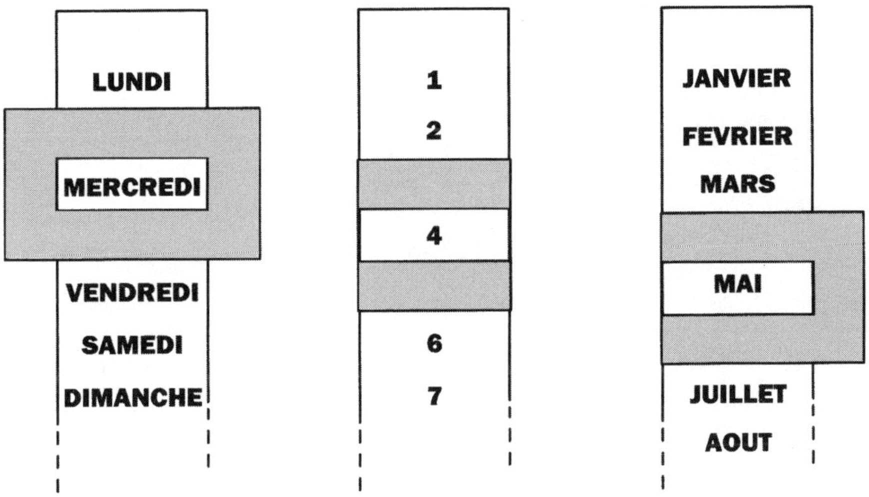

Fig. 10. Les curseurs sont découpés, pliés et assemblés aux bandes support. Les élèves doivent associer les représentations des curseurs démontés et montés.

Curseurs démontés et ouverts

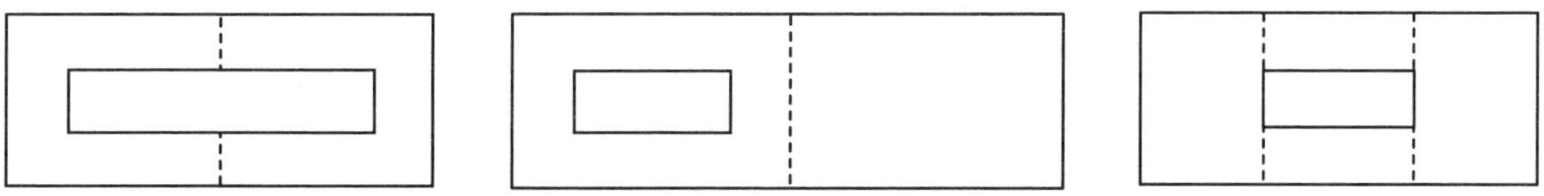

-------- pliage

Production d'élève

Le presse-purée à manivelle

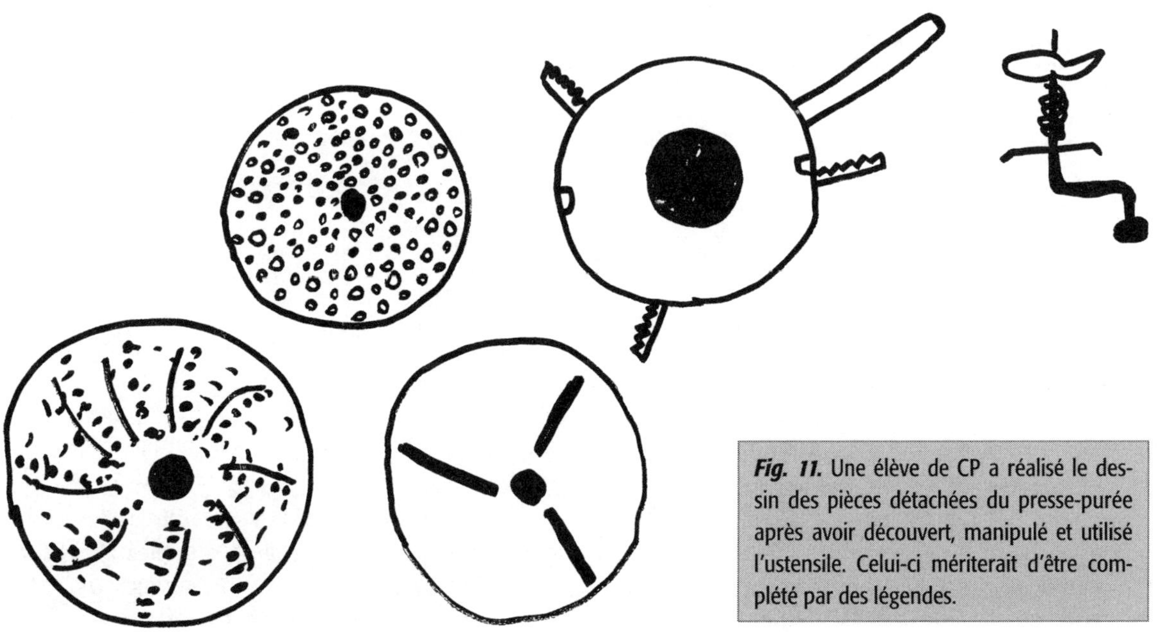

Fig. 11. Une élève de CP a réalisé le dessin des pièces détachées du presse-purée après avoir découvert, manipulé et utilisé l'ustensile. Celui-ci mériterait d'être complété par des légendes.

Une carte magique

a.

Fig. 12. Les trois photos présentent la carte magique à trois moments de sa manipulation : fermée, semi-ouverte et ouverte. Le cache effectue un mouvement de translation pour laisser apparaître ou cacher le décor du fond de carte.

b.

c.

Fiche de fabrication de la carte magique

Matériaux
- 2 rectangles de cartoline pour le fond et le cache 11 × 15 cm
- 1 rectangle de 8 × 12 cm en cartoline
- 1 rectangle de rhodoïd léger 15 × 15 cm

Matériel
- Règle, ciseaux, colle
- Crayon, feutres, stylo spécial pour rhodoïd
- Ruban adhésif, agrafeuse

N°	ACTION	DESSIN
1	**Le dessin** Sur le rectangle de 8 × 12 en cartoline, dessiner une image en couleur.	
2	**Le fond** Coller le dessin sur un rectangle de cartoline de 11 × 15 cm.	
3	**Le cache** Tracer les 2 bandes à retirer sur un rectangle de cartoline de 11 × 15 cm.	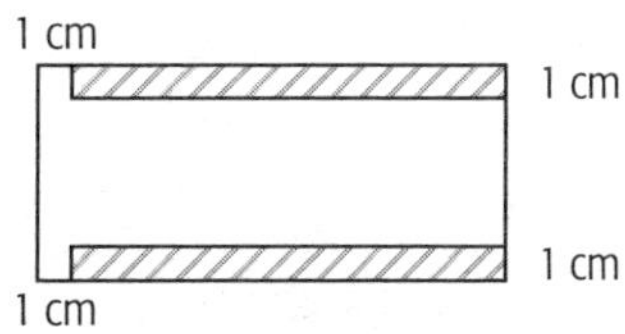
4	**Assembler** Superposer le fond, le cache, le rhodoïd. Retourner l'ensemble. Plier les 2 onglets de rhodoïd. Les fixer par du ruban adhésif sur le fond.	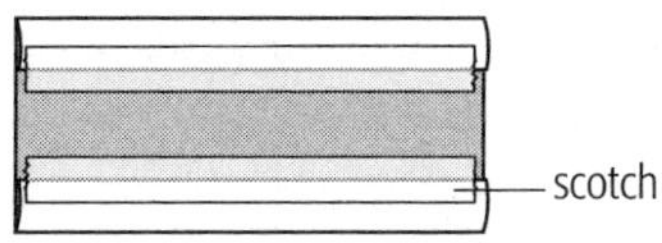
5	**Retourner** Placer sur l'endroit 4 agrafes pour les butées. Le cache doit coulisser.	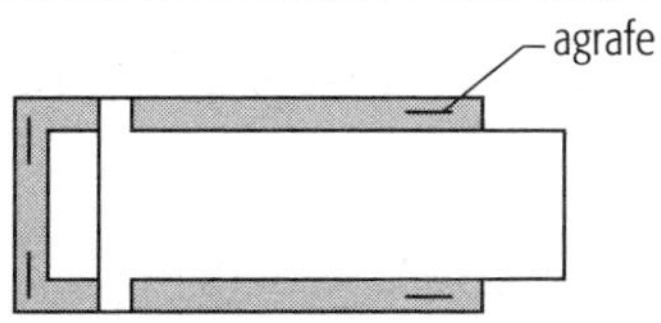
6	**Tirer le cache** Dessiner quelques formes sur le rhodoïd avec le stylo spécial, pour compléter le dessin du fond.	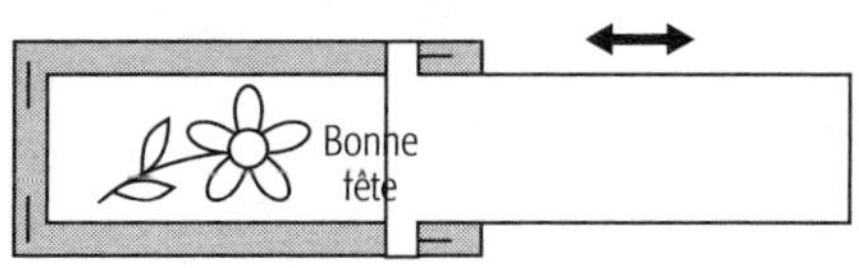 ouvert
7	**Actionner le mécanisme** Vérifier le fonctionnement et les dessins qui se complètent.	 fermé

Fig. 13. Les élèves ne pouvant pas concevoir cette carte à translation, ils sont amenés à lire, comprendre et exécuter l'objet.

d'introduire des règles de sécurité à respecter. Chaque élève gère sa fabrication, en procédant par **tâtonnements**, aussi bien pour l'**assemblage** des éléments que pour la **chronologie** des opérations. Le maître incite l'élève à faire référence à la photographie, à s'interroger et le guide dans la résolution d'un problème sans lui apporter directement la solution.

L'ensemble des productions obtenues est présenté en grand groupe. Le maître oriente l'**observation** en favorisant les échanges entre pairs. Ce sera un moment d'échanges oraux permettant de valoriser les productions. Dans un premier temps, il peut faire **classer** les véhicules par types de modèles. Ensuite, il fait repérer certaines caractéristiques, analyser les problèmes rencontrés, en demandant aux élèves d'expliquer les raisons des dysfonctionnements et leur fait suggérer des solutions. Il insiste plus particulièrement sur la mobilité des roues, les liaisons roue/châssis/essieu, les frottements, le guidage en rotation, le positionnement et les dimensions des éléments les uns par rapport aux autres, l'adaptation des matériaux, les techniques d'assemblage...

En s'appuyant sur les objets, les élèves porteront leur regard sur différents points d'observation qui conduiront à l'élaboration de traces écrites. Au cours de ces observations, les élèves seront amenés à décrire des objets, expliquer des fonctionnements, argumenter leurs choix techniques, établir des relations de cause à effet, rendre compte de pannes...

• Le mouvement de rotation

Les élèves distingueront les voitures qui **roulent** de celles qui ne roulent pas, qui **glissent** lorsqu'on les pousse pour les faire avancer. Ils doivent prendre conscience de la nécessité d'un **mouvement de rotation** des roues, pour permettre le **mouvement de translation** du véhicule. Très souvent, des liaisons complètes assurées par le collage des roues au châssis ou bien l'encastrement roues/essieu/châssis, sans jeu de fonctionnement, ne permettent pas aux véhicules de rouler.

• La trajectoire

Les véhicules peuvent présenter des trajectoires différentes : rectiligne, courbe vers la gauche, la droite. Ceci peut dépendre de la façon dont le véhicule est lancé ou du parallélisme des essieux.

• La solidité

Certains véhicules présentent une bonne solidité lorsqu'on les manipule, alors que d'autres plus fragiles, se démontent aisément au cours du roulement. L'essieu se désolidarise du châssis, ce sont alors les assemblages qui sont à revoir : colle inadaptée, clous cavaliers pas assez enfoncés... Les roues s'échappent de l'essieu par manque de **guidage** en rotation : il faut prévoir des butées aux extrémités des essieux.

• La stabilité

Certains véhicules offre une bonne stabilité, alors que d'autres, instables, reposent sur trois roues. Le positionnement des roues, qui ne sont pas dans le même plan, révèle des maladresses dans la prise de mesure. Il se peut aussi que les roues vacillent par manque de guidage en rotation. Dans le cas où la roue tourne autour de l'essieu, il faut alors revoir les proportions entre le perçage de la roue et le diamètre de l'essieu, sans prévoir trop de jeu de fonctionnement.

• La conception roues/essieu/châssis

L'analyse des relations fonctionnelles entre les roues, les essieux et le châssis vont permettre de repérer des conceptions différentes : les voitures dont **les roues sont indépendantes** et celles dont les **roues sont reliées par essieux**... (***Fig. 14b***). Dans le premier cas, les roues peuvent alors tourner librement autour de l'essieu (liaison partielle) solidaire du châssis (liaison complète) ou bien, les roues sont solidaires de l'essieu qui effectue une libre rotation dans les paliers du châssis assurant les fonctions support et guidage. Un palier est un organe mécanique qui sert à supporter et à guider un axe, un arbre de transmission. Avec les élèves vous pouvez introduire plus simplement le mot « fixation ».

Ce moment de la séance est opportun pour introduire un vocabulaire spécifique : **roue, axe, essieu, châssis, carrosserie, palier (ou fixation), mouvement de rotation.**

En fonction des constats, le maître propose des activités de remédiation. Par exemple, il peut faire observer des jouets roulants du commerce, faire lire une fiche de fabrication, faire expérimenter avec du matériel modulaire. Chaque élève prend en compte les corrections qu'il doit apporter.

Chacun met en œuvre les modifications prévues pour perfectionner son véhicule. La liste initiale du matériel fait l'objet d'une analyse critique. Celle-ci est revue et corrigée. Un document de synthèse est élaboré pour mettre en évidence les conceptions techniques retenues.

4 Des objets combinant mouvements de translation et de rotation

Au moment des fêtes, le projet de classe peut engager les élèves dans une fabrication de carte de Noël animée dotée de différents mouvements (***Fig. 15***).

Des véhicules roulants

a. Des exemples de fabrications

b. Plusieurs solutions techniques

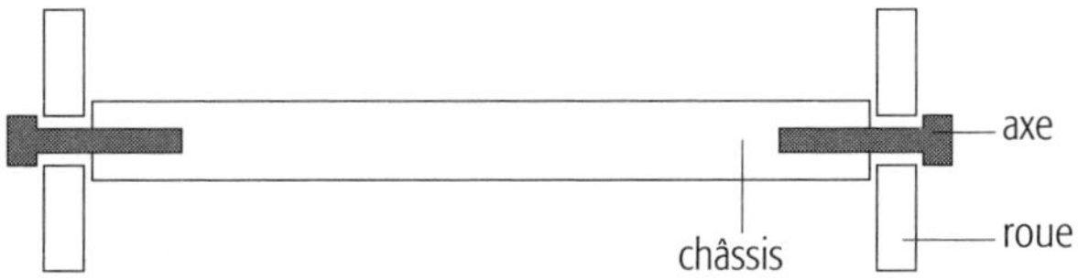

Roues indépendantes

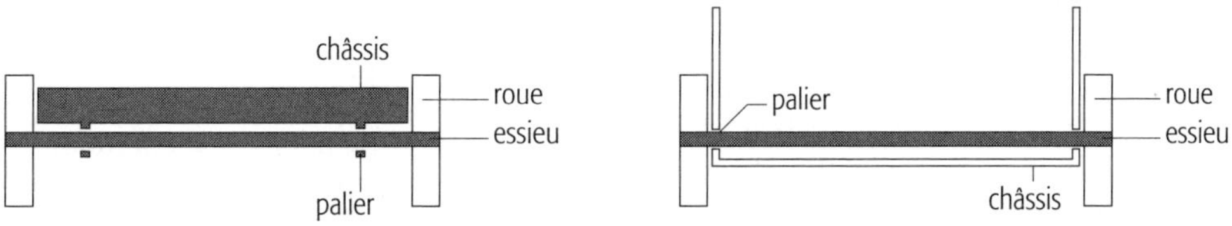

Roues et essieu solidaires

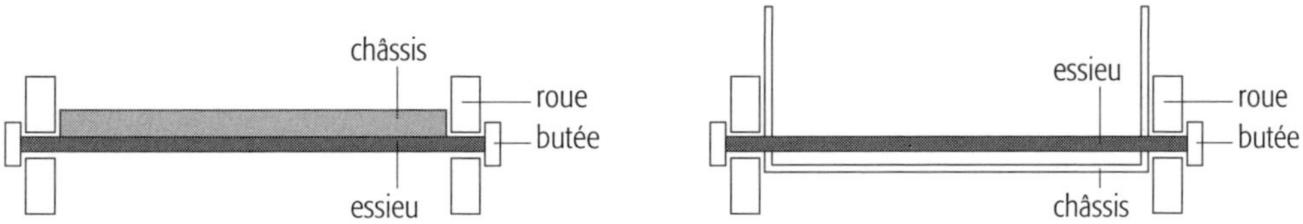

Essieu et châssis solidaires

Fig. 14. Ces véhicules roulants sont réalisables dans des matériaux variés. L'assemblage des roues, de l'essieu et du châssis peut être conçu de plusieurs manières.

En poussant la tirette (mouvement de translation), la tête du père Noël penche d'un côté ou de l'autre (mouvement de rotation).

Plusieurs démarches peuvent être envisagées :
– un travail total sur le **document**, qui suggère des solutions techniques. À partir des dessins, l'élève doit se représenter les mouvements qu'il obtiendrait pour chaque système proposé et choisir la solution qui répond au problème. Enfin, il la **testera** pour valider son choix et fabriquera définitivement sa carte animée ;
– un modèle réalisé par l'enseignant, présenté aux élèves qui **imaginent**, dessinent le système qui leur paraît être adapté à la situation. Il y aura très peu d'élèves qui trouveront la bonne solution ; aussi une confrontation aux solutions proposées par le **document** les invitera à se poser de nouvelles questions et envisager d'autres solutions. Des essais les conforteront ou non dans leur choix avant de réaliser leur carte définitive.

Sans le savoir ni le formaliser à ce niveau de la scolarité, les élèves approchent ici implicitement le fonctionnement d'un mécanisme à levier.

■ *Au cycle des approfondissements*

L'élève s'initie, dans le cadre d'une réalisation, à la recherche de solutions techniques, au choix et à l'utilisation d'objets et de matériaux, et doit aborder des notions et des concepts relatifs aux objets mécaniques et aux transmissions de mouvements. Cette initiation privilégiera une démarche d'investigation faisant intervenir l'observation et la recherche de solutions techniques et pouvant conduire à la réalisation d'objets techniques.

Connaissances et capacités travaillées au cycle des approfondissements

– Connaître quelques mécanismes qui permettent de transmettre un mouvement.
– Être capable de décrire des mouvements à l'entrée et à la sortie d'un mécanisme.
– Développer des habiletés manuelles et techniques.

❶ Repérer et utiliser des mouvements de translation et de rotation

Afin de préparer les élèves à l'approche des systèmes mécaniques mettant en jeu les transmissions de mouvements, sont proposés dans un premier temps des exemples d'activités pour consolider les notions relatives aux mouvements de translation et de rotation.

a. À la chasse au mouvement de translation

L'élève devra être en mesure de rechercher des objets et repérer précisément des pièces effectuant des mouvements de translation dans un système technique, d'employer un vocabulaire spécifique et de l'utiliser à bon escient, de représenter des objets techniques en tenant compte du système de guidage employé.

b. Concevoir et fabriquer une carte animée

Dans l'absolu, la conception d'une carte animée devrait s'inscrire dans le projet de transmission d'une information, d'un message ou d'illustration (une poésie, mécanisme observé lors d'une visite ou d'une étude). Les élèves auront manipulé antérieurement des livres ou des cartes animées pour lesquels des décors peuvent effectuer des mouvements de translation.

Il s'agit là de leur proposer de **concevoir** et **fabriquer** une carte pour lequel un élément de décor peut se déplacer en **translation**. Les caractéristiques du mouvement de translation seront redéfinies et, à ce stade de la scolarité, le professeur conduit l'élève à réaliser lui-même un projet de carte animée en prévoyant le décor de son choix. Pour enrichir le panel de **solutions techniques**, les élèves confronteront leurs solutions aux systèmes proposés sur un **document** (***Fig. 16***).

Ils prendront conscience que le sujet à déplacer peut être actionné par l'intermédiaire d'une tirette mobile ou bien qu'il peut se déplacer sur un rail à la manière d'un curseur. Techniquement, il est nettement plus facile de découper une tirette et de la guider par un élément collé à cheval sur le fond plutôt que de faire des fentes très régulières (sans cutter puisqu'il est interdit à l'école) et d'y adapter un curseur.

L'ajustage des guidages impose un serrage suffisant (par pliage ou collage) pour bien maintenir l'objet pendant son déplacement en translation en évitant tout phénomène de bascule en rotation dû à trop de jeu de fonctionnement. Pour obtenir un mécanisme plus perfectionné, qui réponde le mieux possible au projet de l'élève, peuvent être alors introduites de nouvelles contraintes telles que : trajectoire, sens et amplitude du mouvement, butée et système de guidage.

Ce travail sur les cartes animées avec des sujets mis en mouvement peut s'inscrire dans un projet plus large de réalisation de petits albums conçus et

Un père Noël animé

Bouge la tirette, ma tête penche d'un côté… ou de l'autre

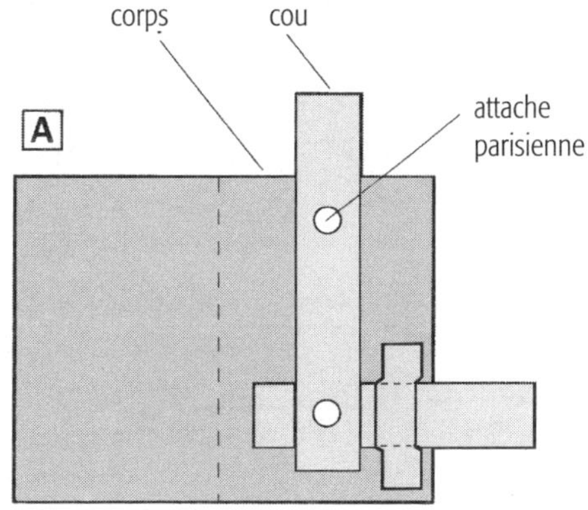

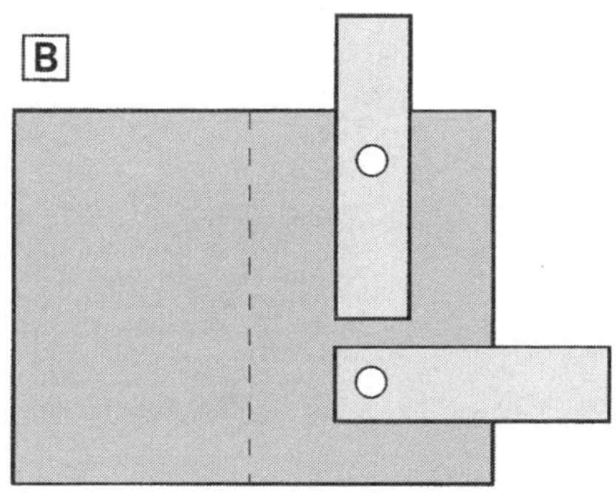

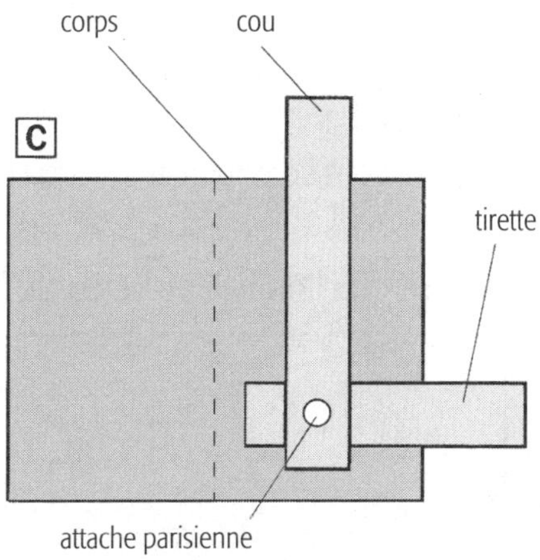

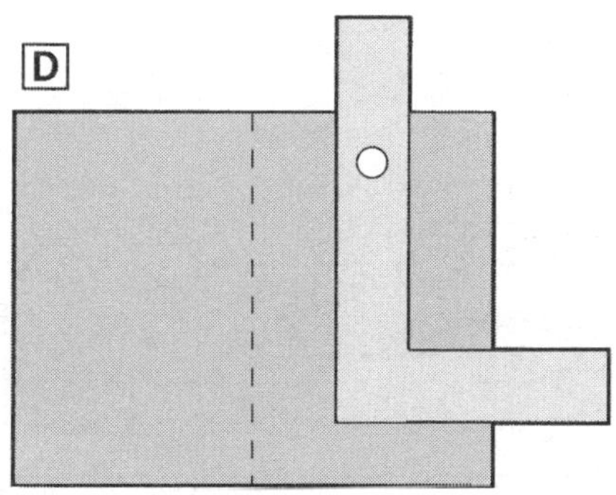

- Fabrique une maquette de père Noël en utilisant un rectangle de cartoline plié en deux et un des mécanismes **A**, **B**, **C** ou **D**. Entoure les bonnes solutions.
- Complète ton père Noël en collant une tête sur le cou.
- Indique sur le dessin **A** les mouvements.

Fig. 15. L'élève choisira parmi les solutions proposées celle qui lui paraît répondre au problème. Il validera sa proposition en réalisant le mécanisme.

Faire déplacer un personnage en translation

a. Avec une tirette

Fig. 16. Quelles sont les deux solutions adoptées ici pour faire déplacer en translation un personnage sur une carte ? Comment sont assurés les guidages en translation ? Quelles difficultés vont rencontrer les élèves au cours de l'exécution ?

b. Avec une glissière

① et ② représentent deux positions différentes du Père Noël sur la même carte.

Celui-ci peut se déplacer sans tomber.

Voici ce que l'on voit au verso de la carte :

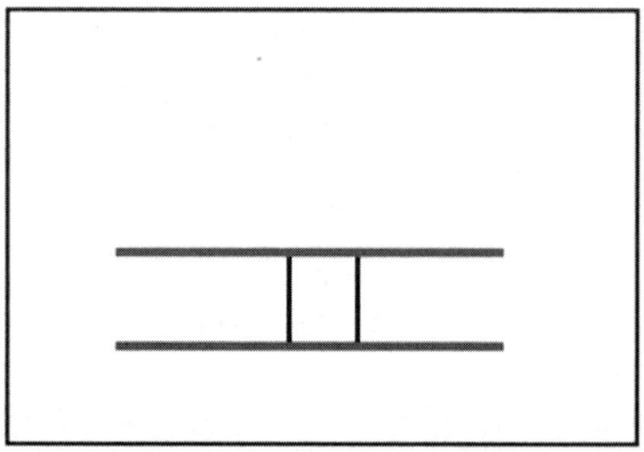

• Que représentent les deux lignes épaisses sur ce dessin ?

L'apprenti sorcier

a. L'objet assemblé

b. La silhouette du personnage

c. La roue décorée

Fig. 17. Quand on pousse l'objet dans un mouvement de translation, la roue tourne : les dessins des pieds du personnage qui défilent donnent l'illusion que l'apprenti sorcier trottine. Quatre parties distinctes constituent l'objet : le corps en carton à décorer, la roue et son décor en bois ou en carton, le manche, l'axe. Pour l'axe, différents matériels peuvent être proposés aux élèves, qui choisiront : grosse attache parisienne, clou et bouchon, boulon, fil de fer…
Remarque : les échelles de la silhouette en carton du corps du personnage (***b***) et du dessin des pieds (***c***) ne sont pas respectées.

fabriqués par groupe ou de livres animés mis en œuvre de manière individuelle ou collective suite à l'écriture d'un conte par exemple. Ce projet sera géré de manière interdisciplinaire.

c. L'apprenti sorcier

À partir d'une photographie ou d'un dessin d'ensemble du jouet (***Fig. 17a***), les élèves imaginent ce qui va se passer lorsque l'utilisateur pousse la tige.

En poussant la tige reliée au personnage, une roue tourne et les pieds dessinés sur cette dernière vont défiler pour donner l'illusion que l'apprenti sorcier trottine. Les élèves doivent être en mesure d'exprimer les **mouvements** mis en jeu : le personnage effectue un mouvement de translation et la roue un mouvement de rotation. Ils noteront que l'objet est constitué d'un manche pour le pousser, d'un décor solidaire de ce dernier (le personnage), d'une roue, d'un axe qui assure la liaison entre le décor et la roue.

En favorisant une démarche d'investigation, l'élève va **imaginer le mécanisme** en le représentant, va choisir et **valider** sa **solution technique** pour répondre au problème posé. Pour l'aider dans sa recherche, il va sélectionner parmi des éléments proposés ceux qui lui paraissent nécessaires à sa fabrication : bâton en bois, vis, pique à brochette, boulon (vis, écrou simple, écrou papillon), bouchon, clou, attache parisienne, roues en bois de diamètres différents (dont une qui correspond au dessin des pieds), roue en carton, silhouette en carton du personnage (***Fig. 17b***), dessin des pieds du personnage (***Fig. 17c***)... En l'occurrence, le choix pourra porter sur la dimension de la roue en bois et le matériel adapté pour faire l'axe de rotation.

Après des essais, la confrontation des résultats permettra de dégager des **conclusions** : il faut une roue assez grande, sur laquelle sera collé le dessin des 4 pieds du personnage, un axe dont la longueur et le diamètre doivent permettre un guidage en rotation juste suffisant sans trop de jeu en translation. Afin d'assurer un bon réglage et une certaine solidité au cours de l'utilisation, il semble qu'un boulon soit adapté à la situation. Éventuellement, le fait d'ajouter un deuxième écrou (rôle de contre-écrou) permet de bloquer le système et évite un démontage intempestif de celui-ci au cours de l'utilisation. Les solutions qui consisteraient à employer des cure-dents ou des punaises nécessiteraient l'adaptation de butées fabriquées par exemple avec des bouchons, mais cela serait moins esthétique.

Une trace écrite définitive synthétisera l'ensemble des solutions techniques retenues, adaptées à la situation.

2 Des objets avec des roues de friction et des poulies

a. Construire des mécanismes à roues de friction

Si les élèves d'une classe bénéficient de **matériel modulaire** (commercialisé par Lego, Opitec, Celda...), alors le professeur peut demander aux élèves comment, en faisant tourner une roue guidée par un support, entraîner une seconde roue sans introduire d'élément intermédiaire. C'est par **tâtonnement** que les élèves découvriront le principe des roues de friction. À partir de là, ils recherchent comment retrouver le même sens de rotation à la sortie du système. À l'issue de cette recherche, ils vont **identifier ce dispositif de transmission** du mouvement sur des objets que l'enseignant présente en classe, comme, par exemple, le galet de l'alternateur de bicyclette entraîné par le pneumatique de la roue lorsque l'usager pédale. Enfin, une trace écrite s'impose pour formaliser toutes les connaissances acquises.

On peut aussi adopter une **démarche inverse**, en **partant d'un objet** possédant des roues à friction (le galet d'un alternateur sur le pneu d'une roue de vélo), puis en essayant de **reproduire le dispositif sous forme de maquette**, par petits groupes, de façon à ce que tous les élèves puissent en repérer les caractéristiques : sens et vitesse de rotation.

b. Un système poulies et courroie

Le projet de réalisation d'un personnage au regard animé peut être soit le support de réinvestissement de connaissances déjà acquises sur le sujet, soit le point de départ d'un apprentissage.

La démarche de fabrication de ce jouet mécanique passe par différentes étapes :

• **Observation et analyse du dessin** d'ensemble du produit fini (***Fig. 18a***).

• **Élaboration du cahier des charges** pour définir le projet de fabrication : recenser les fonctions attendues de l'objet, les contraintes, les modalités de production. Ce contrat de travail est écrit sur le cahier. Par exemple : le jouet est réalisé en bois et carton. Il comporte une poulie-manivelle qui entraîne deux poulies fixées sur un support en bois : les deux yeux solidaires des poulies vont plus vite que la poulie-manivelle et tournent à la même vitesse. Le décor du visage représenté sur un carton fixé au support laisse bien apparaître la rotation des yeux.

• **Recherche** de la conception de l'objet, **mise au point** du mécanisme, **validation** du fonctionnement. Les élèves prennent conscience que des conceptions différentes donnent un même résultat :

Un personnage au regard animé

a. L'objet fini

En actionnant la manivelle de la grande roue, les deux yeux tournent dans le même sens.

Matériel

- Support en bois de 15 × 25 cm et 20 mm d'épaisseur
- 2 poulies en bois (diamètre 5 cm ou plus)
- 3 poulies en bois (diamètre 1,5 ou 2 cm)
- 3 gros clous (30 mm de long)
- 1 perle et 1 clou
- 2 élastiques de bureau
- Carton, papier de couleur
- 4 bouchons (supports)

Fig. 18 a. Le professeur fait fonctionner l'objet, ou en présente une image pour faire définir le cahier des charges par les élèves.
b. Les élèves vont rechercher quels sont les montages qui vont donner les mêmes effets, puis les résultats qu'ils vont obtenir en mettant en œuvre les montages **1** et **4**.
c. Cet exercice permet de vérifier les acquis des élèves.

b. Des solutions à tester

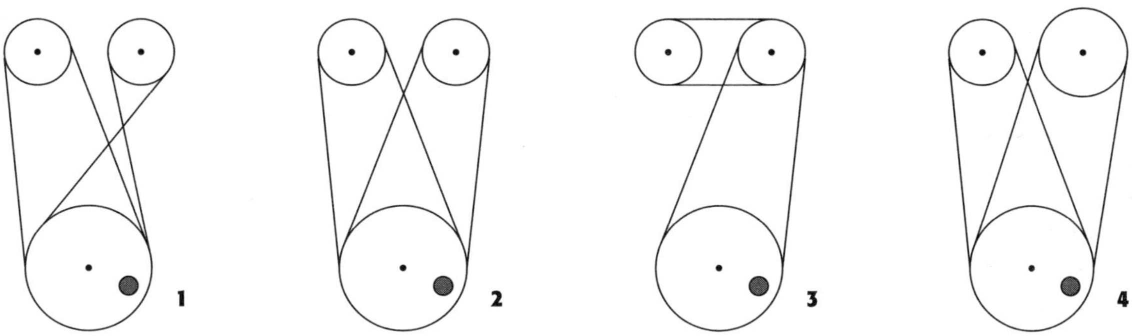

c. Dans quel sens tournent-elles ?

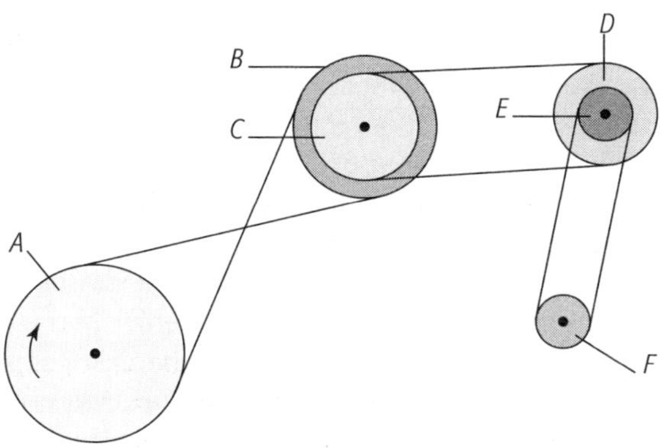

- Pose du papier calque sur le dessin et indique par des flèches le sens de rotation de chaque poulie.
- Les poulies *B* et *C* tournent-elles à la même vitesse ? Pourquoi ?
- Indique quelle poulie tourne le plus vite ; quelle poulie tourne le moins vite. Justifie ta réponse.

la poulie manivelle peut commander les deux petites poulies supports des yeux ou bien la poulie manivelle n'entraîne qu'une courroie pour animer un œil, qui entraînera à son tour la deuxième poulie du second œil du personnage. La **mise en œuvre** de ces solutions peut se faire en petits groupes de travail, pour réduire la quantité de matériel nécessaire, valoriser l'entraide et le partage des tâches.

• **Analyse critique** de ces essais au sein de chaque groupe et en grand groupe pour échanger sur les solutions fructueuses et sur les problèmes rencontrés (respect du cahier des charges, entraînement des mécanismes, frottements, guidage des poulies, tension des courroies, entraînement des manivelles, etc.).

• Détermination de la **conception du produit fini** au plan du mécanisme, de ses dimensions, de sa décoration : élaboration de dessins, schémas, plans. On peut décider de faire tourner les deux yeux dans le même sens ou en sens inverses (***Fig. 18b***, solution 1) pour faire loucher le personnage, ou encore de les faire tourner à des vitesses différentes (***Fig. 18b***, solution 4).

• **Fabrication** du produit fini : l'accent portera sur la qualité d'exécution et la répartition des tâches entre les élèves si le travail se fait en équipe.

• **Remédiation** pour améliorer les dispositifs : il est indispensable de consacrer un temps à la fabrication, aux transformations, aux améliorations pour un bon fonctionnement et une décoration soignée.

Au cours et à l'issue de cette activité, une **structuration des connaissances** relatives au système poulie-courroie doit être réalisée : **fonction du système, sens de rotation, démultiplication de la vitesse**. Il en restera une trace dans le carnet d'observations et d'expériences. Un exemple d'exercice de synthèse est proposé (***Fig. 18c***) pour **évaluer** les connaissances acquises par les élèves.

c. La grue

Il est intéressant ici de recueillir les **conceptions initiales des élèves** à propos de l'objet grue : fonctions, mécanisme, proportions… L'utilisation d'un jouet grue permet de **nommer et identifier** la structure, les éléments qui la composent, les mouvements. Pour fixer ces premiers acquis, l'enseignant suggérera aux élèves de compléter un schéma de l'objet avec légendes et codage des mouvements.

La production d'une **maquette** en matériel modulaire en suivant une fiche technique, en la modifiant au besoin pour s'identifier davantage au modèle présent dans la classe, permettra de représenter un mécanisme simplifié de celle-ci. Les élèves tâtonneront pour assurer la stabilité de l'engin. (Des liens doivent à ce propos être établis avec les équilibres et les leviers.)

Les élèves pourront fabriquer des grues avec des poulies de guidage, dont la fonction est de changer l'orientation de la corde, ou bien des grues qui, en extrémité de flèche, possèdent une poulie mobile, voire un palan. Ils pourront, de façon qualitative, apprécier le gain en effort à fournir, en suspendant le même objet à soulever sur une grue avec ou sans poulie mobile.

En prolongement peuvent être envisagées des observations de grues actuelles, en situation sur un chantier ou sur des photos.

❸ Des mécanismes à roues dentées

a. L'essoreuse à salade

L'essoreuse à salade est un objet technique d'un usage domestique très fréquent et très familier pour les élèves. Cependant, ils en ignorent totalement la conception et le fonctionnement. Cet ustensile, facile à se procurer, peu coûteux, offre l'avantage de pouvoir être aisément démonté pour observer ses différentes pièces mécaniques constitutives et son fonctionnement, à condition que les modèles retenus pour cette étude ne comportent que deux roues dentées et non pas un train d'engrenages. Il faut aussi que le mouvement de l'utilisateur soit un mouvement de rotation (les essoreuses à fil ne conviennent pas à cette étude).

Deux démarches essentielles sont envisageables : soit les élèves découvrent à partir de cet objet le principe des engrenages, soit ils ont déjà abordé les caractéristiques de ce dispositif et ils réinvestissent les notions acquises lors de l'étude de cet objet. C'est seulement cette dernière démarche qui est développée maintenant. Préalablement, les élèves ont manipulé, observé, découvert des objets techniques, construit des maquettes de matériel modulaire comportant des engrenages et ont structuré des connaissances relatives à ce principe mécanique.

Le maître demande aux élèves d'apporter des essoreuses à salade. Il organise une phase d'**utilisation** effective des essoreuses, durant laquelle on **observe** l'effet produit sur la salade, le mouvement du panier (pour les essoreuses à cuve transparente). Un questionnement sur la **fonction principale** de cet objet, une **représentation externe** de l'objet permettent de prendre conscience qu'ici, on cherche à séparer et à recueillir l'eau de lavage de la salade grâce à un mouvement de rotation continue d'un panier perforé, entraîné par une manivelle, alors que les anciens paniers en grillage assuraient la fonction grâce à un mouvement de rotation alternatif effectuée par un balancement du bras.

Les élèves pensent parfois que l'eau sort seulement par le fond du panier. Une **observation** des parois du bac (qui sont mouillées) permet de mettre en évidence que l'eau sort aussi par les parois latérales du panier. Si les cuves ne sont pas transparentes, on peut retirer la cuve extérieure et assembler avec du ruban adhésif le panier sur les bras d'entraînement ou manipuler en retournant le couvercle et supprimant le bac (on se fait alors bien arroser !). On peut aussi placer sur le côté intérieur des parois une bande de papier. Quand on fait tourner l'essoreuse dans des conditions normales d'utilisation (avec de la vraie salade !), on pourra mettre en évidence à la fin de l'essorage les traces d'eau sur le papier. Une variante consiste à placer dans le panier une feuille de plastique sur laquelle auront été déposées des gouttelettes de peinture. Après rotation, le papier de la paroi est coloré.

Les élèves constatent que l'éjection de l'eau est d'autant plus efficace que le panier tourne vite : l'essoreuse doit posséder un mécanisme qui doit permettre au panier de tourner rapidement, plus rapidement que la vitesse de rotation qu'on peut donner à la main.

Une représentation externe de l'objet permet de **nommer** les différences pièces et de visualiser la position du disque d'entraînement et de sa manivelle (***Fig. 19a***).

Le travail porte ensuite sur le **mécanisme** qui permet d'obtenir une rotation rapide du panier. Une première observation a fait apparaître que **le panier et la manivelle tournent dans le même sens et que le panier tourne plus vite que la manivelle.**

La prise de conscience de la rotation rapide du panier détermine une autre question : peut-on préciser ce « plus vite » ? **Combien de fois le panier tourne-t-il plus vite que la manivelle ?** La manipulation se fait par équipes de deux ou trois. Le maître laisse les enfants procéder aux relevés. Chaque groupe présente ses résultats et ses stratégies. La confrontation des résultats fait apparaître la nécessité de dégager un procédé fiable pour un **comptage** rigoureux. On peut convenir de : positionner l'essoreuse à l'envers, sans la cuve, le panier posé sur le couvercle, de prendre des points de repère pour la manivelle et pour le panier et de confirmer les résultats en renouvelant les prises de mesure.

Après une nouvelle manipulation, les résultats sont reportés dans un tableau sur leur cahier (***Fig. 19b***).

La **lecture des résultats** obtenus amène à constater qu'ils peuvent être différents suivant les modèles mais que l'on peut toujours **établir une relation entre le nombre de tours de la manivelle et celui du panier**. On se trouve dans une **situation de proportionnalité**, qui permet de calculer le nombre de tours du panier pour 1, 2... 6... tours de manivelle. Ce nombre change selon le modèle de l'essoreuse.

Une question demeure : « **Pourquoi le panier tourne-t-il plus vite que la manivelle ?** » À ce moment-là, le professeur demande aux élèves **d'imaginer le mécanisme caché** dans l'essoreuse et de le représenter par un dessin. Ayant travaillé au préalable sur les engrenages, ils vont représenter 2 roues dentées, 3 roues ou plus... de tailles différentes. Une analyse rapide de ces représentations peut mettre en évidence des dysfonctionnements ou des fonctionnements a priori opérationnels.

Pour valider leurs propositions, les élèves expérimentent avec du matériel modulaire et réalisent des **maquettes** du dispositif qu'ils imaginent. Ces maquettes vont être analysées. Certaines présentent un mécanisme qui semble s'approcher de leur essoreuse à salade. Par exemple, il permet une accélération de la vitesse, mais le sens de rotation est inversé. Ils vont découvrir qu'il faut 3 roues dentées pour conserver le sens de rotation et qu'ils peuvent augmenter la vitesse de rotation de la grande roue à laquelle est liée la manivelle en plaçant à la sortie une roue très petite à laquelle sera lié le panier. Bien sûr ils n'obtiendront pas le même rapport de transmission de vitesse avec leurs maquettes, les roues dentées n'ayant pas le même nombre de dents.

Une **observation** du mécanisme va faire découvrir aux élèves une nouvelle conception de roues dentées, à savoir **une grande roue dentée possédant des dents intérieures associée à une petite roue dentée à dents extérieures**.

En dessinant le mécanisme, les élèves doivent compléter un **schéma** composé de deux disques représentant le pourtour du couvercle et le disque d'entraînement. L'analyse des dessins de la ***figure 19c*** révèle que la grande majorité des mécanismes qu'ils ont dessinés ne sont pas opérationnels (sauf le dessin B) : absence de contact entre les dents des roues, taille des dents entre les roues non équivalente (les petites roues ont des petites dents, les grandes roues ont des grandes dents !), la manivelle n'est pas reliée à la bonne roue...

Pour valider leurs dessins, ils **démontent** leur essoreuse à salade et observent les pièces dissociées (grande roue, petite roue avec les bras, le couvercle, la manivelle), le fonctionnement du mécanisme.

Comment fonctionne une essoreuse à salade ?

a. *Doc. élève* **Le panier à salade tourne très vite**

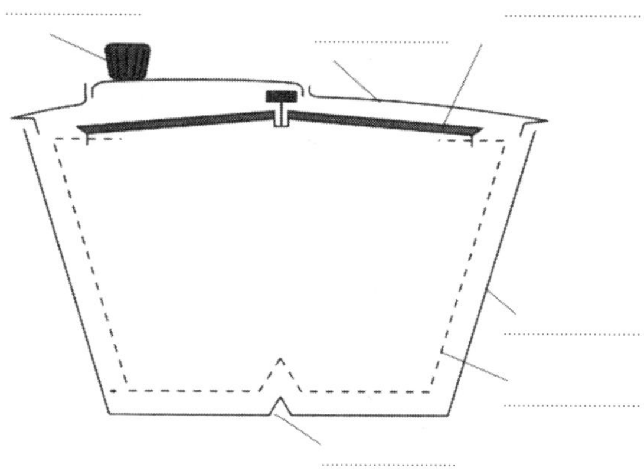

b. *Production d'élève* **Un compte rendu d'expérience**

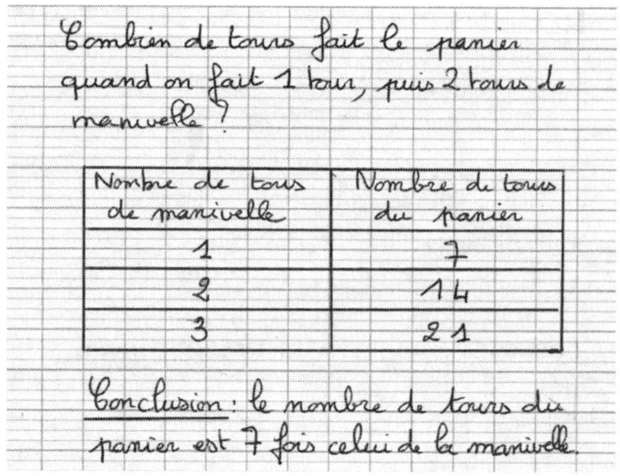

Combien de tours fait le panier quand on fait 1 tour, puis 2 tours de manivelle ?

Nombre de tours de manivelle	Nombre de tours du panier
1	7
2	14
3	21

Conclusion : le nombre de tours du panier est 7 fois celui de la manivelle.

c. *Productions d'élèves* **Des propositions pour le mécanisme caché de l'essoreuse**

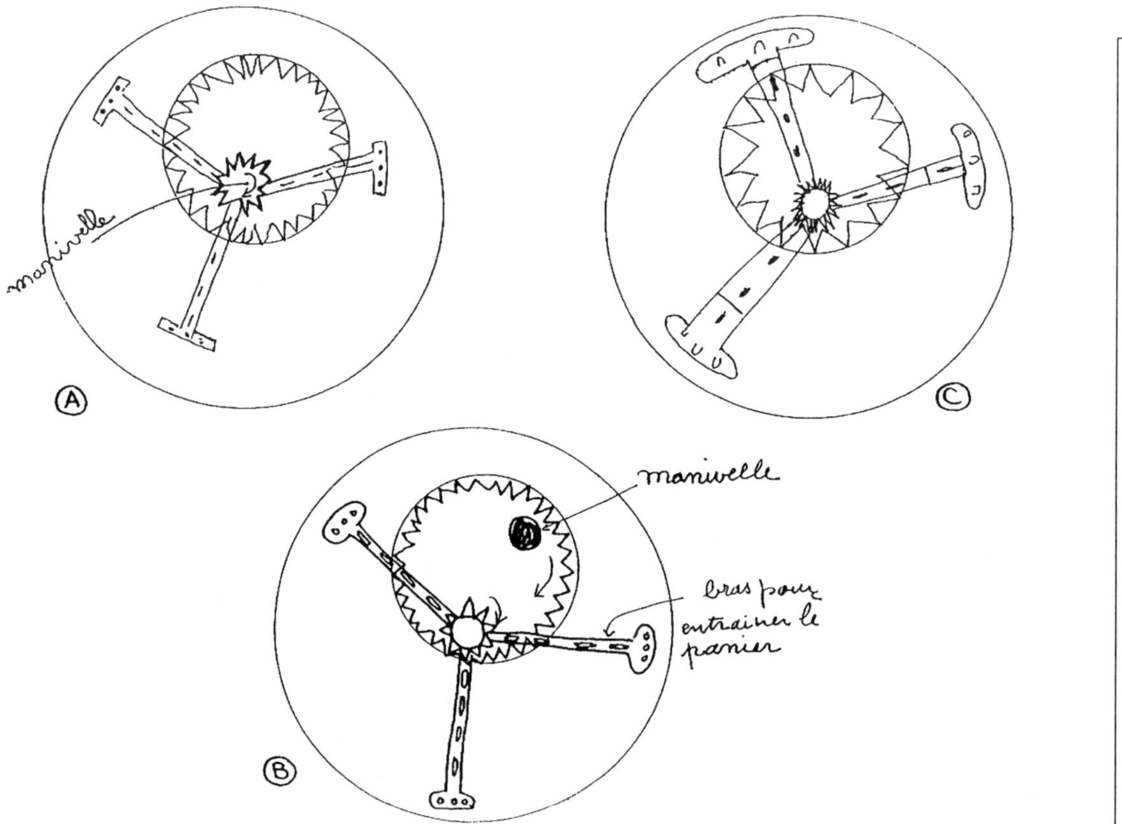

Fig. 19 a. Un document à utiliser avec les élèves pour préciser le lexique.
b. Un exemple de trace écrite sur le cahier.
c. Des propositions d'élèves : quel est le mécanisme caché ?
d. Cette fiche peut servir pour structurer les résultats après les propositions et les observations des élèves.

d. Doc. élève Comment rassembler nos résultats ?

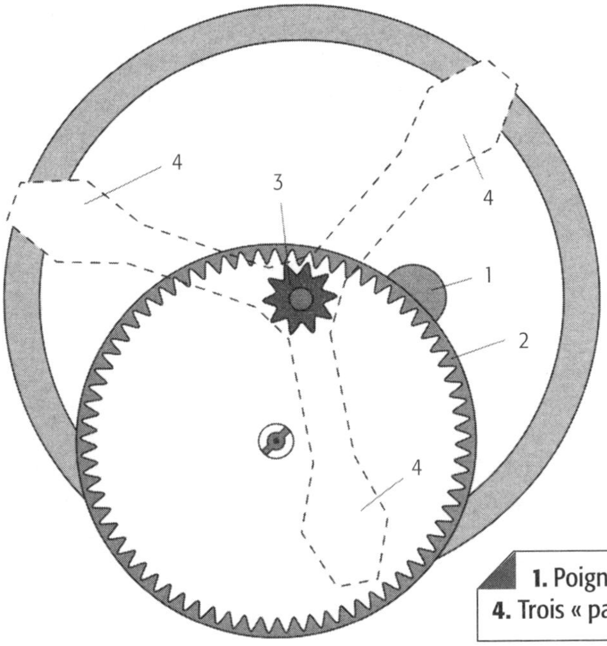

Le dessin représente l'intérieur du couvercle. Les trois pales, solidaires de la petite roue, sont rendues transparentes pour pouvoir observer les dents.

• Indique le sens de rotation de la petite roue sur le dessin.

• Colorie en rouge les dents de la grande roue qui feront faire un tour à la grande roue.

• Combien de dents de la petite roue défilent quand la grande roue fait un tour ?

• La petite roue fait-elle alors plus ou moins d'un tour ?

1. Poignée – **2.** Grande route dentée – **3.** Petite roue dentée – **4.** Trois « pales » pour accrocher le panier.

Un treuil à engrenages

a. Doc. élève Un treuil sur une remorque à bateau

b. Doc. élève Deux maquettes pour tester

Fig. 20 a. En situation de départ, l'observation du treuil de cette remorque de bateau doit susciter un questionnement.
b. Avec les montages en Lego, les élèves testent quel est celui qui permet de hisser aisément la charge. Sur le montage ①, la manivelle est fixée directement sur le tambour d'enroulement du câble. Dans le ②, la même manivelle est montée sur la petite roue dentée à l'entrée. Que constate-t-on si on inverse les deux roues dentées du montage ② ?

Pour **garder une trace écrite définitive**, ils peuvent **compléter un schéma** fourni par l'enseignant (***Fig. 19d***). L'élève inscrit le sens de rotation des roues, colorie le nombre de dents de la grande roue correspondant à un tour de la petite roue. Il peut alors comprendre pourquoi la petite roue, donc le panier, tourne plus vite que la manivelle : un tour de la petite roue correspond à seulement quelques dents de la roue solidaire de la manivelle. Par exemple : une dent de la grande roue entraîne une dent de la petite roue et 11 dents de la grande roue provoquent le défilement de 11 dents de la petite soit un tour de celle-ci et il en resterait encore 77 moins 11 de la grande, soit 66 dents… La petite roue fera donc 7 tours quand toutes les dents de la roue entraînée par la manivelle seront passées une fois, donc quand la manivelle aura fait un tour. Les différences de nombres de dents d'un modèle d'essoreuse à l'autre expliquent les différences constatées dans les rapports de transmission mesurés par les élèves.

b. Un appareil de levage ou de traction à treuil

L'**analyse d'une photographie** (***Fig. 20a***) permet aux élèves de **s'interroger** sur la présence d'engrenages pour hisser un engin très lourd tel un bateau.

Pour s'approprier les propriétés d'un tel mécanisme, on peut demander aux élèves de construire la **maquette** proposée en matériel modulaire : dans le cas d'un treuil, quel est le **meilleur choix ? Les élèves émettent des hypothèses, prévoient des réalisations et vérifient par la construction** (***Fig. 20b***).

Le montage ② comprend 2 axes parallèles dotés, l'un d'une très grande roue, l'autre d'une toute petite roue. On peut échanger la position des roues et de la manivelle, pour avoir tantôt la manivelle qui entraîne la petite roue à l'entrée du système, tantôt la grande roue. L'expérimentation vise la **comparaison de l'effort à fournir pour soulever la charge**, **en faisant tourner la petite roue, puis la grande**. Il s'agit d'une appréciation qualitative, et non quantitative, du phénomène. Un **tableau** peut résumer les **observations** :

Roue menante	grande roue	petite roue
Roue menée	petite roue	grande roue
Vitesse en entrée	faible	grande
Vitesse en sortie	grande	faible
Force exercée sur la manivelle pour soulever la charge	forte	faible

Pour **conclure**, les élèves auront pris conscience que quand le mouvement en sortie est plus lent, il faut faire de nombreux tours de manivelle mais que l'effort à fournir pour chaque tour est moindre.

c. La bicyclette : un système roues dentées-chaîne

L'étude de la bicyclette va beaucoup intéresser les élèves, qui possèdent généralement cet engin personnellement. Elle portera sur son analyse technologique, sa structure, son fonctionnement et même sur son histoire, pour comprendre son évolution dans le temps.

Il sera pertinent de **partir de l'objet** que les élèves connaissent et utilisent. Le maître veillera à préparer les bicyclettes pour créer une **situation d'étonnement** sur les développements. Il faut s'arranger, en choisissant les braquets (qui ne seront plus touchés), de faire en sorte qu'une bicyclette à roues plus petites qu'une autre ait un développement (distance parcourue pour un tour de pédalier) plus grand. C'est une situation de départ qui est très mobilisatrice et qui suscite une très bonne dynamique de recherche.

Afin de prendre en compte les conceptions des élèves, le professeur peut demander : « Dessiner de mémoire sa bicyclette ou une bicyclette » (***Fig. 21a***). On peut alors s'apercevoir qu'un certain nombre de pièces sont mal représentées, incomplètes ou absentes (comme la chaîne, le système de freinage, les rayons de la roue, etc.), que le vocabulaire n'est pas toujours connu des élèves, pas plus que l'explication du mécanisme. On peut signaler aussi une **conception qui apparaît fréquemment** chez des élèves de tout niveau : la chaîne va à la roue arrière et dessert aussi la roue avant. Cela correspond à l'idée que quand on pédale, les deux roues tournent. On constate aussi que le niveau de connaissances des élèves et leurs capacités à représenter sont très variables.

Un travail ultérieur, par groupe, autour d'une bicyclette permettra de la **décrire**, d'échanger et **d'acquérir un vocabulaire technique** approprié, de repérer la constitution de la chaîne, qui lui permet d'assurer la liaison entre deux roues dentées (***Fig. 21b***). De même, une réflexion sur le rôle des pièces constitutives de l'engin vise à organiser les **fonctions techniques** de celles-ci. C'est ainsi qu'apparaîtra, entre autres, la fonction « transmettre un mouvement ».

Tout un questionnement progressif va permettre à l'élève de construire des connaissances sur la conception et le fonctionnement du vélo : « Comment la bicyclette avance-t-elle ? Quelle bicyclette ira le plus loin pour un tour de pédalier ? Un tour de pédalier permet-il à la roue de faire un tour complet ? Comment procéder pour vérifier ? »

La bicyclette

a. Productions d'élèves — Dessine ta bicyclette pour montrer comment elle avance

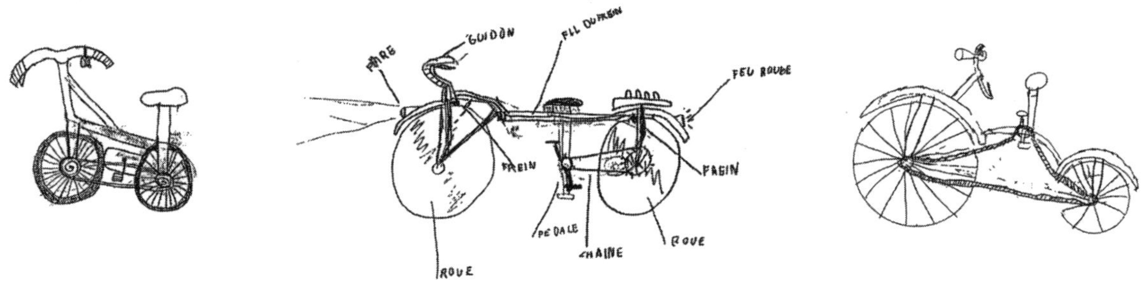

b. Doc. élève — La chaîne est formée de maillons articulés

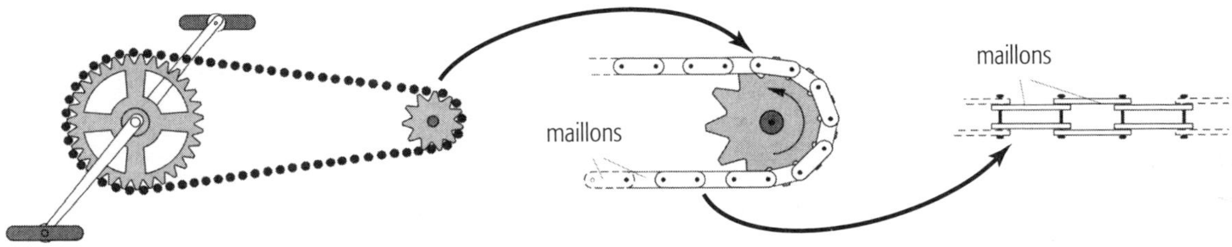

c. Doc. élève — De quoi dépend le développement d'une bicyclette ?

Le développement d'une bicyclette est la distance parcourue pour un tour de pédalier.

Pour comprendre d'où viennent les différences entre les bicyclettes, Mathilde et Jonathan font les mesures résumées dans le tableau, les comparent et réalisent des essais sur maquettes.

Bicyclette	Développement (mesuré en m)	Nombre de dents du pédalier	Nombre de dents du pignon	Périmètre de la roue (mesuré en m)	Nombre de tours de roue pour un tour de pédalier
Blanche	3,20	40	16	1,26	2,5
Verte	5,50	50	19	2,12	environ 2,5
Bleue	5,50	46	16	1,90	presque 3

Fig. 21 a. Ces dessins laissent apparaître des erreurs révélatrices de la façon dont les élèves perçoivent le fonctionnement d'un vélo.
b. Une dent du plateau entraîne un maillon de la chaîne, qui entraîne à son tour une dent du pignon arrière.
c. À partir des données de ce tableau, les élèves peuvent obtenir des informations relatives au braquet et au développement de la bicyclette.

Les enfants mettent au point des **procédures pour mesurer** : comptage du nombre de tours de la roue arrière de la bicyclette pour un tour de pédalier et mesure du développement. **Le développement est la distance parcourue par la bicyclette pour un tour de pédalier.**

Les **résultats** sont collectés dans un **tableau** pour être confrontés (***Fig. 21c***). De là sont émises des **hypothèses** pour **expliquer les divergences** dans les résultats (longueur de la chaîne, diamètre de la roue, taille des roues dentées). Des **expérimentations** avec du **matériel modulaire** permettront de réfuter l'hypothèse de la longueur de chaîne. Le **report des mesures** des périmètres des roues et le relevé du nombre de dents des pignons et plateaux complètent le tableau.

Les élèves ont alors assez d'éléments pour **vérifier** que :
– **le nombre de tours faits par la roue arrière pour un tour de pédalier dépend des nombres de dents du pédalier et du pignon ;**
– **le développement de la bicyclette dépend du périmètre de la roue et des nombres de dents du pédalier et du pignon.**

Des relations mathématiques peuvent être établies en dégageant le coefficient de proportionnalité à partir des données du tableau.

Il s'avère très intéressant d'**étudier l'évolution** du système de transmission, totalement visible, de ce moyen de transport pour comprendre que **la bicyclette d'aujourd'hui n'a pas toujours existé ainsi,** bien qu'elle ait plus de cent ans. Elle est bien le fruit d'une **évolution technologique.**

Pour ce faire, on peut proposer aux élèves une démarche dont les **étapes** sont les suivantes :
– observation en groupe d'une série de documents recherchés sur Internet, d'extraits de manuels scolaires, de vidéos (CDDP), d'ouvrages de la Bibliothèque Centre Documentaire…
– proposition d'un tri avec argumentation ;
– mise en commun pouvant aboutir à un tableau, une synthèse mettant en valeur : la propulsion avec les pieds, le pédalier sur la roue avant, la transmission par chaîne ;
– synthèse sur l'évolution du système de transmission sur la bicyclette : apparition d'un nouveau mode de propulsion ; réduction de l'effort de l'homme et automatisation (pédaler plus facilement, passer les vitesses aisément) ; augmentation de la vitesse de déplacement (autrefois, le Grand Bi permettait d'avancer plus loin pour 1 tour de pédale, maintenant c'est l'association de différents plateaux et pignons qui assure de multiples développements) ; adaptation aux différents usages ou contextes d'utilisation (VTT, VTC).

4 D'autres mécanismes

a. Le système vis sans fin-roue dentée

On considérera le cas d'un batteur électrique où les fouets sont dans un plan perpendiculaire au boîtier. Les élèves analysent et décrivent **l'organisation externe** du batteur électrique présent sous leurs yeux. « À quoi sert cet objet ? Comment est-il fait ? » L'**observation** se centrera sur la source d'énergie, la présence de deux fouets imbriqués, d'interrupteurs de commande, de système d'éjection des fouets, de variateur de vitesse, etc.

Le batteur peut être utilisé sous la responsabilité du maître, ce qui permet d'en vérifier la **fonction principale** : « battre des ingrédients en y introduisant de l'air » et de voir les **sens de rotation** inversés des deux fouets.

Si le **démontage** du batteur électrique est possible (ouverture du boîtier aisé ; ***Fig. 22a***), cela permet de **découvrir le mécanisme** caché : l'axe d'un moteur électrique est relié à une vis sans fin qui entraîne deux roues dentées liées aux axes des fouets.

Si vous disposez de boîte de matériel modulaire avec une fiche de **fabrication de maquette** complète de batteur électrique, vous pouvez la faire construire par les élèves (***Fig. 22a***). Il est possible aussi de s'intéresser au seul système de transmission, dont les élèves chercheront à dégager les caractéristiques en le réalisant par une maquette. Ils trouveront alors que, quand **l'arbre du moteur électrique** fait **un tour**, la **vis sans fin** fait **un tour** et chacune des deux roues entraînant les fouets tourne d'une dent. Les fouets tournent beaucoup **moins vite** que l'arbre du moteur électrique.

L'écriture de la **chaîne cinématique** traduisant les transmissions de mouvements peut être approchée par le biais d'étiquettes à compléter ou à remettre dans l'ordre.

L'évolution sur la manière dont est assurée une fonction peut être perçue sur cet objet technique. Autrefois, nos anciens se contentaient d'une fourchette. Puis vinrent successivement le fouet simple, le fouet (ou batteur) mécanique à engrenages et enfin le batteur électrique.

b. Une carte animée à bielle

Une carte animée visible de loin, mécanisme caché, est présentée par l'enseignant à l'ensemble du groupe-classe, ou bien une carte manipulable par les enfants avec contrat de ne pas regarder le

Deux mécanismes à explorer

a. *Doc. prof.* Un batteur et sa maquette en Lego

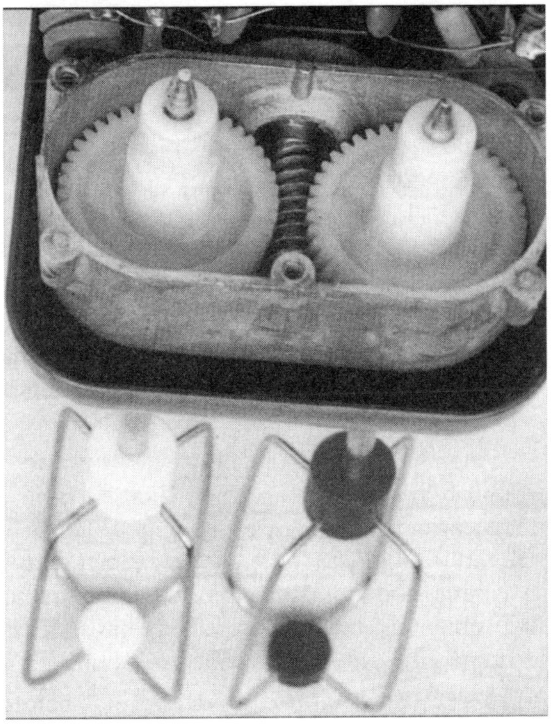

b. *Productions d'élèves* Une carte animée

Le modèle

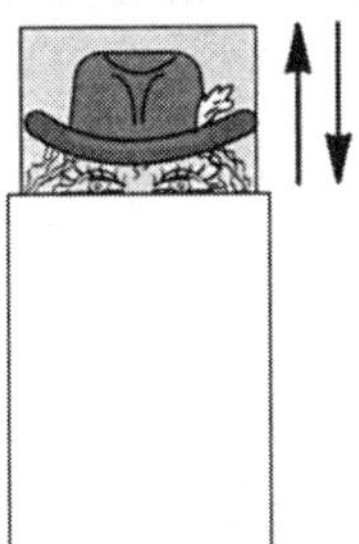

Des solutions d'élèves

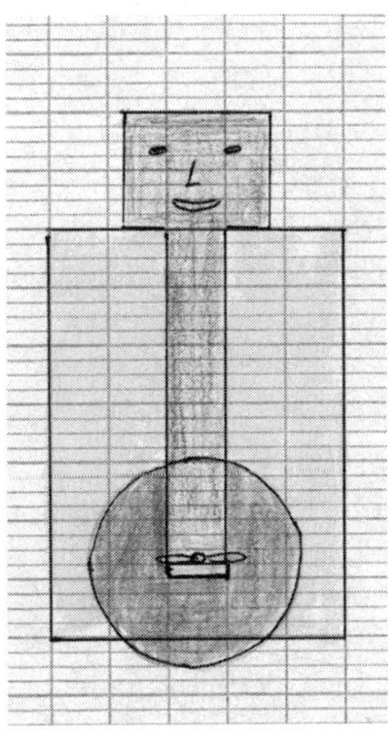

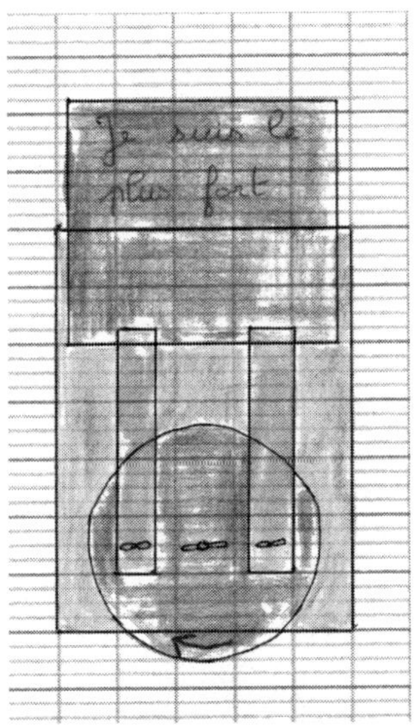

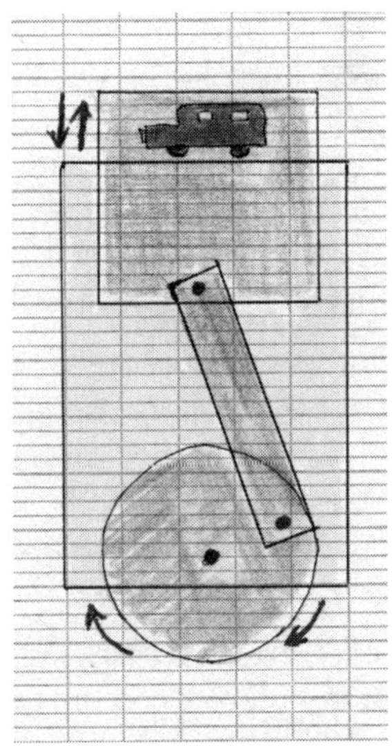

Fig. 22 a. Les fouets tournent moins vite que l'arbre du moteur électrique grâce au mécanisme vis sans fin-roues dentées.
b. Le mécanisme bielle-manivelle, qui assure la transformation du mouvement, n'est pas immédiatement reconnu par les élèves.

mécanisme est proposée à chaque groupe d'élèves (***Fig. 22b***). **L'observation de l'effet** produit lors de la manipulation conduit à dire « en tournant la roue toujours dans le même sens, la tête du bonhomme sort puis rentre ». Les élèves s'expriment, décrivent et représentent la partie visible de l'objet en mouvement, par écrit. Attention, on voit apparaître toujours la même surface de roue en bas de la carte. L'affichage des représentations des élèves favorise la confrontation, la mise en en évidence de certains points tels que : codage des mouvements, proportions etc.

C'est le moment opportun pour énoncer clairement le **problème** technique : « Quel est le dispositif mécanique caché qui permet de transformer un mouvement de rotation continu en un mouvement de translation en va-et-vient ? » Chacun émet son **hypothèse** (travail individuel), la concrétise sur son cahier par une solution, en précisant les types d'assemblage et les matériaux nécessaires. La confrontation des solutions envisagées peut se faire éventuellement par groupe, de manière à instaurer un moment d'échanges, d'argumentation sur les raisons des conceptions présentées.

Trois productions d'élèves sont reproduites sur la ***figure 22b***. Le premier dessin est représentatif de la conception mécanique pensée par une majorité d'élèves, c'est-à-dire un rectangle de carton, lié directement à la roue par l'axe (sans collage). Il est évident que la roue tourne sans transmettre de mouvement au rectangle de carton. D'autres pensent à une double liaison par tiges (bielles) assurant tantôt la montée, tantôt la descente du piston décoré ! Enfin, très peu d'élèves envisageront la transformation du mécanisme mettant en jeu une bielle ou une came coincée entre deux disques de carton. D'autres prévoient un système de ficelle qui s'enroule autour de l'axe à la manière d'un treuil...

Le professeur repèrera sans difficulté d'autres imperfections dans les conceptions des mécanismes telles que : les dimensions relatives des pièces les unes par rapport aux autres, le calcul du jeu de fonctionnement entre le piston et son étui, l'absence d'articulation au niveau du pied et/ou de la tête de bielle....

La **mise en œuvre des solutions** individuellement conduit l'élève à prendre conscience des qualités et des défauts de son propre mécanisme. Il se corrigera lui-même, se confrontera à ses pairs. Le professeur le dirigera sur les pas de la réussite sans donner la solution. Les améliorations successives sont apportées par un **tâtonnement** constructif.

Le matériel est mis à disposition des élèves en accès libre : les outils de traçage et les matériaux (cartoline, attache parisienne... la pochette est réalisée en Bristol ou Canson format A4, pliée en 3). Les élèves ont droit à l'erreur mais ne doivent pas gaspiller les matériaux.

Les productions obtenues sont analysées par rapport à la conformité au projet initial. Les problèmes rencontrés sont répertoriés et des solutions sont apportées : frottement, calcul de dimensions (roue, piston, longueur de bielle), jeu de fonctionnement, liaison complète, organisation spatiale des pièces, positionnement des attaches, etc.

À ce moment-là a lieu une **phase de synthèse** et de formulation écrite sur le cahier. Une représentation du mécanisme de la carte est retenue, complétée par une explication de sa fonction. Par exemple : la roue-manivelle a un mouvement de rotation continu. Ce mouvement est transmis par une bielle à un piston et transformé en un mouvement de translation en va-et-vient.

Un **nouveau questionnement** surgit alors : « Quelle est la plus grande amplitude possible du piston que l'on peut obtenir ? » Cette situation est propice à la mise en place d'une **démarche expérimentale** favorisant la variation de différents paramètres : longueur de la bielle, taille de la roue, position de l'articulation bielle/roue, longueur du « piston ».

En **conclusion**, les élèves peuvent dire :
– la longueur de la bielle doit être supérieure au diamètre de la roue pour éviter des frottements, mais n'a pas d'incidence sur la course du piston ;
– pour optimaliser la course du piston, il faut prévoir une grande roue et attacher la bielle le plus loin possible de l'axe de la roue.

En **prolongement** de cette séquence de résolution de situation-problème qui débouche sur la production d'un objet à caractère ludique, il est pertinent que les élèves prennent conscience de l'application industrielle de ce principe dans un grand nombre de machines, pompes, moteurs, etc.

Partie

8

L'informatique à l'école

La maîtrise des techniques usuelles de l'information et la communication est une des compétences du socle commun. Dans les programmes, les TUIC sont intégrées à la « découverte du monde » au cycle des apprentissages fondamentaux, tandis qu'un chapitre leur est spécifiquement consacré au cycle des approfondissements. Le législateur a bien différencié ces enseignements de ceux du français, des mathématiques, des sciences et de la technologie... pour insister sur le fait que les compétences liées à la maîtrise de ces techniques sont travaillées dans l'ensemble des champs disciplinaires et pas seulement en sciences et technologie.

Nous ne chercherons donc pas à couvrir l'ensemble des activités possibles pour travailler cette compétence du socle commun aboutissant, pour les élèves, à l'acquisition du « brevet informatique et internet B2i ». Nous examinons comment et en quoi des activités en sciences et technologie contribuent à l'acquisition de la maîtrise de ces techniques.

Chapitre 18

Travailler la maîtrise des TUIC en sciences et technologie

La maîtrise des techniques usuelles de l'information et de la communication (les TUIC) est inscrite dans les compétences du socle commun et dans les programmes de l'école élémentaire. Par ailleurs, le ministère demande, depuis 2002, relativement aux TUIC, une certification spécifique : le brevet informatique et internet, appelé B2i. Les textes qui le définissent sont à la fin de cet ouvrage.

Le niveau 1 de ce brevet concerne la fin de l'école primaire, donc la fin du CM2.

Ce chapitre propose une réflexion et des exemples (sans prétendre à l'exhaustivité) de la contribution des activités en sciences et technologie au développement de la maîtrise, par les élèves, des TUIC. Nous reprenons pour cela l'organisation autour des cinq domaines définis dans les programmes et le B2i.

Le programme *(BO hors série n° 3 du 19 juin 2008)*	
CP et CE1	**CE2, CM1 et CM2**
DÉCOUVERTE DU MONDE Les élèves commencent à acquérir les compétences constitutives du brevet informatique et internet (B2i). Ils découvrent et utilisent les fonctions de base de l'ordinateur. **PREMIER PALIER POUR LA MAÎTRISE DU SOCLE COMMUN** **Compétence 4. La maîtrise des techniques usuelles de l'information et de la communication** L'élève est capable de commencer à s'approprier un environnement numérique.	**TECHNIQUES USUELLES DE L'INFORMATION ET DE LA COMMUNICATION** La culture numérique impose l'usage raisonné de l'informatique, du multimédia et de l'internet. Dès l'école primaire, une attitude de responsabilité dans l'utilisation de ces outils interactifs doit être visée. Le programme du cycle des approfondissements est organisé selon cinq domaines déclinés dans les textes réglementaires définissant le B2i : – s'approprier un environnement informatique de travail ; – adopter une attitude responsable ; – créer, produire, traiter, exploiter des données ; – s'informer, se documenter ; – communiquer, échanger. Les élèves apprennent à maîtriser les fonctions de base d'un ordinateur : fonction des différents éléments, utilisation de la souris, du clavier. Ils sont entraînés à utiliser un traitement de texte, à écrire un document numérique ; à envoyer et recevoir des messages. Ils effectuent une recherche en ligne, identifient et trient des informations. Les technologies de l'information et de la communication sont utilisées dans la plupart des situations d'enseignement. **DEUXIÈME PALIER POUR LA MAÎTRISE DU SOCLE COMMUN** **Compétence 4. La maîtrise des techniques usuelles de l'information et de la communication** L'élève est capable de : – utiliser l'outil informatique pour s'informer, se documenter, présenter un travail ; – utiliser l'outil informatique pour communiquer ; – faire preuve d'esprit critique face à l'information et à son traitement.

Informations pour l'enseignant

A L'environnement informatique

1 Unité centrale et périphérique

Un ordinateur comprend toujours une **unité centrale** qui reçoit, traite et envoie des données selon les demandes de l'utilisateur ou pour son fonctionnement interne en autonomie (logiciel interne de l'ordinateur). L'unité centrale comprend le microprocesseur, ainsi que les mémoires avec les logiciels de gestion du système et de traitement des informations.

Cette unité centrale est reliée à des **périphériques**, par lequel l'utilisateur entre ou reçoit des informations. On aura par exemple : le clavier, l'écran, la souris, mais aussi d'autres périphériques tels qu'une imprimante, un scanneur, un lecteur de disquette, un lecteur et enregistreur de CD-Rom, de DVD-Rom, un appareil photographique numérique, un vidéoprojecteur, un tableau blanc interactif (TBI)... À l'allumage d'un périphérique, un signal est transmis vers l'unité centrale de façon à ce qu'il soit « reconnu ».

Parmi ces **périphériques**, certains fonctionnent à double flux, c'est-à-dire qu'ils peuvent à la fois fournir des données à l'unité centrale, mais aussi en recevoir. C'est le cas d'un lecteur-enregistreur de CD-Rom, de l'écran s'il s'agit d'un écran tactile...

D'autres fonctionnent à flux unique :
– ils fournissent des données à l'unité centrale : scanneur, clavier, souris, microphone, TBI...
– ils reçoivent des données de l'unité centrale : imprimante, haut-parleur, écran (non tactile), vidéoprojecteur...

2 Matériels, logiciels et données

Avec les élèves, il est important de bien distinguer les **supports** (disque dur, mémoire vive, microprocesseur, CD-Rom, des **données** qui se trouvent enregistrées, temporairement ou de façon permanente sur ces supports. Par exemple, des données peuvent être ajoutées ou effacées sur une disquette ou sur une clé USB.

Dans les données, il faut également distinguer les **informations que l'on entre** (du texte, une photographie, un clic de souris...), les **résultats fournis** (lisibles sur l'écran, enregistrés sur le disque dur ou imprimés) et les **logiciels** qui permettent le **traitement des informations** (logiciel de gestion de l'ordinateur – le système – logiciels de traitement de texte, de traitement d'image, de codage de sons...).

Remarque : pour pouvoir être stockées et traitées, toutes les données doivent être codées dans un langage binaire (que l'on code 0 et 1). Ce codage n'est pas abordé à l'école, mais au niveau 2 du B2i, au collège.

3 Réseaux et serveurs

La **localisation** des différents éléments qui interviennent dans l'ordinateur peut parfois être difficile. Quand on a un ordinateur isolé avec ses périphériques, ces éléments sont repérables, voire visibles et on peut en dresser la liste. Dans d'autres cas, tous les éléments ne se trouvent pas au même endroit, dans la même pièce ou le même bâtiment.

Dans certaines écoles, une **salle informatique** est installée et les ordinateurs sont reliés dans un réseau local. Certaines données peuvent être gérées sur un seul ordinateur, car elles sont implantées sur son propre disque dur. Mais d'autres sont stockées sur un ordinateur (en général plus performant en capacité de stockage) appelé **serveur**. Chaque ordinateur du réseau peut accéder à ces données (qui peuvent être protégées par un mot de passe défini par la personne qui gère le serveur).

Dans **d'autres situations**, et c'est généralement le cas dans les IUFM, mais aussi dans l'utilisation domestique de son ordinateur, toutes les données ne sont pas stockées sur l'ordinateur local utilisé. En tant que particulier, on peut par exemple stocker ses photographies sur un **serveur très éloigné** de son domicile (et dont on ne sait pas le plus souvent où il se trouve) et avec lequel votre fournisseur d'accès à **Internet** vous met en liaison. Il faut bien évidemment relier l'ordinateur au réseau Internet et souscrire un abonnement auprès d'un fournisseur d'accès. Les données que vous consultez sur votre écran lors d'une recherche sur la Toile ou que vous téléchargez sur votre disque dur ou tout autre support sont stockées et gérées bien loin de votre domicile. Quand vous consultez à distance l'état de votre compte bancaire, vous êtes mis en liaison avec un serveur de votre banque.

Remarque : dans le cas de l'Université (dont les IUFM font partie), ou dans certaines entreprises, des réseaux internes sont mis en place, qui peuvent s'étendre géographiquement, mais sont gérés par l'établissement. Il y a généralement un accès tout public, puis un accès réservé aux ayants-droits inscrits.

Indépendamment de ces gros serveurs, les liaisons Internet permettent de **mettre en relation des ordinateurs individuels éloignés** géographiquement, branchés sur ce réseau. C'est le cas quand vous utilisez la **messagerie électronique**, avec la possibilité d'envoyer et de recevoir des **fichiers joints** aux courriels.

Pour exploiter ces liaisons à distance, il est nécessaire de pouvoir utiliser les services d'un fournisseur d'accès et, pour les données privées, des mots de passe sont nécessaires pour assurer leur protection.

B Un usage responsable

1 Le droit d'auteur

D'après la loi, les auteurs d'œuvres (œuvres d'arts, photographies, dessins, plans, écrits ou exposés oraux divers, logiciels, ...) possèdent la propriété intellectuelle de leur production et cette production est protégée par le **droit d'auteur**. Le droit de l'auteur comprend :

– un droit moral, qui permet à l'auteur de faire respecter son œuvre et d'en refuser par exemple toute modification ou adaptation ; qui oblige tout utilisateur à respecter la paternité de l'œuvre et donc à en citer l'auteur ;

– un droit d'exploitation, qui recouvre les droits de *reproduction* et de *représentation*. La reproduction est une fixation de l'œuvre sur un support (photocopie, numérisation...). La représentation est une communication au public sous une forme quelconque (lecture publique, vidéoprojection, mise à disposition sur la Toile...).

L'auteur est parfois lié par contrat à un éditeur ou à une société d'auteurs, qui gère alors les droits d'exploitation.

Il faut bien comprendre que la propriété intellectuelle d'une œuvre est dissociée de la propriété matérielle de cette œuvre. Ainsi, être propriétaire d'un DVD, d'une photographie ou d'un livre ne donne pas le droit d'exploiter ces œuvres comme on l'entend. Il faut veiller, en tant qu'enseignant, à ne pas utiliser de façon illégale telle ou telle production, prise dans un ouvrage écrit, audiovisuel ou sur la Toile : tout abus est passible de sanctions définies par la loi. La reproduction ou représentation d'une œuvre n'est légale que si elle a fait l'objet d'une autorisation préalable du propriétaire des droits (assortie éventuellement d'une rémunération).

Il existe cependant des œuvres dites libres de droit, soit parce que l'auteur en autorise explicitement l'utilisation (vérifier tout de même les restrictions) soit parce que les droits d'exploitation ont expiré (en général 70 ans après la mort de l'auteur).

Pour les œuvres qui ne sont pas libres de droit, il existe des exceptions au droit d'auteur. Ainsi, l'auteur ne peut interdire (il n'y a donc pas besoin de demande d'autorisation) :
– les représentations dans le cercle de famille ;
– les copies au seul usage privé de celui qui effectue la copie ;
– les courtes citations (la longueur de la citation s'apprécie par rapport à la longueur de l'œuvre globale).

2 L'exception pédagogique

Depuis quelques années, des accords facilitent l'utilisation d'œuvres dans le cadre de l'enseignement. Ainsi, des accords passés entre le ministère de l'Éducation nationale et le Centre français d'exploitation du droit de copie (CFC) rendent licites les photocopies dans les établissement scolaires, notamment dans toutes les écoles primaires publiques et privées sous contrat d'association. En contrepartie de cette autorisation, le ministère verse des droits d'auteur au CFC sous la forme d'une redevance annuelle ; ces droits sont établis sur la base d'enquêtes dans les établissements d'enseignement, destinées à identifier les sources des œuvres copiées. Les informations ainsi recueillies permettent au CFC de reverser les sommes perçues aux auteurs et aux éditeurs.

Dans le même esprit, une nouvelle loi, dite loi DADVSI (Droit d'auteur et droits voisins dans la société de l'information), en vigueur le 1er janvier 2009, intègre au droit français l'« exception pédagogique au droit d'auteur ». Ainsi sont permises sans autorisation préalable : « la représentation ou la reproduction d'extraits d'œuvres, sous réserve des œuvres conçues à des fins pédagogiques, des partitions de musique et des œuvres réalisées pour une édition numérique de l'écrit, à des fins exclusives d'illustration dans le cadre de l'enseignement et de la recherche, à l'exclusion de toute activité ludique ou récréative, dès lors que le public auquel cette représentation ou cette reproduction est destinée est composé majoritairement d'élèves, d'étudiants, d'enseignants ou de chercheurs directement concernés, que l'utilisation de cette représentation ou cette reproduction ne donne lieu à aucune exploitation commerciale et qu'elle est compensée par une rémunération négociée sur une base forfaitaire sans préjudice de la cession du droit de reproduction par reprographie [...] ». Remarquons que cette loi comporte de nombreuses restrictions : en sont exclues notamment les œuvres conçues à fins pédagogiques (manuels scolaires) et les œuvres intégrales.

Quel que soit le cas de figure, le respect du droit moral est impératif : il y a obligation d'attribuer l'œuvre à son auteur.

Pour en savoir plus sur les subtilités des droits d'auteur, vous pouvez consulter le dossier en ligne sur Educnet : www.educnet.education.fr/legamedia.

Activités possibles en classe

Tout appareil, du plus simple au plus complexe, nécessite un niveau minimum de compréhension de son fonctionnement quand on veut l'utiliser avec pertinence. Un premier niveau consiste à repérer quelques-uns des organes qui le composent, ainsi que leur fonction et leur mode de commande.

Par exemple, pour diriger une bicyclette, il faut agir sur le guidon, qui assure la fonction de direction. Tous les appareils électriques (et l'ordinateur aussi) possèdent un interrupteur dont la fonction est d'ouvrir ou de fermer le circuit d'alimentation électrique.

Les élèves, à la maison, ont déjà utilisé des objets dont les organes sont plus ou moins complexes. En agissant sur telle ou telle touche de la télécommande d'un téléviseur, ils ont appris qu'on peut changer de chaîne, augmenter ou diminuer le volume du son... L'ordinateur et son environnement sont certes un peu plus complexes, mais une première approche est possible et nécessaire dès l'école primaire.

Remarque préalable : les indications fournies pour les commandes sont celles du logiciel Open Office. Il vous faudra les adapter aux logiciels et aux versions que vous utilisez, ainsi qu'à l'environnement (Windows, Linux...) qui assure la gestion de votre ordinateur.

■ Au cycle des apprentissages fondamentaux

Au cycle des apprentissages fondamentaux, il s'agit pour les élèves de « commencer à s'approprier un environnement numérique ». Ils ont pu déjà commencer à le faire à l'école maternelle, avec des logiciels de puzzles, de reconnaissance des photographies et prénoms des élèves de la classe nécessitant l'utilisation de la souris pour pointer et cliquer. La découverte et l'utilisation de quelques fonctions de l'ordinateur se poursuivent en CP et en CE1.

Connaissances et capacités travaillées au cycle des apprentissages fondamentaux

- Savoir utiliser la souris pour pointer et ouvrir un fichier signalé par le professeur.
- Savoir sélectionner une photographie stockée dans un fichier, pour la coller dans un document préparé par le professeur.
- Savoir enregistrer le fichier modifié.
- Savoir ouvrir un document existant pour le consulter.
- Savoir sélectionner tout ou partie d'un texte pour en modifier la police, la taille, le style ou la couleur des caractères.
- Savoir copier une portion de texte et la coller à un autre endroit dans un document.

1 S'approprier un environnement informatique de travail

Pour initier une activité, le professeur a préparé une photographie (libre de droit d'utilisation), qu'il souhaite faire analyser par les élèves. Ce peut être par exemple une photographie de phare pour la navigation, s'il souhaite ensuite engager les élèves dans la fabrication d'une maquette de phare (voir chapitre 15) ou une manche à air, un anémomètre (voir chapitre 2)... Les élèves doivent **apprendre à ouvrir le fichier** pour pouvoir examiner et analyser le document. L'analyse du document est ensuite une des phases de l'activité en sciences et technologie.

Pour apprendre à ouvrir le fichier, on peut fournir aux élèves, s'il s'agit de la première fois, une fiche (éventuellement écrite au tableau) indiquant les **étapes à suivre** : pointer le fichier (nom donné par le professeur) avec la souris et opérer un double-clic. Progressivement, les élèves n'auront plus besoin de se reporter à cette fiche et sauront ouvrir seuls un fichier.

On peut aussi apprendre aux élèves à **augmenter la taille de la fenêtre** sur l'écran, en pointant un coin de la fenêtre et en glissant la souris, le bouton étant enfoncé. Quand on relâche le bouton, la taille de la fenêtre est agrandie à la dimension choisie. En cliquant sur l'un ou l'autre des deux carrés bleus situés en haut à droite de la fenêtre, celle-ci passe de la taille la plus réduite (simple titre qui apparaît dans le bandeau inférieur de l'écran) si l'on clique sur le symbole avec simple trait à la taille plein écran si on active le symbole des deux carrés superposés.

Ils doivent ensuite apprendre à **fermer le fichier**. Là encore, les étapes à suivre leur sont fournies : pointer la croix blanche sur le carré rouge dans l'angle de la fenêtre correspondant au fichier ouvert et cliquer.

D'autres situations permettent de **familiariser** les élèves à un environnement informatique, sans qu'on exige pour eux une maîtrise de leur commande. Par exemple, ils peuvent utiliser un appareil photographique numérique ou observer le professeur le faire, voir le professeur imprimer un document, utiliser un video-projecteur ou voir utiliser et utiliser un TBI (tableau blanc interactif).

Les élèves repèrent que les différentes actions possibles sont atteintes à partir d'un menu en haut de l'écran, chaque logiciel disposant de son menu propre.

2 Créer, produire, traiter, exploiter des données

Conformément aux spécifications du B2i niveau 1, il s'agit ici pour les élèves essentiellement d'utiliser un logiciel de traitement de texte, en y intégrant des images. Les activités en sciences et technologie offrent des opportunités, notamment dans la mise en place des traces écrites finales et institutionnalisées dans le cahier d'expériences et aussi dans le cadre de l'élaboration de documents destinés au journal de l'école (version papier ou électronique).

Nous proposons deux activités, qui peuvent être déclinées dans des activités diverses.

a. Une image à légender

Il peut s'agir d'une photographie ou d'un schéma que le professeur aura préparé et intégré dans un fichier créé à l'aide d'un logiciel de traitement de texte. Prenons par exemple le schéma ou la photographie d'un thermomètre à liquide (chapitre 3), dont les cases et traits de légende ont été préparés. Les élèves disposent, sur le document, d'une liste de mots dans laquelle ils doivent puiser pour les copier (ou les couper selon les exigences du professeur) et les coller dans la case adéquate. Il faut fournir aux élèves les commandes à utiliser : sélectionner le mot choisi en glissant la souris bouton enfoncé, choisir copier,

Mettre en forme un compte rendu d'expériences

a. Doc. élève Avant la mise en forme

À quelle température peut-on avoir de la glace ?
Nous avons fait des essais en mettant de l'eau liquide à différents endroits et en relevant la température.
Nos résultats :

lieu	température	observation
classe	20 °C	eau liquide
dehors	4 °C en dessous de 0	glace
sous le préau	1 °C	eau liquide
dans le congélateur	18 °C en dessous de 0	glace
dans le réfrigérateur	4 °C	eau liquide

Conclusion : on a de la glace quand la température est en dessous de 0 °C et de l'eau liquide quand elle est au-dessus de 0 °C.

Les commandes que tu peux utiliser

- Positionner le curseur en déplaçant la souris.
- Sélectionner une partie du texte en faisant glisser la souris, bouton gauche enfoncé ; le texte sélectionné apparaît surligné à l'écran.
- Cliquer sur « Format » dans le bandeau en haut de l'écran et faire glisser la souris sur « Police », relâcher le bouton. Choisir alors la police, le style, la taille et l'attribut pour le texte sélectionné. Cliquer sur OK pour valider le choix.
- Cliquer n'importe où sur le document pour désélectionner le texte.

b. Doc. prof. Après une mise en forme faite par les élèves

À quelle température peut-on avoir de la glace ?
Nous avons fait des essais en mettant de l'eau liquide à différents endroits et en relevant la température.

Nos résultats :

lieu	température	observation
classe	20 °C	eau liquide
dehors	4 °C en dessous de 0	glace
sous le préau	1 °C	eau liquide
dans le congélateur	18 °C en dessous de 0	glace
dans le réfrigérateur	4 °C	eau liquide

Conclusion : on a de la glace quand la température est en dessous de 0 °C et de l'eau liquide quand elle est au-dessus de 0 °C.

Fig. 1. Un texte non mis en forme est fourni aux élèves, à partir de la trace élaborée collectivement lors de l'activité. En utilisant les commandes disponibles, les élèves font des essais.

puis coller dans le menu déroulant du bouton droit de la souris ou dans le menu édition de la barre de menu en haut de l'écran, en ayant positionné le curseur dans la bonne case de la légende.

Dans le cadre de l'activité en sciences et technologie, le document produit et imprimé peut être intégré dans la trace définitive de l'activité ; ce pourrait être aussi un moyen d'évaluer les acquis scientifiques, le contrôle des savoir-faire informatiques étant effectué par le suivi du travail des élèves en cours d'activité sur les ordinateurs.

b. Mettre en forme une trace finale

Il s'agit de mettre en forme une trace finale, dont le texte aura été saisi par le professeur.

Dans le cadre d'une activité sur l'eau liquide et la glace (chapitre 1), les élèves ont relevé la température dans différents lieux où ils ont placé de l'eau liquide. Une trace collective comprenant les résultats et la conclusion a été élaborée collectivement sur le tableau noir de la classe, puis saisie ensuite, après la classe, par le professeur. C'est cette trace numérisée qu'il s'agit de mettre en forme (***Fig. 1***).

Pour ce faire, on fournira aux élèves les commandes qu'il est possible d'utiliser et ils les manipuleront pour modifier la mise en forme du document initial.

c. Fermer les fichiers modifiés

Les élèves doivent apprendre à **enregistrer** un fichier pour garder en mémoire les modifications apportées. Une succession d'étapes est à exécuter, que les élèves devront mémoriser pour pouvoir les restituer en situation. Il faut :
– soit tenir compte de la fenêtre de dialogue qui apparaît quand on clique sur le carré de fermeture et qui demande si on veut on non enregistrer les modifications apportées. Le fichier est alors enregistré et fermé ;
– soit cliquer sur le pictogramme « disquette bleue » sur le bandeau d'icônes qui apparaît en haut de l'écran sous les onglets de commande. Un enregistrement automatique a lieu, signalé par un défilement horizontal de petits carrés bleus qui apparaissent en bas de la fenêtre, ceci sans la fermeture du fichier. Le pictogramme est alors devenu gris. Il redevient bleu quand une modification apportée au document doit être enregistrée ;
– soit cliquer sur l'onglet « Fichier », puis dans le menu déroulant, choisir « enregistrer » en relâchant le bouton de la souris et renseigner les rubriques en fonction des demandes affichées à l'écran comme précédemment.

■ Au cycle des approfondissements

Au cycle des approfondissements, les élèves vont devoir travailler leurs compétences informatiques dans le prolongement de ce qui a été fait au cycle précédent, mais aussi en exploitant les possibilités offertes par l'informatique pour effectuer des recherches, en intégrant des dimensions liées à l'éthique.

Connaissances et capacités travaillées au cycle des approfondissements

• S'approprier un environnement numérique de travail :
– savoir allumer l'ordinateur ;
– savoir ouvrir un dossier (ou répertoire) et un fichier ;
– savoir enregistrer et fermer un fichier ;
– savoir reconnaître et nommer différents éléments d'un environnement informatique : unité centrale, logiciel, clavier, touche, souris, moniteur, imprimante, haut-parleur, mémoire, disque dur, disquette, lecteur de disquette, cédérom, lecteur de cédérom…
– connaître leurs fonctions : assurer la saisie, le traitement, la sortie, la mémorisation et la transmission de l'information ;
– savoir dans quel sens les informations circulent entre un périphérique et l'unité centrale.

• Adopter une attitude responsable :
– s'assurer que les documents produits sont conformes aux attentes et vraisemblables ;
– savoir que les logiciels et les documents ont un auteur et/ou propriétaire et qu'il faut respecter cette propriété.

• Créer, produire, traiter, exploiter des données :
– savoir ouvrir, consulter et imprimer un document créé avec un logiciel de traitement de texte ;
– savoir sélectionner tout ou partie d'un texte pour en modifier la police, la taille, le style ou la couleur des caractères ;
– savoir sélectionner tout ou partie d'un texte pour en modifier l'alignement et l'espacement ; savoir créer des paragraphes ;
– savoir utiliser le correcteur orthographique ;
– savoir que le correcteur orthographique ne corrige pas toutes les erreurs ;
– savoir insérer une image dans un texte.

• S'informer, se documenter :
– savoir utiliser un cédérom ou un logiciel pour trouver une information ;
– savoir trouver une information sur un site internet.

La transmission des données dans un environnement

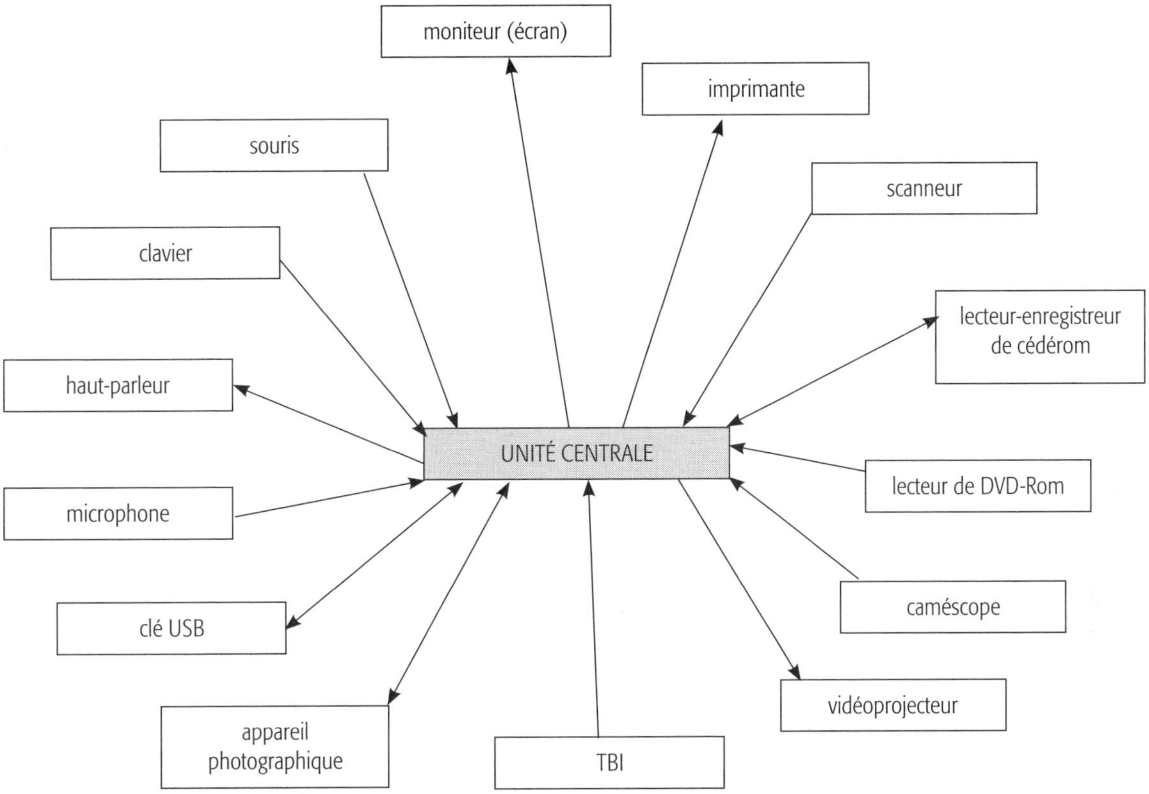

Fig. 2. Les flèches indiquent dans quels sens les données sont transmises entre l'unité centrale et les périphériques. L'unité centrale gère et traite ces données.

- Communiquer, échanger :
– savoir adresser un message électronique à un ou plusieurs destinataires ;
– savoir recevoir et imprimer un message électronique, y répondre ou le rediriger ;
– savoir identifier le nom et l'adresse électronique de l'auteur d'une message reçu ;
– savoir recevoir, utiliser et envoyer un fichier en pièce jointe

1 S'approprier un environnement informatique de travail

Les élèves vont poursuivre leur appropriation d'un environnement informatique, en découvrant et utilisant de façon autonome davantage de fonctions. Ils commencent à repérer les échanges d'informations entre les différents éléments.

a. Repérer les différents éléments d'un environnement informatique

Il est possible d'initier l'activité par un débat autour de la question : que faut-il pour utiliser un ordinateur ? Les élèves, qui l'ont déjà utilisé lors de leur scolarité antérieure, ont des réponses à proposer, qui vous permettent de connaître leurs représentations sur ce sujet. Par exemple, ils pourront indiquer que :
– il faut le brancher et l'allumer, ainsi que l'écran (vous pouvez introduire le terme « moniteur » utilisé dans le texte définissant le B2i) ;
– il est nécessaire d'utiliser le clavier et la souris pour donner des commandes ;
– l'écran permet de contrôler les ordres et lire les résultats ;
– …

Certains citeront peut-être la présence de logiciels (par exemple de traitement de texte, de jeu).

D'autres ajouteront l'imprimante, le lecteur de cédérom, le scanneur…

Un inventaire du matériel présent dans la classe ou la salle informatique de l'école permettra de compléter la liste des **périphériques**, terme que vous introduirez et qui renvoie à tout ce qu'on peut relier à l'unité centrale. Cette liste peut varier selon l'équipement dont vous disposez : souris, clavier, moniteur, imprimante, scanneur, lecteur ou lecteur-enregistreur de cédérom ou de dévédérom, lecteur de disquette, clé USB, appareil photographique numérique, caméscope numérique, vidéo-projecteur, tableau blanc interactif (TBI)… Un certain nombre de ces matériels informatiques peut être intégré à l'ordinateur. Par exemple, on peut trouver dans un ordinateur portable une caméra (webcam), un lecteur-enregistreur de cédérom ou de dévédérom…

Vous confirmerez que l'unité centrale (microprocesseur et mémoires de stockage internes) reçoit et traite toutes les données, grâce aux **logiciels** qui sont installés et mémorisés, et vous demanderez aux élèves d'**élaborer un schéma** pour rendre compte des **échanges de données** entre les périphériques et l'unité centrale.

La confrontation des propositions des élèves conduira à l'élaboration d'un schéma plus complet, qui pourra être validé et complété par la confrontation avec un document analogue à celui de la ***figure 2***.

b. Ouvrir, enregistrer et fermer un fichier

Au CP et au CE1, les élèves ont dû apprendre comment **ouvrir, enregistrer et fermer un fichier**. des activités analogues leur permettent, au cycle des approfondissements, de mobiliser et conforter ces savoir-faire. Un plus interviendra à ce niveau : le fichier à ouvrir peut être dans un **dossier** (appelé aussi **répertoire**) et cela nécessite alors plusieurs opérations : ouvrir le dossier, puis ouvrir le fichier.

Au cours d'activités, dont des exemples sont donnés plus loin (paragraphe 3), les élèves sont amenés à **modifier un fichier**. Il leur faut alors l'**enregistrer** pour garder en mémoire les modifications apportées. La démarche suivie pourra être la même qu'au cycle des apprentissages fondamentaux.

Si les élèves souhaitent garder l'ancien fichier et le fichier modifié, le professeur indiquera qu'il faut alors choisir la commande « enregistrer sous » et donner un nouveau nom au fichier. La suite des opérations est la même que précédemment. Il faut lire les indications sur l'écran pour préciser l'endroit où le fichier doit être enregistré. Le professeur indiquera le dossier ou répertoire où doit être enregistré ce fichier.

Au cours d'autres activités, les élèves peuvent **créer un nouveau fichier**. Pour cela, vous leur indiquerez qu'ils doivent d'abord ouvrir le **logiciel** qui permet de créer ce fichier et comment faire : choisir le logiciel parmi les **applications** disponibles, puis ouvrir un nouveau document si cette ouverture n'est pas automatique et, après l'activité, **enregistrer** ce document. Il faut alors lui donner un nom et indiquer à quel endroit il doit être enregistré.

Tous les fichiers doivent faire l'objet d'un soin particulier quand on les range. Cela correspond exactement à ce que l'on est tenu de faire avec des documents papier. On doit leur donner un titre explicite, les ranger dans un dossier au nom explicite aussi et ne pas hésiter à regrouper plusieurs dossiers dans un dossier qui les rassemble.

Remarque : incitez les élèves à enregistrer régulièrement leur travail. Cela permet de garder en mémoire les modifications apportées, qui pourraient être perdues en cas de dysfonctionnement intempestif ou de mauvaise manipulation.

c. Se familiariser avec l'utilisation d'autres périphériques

Pour aider les élèves à maîtriser l'environnement informatique, n'hésitez pas, à chaque fois que l'occasion se présente, à leur faire faire une sortie sur imprimante, à scanner un document avec eux, à importer avec eux des photographies prises avec un appareil photographique numérique… Il ne s'agit pas de maîtriser l'ensemble des commandes nécessaires pour mener à bien ces actions (sauf pour l'impression), mais de connaître des possibilités offertes par un environnement informatique.

2 Adopter une attitude responsable

Les activités autour des TUIC sont une occasion importante pour développer l'**autonomie** des élèves, ainsi qu'une attitude citoyenne, liée ici au respect de la **propriété intellectuelle**.

Pour cela, à chaque fois que l'occasion se présentera, les élèves devront contrôler que le document qu'ils produisent ou modifient est conforme à leurs attentes et donc, comme l'indiquent les textes officiels, « vraisemblable ».

En ce qui concerne la propriété intellectuelle, les élèves de cet âge sont encore peu concernés par le piratage de logiciel, mais le professeur ne manquera pas d'indiquer que les logiciels implantés sur l'ordinateur ont été achetés ou que ce sont des logiciels libres de droit.

D'une façon plus pragmatique, ils devront apprendre à **respecter d'abord le travail des autres élèves** :

il n'est pas question de supprimer, de modifier des fichiers produits par d'autres élèves sans leur accord. Ceci n'est pas spécifique à l'informatique, mais il est très facile, en appuyant sur quelques touches, de le faire. Les limites doivent donc bien être posées, connues et respectées par les élèves.

Dans notre société, la propriété intellectuelle interdit que l'on utilise, que l'on insère sans autorisation, dans un document dont on est l'auteur, des documents produits par d'autres, même s'ils sont consultables en ligne. Nous l'avons déjà signalé à propos des logiciels, mais c'est vrai de tout autre document : on ne peut pas prendre telle ou telle photographie pour l'intégrer dans un document si elle n'est pas **libre de droit**. Remarquons que là encore, la législation est la même que pour les documents sur support papier, mais que les manipulations sont tellement simples dans le domaine informatique que le **piratage** de textes, de photographies, de musique est assez facile. Il est **interdit par la loi**.

Pour intégrer des photographies dans un document (voir paragraphe 3), il faudra s'assurer que c'est possible. Les élèves doivent apprendre à vérifier que c'est autorisé. S'ils utilisent des photographies prises par la classe (eux-mêmes ou le professeur), il n'y a, bien sûr, aucune restriction (si des autorisations ont été données par les parents quand les élèves sont visibles et reconnaissables sur les photographies). Il existe par ailleurs des documents **libres de droits dans le cadre d'une utilisation à l'école** : c'est le cas d'une photothèque du CNDP, de certaines universités, des photographies de Yann Arthus-Bertrand signalées au chapitre 5 (dossier : « Le développement durable, pourquoi ? »), de données disponibles dans les pages tout public du site du Bureau des Longitudes, qui dépend du ministère de l'Éducation nationale… Il est de la responsabilité du professeur de vérifier la disponibilité ou non des documents consultables.

Ajoutons que, quand on utilise un document ou extrait de document pour l'intégrer dans sa propre production, il faut toujours en **préciser la source** (nom du site, de l'auteur, adresse d'un lien, date de consultation). On peut faire des citations ; on ne peut pas mettre son propre nom au bas d'un document produit par quelqu'un d'autre, même si celui-ci est « libre de droit ».

3 Créer, produire, traiter, exploiter des données

Les activités font suite à celles du CP et du CE1 et sont l'occasion pour les élèves de conforter leurs acquis et de construire de nouveaux savoir-faire.

a. Une fiche de fabrication

Le texte d'une fiche de fabrication est saisi « au kilomètre » et il s'agit alors de le mettre en forme, en **variant les styles** et en **créant des paragraphes** (***Fig. 3***). Selon la longueur de la fiche, les élèves saisiront tout ou seulement une partie du texte.

À l'ouverture du document, les élèves remarqueront que quelques mots sont automatiquement soulignés en vert ou en rouge. Vous les inviterez alors à utiliser le **correcteur orthographique** pour vérifier les mots sélectionnés. Il faudra bien sûr leur indiquer comment procéder. Ils pourront alors constater que le mot souligné en rouge « cuvettte » (***Fig. 3***) l'est parce qu'il n'existe pas en français. Le correcteur propose de remplacer par « cuvette », ce que les élèves valideront et le texte sera alors corrigé. Le mot « patte » est souligné en vert : c'est un mot qui existe dans la langue française mais qui n'est pas adapté au contexte « à papier », ce que signale le correcteur orthographique en proposant de le remplacer par « pâte ». L'expression « la feuille égoutté » est soulignée en vert et le correcteur indique que l'accord n'est pas fait. Les élèves valideront la proposition d'accord de l'adjectif. En revanche, le mot « bouche » n'est pas signalé, car il existe et, même s'il a peu de sens pour le lecteur, le correcteur orthographique ne le signale pas. Ce correcteur orthographique apporte donc une aide, mais n'est pas la solution à toutes les erreurs !

La ***figure 3*** présente le texte initial, un exemple de production possible et la liste des commandes à tester et utiliser.

b. Insérer une image

Il s'agit d'insérer une image dans un compte rendu ou une trace finale d'activité. Pour compléter la fiche de fabrication précédente par exemple, on peut mettre à disposition des élèves une série de photographies prises dans la classe lors de l'activité de fabrication de papier recyclé. Les élèves doivent alors les ouvrir, puis en choisir certaines, qu'ils doivent copier pour les coller à l'endroit qu'ils choisissent dans leur fiche de fabrication.

Lors d'une activité sur les ombres au Soleil (chapitre 7), les élèves se sont photographiés avec leur ombre. Ils peuvent alors ouvrir le fichier correspondant à leur photographie, la copier pour l'insérer dans le compte rendu numérisé de leur activité.

Lors de la visite d'une station d'épuration des eaux usées (chapitre 4), les élèves ont pu prendre des photographies, qu'ils peuvent intégrer dans le compte-rendu de la visite.

Des documents pris sur la Toile et libres de droit, comme sur certains sites académiques, peuvent être intégrés à leur compte rendu.

4 S'informer, se documenter

Les compétences « s'informer » et « se documenter » peuvent s'exercer dans de nombreuses recherches documentaires. Nous y faisons référence à plusieurs reprises tout au long de cet ouvrage. Les activités sur document peuvent être menées à partir de documents sur support papier, de documents sur supports vidéo (dévédérom, enregistrements sur caméscope) ou numériques.

Nous reprenons quelques exemples ici, pour préciser la spécificité des compétences liées aux TUIC qu'ils permettent de développer. Signalons que la recherche d'un site sur la Toile est exigible au niveau 2 du B2i, donc travaillée au collège. À l'école, les sites sont sélectionnés par le professeur.

a. Relever des heures de lever et de coucher du Soleil

Si on veut connaître à Paris les heures de lever et de coucher du Soleil (voir chapitre 10), un des moyens les plus rapides est d'utiliser un document papier tel qu'une des pages intérieures du calendrier des postes. La copie des renseignements se fait à la main, pour les dates souhaitées.

On peut aussi utiliser un cédérom d'astronomie ou un logiciel d'astronomie fourni par le professeur. Il s'agit alors de trouver le chemin à suivre pour trouver l'information.

Si le cédérom ou le logiciel offrent une possibilité de recherche par mots-clés, le plus rapide est souvent de l'utiliser, en entrant les mots jugés importants pour la recherche, ici : Soleil, lever, coucher. On se laisse ensuite guider par l'affichage sur l'écran, qui demande le plus souvent d'entrer des données complémentaires (lieu d'observation, dates…), soit par saisie directe soit par choix sur un bandeau déroulant.

On peut aussi explorer la structure du cédérom ou du logiciel, en choisissant, parmi les rubriques proposées, celle qui correspond le mieux à la recherche à faire. Dans notre exemple, le professeur pourra être amené, selon les cédéroms et logiciels utilisés, à indiquer que le choix « éphémérides » est pertinent. L'utilisateur devra ensuite compléter la demande pour obtenir l'information qu'il cherche : astre choisi, date, lieu d'observation…

Les élèves remarqueront qu'on peut obtenir les renseignements cherchés dans de nombreux lieux différents, contrairement au cas du calendrier de la poste. Cela ne manquera pas d'être exploité dans le cadre d'activités en astronomie sur le décalage horaire (chapitre 9).

Les élèves doivent soit copier numériquement l'information trouvée et l'intégrer dans un document texte qu'ils auront créé, soit l'ouvrir dans une autre fenêtre pour pouvoir l'imprimer.

On peut enfin faire une recherche sur la Toile, sur un site sélectionné par le professeur. Prenons par exemple le cas du site du Bureau des Longitudes www.imcce.fr. Quelques indications devront être fournies aux élèves pour les aider dans la navigation. Les élèves doivent ensuite poursuivre en s'appuyant sur les indications fournies à l'écran. À noter que les résultats peuvent être soit imprimés directement, soit déplacés (ouverts dans une autre fenêtre), soit enregistrés sous format html. Le tableau de résultats peut alors être copié et collé dans un document ouvert avec un logiciel de traitement de texte. La ***figure 4*** présente le résultat d'une recherche.

Remarque : les azimuts (***Fig. 4***) pourraient éventuellement être également exploités avec les élèves. Ils donnent une information sur la position du Soleil par rapport aux points cardinaux. Ici, l'azimut 0 (ou 360) correspond au nord, 90° à l'est, 180° au sud et 270 à l'ouest. Le 5 décembre 2008, le Soleil se lève donc entre le sud et l'est et se couche entre le sud et l'ouest.

Les élèves n'oublieront pas de **noter** ou vérifier la présence de **l'adresse du site**, la **référence du cédérom ou du logiciel** dont ils ont copié ou imprimé un extrait.

b. Utiliser différents sites pour trouver ou valider des informations

Dans d'autres situations, le professeur fournira non pas l'adresse d'un seul site, mais de plusieurs, de façon à initier une comparaison entre les informations fournies et leurs mises en forme. On peut par exemple trouver divers sites (d'agences de l'eau, académiques ou d'associations…) qui fournissent des informations sur le traitement des eaux usées. Le professeur fera une sélection de quelques sites, dont il fournira les adresses aux élèves. Ils pourront alors noter la convergence (ou la divergence !) des informations fournies (qui valideront et compléteront leurs propres résultats d'investigation, voir chapitre 4). Ils pourront faire des remarques sur les mises en forme : présence d'images fixes, d'images animées à la demande de l'utilisateur, effets de zoom… qui facilitent la lecture des documents.

Mettre en forme la fiche de fabrication du papier recyclé

a. Doc. élève Avant la mise en forme

Il faut du papier journal, de l'eau, une cuvette, un saladier, un mixeur, une louche, un tamis, un rouleau à pâtisserie, des chiffons et un fil à linge avec des pinces à linge.
On déchire le journal en petits morceaux que l'on met dans l'eau du saladier. Puis on mélange bien au mixeur. On obtient de la patte à papier. On place le tamis au-dessus de la cuvette, puis on verse une bouche de pâte à papier. L'eau coule dans la cuvettte. On met délicatement la feuille égoutté sur un chiffon, puis on met un autre chiffon dessus pour appuyer avec le rouleau. On prélève la feuille essorée et on la suspend pour la faire sécher.

Commandes à tester et utiliser

- Pour modifier des mots dans le texte : positionner le curseur juste avant la partie du texte à réécrire, et faire glisser la souris pour la sélectionner ; taper le nouveau texte.
- Choisir la police (onglet « Format » dans le bandeau en haut de l'écran, puis « Police »), le style (gras, souligné, ...) en cliquant sur les symboles **G**, <u>S</u>, ... et taper les titres dans le style retenu.
- Pour positionner le texte (aligné à gauche, centré, ...), le sélectionner en glissant la souris, et choisir le symbole (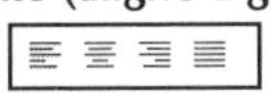) d'alignement retenu.
- Pour mettre des numéros aux étapes : après avoir sélectionné le texte à numéroter, sélectionner l'onglet « Format » dans le bandeau en haut de l'écran, puis choisir : « Puces et numéros ».

b. Doc. prof. Un exemple de mise en forme

Fabrication du papier recyclé

<u>Ingrédients</u> : papier journal, eau.
<u>Matériel</u> : une cuvette, un saladier, un mixeur, une louche, un tamis, un rouleau à pâtisserie, des chiffons et un fil à linge avec des pinces à linge.

<u>Étapes à suivre</u>

1. Déchirer le journal en petits morceaux et les mettre dans l'eau du saladier.
2. Bien mélanger au mixeur (à faire avec le professeur). On obtient de la pâte à papier.
3. Placer le tamis au-dessus de la cuvette, et verser une louche de pâte à papier. L'eau coule dans la cuvette.
4. Mettre délicatement la feuille égouttée sur un chiffon.
5. Poser un autre chiffon dessus et appuyer avec le rouleau.
6. Prélever la feuille essorée et la suspendre pour la faire sécher.

Fig. 3. Le texte élaboré par les élèves prend souvent la forme d'un récit quand un travail n'a pas déjà été fait sur la fiche de fabrication. Après un travail mené en liaison avec les activités en français, les élèves peuvent mettre en forme le texte qui a été saisi. Ils utilisent le correcteur orthographique pour vérifier, et corriger les erreurs signalées à l'écran. La liste des commandes à explorer pour la mise en forme est fournie aux élèves, qui font divers essais.

5 Communiquer, échanger

a. Correspondance scolaire

De nombreuses activités évoquées précédemment, en particulier celles qui font intervenir un travail sur traitement de texte, peuvent prendre davantage de sens pour les élèves dans le cadre d'une correspondance de classe, entre deux classes ou plus. Cette correspondance peut allier acheminement par voie postale et par voie électronique.

À cette occasion, les élèves seront amenés à lire un courrier électronique reçu, en identifiant la classe qui en est l'auteur, à l'imprimer, mais aussi à y répondre voire à le rediriger vers une autre classe. Là encore, on fournira aux élèves la liste des actions à effectuer, dont ils se détacheront au fil de l'année.

Dans le cadre d'une telle correspondance, ils seront amenés à joindre des fichiers (une notice technique, un défi lancé à une autre classe...) à leur courrier électronique (courriel) et aussi à recevoir, lire et utiliser de tels fichiers joints.

b. Classe de découverte

Dans le cadre d'une classe de découverte, une messagerie électronique est souvent utilisée, entre la classe et l'école, voire dans certains cas entre la classe et les parents. Des informations quotidiennes sont alors échangées. Les activités en sciences peuvent permettre d'exploiter ce changement de lieu. Par exemple, les élèves d'une classe restée dans une école travaillaient sur les phases de la Lune et ils se sont demandés si les élèves de la classe transplantée la voyait de la même forme qu'eux, le même jour. Des échanges par courriel ont permis de confirmer qu'effectivement la partie éclairée de la Lune, visible des différents lieux, était de même forme.

c. Consulter des sites d'école et réagir

De nombreuses écoles ont un site sur Internet, que tout un chacun peut consulter. Votre classe peut vouloir réagir au contenu d'une page, relever un défi scientifique qui y est lancé... Elle entre alors en communication avec cette école par l'intermédiaire d'une messagerie électronique.

Une recherche sur Internet

a. La recherche sur le site

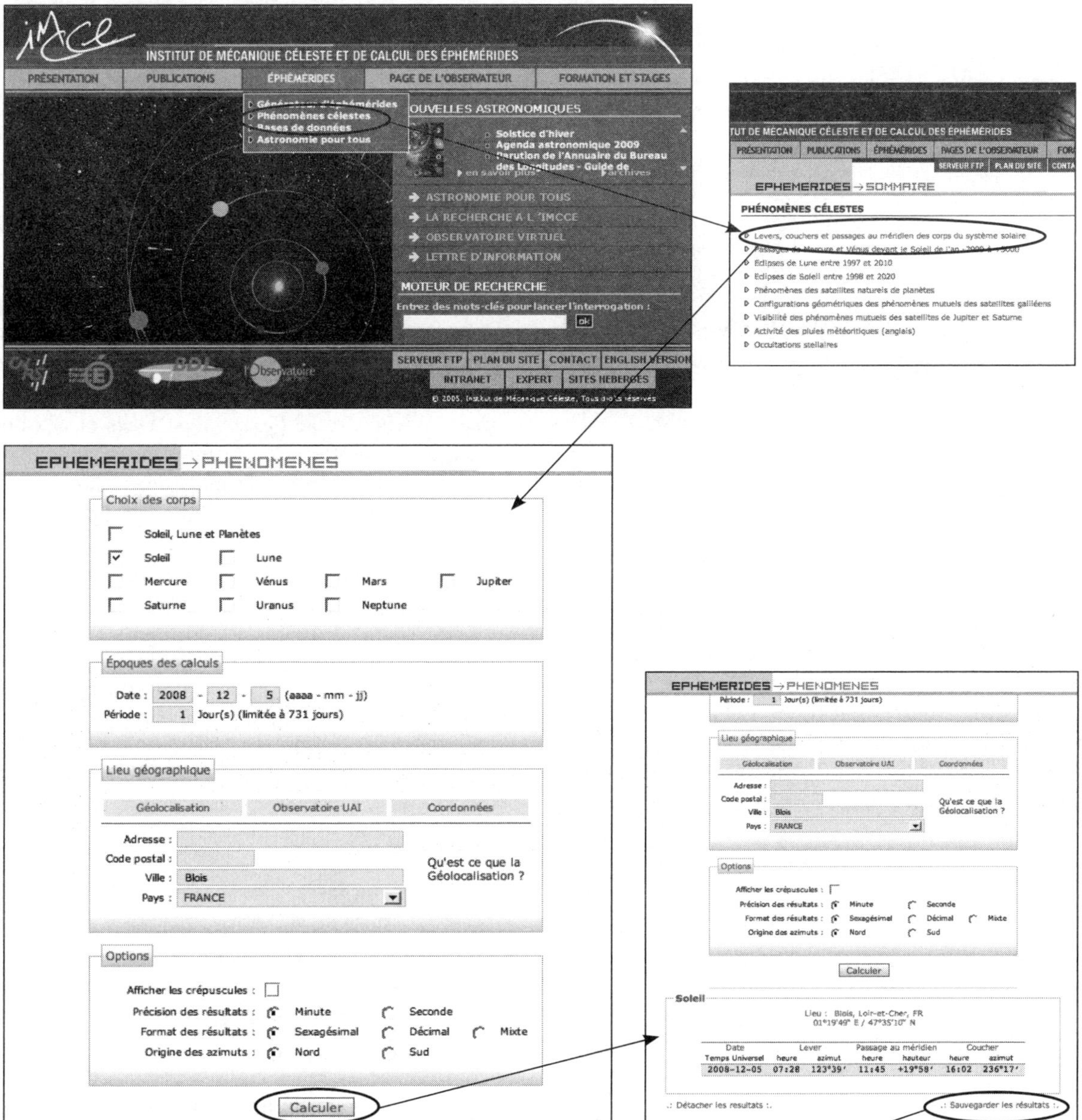

b. L'affichage des résultats

Soleil
Blois, Loir-et-Cher, FR
01°19'49" E / 47°35'10" N

Date TU	Lever heure	Lever azimut	Passage heure	Passage hauteur	Coucher heure	Coucher azimut
2008-12-05	07:28	123°39'	11:45	+19°58'	16:02	236°17'

(pris sur le site www.imcce.fr)

Fig. 4. En naviguant sur ce site, on peut trouver, consulter, imprimer, enregistrer et copier les heures de levers et de couchers du Soleil à n'importe quelle date, et en n'importe quel lieu.

Les textes officiels de l'école élémentaire

Les programmes *(extraits)*

(*B.O.* hors série n° 3, 19 juin 2008)

Préambule

Donner à chaque enfant les clés du savoir et les repères de la société dans laquelle il grandit est la première exigence de la République et l'unique ambition de l'école primaire.
Avec l'unification et l'allongement des parcours scolaires, la spécificité de l'école primaire s'est estompée. Elle a cessé d'incarner à elle seule l'idéal scolaire. Mais son rôle n'en est devenu que plus déterminant dans la réussite des élèves jusqu'au terme de la scolarité obligatoire, et au-delà. L'école primaire n'est pas une simple étape de la scolarité : c'est la clé du succès de toutes les autres. Elle construit les fondements d'une formation menant chacun à une qualification, et qui se prolongera tout au long de la vie.
C'est à la lumière de ce constat qu'il convient de tracer un nouvel horizon pour l'école primaire, tout en restant fidèle à la grande inspiration de l'école républicaine : offrir à tous les enfants des chances égales de réussite et préparer, pour tous, une intégration réussie dans la société. L'école primaire doit transmettre et faire acquérir à chaque élève les connaissances et compétences fondamentales qui seront nécessaires à la poursuite de sa scolarité au collège et, au-delà, dans les voies de formation choisies par l'élève. À cet égard, le socle commun de connaissances et de compétences institué par la loi d'orientation et de programme pour l'avenir de l'École du 23 avril 2005 est la référence indispensable autour de laquelle seront organisés tous les enseignements de ce premier niveau de la scolarité obligatoire.
L'école primaire doit avoir des exigences élevées qui mettent en œuvre à la fois mémoire et faculté d'invention, raisonnement et imagination, attention et apprentissage de l'autonomie, respect des règles et esprit d'initiative. [...]
Il est également indispensable que tous les élèves soient invités à réfléchir sur des textes et des documents, à interpréter, à construire une argumentation, non seulement en français mais dans toutes les disciplines, qu'ils soient entraînés à mobiliser leurs connaissances et compétences dans des situations progressivement complexes pour questionner, rechercher et raisonner par eux-mêmes. Ils doivent pouvoir partager le sens des mots, s'exprimer à l'oral comme par écrit pour communiquer dans un cercle élargi. [...] L'école primaire développe enfin le respect et la tolérance qui fondent les droits de l'Homme et qui se traduisent au quotidien par le respect des règles de civilité et de politesse. [...]

Présentation

[...] Les programmes de l'école primaire forment un ensemble cohérent et continu avec ceux du collège dans le cadre du socle commun de connaissances et de compétences défini par le décret du 11 juillet 2006, qui en constitue la référence. De façon générale, ils sont centrés sur les contenus (connaissances et compétences) que les maîtres enseignent aux élèves et que ceux-ci doivent maîtriser. Dans la partie « Programmes », les compétences attendues en fin de cycle de l'école élémentaire pour chaque discipline ou groupe de disciplines sont explicitement référées aux sept grands domaines de compétences du socle commun. [...]
La présentation des programmes par discipline à l'école élémentaire ne constitue pas un obstacle à l'organisation d'activités interdisciplinaires ou transversales. Par exemple, les activités d'expression orale, de lecture ou de rédaction de textes en français ont évidemment toute leur place en sciences, en histoire et géographie, en histoire des arts et elles interviennent en mathématiques. [...]

Cycle des apprentissages fondamentaux
Programme du CP et du CE1

MATHÉMATIQUES

3 - Grandeurs et mesures

Les élèves apprennent et comparent les unités usuelles de longueur (m et cm ; km et m), de masse (kg et g), de contenance (le litre), et de temps (heure, demi-heure), la monnaie (euro, centime d'euro). Ils commencent à résoudre des problèmes portant sur des longueurs, des masses, des durées ou des prix.

DÉCOUVERTE DU MONDE

Au CP et au CE1, les élèves ont un accès plus aisé aux savoirs grâce à leurs compétences en lecture et en mathématiques. Ils acquièrent des repères dans le temps et l'espace, des connaissances sur le monde et maîtrisent le vocabulaire spécifique correspondant. Ils dépassent leurs représentations initiales en observant et en manipulant.
Les élèves commencent à acquérir les compétences constitutives du brevet informatique et internet (B2i). Ils découvrent et utilisent les fonctions de base de l'ordinateur.

1- Se repérer dans l'espace et le temps

Les élèves découvrent et commencent à élaborer des représentations simples de l'espace familier : la classe, l'école, le quartier, le village, la ville. Ils comparent ces milieux familiers avec d'autres milieux et espaces plus lointains. Ils découvrent des formes usuelles de représentation de l'espace (photographies, cartes, mappemondes, planisphères, globe).
Les élèves apprennent à repérer l'alternance jour-nuit, les semaines, les mois, les saisons. Ils utilisent des outils de repérage et de mesure du temps : le calendrier, l'horloge. Ils découvrent et mémorisent des repères plus éloignés dans le temps : quelques dates et personnages de l'histoire de France ; ils prennent conscience de l'évolution des modes de vie.

2 - Découvrir le monde du vivant, de la matière et des objets

Les élèves repèrent des caractéristiques du vivant : naissance, croissance et reproduction ; nutrition et régimes alimentaires des animaux. Ils apprennent quelques règles d'hygiène et de sécurité personnelles et collectives. Ils comprennent les interactions entre les êtres vivants et leur environnement et ils apprennent à respecter l'environnement.
Ils distinguent les solides et les liquides et perçoivent les changements d'états de la matière. Ils réalisent des maquettes élémentaires et des circuits électriques simples pour comprendre le fonctionnement d'un appareil.

PREMIER PALIER POUR LA MAÎTRISE DU SOCLE COMMUN : COMPÉTENCES ATTENDUES À LA FIN DU CE1

Compétence 3 :
Les principaux éléments de mathématiques et la culture scientifique et technologique
L'élève est capable de :
– écrire, nommer, comparer, ranger les nombres entiers naturels inférieurs à 1 000 ;
– calculer : addition, soustraction, multiplication ;
– diviser par 2 et par 5 des nombres entiers inférieurs à 100 (dans le cas où le quotient exact est entier) ;
– restituer et utiliser les tables d'addition et de multiplication par 2, 3, 4 et 5 ;
– calculer mentalement en utilisant des additions, des soustractions et des multiplications simples ;
– situer un objet par rapport à soi ou à un autre objet, donner sa position et décrire son déplacement ;
– reconnaître, nommer et décrire les figures planes et les solides usuels ;
– utiliser la règle et l'équerre pour tracer avec soin et précision un carré, un rectangle, un triangle rectangle ;
– utiliser les unités usuelles de mesure ; estimer une mesure ;
– être précis et soigneux dans les tracés, les mesures et les calculs ;
– résoudre des problèmes très simples ;
– observer et décrire pour mener des investigations ;
– appliquer des règles élémentaires de sécurité pour prévenir les risques d'accidents domestiques.

Compétence 4 :
La maîtrise des techniques usuelles de l'information et de la communication
L'élève est capable de :
– commencer à s'approprier un environnement numérique.

Cycle des approfondissements
Programme du CE2, du CM1 et du CM2

SCIENCES EXPÉRIMENTALES ET TECHNOLOGIE

Les sciences expérimentales et les technologies ont pour objectif de comprendre et de décrire le monde réel, celui de la nature et celui construit par l'Homme, d'agir sur lui, et de maîtriser les changements induits par l'activité humaine. Leur étude contribue à faire saisir aux élèves la distinction entre faits et

hypothèses vérifiables d'une part, opinions et croyances d'autre part.
Observation, questionnement, expérimentation et argumentation pratiqués, par exemple, selon l'esprit de la *Main à la pâte* sont essentiels pour atteindre ces buts ; c'est pourquoi les connaissances et les compétences sont acquises dans le cadre d'une démarche d'investigation qui développe la curiosité, la créativité, l'esprit critique et l'intérêt pour le progrès scientifique et technique.
Familiarisés avec une approche sensible de la nature, les élèves apprennent à être responsables face à l'environnement, au monde vivant, à la santé. Ils comprennent que le développement durable correspond aux besoins des générations actuelles et futures. En relation avec les enseignements de culture humaniste et d'instruction civique, ils apprennent à agir dans cette perspective.
Les travaux des élèves font l'objet d'écrits divers consignés, par exemple, dans un carnet d'observations ou un cahier d'expériences.

Le ciel et la Terre

Le mouvement de la Terre (et des planètes) autour du Soleil, la rotation de la Terre sur elle-même ; la durée du jour et son changement au cours des saisons.
Le mouvement de la Lune autour de la Terre.
Lumières et ombres.
[...]

La matière

L'eau : une ressource
– états et changements d'état ;
– le trajet de l'eau dans la nature ;
– le maintien de sa qualité pour ses utilisations.
L'air et les pollutions de l'air.
Mélanges et solutions.
Les déchets : réduire, réutiliser, recycler.

L'énergie

Exemples simples de sources d'énergies (fossiles ou renouvelables).
Besoins en énergie, consommation et économie d'énergie.
[...]

Les objets techniques

Circuits électriques alimentés par des piles.
Règles de sécurité, dangers de l'électricité.
Leviers et balances, équilibres.
Objets mécaniques, transmission de mouvements.

TECHNIQUES USUELLES DE L'INFORMATION ET DE LA COMMUNICATION

La culture numérique impose l'usage raisonné de l'informatique, du multimédia et de l'internet. Dès l'école primaire, une attitude de responsabilité dans l'utilisation de ces outils interactifs doit être visée.
Le programme du cycle des approfondissements est organisé selon cinq domaines déclinés dans les textes réglementaires définissant le B2i :
– s'approprier un environnement informatique de travail ;
– adopter une attitude responsable ;
– créer, produire, traiter, exploiter des données ;
– s'informer, se documenter ;
– communiquer, échanger.
Les élèves apprennent à maîtriser les fonctions de base d'un ordinateur : fonction des différents éléments ; utilisation de la souris, du clavier. Ils sont entraînés à utiliser un traitement de texte, à écrire un document numérique ; à envoyer et recevoir des messages. Ils effectuent une recherche en ligne, identifient et trient des informations.
Les technologies de l'information et de la communication sont utilisées dans la plupart des situations d'enseignement.

DEUXIÈME PALIER POUR LA MAÎTRISE DU SOCLE COMMUN : COMPÉTENCES ATTENDUES À LA FIN DU CM2

Compétence 3 B) La culture scientifique et technologique

L'élève est capable de :
– pratiquer une démarche d'investigation : savoir observer, questionner ;
– manipuler et expérimenter, formuler une hypothèse et la tester, argumenter ;
– mettre à l'essai plusieurs pistes de solutions ;
– exprimer et exploiter les résultats d'une mesure ou d'une recherche en utilisant un vocabulaire scientifique à l'écrit et à l'oral ;
– maîtriser des connaissances dans divers domaines scientifiques ;
– mobiliser ses connaissances dans des contextes scientifiques différents et dans des activités de la vie courante (par exemple, apprécier l'équilibre d'un repas) ;
– exercer des habiletés manuelles, réaliser certains gestes techniques.

Compétence 4 :
La maîtrise des techniques usuelles de l'information et de la communication

L'élève est capable de :
– utiliser l'outil informatique pour s'informer, se documenter, présenter un travail ;
– utiliser l'outil informatique pour communiquer ;
– faire preuve d'esprit critique face à l'information et à son traitement.

Brevet informatique et internet

B.O. n° 29 du 20 juillet 2006

Article 1 - Le brevet informatique et internet est une attestation qui comporte trois niveaux de maîtrise des technologies de l'information et de la communication.
Le niveau école atteste l'acquisition de connaissances, capacités et attitudes que les élèves doivent maîtriser à l'issue de l'école primaire. [...]
Article 2 - L'évaluation des connaissances, capacités et attitudes des élèves s'effectue dans le cadre des horaires et des programmes d'enseignement en vigueur.
En vue de la délivrance de ces attestations, une feuille de position par niveau est utilisée pour chaque élève. À la demande de l'élève, tout enseignant valide progressivement la feuille de position relative à l'un des niveaux susmentionnés.
Article 3 - L'attestation relative au brevet informatique et internet (B2i) est délivrée soit par le ministère de l'Éducation nationale de l'enseignement supérieur et de la recherche, soit par d'autres ministères ou établissements publics en application de conventions passées avec le ministère de l'Éducation nationale, de l'enseignement supérieur et de la recherche.
L'attestation fait l'objet d'un modèle national défini par le ministère de l'Éducation nationale, de l'enseignement supérieur et de la recherche.
Article 4 - L'attestation du niveau obtenu pour le brevet informatique et internet est délivrée par le directeur d'école ou le chef d'établissement.
[...]

B2i école

Orientations pédagogiques

Les compétences à acquérir pour la maîtrise des techniques usuelles de l'information et de la communication résultent d'une combinaison de connaissances, de capacités et d'attitudes à mobiliser dans des situations concrètes.
Les connaissances, capacités et attitudes ci-après sont donc un fondement pour la mise en œuvre de ces compétences.
Les contenus sont organisés en cinq domaines communs aux trois niveaux.

Domaine 1 : S'approprier un environnement informatique de travail

Connaissances principales
Un environnement informatique permet d'acquérir, stocker, traiter des données codées pour produire des résultats.
Les environnements informatiques peuvent communiquer entre eux et en particulier en réseau.

Objectif
Maîtriser les fonctions de base.

Capacités
L'élève doit être capable de :
– identifier la fonction des différents éléments composant l'environnement informatique ;
– démarrer et arrêter les équipements et les logiciels ;
– utiliser des dispositifs de pointage et de saisie (souris, clavier, stylet...) ;
– se déplacer dans une arborescence.

Domaine 2 : Adopter une attitude responsable

Connaissances principales
Des lois et des règlements régissent l'usage des TIC.
La validité des résultats est liée à la validité des données et des traitements informatiques.

Objectif
Prendre conscience des enjeux citoyens de l'usage de l'informatique et de l'internet et adopter une attitude critique face aux résultats obtenus.

Capacités
L'élève doit être capable de :
– appliquer les règles élémentaires d'usage de l'informatique et de l'internet ;
– faire preuve d'esprit critique face à l'information et à son traitement ;
– participer à des travaux collaboratifs en connaissant les enjeux et en respectant les règles.

Domaine 3 : Créer, produire, traiter, exploiter des données

Connaissances principales
L'adéquation entre la nature des données et le type de logiciel détermine la pertinence du résultat des traitements.

Objectif
Écrire un document numérique.

Capacités
L'élève doit être capable de :
– créer, produire un document numérique et le modifier ;
– organiser dans un même document des médias différents (texte, image ou son), issus d'une bibliothèque ou de sa propre composition.

Domaine 4 : S'informer, se documenter

Connaissances principales
Les outils de recherche utilisent des critères de classement et de sélection de l'information.

Objectif
Lire un document numérique. Chercher des informations par voie électronique. Découvrir les richesses et les limites des ressources de l'internet.

Capacités
L'élève doit être capable de :
– consulter un document à l'écran ;
– identifier et trier des informations dans un document ;
– utiliser les fonctions de base d'un navigateur ;
– effectuer une recherche simple.

Domaine 5 : Communiquer, échanger

Connaissances principales
Des outils de communication numérique permettent des échanges en mode direct ou en mode différé.

Objectif
Échanger avec les technologies de l'information et de la communication.

Capacités
L'élève doit être capable de :
– envoyer et recevoir un message, un commentaire ;
– découvrir différentes situations de communication en mode direct ou différé.

Modalités d'évaluation

L'évaluation des compétences du brevet informatique et internet école fait l'objet d'un travail régulier dans l'ensemble des domaines d'apprentissage, tout au long de l'école primaire. [...]

B.O. n° 42 du 16 novembre 2006

1 - Objectifs du brevet informatique et internet

Les technologies de l'information et de la communication (TIC) font désormais partie du paysage économique, social, culturel et éducatif. Elles sont largement utilisées tout au long de la vie professionnelle et privée. Il appartient à l'école de faire acquérir, par chaque élève, les compétences lui permettant d'utiliser de façon réfléchie et efficace ces technologies et de contribuer à former ainsi des citoyens autonomes, responsables, doués d'esprit critique.
D'ailleurs, la « maîtrise des techniques usuelles de l'information et de la communication » est l'un des sept piliers du socle commun de connaissances et de compétences défini par le décret n° 2006-830 du 11 juillet 2006.
Le B2i atteste l'acquisition d'un ensemble de compétences développées par les élèves ou les apprentis, tout au long de leur cursus [...].

[...]

3 - Modalités de vérification des compétences

Les compétences constitutives du B2i sont donc développées et validées dans le cadre des activités pédagogiques disciplinaires, interdisciplinaires ou transversales menées dans les écoles et les établissements d'enseignement et de formation.
Pour chaque niveau, une « feuille de position B2i », dont le modèle figure en annexe 2 de la présente circulaire, décline les items permettant de valider la compétence visée.
Les modèles de feuilles de position peuvent être téléchargés à partir des sites :
– EduSCOL, à l'adresse :
http://eduscol.education.fr/D0053/accueil.htm
– EducNet, à l'adresse :
http://www.educnet.education.fr/b2i/
Seules ces feuilles de position permettent de délivrer le B2i, mais afin d'en faciliter l'appropriation par les élèves, les équipes pédagogiques peuvent élaborer d'autres documents explicitant les compétences attendues.
[...] la validation est réalisée tout au long des cycles d'apprentissage et non pas seulement de manière terminale.
Tous les enseignants ont vocation à valider les items constitutifs des compétences qui figurent dans les feuilles de position du B2i. Ils valident progressivement les items lorsque l'élève ou l'apprenti estime les avoir acquises. Chaque enseignant indique la date, son nom et, au-delà du premier degré, la discipline ou l'activité dans laquelle la compétence est validée.
[...]

4 - Délivrance des attestations

[...] Les modèles d'attestation peuvent être téléchargés à partir des sites :
– EduSCOL, à l'adresse :
http://eduscol.education.fr/D0053/accueil.htm
– EducNet, à l'adresse :
http://www.educnet.education.fr/b2i/
Pour chaque niveau, le B2i est acquis lorsque 80 % des items sont validés [...] et qu'au moins la moitié des items de chacun des domaines est validée.
L'attestation est délivrée par le directeur de l'école sur proposition du conseil de cycle ou par le chef d'établissement sur proposition de l'équipe pédagogique ou du conseil de classe. [...]

5 - Mise en œuvre

L'effort d'équipement et de connexion à l'internet des écoles, des collèges et des lycées, engagé par les collectivités territoriales en partenariat avec les services de l'Éducation nationale, est de nature à favoriser l'accès du plus grand nombre d'élèves aux usages des TIC et à la généralisation du B2i.
Les dispositions de la présente circulaire s'appliquent dès sa parution au Bulletin officiel de l'éducation nationale (*B.O.*), dans les écoles, les collèges, les lycées et les CFA et SA gérés par des EPLE.

Il appartient aux responsables pédagogiques de prendre les mesures les plus appropriées pour assurer la transition entre l'ancien et le nouveau dispositif pour les élèves déjà engagés dans le processus de validation. La sensibilisation aux enjeux, la formation et l'accompagnement pédagogique des enseignants sont indispensables pour le développement des usages en matière de technologies de l'information et de la communication dans l'enseignement. Ils s'imposent en vue de la généralisation rapide du B2i. À cet effet, la généralisation de l'inscription du C2i niveau 2 « enseignant », tant en formation initiale qu'en formation continue, devrait contribuer à l'acquisition des compétences professionnelles nécessaires.

Index

F

G

H

I

J

K

L

M

N

O

P

R

S

T

U

V

W

Z

Crédits photographiques

p. 21 : 3 Ph © Vincent Calduch / T
p. 45 et **101** : 2 Ph © Claude Fabre / T
p. 117 : 6 Ph Jeanbor © Archives SEJER / T
p. 141 : Ph Vincent Calduch © Archives SEJER / T
p. 165 et **175** : 3 Ph © Claude Fabre / T
p. 206 : Ph © Pekka Parviainen/SPL/COSMOS / T
p. 229 : 7 Ph © Ciel et Espace / T
p. 247 : Ph © Magali Margotin-Passat
p. 251 : Ph © Claude Fabre / T
p. 253 : Ph © Jeulin / T
p. 259 : Ph © DAGLI ORTI G. / THE PICTURE DESK / T
p. 263, 265, 297 et **311** : 5 Ph © Vincent Calduch / T
p. 337 ***ht*** : Ph © Claude Fabre / T
p. 337 ***bg*** : Ph Jeanbor © Archives SEJER / T
p. 337 ***bd*** : Ph © LEGO
p. 356 : 3 Ph © Magali Margotin-Passat
p. 363 : 3 Ph © Vincent Calduch / T
p. 369 ***g*** : Ph Jeanbor © Archives SEJER / T
p. 369 ***d*** : 2 Ph © Vincent Calduch/ T
p. 373 : 2 Ph © LEGO

Édition : Christelle Lequesne
Fabrication : Jean-Marie-Jous
Mise en pages : CGI
Schémas : Catherine et Philippe Bosson
Stéphanie Charpiot
Corédoc
Stéphanie Desbenoit
Illustrations : Catherine Claveau
Coordination artistique : Alexandre Millot

N° éditeur : 10153349
Imprimé en Italie par Grafica Veneta – Février 2009